ZERO TRAINING

身体重回0岁

Tomomi Ishimura

［日］
石村友见
著

李冉
译

四周零位训练计划

人民东方出版传媒
People's Oriental Publishing & Media
東方出版社
The Oriental Press

Z E 零 R O

有这样一个神奇的数字，无论是正还是负，其原始数值也不会改变。它不是正数，也不是负数；阿拉伯数字中的零表示的是空位的意思。大约在公元 5 世纪和 6 世纪的时候，零的概念才由印度人做出系统化发展。

——《大辞林》

LANE
AHEAD

NEW YORK
GREY

Z E 身体重回 20岁 R O

序言

让我们重回 20 岁

无论是何等的美味佳肴，也比不上轻盈苗条带给我的快乐。

——凯特·莫斯

请你回想一下年轻的时候，想想那时候的身体感觉，是不是自己也觉得更加轻盈呢？无论是背部、四肢、臀部还是胸部，应该都是挺拔舒展的。你应该也从来不担心站上体重秤，也与腰痛、肩痛无缘。

可是，当年纪一天天地长上来以后，你的体重增加了，身材也走样了。

“一过 30 岁，我跟球一样地吹了起来。”

“50 岁以后，我的身材一下子就不像样子了。”

我经常听到有人发出上述抱怨。但是这些说法都不是正确的。实际上，人并不是突然胖起来，或者突然走样的，而是身体上的“某种东西”长年累月积累导致的。但是你所能看到的，却只有体重和体形的变化而已。

我所说的“某种东西”其实就是身体的收缩。

很多动作都在让你的身体收缩。比如，长时间低头看智能手机，会让你的脖子开始收缩；长时间的伏案工作，让你的腰部开始收缩；长时间在厨房里站着，会让你的腿开始收缩。

上了年纪的人的后背，通常就不那么挺直了，个子也会比年轻的时候矮一些。这是因为身体实实在在地收缩了。

但是，这种收缩跟体重和体形之间有什么关系呢？

为什么人体一收缩就会发胖呢？

身体的收缩主要可以分为两种类型。

第一是“关节”的收缩。本来，人体的关节和关节之间是存在一定的缝隙的。一旦这个缝隙被填实，关节的“可活动”范围就变窄了。

另外一点就是“肌肉”的收缩。就好比对原本湿答答的毛巾进行了干燥处理，那么毛巾就会变硬，并且体积缩小。某种程度上，肌肉跟毛巾的原理是一样的。

但是，我们依然可以对已经有收缩情况的身体发出拨乱反正的指令：“停止再收缩！”即使是在你躺着睡觉的时候、吃饭的时候、和朋友愉快地聚会的时候，也可以全面开启肌肉的“发动机”。

“要有意识地对身体的某个部位注入力量。”——经常有人这样对我们耳提面命，但是如果真的这样做的话，可能会让我们的身体进入“过热”状态。如果不早一点把身体收缩的“开关”关闭，身体还是会逐步收缩，引发腰腿颈肩疼痛，甚至有天你突然发现，肩膀抬不起来了。

那么，这种“收缩”现象又是如何给体重和体形施加影响的呢?

所谓的身体收缩，是身体各个部分脱离原始位置导致的。大腿内侧的肌肉一旦开始紧缩，就会牵引臀部下移。脖颈的肌肉一旦收缩，就会牵引背部的肌肉增厚，进而导致胸部下垂。

身体的各个部位本来就是相互连接在一起的。一个地方发生了紧张收缩，其他部分受到牵引力的影响，也会跟着缩紧，体形也就走样了。

也许你的手腕已经不在初始位置了。肩膀的位置本应该更靠下，手臂本应该更长一些。但是，一旦脖颈的位置紧张，肩膀就会在力的作用下耸肩，手臂也跟着变短一些。

身体的各个部分，都可能发生了类似的变形。

另一方面，体重又是如何变化的呢?

你肯定认为，体重增长与否是你所消耗掉的能量和你摄入的卡路里之间的差值决定的。如果能量消耗较大，那么即使热量摄取较多，也不会发胖。但是如果几乎不怎么消耗能量，那么就算是吃得很少，也会有发胖的趋势。

身体一旦收缩，肌肉变硬，肌肉的动作就会被影响，日常活动中所消耗的能量也会很少。当然，基础代谢也就很低。最终结果是无法消耗掉自己吃下去的食物热量，当然也就发胖咯。

这样一来，无论是体形也好，体重也好，都远远地偏离了你的理想状态。

所有节食都是徒劳的

如果不使用熨斗的话，你是无法将一件皱巴巴的衬衫恢复成平展样子的。你的身体，其实就跟一件皱巴巴的衬衫一样。

如果你的身体处于这种状态之中，即便你不惜汗流浃背地跑步，或者做肌肉训练做到心脏都要跳出来了，也是徒劳。就算你一直坚持运动、不惜削减食量，甚至天天去昂贵的健身房，但是你所获得的苗条身材，真的也是只有非常短暂的效果。减肥几乎是 100% 的失败。

身体收缩、紧张的话，基础代谢就会降低，体形也就会随之走样。无论你怎样锻炼身体，也会很快反弹回来。

一去不返的从来不会是脂肪，而只是你花费的时间和金钱。

我们不可以再身着皱巴巴的衬衫，做着徒劳的训练了。我们要给衬衫上熨斗，让身体重生，恢复灵活。只要你按照我的建议做，你将会再度感觉自己身轻如燕。

《西贡小姐》和疲惫的身体

我二十多岁的时候，曾经在剧团工作过一段时间。从孩提时代，我就热爱音乐，一直憧憬着自己能成为一名舞台剧演员。曾经，我因为得到了《狮子王》中的女王萨拉一角，在自己位于东京吉祥寺的六坪（一坪约合 3．3057 平方米，相当于 2 快榻榻米的面积。——编者注）小屋里喜极而泣。

离开四季剧团以后，我梦想成为百老汇的音乐家，便一个人前往纽约追梦。我想从事站在舞台上带给无数的人感动的工作。所以，我用世界级的标准要求自己、磨炼自己，不断地提升和进步。

当时，我的心中充斥着满满的激情和梦想。

可是，事实远不是我想象的那么简单。仅仅是在纽约城区生存下去，就已经很困难了。我在那里拜访了 500 家模特事务所，一直接受着各种面试，结果连连惨败。最后，这样的面试居然达到了 2000 次以上。

我身心俱疲。连 5 分钟的站立都保持不了，身体沉重，疼痛困倦。

而且，虽然我满心想着参加面试，一直保持运动，严格控制我的饮食，甚至经常饿得前心贴后背的，但我居然发胖了。

我看到镜子里自己无精打采的样子，自己都很嫌弃自己。

“好不容易来到了纽约，别说取得什么成功了，我连眼前的挑战都克服不了。”

我觉得自己毫无价值，每天都在自责的情绪里度日。

身体状态不佳的原因当然有压力的问题，但是不正确的节食方法肯定也是其中一个原因。

我总想：绝对不能输给那些八头身、九头身的外国模特和舞者。

焦虑让我一头扎进了疯狂的节食减肥中。我不断地练习、过度运动。结果很可惜，我居然连保持站立 5 分钟的力气都丧失殆尽。

时间和金钱也随之白白浪费了。

当时，我脑子里每天想的都是：“要是没事的话，我真心想早点回家啊。”“总是要花钱买东西，简直是地狱啊。”“我真想躺下来。”“我什么都不想干。”“谁能给我按摩按摩就好了。”

我已经是半个病人了。

终于有一天，传来了捷报。我通过了百老汇音乐剧的面试。那可是我一直梦想的百老汇的舞台！是我美梦成真的瞬间。我忍不住感谢上天，同时开始准备出演《西贡小姐》。

可是，大量的练习和来自挑剔的纽约观众们的压力，让我的身体更差了。

“我得立刻离开舞台。”

那是 2012 年的年末，我刚出演了《西贡小姐》。那一年纽约的寒冬，让我彻骨寒冷。

“脚跟和重心”带来的魔法

我想认真地调理身体，慢慢地让身体恢复健康。但是在我开始进行身体调理以前，还有一件让我的人生发生重大转变的事情。

那是在市中心曼哈顿，44 街第 8 大道旁的瑜伽教室，我在那里上瑜伽课。

“好的，大家抬起脚尖，把重心放在脚跟上。”

我跟着老师的指导，抬起脚尖，把重心移到脚跟处。

忽然，一瞬间，我发现身体好像生出了翅膀，变得非常轻盈，而且围绕着我身体的那种沉重感、困倦和疼痛，都不翼而飞了。我惊讶极了，忍不住发出了赞叹之声。

无意间，我看了镜子一眼，发现自己的体型突然变得很苗条。我感觉一定是发生了奇迹。直到今天，那奇妙的感觉都令我难以忘怀。

“为什么仅仅改变一下重心，人的身体就会变得这么轻盈、这么苗条呢？”

也是从那天开始，我全身心地展开了研究。

“为什么仅仅改变一下重心的位置，人的身体就会变得这么轻盈、这么苗条呢？”

“还是，仅仅只有我自己是这种感觉吗？”

“到底怎样能让更多的人也能体验到这种奇妙的感觉呢？”

我怀抱这样的想法，遍访曼哈顿地区的瑜伽教师。我去拜访了口碑非常好的瑜伽老师的工作室，心中充满热情。

“仅仅 1 小时，就可以让你的腰围缩小 7.5 厘米。”

我在曼哈顿开设了自己的瑜伽教室。我反复实验，想开发出一种让任何人都可以感觉到轻松愉悦的体态训练。我发现，最重要的一点就是让身体各个部分回归到初始位置。

我将这种方法称为身体的零位训练。

只要让身体的各个部位回到初始的零位，那么我们的身体就会回到本文开头提到的无“收缩”状态。身体收缩，会导致各个部位脱离原来的初始位置。所以，如果反向操作，让身体部件回到本来的位置，那么收缩状态就会消失。

我发现这个理论以后，每天都在研究如何让身体部件回到零位的训练。我阅读解剖学和运动学论文，并且将之运用到实践当中去。最终，我摸索出一套“零位复位训练法”。我教室中的学生们也参与到训练之中，他们都惊讶地表示，这简直不像是他们自己的身体。

就这样，我在纽约那些喜爱运动的人当中，也渐渐获得了好评。

“友见的训练方法，让我的身体在 1 小时的时间里，腰围就瘦了 3 英寸（约 7.5 厘米）。”

“难以置信，我才开始做了 5 分钟的训练，臀线上升 5 厘米，太棒了。”

“我做了友见推荐的训练，身高好像长高了1英寸（约2.5厘米），到底是什么样的魔法啊！”

好评不胫而走，好莱坞的名演员、顶级模特、播音员、领航员、律师、钢琴家、运动员和社会活动家，以及一些因为减肥无果和身体虚弱而苦恼的成功人士，都来找我，要来上我的私教课。

他们中间，有超过90岁的老年人，也有怀孕中的女子，还有7岁的孩子。

不同年龄、职业和性别的人们，都来重塑身体。而我所做的事情其实只有一个，就是让身体各个部位回到它本来就应该存在的位置上，即身体重新启动程序——“零位复位”。

有很多人通过我的这套方法提高了基础代谢率，加大了自身的能量消耗，改善了体形，远离了虚弱、疲劳状态。随着那些变美变瘦、同时又改善了健康状态的人越来越多，在要求十分严格的纽约客中，“友见的零位复位训练法真的令人吃惊”的口碑也传播开来。

仅仅4周的时间，就会出现肉眼可见的效果。其中，有些女性一周内腰围就瘦了13厘米。有人不仅仅是塑形减重，而且还改善了自己长久以来的亚健康体质。他们都在书中留下了自己的感想。

“自己一个人也能完成的运动”

我不仅仅在纽约广受好评，渐渐地也在日本同行中有了名气。从此，我就时不时地回国授课和接受采访，甚至有时候，一天里要给 10 个人教授我的私教课程（一个人 1 小时，总共 10 小时）。

我的孩子还很小，对我来说，每次回日本不能超过一周的时间。尽管时间很有限，但是我都尽可能地让更多的人体会到身轻如燕的感觉。因为这样想，我回日本的频率也更加频繁了。

在这个过程中，我发现一个问题。那就是接受我私教课的人们要跟我第二次见面，都要间隔几个月的时间。我平时总是待在纽约，在日本接受我的零位复位训练的人，要想再见到我，都要等上几个月。

于是，我不禁开始考虑，在我不在的时间段里，如何能让我的客人们继续保持训练呢？

我能够为对方亲自指点、纠正对方身体位置的机缘，仅有一次就可以。然后，对方自觉训练，也能获得效果。

自己一个人在家里就可以操作，要点是不要太勉强自己的身体。一旦掌握了这点，零位复位训练就成为那个人自己的东西了。我开始研发“独立进行的零位复位”法，不仅仅是日本人，就连欧美人也可以轻松地掌握。后来，我就频频收到那些自我感觉受益的人发来的电子邮件，对我表示感谢。

“短裙腰部的纽扣往里收了两个扣子哟。”

“我的小腹从来没有这样平坦过。”

“我的腰痛不翼而飞，可以长时间地走路了。”

“肩膀和脖子不再觉得发沉了，我的睡眠质量大大提高了。”

“我的腰细了 7 厘米，可以穿漂亮的衣服了。”

“身体变得这样轻盈，令我感觉到非常吃惊。”

每当我读到这些邮件的时候，我都觉得自己能开发出“零位复位”的方法真是太好了。而且，即使我离开了日本，大家依然可以继续保持训练效果，也令我心生感动。

我想让更多人自己一个人就能解决多种身体问题，怀抱着这种想法，开始执笔写下这部作品。

“零位复位训练法”可以解决你的体重和体形的问题。

但是，效果绝对不仅如此。

你可以身体轻盈、各个部位运转良好，愉快地度过日常生活，让长期困扰你的亚健康状态消失。

你可以让身体重生、重拾自信和活力。零位复位不仅仅给你的身体，也给你的人生注入了能量。

当初我在曼哈顿的瑜伽教室里，仅仅是把重心转移到脚跟就感受到了轻盈如飞。那种惊讶之感，那种可以一下子驱除疲倦沉重之感的感动，我也想传递给你们。

如果这本书可以给你即将到来的幸运按下开始键，我将不胜荣幸。

来吧，欢迎你进入“零位复位”的世界。

目录
CONTENTS

目录

CONTENTS

Z E 身体重回
20 岁 R O

Chapter 0

我的
“零位复位”体验记

“肚子上的游泳圈消失了！”

自打生完孩子以后，我都放弃了变美、变苗条的念头了。没想到零位复位训练可以让我迅速改变。才不过 1 周的时间，我的腰围缩小了 13 厘米——生完孩子以后，我的腹部老有一圈游泳圈一样的赘肉；我的臀线也好像提升了，可以穿上生孩子以前的裙子了。

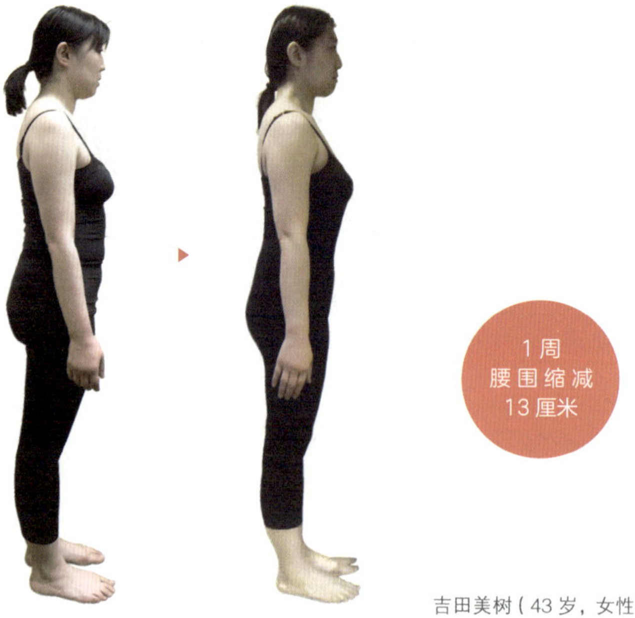

吉田美树（43 岁，女性）

“一直困扰自己的肩颈痛消失了”！

20 年来我增加了 20 公斤的体重。我想让这个身体再度恢复活力，于是进行了零位复位训练。我本来患有哮喘，所以零位复位很适合我，因为它不是那么激烈的运动，身体的负担小。我看到照片才发现自己原来瘦了这么多。而且，每天因为睡得不好而导致的肩颈痛也消失了，身体柔韧性也有所提高。我打高尔夫时候的得分比以前好了，其他人甚至都感觉到很吃惊。顺便说一下，接下来的 6 周中，我继续减重，又瘦了 8.6 公斤，腰围缩减了 10 厘米。

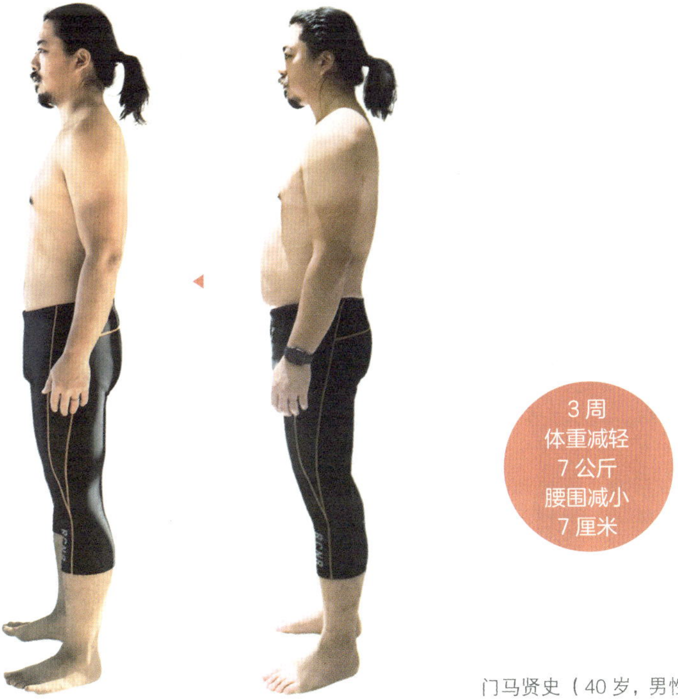

门马贤史（40 岁，男性）

“有史以来，身材最好时刻。”

我曾经尝试过非常极端的断糖减肥法，大概减掉了 15 公斤。我刚刚觉得人生的负重可以轻一些，没想到不知不觉眨眼间体重又上升了，甚至比以前还要重。“我并不想为了别人变美丽，我只想为了自己变美丽。”下定决心后，我开始进行零位复位训练。4 周后，我的腰围和臀围都缩小了很多。第 3 周，就减去了 4 公斤体重。而且，我这个时间点的体重，居然可以穿上过去减掉 15 公斤时买的游泳衣。真的是我个人历史上体形最好的时候。

木智依子（30 岁，女性）

“我走路的方法和姿势都得到了很大的改善。”

我 1 周内体重瘦了 2 公斤，腰围缩减 2 厘米。我非常吃惊。4 周后，我发现我新买的裤子腰围都松了，必须得买新的。而且，我一向都有些驼背，这也得到了很大改善，大家都夸我的走路姿态变好看了。即使是睡觉的时候，因为零位复位训练，身体负担也减轻了。出差的时候也可以自己训练。

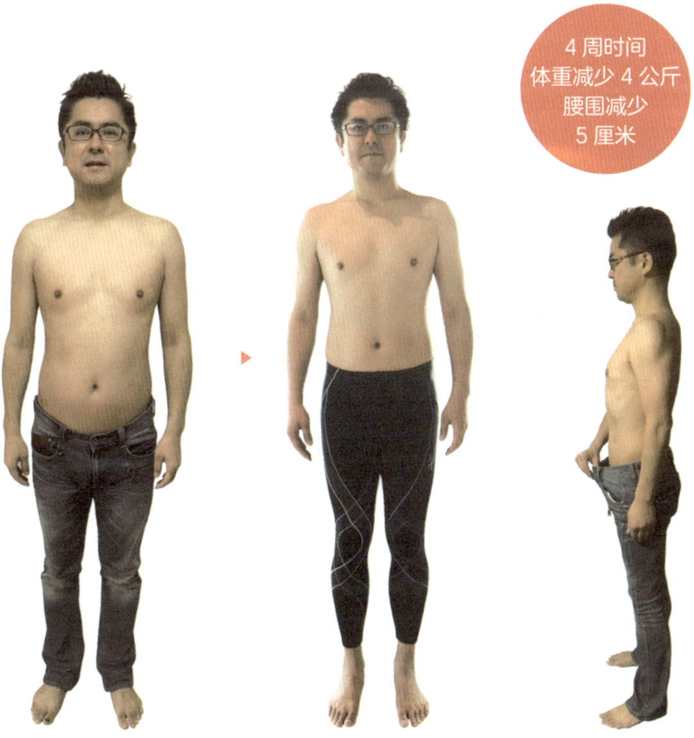

平田彰（43 岁，男性）

54 岁的身体也可以改善

我的体重和小腹都一起减了下来。我因为患病，脑子不太灵光了，经常给别人添麻烦，所以我都觉得没什么自信了。54 岁还能改变自己的体态，也让我重拾自信。我一直睡眠程度都比较浅，现在也可以深睡了，感觉自己有很多力量，记忆力也变好了。因为自己患有“五十肩”，所以只能把手臂举高到一定程度而已，而现在则可以高高举起。身体的恢复，也让大脑重新具有了活力。

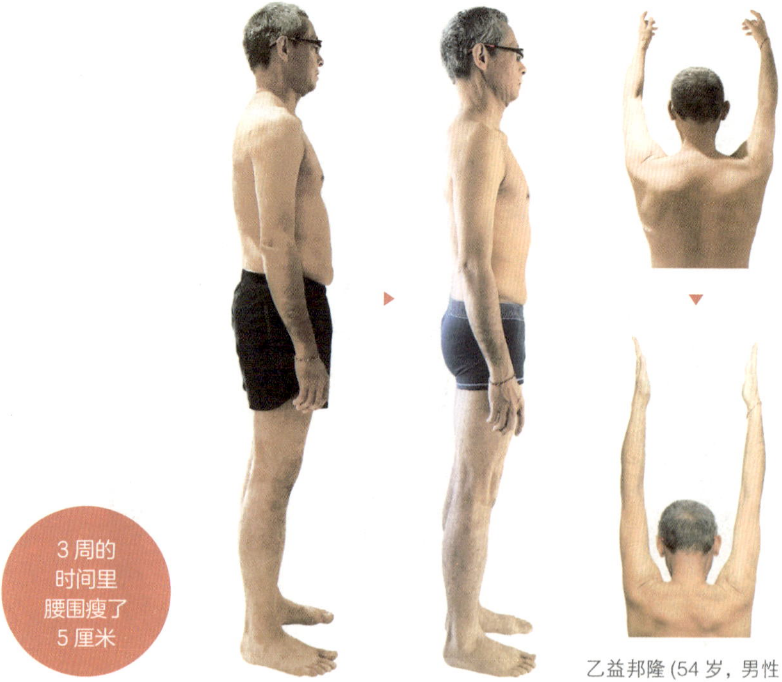

乙益邦隆 (54 岁，男性)

“我本来是有‘五十肩’的毛病的，手臂只能举高到一半，现在可以笔直地举起。我感觉我的身体简直重新更新了一遍，头脑活力也大大增强。”

顺便说一下，作者石村友见的父亲也挑战了一下这个训练。

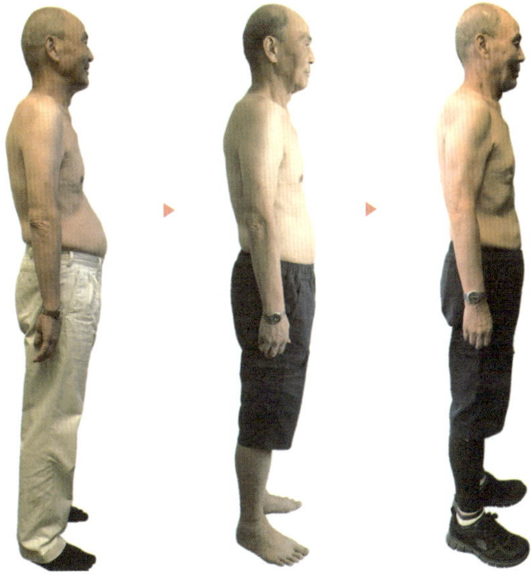

Z E 身体重回 R O
20岁

Chapter 1

回归零位后，身体的惊人变化

也许就是在那一天，你的命运发生了反转。 你应该尽最大努力变得可爱。

——可可 · 香奈儿

妈妈老了，身体收缩了

事实上，导致身体收缩的原因很多。

其中一个原因是肌肉的收缩而引发的，也就是人体姿势不良造成的。

长时间保持同一姿势，或总是维持在不良姿势状态中，肌肉力量就会消失，然后逐渐收缩。

比如，为了看智能手机，总是低着头。这样一来，脖子上的肌肉就会为了承受头部的重量而收缩、紧张、逐渐变硬，体形会逐渐失去原有的姣好形态。

另外，当人体内细胞死亡，体液减少时，身体也会收缩。这是一种在所有年龄层都会发生的生理现象。

比如脊髓灰质炎。

在脊髓中，人们认为能吸收冲击力量的“椎间盘”，其实原本大部分成分都是水。这是一种由活体水构成的软组织。其实，在人类还是婴儿的时候，椎间盘的水分就已经存在了，在婴幼儿时期可以达到 88%，20 岁以后开始降低，到 50 岁左右，就只剩下 50% 了。人体的 70% 都是水分，不仅仅是椎间盘，身体各个部分都含有大量的水分，一旦减少，人看起来就缩小了。

如果你的父母比以前看起来更矮小，那你不需要怀疑，他们真的是收缩了。

接下来我想聊一聊关于我母亲的事情。

因为我住在纽约，所以和在日本居住的母亲一年能见到一次。

2016 年秋天，67 岁的母亲因为罹患感冒，腰部变形，不得不拄拐而行。

我听到她说“光让我站着，我就感觉度日如年”的时候，真是何等的吃惊啊。

但是有数据表明，哪怕“仅仅卧病四五天，肌肉量就会下降 0.2%”。肌肉衰退如此之快，如果置之不理导致“肌肉枯萎”的话，会有什么后果呢?

答案很简单：那就只能一直“卧床不起”。

回过头来，我的童年绝不是富裕的。4 张榻榻米的房间有 4 口人，孩子的洗澡房就是洗衣机（难以置信吧）。

不过这是真的。

从前，母亲一边做了两三份兼职，一边辛勤操劳维持家庭经济。因此，在我脑海里“母亲”的形象，是那种 30 年来一直都是振奋向上、无所畏惧的姿态。所以，当我看到母亲收缩的身影时，真让人痛苦。

但是，过了一阵子，我也就慢慢接受了这个事实。

“人若任由不良体态发展的话，就会收缩。”

我发现了这样的真理，开始深思：“要想不变成那样，该怎么做才好呢？”

也就是说，身体逐渐收缩的母亲激发出我“零位复位”的想法，在背后给我提供了有力的动力呢。为了这个，我应好好感激并孝顺母亲。

成功减肥的唯一方法

言归正传。

无论什么样的人，只要活着，就会缩小。

但是，请放心。

肌肉虽然会收缩，但也可以用肌肉本身的力量使其恢复到原位（零位）。

而且，如果想逆转肌肉的收缩，更好地进行运动，我们需要增加身体的水分。这样一来，衰老的速度就慢了。

身体中约70%是水分（液体），分别是淋巴液、血液、脑脊液等。

肌肉起到类似泵的作用，它将血液泵送到全身。这样，只需调动肌肉就能让身体各部位血液充盈。

于是，皮肤下淤滞的废物容易排出，干净的血液在周身流转。这种没有淤滞的血液为全身输送氧气。良好的血液循环有着消除疾病的功效，对人体恢复疲劳也功不可没。

肌肉状态良好，血液循环通畅，进而能消除人体收缩的问题，也会解决关节内水分不足的问题。

这就好像往嘎吱嘎吱运转不灵的零件中加入润滑油的效果一样。关节可以流畅地活动，可以轻松地进行日常动作。

基础代谢率随之提高。所以只需要平平常常地进行日常生活，就可以轻松燃烧脂肪。

这样一来体重也容易下降，和减肥后的反弹也无缘了。

人是不可能永远减肥的。跑步瘦下来的人，一旦停止不跑就会发胖。因为限制糖分而瘦的人，一旦开始摄取糖分，就会重新变胖（你周围也有很多这样的例子吧）。

成功减肥的唯一方法是："停止减肥行为后，也可以保有持续燃烧脂肪的身体。"只有"零位复位训练法"才能够实现这一目标。

一小时，腹部平坦，体态变美

第7页的照片，是我71岁的父亲进行零位复位训练3周后的效果。

引人注意的是他腰部的位置。之前父亲的肚子像妖怪一样凸出来，现在总算变成了普通人该有的肚子的形象。

他本来体重并不重，但是由于受到肚子前凸的影响，患有腰痛。

做了零位复位训练以后，父亲的体重只稍微减少了一点，但肚子的变化很大。这样一来，他的整个体形也变得挺拔，脸也突然变得像个男子汉似的，神情更刚毅了。他看起来像是年轻了10岁。

3个星期后，父亲笑着说："这好像都不是我的身体了啊。"此时，长年折磨他的腰痛几乎不医而愈。他感觉到身轻如燕，非常舒服。

父亲的腰围缩减了5厘米之多。他的体重几乎没有改变，为什么却瘦下来这么多呢？

像父亲那样，手脚和上半身虽然不胖，只有肚子凸出的人很多。

这种情况下容易得出"内脏脂肪多"的结论，但实际上不一定是这样。

至少对于我父亲来说不是这样的。为什么呢？因为他的体重几乎没有发生什么变化。实际上，有很多人的体重和年轻时差不多，但是却为体形走样而苦恼。

后文，我会进行更加详细的解说，零位复位会让人体的各个部位恢复到初始位置，同时也会强化身体核心力量。

几乎每个人都可以在“改善体形的同时，燃烧脂肪，减少体重”。在我的学生里，真的有一个人，仅仅一个月的时间里就瘦身9公斤，而瘦身达到5公斤、7公斤的人就更多了。但是，尽管如此，依然有人跟我父亲一样，体重几乎没有变化——造成他们大腹便便的原因不是内脏脂肪的问题，而是腰部的位置偏移了。

具体到我父亲的案例呢，是因为他运动不足，而且从事了较长时间的伏案工作，姿势不好，导致腹肌无力，腰部也脱离了本来的位置。而整个肚子也就随之前移了。

出于这个原因，父亲只是腰线消失才看起来胖的。

即使是从照片里也能看出，父亲脖子和腹部的位置都向前偏移了。一旦将这几个位置向后调整，3周后整个身体都会向后调正，整体也看着苗条了起来。

相信读者们自己也知道，肌肉比脂肪更重一些。父亲体内的脂肪含量并不大，因此产生变化的只是他的肌肉，整体体重也没有什么大变化。但是，因为腰部的位置一下子调整到零位，他凸出的肚子也就随之凹陷回去了。

因此可以说，只要让腰部位置回到初始位置，那么不管是肚子还是整体体形，都会回归到一个苗条挺拔的状态。

事实上，很多零位复位体验者，无论男女，都只花了一小时的时间，就体验到自己腹部平坦、体态变美的感觉了。

而达成这些奇迹的秘密，都在于零位复位。

那么，到底怎样才能让身体的各个部位回归到零位呢？

让减肥成功的 5 个零位

身体的各个部位都会产生收缩效应。所以，各个部位脱离初始位置（零位）的情况都会比较严重。新陈代谢和血液循环状态会随之恶化，人也会变胖、身材走样，导致不健康的状态。

我开发的这套零位复位训练，不仅仅可以让人延展收缩的身体，还能让各个部位恢复到零位，从而让体重和体形都恢复到理想状态。

并不是仅仅减轻体重那么简单。

菜菜绪是个模特，她曾经说过："忘记体重吧，值得重视的是体形。"

确实如此，如果体重减轻了，但是背部依然圆厚、臀部松松垮垮的，也依然说不上美。

男人也是一样的。纽约一流的职场精英也是更加注意体形，而不是体重。简言之，就是体形和姿态。

即便是在商业世界里，人们也是会被第一印象所左右的。

因此，零位复位的重点是创造美好的体形。

那么，身体的哪些部位需要恢复到零位呢？

有 5 个部位，必须恢复到零位：

1. 脖子；
2. 肩膀；
3. 后背；
4. 腰部；
5. 脚趾。

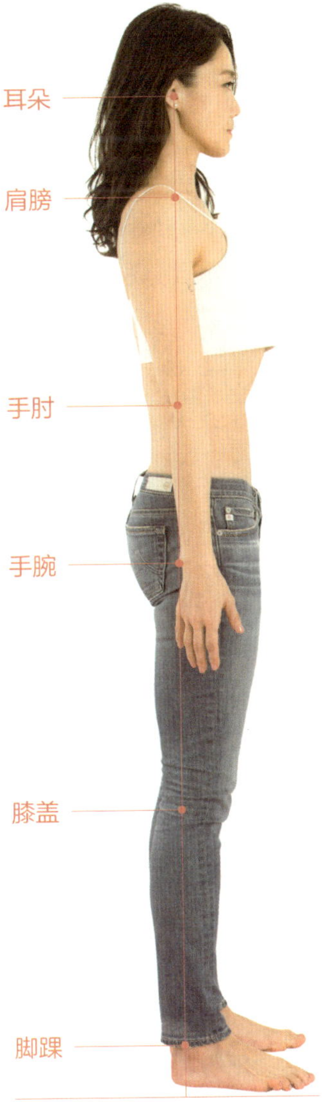

我们每个人本来就会无意识地让身体各个部位回归到零位。我们在睡觉的时候，身体总是保持微微前倾的姿态，有时候还会伸展一下自己的身体。

理论上来说，人体有自行调整身体各个部位回到初始位置的能力，尽管那也是很难做到的。但对于身体过度消耗的人，依靠身体自然恢复的能力来进行调整，也不是不可行。

我刚刚所列举的 5 个关键的“零位”，是重中之重，必须要做到。人体站立的时候，要注意“耳朵、肩膀、手肘、手腕、膝盖、脚踝”成一条直线。

然后慢慢抬起两脚的脚尖，让重心挪到脚跟，笔直站立，注意不要摔倒。这个动作就可以让你调整到零位。从这个姿势开始训练你强健且柔韧的核心区。

这么一来，身体就会像生出翅膀一样，感觉到“零重力”般的轻松。

我当初在纽约那一刻体会到的感觉，就是这样。

“要是能这样保持住的话，我可以连续跳舞 3 个小时。”

我甚至有了自己已经成为一个一流芭蕾舞者的错觉。

找到零位中心轴以后，身体会特别擅长对抗重力作用。手足都从重力中解放出来，可以仅仅依赖最小限度的能量，就发挥出巨大的力量。

终极“零重力”状态，就这样被创造出来。

这个时候，你就开始获得理想的体重和体形了。

最关键的是腰的零位

一般来说当5个部位——脖子、肩膀、后背、腰和脚趾都保持在零位时，大家会觉得这个站立姿势很好。实际上这个姿势的重心是稍稍靠后的。这种姿势可以让腹部深处发力，锻炼了腹肌，使内脏整体提升，姿势会一下子变得美丽。

在进行零位复位训练时，为了保持住零位状态，务必注意将腰的重心自然地与足跟保持在一条线上，和地面垂直。这样，我们平时无论是站立还是走路，都可以自然地进行复位训练了。

最好可以习惯成自然，在日常的所有场合都可以随时随地做零位复位锻炼。跑步、肌肉训练以及节食，都不是关键因素。

零位训练最重要的一点，也是前文提到的，就是要经常重复。人不能永远靠节食减肥。而成功的节食减肥法只有一个——那就是，即使你停止节食，也依然可以保持脂肪燃烧。

实际上，零位训练的体验者们在完成一定时间的练习后，即使完全不做运动也能保持美丽的体形。

在5个需要复归到零位的部位中，最关键的地方是腰部。腰掌控着全身的稳定性。有人走路的时候脚步声“咚咚”的，跑起来也是。如果运动时发出的是这种声音，那么他的整个身体都是晃动的，流汗也比一般人多一倍。

这类人腰部的位置比一般人脱离得更严重。作为身体重要部位的腰部偏离正确位置，活动起来会多浪费很多力气。就好像前文中提到的家父一样。

反过来说，如果腰是在零位的人，走路声音是非常轻微的。如果走路几乎不发出声音，也就表明对身体关节的冲击较小。所以我们跑起来也好，走起来也好，最好的状态是身体不存在沉重甚至发痛的感受。

从内部结构上来说，腰是连接上半身和下半身的重要枢纽。而调动腰内部的深层肌肉进行呼吸训练，会产生令人愉悦的效果。

零位复位的训练可以不依赖器械，通过有意识的呼吸带来良好的训练效果。甚至，你可以一边做家务、带孩子、上下班，在所有日常生活的活动中，同时进行训练。

我的父亲在做完一系列针对腰部复位的训练以后，腰的位置恢复到零位，不仅小腹变平坦了，而且连困扰其多年的腰痛也好了，站立、坐卧，都比以前更加轻松。仔细看看“腰”这个字，其中就包含了“要点”的“要”字啊。

让你变年轻的身体“缝隙”

本章最后这节，我想说的是，随着身体回归到零位，身体也变得年轻了，日常的生活质量也会随之提升。

你知道是什么让人的身体返老还童吗？

其实就是身体中的缝隙。

人体的关节和关节之间，本来就存在一些缝隙的。这些缝隙可以让关节之间保持顺畅的活动。但是，随着年龄的增加，以及肌肉的紧缩，体内的水分随之减少，关节之间原本存在的缝隙也慢慢消失了。

这样下来，日常动作慢慢地开始受到影响，血液循环也变差，肌肉疲劳不容易恢复，老化的速度也就随之加快。

“我感觉我的腰很难伸直。”

“手臂上举困难。”

“感觉怎么也消除不了疲劳。”

反而言之，如果身体内存在“缝隙”的话，关节活动起来就很轻松，日常活动也很自如，周身血液循环状态会得到改善，肌肉的疲劳容易消除，老化速度随之减缓。

我们的身体里有400多个关节。零位复位可以让你的关节可活动空间变大，恢复灵活状态，爆发出最大的肌肉力量。日常动作更加灵活顺畅时，可以让人充分体会到年轻的效果。

目前，你的动作有可能已经像个木偶一样僵硬；但是一旦采用了零位复位的训练方法，就好像给你的手脚、肩膀和股关节等注入了润滑油一样。

这就意味着在改善身体收缩状态以后，关节之间的缝隙也得以被重新塑造。

“袜子不再那么紧了。”

“明明没有什么绊倒我，我却摔了一跤。”

“好难回头看东西啊，我扭不过身子。”

“我上厕所的时候，发现擦屁股都开始吃力了。”

“我从椅子上站起来，还真得花点工夫。”

以上这些日常动作如果是像这样不能轻松做到的话，就意味着你的脖子、肩膀、后背、腰和脚趾这5个部位已经脱离了零位，只要成功复位就可以重新激活。这样一来你会发现，你的四肢，会比你之前所感觉的更长、更轻盈。你会觉得自己的身体更自由自在了。

2014
To
W 45 St
SONY
LOCAL/EXPRESS

Z E R O
身体重回
20岁

Chapter 2
身体
收缩程度自检

决心是一切的开始。

——黛安・冯芙丝汀宝

腰崩溃后，全身崩溃

脖子、肩膀、后背、腰部和脚趾。一旦这 5 个位置有所偏离，那么身体在重力的影响下，很多地方都会产生位置异常。而且，身体如果继续负重，那么身体的收缩也就开始进行了。

5 个位置一旦处于理想状态（零位），你在站立时，就可以时时保持“耳朵、肩膀、手肘、手腕 、膝盖、脚踝”呈一条线和地面垂直的状态。

零位训练的效果因人而异。肩膀和后背的收缩也是存在个体差异的。但是，人体的各个部位并不是独立工作，而是相互交联状态的。脖子如果出现了收缩，那么肩膀也会随之收缩，然后后背也是这样，整个身体都会产生收缩状态，造成整体性的体形走样。

特别是对整个身体来说非常重要的腰部，一旦它脱离零位，其他部位很可能也都随之脱离了。反过来说，如果腰部的位置在零位上，那其他部位也很可能依然在零位。

身体的零位在哪里？

让我们把5个部位整体梳理一下。

1. 脖子：后脑与肩膀呈垂直关系，耳朵的正下方就是肩膀。

2. 肩膀：位于耳朵下方，使手指中指对着大腿内侧。

3. 后背：从后脑到脖子，是一条笔直的、垂直于地面的线。

4. 腰部：比胸部和腹部位置都要靠后，后侧有凹陷下去的曲线，但也不要过度凹陷。

5. 脚趾：脚趾能够张开和拱起。

自己其实是不太容易看到自己的姿态的。

所以可以侧身对着镜子，用眼睛确认，甚至用智能手机拍下自己的姿态，以便仔细观察。

回归零位前后对比

通过拍照片并打印出来的方式，将耳朵、肩膀、手肘、膝盖和脚踝5个部位的状态反映在一张小小的照片上，贴在常常可以看见的地方。进行零位复位训练后，观察2周后乃至4周后的效果，再次将自己的体态拍照，与之前的照片进行比对。

将这5个部位保持在一条直线上，然后抬起脚尖，身体重心靠后，让整个身体恢复零位。这里我还要提醒一下，在百元店就可以买到小照片徽章（日本百元店里的徽章非常好用！纽约的朋友们也想要呢）。

那么，到底你的身体收缩已经严重到什么地步了呢？就请你一点点地修正自己5个部位的偏移吧。好，现在，我们进行零位复位训练。

1. 脖子——耳朵正下方是肩膀

✓零位：从后脑到肩膀呈一条直线。

✗零位偏移：从后脑到肩膀不能呈现出脖子垂直地面的状态。耳朵的位置比肩膀要靠前。

脖子位置长期不正，会导致后颈肌肉紧张，脖子也变得短粗，而且会让人像猿猴一样呈现出下巴前探的样子，会给人一种负面的、不幸的印象。

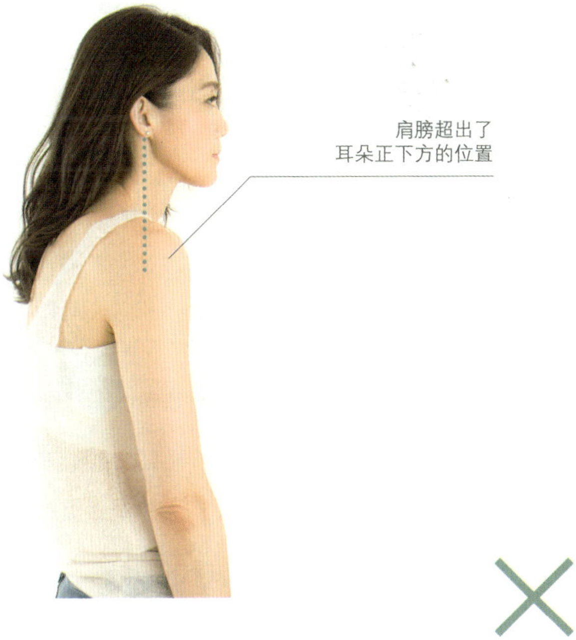

动作判定：当有人从后方向你打招呼，你是否能立刻回头作答？

可以左右转头：◎无肌肉紧张（位于零位）

难以左右转头：△轻度肌肉紧张

左右两侧均不能转头、身体僵硬：× 重度肌肉紧张收缩

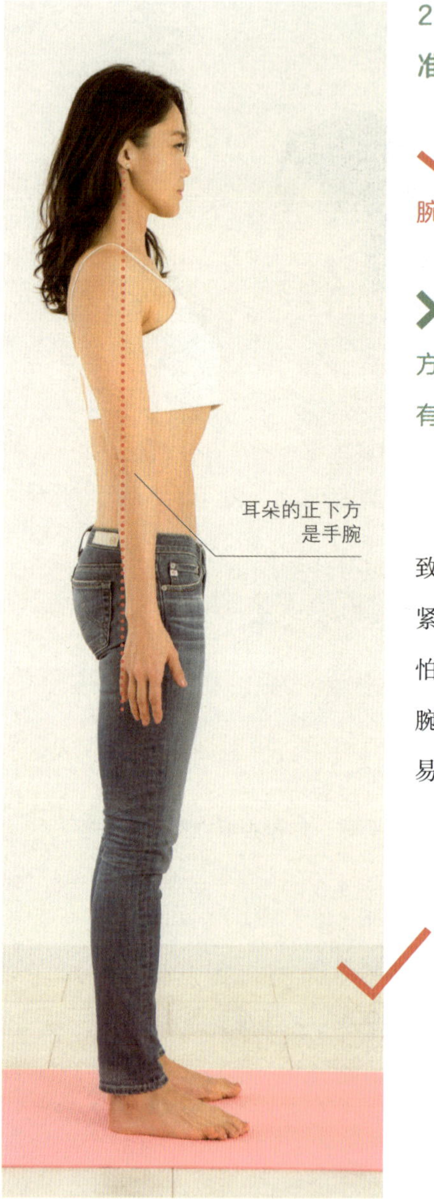

2. 肩膀——手的中指对准大腿内侧

✔零位：耳朵正下方为手腕，手的中指对着大腿内侧。

✘零位偏移：耳朵的正下方不是手腕，手的中指也没有对着大腿内侧。

长期姿势不良，将会导致耸肩，脖子和肩周的肌肉紧张，给人一种小气、好像怕冷一样的感觉。肩膀和手腕的位置向前偏移，手臂容易堆积脂肪。

动作判定：能否两手伸过头顶、手掌交叉向下?

双臂可以紧贴耳后举到头上、手掌可以正常交叉向下：◎无肌肉紧张（位于零位）

两手两臂可以举过头顶，但是无法紧贴耳后：△轻度肌肉紧张

虽然想将双臂举过头顶，但是却无法顺利上举：× 重度肌肉紧张

3．后背——后脑到脖子成一条竖直的直线

零位：从后脑到脖子成一条笔直的直线

零位偏移：从后脑到脖子不是一条笔直的直线，后背拱起。

长期处于零位偏移的姿态，会导致肌肉紧张、驼背，让人看起来没有自信。后背会失去平滑的曲线；此外，后背拱起的部位，对应的腹部位置会出现“皱纹”，肚子看上去像被分成两三段的样子。

×

动作判定：保持站立姿态，身体前曲，手可以触碰到地板吗？

从脖子到腰，都可以柔韧地弯曲前倾，手掌可以碰到地面：◎无肌肉紧张（位于零位）

后背只能稍稍弯曲，手指尖勉强碰到地面：△轻度肌肉紧张

后背僵直，完全无法前曲，手也完全碰不到地板：× 重度肌肉紧张

4．腰部——过度弯曲很危险！

零位：腹部和胸部相比是凹进去的状态

零位偏移：腹部的位置突出，甚至超过胸部，腰部移位。

当腹部突出，甚至超过胸部的时候，内脏也会跟着前倾，腰部周围肌肉失去约束力，给人造成腰粗的印象，甚至会有腰部松弛、大腹便便的印象。此外，腰部位置偏移会造成膝盖弯曲，臀部和大腿的肌肉松弛，导致腿粗并且显得腿短。腰部移位，也会引发腰痛。

✕

动作判定：向右侧卧时，将右膝靠向胸前，两手可以抱住膝盖吗？左边膝盖内侧可以贴到地板上吗？（※ 换另外一边，再试一遍）

向两边侧卧时，下侧腿都可以成功抱到胸前，上侧腿的膝盖内侧也可以触碰到地板：◎无肌肉紧张（位于零位）

只有一侧膝盖能靠近胸部：△轻度肌肉紧张

如果不抬起上身，手就无法抱住膝盖：× 重度肌肉紧张

5. 脚趾——5 个脚趾能自如张开

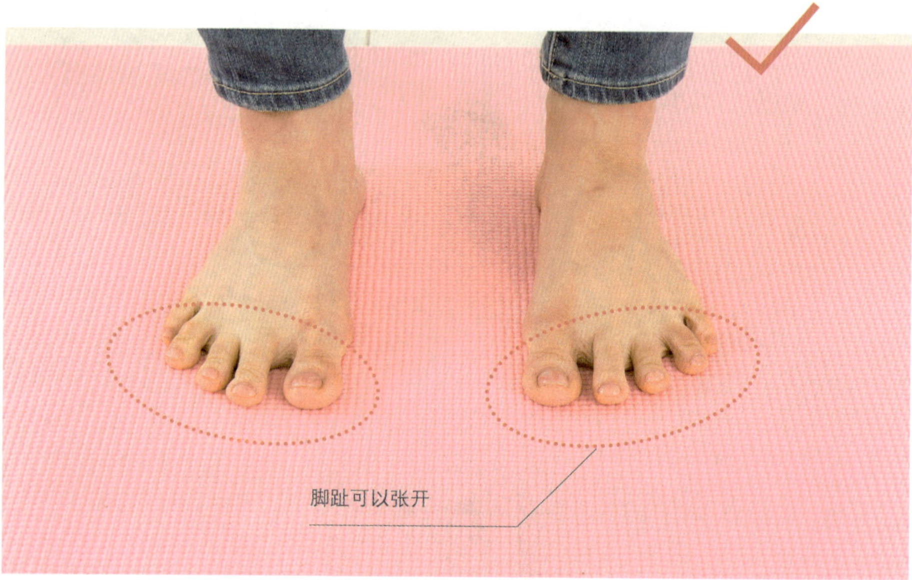

零位：脚趾可以大大地打开，脚趾可以拱起。

零位偏移：脚趾之间无法张开，脚趾几乎不能拱起。

脚趾的移位会导致身体支撑力度变弱，引起腰部移位，驼背，肩膀、脖子和下巴容易前探。

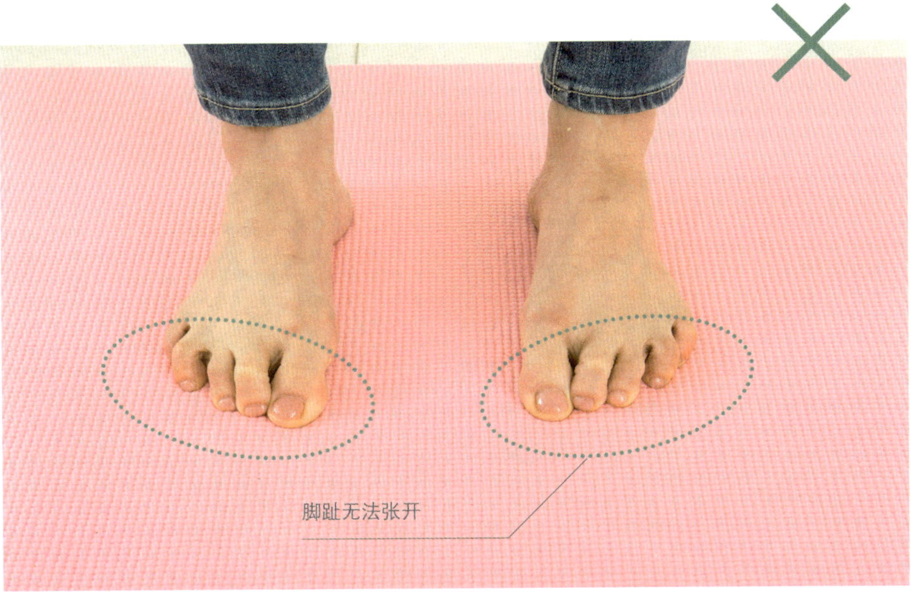

动作判定：坐在椅子上，脚趾打开、翘起、蜷缩拱起。你可以做到吗？

· 脚趾可以做出所有动作：◎无肌肉紧张（位于零位）

· 脚趾能做出其中某一个动作：△轻度肌肉紧张

· 所有动作都做不出：×重度肌肉紧张

Z E 身体重回 20 岁 R O

Chapter 3

实践！
零位复位训练！

请抛弃那颗让你自我否定的心。不要否定自己，去否定那些制造出否定你的理由的人吧。

——可可·香奈儿

我们终于来到讲具体实践的篇章了。

让我们的“脖子、肩膀、后背、腰部、脚趾”都回到零位，进一步燃烧脂肪，提高基础代谢吧。

让我们在矫正身体收缩的同时燃烧脂肪。

本章，我将零位训练的要点全部整理出来奉献给大家。

“零位复位训练 4 周计划”的要点

1. 所有的动作都可以在躺着的时候进行

所有的训练动作都可以在躺着的时候进行。甚至可以说，正是因为躺着，才能让身体复归零位。因此，即使是在你颇感疲倦的日子里，也可以躺着进行训练。你可以充分利用早晚时间段，轻松搞定。

2. 请充分利用人体自重

在后背下方放置一团毛巾，即可以仰面朝天地进行训练。保持睡眠的姿态，就可以让脖子和肩膀回归零位，而且，不需要使用其他器具，仅凭自重，轻松矫正身体收缩。

3．零位训练中，呼吸是重中之重

请你用 3 秒钟的时间，从鼻端吸入空气，再花 7 秒钟的时间，从口中吐出。记住这一点，因为这是零位训练的基本原则。这样一来，腹部、后背、肋骨周边就会像气球一样地鼓起来、再瘪下去。这种呼吸方法可以让紧张的身体各部位松弛下来。

4．延展—收紧

零位训练，可以让人体以躺在床上的状态，进行收缩矫正，促进脂肪燃烧。它的原理是先让人体紧缩的关节和肌肉延展开来，然后再让肌肉收紧。

如果直接让已经很紧张的肌肉再收紧，不但无法矫正肌肉的紧张状态，反而让情况更加严重，导致体形进一步恶化。因此，要先将延展练习作为中心环节，收紧环节是最后才要做的步骤。

5．持续 4 周，每日训练

首先要在 4 周时间内，持续进行练习。很多体验者在 4 周的时间里都体验到了明显的体形变化。只要持续 4 周，就可以大幅度提升新陈代谢。

如果有人已经获得了自己想要的效果，可以就此终止训练。如果有人觉得还想再进一步减重的话，可以从第 5 周开始，在每周的一、三、五进行训练。

※ 如果在训练过程中感觉到痛、麻、眩晕，请立即停止。

每天进行零位训练的程序

首先是零位复位呼吸和
5 种延展训练，其次做 1 种收紧训练
持续 4 周，每天进行。

STEP 0

零位呼吸

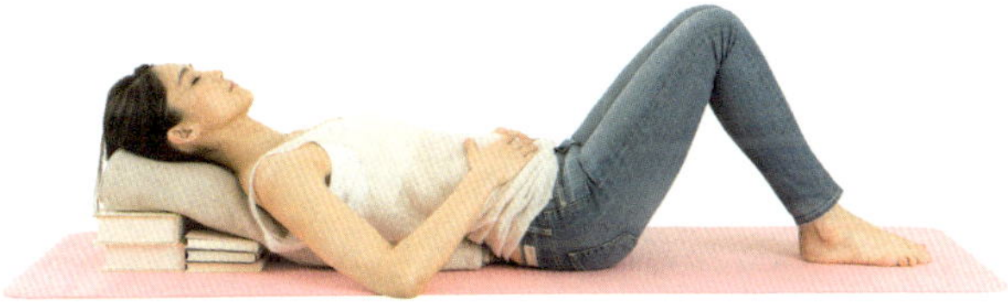

STEP 1

延展训练

（5种）

STEP 2

收紧训练

（1种）

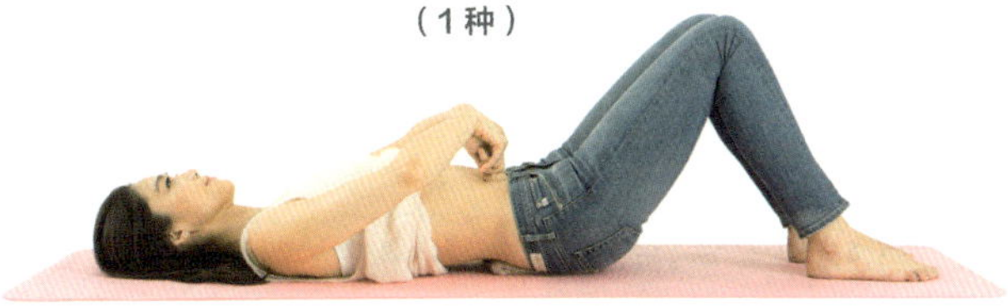

需要准备的东西

1. 瑜伽垫
2. 3 块浴巾
3. 书（5 或 6 册）

1. 在地板上铺上瑜伽垫，上面放置 3 块浴巾。

2. 将浴巾从一边开始卷起来。

3. 将所有的浴巾都卷成筒状。

4. 头下放2册词典一样的厚书，肩膀下面放2到3册薄一点的书，使浴巾形成一个角度。

如果脖子和肩膀有宿疾的话，可以在脖子和肩膀下面放入一团毛巾。如图。

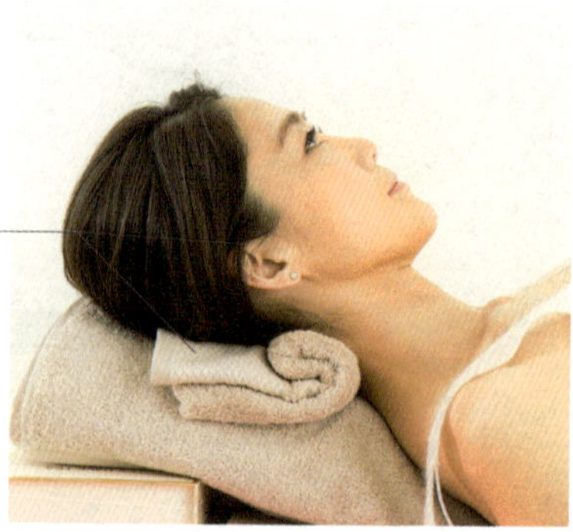

仰面躺在浴巾上，蜷起双腿

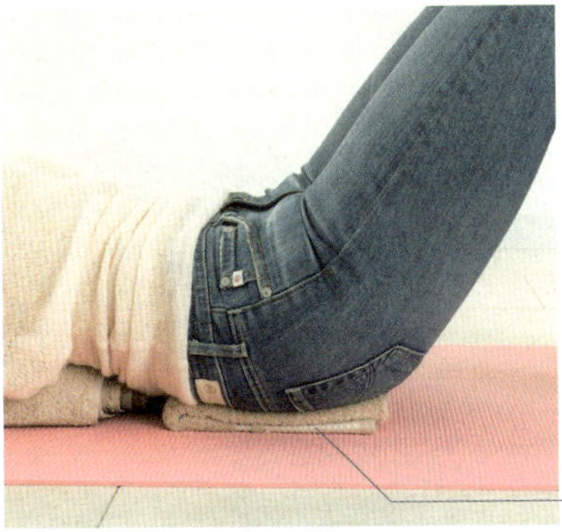

腰痛的人就在腰下面放一条小毛巾。

STEP 0

零位复位呼吸

呼吸练习❶

普通呼吸——先让全身放松

吐气时，要发出“哈……”的声音。
如果闭着嘴唇呼气，会导致肩膀和脖子用力。

使后背中心正好躺在浴巾上，两手按住腹部。用鼻子吸气 3 秒，深深吸入一口气，同时鼓起肚子。然后再发出“哈……”的声音，在 7 秒的时间里吐出气息，腹部也会随之凹陷。

3组

呼吸练习❷

肋骨呼吸——针对后背和腰部的收缩

吐气时，要发出“哈……”的声音。

拇指按在后背、另外 4 根手指按住体侧的肋骨。用手指来确认肋骨是否向后方、侧方扩张。

上述“普通呼吸”中要鼓起肚子，而“肋骨呼吸”就恰如其名，两手像图片中显示的那样按住肋骨，用鼻子深吸气3秒，同时让肋骨往横向和后方扩展，然后发出“哈……”的声音，在7秒钟的时间里吐气，肋骨收缩回来。

01 零位复位呼吸训练——针对脖子、肩膀、后背、腰部收缩

呼吸练习①的“普通呼吸” 和呼吸练习②的“肋骨呼吸”同时进行，就是零位复位呼吸训练。

放松地、深入地吸气，
吐气的时候，发出“哈……”的声音。
闭口呼气会导致肩颈发力。

手指放在肋骨和后背上，用鼻子吸气 3 秒，同时鼓起肚子，扩张肋骨。此时不仅仅是身体的前侧，包括身体的侧面、后方全都像气球一样地鼓了起来。

然后，嘴里发出“哈……”的声音，保持 7 秒吐出气息， 腹部也就随之凹陷，肋骨也平复到原来的位置。

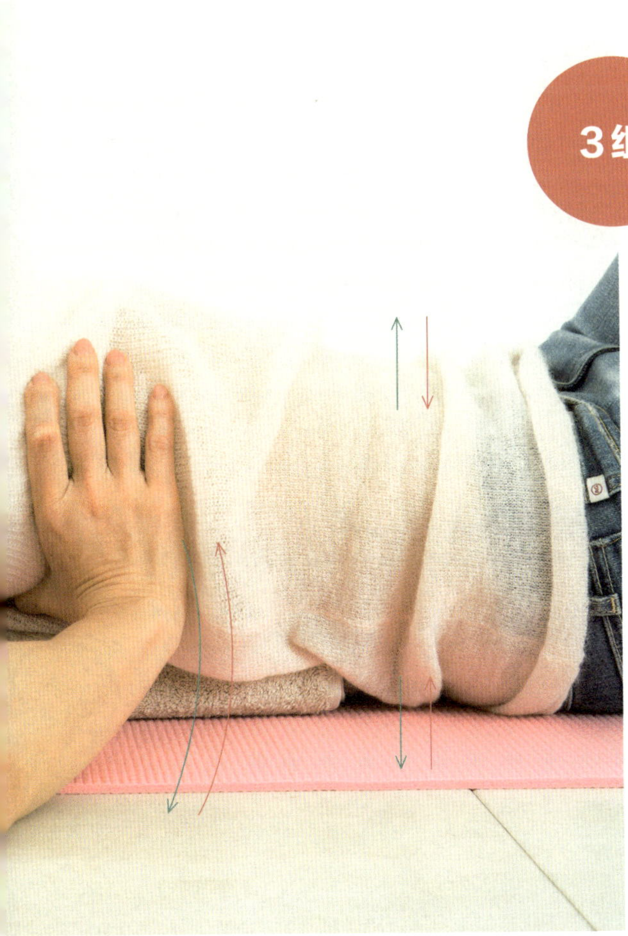

STEP 1

延展训练

零位复位呼吸的所有动作，都需要在躺着的姿势下进行。

意念中要想着："我的身体要放松下来哟。"这样才能有良好的效果。

01 手臂上举和下摆——针对脖子、肩膀、后背和腰部收缩

1. 抬起手臂

首先进行 “零位复位呼吸” 吸气 3 秒，同时两手照图片所示位置上举。

3 秒

2. 摆动手臂

然后用口呼气 7 秒，并且发出“哈……”的声音，同时手臂大幅度地往下滑动，并有意识地进行扩胸。

＊手臂有伤的人不可勉强操作。

02 开胸——针对脖子、肩膀、后背和腰部收缩

1. 开胸

将毛巾像照片中所演示的那样，放在后背（正对胸部）正下方，两手放在头下交叉，并立两膝。首先用鼻子做 3 秒钟“零位复位呼吸”的吸气，同时进行扩胸。

2. 伸开双臂

接下来进行 7 秒钟的“零位复位呼吸”的吐气，两手像照片中演示的一样伸开，伸直后背。

03 拉伸股关节——针对后背和腰部收缩

1. 抱住双膝

将浴巾放在屁股下面，抱起双膝。

2. 放下左腿

首先，用鼻子做 3 秒“零位复位呼吸”的吸气，同时抱住右膝向右肩方向牵引，左腿伸直往地板方向用力。

3 秒

3. 左右两腿上下动作

用嘴巴进行 7 秒钟的“零位复位呼吸”吐气，同时左腿进一步往地板方向下压。右腿向左腿的反方向用力，仿佛对抗一样。你会感觉到鼠蹊部得到伸展。两腿交替练习，也是同样的操作方法。

04 腿部“4”字——针对后背和腰部收缩

1. 双腿组成一个“4”字

将右脚踝牵引到左膝盖上方，组成一个好像阿拉伯数字“4”的姿势。用鼻子做 3 秒的“零位复位呼吸”吸气，双膝保持平行位置。

3 秒

2. 左腿向上牵引，右腿下压

然后按照“零位复位呼吸”的方法，用嘴进行 7 秒的吐气。右膝往下压，左膝往自己的脸的方向牵引。两腿交换，按同样的方式进行训练。

05 打开脚趾——针对脚趾收缩

1. 将手指插入脚趾间

在前面的“4”字式的体式基础上，一条腿立在地面上，将自己的手指插入另外一只脚的脚趾之间。如图所示。

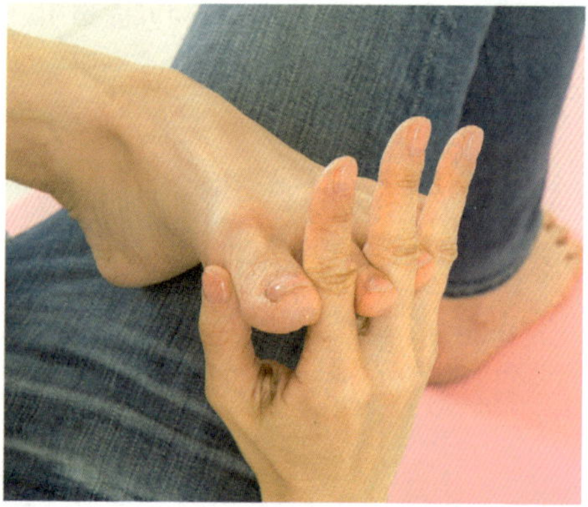

2. 脚趾弯向指甲侧

嘴巴进行7秒钟吐气并发出“哈……”的声音，将脚趾扳向指甲的方向。

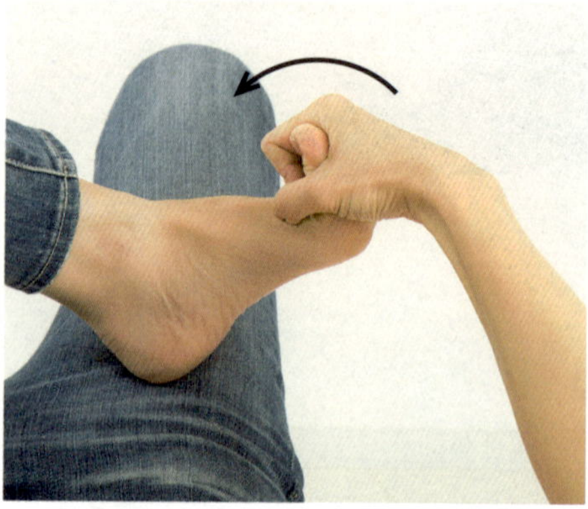

7秒

3. 脚趾弯向脚跟侧

接着，一边用鼻子吸气，一边放松力量，嘴巴吐气 7 秒钟并发出“哈……”的声音时，将脚趾向脚跟方向弯曲。

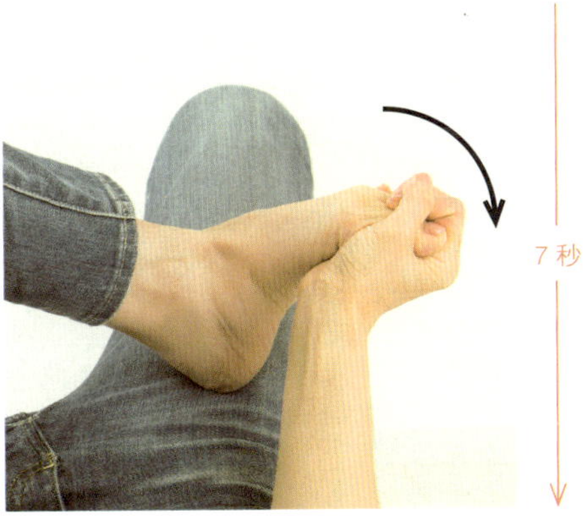

4. 猛地松开

最后，一边吸气，一边“啪”地松开脚趾。另外一只脚也进行同样的练习。

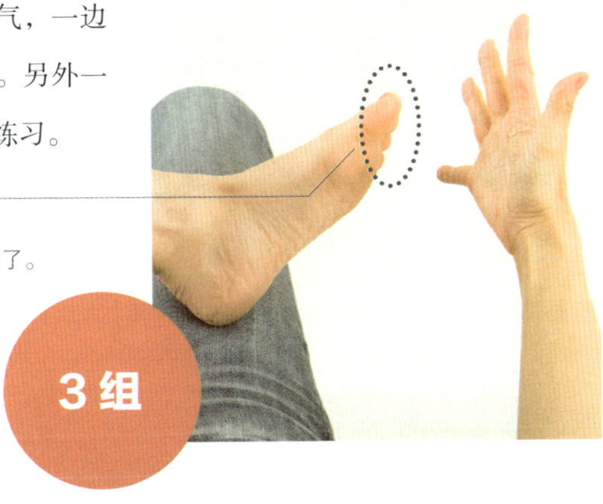

松开的时候，
感觉到脚趾仿佛被拉直了。

STEP 2

收紧训练

身体放松以后，我们需要进行一个收紧训练。可以咳嗽几声，让腹部肌肉坚挺，锻炼一下身体躯干。然后站起来确认一下自己的身体状态是否位于零位，你应该能感觉到身体好像生了翅膀一样轻盈。

01 咳嗽一下，收紧腹肌

1. 用手指按压腹部

仰卧，两食指按住下腹部两侧。

2. 咳嗽一下使腹壁肌肉收紧

在 7 秒钟的时间里，用嘴发出“哈……”的声音，慢慢吐气，然后咳嗽两声，确认腹壁肌肉是否收紧。

3. 呼吸使腹部凹陷下去

保持腹壁肌肉收紧，用鼻子吸气 3 秒，再用嘴吐气 7 秒，如此重复 5 次。那么腹部就会像滚梯那样地凹陷下去。

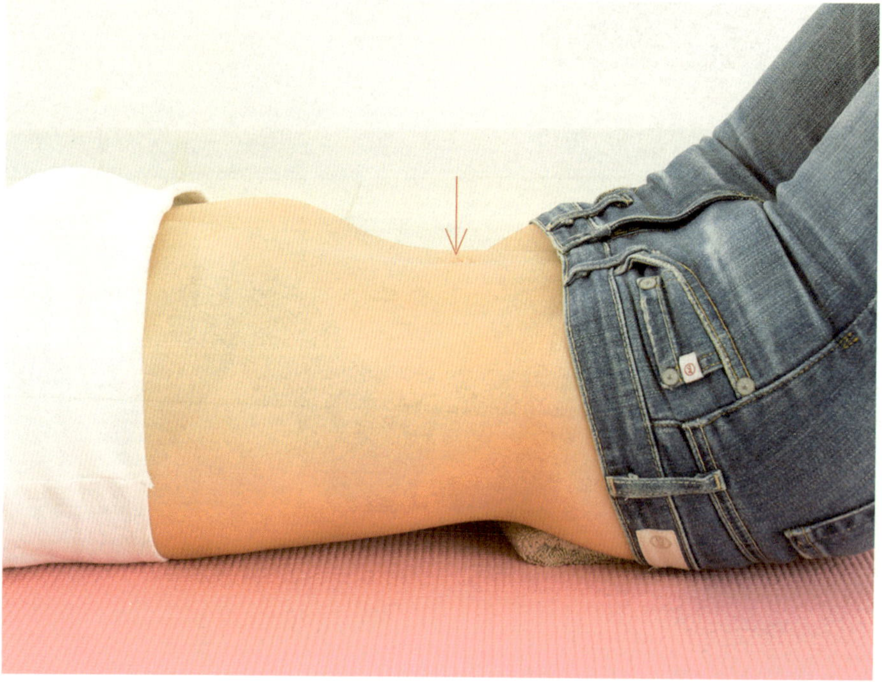

*怀孕、腹痛并且头晕的人不要勉强自己做这个动作。

02 最终确认："零位站姿"

1. 鼓起肚子

两脚分开，中间可以容下一拳的距离；用两个食指贴着肚子。用鼻子吸气 3 秒。吸气的同时，鼓起肚子和后腰。

2. 收缩肚子，收紧腹壁肌肉

用口呼气，发出“哈……”的声音，保持 7 秒。然后，咳嗽数声，使腹部凹陷，再度让腹壁肌肉紧绷起来。

3. 两手放在体侧

保持腹壁肌肉收紧的状态，双手放在身体侧面。

4. 双手向后旋转

两手向后旋转，同时注意开胸，两脚脚尖上抬，身体稍稍后倾。

零位训练完成！
1组

这就是零位姿势：耳朵、肩膀、手肘、手腕、膝盖、脚踝呈现出一条直线。

每日训练程序做到这里就算结束了。

如果，零位姿势让你感觉到自己的身体有些微微后倾，这正是最好的状态。这样一来，你的腹部就会受力，在日常生活中，无论是站立还是步行，都能很自然地让身体保持在零位状态上。

Z E 身体重回 20岁 R O

Chapter 4

让腿变长的零位训练

眼见不如事实。

——麦当娜

ZERO 身体重回20岁

仅仅 1 分钟，长高 2 厘米。

我如果这样写的话，也许有人想问：“这是真的吗？”但是，将不知不觉中收缩的身体恢复原状后，确实身高会舒展 2 厘米或 3 厘米。

零位复位训练不仅仅使体重下降，还可以为打造美好体态做出贡献。

接下来，我为大家介绍一种可以让身体“瞬间”长高的练习方法。

“让你姿势优雅，身姿挺拔。”

下面就开始学习这种让你增加魅力的方法吧。

01 瞬间腿变长的零位训练❶

——拉伸大腿肌肉

在墙壁前面放置垫子，立起左膝，右膝放在垫子上像照片所示一样弯曲。保持自然呼吸。另一侧的腿也进行同样的动作。

保持5秒

膝盖支撑不稳的人，最好放个椅子辅助，
身体可以稍稍前倾。

＊腿脚受伤的人千万不要勉强自己做这个动作。

02 瞬间腿变长的零位训练 ❷

——拉伸腿后侧

把椅子放在墙边，右腿举到椅子上，嘴里发出“哈……”的声音吐气，上半身前倾。此时，注意不可让膝盖弯曲。另一侧腿也进行同样的动作。

保持
5秒

*如果有疼痛感，千万不要勉强自己做这个动作。

03 瞬间长高的零位训练

——拉伸脖子、后背、腰部

面对着墙壁，双脚打开比肩膀略窄的距离，两手在脸前方撑住墙壁，臀部向后突出，拉伸后背和腰。

然后，全面向上伸展身体，两个脚跟上抬、臀部收紧。抬头看天花板，有意识地收紧后背、腰部和大腿内侧。

＊身体感觉到疼痛的人，千万不要勉强自己做这个动作。

Z E 身体重回 R O
20 岁

Chapter 5
让心灵归于零位

面对自己，真实正直、全力以赴地活下去。

——安吉丽娜·乔治

心的零位在哪里

本文写到这里，我们一直谈论的只是如何让身体回归零位。而在这本书的最后，我想谈一谈如何让心也回归零位。

当我谈“耳朵要和肩膀在同一条直线上”时，我们是从视觉和物理角度在谈论零位。

可是，心的零位又到底在哪里呢？

还有，将心放回到零位，有什么意义呢？

我在纽约的一个朋友给我讲了一件事情。

“在我办公室的桌子上，有一小盆观赏绿植，必须一周浇两次水。但是我有时候比较忙，或者比较焦躁，就常常忘记给它浇水。这样一来，这盆植物就失去生气了。我看到它蔫头耷脑的样子，忽然感觉很吃惊。

“I wasn’t myself. 我已经失去了平常心。

“而且，这个植物简直就是我的一面镜子。当它垂头丧气的时候，就是我失去了本心的反射。而给它浇水以后，我的心也变得沉静了。”

她说的话语里藏有非常非常深刻的道理。当忙碌的时候、焦躁的时候、忧虑的时候，人的心就偏离了原本的零位。

这样一来身心疲惫，甚至连给植物浇水的时间都没有了。

心的零位是没有不安、不满和紧张，是重新设置过的安静状态。

心生双翼，轻盈无比。

若你想成为别人

但是，怎样才能让自己的心灵归于零位，让心长出翅膀呢？第一就是像本文中描述的那样，首先让身体归为零位。心和身体是一体相连的。当身体处于正确位置，心灵也会随之调整。

这就是瑜伽所提倡的“内观”。

内观，指的是由内而外地观察自己的精神状态。只有这样，才能找出自己心灵的零位。

焦虑无法消除，陷入不安的你。

为了他人的三言两语而感到不安的你。

想一想为了变成人见人爱的样子，而苦苦节食的你。

的确很有必要客观地看待这些事情，将这些思想清除，将自我导向原始的零位。

可是，那些经常感觉到不安和不满的人呢，很可能会把这种感觉变成常态，即使想追寻那原本安静的心，也觉得非常困难。

如果是这样的话，可以像我那位纽约的朋友一样，放置一盆绿叶植物或者花朵，借此来观察自己的心灵状态。

不仅仅是植物能做你心情的晴雨表。

看看你的书架、你的衣柜，整洁吗？是不是比平时更加凌乱？

孩子有没有跟你说过“妈妈，你最近看起来总是好严肃”这类的话呢？

日常生活中，自己心灵的状态就是这样外向化的。如果你注意到这一点，那么你的心灵就能恢复到原始位置。

心灵一旦回复到原始位置，你的减肥历程也就可以终止了。令人发胖的原因不是蛋糕，也不是点心，也不是啤酒。引起暴食的原因，通常都缘自于你心灵的凌乱。不能让心灵平静的话，就无法逃脱节食又反弹的循环。

为了追寻百老汇的舞台，我前往纽约。那时候，我为了在歌剧中获得角色，不但要假装自己是个外国人，说话还要装出外国人一样的语调。我羡慕那些在舞台上走过我身边的九头身美女演员和模特们，甚至是妒忌，由此陷入了过度节食的状态，强迫自己的体形接近她们。

结果，我的心态就变了，我总是想成为他人的样子。不是我自己，而是别的什么人。我越是陷入这样的想法，心灵的阴影越浓重，越不容易得到满足，也越发地空虚。

但是，一旦我开始了内观自己的历程，懂得自己，全面接受一个不好的自己，就为连续 20 年的减肥失败历程画上了休止符。我寻找自己的心灵零位，接受它，磨炼它。我明白，真正的自己只会在“零位”上体现。

从此以后，我觉得我想重新开始，我想再一次开始挑战。令人兴奋的事情也一件一件地发生了。我一心向往明天，积极而健康。

从此我也得知，这是心灵回归零位后带来的效果。

从“现在”开始，一心回到“零位”

人很难一直处于心灵零位上。

心动，则心乱。

有时候，这也会成为一种能量。

但是，一直处于这种能量中，也会让人觉得身心疲惫。所以，我们还是有必要再次回归零位的。

在禅学中，有“莫妄想”的说法。

“摈弃妄想，才能集中心念。”

在禅的世界里，“妄想”并不是指那些空想和浮夸的思想，而是自己心灵中产生的苦恼、不安和焦虑。

也许有人讨厌你，事情也进展不顺利。

人常常为这种还没有发生的事情，或者是未知的未来所苦恼。这样一来，心中就没有轻松之感，也就没有向明天出发的意愿了。

基本上来说，人所担心的事情都不会发生。这只是一种妄想而已。请切断妄想，只集中做今日之事。这样一来，心灵就可以归于零位，可以再度向着明天出发了。

现在，你的心灵在哪里?

闭上眼睛，深深地、慢慢地开始呼吸，寻找你心灵的方向。如果，你被那些本不会发生的妄想所囚，那么就抛弃它们，让心灵归于零位。

只有这种松弛的状态，才是本真的你。

Z E R O
身体重回
20岁

后记

有时，我回到日本，也会看一看健身杂志和健身房的流行趋势。它们大部分都是发源于纽约的。

其中，我偶尔能够看到私人定制的健身内容。

本来，私人定制健身内容在纽约是见怪不怪，但是在日本还是刚刚开始形成趋势。

日本人现在不是自己去健身房锻炼，就是参加多人训练课程。

但是在纽约呢，大家基本上都是跟着私人教练一起锻炼的，绝对不会自己一个人任意练习。我在纽约众所周知的equinox中训练过。在那里，既有好莱坞的经纪人和模特，也有孕妇和老年人，所有人都接受私教的指导。

健身意识较高的纽约客们，相当了解健康的重要性。现在花钱来健身，维护健康，是为了削减将来的治疗费用。人们迎来了人人差不多能活100岁的时代。

健康、自由、幸福，纽约人知道这个价值。

看上去年轻 10 岁的纽约人

在纽约，我常常为一件事情感到吃惊。那就是人们的目测年龄非常年轻。实际年龄 50 岁以上的人，大体上看上去要年轻 10 岁。

我想导致这种现象的原因有两个。

一是作为个人想保住青春活力的意识非常高。

其次就是不给自己的年龄设限。

本身在纽约询问他人年龄就是尴尬而失礼的事情。不像我们日本，会特别介意别人的年龄。

不要非得配合自己的年龄去做事。配合自己的年龄为人处世，这种风气在纽约是没有的。重要的是自己是什么样的人，自己有什么样的能力和天赋。年龄不是评估一个人的尺子。

纽约比东京还要小一点，一天的时间就可以逛遍了。我在那里跟同住的人们也产生过文化碰撞。可能是人种的差异带来的问题。但是为了消除压力和焦虑，也需要尊重他国文化，取其精华，去其糟粕，要点是要明确“自己究竟是怎么想的，怎么做才是自己想要的”。这是让你的生活更加愉快舒适的重要因素。

从前，妈妈到纽约来，她说：“穿着这样的衣服简直让人没法走路。”甚至，她在离家一分钟距离的咖啡厅里发愁。我有点生气地说：“没事的，反正不会有人看的。”妈妈看见我生气了，也因为渐渐习惯了在纽约的生活，她笑了。她说：“是啊，真的谁也不会注意到的。”此后，她即使是回到日本，也秉承着“照自己的方式而活”“轻松愉快”的理念生活。

请不要总考虑周边的人怎么想，不要用他人的评价来界定自己的生活。真正的自己才是重要的。纽约人通常都是这样考虑的，所以他们也总有一种自信洋溢的感觉，看起来也就很年轻。

你，终归要为了你自己去“重返零位”。这和年龄以及周围的意见没有关系。因此，那减轻的体重和优美的体形，如生双翼的轻松身体和心灵，都只属于你。

欢迎来到“零”的世界，本书将助你轻盈地飞翔，获得无上幸福！

石村友见

Z E 身体重回 20 岁 R O

图书在版编目（CIP）数据

身体重回20岁：四周零位训练计划 / （日）石村友见 著；李冉 译. -- 北京：东方出版社，2021.5
ISBN 978-7-5207-1764-9

Ⅰ. ①身… Ⅱ. ①石… ②李… Ⅲ. ①健身运动
Ⅳ. ①G883

中国版本图书馆CIP数据核字(2020)第244739号

身体重回20岁：四周零位训练计划

作　　者：［日］石村友见
译　　者：李　冉
责任编辑：王夕月
出　　版：东方出版社
发　　行：人民东方出版传媒有限公司
地　　址：北京市西城区北三环中路6号
邮　　编：100120
印　　刷：北京市大兴县新魏印刷厂
版　　次：2021年5月第1版
印　　次：2021年5月第1次印刷
开　　本：880毫米×1230毫米　1/32
印　　张：4.25
字　　数：96千字
书　　号：ISBN 978-7-5207-1764-9
定　　价：49.80元
发行电话：（010）85924663　85924644　85924641

世界大战丛书

丘吉尔
第二次世界大战回忆录 09

战胜意大利

〔英国〕温斯顿·丘吉尔 著
寿韶峰 译

北京时代华文书局

本书铭言

战争时：坚毅

失败时：不屈

胜利时：宽容

和平时：友善

致谢

我应再次向协助我完成前几卷的各位好友致谢，他们是：陆军中将亨利·波纳尔爵士、艾伦海军准将、迪金上校、丹尼斯·凯利先生和伍德先生。对于审阅过原稿并提出意见的许多其他人士，我也表示谢意。

我很感激空军元帅盖伊·加罗德爵士在提供有关空军方面的资料时提供的帮助。

伊斯梅勋爵以及我的其他朋友曾持续给予我帮助。

承蒙英王陛下政府准予复制某些官方文件的本文，此类文件的王家版权法定属于英王陛下政府文书局局长所有，特此致谢。遵照英王陛下政府的要求，为了保密起见，本卷中所刊载的某些电文，曾由我根据原意加以改写。这些更动，并未改变其原有的含义或实质。

罗斯福财物保管理事会允许在本卷中引用总统的一些电文，还有其他好友同意发表其私人信件，均一并致谢。

温斯顿·斯宾塞·丘吉尔

序 言

在第四卷《命运的关键》中，我叙述了在1942年冬及1943年春，我们的命运有了决定性的好转。第五卷《紧缩包围圈》[1]记载了自1943年6月至1944年6月这一年的斗争。由于我们掌握了制海权，制服了德国潜艇，并日益加强了空中优势，西方盟国终于攻克了西西里岛，对意大利发动了进攻，结果墨索里尼被推翻了，意大利倒向我们一边。希特勒和他所占领的周围国家被孤立起来，加之俄国又从东方大举进攻，这就更使他们完全陷入包围之中。与此同时，日本也被迫采取守势，再也无法保住它所侵占的大片领土了。

现在，联合国家面临的危险已不再是失败，而是僵持的局面。摆在它们面前的艰巨任务是攻入这两个侵略国家的本土，从它们的魔爪下解放被征服的人民。英国和美国于夏季在魁北克和华盛顿开会，11月，三个主要盟国在德黑兰开会，毅然面对这个世界性的问题。我们的目标、我们为共同事业贡献一切的决心是一致的，但在方法和侧重点方面，难免存在严重分歧。因为这三个伙伴在考虑需要作出的决定时，很自然地是站在不同的角度。我现在要叙述的，就是在所有重大问题上，我们是如何达成协议的。这就一直要讲到罗马的解放和英美两国横跨英吉利海峡攻入诺曼底半岛的前夕。

我还是采用前几卷中所用的方法。我的打算不过是从英国的首相兼国防大臣的角度为历史提供史料。我在当时而不是事后写的指令、电报和备忘录，就是使我得以实现上述目的的踏脚石。有人建议，对上述大部分文件所作的答复，也应该收集进来。但我感觉这一卷更加需要紧凑和精选。现在已经可以看出，要写完全部历史，还需要撰写最后的一卷。所以，对于那些感到他们的见解没有在本书中充分表现出来的人士，我只好表示歉意了。

本卷记载的事件自发生至今已七年有余。国际关系有了许多变化。过去的同伴之间产生了深刻的裂痕。新的、或许是更加浓密的乌云又在聚拢中。昔日的敌人成了朋友，甚至盟友。在这种情况下，本卷引用的电文、备忘录和会议报告中所包含的某些情绪和词句，可能会使其他国家的读者感到不快。对此，我只能提醒他们：这些文件具有历史的价值，而且我们当时是进行着一场残酷的、可怕的战争。人们在生死攸关的战斗中，对于想把自己置于死地的敌人，总不会婉言相待吧。另一方面，如果把对当时的敌国使用的一切刺耳的话改得柔和一些，那就不能表现真实的图景了。时间和事实将治愈一切伤痛。

温斯顿·斯宾塞·丘吉尔

于肯特郡，韦斯特汉，

恰特韦尔庄园

1951 年 9 月 1 日

目　　录

纳粹德国是如何陷入孤立无援和被围困的境地的

第一章　在瓜达尔卡纳尔岛和新几内亚的制海权

制海权——解放地中海——与德国潜艇一战到底——大西洋战役在战争中的重要作用——召开大西洋护航会议——针对德国潜艇关键性的作战和胜利——空中掩护对我们商船队的保护作用——高潮发生在1943年4月——让人高兴的间歇——新武器——装有通气管的潜艇——回过头来看太平洋战争——争夺新几内亚的战役——所罗门群岛——瓜达尔卡纳尔岛——战功显赫——我们帮助美国所作的努力——终结日本的进攻——在新几内亚日本战败——局面发生了改变

在欧洲和亚洲的入侵者，不得已都采取了防守的策略，这是我们在前几卷结尾时说的。由于1943年2月的斯大林格勒战役，俄国形势出现了转变。同年的5月间，我们杀死或者虏获了所有在非洲大陆上的德国和意大利的官兵。1942年，美国在珊瑚海和中途岛取得了胜利，阻止了日本在太平洋上的继续侵占。入侵的危机再也不会影响到澳大利亚和新西兰了。自此以后，英美经过长时间谋划的进攻，将会成为在欧洲的轴心国唯一的等待。美国拥有一个庞大的陆军，每过一个月，他们的力量和素质就会增长一次。如果没有一个有利于西方盟国的重要转折点，那么西方盟国将不可能直接摧毁希特勒占领的欧洲，决定战争的结局。1943年，英美拥有很大的优势，因为英美拥有海洋水面和水下的“制海权”。“制海权”——这是个新词——指海军和空军适时地交错在一起的联合兵力。1943 年 5 月以后，我们将横跨大西洋的生命线掌握在自己手中，德国的潜艇也被我们击退。这都是因为有了制海权，我们才可以实行大规模的水上和陆地作战计划，解放欧洲。当希特勒控制欧洲大部分地区的时候，苏俄只能靠自己的力量对抗他的残余兵力。

在地中海这个地方，德国的潜艇也被控制住。即将参加西西里岛战役和意大利战役的军队正在会师，现在，他们可以横跨海域向希特勒在欧洲的下腹部发起进攻。另外，英国的主要航道也是地中海。我们的护航队可以直接到达埃及、印度和澳大利亚，因为北非地区已经彻底摆脱了轴心国的掌控；直布罗陀海峡到苏伊士运河这条河道，被我们沿途占领基地上的海军和空军保护着。这样就不用航行绕过好望角的曲折路线，那么我们不管是在时间、力量上，还是在吨位上都受到严重损失的局面，终于要结束了。每一批去往中东的运输船队，平均下来，都节省了 45 天的时间，这样，我们海上运输的能力得到了很大的提高。

* * *

我已经讲过了，战争开始的前两年，英国独自面对德国潜艇、磁性水雷以及海上袭击舰所进行的战斗。由于日本偷袭了美国的珍珠港，美国选择了和我们共同作战，这是很重大的事情，也是我们日夜期盼的。但是，刚开始合作时，这好像使我们在海上的损失变大了。在 1940 我们损失了 400 万吨的商船，而 1944 年我们损失的比 400 万吨还要多。盟国船只的数量有所增加是在 1942 年美国成为我们的盟国之后，虽然在数量上增加了，但是被击沉的船只却高达 800 万吨。1942 年年底的时候，我们建造船只的数量远远赶不上被德军击毁的数量。那时，美国数量巨大的造船计划是我们所有期盼和规划的依托。据 1943 年的统计数显示，新建造船只数的统计曲线在快速上升，损失船只数的统计

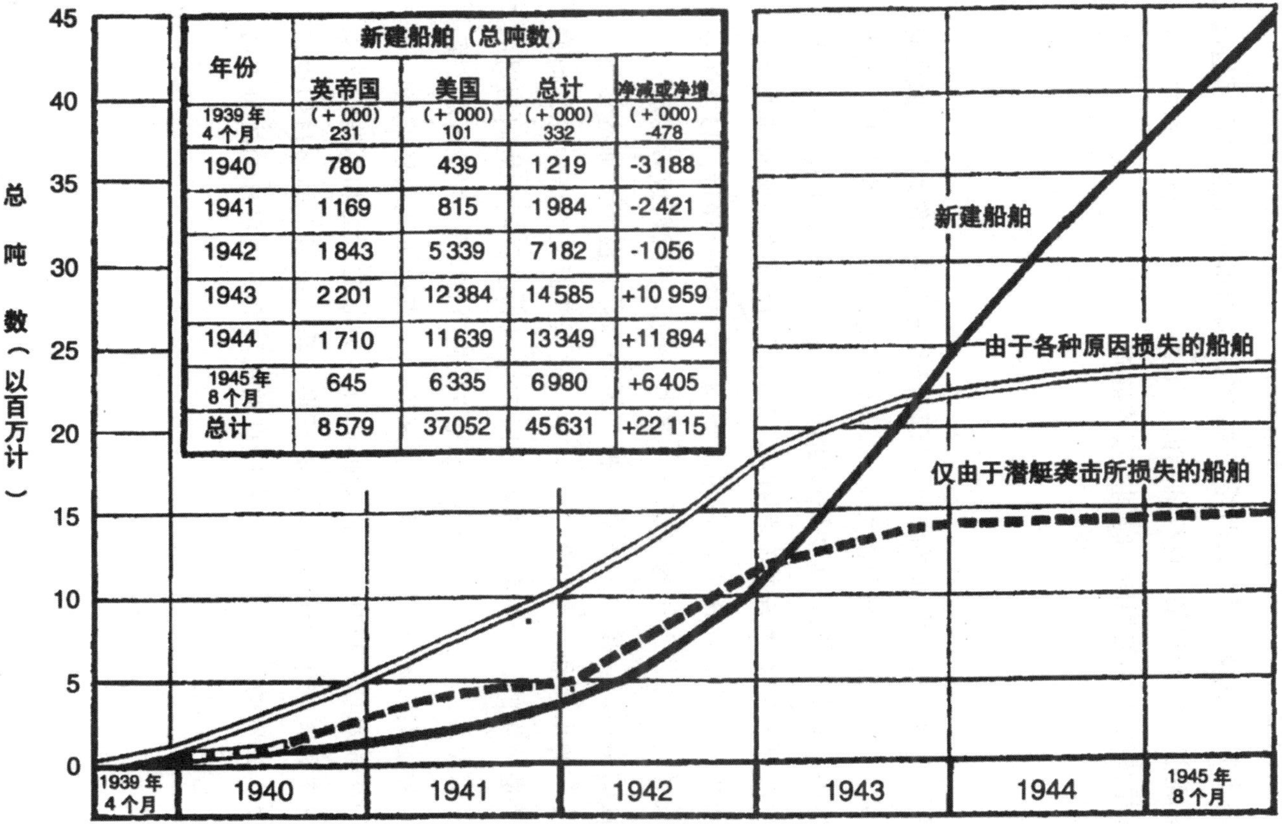

年份	新建船舶（总吨数）			
	英帝国	美国	总计	净减或净增
1939年4个月	（+000）231	（+000）101	（+000）332	（+000）-478
1940	780	439	1 219	-3 188
1941	1 169	815	1 984	-2 421
1942	1 843	5 339	7 182	-1 056
1943	2 201	12 384	14 585	+10 959
1944	1 710	11 639	13 349	+11 894
1945年8个月	645	6 335	6 980	+6 405
总计	8 579	37 052	45 631	+22 115

1939—1945年同盟国商船增加和损失的数量
（1600吨以上）

曲线在慢慢下降。同年年底前，我们新造的船只数已经超过在各种情况下损失的船只数，而在这一年的第二季度，德军潜艇的补给速度已将赶不上它的损毁速度。大西洋上被击沉的德军潜艇数量将远远超过盟军商船被击沉的数量，这样的局面在不久之后就会出现。然而，发生这样的事情，需要经历长时间的艰苦奋战。

* * *

在整个战役中，大西洋战役一直起着至关重要的作用。我们会时时刻刻牢记，大西洋战争的结果会对发生在其他地方的海上、陆上或者空中的所有状况,产生决定性的作用。就算我们忙于其他事情时，我们也会观察着大西洋战局的变化，心情随着它的变化时而充满希望时而焦躁不安。通常人们在非常烦闷、经常遭受挫折、总发生意外和长时间的劳苦工作的情况下，遇上一些出乎意料或者带有一些戏剧性的事情时，就会有一种精神一振的感觉。但是，那些参加反潜艇战斗的水兵和空军的生活，总是一成不变而又充满焦虑，他们的生活是枯燥的，没有激动人心的时刻可以为之添彩。他们面对的情况变幻无常、危机四伏，即将出现的危机也许会为他们带来荣耀，也许会为他们带来死亡。对于他们来说，一点也不能放松戒备。遇难者的功业永远被掩埋掉，但是他们许多勇敢的行为和那些无法想象的意志顽强的丰功伟绩都被记载下来。我们商船上的海员们也表现了他们高贵的品行，尤其是在以打败德国潜艇为目标的战争中展现了他们的手足之情。

* * *

我们对作战指挥部的内部进行了重要的调动。1942 年 10 月，海军上将安德鲁 · 坎宁安爵士接到命令返回国家，他以前是我国驻华盛顿海军代表团团长，他将指挥参加“火炬”作战计划的盟国海军。海军上将帕希·诺布尔爵士带着关于德国潜艇的问题和丰富的知识去了华盛顿，他的职位由海军上将马克斯·赫顿爵士接替，马克斯·赫顿爵上将以前在英国潜艇的作战活动中展现过他的才能。德比大厦是利物浦西部海口的总部，1941 年初以来，帕希·诺布尔爵士一直都在德比大厦，他在那里指挥着大西洋的战役。空军中将斯莱赛于 1943 年 2 月被任命为空军海防总队的总司令。事实表明，这些任命都是正确的。

我们的第一个重要目标就是打败德国潜艇，这已经在卡萨布兰卡会议上宣布了。1943 年 3 月，海军上将金在华盛顿召开大西洋护航会议，其目的是将盟军所有的力量都投入到大西洋的战斗中。不过这样的制度并不意味着在指挥方面是完全一致的。我们和美国各个阶级之间有着密切的联系，虽然两个国家对这个问题会运用不同的方法去解决，但是最高阶层之间是和谐的。我们有空军海防总队这样的机构，但是美国没有。在英国或者是说在整个大西洋上都需要帮助的地区，有一个单独的司令部，它可以通过空军海防总队对空军的行动进行指挥。这样的话，灵活性就被发挥到极致。空军编队可以快速从一个安全的区域转移到一个危险的区域，而且美国也常常支援司令部。而在华盛顿，是由一些叫作“沿海前哨战”的附属司令部发出指令，这些附属司令部可以自己做主，比较独立，并且每个司令部都装备了一定数量的飞机。

*　　*　　*

冬季风暴的来临，虽然使德国潜艇暂停了对我们的攻击，但也使我们的护航船损失严重。当冬季风暴平息之后，也就是 1943 年的 2 月，敌人潜艇在北大西洋聚集，而且数量越来越多。尽管德国将军邓尼茨上将所拥有的作战潜艇损失惨重，但是在 1943 年刚开始的时候，他拥有的潜艇数居然达到了 212 艘。同年的 3 月，100 多艘潜艇经常在海上时隐时现，由于这样的情况出现，我们面对三五成群的德国潜艇时，再也不能运用以前那个改变航线的巧妙办法来甩掉他们。护航队只有运用自身海军和空军的联合力量，才能解决这个问题。在世界各个地区被击毁的船只的重量，在那个月里差不多达到70万吨。

迫于这些压力，我们在华盛顿进行了讨论，之后，达成一项新的协议，英国和加拿大要对沿北大西洋驶往英国的运输船队进行全面保护。分别设在利物浦和哈利法克斯的两个海空司令部，联合指挥了我们与德国潜艇的决战，并且最终打赢了。利物浦的司令部由一名英国海军上将负责，哈利法克斯的司令部由一名加拿大海军上将负责。从此之后，美国还是负责驰往地中海的商船队和他们自己的运兵船只的保护工作,大西洋上的所有保护工作,就由英国和加拿大的船舰队负责。在空军方面，英国、加拿大和美国的空军全部遵照在利物浦和哈利法克斯的联合司令部的常规要求。

目前，驻扎在纽芬兰和冰岛基地的远程“解放者”式飞机中队，填补了格陵兰东南面的北大西洋航空领域的空缺。在4月时候，飞机沿着整条航线穿行，因为它要在白天实行掩护计划。结伴而行的德国潜艇被逼无奈下只好潜伏在海底，但是藏在海底的他们还会经常性的受到攻击。我们用来对付德国袭击舰的，是运输船队上的护航机和护航舰。目前，我们不需要得到任何的保护，因为我们的力量足够强盛，可以组成一群群单独的小舰队，就像骑兵师那样的行动。我盼望这件事很久了。

* * *

“硫化氢”盲目轰炸器在这段时间起了很大的作用，这种武器我们在第四卷[①]讲到过。我们轰炸机司令部拿出一些盲目轰炸器，交给空

① 参照第四卷。——原注（在原书的第251页——译注）

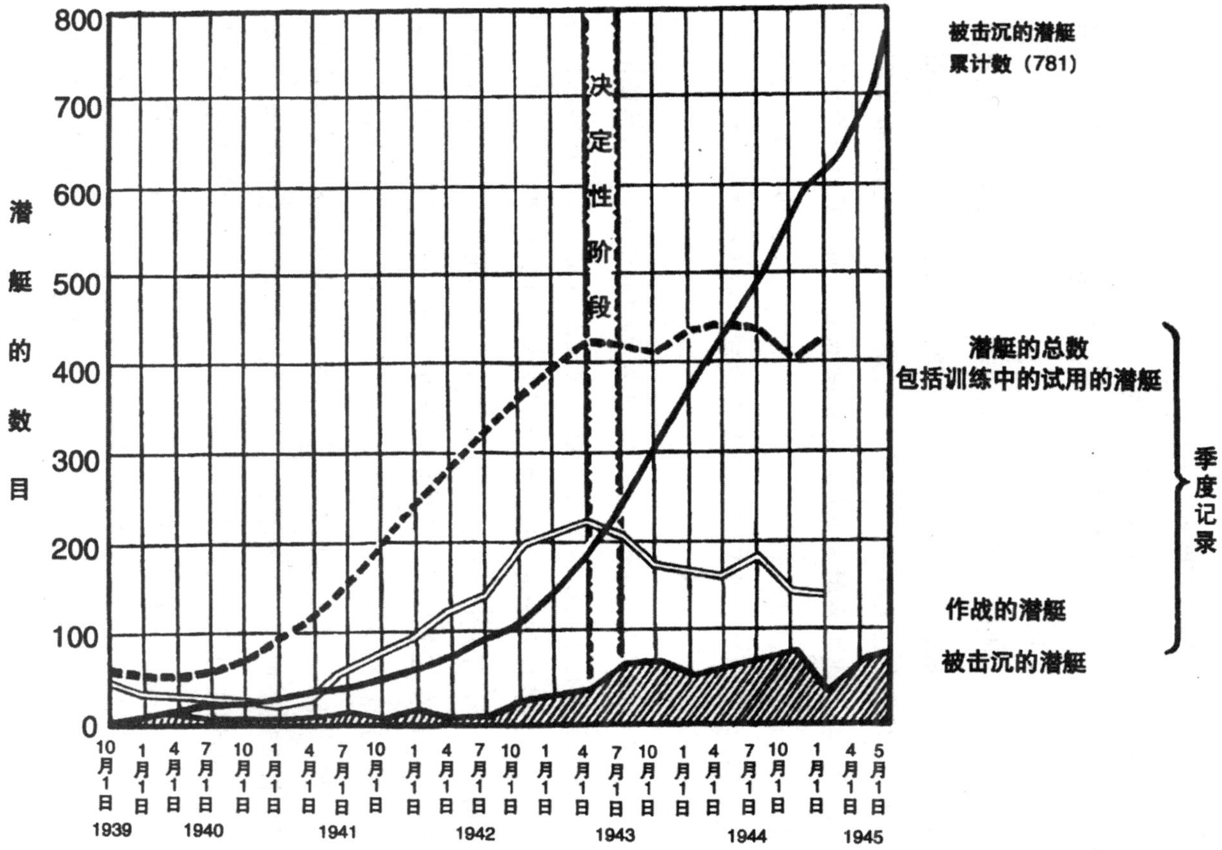

1939—1945，由盛转衰的德国潜艇队

军海防总队使用，不过心里并不是很乐意。以前，德国的潜艇在我们的飞机去轰炸它时，就已经沉入了海底，那是因为我们使用的雷达，它的电波很长，而且德国也掌握了侦测它的技术。现在，我们有了新的方法，能发出很短的电波。德国窥探到它，那都在几个月以后了。希特勒常埋怨这个发明，他说就是因为它，德国潜艇才遭到毁灭。这样说其实有些夸大了。

英国和美国在比斯开湾上空发动的攻击，使路过的德国潜艇整天魂不守舍、六神无主。在那个时候，德国的潜艇之所以要三五成群地驶过水面，并且在白天行驶的时候，它们要配合大炮来击退那些飞机，那都是因为我们飞机发射的火箭都有极强的摧毁力。然而这个用尽所有力量进行的冒险，没有起到任何作用。据统计，在 1943 年 3 月和 4 月期间，仅在大西洋就毁灭了 27 艘德国潜艇，被飞机炸毁的数量占到了一半以上。

在 1943 年的 4 月，我们看到双方相对实力的改变。 虽然德国把 235 艘潜艇都用在了这次战争中，这些潜艇的数量比以往任何时候的都多，但是在没有安全感支撑下的德国水军，开始摇摆不定。就算现在他们处在一个有利的条件下，他们的攻击也不可能对我们造成致命的伤害，并且在这个月里，我们的船队在大西洋战役中的损失，减少了将近 30 万吨。而单是在 5 月里，德国在大西洋被摧毁的潜艇就有 40 艘。德国海军部看着他们的报表，心情一点也不轻松。在 5 月底，海军上将邓尼茨把残存的潜艇部队从北大西洋撤回来进行整顿，或者是指挥它们到相对安全的海面作战。同年的 6 月，我们船队的损失数终于降到了美国成为我们同盟国时的最小值。运输船队可以平平安安地驶过大西洋的供应线，这条线不存在任何的危险。

在这些月份里，情况最为危急。战斗的情况可以在这份“大西洋”的表格中体现出来：

船只沉没情况[①]

1943	沉没的盟国船舶（吨）		沉没的德国潜艇（吨）				
	被潜艇击沉	由于各种原因沉没的总数	被海军击沉	被空军击沉	被海空力量联合击沉	其他原因	总计
3月	514 744	538 695	4	7	—	1	12
4月	241 687	252 533	6	8[②]	1	—	15
5月	199 409	205 598	12[③]	18[④]	7	3	40
6月	21 759	28 269	6	9[⑤]	2	—	17

*　*　*

对于德国潜艇战败这件事，我们要在这里多讲一些，因为它对后来发生的所有事情产生了影响。现在，空中武器的作用开始充分展现出来。英国和美国不再是单单站在海军作战的角度去想问题，或者是站在海上的空军的作战角度去想问题了。他们正一心一意地思考着建立一所规模宏大的海上机构，那样的话，英美两个国家和海空两个军种在这个机构里就会通力合作，越来越善于发现对方的不足和长处。为了战争的胜利，我们各个层级中不仅要有高训练要求和技术要求，还要有熟知谋略和意志坚定的指挥人员。

在 1943 年的 6 月，我们在北大西洋的商船队不再受到失败以后剩余的德国潜艇舰队的袭击。正因如此，我们有了短暂的休息机会，这个机会值得让人欢呼。有一段时间，敌人在南大西洋和印度洋这片广阔的海域上非常活跃，虽然我们在那片海域没有牢固的防御措施，但是我们在那里目标也很少显露出来。我们不断增强对比斯开湾德国潜

① 在地中海，有 7 艘德国潜艇和 3 艘意大利潜艇也是在这个时间段里被击沉——原注

② 包括一艘意大利的潜艇。——原注

③ 包括一艘意大利的潜艇。——原注

④ 包括一艘意大利的潜艇。——原注

⑤ 包括一艘意大利的潜艇。——原注

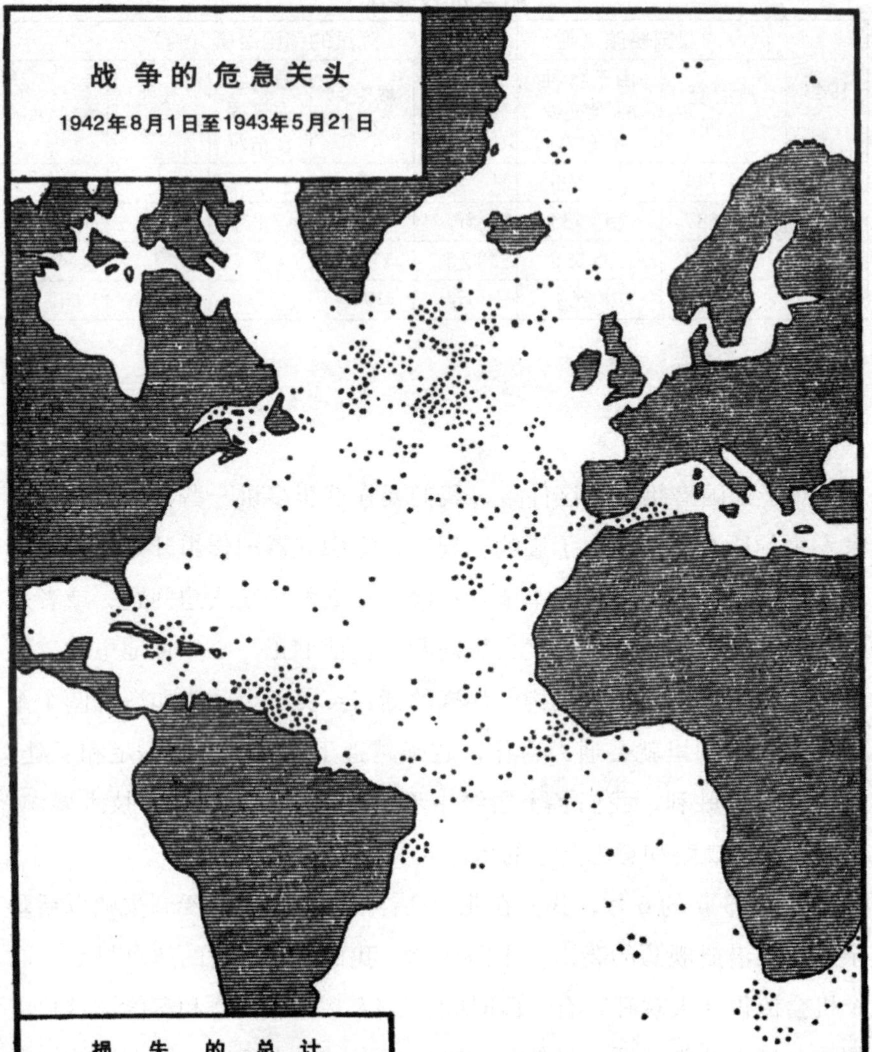

大西洋战役：在大西洋被德国潜艇击沉的商船

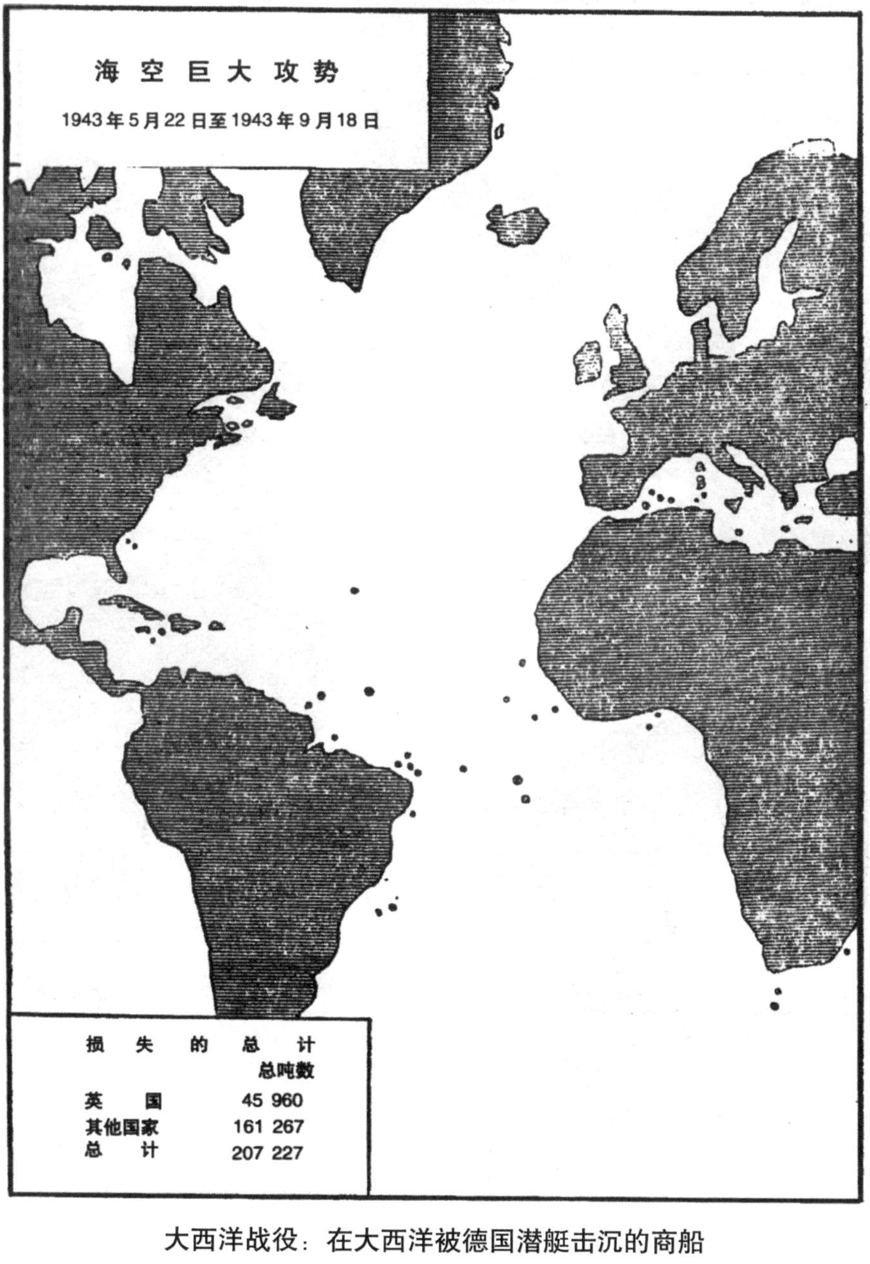

大西洋战役：在大西洋被德国潜艇击沉的商船

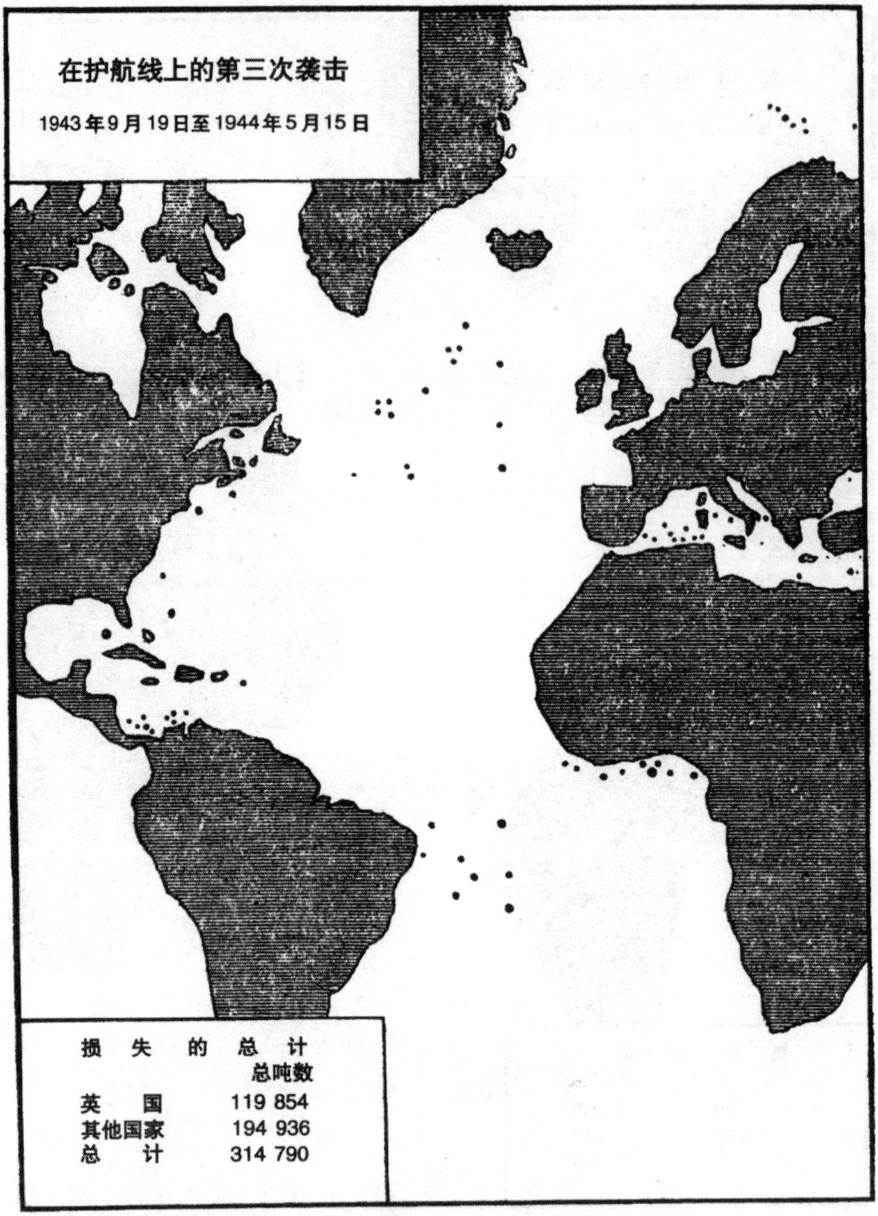

大西洋战役：在大西洋被德国潜艇击沉的商船

艇基地出入口进行的空中袭击。在七月，总共击毁了 37 艘潜艇，受到空袭而被摧毁的有 31 艘潜艇，其中一半以上是在比斯开湾这个地方击毁的。在 1943 年，我们在最后三个月里只亏损了 47 艘商船，而德国却损坏了 53 艘潜艇。

在这个风暴频繁的秋天，德国潜艇努力恢复在北大西洋的优势，但是最终没有成功。德国潜艇和商船进行的每一次战斗，都会有很大的耗损，而成效很小，因为我们在这个时候早已有了强大的海空联合防卫力量。在反潜艇战中，空中的武器和水面的舰艇两种力量已经不分高下。和以前相对比，我们的护航舰现在能为运输船队提供更多的、更有力的援助，而可以提供近程或者是远程的航空保护航空母舰能为护航舰队提供更多的援助。除了这些，我们还掌握了搜索潜艇的要领，只要潜艇一出现，我们就会有消灭它的计策。护送队由航空母舰和护航舰构成，事实证明其作用是非常关键的，当然，这也离不开美国空军中队的空军海防总队远程飞机的援助。在一次巡航中，我们最出色的潜艇歼灭专家英国皇家海军沃克上校指挥了一个这样的护送队，结果捣毁了 6 艘潜艇。

商船航空母舰在这个时候涌现出来。商船航空母舰是在普通的货船上或者油船上面装置上能让海军飞机起飞用的甲板，这些都是由英国人想出来的。这样的船不仅可以保护它所在的那个商船队，而且还可以利用商船的身份运输货物。这样的船共计 19 艘，在北大西洋航行的有 2 艘，它们是挂着荷兰国旗的商船航空母舰。还有一种技术装备不同的商船，这种商船装置着需要弹射才能起飞的飞机，它出现的时间比商船航空母舰早。正是这样两种商船的出现，使得海上战争进入了一个新的局面。运输船现在也改变了自己的态度，遇上袭击时，它们不再是一味的防护，而是发起了攻击。那种模糊的战斗舰与非战斗舰的界线，差不多已经消失了。

在这个时候，美国规模宏大的战时生产到达顶峰时刻。美国的造船厂和飞机厂正在络绎不绝地为我们输送战争需要的远程飞机和多样化的船舰，当然其中也有我们迫切需要的护航航空母舰。美国为我们的工业提供了帮助，给了我们很多产品以及很多独特的装备，尤其是雷达，以供我们使用，与此同时，美国的海军和空军还在许多地方加入了战争。

这样残酷的真相摆在海军上将邓尼茨的面前，尽管他不得不撤退，但还是保持与先前同等数量的潜艇在海上。然而他们很少尝试去突破我们的防线，并且他们潜艇的进攻力量也在削弱。虽然面对的是这样的局势，但他依旧没有灰心。在 1944 年 1 月 20 日那天，他这样讲道："在防守方面敌人占上风。但是我会在未来的某一天，让丘吉尔看到什么才是顶级的潜艇战。1943 年的波折并没有把潜艇这种武器彻底摧毁掉，反而会使它们变得更加强大。在 1944 年里，我们会用全新的潜艇武器将英国的供应线击溃。这一年是我们取得胜利的一年，也是我们最艰难的一年。"

这种信心的产生，并不是完全没有依据。在 1944 年刚开始的时候，德国就尽全力地去研发一种新式的潜艇。这种新式潜艇不仅能航行很远的距离，还能在水里更加快速地游动。德国为了方便潜艇在英国沿海一带进行活动，他们把许多旧式的潜艇在这个时候召回，为其装备上"可以通气的管子"。这是一种全新的装备，使潜进水里的潜艇通过这个管子呼吸到水上面的空气，让他们可以在水底重新装备上即将发射的炮弹。这样的话，潜艇要逃避空军的窥探，会变得更容易。我们日后将会看到，只要盟国进行攻击，这种装备上"可以通气的管子"的潜艇就会准备出动，袭扰英吉利海峡的通道。

* * *

我们在这里回顾的目的是为了让读者想起，发生在 1942 年那些触目惊心的远处的作战行动，它让远东的战争局面发生扭转。

美国独自承担着对抗日本的责任，因为英国海军都集中在了大西洋和地中海这两片海域上。从美国的西海岸到印度的这块地区拥有非常广阔的海域，我们仅能动用的力量就是澳大利亚和新西兰单薄的兵力，除此之外没有任何部队可以支援。这时，我们驻扎在东非的东方舰队，有一段时间只能做我们商船队的保护工作，因为相当一部分已经被调离了。太平洋的局面发生转变之后，美国再一次建立起了海军优势。日本在这个时候也无暇顾及印度洋，因为他们正在极其努力地维护着自己在印度东部的势力。在 1942 年的夏天，珊瑚海和中途岛的战役发生后，很多事情在太平洋上演。海军上将尼米兹为了更好地掌控太平洋的北部、中部和南部，把总部建在了珍珠港上。1942 年 3 月，麦克阿瑟将军从菲律宾到达澳大利亚，太平洋的西南部的部队——从中国沿海一直到澳大利亚，菲律宾群岛、俾斯麦群岛、新几内亚、澳大利亚整个东部沿海一带以及所罗门群岛等都包括在内，全部归他指挥。

日本皇家海军重新转移到太平洋的西南部作战，因为他们深刻地认识到，在太平洋的中部的战争已经失败了。因为美国海军的主力部队离这里很远，所以日本希望能在这里获得转机，走向胜利。珊瑚海战役让敌人对新几内亚的莫尔兹比港的进攻遭遇了失败，所以他们决定从欧文 · 史丹利山脉跨过，从陆地上发起攻击。新几内亚战役就这样开始了。与此同时，他们还下定决心要攻破受英国保护的所罗门群岛[①]。一个叫作图拉吉的小岛已经被他们攻占了，随后他们要在这个岛周围的一个叫作瓜达尔卡纳尔的岛上建造一个空军基地。他们是这样想的：占领莫尔兹比港和瓜达尔卡纳尔岛后，珊瑚岛就是日本的附属湖泊，而湖泊的分界线就是澳大利亚的东北部。如果想要扰乱美国和新西兰的那条重要的海上交通线，那么日本的飞行员就必须从瓜达

① 在整个作战时期，一直都在所罗门群岛驻守的是英国驻当地的行政长官和地方官员以及少数英国居民。他们得到了当地忠诚的土著的掩护。他们设立了一个海岸观察哨，取得了很明显的效果。这些非常忠心的人们用无线电发送出来的情报，很大程度上帮助了美国司令部。——原注

尔卡纳尔岛起飞，这样的话才可以到达更远的岛屿。在这两次的反击战争中，美国和澳大利亚主要运用了海军的力量，奉献出了精彩的海空联合作战，这一点很值得颂扬。

所罗门群岛是双方的必争之地。华盛顿海军上将金很早就有占领这些海岛的计划。在 1942 年 7 月 4 日，敌人在瓜达尔卡纳尔岛上建造的空军基地被空中的侦察窥探到。在 1942 年 8 月 7 日，那时南太平洋地区的指挥官是格姆利海军上将，他还没有等计划完成，就命令到达新西兰的海军陆战队的第一师发动攻击。他们成功占领了日本还未建成的空中基地，瓜达尔卡纳尔岛战役打响了。这场战役经历了六个月才结束。

* * *

日本为了让自己的海军和空军在这些海域占有有利条件，他们决定从加罗林群岛和拉包尔这两个重要舰队基地出发。拉包尔的日本指挥员命令一支有实力的舰队去瓜达尔卡纳尔岛，这支舰队是由巡航舰和驱逐舰组成的。在 8 月 9 日这一天的早上，日本军队在狂风和暴雨的掩饰下，突然发动攻击，几乎把在码头附近守卫海域的盟国海军全部消灭掉。他们只用了 40 分钟，就击沉了三艘美国重巡洋舰和澳大利亚“堪培拉”号巡洋舰，而他们损失程度比较小。这次战役的日本指挥官如其他的指挥官一样，没有选择一而再、再而三的攻击，而是选择了撤回军队，要不然的话他们就能一直到打到海峡的东面，就能捣毁正在倾卸物资和军队的美国运输舰，可惜他们错失了这么好的机会。

然而，美国司令官中断了这次登陆的援助。他卸完所有的东西就走了，而把势单力薄的 17000 名海军陆战队战士留在了已经被敌人占领的岛屿的岸上。他们很可能受到地面上的猛烈攻击，而且空军也无法为他们打掩护。美国的海军陆战队对这次严峻的局面不感到害怕。他们在不断地受到空中的袭击情况下，仍然坚守并且稳固自己的阵地，他们不仅占领机场供他们使用，而且还在海上开辟了一条供应线。那么从瓜达尔卡纳尔岛开出的由海军陆战队员操纵的战斗机和俯冲轰炸机，从这时起就能立刻提供支援。

这时候，日本打算在海面上决一胜负。在8月24日，一场不分高下的战斗在所罗门群岛的北面开战了。我们的空军击退了离瓜达尔纳尔岛距离较近的敌人的运输舰。8月31日的那一天，一艘潜艇击伤了一艘名叫“萨拉托加”号的美国航空母舰，过了两个星期，英国“黄蜂”号航空母舰被击沉，这艘航空母舰在地中海一直拥有很多崇高的荣誉。敌人和我们都在集结军力。刚进入10月，我们在另一次夜战中把日本一支强大的巡洋舰队打败了，我们还击沉了一艘舰艇；但是飞机场却被日本的两艘战舰用大炮击中了，而且随后敌军4500名的增援部队迅速登陆。另一次危机迫在眉睫。

* * *

尼米兹海军上将和麦克阿瑟将军认为应该先考虑太平洋的战场，减少欧洲的行动，这是理所当然的事情。华盛顿的海军上将金非常赞成他们的提议。但是现在最重要的事情是“火炬”作战计划——向西北非发起进攻，主要的战略胜过一切。陆地上的战争在这个时候也进入关键时刻。从1942年10月19日起，日本军队一连十来天都无法行动，因为和他们在丛林中作战的海军陆战队，一直坚守着全部阵地。在所罗门群岛北面发生了一次舰队战斗，主要战斗力量是空军。代替“黄蜂”号的“大黄蜂”航空母舰被击中后沉入海里，美国的“企业”号航空母舰和“南达科他”号战列舰还有其他两艘巡洋舰都受了伤。在日本那边，两艘航空母舰也无法继续战斗。

海军上将哈尔西接替了海军上将格姆利的位置，他希望通过海军上将尼米兹要求几艘英国的航空母舰，哪怕只有一艘也可以，因为在这个时候他发觉自己已经没有航空母舰了。虽然我们对美国在太平洋的计划不甚了解，但是我们知道现在最危急的是所罗门群岛的战役。航空母舰要驶到开战的地方需要几个星期的时间。我非常想在这场英勇的战斗中帮上一点忙，但是因为英美陆军即将登陆西北非，而我们承担起了海军的任务，所以在这里我们无法马上给出意见。“火炬”作战计划带来的压力和高潮，在12月份的时候才慢慢地退下来。我给罗斯福总统发了电报，详细讲述了我们航空母舰的情况，并且尽我们所能，提出了合理化意见。

前海军人员致罗斯福总统　　　　　　1942年12月2日

当我们知道了你们需要航空母舰来支援太平洋舰队时，我们正想尽一切办法去实现你们的要求。为了执行“火炬”这个战略计划，我们的航空母舰行驶在那些指定的和充满危机的海平面上，我们很难运用这几艘重要的航空母舰，在这片我们还不是很了解情况的水域，做出一个计划。“火炬”战略计划的危机还一直存在，就算建立了以海岸作为基地的飞行大队，我们一时间也无法将正在参加“火炬”战略计划的两艘航空母舰调出来。当我们知道你们在太平洋急切需要航空母舰去支援的时候，我们以我们现在能够提供的舰只做出一个决定，这是一次冒险的计划。

我们的航空母舰力量包括四艘舰队航空母，它们的续航能力很强，而且都配有装甲。我们准备让赛默威尔海军上将指挥“独角兽”号和一艘辅助航空母舰，并且把“光芒”号从东方舰队调出来。同时，我们还准备把“胜利”号从本土舰队调出来；如果想“胜利”号和“光芒”号都由你们调遣，那（你们的）“突击者”号（一艘小型航空母舰）就需要进入我们的本土舰队。因为考虑到大西洋航运线非常重要、俄国北部商船队需要支援，以及“齐柏林伯爵”号年底可能才会出现和“无畏”号、“可畏”号现在的情形，所以在“突击者”号没有进入本土舰队前提下，我们是无法把“胜利”号和“光芒”号都交给你们的。

我非常乐意调派两艘而不是一艘航空母舰供你们指挥，这样不但可以增强你们的实力，而且你们也可以利用这两艘航空母舰实行战术小组计划，当然这个事情是要在我们能够安排开的情况下才会发生。这似乎很有必要，因为没有配备足够的飞机的航空母舰是不可能独自进行活动的。因为你麾下的许多军官都和里斯特海军上将认识，所以我提议由他当指挥官。大约在十二月份，我们说的两艘航空母舰将会到达珍珠港，那样的话，就可以方便它们添补飞机。假如你同意这种做法，细节问题将会交由庞德和金进行探讨。

不过，海军上将金并不愿意调离“突击者”号，所以我们只能派出“胜利”号。在十二月的时候，“胜利”号与本土舰队分开，驶向了珍珠港。

* * *

与这同时发生的是十一月份在所罗门群岛的周围发生的战争，接二连三的海战和空战，使双方都有巨大的亏损。事后发现这些战斗都起到了决定性的作用。在 11 月 13 日的夜晚，发生了一场激烈的战斗，这场激战不仅使美国的两名海军为国捐躯，而且还摧毁了美国两艘巡洋舰和四艘驱逐舰。而日本只有一艘战列舰和两艘驱逐舰被击中并沉入海底。装载了日本强有力的增援部队的 11 艘运输舰也是在这个时候驶入瓜达尔卡纳尔岛内。在接下来持续了 36 个小时的战斗中，日本的一艘战列舰、一艘巡洋舰、三艘驱逐舰都被摧毁了，更为重要的是，那七艘载满军队的运输船也被摧毁了。而美国这一边，只有一只驱逐舰被日本摧毁。到了此时此刻，日本已经对这场带有风险性的行动丧失了信心。因为美国增援部队接二连三的开始到达，所以在陆军的帮助下，这个值得尊敬的海军陆战队脱离了包围圈。敌人面对这样一直持续的战役，能够取得胜利的想法在他们心中荡然无存。日本在 1943 年 1 月 4 日撤离了瓜达尔卡纳尔岛。他们撤出战场时，没有任何严重的亏损。在 2 月 9 日，哈尔西海将军终于能作出这样的报告，我们攻占了瓜达尔卡纳尔岛。

这个插曲最终结束了日本进攻的高潮。美国的 2 艘航空母舰、7 艘巡洋舰和 14 艘驱逐舰以及澳大利亚巡洋舰“堪培拉”号，日本的航空母舰、2 艘战列舰、4 艘巡洋舰和 11 艘驱逐舰，都是在这六次重要的战役和多次规模不是很大的遭遇战中被摧毁的。对战双方在海陆空三个领域死伤无数。我读了美国目击者写的一篇激动人心的报道，这篇报道展现了真实的情况，里面是这样写的：“我们亲身经历了那场战争，瓜达尔卡纳尔岛对于我们来说不再单纯的是个地名，而是一种感情的寄托。这种感情就会让我们想起在空中的生死较量、夜晚在海边的激烈打斗、为供应和修建所作的疯狂的努力以及在湿气凝重的丛林里进行的残忍严酷的战斗，还有那萦绕在耳边的军舰的轰炸声和足以撕破天空的凄厉的炸弹声。”[①]希望生活在伟大的美利坚合众国内的人们，能将这个英勇的故事流传下去

* * *

战争局势在新几内亚这里发生了改变[②]。从中东回来的第七澳大利亚师的两个旅，被我们派去坚守莫尔兹比港，在 1942 年 7 月 22 日，日本军队从北部海岸向该港进攻。欧文 · 史丹利山脉有 13000 英尺高，是整个新几内亚岛的脊梁，山脉中有一条狭窄而曲折的小路，串联起了各个关口和原始森林。澳大利亚的一个民兵营独自对日军进行了阻击，所以到了九月的第二个星期，日本的五个营才挺进了莫尔兹比港。不过在这个时候，敌人的进攻被阻挡在伊米塔山脊。

① 参照 S.E. 莫里森所著《瓜达尔卡纳尔岛的战役》。——原注

② 参照第五卷第 491 页的插图。——原注

在这些战争都在进行的时候，8 月 26 日，从海上登陆的两千名日本海军陆战队想去占领三个小型机场，这几个机场正在大岛南端米尔恩湾周围进行建造。经过两个礼拜的激烈战斗，在沿海区域的侵略者一半以上被消灭，剩余的兵力再也无法组成一支军队。自此之后，在新几内亚的日本人不得不采取了防守策略。他们本想同时占领新几内亚和瓜达尔卡纳尔岛，但最后把占领哪怕其中一个的机会也丢掉了。这个时候，他们在澳大利亚空军和陆军猛烈追击下，被逼无奈下只好选择了沿山路撤退，他们很多人都因为疾病和饥饿丢掉了性命。美国和澳大利亚的空军力量正在不断地增强。美国空中运输的第三十二师到达了目的地，日本载运输舰受到了严重损失，运输舰上运载着他们的增援部队。一万名士兵经过生死较量终于在背海作战中，守住了布纳这最后一道的屏障。1943 年 1 月这最后的抗争也被瓦解了。日本军队只有几百人活了下来。有的人是因为疾病和饥饿而死的，有的人是被直接杀死的，总死亡人数是 15000 多人。盟军在 2 月间，已经牢牢地将新几内亚的东南面和瓜达尔纳尔岛掌控在自己手里。我们在俾斯麦海处发现了行驶的日本护航队，它是由 12 艘运输舰组成的，由 10 艘军舰保护，它们的目的是去增援莱城的重要的前哨阵地。在 3 月 2 日和 3 日这两天，这运载着 15000 人的运输舰和护航舰遭到了空军的袭击，它们全部被摧毁。

* * *

1943 年 6 月，太平洋的局势是令人兴奋的，这在本卷的开始处我们就说到过。当日本最后的突然袭击被我们成功瓦解之后，在各个区域内它们采取防御战策。如果他们想援助在新几内亚占据的区域，特别是萨拉马瓦和莱城的军队，就必须付出更多的代价，并且还要沿着海岸线修建增援用的飞机场。美国已经很明显地表现出向菲律宾进攻的意向。麦克阿瑟将军的部队正沿着新几内亚北岸向西挺进，而哈尔西海军上将的部队则沿着所罗门群岛向拉包尔挺进。在这里我们看到了，美国军队的力量在快速地强大起来。日本统治者利用在珍珠港事变发生到现在的 18 个月的时间，突然清楚地看到了他们那些忽略的事情和力量的变化。

第二章　占领西西里岛
1943年7月及8月

做好进攻西西里岛的准备——亚历山大将军最后的策划——作战的顺序——分布在各地的军队的集合——希特勒在5月20日举行会议——班泰雷利亚岛被我们占领——掩护计划有效果——7月10日开始进攻——天气的变幻无常——损失惨重的空军——海上登陆成功——英美军队稳定地前进——我们下一步的战略行动——我在7月16日向史末资将军发的电报——向前发展的战役——艾森豪威尔宣告向意大利发起进攻——英美三军参谋长进行了讨论——巴顿将军高明的进军——琴图里佩、卡塔尼亚和墨西拿——亚历山大的汇报——在三十八天内解放西西里岛

在1月份召开了卡萨布兰卡会议，会上决定先攻占突尼斯，然后向西西里岛发起进攻。新的重大的问题在这个以“哈士奇”为密码代号的伟大计划中提出来。事情还没有发生以前，我们没有估计到在北非的登陆战役中，会出现强烈的反抗。目前，人数依旧众多的意大利陆军很可能为了保护他们的国家，而非常拼命地战斗。不管怎样，他们的力量会因为强而有力的德国地面部队和空军而加强。意大利有可能参战，因为有六艘装备优良的现代化战列舰依旧在意大利舰队中。

艾森豪威尔将军是这样想的，我们之所以对西西里岛发起进攻，是因为我们的宗旨是把地中海的航路清扫干净。我们之所以把撒丁岛和科西嘉岛作为最初阶段的目标，是因为我们真实的方针是占领意大利、打败意大利。“意大利长筒靴形的半岛的侧面是这些海岛的位置，相对于半岛趾形山区对面的西西里岛来说，占领这些海岛可以逼迫敌人分散在意大利的兵力。”[①]虽然我不同意这个军事观点，但不用怀疑，这是一个有高度有权威的观点。但是，攻克西西里岛和对意大利直接发起进攻，在所有的政治力量发挥了作用时，将会更迅速地获取影响深远的结果。

攻占西西里岛是有首要价值的行动。它虽然比不上攻克诺曼底的计划，但它的重要性和艰难性也不容小觑。登陆的根据是北非战役中所获得的经验，人们又吸取了许多“哈士奇”作战计划中的教训，拟定出了“霸王”作战计划。将近三千艘的船舰和登陆艇参加了刚开始的突击阶段，运载了16万部队、14000辆车、600辆坦克以及1800门大炮。这些部队集结、训练并装备的地方必须是在地中海、英国和美国，它们的基地分布比较广，到最后，这些部队将和所有两栖作战中巨大的辎重一起用船运往前线。彼此的总部相隔数千英里的各个下级司令官拟定周详的计划。而驻扎在阿尔及尔的最高统帅必须把这些计划组合起来。在这里，所有准备工作都由一个专门的盟军参谋部负责审查和安排。在计划实施过程中会出现很多问题，只有联合三军参谋长委员会才能处理这些问题。到了最后，船队要集合在一起，在军舰护送下渡过海洋，穿越狭窄的海域，然后挑选最合适的时机，汇集在作战区域。

* * *

现在，艾森海威尔将军的总部必须要对他从二月份就开始拟定的计划作主要的人事安排。

在与盟军有密切配合的所有战争中，通常是这样的情况：谁的兵

① 参照《欧洲十字军》第176页。——原注

力强大，谁就握着战略上的指挥权。出于政治上顾虑，或者其他有关的作战行动，这一点会发生改变，但是实力雄厚的军队必须将指挥权握在手中，这一准则是正确的。曾经因为策略上的缘故，所以我们把西北非的指挥权交到了美国手中。最初的时候，不管是数量上还是势力上，他们都占上风。开始执行“火炬”计划后的几个月的时间里，因为在突尼斯组建了英国第一集团军，在沙漠地区取得胜利的第八集团军也来了，所以，我们的比重发生了改变，在那里英国有 11 个师，美国有 4 个师。不管从哪个方面来说，我之所以赞成艾森豪威尔将军担任最高统帅，是因为我一直恪守这个方针——“火炬”作战计划是美国的一次长途征程。亚历山大将军作为艾森豪威尔的副帅，他的作战指挥权也很充足，对于这种情况来说，实际上是种谅解的行为。基于这样的形势，我们攻占突尼斯，并取得了胜利，然而在美国公众和全世界的印象里，这是一场以美国为首的军事行动。

如今，我们已经跨入了一个新的进程，那就是要对西西里岛发动攻势，此外，也要面临着后续的深入行动。我们赞同这一点——根据西西里岛的战争局面来决定在意大利的动作。我之所以认为这件事是有必要的，即英国人和我们的盟国成为在地位上相等的伙伴，一方面是因为美国对进攻西西里岛这次规模宏大的冒险行动，产生了浓厚的兴趣，而且今年想要他们老实地待在撒丁岛是不可能的，另一方面是因为还有一场联合作战即将展开。我们的现有军队在七月份的比例是英国 8 个师对美国 6 个师。美国和英国在空军方面的比例分别为 55% 和 45%，在海军方面英国占 80%。除了上面说到的，英国大部分的部队驻扎在中东和地中海东部，其中包括利比亚在内。这些部队隶属于开罗的英国总部，而且是由梅特兰·威尔逊将军一个人指挥。基于这样的形势，我们要求在最高指挥权上得到同等的对待，好像并不是什么过分的行为。这个心愿得到了我们坚定的盟友的同意，他们不仅欣然接受，而且还让我们直接指挥这次战斗。美国第七集团军和英国的第八集团军包含在第十五集团军群里面，由亚历山大将军指挥；盟国的空军由特德空军上将指挥；盟国的海军是由坎宁安海军上将指挥的。而艾森豪威尔将军是海陆空三军的总指挥官。

由蒙哥马利将军指挥的第八集团军，负责英国的突击任务，而美国的第七集团军则任命巴顿将军指挥。拉姆齐海军上将之前是“火炬”战役中英军登陆的策划者，休伊特海军上将与巴顿将军一起完成过卡萨布兰卡登陆任务。现在，他们两个人将联合起来指挥海军作战。指挥空军作战的司令官除了特德空军上将外，还有他下属的帕茨将军、科宁厄姆空军中将以及布罗赫斯特空军少将，前面的两个人是美国陆军的空军部队的司令官，后者是配合第八集团执行空中作战计划的司令官。最近布罗赫斯特空军上将为西部沙漠空军带来了荣誉。

关于计划和军队的布置，都是在设想的基础上进行考虑的，主要原因是司令官和参谋的注意力仍然被突尼斯的战斗情况吸引着。在四月的时候我们才判断出哪些部队适合战斗。为了方便支援登陆后的部队，我们最应该做的是以最快的速度占领港口和机场。墨西拿是我们最理想的港口，而在我们的力量还不够雄厚的情况下，巴勒莫、卡塔尼亚和锡拉库萨是我们最合适的选择。在西西里岛的东南部、西部和卡塔尼亚平原，我们一共有三组主飞机场。

特德空军上将的计划是先攻占在东南部的一组飞机场，然后再攻占卡塔尼亚和巴勒莫，这样可以使进攻的范围缩小。如果是这样的话，在短时间内能够利用的就只有锡拉库萨、奥古斯塔和利卡塔这几个小港口，而且还要对滩头上没有掩护的陆军进行援助。在新的两栖载运车辆（美国的水陆两用车）和许多的登陆艇的帮助下，这个计划到最后取得了成功。1940 年，这种船的研发和改造都是在英国。后来美国在英国的基础上，他们设计了一种新的型号，并且大批制造，第一次就用在了攻克西西里岛上。它不仅是我们两栖作战的基础，同时也是影响两栖作战的因素。

* * *

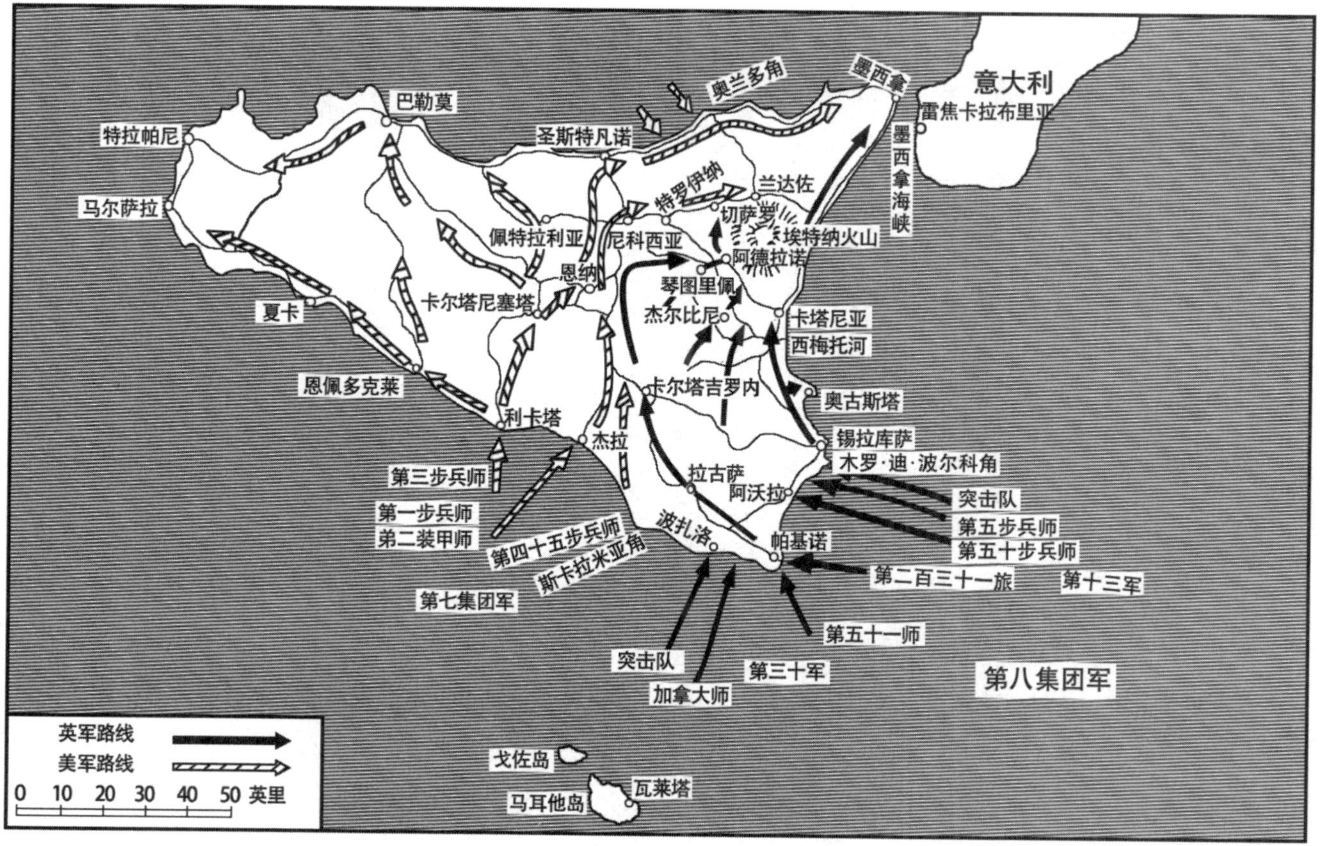
意大利
雷焦卡拉布里亚
墨西拿海峡
墨西拿
奥兰多角
巴勒莫
特拉帕尼
圣斯特凡诺
特罗伊纳
兰达佐
切萨罗
埃特纳火山
马尔萨拉
佩特拉利亚
尼科西亚
阿德拉诺
恩纳
琴图里佩
卡尔塔尼塞塔
杰尔比尼
夏卡
卡塔尼亚
西梅托河
恩佩多克莱
卡尔塔吉罗内
奥古斯塔
利卡塔
杰拉
锡拉库萨
木罗·迪·波尔科角
第三步兵师
拉古萨
阿沃拉
突击队
第一步兵师
第二装甲师
第五步兵师
第四十五步兵师
波扎洛
帕基诺
第五十步兵师
斯卡拉米亚角
第二百三十一旅
第十三军
第七集团军
第五十一师
突击队
第三十军
加拿大师
第八集团军
英军路线
美军路线
0 10 20 30 40 50 英里
戈佐岛
瓦莱塔
马耳他岛

攻克西西里岛

为了使敌人的海军和空军发挥不了作用，亚历山大将军最后决定，先进行时长为一个星期的轰炸。蒙哥马利将军指挥着英国集团军，他们的任务是攻击木罗·迪·波尔科角和波扎洛之间的区域，占领锡拉库萨和帕基诺的飞机场。他们和美军的左翼取得联系，建立一个牢固的桥头堡之后，向北前进，以奥古斯塔、卡塔尼亚以及杰尔比尼的飞机场为目标。巴顿将军指挥下的第七集团军的目标，是占领利卡塔港和杰拉东面和北面的一组飞机场，他们的登陆地点是斯卡拉米亚角和利卡塔之间的区域。这样做是为了使在拉古萨向前攻击的第八集团的侧翼得到保护，力量雄厚的英美空军越过了滩头堡，他们为了方便攻占据点，支援登陆，采用了降落伞或者滑翔机的方式着陆。

七个步兵师、一个马耳他要塞的步兵旅、两个装甲旅和若干突击队组成了第八集团军。一共有六个师在美国的第七集团指挥的军队里[①]。一个意大利的将军指挥着敌人在西西里岛的防御军，这支军队由四个意大利步兵师、六个质量低劣的意大利海防部队和德国的两个师（有一个是装甲师）联合在一起。为了使他们的同盟军更强大，同时还能够反击，德国把他的军队又分为若干个战斗小组。对于我们的想法，敌人可能会错了意，所以他们在这个岛的西海岸上部署了实力强大的军队，用于防守。在空军上，我们的优势很显著。我们有 4000 架作战飞机（120 个空军中队是英国的，146 个空军中队是美国的），而敌人只有 1850 十架，他们分别集中在西西里岛、撒丁岛、意大利和

---

① 作战序列：

英国第八集团军，第十三军和第三十军总部。

参加第一次袭击的：第一加拿大师，第五师，第五十师，第五十一师；第一空降师的一部分，第二三一步兵旅，第四和第二十三装甲旅以及三支突击队。

在北非的预备队：第七十八师，第四十六师；第一空降师的其余部队。

美国第七集团军，第二军总部。

参加第一次袭击的：第一师，第三师，第四十五师，第二装甲师；第八十二空降师的一部分，突击队第一营。

在北非的预备队：第九师，第八十二空降师的其余部队。——原注

法国南部。

如果我们能顺利地实现军队的集结，并顺利登陆，那么前景还是非常光明的。然而，海军和陆军的力量是分散的。从英国那边，驶来了加拿大的第一师。从美国那边，驶来了美国的一个师，他们休整的地点都是在奥兰。早已到达地中海地区的军队，分别驻守在北非境内各个地区。登普西将军指挥着第十三军，其中有一些军队在埃及操练，另外一些军队在叙利亚操练。他们的船只和登陆艇要在运河区、亚历山大港、贝鲁特和的黎波里之间的各个小港口装载运输。将来，在战场上要首次集合在一起的军队是勒斯将军统领的第三十军，它是由英国的加拿大第一师、突尼斯的第五十一师和马耳他岛的第二三一独立旅组成的。同样，美国的军队分散在突尼斯、阿尔及利亚全境以及大西洋的彼岸。

为了亲自观察计划的发展情况以及要监督部队的训练，下级司令官和参谋员不得不去只有乘坐飞机才能到达的偏远地区。这些拟定计划的人之所以有了新的负担，那是因为他们对于这类任务，每次都不能亲自执行。联合王国以及地中海和红海各个地区进行了水上训练。已经抵达中东的重要飞机、船艇和武器装备的数量很少，没有实际意义，只是象征性的。在准备阶段，那些物资是在假设合格的情况下把它们纳入计划内的，至于可行不可行，我们没有试验过。最后，所有的承诺，供应部差不多都把它们兑现了。这次联合参谋的工作做得不错，都能当作典范。虽然在计划上让人不放心，但是却顺利地执行了。

* * *

5 月 20 日，凯特尔、隆美尔、外交部长纽赖特等人参加了希特勒召开的会议。宾夕法尼亚大学图书馆中收藏了这次会议的原稿，其他德国会议的秘密记录也在里面，这些文件都被美国译成了英文的格式，费利克斯 · 吉尔伯特先生给它做了注释。对于第二次世界大战的史实，这些译文做出了宝贵的贡献。[①]

希特勒：西西里岛，你到过那里吗？

纽赖特：嗯，元首，我去过。我和洛艾塔将军[意大利第六集团军司令，驻扎在西西里岛]在那里进行了讨论。他告诉我许多事情，除了这些，他还对我说，他没有信心做好西西里岛的防御工作。他说他的军队不仅没有合适的装备，而且力量不够。最为重要的是他的部队除了一个摩托化师，其余的军队都不是机动性的。英国人知道运输材料用来修理和装备这些机车的可能性很小，或者说根本没有这个可能性，所以他们每天集中所有的力量，袭击在西西里岛各条铁路的机车。在我的印象里，从乔凡尼渡海到墨西拿这短短的路程中，几乎全部的交通工具都已经瘫痪了。我想在那里的渡船，先前是有六艘的，如今，也只有一艘了。保留下这一艘船，把它当博物馆的陈列品一样看待，做这些事情，据说都是为了更好的目的。

希特勒："更好的目的"是什么？

纽赖特：哦，元首，"到终结战争时……"这是一些意大利人的解释；有的人还说："下一步会发生什么事你永远也不会知道。"德国的军队在西西里岛已经不受青睐了。其实这很容易想明白，在西西里岛的人的眼中，是我们给他们的国家带来战争的。我们不仅吃光了他们所有能吃的东西，而且还把英国人招惹到这里。在这里我要强调一下，虽然西西里岛的农民对于英国人到不到这里并不在意，但是他们知道他们的苦难将会结束。意大利南部的所有人都是这样认为的：英国的军队来到这里是为了结束战争，而德国军队驻扎在这里，就是为了将战争延续下去。

希特勒：对于这样的态度，意大利那边有没有采取什么措施？

---

① 发表在费利克斯·吉尔伯特写的《希特勒指挥他的战争》中。——原注

纽赖特：元首，据我了解到的，现在在当地留守的地方官员面对这样的情况，并没有采取多少措施。每次我对他们提及德国的士兵在大街上遭受到辱骂的这件事，他们就对我说，对于这点他们也不知道怎么解决，因为这是民心。他们还说："你们就是因为做了这样的事情——征用了各种东西而且还把鸡吃光了，就是这样才失去民心的，才会使人民产生这样的情绪。"但是我认为，那些地区的执政者处理那些情节比较严重的事件时应该更努力，最好能有杀一儆百的效果。

希特勒：难道他们就不会采取一些行动吗？

纽赖特：这太困难了。采取一些行动？对他们来说是不可能的。西西里岛人与意大利北部的人气质存在着一些差异。但就目前的状况来说，他们一直是采取顺其自然的态度来解决这件事情，这样弄得人们的心情不是很愉快。西西里岛受到敌方空军的严重威胁。

后来对洛艾塔将军和其他意大利领导人物是否忠心耿耿和处在困境的墨索里尼这两个问题进行了讨论。面对这种种情况，一幅不太平静的景象展现在了这位德国元首的眼前。

* * *

敌人把班泰雷利亚里岛当作飞机和快速鱼雷的基地，这座岛的面积很小，夹在突尼斯和西西里岛的海峡中间。1941 年 1 月的时候，我们曾策划袭击和占领这座岛屿，但是却错失了良机。在后来马耳他岛受到包围和袭击的艰难岁月，该岛一直都是我们的阻碍。现在，我们不仅要把它给征服，还要用它来作战斗机的基地。空海两路在占领了突尼斯后，随即开始进攻西西里岛。直到 6 月 8 日，轰炸和炮击才结束，我们在这个时候要求对方无条件投降，却被回绝了。在 6 月 11 日施行的海上登陆，是在海空两军猛烈轰击的帮助下完成的。我们对于这次具有冒险意义的行动的庞大规模和存在的重重危机，给予了相当高的重视。这次登陆很成功，没有任何的伤亡（除了水兵传说的一匹骡子咬伤了一个士兵）。我们俘虏了11000多名敌军。两天过后，周边的岛屿——兰佩杜萨和利诺萨，也被降服了。此时此刻，敌人的前哨阵地在西西里岛南面消失不见了。

我们在7月3日的这一天对西西里岛开始空中打击，它和撒丁岛的飞机场都遭到袭击，结果导致很多飞机场都不能工作。被逼无奈下，他们只能把远程轰炸机的基地，撤到了意大利本国境内，而他们的战斗机也只能采取防守措施。墨西拿海峡的五艘火车渡轮，已经被摧毁了四艘。空中的优势在我们船队进入西西里岛的时候已经建立，然而轴心国的军舰和飞机在对付来自海上面的攻击时，却没有尽全力。直到最后关头，敌人还是不清楚我们要从哪里开始进行攻击，出现这样的情况，这全都归功于我们采取了声东击西的战斗方略。我们在埃及的海军变动和军事准备，好像表示我们要征讨希腊。自从突尼斯被占领后，他们就派遣更多的飞机飞往地中海，然而新增加的空军中队都驻扎在地中海东部、意大利西北部和撒丁岛，并没有去西西里岛。船队离它们的目标越来越近，艾森豪威尔将军在这个关键的时刻，选择了在交通便利的马耳他岛建立司令部。亚历山大将军和坎宁安海军上将与他在这里见面。特德将军依旧是联合空军作战的指挥官，他被留在迦太基附近的地区。

进攻的日子被定在7月10日。7月9日的早上，大舰队在马耳他岛的南面集合，他们当中有从东面赶来的，也有从西面赶来的。对西西里岛海滩发起进攻的时间到了，所有的舰队开足了马力向西西里岛奔驰。在坎宁安海军上将的电报中是这样说的："这种少见的船队大集合，虽然显现了高度的准确性，但是仍有不足的地方，那就是船队有三艘船被潜艇击中并且沉了下去[①]。大部分船之所以没被敌人察觉到，

① 从埃及驶来的船队，当中的一艘船被击沉了。——原注

那是因为船队航线获得的掩护十分有效。”

我将在郊外官邸契克斯等待着战争的结果，在去往那里的途中，我有一个小时的时间都在海军部的作战室内待着。整个墙壁上都挂满了地图，上面标注了一些部队，有庞大船队、护航舰队以及支援的分遣队，它们朝着将要攻击的海滩驶去。历史上的两栖战役，没有一次比这次的规模还大。但是，天时能使这一切发生变化。

* * *

9日的上午，天气很好，晴空万里。但是到了午时，一股强劲的、一反常态的西北风袭来。到了下午，风势没有减退，反而更加凶猛。傍晚时刻，波涛汹涌，但是在这个时刻登陆是非常危险的，尤其是在西海岸登陆的美军，他们存在的风险更大。登陆艇船队需要航行过一片路况不是很好的区域，才能从马耳他岛和比塞大与班加西之间的许多非洲口岸处北面发起进攻。

有一个紧急情况下延迟登陆的计划，这是以前制定的。但是要执行这个计划就必须在中午之前做出决定。第一海务大臣在海军部焦躁难安地等待着，用电讯窥探着天气的改变。坎宁安海军上将在晚上八点给了他回答，说:“天气虽然恶劣，但是作战计划还是如期执行。”他说:“现在要延期登陆，为时已晚。面对这样的状况，我们也是忧心忡忡，但最令人担心的还是在波涛汹涌中挺进的小型船队。”事实证明，他们受到的阻碍很大，而且他们的队形被打散了。虽然大部分的船没有按时到达，但是值得庆幸的是，他们的损失很小。坎宁安说:“晚上的时候，风已经柔和了许多，这一点是值得欣慰的，在10日的早晨，风已经停止了，只是那让人厌恶的海浪还在西海滩上拍打着。”

我们利用这恶劣的天气取得了意想不到的胜利。坎宁安海军上将继续说道:“我们有效的掩护计划和用来迷惑敌人的船队航线，都起了作用。当然，正因为这样恶劣的天气，敌人的警觉也放松了。当最后一阵大风刮起时，我们差一点有一部分登陆任务（虽然不是全部登陆任务）完成不了。对于那些因为在夜晚也不放松警惕而感到疲累到极点的意大利人来说，这样恶劣的环境，对他们有了影响。在床上翻身的他们会怀着感激的心说出这段话，‘他们无论如何都不会在今天夜里出现。’然而，他们却出现了。”

但是，命运并没有照顾我们，不幸发生在了空降部队身上。我们第一空降旅的滑翔机由美国的托航机载运着，但是其中有三分之一的滑翔机被他们过早甩脱，导致在机上的许多士兵掉进海里淹死。只有12架滑翔机到达目标中的那座重要的桥梁，其余的军队都散落在西西里岛的东南部。8名军官和65名士兵占领了这座桥梁，他们在这里一直战斗到只剩下19名战士为止，在援军到来之前，他们在这里坚守了12个时辰。这些功绩都是空降部队不顾性命换来的。虽然美国的先前部队空降的地点太过分散，但是意大利防守海岸的师团陷入了窘境，因为内地被着陆后的小分队搅得一片狼藉。

因为战斗机一直保护着这次登陆，所以在各个地方都成功登陆了。占领了英国和美国前线的锡拉库萨、帕基诺、利卡塔和杰拉。奥古斯塔在12日被第八集团军占领了。一部分德国装甲师狠狠地反击了美军前线的美国第一师。虽然当时的情况非常危急，但是在与敌人经过了一场激烈的战争后，我们取得了胜利。我们的盟军之所以一直前进，就是为了夺取杰拉东面的那个重要的飞机场。

在卡塔尼亚和杰尔比尼的飞机场聚集了第八集团军的主要兵力。就在这时，许多伞兵通过空降着陆了，突击队也从海上登陆了。重要的桥梁被他们占领。他们帮助陆军渡过了西梅托河。但是陆军渡河以后就没有继续前进，而是等待着从西方千里迢迢赶来支援的德国军队。第八集团军的左翼在16日抵达卡尔塔吉罗内，他们与一支美国军队时刻保持联系，这支美国军队已经攻占了恩佩多克莱港，他们现在正沿着海岸线向西前进。

如今有12个机场是我们的，到7月18日，在岛上只有25架德国飞机可以使用。机场上一共有1100架飞机因为损毁或受伤而遗留在那里，其中德国的飞机占了一半以上。我们的空军想尽办法阻击从意大利本土飞往墨西拿的敌机。它们获得了部分成功——在对付高射炮火的猛烈进攻方面。

7月16日这一天，第八集团军在收到亚历山大将军的命令后，对埃特纳火山的西侧发动了进攻，第七集团军也一样，收到命令后，对恩纳周围的公路进行了袭击，佩特拉利亚的东西通道被他们摧毁了。英国第五十师还是没有什么大的起色，德国的军队从意大利本土调来了支援部队，其中相当凶悍的第一伞兵师的六个营也在这支支援部队中。虽然现在它的左面的区域被我们占领了，但是以目前的形势来看，我们需要制定新的策略，并且增加军队的数量。英军前线在第七十八师赶到突尼斯之前，是没有什么危险的。

* * *

我们依旧没有决定，下一步的战略行动该怎么做。我们是渡过墨西拿海峡对意大利的趾形地带发起攻击，还是对踵形地带的塔兰托发起攻击？还是沿着意大利西部海岸，登陆萨勒诺湾，然后夺取那不勒斯？又或者只对撒丁岛发起进攻？我们对于这个问题，在六月的时候曾经向艾森豪威尔将军征询过建议。这个问题实在是太困难了。我们在五月举行华盛顿会议（“三叉戟”会议）上决定，在八月份左右，把派去西西里岛作战的部分袭击舰艇和一部分空军，改派去印度，我们也事先告诉了艾森豪威尔将军，美国的四个师和英国的三个师必须在11月1日以后向英国前进，这样才能实现1944年横渡英吉利海峡的进攻。6月30日，他提出了建议，当我们在占领西西里岛之后，假如不去进攻意大利趾形地带的话，就去进攻撒丁岛。如果要攻打撒丁岛，他估计在十月之前就能准备妥当，不过他猜测到在十一月以前的这段时间，是不能对意大利发起进攻的，因为那时的意大利会受到气候的影响，不适合进行两栖登陆。如果非要认为这是进攻意大利的最佳时机，那么必须有一个良好局面，能够保持军队快速地前进。

这种状况随着西西里岛状况的进展逐渐明朗起来。我们所谈论的整个形势和现在的这个状况有所不同，这一点在我7月16日致电史末资的电文中可以看得到。

1943年7月16日

1. 我们在五月份举行了华盛顿会议，在会议上我们发现美国有许多的疑虑，他怕我们在地中海的战事上无法自拔，所以他们希望我们在占领了撒丁岛后，结束这次战役。对于这一点，我们正好持相反的意见：我们在地中海的兵力比美国投入的多，所以我们完全可以在攻占西西里岛以后，来解决这个问题。但是我并没有止步于此，我要求罗斯福总统派遣马歇尔将军陪同我去北非，去那里说服艾森豪威尔等人占领罗马，只有这样做才能使今年的作战计划圆满完成。我们都这样认为——在西西里岛的战争形势变得清晰之后再做决定。如果那里的战事还是那么激烈，而且还要花费很长的时间，那么我们就只能对撒丁岛发起进攻。如果要我们立即对意大利发起进攻，那么必须在我们的军事行动顺利完成以后，并且在意大利的抵抗也不是那么强硬的情况下。

2. 现在已经到了必须要做出抉择的时刻了。这一点不用我多说，我会把它当作一个重要的问题来看待。我坚信我的建议罗斯福总统会同意的，艾森豪威尔也会在心里认同。不管怎么样，我不会让实力雄厚的驻扎在地中海的英国部队和接受英国指挥的军队无所事事。我正从波斯把那些非常优秀的波兰军队调去叙利亚，这样的话，他们要参加战斗，也可以从那里参加。

3. 巴尔干半岛的局势让我们看到了希望。我寄给你一份中军统帅部的报告，那个报告上已经说明，意大利的军队即将崩溃。我们不仅要攻占罗马，并且还要尽自己最大的努力向意大利的北面进攻。与此同时，在巴尔干半岛的爱国者，也需要我们伸出右手，帮助他们。如果我们在适当的时候采取行动，那么上面所谈到这些行动都存在着很大的希望。我坚信这个结果是乐观的，我也会在争取盟国的同意上奉献出我的全部力量，即使没能达成观点上的一致，我们的兵力也足以独自行动。

4. 你打算什么时候来这里？你来这里将会受到热烈的欢迎，这一点你是知道的，而且我们在战争的想法上，有很多的共通点。上面说的，请不要向外人泄露，这是作战机密。

* * *

与此同时，在意大利南部的交通线和机场以及那不勒斯港口上的敌军，正在受到我们盟国空军的袭击。在7月19日那天，罗马火车站的停车场和罗马的飞机场受到了实力雄厚的美国轰炸机队的袭击。这次轰炸不仅有强大的破坏力，而且还引起了严重的恐慌。英勇的巴顿将军指挥着美军，一步步向西西里岛行进。他们的第三步兵师和第二装甲师，正在执行西西里岛西部的扫荡任务，现在那里只有意大利的军队在驻守。第二军是由第一师和第四十五师组成的，他们接到了占领北面海岸的命令，攻下之后，他们将沿着墨西拿的两条主要公路向东快速挺进。7月22日，巴勒莫被攻占，七月底，美军抵达尼科西亚到圣斯特凡诺的一线。他们的第三师在完成了西西里岛西部的任务之后，将会被派遣到沿海岸，去支援那里的追击，第九师也会在这个时间从非洲调来这里。这支军队是被留在北非的后备部队，和我们的第七十八师是一样的。

这时，已经部署好最后的决战战场。这次战争一定很激烈，因为除了原有的意大利防守部队参加这次战役之外，还有由胡贝将军指挥的三个师以上的德军，他们也参加这次战斗，胡贝将军是这支军队的司令官，并且他并不缺乏这样的作战经验。但是意大利非常有可能要走到崩溃的边缘。我们在白厅的人员情绪发生了明显的变化。我们要执行一个更冒险的计划，直接进攻意大利的西海岸，然后利用其便夺取那不勒斯。华盛顿持同意的态度，前提条件是：兵力必须是在“三叉戟”会议上商议的，不能再派遣其他兵力。美国认为，虽然其他地区的战争没有地中海战争的激烈，但是也不能因为地中海的军事行动，而使其他地区的战争受到伤害，尤其是那个叫作“霸王”的作战计划。萨勒诺登陆的时候，这种保留条件让我们很不安宁。

艾森豪威尔将军和他的主要司令官一致认为下一个进攻目标是意大利，并且可以立刻发起进攻。因为他们缺少飞机和登陆艇，所以想先在趾形地区登陆。他们也同意了直接攻击那不勒斯，这是他们第一次同意这个提议。战斗机在登陆时起到的掩护作用会因为那不勒斯而大打折扣，因为它离我们在西西里岛最近占领的空军基地的距离太远了。尽管这样，攻下那不勒斯还是目前大家集中考虑的。尽早击败意大利似乎可以作为推迟对缅甸开战的理由。从地中海调往印度的进攻的潜艇，海军部已经下令停止输送。

7 月 22 日，英国的参谋长委员会催促他们的美国同僚，如果获得了额外的船舶和航空母舰，那就制定直接进攻那不勒斯的计划。美国提出了不同的观点。发起进攻这一点他们是同意的，但是他们不能再派任何军队来支援艾森豪威尔将军，哪怕是为了这次进攻或者是其他的任何目的，他们也不会改变这个决定。现在，他应该在这些部队的基础上，尽他最大的努力。除此之外，在他们的坚持下，三大重轰炸机大队被撤到英国。就这样，矛盾显现出来。美国的三军参谋长不相信占领了意大利会对德国造成威胁，而且他们还担心德军会撤离，会使我们无功而返。他们还认为从意大利的南部飞机场去进攻德国的南部的话，并不会有大收获。虽然十个月以内，在英吉利海峡这里不会发生什么战争，但他们还是在横渡英吉利海峡的最短路线上集结了所有能集结的力量，用来攻打德国。

在战争中消灭意大利是盟国最重要的一个目标，这是在华盛顿会议上决定出来的，也是英国的参谋长委员会提到的。一个密码代号为“雪崩”作战计划——攻击那不勒斯，是这个目标能够完成的最佳方案。意大利的崩溃，在很大程度上增加了横渡英吉利海峡进攻的机会，不仅能保证它成功，而且还能起到决定性的作用。只有在意大利飞机场的支援下，我们对生产战斗机工厂，进行规模较大的攻击，才会产生效果，这一点是空军参谋长波特尔三令五申的。因此，对法国的行动要想顺利进行，很大程度上都要依靠那些被占领的机场。美国对此毫无反应。可是，英国部队在“雪崩”计划中占有大多数，所以为了计划成功，我们要尽全力。为了登陆，海军部安排了四艘护航航空母舰和一艘轻型舰队航空母舰去支援远程战斗机，帮助远程战斗机克服自身的弱点，而空军部也派给艾森豪威尔将军三个轰炸中队。原本这三个中队是要提前离开的，现在由他指挥。

正在讨论这些有点尖锐的问题时，墨索里尼却在7月25日下台了，政治局面发生了变化。目前来看具有压倒性的优势的是对意大利发起进攻的这个论点。正如下文中我们即将要了解到，德国人快速地做出了应对。一些事情并没有变得更容易一些，如攻进意大利，尤其是进攻那不勒斯等军事行动。正因为我们提供了英国海军和空军力量上的帮助,这个“雪崩”计划才成功完成。我们认为多余的船舶在我们登陆后，可以使整个安排的速度加快，这些船如果能够使用的话，可以把危险系数降低。在这方面，美国没有接受我们的建议，早在战争开始时，美国的很多船就被召回，还有一些用来进攻的英国船只也被派遣到印度。

* * *

如今，我们再一次回到西西里战场。8月3日亚历山大在电报中这样说：

顺利地展开了攻势……我拜访了那位英勇而且豪气的巴顿将

军，刚刚回来。美国第七集团军把工作干得非常出色，仗也打得漂亮。加拿大也令人很满意，虽然这是他们第一次展现自己的身手，但打得不错。进展可能会慢一些，若不是亲眼看见的话，当地的情况很难让人相信。在这座岛上可以穿越峡谷和绕行悬崖的山道只有几条。它们易守，也易遭到破坏。

第七十八师的表现很好，刚到达目的地，就占领了琴图里佩。这是战斗到达最后阶段的标志。5 日占领了卡塔尼亚，自此，所有的英军战线向埃特纳火山的南面和西面的山坡展开。8 月 6 日，美军第一师经过激烈的战斗后，攻克了特罗伊纳。第九师越过第一师，在 8 月 8 日挺进切萨罗。在 8 月 10 日，美国的第四十五师和紧接着到来的第三师，抵达了奥兰多角，途中他们沿着北面海岸行进，得到了两路两栖包围行动的援助，这次的包围行动规模较小，而且运用得极其巧妙。13 日，攻占兰达佐，敌人停止了所有战线上的战斗，几天后的夜里，在墨西拿海峡强大的防空炮火的援助下，他们逃回本国。我们的部队快速向墨西拿挺进。敌军把从卡塔尼亚开始的海岸公路摧毁了，使得第八军的进程慢了下来，就差了这么一点，战利品就被美国军队得到了。8 月 16 日，他们进入墨西拿。

亚历山大将军致首相　　　　　　　　　　1943 年 8 月 17 日

下面是非常有趣的事：

对西西里岛的进攻是在 7 月 10 日。挺进并驻守在墨西拿是在 8 月 16 日。攻占整个岛屿只用了 38 天。西西里岛海岸线的长度是 600 英里，面积有一万平方英里。混凝土建造的碉堡和铁丝网遍布整个岛屿。轴心国有 13 个师驻守在这里，其中德军有四个师，意军有九个师。总共有 405000 名士兵，其中意军有 315000 名，德军有 9 万名。盟国也有 13 师驻守在这里，其中有第七集团军的六个师，包含空降师，第八集团军的七个师，包含空降旅和装甲旅。

我们猜测是这样的情况，7 月 10 日驻守在西西里岛的意大利军队，已经被全部歼灭，有部分溃兵可能逃回本国。缴获的战利品和军用物资现在还无法用具体的数字统计出来。整个西西里岛上，遍地都是大炮、坦克、步枪和机关枪。

在整个战争中，制空权一直掌握在空军手中，它们的战术空军部队能聚集起空前的力量，陆军在战场上得到了这些战术空军部队的援助。1000 多架飞机在飞机场上被缴获。海路被皇家海军保护着，一直畅通无阻，他们还援助了我们所需要的物资。

后来，他又在电报里提到：

亚历山大将军致首相　　　　1943 年 8 月 17 日

1943 年 8 月 17 日上午 10 时，西西里岛上的最后一名德军也被赶走了。我们掌控了整个岛。

* * *

这次既成功且运用精巧的战役，在持续了 38 天以后，终于收尾了。敌人从最初的震惊，到后来醒悟过来，也曾进行了顽强的抵抗。地形造成了很大的困难。要想穿过田野，只能徒步前进，因为那里的道路狭窄。埃特纳火山的高峰阻挡了第八集团军进击的步伐，敌人却能监视我们的一举一动。第八集团军的士兵得了疟疾，因为他们驻扎的地点在卡塔尼亚平原的洼地。不过只要我们平安地登陆，我们的空军利用攻占的飞机场开始行动，这个胜负的问题就毋庸置疑了。马歇尔将军做了报告：敌军损失了 167000 人，其中德国士兵有 37000 名；我们失去了 31158 人，这个数字是死、伤、失踪人数的总和。

第三章　垮台的墨索里尼

掉进陷阱里的墨索里尼——对意大利人民的联合宣言——在里米尼附近会谈的墨索里尼和希特勒——戈兰迪登上舞台——法西斯大委员会在 7 月 24 日召开——戈兰迪提议罢免墨索里尼的要求得到通过——7 月 25 日逮捕墨索里尼——结束了 21 年的独裁统治——愚蠢的希特勒把兵力分散了——从意大利传来的消息被他知道了——在 1942 年 11 月我做出了预测——我致电罗斯福总统谈论意大利求和这件事——我对墨索里尼下台的感想——英国战俘在意大利的命运——关于停战条件，英美所进行的讨论

多年以来，意大利的统治者一直是墨索里尼，到最后，他却给国家带来战争的不幸，对此，他要负主要责任。这一切都是他的错，因为他近乎独权，所以他不能将这个责任推到王室、议会、法西斯党或总参谋部的头上。目前，一种已经战败的情绪在意大利国内能够即时掌握消息的人中漫延，于是那个人自然要受到责备，是他强横地把国家带入歧途和失败的一方。在 1943 年，这些信念在最初的几个月中慢慢地建立，而且传播范围也极广。孤单的独裁者坐在了权利的至高点上。而在俄国、突尼斯和西西里岛杀害意大利人以及在军事上的失败等等这些事情，都是直接向意大利发起进攻的前奏。

他在政治方面和军事方面调换了一些人，可惜这一切都白费心思。二月份，埃布罗西奥将军接替卡瓦勒罗担任总参谋长。埃布罗西奥和宫廷大臣阿奎罗拿公爵，他们不仅获得了王室的信任，而且只有国王可以向他们咨询意见。这几个月，他们希望打倒法西斯党的领导人，并且使法西斯政权终结。但是，欧洲的政治舞台上依旧有墨索里尼的身影，似乎他也是这里面的一个主角。他之所以感觉自己受到了侮辱，那是因为他新任命的军事长官提出，要从巴尔干半岛撤回意大利的军队。他这些队伍是德国在欧洲的后续力量，有利于他们在欧洲占有优越的位置。然而他还没弄明白，在国外战争失败和国内民心不稳的情况下，希特勒已经不把意大利当作一个同盟国看待。当现实情况已经消失不见时,他对权势和个人影响仍然存在着幻想,甚至非常贪慕这些。所以，他对埃布罗西奥的重要要求表示拒绝。他的权威和他个人的极端行为，深深地烙印在人们的脑海里，人民害怕他，所以，意大利的社会力量不知怎么把他赶下政治舞台，而且他们对待这件事的态度一直都是犹犹豫豫的。“在猫的脖子上挂上铃铛”，谁愿意去冒这个危险呢？强大的敌人打算在春天过去之后，向意大利发起进攻，拥有海陆空三军的他们离意大利越来越近了。

七月，出现了转机。立宪国王——那个不爱说话、总是保持着小心翼翼的国王，从二月以来，一直跟巴罗格利奥元帅，那个在希腊因为惨败而被罢免的将军保持着联系。他终于发现这个将军是可以托付、掌管国家政务的人。于是在 7 月 26 日制定了明确的计划，决定将墨索里尼逮捕。埃布罗西奥将军同意派遣一个可以执行计划的人，并制造一些声势来配合完成这一行动。一些法西斯老战士无意中帮助了埃布罗西奥将军的计划，复兴法西斯党是这些人的目的，而且他们当中的许多人不会成为复兴运动中的失败者。他们准备开法西斯大委员会，那是法西斯党的组织从 1939 年以来一直没有举行的，他们的目的就是向他们的领导人提出最后的通牒。7 月 13 日，墨索里尼会见了他们，他们诱导、劝说墨索里尼在 7 月 24 日召开大委员会的正式会议。上面说到的这两个运动，虽然看上去互不相干，甚至是完全独立的，但它们在时间上是完全契合的，这些运动的意义非凡。

*　*　*

我当时对意大利政局内部是否存在紧张的气氛，了解得还不是很透彻，但是盟国总部有时会接到报告，上面写着士气低落和局势动荡的情况越来越严重。自从意大利北部所有的城市被我们的空军袭击之后，罢工和骚乱就在这座城市里上演。我们得到消息，意大利由于铁路运输瘫痪，那里的粮食供应情况一天不如一天。登陆西西里岛的时候，就是我们向意大利人民发出呼吁的时候。罗斯福总统以前讲过一个宣言稿，在这个宣言稿中，他给予了美国一定的地位，但以我们的观点来看，这个宣言对参加意大利战争的英国来说存在着不公平。因此，在7月5日我致电罗斯福总统，写道：

1. 战时内阁考虑到要对意大利发表一个联合宣言，当然，是要以我们两国的名义发表。根据双方协议，“火炬”作战计划是一次美国的远征行动，其中有英国的一个分遣队参加，我一直都是你的副手。所以，我们才觉得我们一起执行“哈士奇”作战计划[西西里]和它以后的计划时，我们应该拥有平等的地位。根据参加战争的陆军、海军、船舶和飞机的比重来看，这样的说法，合情合理。“不需要大伙伴”——你的这句名言，我完全接受。

2. 然而，你们与意大利发生争执和战争的时间没有我们的时间长，而单纯的就这种文件的完整性来讲，这种性质的文件由一人来写要比两个人来写好得多，所以在这个关键的时刻，请你代表我们两个国家，对意大利人发表宣言，这是为了我们共同的事业，我们共同的利益。

3. 我们之间的友谊坦白而率真，正是因为这样的友谊，我将提出几个需要修正的问题，这对你来说可能有些冒昧。如果不这样做，会在英国人民和英国部队中间产生不快情绪，所以这些修改是有重要意义的。因为在贡献这方面，他们将会以为自己没有享有相匹配的或足够的评价。实际上，在所有的地方，他们只有一次被提到过，其他地方提到的都是美国或盟国。

4. 建议修改的地方如下：(1) 请把“我也代表英国国王政府并且以他们的名义讲话”这句话，加在“1941 年 12 月 11 日，你们的政府向它们宣战”后面。(2) 请把“和他的副总司令亚历山大将军”，夹在“艾森豪威尔将军指挥着”这句话中。(3) “意大利的天空是在盟国庞大的空中机队的控制下”需要改动一下，应该改为“处于美国和英国庞大的空中机队的控制之中。英国和盟国聚集在地中海的空前强大的海军力量威胁着意大利的海岸。”(因为美国和英国实际上从事了全部战争活动，所以我坚信这些修改是妥善的，你也会同意的。)

5. 最后，我们认为，向意大利发布宣言公告时，最好的时间段是在西西里岛取得初步胜利以后，假如我们失败了，这样做就不在情理之中。不管怎么样，在这种硝烟四起的局面下，它不会引起人民的注意，也不会第一时间传到轴心国的作战部队里，促使它们解散。

我们的意见罗斯福总统认为合情合理。于是，一份我们认为比较合适的修订稿，送到了罗斯福总统手上。

这个文告是美利坚合众国总统和英国首相给意大利人民的。

在目前的这个形势下，由艾森豪威尔将军和他的副总司令亚历山大将军指挥的美国和英国的联合武装部队，正在使战争深入你们的国家。在墨索里尼及法西斯政权下，你们不得不接受这个后果，这是你们可恶的领袖为你们带来的。墨索里尼引导你们参加这场战争，他认为你们是野蛮国家的仆从，可以杀害各国的人民，可以使人民的自由毁灭。墨索里尼认为希特勒已经稳操胜券，所以他让你们参加战争。在这样容易受到空军和海军威胁的情况下，墨索里尼还把你们的军队，不管是军舰还是士兵都派到遥远的战场，用来帮助德国，帮他征服英国、俄国以及全世界。意大利有着历史悠久的传统，在自由和文化这两个方面，这个传统和英美两国的人们有着很深厚的渊源关系，这些传统和纳粹德国的阴谋勾当格格不入。你们的士兵不是从意大利的利益出发，而是为德国拿起武器。他们英勇作战，但德国在俄国的前线以及在阿拉曼到邦角的非洲战场上，把他们抛弃、出卖。

在今天，在各个战场上，德国征服世界的希望破灭了。意大利的天空处于美国和英国庞大的空中机队的控制之中。英国和盟国聚集在地中海的空前强大的海军力量威胁着意大利的海岸。你们所对抗的力量，如今，要拼死去摧毁纳粹德国的势力，那些不服从德国的人都遭到这种势力迫害，有的被奴役，有的已经死亡。

意大利要想生存，唯一的希望就是实行体面的投降，不反抗盟国的武装部队。如果你们继续为纳粹党的法西斯政权服务，你们要自己承担后果，这种痛苦的后果是你们选择造成的。我们不想进攻意大利，我们不想意大利人民因为战争而死亡。但是，那些虚伪的领袖和使意大利沦陷到如此处境的主义，我们必须要毁灭，你们所流的每一滴血，抵抗盟国军队的每一分钟，都只能达到一个这样的目的：法西斯和纳粹领导用更多的时间来解脱他们的罪行，逃避他们造成的无法避免的后果。德国和你们虚伪而且迂腐的领袖，背弃了你们的所有利益，你们的所有传统。一个新的意大利只有在推翻这两者后，才能建立起来，才会受到欧洲国家的尊重。

如今，能够恢复国家尊严、安全与和平的时刻到来了，出于对你们意大利人的尊严和利益两方面的考虑，你们要想清楚。在这个关键的时刻，你们要做出决定：意大利是服务于墨索里尼和希特勒，还是为意大利的生存和文明服务。

罗斯福

丘吉尔

在7月17日，罗马和意大利的其他城市的空中出现了盟国的飞机，散发写着文告的传单。

* * *

两天过后，在洛希奥将军的陪伴下，墨索里尼会见了希特勒，他是乘坐飞机到达那里的，会面地点在位于里米尼附近的菲尔特雷的一个别墅里。墨索里尼在他的《回忆录》中是这样写的："那里有一个非常漂亮的公园，那里的树，苍劲浓郁，遮挡着阳光，带给人清凉。一个给人带来神秘感的建筑物，很像迷宫，似乎是一个用横竖的字谜拼成的房子。"做好了准备来迎接德国元首，本以为他会在这里待两天，没想到他见完面，当天下午就走了。墨索里尼说："我们的见面跟以前一样，很诚恳，那些随从的文员和高级空军军官以及部队与我们相比较之下，他们的态度冷淡。"①

德国元首的意见不停表达出来，他提出必须要尽最大的努力。他讲，新的秘密武器大约在冬季的时候，就可以用它来攻击英国。一定要保住意大利，"这样，对于敌人而言，西西里岛就可能有类似于斯大林格勒对于我们的地位。"②人力和组织这两方面，意大利必须要自给。德国在俄国前线是有压力的，没有办法提供意大利所要求的援助和装备。

埃布罗西奥督促他的首领，要坦诚地把意大利不能继续参加战斗这个消息，告诉希特勒。这种表现，将会带来什么好处，并没有很明

① 参照墨索里尼的《回忆录》，第50页。——原注

② 参照《希特勒和墨索里尼：通信与文件》，佐利著，第173页。——原注

显地表现出来。出于墨索里尼那呆傻的表现，埃布罗西奥和其他意大利将领对这个首领，再也不抱有希望了。

一个情绪比较激动的意大利军官，在希特勒正在讨论形势的时候，走了进来，他报告了这样的消息："敌人正在猛烈地攻击罗马。"墨索里尼在回罗马的时候，除了带回德国会支援西西里岛的这个消息之外，再也没有带回可以炫耀的东西。在李特利奥火车站，数百辆客车正在焚烧，它们产生了大量浓郁的黑烟。墨索里尼将要抵达罗马的飞机，正好驶进了这片黑烟。他觐见了国王，看到国王眉头紧锁，表情焦虑。国王说："面对这么紧张的局势，我们不会支持多久。西方国家已经掌控了西西里岛，我们会被德国出卖。军队的纪律已不复存在……"据记载，墨索里尼是这样回答的，他希望，意大利和轴心国脱离关系可以在 9 月 15 日那一天。这个日期说明，他已经严重地脱离现实。

在这个时刻，压轴戏的主角上场了。蒂诺 · 戈兰迪，他是法西斯党的元勋、前外交部长和驻英大使，他是意志坚强的一个人，他厌恶意大利向英国开战。如今面对这样的形势，他也屈服了。目前，在罗马召开的法西斯大委员会上，他准备坐上一个领导人物的位置。7 月 22 日，他看望了他以前的领导，并一点情面也不讲地说，他将提议建立一个联合政府，而且武装部队的最高指挥权会重新掌握在国王的手中。

* * *

24 日下午五点召开了法西斯大委员会。为了防止会议遭到暴力袭击，警察总监已经做好了防卫措施。枪兵团是墨索里尼的私人卫队，他们保护维斯尼宫的任务被取消了，而是让军事警察取代了他们的位置。当领袖把目前的情况说出来之后，底下的全体出席者就开始讨论这个情况，他们都穿着黑色的法西斯制服。最后，墨索里尼说："因为战争是希望开战的那个党发动起来的，所以战争往往是一个党的战争。

同理，战争也是宣战的那个人发动起来的，所以战争往往也是一个人的战争。如果发生在 1859 年的战事就被叫作加富尔战事，那么今日的战事被叫作墨索里尼的战事。所以统治权的加强和承担责任是现在必须要做的。在今天，有人在侵犯我们的领土，它的完整性正遭到破坏。正因为这样，我凭借着国家的名义，可以在人事上进行变动，可以在控制权上进行加强，可以调动一切没有使用的力量。

接下来，戈兰迪提出了自己的议案，他请求把更大的权利交给国王，并且要求国王承担责任，而且还要过问国事。戈兰迪发表了一篇演说，这篇演说被墨索里尼称之为“猛烈批判的演说”，“一个终于发泄出自己怨恨的演说”。大委员会成员和宫廷已经很明显地表现出他们亲密的关系。戈兰迪受到了墨索里尼女婿的支持。现在每个出席者都有所察觉，政治上的大变动蓄势待发。辩论一直持续着，直到午夜，斯克尔扎这个法西斯党的秘书，在这时提出了休会，希望第二天再进行会议。但是，这个提议遭到戈兰迪的反对，他跳起来并且大声喊道：“不可以，我反对。既然辩论已经开始，在今晚我们一定要把这个会议开完。”直到凌晨两点多，才开始投票表决。墨索里尼是这样写的：“在投票之前，就已经可以看清楚，每个大委员会成员的态度，有的是跟国王勾结在一起的叛徒，有的是合谋者，还有的是不明真相的人，他们都投了票，也许他们对投票表决的严重性并不知道。”对戈兰迪这次提议的投票结果是：赞成 19 票，反对 7 票，弃权 2 票。墨索里尼站起来说道：“政权的危机已经被你们挑起。这简直糟糕透顶了。现在会议结束。”墨索里尼用手势制止了法西斯党的秘书，因为他要向自己致敬，墨索里尼随后说道：“不用了，你可以被原谅。”大家默默地走了。在那天晚上回到家中，没有一个人能安然入睡。

抓捕墨索里尼的计划正在暗地里安排。埃布罗西奥接到宫廷大臣阿奎罗拿公爵的指示，他的心腹和代表立即展开行动，这些人是警察或者是军事警察。他们暗中并且顺利地接手了警察局和内政部的办公机构，还有主要的电话线站。在国王别墅周围不易发现的地方，一小队军事警察在那里布置了岗哨。

7月25日是星期日，墨索里尼除了巡查了罗马几个受到袭击的地区，整个上午都待在办公室里。他请求见国王，下午五点钟，国王和他见面了。“我以为自己指挥武装部队的权利，会被撤掉，这个权利是1940年6月10日国王授予我的，有一段时间，我也考虑过放弃这个权利。所以，现在想想，在我走进别墅的时候，我没有任何不祥的感觉，而且我也没有怀疑过我当时的感觉。”到达国王的住所时，他看见所有地方都增加了军事警察。门口站着身穿大元帅制服的国王。他们两人走进客厅。国王说道：“我亲爱的领袖，情况不容乐观。意大利行走在一条四分五裂的道路上。军队的士气低落，他们不想打仗了……法西斯大委员会上有十九票赞同戈兰迪的计划，这个表决太可怕了，在这些投票的人选中，拥有天使报喜勋章的人就有四个人！……此时此刻，你是大家在意大利最厌恶的人。你顶多有一个朋友是可靠的。如今，你现在只有我这么一个朋友了。所以我可以告诉你，关于你的人身安全问题，我会保护你，这一点你没有必要担心。我现在想让巴罗格利奥元帅来接替你的职位。”

墨索里尼是这样回答的：“你做出的决定，会产生极其严重的后果。人们面对目前的危机都是这样认为的：只要那个挑起战争的人被解职，就会带来和平。军队的士气会因此而受到严重的打击。这次危机会让丘吉尔和斯大林看成是他们两个人的胜利，特别是斯大林会觉得这就是胜利表现。人们的抱怨和恨意我已经感受到了。在昨天晚上的法西斯大委员会上，我很容易看出这一点来。一个人如果在位很久了，而且还使人民遭受到这么多牺牲，怎么会不激起怨恨和怨言呢？不管怎么说，我都希望那个掌控局面的人是个幸运儿。”国王把墨索里尼送到门口。墨索里尼是这样写的：“他像极了侏儒，他不仅脸色苍白，而且还比平时看上去更加矮小。在和我握手道别后，他就进去了。我下了几级台阶，朝我的汽车走过去。在这时，一个国家警察上尉突然把我拦住，对我说：‘我是国王陛下派来保护您人身安全的。’我朝我的汽车继续前进，一辆救护车停在附近，这时这个上尉又给我指了指这辆救护车，他对我说：‘不，我们一定要乘坐这样的车。’我和我的秘书长，还有那个上尉，一个中尉和三个国家警察、两个便衣警察，我们一同乘坐了这辆救护车，他们手上拿着机关枪，坐在车门口。救护车在车门关上后，快速地奔驰。我依旧这样认为，这样做是因为国王他说过要保护我的人身安全。

在那天下午，时间稍晚一些，巴罗格利奥收到了国王的命令，他要建立一个新内阁，由军事领导和文官组成。到了晚上，全世界都收到了巴罗格利奥的组建内阁的消息。两天过后，法西斯领袖被这个巴罗格利奥将军，囚禁在蓬察岛上。

* * *

墨索里尼对意大利的独裁统治就这样终结了，历时 21 年。1919 年，他解救了差点卷入布尔什维克主义的意大利人们，使得意大利在欧洲的位置上升了，这是以前没有过的。新的生机在民族的生命中出现。北非建立了意大利帝国。许多重大工程在意大利内建成。1935 年，这位法西斯领袖凭借着自己的毅力，征服了阿比西尼亚。阿比西尼亚是一个国家领导五十个国家的国际联盟。虽然意大利无法承担他的政权费用，因为他真的很浪费钱财。但是单从他获得成功的这方面来看，他还是符合大多数意大利人民意愿的。“意大利的立法者”说的就是他，对于这个称呼，我只在法国崩溃时称呼过他。如果他没有统治意大利，那么另外一个人可能会把意大利体制改为共产主义，在这样的情况下，另一种性质的危机和灾难会充斥着意大利和欧洲。1940 年 6 月在希特勒取得胜利后，他向法、英两国开战，这是他犯的最大的一个错误。如果这种行动被他制止了，那么意大利还会保持在举足轻重的位置上，双方都会奉承他，甚至给他好处，他也会从互相争斗的国家中取得利益。就算战争的结局已经表露出来，盟国还是欢迎墨索里尼。在缩短战争的过程中，他还有很多东西可以奉献出来。他可以利用他的智慧和谨慎，选择一个合适的时间向希特勒宣战。但是他没有，他走上了一条错误的道路。英国的实力，岛国抵御外来侵略者的持久性以及海军的实力，这些他永远无法理解，所以他走向了毁灭。不过，这份伟大的经历，仍然可以看做是他的极权和长期统治的铭刻。

* * *

希特勒在这个时刻犯了一个大错误，这个错误体现在他的战略和作战指挥这两方面。意大利的倒戈、俄国的乘胜追击和英美两国联合起来即将横渡英吉利海峡发动攻击，面对这些，德国应该集结所有的强大的力量，组成一个中央后备军。而德国指挥部和作战部队的高超素质，也只有利用这种方法，才能体现出来。也只有这个方法，他才能完全利用他所拥有的中心位置，还有优越的内线作战条件，以及便利的交通。冯·托马将军被我军俘虏，当时他是这样说的："创造一种能使我们陆军充分发挥作用的形势，是我们唯一获胜的机会。"在本书的前面我已经说过，希特勒已经编织好一个蜘蛛网，可惜他忘了蜘蛛。赢得他占有的一切是他的目的。巴尔干半岛和意大利对战局并没有起到任何作用，但他却在那里浪费掉了大量的兵力。如果他利用一个中央后备队——由最高素质和机动性的30个师或者是40个师组成，那么任何一个向他攻击的敌人，他都能够回击，并且还能进行一次重大的战役，前提是有赢得胜利的希望。比如，一年之后，他完全可以利用生力军，对抗在诺曼底登陆了45天的英美军队，那时，他将占有很大的优势。他没有必要在意大利和巴尔干半岛上耗费自己的力量，他在别人的规劝下还是这么做了，现在来看他失去了最后的机会。

我明白，他有可供选择的途径，我也希冀他能有这样一些选择：从意大利右边进行攻击，或者是从左边横渡过英吉利海峡，或者这两个选择都做。他错误的安排，使我们具有美好的前景和获得胜利的机会。因为在这样的前提下，有利于我们直接展开攻击。

* * *

希特勒在参加菲尔特雷会议回来以后，觉得只有清洗法西斯党，并且通过德国增加法西斯党的领袖们的压力，才能使意大利继续参加战斗。在7月29日这一天，也就是墨索里尼60岁生日的这一天，戈林经选派乘这个机会对墨索里尼进行了一次访问，这次访问很正式。7月25日，希特勒总部收到一个震撼的消息，这个消息是从罗马那边传来的。晚上，事实已经很明显的摆在那，巴罗格利奥在意大利国王的授意下，接任墨索里尼的职位，墨索里尼辞职或者被罢免。最后决定，如果要攻打意大利新政府，而且还是规模巨大的军事行动，就要在俄国发动进攻之前，把东线的军队撤出，要比可能撤出的军队还多。与此同时还制定了营救墨索里尼、攻占罗马以及用尽全部力量支援意大利法西斯主义的计划。假如巴罗格利奥和盟国签了停战条约，就必须要制定下一步的计划，方便用来夺取意大利舰队，攻占意大利全国的要害地点以及威慑住在巴尔干半岛和爱琴海的意大利军队。

7月26日，希特勒对他的顾问说："我们必须行动起来。不然的话，盎格鲁撒逊人会比我们抢先占领飞机场。现在的意大利法西斯党头脑已经不清楚，当它出现在我们战线后方时，他们才会醒悟过来。因为法西斯党是唯一愿意加入我们的战争的，所以我们必须使它恢复起来，不能拖延下去，所有拖延的理由都是错误的。如果那样做的话，我们就会有危险——眼睁睁看着央格鲁撒克逊人攻占意大利。关于这些事，一个军人是不能够了解的。要想认清前途，就要有一个拥有政治眼光的人。"

* * *

对于意大利崩溃的后果，我们曾长久地思考。我曾经在八个月以前这样写道：

意大利的局面
首相提交战时内阁的备忘录

1942 年 11 月 25 日

1. 我是这样的意见，如果认为意大利在任何内部动乱下都不能产生一个政府，一个可以单独缔结合约的政府，这个结论显然下得太早。假使我们将更严重的压力施加在意大利身上……全体意大利人（包括法西斯党），会深切地感受到，他们希望从战争中解脱出来，而且事实上也表明，他们要从战争中解脱出来。在不久的将来，我们会通过两栖作战的方式对意大利进行连续的攻击，那样的话，摆在意大利人民面前的有两条路。如果他们无法适应我们空军的袭击，那么他们必须对其中一条做出选择，两条路分别是：一、建立由戈兰迪这类人领导下的政府，以求和平；二、任由德国人攻占，这样的话战争的严重性会增加。

2. 德国攻占和管理意大利，符合我们的利益，这个观点我不赞同。这种局面的产生也许我们不能阻止，但是我希望意大利人民自己起来阻止这种局面的产生，我们的确应该尽自己的全部力量促成这种行动。如果意大利发生革命，而且执政的是一个缔结停战条约的政府，那么，至少可以说，在违背意大利人民（而且可能是一个临时政府）的意愿下，承担意大利的全部防御任务所获得的利益，与德国人防守伯伦纳山所获得的利益是相同的。

3. 一个国家在战争中面临着彻底失败的时候，他们采取的所有行动，都是人们意想不到的。保加利亚在1918年崩溃，政府、军队和人民，那种突然、悲惨、全国同时瓦解的情景，在我印象里就像刚发生过的一样。军队对他们的前途和安全漠不关心，他们只求能撤出前线，返回家中，斐迪南德国王也逃离了。剩下的是等待胜利者判决的政府，一个以农民领袖为首的政府。

4. 因此，我对意大利的突然求和并不排斥，而且我对美国把意大利人民和意大利政府区别开来的政策，也表示赞成。墨索里尼垮台这件事，即使它事先做好防备，也有可能会对意大利的舆论造成决定性的影响。从此宣布，终结了法西斯的统治。一段历史结束，另一段历史就会开始。我认为这样是最好的——在遭受轰炸的所有城市的上空都发布传单，上面的内容这样写：墨索里尼，他是让你们遭受苦难的罪魁祸首。

5. 值得注意的是，因为不在我们义务范围内，所以我们不会向被征服者提出任何条件。即使他们向我们请求，我们也不会提出任何条件。如果他们这个时候向我们投降，我们才会做这种决定。美国一些进行宣传的传单已经做了这样的事，我们目前是肯定不会做出这样的承诺的。

因为从罗马来的消息引起了这些问题，所以罗斯福总统接到我的电报：

前海军人员致罗斯福总统　　　　　　　　1943年7月26日

意大利变动的宣布，预示着意大利可能会倡议缔结合约。为了能联合行动，我们应该协商一下。这个时期在现阶段可能只是一个过渡。但是，不管怎么样，墨索里尼的下台会让希特勒感到自己人少马微。这种情况下，没有人能断定不会发生进一步的变化。

在这份电报发出的同一个时间段，罗斯福总统也给我发来一份电报：

罗斯福总统致首相　　　　　　　　　　　　　1943年7月26日

真是太巧了，今天下午，当我重回到香格里拉的时候，罗马传来消息，这次消息的真实度很大。当我们收到任何求和的提议时，一定要有把握地将意大利全部领土、运输条件以及各种飞机场利用起来，用来对付北面的敌人和整个巴尔干半岛的敌人[①]。我认为，我们应该尽量使意大利无条件投降，妥善地对待意大利的人民。对于这一点我也有过思考，那就是一定要把那个首领和他的主要同犯交出来。在任何状况下，因为没有你和我的授意，我们在战场上的军事人员，对任何一般性的条件都不会确定。所以请把你的意见告诉我。

*　*　*

我们联合行动的结果，会对未来战争的发展有决定性的影响。当天，我花费了一些时间，写了一份书面文件，上面写了我对意大利戏剧性事件的看法。战时内阁在这天下午，开会研讨新的局面，并对我草拟的文件进行审核。到了晚上，我把文件寄给罗斯福总统一份，询问他的意见。

前海军人员致罗斯福总统　　　　　　　　　1943年7月26日

我将一份意见书寄给你，这是我提交战时内阁并取得他们认可的意见书。

我自认为，我们不应该过于苛刻地对待任何非法西斯政府，哪怕我们对那个政府一点也不喜欢。如今墨索里尼已经垮台了，

① 着重号是作者加的。——原注

我要同他们（任何能履行条约的非法西斯的意大利政府）联系。所附的备忘录中列出了将要提出的条款。我的同僚赞同这些条款。

关于墨索里尼下台，首相的一些思考

1. 法西斯政权的瓦解，看来极有可能是墨索里尼下台引起的。意大利国王和巴罗格利奥的新政府请求和盟国进行谈判，方便单独签订停战协议。如果正是这样的情况，首先我们一定要确定我们的要求，然后再确定一些必要的措施与条件，以便达到这些要求。

2. 目前我们最应该考虑的是如何粉碎希特勒、希特勒主义以及纳粹德国。如果意大利投降，那么随之而来的军事利益，必须想尽一切办法使它符合这个目标。

3. 按照罗斯福总统的说法，说其中的第一点，就是："把意大利全部领土、运输条件以及各种飞机场都利用起来，用它们来对付北面的敌人和整个巴尔干半岛的敌人。"这必须把撒丁岛、多德卡尼斯群岛和科孚岛移交到我军手上。如果在条件允许的情况下，意大利本国的所有海军基地应当即可交接。

4. 第二点也很重要，就是意大利舰队交接到盟国手中，或者实行有效的复员并且使活动完全停止。与此同时还要削减意大利海军和地面武装力量，减到我们认为的水平方可，达到这个水平是很必要的，也会很有用的。实力雄厚的英国海军由于意大利舰队的投降，他们的力量再也不会被禁锢住，那样的话他们会前往印度洋，对付日本。这样的话，美国会感到非常满意。

5. 意大利在科西嘉岛、里维埃拉（包含土伦），以及巴尔干半岛内的南斯拉夫、阿尔巴尼亚和希腊的部队都应该撤退或者投降，这具有同等重要的意义。

6 在英国，人们最强烈的感情都体现在这个上面——即刻释放被意大利人控制的英国全部的战俘，这也是另一个具有头等重要性的目标，并且还要防止他们被送到北方的德国。在刚开始的时候，只有意大利人才能做到。我觉得，应该用最快的速度接回我们的亲人，避免他们处于战争的最后阶段，在德国的监狱里遭受极其可怕的折磨。这既关乎荣誉，也与人道主义符合。

7. 在意大利，尤其是在罗马南部，德国人是否会和意大利军民展开斗争，关键在于德国军队的动向。我们要求他们投降是理所应当的，而且，我们能够和任何意大利政府达成协议，对于这个任务它要尽力完成。然而，不管意大利的武装部队怎么安排他们的行动，德国各师部队都会选择突围北上，我们要尽可能挑起他们之间的冲突，而且在派遣部队和空军时要毫不犹豫。如果意大利得到援助，那么在罗马南面地区的德国人会迫于压力选择投降。

8. 在观察着这一方面进展的同时，我们对是否在罗马北面采取进一步的行动进行了思考。对于意大利东西海岸的铁路上的据点，我们要想方设法占领，并且我们尽量地勇敢地向北前进。现在正是发起行动的最佳时机。

9. 在与希特勒和德国陆军的战争中，对于那些可以给德军造成伤亡的支援力量，我们不能拒绝他们。德国的入侵者，是意大利人民现在最为愤恨的。意大利人民感觉到正是因为这些入侵者，所以他们才遭遇苦难。而这些入侵者给予的帮助，却是少得可怜。我们要尽快促使一个新的、被解放的、反法西斯的意大利建立，那样这个意大利就能尽快为我们提供安全和友好的地区。这些地区将会成为我们的基地，为我们在德国南部和中部进行的空中袭击提供帮助。

10. 一个具有同等意义的新的有利条件就是这种空中袭击，地中海的所有空军都是从这样一个方位进行攻击，整个西线的防空战线也因为这个方位改变了，也使空袭德国为了躲避来自英国的空袭而不断向外扩张的战时生产中心更加容易。目前紧急的任务就是把从海上派来的特工人员、突击队以及输送供给物资，越过亚得里亚海送入希腊、阿尔巴尼亚和南斯拉夫。我们必须要记住，德国有15个师驻扎在巴尔干半岛，其中有10个机动师。但是，意大利半岛和亚得里亚海一旦掌握在我们手中，并且驻扎在巴尔干半岛的意大利军队一旦撤退或者放下武器，那么出于形势的压迫，德国就会撤退到北面的萨瓦河和多瑙河防线，希腊还有其他受到压迫的国家就因此获得了自由。

11. 墨索里尼下台和意大利的投降，对于保加利亚、罗马尼亚和匈牙利造成的影响，我们无法估计。可能有深远的影响。我们应该利用意大利的瓦解，对土耳其施加压力，让他按照同盟条约的精神行事，这点是与当前局面有关联的。不论英国和美国采取联合行动或者其他个别行动，如果在条件允许的情况下，都应当与俄国联合起来，最次也要得到他的支持。

12. 罗斯福总统提到的“那个首领以及他的主要同犯”，是我们的主要目标，我们也在想尽一切办法去实现这个目标。但我们不能因为这个目标，而把我们前面说的远大前景破坏掉。也许，德国或者瑞士已经收留了这些罪犯。也有可能，他们亲自投降，或者是在意大利的政府的引渡下投降。他们如果被我们抓获，怎么样处置他们，我们需要先和美国商量，取得相同的意见后，再与苏联商量。在知道其他罪犯的目的情况下，有的人主张，把他们直接处决，不需要经过审判；有的人可能这样主张，把他们监禁起来，直到欧战结束，然后和其他战犯一样，一起被判决。以我个人来看，只要不影响到具体的军事利益，是否立即处决，我不太重视这个问题。

罗斯福总统在7月30日，给了我答复：“关于处理意大利形势的前景和方法，在电文上，你大致把我现在的想法表达出来了。”他提出了一些改动，但无关紧要。文件的实质没有被改变，这些改动我欣然接受。31 日，我回电说："我没有空余时间跟我的同僚商量这些问题，但是联合草案经过修正后，我们在即将遵循的广泛政策上的一致看法，十分准确地表达出来，这一点毋庸置疑。这好像是'双方同心同德'的一个例子。"

8 月 2 日，我将修正后的文件交给战时内阁，他们同意了，把它作为两国政府对联合三军参谋长委员会的共同指示草案。为了和罗斯福总统做最后的讨论，这份草案被我带去魁北克。它的意义是：关于墨索里尼下台的这件事，我们表达了共同的意愿。

* * *

如今，一些复杂的问题摆在我们的眼前。面对意大利的迅速瓦解，我们必须详细地拟定投降条件，而且我们不仅要记住意大利本身的反应,德国内部的反应也要记住。我们一定要对事变的战略意义进行考虑，制定了除意大利以外的计划，也就是对现在仍由意大利军队掌控的爱琴海和巴尔干半岛等地做下一步的行动计划。

7 月 27 日，罗斯福总统寄给我一篇对意大利人民的广播稿，这是他为艾森豪威尔将军拟写的。美国参谋长联席会议已经认同这篇广播稿，其中有这样一段话："你们的士兵将回归正常的生活，他们将从事原来的生产工作。我们俘虏了数十万的意大利士兵，他们将回到各自的家庭，那里有他们家人的期盼。历史悠久的自由和传统，在你们的国家将会得到恢复。

我很在意联合公告的草稿,也在意那些意大利控制下的战俘的命运。

前海军人员致罗斯福总统　　　　1943 年 7 月 28 日

1. 意大利手里有 74000 个英国俘虏，另外还有约 30000 个南斯拉夫人和希腊人。在我们的人和盟国人员已经摆脱被德国囚禁的恐惧，并经意大利之手交给我们之后，我们才能做出释放"我们俘虏的数十万意大利士兵”的承诺。

2. 而且，除了在突尼斯和西西里岛俘虏的意大利战俘外，我们手中有25万意大利俘虏，这些人有的是安放在世界各地的俘虏，有的是被韦维尔将军两年前虏获的。我觉得，一时间提出释放这么多意大利战俘，还是在战争初期虏获的战俘，是否有些过分，而且没有这个必要。我同意释放在突尼斯俘虏的战俘，以及在西西里岛俘虏的战俘，但是作为交换，要释放上面提到的英国和盟国的战俘。

3. 在艾森豪威尔的文告上，有一点需要这样修正：“你们的士兵将回归正常的生活中去，他们将从事原来的生产工作。如果英国和盟国的战俘能够安全地交回，而不是被带到德国，那么我们将释放在突尼斯和西西里岛的数十万战俘，他们将回到各自的家庭，那里有他们家人的期盼。”

第二天，我致电艾森豪威尔将军

首相致阿尔及尔的艾森豪威尔将军　　　　　1943年7月29日

试图用诱人的、获得民心的形式，对敌国讲述停战的条件，显然会存在很多危险。按照惯例提出要求，使我们的充分要求和他们期望的最大值都让他们的政府知晓，这才是最好的办法。另一个草案，我们已经向你们的政府提出；毋庸置疑，在时间充裕的情况下，我们可以进行任何谈判，我们和他们之间将会达成协议，这个谈判有可能是你主持，或许是我们主持。你是亚历山大的最高指挥官，西西里岛的东部即将开始一场大战。如今，我们把所有的心思都放在了这场战争中。现在，第十五集团军和三个德国师相互争斗，如果正好在这个时候被毁灭，就会影响到各个方面。

我还给罗斯福总统发了电报

前海军人员致罗斯福总统　　　　　　　　　1943年7月29日

1. 我非常高兴再一次听到你愉快的声音[在电话里]。

2. 我已经致电艾森豪威尔了，对于发布修正的公告（插入了关于英国和盟国战俘的这段话），他表示同意，毫无异议。

3. 我没有按套路出牌。我直接通过瑞士向意大利国王致意，强调了我们对待这个问题的态度：极度关切、极度重视。我非常感谢，你答应了通过教皇或者是其他比较便捷的方式来施加压力。如果意大利国王和巴罗格利奥任由德国把我们的战俘以及一些重要的人物掳走，他们也不尽最大的力量（我是说，未用武力）来阻止这件事情发生，那么人们的反应将会很强烈，这样和那个政府进行的所有谈判，在公众舆论面前是不会通过的。

4. 停战的条件。向敌人广播停战条件，是我们不应该做的，战时内阁对于这一点也很清楚。在无条件投降的前提下，他们的执政政府应该向我们提出停战。我觉得，到那个时候，才适合派人和谈及选择和谈地点。你的手里已经有我的建议书。建议的事情正是你看到的那样，不仅遵循了艾森豪威尔的草案的主旨，而且表达更加清晰明朗，并且表达的方式不再是赢得民心呼吁，而是一种全权代表能够讨论的形式。给病人吃添加了果酱的药，这种做法是危险的。

5. 我们觉得，包含了民事和军事这两方面的条件也加进去，这些条件最好是我们两国政府派遣的代表制定，不能交由战地指挥将领制定。不过，对于战地指挥将领直接管辖地区的敌军所提出的局部投降条件，将领们是有权力自由解决的。

6. 最后，我们把所有的心思都花费在了这次战争上。这次战争，将由英国第八集团军和美国第七集团军打响第一炮，然后攻打西西里岛，歼灭在西西里岛东部的德国六万五千精锐军队。对意大利，对全世界，对现在的形势来讲，今天是歼灭这支军队的最好时机。我们的士兵满怀着胜利的希望，肩并着肩，如亲兄弟般前进，一想到这里，就会兴奋。

我们的建议罗斯福总统同意了，艾森豪威尔将军不需要向敌人广播停战的条件，但是罗斯福总统极力主张，当意大利政府要求停战时，艾森豪威尔将军有权受理，这样可以避免对意大利展开不必要的和代价高的军事行动。我弄不清楚，意大利政府为什么会向艾森豪威尔将军提出停战的要求，因为他们的军队在西西里岛，和敌军并没有直接接触，而且就算在西西里岛，他们也只和德军有交集。我的观点是：通过梵蒂冈、土耳其或者瑞士进行谈判，这件事是意大利最有可能做的。可是，我赞同了下面的办法，就是如果有代表向艾森豪威尔将军提出停战的要求，为了能够立即停战，艾森豪威尔将军要向他们明确无条件投降的条件。经过多次商议，我们的意见一致，条款如下：

1. 意大利武装部队立即停止所有敌对活动。

2. 对于任何可能有利于德国反对盟国的条件，意大利都应尽全力拒绝提供。

3. 盟国的所有战俘或者是被拘禁人员，请立即送还给盟军总司令部，并且在谈判开始的时候，他们中的任何一个都不能押解到德国。

4. 在盟国总司令指定的地点上，即刻办理意大利舰队和意大利空军的交接手续，在解除武装时，要按照他制定的详细规则办理。

5. 为了盟军在海陆方面的军事计划可以顺利进行，盟军可以征用意大利商船，这一点意大利应该同意。

6. 科西嘉岛以及全部意大利领土（包括岛屿和本土），立即由盟国接管。这样方便盟国在合适的时机，把他们作为作战基地，或者是用在其他地方。

7. 意大利要保证，自己领土内的所有机场和军港，盟军可以随意使用，不管德军在意大利的撤退速度是快是慢。这些都由意大利的武装部队保护，直到盟军接管机场和军港。

8. 意大利的武装部队，不管现在在什么地方，即刻从参战地区撤回意大利。

9. 意大利政府保证在必要的时刻，用它保留的武装力量快速和严格地履行停战协议的所有条款。

10. 盟军可以采取一些措施，用来保障盟军的利益或者是进行战争，上面提到的这项权利，盟国总司令部可以保留。意大利政府实行的行政措施或者是其他行动，都要遵循总司令部的要求。为了盟国的军事需要，盟国将会在意大利的某些地方建立军政府。

11. 盟国总司令的权利是：解除武装、遣散军队和废除军队，这些权利，盟国总司令可以强制执行。

7 月 31 日，我致电罗斯福总统

……上面说的是如今最紧要的。为了在这方面我们能完全达成协议，我希望“关于投降问题的文件”[①]你能尽快审核。这个文件里，有很多地方是用精准的、正式的、法律上的术语来描述的，没有使用紧急用语，关于这一点，我们是经过仔细考虑的。在我们看来，这份文件在紧急停战条款中，需要更慎重，更全面，所以我很纳闷，这份文件你为什么从来没有提起过。我们非常乐意倾听你对这个文件的看法。这个文件，还有和它类似的文件，我们要尽快准备妥当。

罗斯福总统对此表示同意，但是他需要和美国三军参谋长和国务

① 这个文件没有交付出版社排印。——原注

院商议，以便提出进一步的意见。我的意见是：在意大利人们发表的所有声明，不能由在阿尔及尔的盟军总部发表，而应该是英国和美国正式达成协议发表，这件事是现在最重要的。不管怎么样，将领们还是应该把心思放在继续进行的军事行动上，关于停战条件这个问题，只要没有要求他们提出，就不必过问，这样不是很好吗？

* * *

我们对巴罗格利奥建立的新政府采取什么态度，决定了意大利什么时候要求我们提出和平条件。

这个问题我们反复思考过，这一点也引起了大西洋两岸报纸的注意。

罗斯福总统致首相　　1943 年 7 月 30 日

有一些善于评论的人，会在我们是否表露出对萨沃依王室或是巴罗格利奥政府的认可上大做文章。在北非问题上，也是这帮人无事生非。

今天，我已经向新闻记者明确，只要意大利有人或者是有些人能够认真地答应这两点，我就同意和意大利的某个人或者是某些人交谈，这两点分别是解除武装和保障社会秩序。关于意大利的民族自决这个问题，我想在我和你缔结停战条约以后，选择一个合适的时机，发表一些意见。

前海军人员致罗斯福总统　　1943 年 7 月 31 日

在墨索里尼和法西斯党垮台以后，不管是哪个政府上台，只要它能够履行契约，我都打算和他谈判。为了实现这个目标，我根本不怕被人认为自己承认了萨沃依王室或者是巴罗格利奥政府，我觉得，只要有人能促使意大利遵照我们战争的目的行动就可以。

混乱、布尔什维克化或者内战都会阻碍这些目标的实现。形势的发展过程可能是这样的：意大利国王和巴罗格利奥将军在接受停战条件后，讨厌投降的人会损毁这两个人的名誉，意大利可能会选择新的国王和新的首相来管理国家。

现在发出有关自决问题的声明，将会逾越包含在大西洋宪章的内容，关于这一点，我不认同。我同意你的看法，现在我们要谨慎小心，不要一锅煮。

首相致外交大臣　　1943 年 7 月 31 日

解决生活上的许多事情，都是分为两个阶段的，例如，一个人想要结婚，在没有把他的家庭律师为他草拟的婚约纸藏在他的衣袋里的情况下，他就会说:“亲爱的，你愿意跟我结婚吗？”所以，以我的观点来看，现在，艾森豪威尔将军能够提出的条件，更容易被接受，比我们起草的“关于投降问题的文件”中大篇的法律词句的效果要好得多，更能使对方接受。再者，这个文件宣布的话，会显得太过严肃。如果他们接受了紧急条款，那么标志着意大利选择投降，他们的全套武器，包括枪机、枪托和枪筒，都会上交。如果以后我们要求他们把擦枪布和其他清洁用具都交出来，就不会有异议了。

罗斯福总统致首相　　1943 年 8 月 3 日

“关于投降问题的文件”我已经读过了。文件里面的用词，大致看上去很好，但是，我对它的实用价值表示怀疑。总之，这份获得双方肯定的文件，已经寄给了艾森豪威尔将军，这样做最恰当。为什么要用那些要么繁琐要么欠缺的文件去束缚他的手脚呢？为什么他就不能根据目前的形势，见机行事呢？

所有的一切都是为了等待我们即将召开的魁北克会议。

第四章　向西去啊！人造港

在“玛丽皇后”号船上——温盖特准将——“霸王”作战计划——联合作战机构——“科萨克”的工作——从哪里开始进攻——港口和码头的重要性——拟定了“桑葚”计划——实施计划——这个设计比较宏大——防波堤是浮动的——有关浮动机场的主意——“霸王”计划中最主要的三个假设——蒙巴顿将军成为缅甸的最高统帅——我在 8 月 7 日为远东战事的军事行动写了一个备忘录

西西里岛即将取得胜利，并且这时意大利的形势和战争也有了进一步的发展。在这种状况下，我觉得我很有必要在七月的时候和罗斯福总统再见一次面，并且还应该举行一次英美会议。罗斯福总统建议会议地点选在魁北克。麦肯齐 · 金先生同意选择这个地点，而对于我们来说，那里也是最佳的会议地点。魁北克城堡位于加拿大的门口，可以俯视圣劳伦斯河。在如此重要的时刻，它是最为理想最为合适的开会地点，那些主导着西方战争策略的人们都将集聚在这里。罗斯福总统接受加拿大的这番好意，但是要加拿大正式成为这次会议的一员，是不可能的，因为盟国中的巴西和其他美洲成员也会向他提出这样的要求。澳大利亚和其他自治领域提出的要求，我们必须考虑一下。在加拿大总理和政府强大的气势下，这个深奥复杂、难以捉摸的问题，得到了解决。就我个人来讲，我可以肯定地说，这次会议还是仅限于英国和美国，因为所有的重大事情都与这两个国家有关。以后的会议，希望三个首脑一起参加三巨头会议，但现在的会议就仅仅是美国和英国参加。“四分仪”是这个会议的名字。

我在8月4日的晚上，乘坐了从伦敦到克莱德湾的火车，这列火车载满了人，都是我们需要的工作人员。等候我们的“玛丽皇后”号，停靠在克莱德湾。我估计，我们的人数都超过了200人，这还不包括皇家海军陆战队的勤务兵在内，大约有50名。这次会议讨论的议题是：进入到第一高潮的地中海战役，计划1944年横渡英吉利海峡的各项准备工作，印度战场的各项指挥事宜，以及我们对日战争中多承担的任务。我们带着三位军官来解决横渡海峡这个问题，这三位军官是摩根中将派来的，而摩根中将是最高统帅的参谋长，只是盟国的最高统帅还没有确定。我们的联合计划大纲，已经被他和他的英美联合参谋人员制定完成。审查印度战场和远东战场，是我们现在的工作，所以韦维尔将军的军事作战处长被我带在身边，他专门从印度飞过来。

此外，有一个名叫温盖特的年轻准将，我也打算把他带在身边。他指挥着非正规军，在阿西比亚的时候他就有很高的名望，他曾在缅甸的丛林战役中立过功。就是因为这些伟大的功勋，他在陆军部队里被称为“缅甸科莱弗”。我已经听说了关于他的很多事，而且还知道他被犹太复国主义者看重，他们希望他日后能成为以色列军队的总司令。为了在魁北克会议之前与他见面，我召他回国。在8月4日的晚上，我正在唐宁街准备享用自己的晚餐，有人报告说他乘坐飞机到了，而且正在来唐宁街官邸的路上。我请他和我一起吃晚餐。虽然我和他谈话还没有超过半个小时，但我马上意识到在我对面坐着的是一个非常优秀的将领。见面之后，他滔滔不绝地为我讲述：他们在丛林中是如何使用从敌人的后方远程空降突击部队这个策略打败日本人。对于他谈论的这一些，我都很有兴趣。关于故事，我想听到更多。我也想与三军参谋长们一起分享他的故事。

在这次航行中，我要有他陪伴。当时，时间已经快到九点了。我告诉他，火车十点后就会出发。温盖特刚从前线飞回来，他飞行了三天，没有其他衣物，当然他身上穿的那件除外。他放弃了和妻子见面的机会，因为他要和我一起去。虽然有些遗憾，但是他还是愿意同行。他的妻子在英格兰，她并没有得到他要回来的消息。这种情况对于我的私人办公厅简直是小菜一碟。待在家中的温盖特夫人被警察叫走了，他们把她送往爱丁堡。她将在我们的火车路过时，跟我们一起上车去往魁北克。清晨以前，她都不知道这究竟是怎么一回事，直到她与丈夫在韦弗利车站见面时，她才明白过来。这次航行，因为能一起度过，他们很快乐。

因为我知道罗斯福总统很喜欢与这些青年英雄人物见面，所以我也邀请了盖伊·吉布森空军中校跟我们一起去。最近，默纳和艾德尔水坝因为空袭而被破坏，这件事是吉布森的杰作。鲁尔区的工业用水就是这个水坝供应的，而且许多农田、河流以及运河都要靠它供给。为了炸毁这座水坝，他们研制了一种特殊的水雷。而这种水雷的投掷环境必须在夜晚，并且它的投掷高度不宜超过 60 英尺。经过几个月不间断的集中实习，5 月 16 日，第六一七中队的皇家空军开着 16 架“兰开斯特”式轰炸机，对水坝进行了轰炸。虽然损失了近一半的飞机，但是吉布森没有放弃，一直坚持。他指挥着他的军队，穿过猛烈的炮火，盘旋在目的地的上空。如今，他胸前挂着一串勋章(维多利亚十字勋章、殊勋勋章和功勋章以及特殊功勋飞行十字勋章和功勋章)，这些没有绶带的勋章，是那样的惹人注目。这里没人能比得上。

我的妻子和我一起去，我的侍从官是我女儿玛丽，她现在是高射炮连的尉官。我们将在 8 月 5 日出发，这次航行不去纽约，我们的目的地是诺瓦斯柯夏的哈利法克斯港。

* * *

“玛丽皇后”号起航了，乘风破浪般前进。我们在船上的生活很安适，伙食按照战前的标准。我们每天都在忙工作，这一点和以前的航行没有区别。我们之所以能知道外界的重大事件，这都多亏了我们随时随地都给我们传递消息的密码电务人员以及对外拍发电报的护送巡洋舰。对于我们即将和美国讨论的问题，每天我都和我的三军参谋长进行全方面的研究。“霸王”计划是重中之重。

在这五天内，我有些空闲时间。我决定利用这些时间来思考横渡海峡这个大作战计划，这个计划已经执行了很长时间。1940 年，自从挪威和法国沿海一带卷入战争，我们的研究工作一直进行，而且规模越做越大。关于两栖作战的知识，我们学习了很多。我的朋友罗杰·凯斯爵士负责我们建立的联合作战机构，他是海军元帅。联合作战机构起到了很大的作用，它们还研发出一种新技术。突击队小范围的袭击，给大举进攻做好了铺垫。这不仅让我们拥有了经验和信心，而且还向全世界宣布：虽然我们四面受敌，但我们并没有消极防御。当时，美国人一直持中立的态度。当他们看到这种局势的变化时，他们按照自己的方式大规模地发展。

1941 年 10 月，海军上校路易斯 · 蒙巴顿勋爵接替了凯斯海军元帅的职务。我们依旧被敌人打压着，而我们唯一可以依靠的盟国（俄国），现在也濒临失败的边缘。我决定，只要局面发生转变，我就对欧洲大陆进行攻击。我们首先要做的是：把袭击的强度和规模增大，利用这些经验进行下一次大规模的作战计划。要从联合王国出发进行一次成功的进攻我们就必须研发出新的作战武器，而且要训练三军队伍，使他们在实际战斗中的表现能够和作战方案中的一样。同时，为了开展史无前例的大规模海上作战，整个英伦三岛需要变成一个武装的兵营，这一点需要全国工业的配合。

为了看我，蒙巴顿来到契克斯，那时他还没有担任他的新职务，根据他的记录，我对他说：“你要有进攻的计划。‘防御’这两个字决不能出现在你的总部里。”这句话对他的行动起了作用。我让他担任三军参谋长委员会委员的职位，并给予他海军中将的临时军阶和同等名誉的其他军种的军衔，这都是方便他在执行任务的时候能够充分使用他的权力。在事态紧急的情况下，他直接向我报告，因为我作为国防大臣，依旧有责任管理他的总部。在挪威的瓦格梭、布伦艾瓦、圣纳泽尔等地作战的突击队，在战争中发挥了他们的作用。1942 年 8 月，迪埃普的战役把我们的突袭推向顶峰，但是我们在这场战斗中付出了惨痛的代价。后来，当局面转到英美大规模进攻时，北非的登陆战役和地中海的两栖战役，都应用了我们的经验教训。这些军事行动很需要蒙巴顿的机构，并且它也起到了明显的作用。

关于这个问题，我们决定由“联合司令部”研究，这是 1942 年 5 月新建立的机构。该机构包括本土总司令和蒙巴顿，后来艾森豪威尔将军也加入这个机构，他是驻英美军部队的指挥官。为了“霸王”计划的准备工作，在 1943 年 1 月的卡萨布兰卡会议上，我们决定建立一个盟军联络参谋部，这个机构要以英国军官为首，名为“科萨克”①，工作地点设在伦敦，由担任最高盟军司令部参谋长的摩根中将负责。

选择一个适合大规模登陆的地点，是现在最需要解决的问题。荷兰或比利时的海岸、加来海峡、松姆河口与塞纳河之间的地带以及诺曼底、布列塔尼半岛，这些地点都可以选择。这些地点都有各自的优势和劣势。要衡量这些优势和劣势，需要根据各个不同的项目和多变的因素来决定，有时候，这些因素让人不好捉摸。其中海滩、天气和潮汐、机场的修建地点、航程的距离和可以夺取的周围港口、登陆后是否可以继续作战的内地海岸以及能够为飞机提供掩护的本地基地、敌人安排的雷区地点和防御工事，这些都是我们需要考虑的。

地点选择的范围缩小了，可供选择的只有加来海峡和诺曼底。虽然加来海峡有利于我们的空中掩护，但是敌人在加来海峡的防御系统做得比较好，坚不可破。它在海上航行距离比较短，但这只是表面现象。从多佛尔和福克斯到加来和布洛涅的距离，比从维特岛到诺曼底

① “科萨克”是最高盟军统帅的参谋长英文名字的第一个字母拼音。——译注

的距离短，但是多佛尔和福克斯这些港口太小，无法满足一次进攻行动的需要。对于我们的大多数舰艇来说，不管到哪里，都是一次路途遥远的航行，因为我们的舰艇都是从英国南部沿海一带的港口出发。一开始巴顿将军就支持登陆诺曼底这个提议，而这个建议是摩根将军和他的顾问提出来的。毫无疑问，这个提议是正确的。我们在诺曼底，看到了希望。敌人在诺曼底的防御工事没有像加来海峡那样坚固。有适合登陆的波涛和海滩，从西面而来的海风也被康坦半岛挡住。内地海岸不仅远离敌人的主力，而且还适合疏散大量的军队。在作战初期，可以先把瑟堡陷入孤立的地步，然后再进行攻占，接着就可以用它做包围和占领布勒斯特的基地。

用于防守的要塞和城堡全是用混凝土建造而成，它们在勒阿弗尔和瑟堡之间。虽然这个地方有 50 英里的半月形海滩，但是却没有一个港口可以支持数量众多的军队登陆。根据以上的情况，我是这样认为的：德国不会集结大量的兵力，去支援海岸前线。毫无疑问，他们的最高司令官也是这样想的："这个地方，最多一两万人就可以拿下。当然，这需要我们攻占了瑟堡。因为那样的话，入侵部队就可以得到补给或者登陆。这个海岸只适合袭击，大规模的战役不能在这里开展。"只要我们有足够大的港口来容纳我们的军队，我们会把这里作为进攻的前线。

* * *

当然，我时时刻刻都在关注着所有关于登陆艇和坦克登陆艇的设想，读者可以看到这一点。我们将要设计一个码头，它面向海的那端浮在水上。对于这个设计，我持肯定的态度。我在 1942 年 5 月 30 日发了一份备忘录，当时是在讨论的过程中发出的，就是从那时候开始，我就在做这方面的工作，而且还做了很多。

首相致联合作战部司令官

它们的上下浮动，必须是随着潮水的涨落。船舷的侧面必须有一个吊门，用来系船的吊桥设备，它越过码头的长度必须足够。必须要解决锚的问题。关于这件事，不用争论。在困难面前，所有的一切都是无可争议的。

人们又想到制造一个有保护和隐蔽作用，而且面积比较大的水域。他们先把船驶进水域，然后船依靠自己的动力到达目的地，接着把船凿沉，这样就铸成一道能够保护这片水域的防堤波。在摩根将军的机构中担任海军参谋长的休斯·哈里特准将，最先想到了这个办法，这个方法是他在 1943 年 6 月的时候想出来的。后来，经过人们不断的想象、设计和实验，到了 1943 年的 8 月，一整套关于制造两个规模完整的临时港的计划便产生了。在刚刚登陆的几天里，这种人造港就可以拖航到现场使用。“桑葚”计划是这些人造港的密码代号，这样它们的性质和功用就不会暴露。

* * *

在我们航行中的某一天早晨，我正躺在船舱的床上，船舱很宽敞，麦克莱恩准将和摩根将军手下的其他两名军官接到邀请，他们来看我。他们在一张摆好的地图上，为我说明了横渡海峡攻入法国的准备计划，计划紧凑而具有信服力。对于这个紧急问题，读者可能对 1941 年和 1942 年各个争论点已经非常熟悉了，但是，这么完整而且条理性很强的计划，我还是头一次听到，就连人数和吨位都很详细、很精确。而研究出这个结果的人正是英美两个国家的军官们。

比较有技术性的细节，在以后几天的讨论中都会涉及。在英法海峡处产生的潮汐打出了 20 英尺多高的浪，就算是沿着海滩，它的冲刷力也不容小觑。天气易变，狂涛巨浪可以被这些小风和大风在数小时内制造出来，人工制造的器械根本无法和这些力量相抗衡，因为它们在这些巨浪面前太脆弱。那些用粉笔在我们墙上写下“马上开辟第二战场”这几个字样的糊涂虫和无赖，这些问题他们是不会遇上了。关于这些问题，我一直认真地思考，从未间断过。

我们应该牢记——“桑葚”港计划中的问题，是复杂多变的。用100万吨的混凝土和钢铁在英国制好大量的特殊设备，也被纳入整个计划中。这些装备要以海运的方式，运到作战现场，在敌人突袭和天气变化的情况下以最快的速度组装起来。这些工作要优先处理，不过这样一来,压力本来就很大的机械工业和船舶修理工业,负担将会更重。

整个计划很宏大。海滩上安放着巨大的码头，它被掩护着，码头向海的一端浮在海面上。不管潮汐是涨是退，不管沿岸航行的是海船还是登陆艇，这样的码头都能让它们完成卸载。防护波呈巨大的弧形向海上延伸，大面积的水域被它圈起来。这样就能起到掩护的作用，让这些码头不受狂风巨浪的袭击。自从有了这样的掩护，吃水较深的船舶也可以停靠和卸载，各种类型的登陆艇，也能够没有限制地往返于海滩。代号为“凤凰”的混凝土结构和代号为“醋栗”的沉船，建成了这种防波堤。与它相类似的结构，在我这本书的前几册，我已经说过了。在第一次世界大战中，这种结构的人造港，可以筑造在黑尔戈兰湾[①]。如今，它们将会是我们伟大计划的主要构成部分。

这就是“桑葚”港的计划。虽然是这种情况，计划还是存在着不足之处，那就是我们需要的船艇，没有一个地方能够全部接纳。许多船艇只能在港湾完成卸载。提出建造“浮动”防波堤，就是为了保护这些船只和多数海军舰队（用于战斗)。为了实现这个目标，我们设计出几种方案，目前正在审核。其中一个办法是用气泡来阻挡海浪，例如:在海底放置许多管子，让管内喷出气泡，形成一个绵延不绝的屏障。正如我们希望的那样，这道屏障就可以把波涛一起一伏的运动规律给

① 参照《法国的沦陷》这本书的第十二章。——原注

打断或者是扰乱。另一个办法是用气袋的帘幕圈起一片更大面积的水域，例如：膨胀的气袋固定在“不死鸟”的防堤波向海延伸的一面上，这样就会出现一条直线，再在气袋的下面拴上用混凝土制成的帘幕，帘幕进入水中会沉下去，这样就能圈住一大片水域。这两种设想都没有实现，不过我们采用了另一个设计——“低音大号”，这个设计含有“利罗”的一些特点。这是用钢铁制造的十字架，高度大约有25英尺，长度大约有200英尺。除了十字架最上面的部分，其他部分都要沉入水中。我们以后能够看到，这个设计的价值是有疑问的。

上面的计划我都大力支持，我会把它们交到罗斯福总统的手中。面对这样的情况，我很满意。至少美国当局会看到我们在“霸王”作战计划中表露出来的诚意，看到我们在它的准备工作上费时费力的思考。对于这类问题的专业人员，我想把他们从华盛顿、伦敦请到魁北克来。在这里，有关许多技术性的问题，他们可以互相听取意见，然后找到最好的解决方案。

现在我敢确定，攻占了勒阿弗尔至瑟堡这片区域，就会有许多便利条件。如果一开始就出其不意占领了这些海港，那么装备大量现代武器和辎重的120万大军，就能够登陆，而且还能继续向前进击。

* * *

我在心里思考着与这个相关的另一个问题，那就是怎么样保持战斗地区的空中优势。如果在紧要关头我们的空军想要增加它的威力，最好的办法就是飞机能在可以袭击登陆地点的距离内加油，要实现这样的目标，就需要建造一个漂浮的飞机场。这次的航行中我们讨论了许多设计，其中有一个叫“哈巴库克”的计划也在我们的讨论中。这个设计是派克先生提议的，他是蒙巴顿的部下。他的构想是这样的：用冰制成一个面积比较大的结构物，用它当作飞机的跑道。这种结构的体型跟船比较相似，为了可以自己行进，它的排水量是100万吨，它还有自己的防空设备、车间和修理设备，还有一个小型散热工厂，用来维持自己的续存。人们发现了一种混合物，是普通海冰和一定数量的各式各样的木浆混合而成，它相当坚硬，不像普通冰块一样易碎。这种混合物叫作“帕克利特”，是发明者的名字，我们在欧洲西北和其他地方的需求,似乎可以依靠它来提供,这种可能性还是很大的。另外，我们还发现了一种现象：冰在融化的时候，其中的纤维质部分会变成一层毛茸茸的外表。这层外衣可以起到隔热的作用，很大程度上延缓了冰的融化。我们把这种设想的研究工作集中在加拿大，但由于各种原因，研究始终没有成功。

* * *

计划的制订者和英国三个参谋长提出了三个具有重要影响的设想，我对此持肯定的态度。以后，我们会看到美国和俄国也赞同和接受这个设想。

1. 在开始袭击之前，必须削弱德国在欧洲西北的战斗机的力量，这一点要落到实处。

2. 作战初期，使法国北部的德国机动师不超过 12 个；作战两个月后，使德国的兵力不能组成 15 个师。以上所述，必须做到。

3. 必须解决大量军队的供应问题，因为他们要长时间地驻扎在暗潮涌动的英吉利海峡的岸边。这一点必须保证做到。还有更重要的事，那就是建造有效的人造港，而且数量要在两个以上。

* * *

我同三军参谋长对印度洋战场和远东战场的战事，进行了多番讨论。在这方面没有什么可说的，因为没有几个令人感到欣慰的地方。

1942年底，派遣了一个师的兵力去夺回阿恰布港口，他们沿着缅甸的阿拉干海岸前进。这次作战以失败而告终。虽然增加了一个军的兵力，而且还是在欧文将军的指挥下，但还是失败了。我们的部队只好退到印度边境。

虽然有很多理由可以用来解释，但我是这样认为的，我们应该好好检查一下，英军最高司令部对日作战计划中存在的所有问题。不管是方法还是人选，我们都需要全新的。在很早以前，我就觉得，印度战场的总司令不仅要承担起自己的那部分责任，而且还要指挥缅甸作战，这个安排不是很好。在我看来，必须在东南亚这里设立一个独立的最高盟军总司令部，这样才方便对日实施大规模的军事活动。我的这个看法，参谋长委员会表示同意，并且根据我的看法做了一份备忘录，这样做是为了方便我和美国在魁北克会议上进行讨论。新战场的司令官还没有定下来，但我们觉得，这个司令官的位置，毫无疑问是英国军官来担任。我一直认为，在众多人选中，蒙巴顿海军中将更有资格来负责这么重要的指挥，因此我决定在适当的时机，向罗斯福总统提出这个要求。这种任命非比寻常——把一个主要战场的最高司令官，委任给一个军阶只是皇家海军上校的军官。但是，我对这么做的理由已经有了充分的准备。如果罗斯福总统欣然接受，我认为那是理所当然的。

* * *

关于计划和政策的方针，我为参谋长委员会拟就了一份备忘录，其中一段内容如下：

1943年8月7日

我们在与美国见面以前，有两点必须确定，一是东南亚司令部及其最高司令官的总计划，二是攻击敌人以及表明我们在这个战场上将发挥作用的明确表示。以前在这个战场上，由于我们指挥不力和作战失败，在一定程度上备受指责。

我认为，温盖特准将应该叙述一下他的故事，并且美国参谋长手中都应该有几份他的报告。那样的话，他们才会相信我们对东南亚地区战争的态度是非常认真的。很明显，沿阿拉干海岸的军队在与敌人作战时，应该采取防守政策，这样就可以消耗敌人的力量。攻打阿恰布的两栖战役是一个有缺点的和不健全的军事行动，应该立刻停止，这样对居于首位的地中海战役有帮助。这个军事行动是要在敌人准备充分的地点开战。如果这样做，敌人会反击，我们会伤亡惨重。这样就不可能实现战略目的。

如果在航行中有这么一个人，只要他一醒来，就会拼命工作，那么他一定会有这样的感受，怎么这么快就过去了。本来希望这次航行，会给我带来休息的时间，用来缓解战争带来的烦恼，使自己的生活有些变化。没想到，当我们的船离目的地越来越近时，我才发觉假期还没有开始就已经结束了。

第五章 魁北克会议："四分仪"

抵达哈利法克斯港——我在8月11日给国王发了份电报——去往海德公园——8月17日我提出了备忘录——8月19日举行"四分仪"会议的开幕式——英美联合参谋委员会对"霸王"作战计划作了报告——我建议任命一个美国人为司令官——有关意大利的战略——东南亚的最高司令官——关于日本的主要战略——提议英军向苏门答腊岛发起进攻——我在8月22日给艾德礼先生发了份电报——对日本的主要攻击，英国要求分担一些——这个插曲有意思——任命蒙巴顿为东南亚的司令官——我在8月25日给艾德礼先生发了份电报——我派了联络官分别去往麦克阿瑟总部和蒋介石那里——艾森豪威尔准备向意大利发起进攻——那不勒斯一定要攻克——我对英国援军的估计感到不安——我命令大量增加援军

我们在8月9日到达了哈利法克斯港。巨大的轮船停靠在码头，登陆以后，我们直接去了火车站乘坐火车。虽然对这次行动做了很多保密措施，但仍有很多人聚集在那里。这最后一节车厢是餐车，人们聚集在周围欢迎着我和我的妻子。火车开动之前，我让他们唱了两首歌，一首是"枫叶"，一首是"哦，加拿大"。"不列颠统治颂"不晓得他们知不知道，但是我相信，只要乐队被我带来，一定会为他们演奏这首歌。我们和他们握手、照相，并为他们签名，大约20分钟过后，开往魁北克的火车启动了。

两天过后，我向国王发了电报：

首相谨呈国王陛下　　　　　　　　　　　　1943 年 8 月 11 日

1. 魁北克城在各个方面，都会让人露出笑容，我们为什么要到这里来，就是因为它是一个最理想的地方。一切都为罗斯福总统安排妥当。上面一层是他的住所，而且为了他的方便，这里到处设有坡道。对于陛下的这种安排，我由衷表示感谢。我已经向总督发了电报，谢谢他不辞辛苦、盛情款款地接待我们。

2. 这个时间在加拿大，特别是在魁北克举行会议，最合适不过了。焦虑，在这里每个人的脸上都能看到，我相信不久以后这种情绪就没有了。我准备在上午接见加拿大内阁，然后在下午接见魁北克市政府领导，接着再去海德公园。

3. 我想陛下已经看到了，我把有关蒙巴顿的问题交给了副首相和外交大臣解决。然而我却一直没有得到他们给我的回信。但是，关于这个问题的解决方案，我想尽快交给罗斯福总统。在这次航行中，温盖特准将给人们印象很深刻。一个新的转机出现在缅甸战役中，这是我非常期待的。

4. “大熊”给我来信了，陛下想必也看到了。我们又成为朋友，那种可以开口说话的朋友，再不济，也是可以相互倾诉抱怨的朋友。

我也向罗斯福总统发了电报：

前海军人员致电罗斯福总统　　　　　　　　1943 年 8 月 11 日

这次航行的速度不仅快，而且让人感觉很舒服。我刚刚到达这里，航行的时候我还继续做着工作。海德公园一直是沃顿[1]一家最想去的地方，他们想要去参观。我们将在 12 点下午的时候过

① “沃登上校”是我的密码代号。——原注

去。我们只想带一件单衫过去，不知道可不可以。

虽然我的妻子不得已留在城堡里休息。但是玛丽和我在第二天去了海德公园。在途中，我们还看了尼亚加拉大瀑布。面对这个大瀑布，新闻记者问我有什么感想，并记录下了我们的谈话："'我第一次看到这个瀑布的时候，是 1900 年，那时你们还没有出世。''它现在看上去还和以前一样吗？''嗯。'我说道，'跟以前的原理一样，水还是往下流。'" 8 月 14 日以前，我们一直待在罗斯福总统的家里。有天夜里，天气很热，我睡不好，甚至连呼吸都感觉到困难，我只好下床走到外面，坐在悬崖上。在那里可以看到下面的赫德森河。我一直待在那儿，直到天快亮了。

* * *

我利用八月的这几天，准备了一份关于我们整个战争政策的概括性说明。这里面大部分内容是和发生在缅甸和印度洋上的战役，以及和日本开战后引起一系列反应有关系。这些内容以后会说到。这份文件的日期是 8 月 17 日。我们的思想要集中考虑的是进攻意大利，它是我们在西西里岛取得胜利和墨索里尼下台这两件事直接导致的结果和下一步的发展。

如果实施了［"雪崩"作战计划］，那么在不久的将来我们会攻占那不勒斯。那样的话，在意大利这个地区，我们就会有一个一流的港口，像布林的西和塔兰托那样的其他港口，也会在我们的掌控之中。十一月份的时候，如果我们的战线能向北延伸到里窝那—安科纳一带，并且保持住这个稳定的状态，那么在地中海的登陆艇就会发挥他们的作用。所以，我们必须要成立一个分遣队，人员要从登陆舰队中挑选，这样就可以用他们执行两栖作战的迂回战术，就像以前攻占西西里岛那样。同时还要进行以下军事行动：越过亚得里亚海，进行规模较小的袭击，以及执行“武士爵位授予式”作战计划[攻占爱琴海中的罗得岛和其他岛屿]。我们之所以能把地中海上的海军力量大面积地削弱，这都是因为我们把意大利的舰队解决掉了。这就像有了一流的港口，就不需要登陆艇一样。既然是这样的话，我们就能够在秋天刚开始的时候，把那些登陆艇和突击舰调回来，用来执行“霸王”作战计划，也能够派遣一支有实力的分遣队，越过苏伊士运河，去印度作战。在这里，我要重复一下，一批登陆艇只能承载三万人，这是它的极限了。

我常常提到要在今年占领意大利的波河战线或者阿尔卑斯战线，但是以现在的形势来看，是没有一点可能性的。如果想要获取利益，我们就必须驻扎在里窝那至安科纳的这条线上，而且还不能前进。因为威尔逊将军指出，只要越过里窝那至安科纳这条线，前线阵地就过于分散，这样会有危险，只要不超越这条线，就可以远离危险处境。要想扩大前线阵地，需要22个师，然而这个数字是根据我得到的数字估计出来的。需要多少兵力，才能把里窝那至安科纳的这条线守住呢？如果最好的目标我们得不到，那么我们总能得到比较好的目标吧。如果出发地是这样的一个阵地，那么我们在萨瓦和法国阿尔卑斯山区准备的起义就能够得到飞机的支援，法国青年也会争先恐后地参加这种起义。同样也可以从右边出发，跨过亚得里亚海去挑起巴尔干半岛的爱国活动。也许我们要接受这些限制，以便于保证“霸王”作战计划的完整性，不让它受到破坏。

* * *

8月17日，罗斯福总统、哈利·霍普金斯、艾登和布伦丹·布拉根都来到了魁北克，其中艾登和布伦丹·布拉根是从英国坐飞机过来的。

我们在代表团聚集到一起的时候，得到了关于意大利的进一步媾和运动的消息。我们觉得，过不了多久，意大利就会投降。在整个会议中，我们一直带着这样的印象去交谈。从 8 月 14 日开始，英国三军参谋长和他们的美国同僚，一直都在城堡里工作。他们草拟了一份报告，是关于战争在 1943 年和 1944 的未来战略问题的报告，里面详尽地记述了战争的进展。事实表明，“四分仪”会议是一次有系统性技术的参谋会议。这两次会议的结果都是由罗斯福总统和我以及我们的三军领袖们核查的。

8 月 19 日，第一次全体会议召开。最高战略优先权是“‘霸王’作战计划的必要条件”，我们将其给予了对德国进行联合轰炸机轰炸。我们对“霸王”计划进行了长时间研究，摩根将军在伦敦制定了联合计划，然后我们根据这个计划为它做了总结。三军参谋长提出了一份报告，内容如下：

“霸王”作战计划

(1) 这次战役在 1944 年 5 月 1 日发起，目标是欧洲的轴心国，主要战斗兵力是美英的陆军和空军。在海峡港口占领的足够多的情况下，下一个目标就是攻占一些方便陆军和空军向敌人发动攻势的地区。在法国稳住阵脚的盟军，他们实力雄厚。这时的他们应该谋划一下，如何攻击到德国的致命处，使其军事力量毁灭。

(2) 为“霸王”计划建立起来的空军和陆军，他们的力量应该是相当的。而且还应该给那些联合王国境内的现有部队不断制定一些计划，并给予帮助，使他们在有利的时机下，可以随时渡过海峡，进攻法国。

(3) 因为现在没有充足的人力和物力，所以“霸王”战役和地中海战役存在着如何分配和使用现有的人力和物力的问题，由于这种情况出现，如今最重要的是保障“霸王”作战计划的成功实行。在地中海战争中使用的兵力，除非联合参谋长委员会决定增加或减少兵力，一律参考“三叉戟”[5月在华盛顿举行的会议]的分配数字。

对于摩根将军制定的“霸王”战役的计划纲要，我们表示赞同，并给予他继续进行周详计划和进行充分准备的权利。

我们在会议上对这几节的内容进行了讨论。我提出，有关力量的某些条件完成，有助于“霸王”作战计划的成功。我强调，虽然1942年的“锤击”作战计划，我没有同意，1943年的“围剿”作战计划，我也没有同意，但是，1944年的“霸王”作战计划，我举双手赞成。过去，我反对横渡海峡作战有诸多理由，现在我把它们全部收回。我认为，要把最开始作战的兵力，在原有的基础上增加25%，这已经是最少的兵力了，而且我们还要不惜一切代价，为这些做努力。这个事实表明，我们需要更多的登陆艇。九个月之后，就要开始实行计划，在这期间，我们有许多工作要做。选定的海滩很合适，如果能在康坦半岛的内陆海滩和这个选定的海滩同时登陆，那是最好不过的了。我说：“最初的据点必须牢固，这才是最重要的。”

罗斯福总统和我商议好了，由英国人担任“霸王”计划的司令官，这是因为非洲的指挥官是美国军官担任的。出于这个目的，我遵循罗斯福总统的建议，决定这个职位由帝国总参谋长布鲁克将军担任。读者也许记得，布鲁克将军和他的副手亚历山大和蒙哥马利，曾经指挥军队在退往敦刻尔克途中进行了决战。1943年以前，布鲁克将军就已经知道我有这样的意愿。这样的安排很合理，因为这次战役是以英国作为基地，所以美英的兵力是要相等的。不过1943年过去了几个月之后，开始确定这个巨大的进攻计划的时候，我越发地感觉到，如果两国用相同的兵力完成了最初的登陆，那么美国将在战斗中取得巨大的优势。对此，在魁北克的会议中，我主动向总统提出，由一个美国司令官来担任法国战役中的总指挥。我敢断定，在他的心里也是这样认为的，所以他才会赞同这个提议。因此，我们达成一致的意见，美国军官负责指挥“霸王”作战计划，而英国的军官负责指挥地中海战役，至于具体移交日期，应以战争的发展情况而定。这个变动通知，我在1943年8月告诉了布鲁克将军，因为我对他很信任，所以我把变动的理由也一并告诉了他。他对此感到很失望，但他是一个军人，他有军人的尊严，所以他必须忍受。

* * *

参谋长委员会提出，在我们将来的战役中，对于意大利应该分为三部分。第一，我们的战争，意大利不应该参与，但是我们要在罗马附近，或者是在更北面的地方建造飞机场。我要在这里指出，也让大家明确一下，我对跨越安科纳—比萨的这条线，并且要向前攻击这件事情上，没有做出任何承诺。第二，我们应该攻占撒丁岛和科西嘉岛，如果要使半岛北部的德军不与“霸王”计划相对抗，就要给他们施加压力。第三，还要做好在法国南部土伦和马赛附近登陆的“铁砧”作战计划，以及沿罗纳河谷向北进军的计划。后来的很多争论都是这个计划引起的。巴尔干半岛和法国游击队怎样进行空中支援、反潜艇战的怎样加强以及在亚速尔岛上是否频繁利用海军和空军，对于这些问题，有很多的建议。

* * *

英国三军参谋长的最初提议，即东南亚司令部的重要问题，会议对它也进行了审核。会议对最高司令官的计划表示赞同，而且还提出了一些意见。内容如下：

(1) 关于在东南亚场战场实行什么战略，在中国战场与东南亚司令部之间如何分配英美所有的人力和物力这些问题，英美联合参谋长有绝对的权利去处理。

(2) 英美三军参谋长委员会可以行使关于作战问题的一切权利，所有命令必须经过这个机构，才能向最高司令官发出。

* * *

在第一次全体会议上，我们对远东战略的所有问题，展开了激烈的讨论。三军参谋长在随后的几天内，把工作的重点都放在了这个问题上。只有动用了海军力量，才能打垮这个岛上的帝国——日本。要使我们的陆军参战，首先就要把日本的海域掌控在自己手里。怎样才能使用空中武器？在这个意见上存在很大的分歧。罗斯福总统身边的人认为，从缅甸开始，进攻中国境内。他们竭力建议，一定要使用中国的港口和空军基地，这样方便对日本这个国家进行激烈的和连续的空中袭击。这种政治主张吸引着美国人的眼球，但是许多事实他们却忘了考虑：数量众多的军队不可能全部驻扎在缅甸丛林，而且这些军队大多数是英军；实力雄厚的日本军在中国境内，交通线是他们的主要作战区域；更为重要的是，美国的海军力量日益分散，这种作战行动根本不能对敌人造成本质性的伤害。

我们从海上直接对日本在太平洋中部和南部的岛屿堡垒进行攻击，这是第二种方案。海军和海岸空军来执行这个任务。菲律宾吸引着所有美国人的视线，所以把它设为第一个突击的目标，再合适不过了。只要菲律宾由美军掌控，日本就失去了主要供应地，而驻守在荷属东印度的边远岛屿上的防守军将，与日本的联系将被切断，他们将得不到任何援助。那样的话，我们不必在战争中投入太多的兵力，他们就会渐渐地走向灭亡。

要对日本本土实行包围政策，就要以菲律宾作为基地。在中国海岸、台湾和日本南面的各个小岛上建立新基地很有必要，因为只有这些基地建成了，我们才能大范围对日本进行攻击。做出这个大胆计划的前提，是有强大的美国海军力量做我们坚强的后盾。因此，这个计划有很大的吸引力。在战争的前期需要强大的海军力量，到了后期，就要靠陆军的力量。到那时，希特勒将战败，美国和英国的主力将联合起来，对日本进行猛烈的攻击。

我迫不及待地想要在最后几次的参谋长会议上，把有关这个问题的意见讲解一番。英国的作战计划人员提出，在今年的冬天，温盖特将军所带领的部队的作战活动范围就要铺展到缅甸北部。我是这样的观点：为了配合这种行动，苏门答腊岛的箭头地带也应该被占领。我坚信，“1944 年对苏门答腊岛发起的进攻，是一次巨大的战略性袭击。这个叫作‘长炮’的战役，将成为印度洋上的‘火炬’战役。我认为，这并没有超出我们的能力范围。攻击并且占领一个尖头地带是我们必须要做的，相对于日本而言，如果想缓解他们船舶受到的严重阻力，就必须要制止我们对苏门答腊岛的进攻，到最后，他们也会与我们争夺这个尖头地带。”以上是我在会议上说的。这样的军事行动，会脱离我们向日本进攻的主要方向，罗斯福总统好像也是这样认为的。我提出，如果要用另一个办法替代，我们会浪费掉一年的时间，也许我们会获得次要的阿恰布港，以及在将来有可能会在缅甸的沼泽和丛林中拼命地奔走。但是除了这些，我们将一无所得，而且关于收回阿恰布港的这个问题，我存有疑虑。对于苏门答腊计划的价值，它可以媲美 1915 年进攻达达尼尔海峡的战役，我坚信它产生的后果，很有可能具有决定性作用。在 1943 年至 1944 年这段期间，为了能够收回阿恰布港，就把所有的两栖力量都集中在印度洋，这样的想法我认为是错误的。

在第二天，我写了一份备忘录：

首相致伊斯梅将军，转参谋长委员会　　　　1943 年 8 月 20 日

我们对于阿恰布港、“长炮”作战计划等该采取什么样的政策，还没有达成统一。在我看来，这个问题还没有研究透彻。我自己

也在探究这个问题。现在，我不可能和美国在这个问题上达成统一意见。如果非得让我遵照他们的标准作出决定，那么我希望参谋委员会最好小心行事，不要造就一种局势让我承担任何责任，那时候我会毅然决然地拒绝。如果那种情况真的发生，那么，我们回国以后，战时内阁将会收到我们提交的全部问题。我们认为，沿着伊洛瓦底江到仰光这条路向曼德勒和曼德勒以北地区发动进攻，这些对我们来说没有好处。这个观点我不会改变，这是我上次会议中提到的立场，也是我们大家的立场。不经历这样一次战役就占领阿恰布港，就是一种没有用处而且很不聪明的行动。

我希望明年的局势会变成这样：我们获得了“长炮”计划的胜利，在云南，温盖特和中国军队有了来往，我们能够随意地选择下一个作战地点，因为缅甸的交通线在它的能力范围内有了最大的改进，而且那时敌方的反应也比较明显了。

过了两天，我向国内致电：

在魁北克的首相致副首相　　　　1943 年 8 月 22 日

1. 蒙巴顿将军的任命是罗斯福总统和马歇尔将军非常关心的。对于这个任命，美国政府没有异议，他们表现出了极大的热情，他们同意这个任命。我们的三军参谋长对此也表示同意。印度战场目前给人一种沉闷、停滞不前的感觉，我们需要一个年轻力壮而且富有朝气的人来打破这种局面。而把蒙巴顿将军的名字正式提报给国王，我想这是我应负的责任。蒙巴顿和温盖特联手抗战已经为未来的计划增添了最大的光彩。有一件很重要的事情要做，那就是在这次会议结束的几天内，发表一个公告。我希望我的同事们，会觉得这是一个很好的办法。

2. 关于东南亚司令部的难题我们已经解决了，这个结果我们很满意。美英联合参谋长委员会先要对具有概括性的战略计划，对兵力和补给的主要分配工作做出决定，随后再把这些交给各自的政府进行审核。英国参谋长委员会，由国王陛下的政府领导，他们拥有作战的所有指挥权。所有的命令只有经过他们才能下达。

3. 由于受到洪水的影响，在缅甸北部的作战计划要推迟到什么时候才能执行，现在我们还不能做出决定。我们对“长炮”作战计划的第一阶段的研究还有些不足，这就导致了我们不能在1944年的两栖作战中决定是否优先实行这个计划。这个计划如果要深入研究，至少需要一个月的时间。但是，所有的研究都是向美好的一面发展的。1944年对日作战计划，美国三军参谋长对此产生了极大的兴趣，毫无疑问，他们对这个计划很满意。星期一宋子文将会到达这里。从原则上，我能告诉他的情况，不会超出我将要发表的内容。

4. 我将派遣一名英国联络官，他是位将军，也是我的代表。他会带着这个身份入驻麦克阿瑟将军的参谋处，对于我的这个做法，马歇尔将军表示赞同。与过去做比较，这样的做法会让我们详细地了解到战场所发生的一切情况。以前在伦敦的时候，我和埃瓦特博士就谈论过这件事，他完全同意。现在我向柯廷发出电报，告诉他这会让我们与太平洋战争的联系更加紧密。

5. 艾登和赫耳在讨论问题，已经过去了很长时间。在法兰西民主解放委员会的这件事情上，赫耳拒绝使用“承认”这个词，态度强硬。因此，我们达成协议，在俄国和其他有关方面得到通知以后，各自发表各自的文件。此事，艾登在处理。我已经很坦白地跟罗斯福总统说，他们一定会受到舆论的谴责。但是，他说他要留一手，这样就可以在紧急情况下对付戴高乐的阴谋诡计。因为按照我们的方案，我们提供给法兰西民族解放委员会的援助，并没有比我们在戴高乐孤立和不受其他人控制时给予的多，所以我们的见解不一样。

* * *

在对日本的主要进攻，我们应该承担什么责任，就这个问题，我们在参谋会议上展开了激烈的讨论，并且还引发了一件有意思的事情。有这么一群参谋人员，最少不能少于12个，最多不超过20个，他们坐在英美联合参谋长委员会的后面，显得很不安，没有一点声响，但是眼中却闪烁着光芒。过了不久，主席发话了："我觉得，我们讨论这个问题的时候，参谋人员最好不在场。"于是，这些高级参谋，就退到一间会客厅里，井然有序。和平常一样，争论很快就解决了。蒙巴顿将军也在英国的三军参谋会里，他现在的身份是联合作战的司令官，他趁着这个机会向主席询问，可不可以当面测试一下他的科学家发明的"帕克利特"(一种特种混合冰)。在获得允许以后，他的一名参谋，推进来一个大型食品车，上面放着两块冰，大约三英尺高，其中一块是普通的冰，一块是"帕克利特"。阿诺德将军是现场"臂力最强的人"，所有在场的人也是这样认为的。他接受这位参谋的邀请，将要用特殊的砍刀，把每块冰都劈成两半。阿诺德将军，先把他的上衣脱掉，然后把他的衬衫袖子挽起，接着抡起砍刀，普通的冰块一下子就被他劈成两半。他转身走向那块"帕克利特"，脸上挂着笑容，双手拿着砍刀，十指交叉。他抡起刀，砍了下去。突然，我们听到一声惨叫，只见阿诺德丢了刀，痛苦的表情挂在他的脸上，因为他的双臂被震得生疼，而"帕克利特"却没有损伤。

最精彩的表演到了，只见蒙巴顿将军从衣袋里掏出了他的手枪，现在他要证明"帕克利特"抵抗枪炮的力量。他向普通冰块开枪，普通冰块被击碎了。他又举枪指向"帕克利特"，子弹飞了出去，然而"帕克利特"并没有被摧毁，反而将子弹弹回，波特尔空军元帅差点被打中。

听到了砍击声和阿诺德将军的惨叫声，在外面等候的军官们都很害怕。当枪声再度传来，他们更是战战兢兢。其中有一个军官还大声地喊道："天哪，他们开枪了！"

但是，在这个经常面临死亡的世界，谁不想有一个开怀大笑的机会。在这里就有一个例子。

* * *

英美三军参谋长正在争论的是这个问题：英国要求在打败德国之后，在对日战争的地位不仅要充分而且还要公正。英国觉得自己应该享有一部分飞机场，皇家海军也应该享有一部分基地，而且在希特勒垮台之后，应该分配一些适当的任务给派遣到远东的各师部队。到了最后，美国退让了。在这个问题上，我告诉三军参谋委员会尽量不要使用武力进行斗争，我们要尽自己最大努力坚持到底，因为战争到了这个地步，我害怕美国的评论家会这样说："我们帮英国打败了希特勒，他从我们这里取回了一切，如今，在对日战争方面，他却置身事外，让我们陷入危险的境地。"然而，这种印象在魁北克会议上已经清除了。

* * *

第二次全体会议在 8 月 23 日傍晚举行，会议上讨论了英美联合参谋委员会的最后报表草案。第一次报告中就有提出而且还是经过我们讨论修改的几个要点，在这个文件中反复讲述，远东战役中的详细安排也在这里面列举出来。报告中对于准备着手执行的实际作战行动没有达成统一意见，却要在进攻性的作战活动中尽最大努力，这样做的目的是"建造与中国相接的陆上交通线，同时保护和改进航空线"。在对日战争的"全面战略概念"中，需要制定的计划，就是在德国崩溃后，必须在 12 个月内击败日本。看到这个目标，我很开心，制订计划再也不是在长期消耗战的基础上。

我向罗斯福总统提出关于单独建立一个东南亚司令部的总原则，

在开会之前，他终于接纳了这个建议。我说，关于建立这个机构我希望尽快发表一个声明，这是我目前最想解决的一件事。这个声明是一个理由，对于为什么俄国不在讨论的范围内的这个问题可以做个充分的解释，因为“四分仪”会议大部分讨论的是关于对日作战的问题。我的这个做法，大部分参加会议的人员都同意了。

* * *

如今，关于成立东南亚司令部和任命蒙巴顿为最高司令官的决议，我会通知印度总督。

首相致印度总督　　1943 年 8 月 24 日

现在，我们已经成立了东南亚司令部，它不统辖印度司令部，印度司令部也不隶属于它。在韦维尔陆军元帅担任总督的那个时候，我就有过暗示。这是有利可图的，成立的这个联合司令部与北非的联合司令部的性质都一样，这个联合司令的指挥官是英国的司令官。我们和美国在选谁当司令官的这个问题上，讨论了好几周。选举路易斯·蒙巴顿勋爵为司令官，是我们经过反复考虑后决定的。他对海陆空三军的工作比较熟悉，而且他对两栖作战行动也了解，这就是为什么选他的原因。因为他以前在三军参谋长委员会待了一年半的时间，所以他可以通过中央部知道我们的战争全局。面对东南亚陆海前线复杂多变的地域特征，我认为这一点是很重要的。蒙巴顿不仅是一个组织能力很强的人，他还是一个有精力、有胆识的人。罗斯福总统和美国三军参谋长对他的任命表示同意，而代表蒋介石的宋子文也同意这个任命。我把这件事报告给国王，是获得了内阁的同意的，也是按照手续来执行的。同时也给你打了这份电报，作为参考。在 8 月 25 日召开的会议上，应该宣布这个任命书，因为这是目前最重要的事。

第二天，我发电报给我国内的同事，内容是这样的：

首相致副首相和战时内阁专电　　1943年8月25日

1．在这里发生的一切都很好。对于东南亚司令部、“合金管”，以及承认法兰西民族解放委员会的这些很难处理的问题，现在都解决了。在谈判过程中，赫耳和我们弄得很不愉快，特别是跟那些处在首要位置的外交官闹得更僵，事情发展到最后，他就直接甩手走人了。对于美英联合参谋长委员会起草的一份报告，我和罗斯福总统都很满意，因为这份报告很巧妙地表达了双方的一致性。除了我们在孟加拉湾的两栖作战活动究竟要采取什么样的方式，我们需要好好研究一下，其他有异议的问题都解决了。然而对于这个问题，我认为它会像我们希望的那样——靠自己解决掉这个问题。当然，麦肯齐·金和加拿大政府，对于这种“受到重视”的待遇，表现得非常高兴。

2．目前苏俄态度越来越不好，这让人不是很满意。关于意大利提案的电报，我想斯大林已经给你发过去了，你也一定看到了吧。我们交给意大利代表的协议里，也提到了苏联政府对此表示同意，而且还发出了要你们无条件投降的命令。除此之外，我们没有采取其他任何行动，而且我们把所有的问题都及时地告诉他，他没有理由对我产生抱怨。

3．这份电报使用的口吻，让罗斯福总统大为震怒。有关人员收到他这样的指示：如果新来的苏联代办来了，就说他到乡下去了，一时半刻回不来。我们为了促成三大国会议，再作一次长途的危险旅行也是愿意的，正因为抓住了这一点，斯大林就故意无视我们的提议。尽管发生了许多的状况，他的坏脾气和他无礼的态度，就是他单独和德国签订合约的原因，对于这一点我认为不可信，因为他们之间存在着一条防疫线——他们的两个民族之间有深仇大恨。同这些人交往没有多大的进展，这一点让人很不高兴，但我在心里笃定，我的同事不会认为我本人和我的政府在哪些地方没有表达出我们的诚意和耐心。

4. 我感觉自己有些劳累，因为有很多繁杂的会议工作要做，我们身上担负着很多艰巨的任务。在星期日发表广播演说和去华盛顿以前，我希望自己能在山中露营地休息两三天，我想我的同事也会让我这么做的。在9月3日，我将要在哈佛大学接受学位的时候发表广播演说，然后就能回国。我不打算长时间停留在这儿，除非意大利或者其他地方发生了某些状况，让我和罗斯福总统必须在一起讨论。不管怎么样，我尽量在议会开始前赶回去。星期六外交大臣将乘坐飞机返回国内，而他派了一个叫卡多根的人给我，让他陪着我去华盛顿。

我决定派遣两名联络官分别去往麦克阿瑟总部和蒋介石那里。我回国后，对拉姆顿将军和卡尔东·德·维亚尔将军提出了任命，他们是接到我的召唤，才来到契克斯的。他们都很开心。我们有许多既有才华又优秀的军官，他们都是一流的，而拉姆顿将军就是他们中的一个。在最初的战斗中，也是在第一次与敌人战斗的时候，我们的装甲车就重新获得了荣誉，这一切都是他的功劳。不久之后，麦克阿瑟将军就非常信任他，任命他为联络官，他很被器重。然而在1945年1月，他就死了。日本的一架自杀式飞机，在轰炸林加延湾的时候，袭击了“新墨西哥”号战列舰。当时，站在舰桥上的是英国的司令官弗雷泽海军上将和拉姆顿将军。事出偶然，弗雷泽海军上将为了更好地视察，就走到了舰桥的另一端。一分钟过后，自杀式飞机撞上了舰桥。所有和拉姆顿站在一起的人，都被炸死了。对于国家和我个人而言，他的牺牲是一个损失。

*　*　*

现在，我们要回到意大利战场。大部分德军渡过了墨西拿海峡，成功地撤退了，这和我们预期的不一样。艾森豪威尔将军和他的司令官准备在8月10日举行一次会议，他们要在各式各样的提议中选出一种办法，能够把战争打进意大利境内的办法。敌军当时的部署，是他们特别需要考虑的。在意大利驻扎的德军，有16个师。驻扎在北部的，有8个师，他们的指挥官是隆美尔。驻扎在罗马附近，有两个师。驻扎在北部的，有6个师，他们的指挥官是凯塞林。除了这些强大的兵力，还有从俄国前线撤出的20个师为他们提供支援，而这20个师将在法国重新装备。很长的一段时间里，我们集结的兵力不能跟德军用在战场上的兵力相抗衡，但是英美两国不仅取得了制海权和制空权，而且还取得了主动权。现在大家的心思都集中在怎样进攻意大利，不过我们的胆子真的很大，敢发起这样的军事行动。我希望占领那不勒斯和塔兰托，因为我们的兵力和这两个港口的设备的规模是相互对应的。我们的主要目标，是尽快占领飞机场。目前，我们还没有能力去攻击罗马附近的飞机场,但是福贾的一些机场适合使用重轰炸机。同时，在意大利的踵形地区和萨勒诺附近的蒙特柯维洛的其他飞机场，我们的空军也正在寻找。

九月初，艾森豪威尔将军将渡过墨西拿海峡发起攻击，同时也在卡拉布里亚海岸上进行了一些辅助性的袭击。战争刚被这场战役拉开帷幕，紧接着，在萨勒诺海湾，一个适合登陆的海滩上，出现了一支英国军和一支美国军，他们在执行“雪崩”计划——攻打那不勒斯。西西里岛虽然被我占领，但是从那里起飞的飞机能够掩护的区域，不能超过萨勒诺湾一带。盟军在登陆后，向北前进，快速地去占领那不勒斯。

对于这个计划，英美联合参谋委员会建议我和罗斯福总统接受。

同时还批准了攻占撒丁岛和科西嘉岛这个军事行动，这是下一步计划。随后我们表明了态度——同意。实际上，这个目标我希望能够实现，我也为之而努力。他们在后来又建议，在罗马南面的一些飞机场，应该派遣一支空运师去占领。我们接受了这个建议。最后这个计划没有执行，至于是什么原因，在以后的章节里我们会讲到。

* * *

就这样，我们做出了决定。对于这些决定，我很满意。所有的工作都进行得很顺利。接近八月底的时候，一个英国军官到达魁北克，他是从艾森豪威尔将军的总部赶来的。他带来一个消息，让人心神不安。他说在12月1日，会有六个师渡过墨西拿海峡，并且他们还要跨越卡拉布里亚，其余六个师将会在萨勒诺登陆。我对低估了我们的人力和物力的这件事，感到太不可思议。接着，我就发出了抗议。

首相致亚历山大将军　　　　1943年8月26日

1. 怀特里将军已经到达这里，关于实行“贝城”和“雪崩”[①]这两个作战计划的日期和规模，他都已经告诉我了。我很关注这个消息，希望你能使我的心神安定下来。假设我们成功登陆了，而且在以后战争中也不会失败这样的前提条件下，有一点我没弄明白，那就是：上岸的时间为什么是两个月以后或者需要更多的时间呢？然而我们在“雪崩”计划中明确指出，在占领了一个可用的港口和桥头堡后，要由海路送一些军队到达目的地，并不是把作战计划中所有的部队，都经过卡拉布里亚，然后再送到前方。

2. 按照计划，在意大利境内集结12个师的时间是12月1日。

---

① “贝城”作战计划是渡过墨西拿海峡进行攻击。“雪崩”作战计划是对那不勒斯（萨勒诺）进行攻击——原注

依我看，这种速度会带来非常严重的险情。第一，在罗马军队对抗德国军队的时候，无法提供有效的援助，如果这样做，危险还会加深加大，会出现这样的情况：要么是有德行的吉斯林式的政府成立，要么是长期处于无政府状态。如果是那样的话，场面会极度混乱。第二，如果你们集结的军队，在 12 月 1 日还没有超过 12 个师，这些军队只能在那不勒斯地区。那么你们用什么来保证，你们能抵抗德国人在同一时期派来的部队？据说，德军有 16 个师在意大利岛驻扎。对于这个事情，我本人持怀疑的态度，我觉得他们都不是完整的师。相对来讲，按照一些实际情况，它们有可能是领导机构和总部。但是，如果要延迟三个月才能解放罗马，并取得在政治和军事上可能获得的重大利益，那么谁也不能预料到会产生怎样的后果。

3. 在离开之前，我迫切地想知道关于你的消息。对于上面提到的日期，罗斯福总统也心神不宁。我们商量讨论过，我们宁愿做最坏的打算，也不愿意执行这个时间表。但我还是希望你不要被这些云雾遮挡住自己的眼睛。

因为后勤方面存在缺陷，所以回国以后，我就开始处理这件事。我在 8 月 2 日就要求过，不管用什么办法，都要对装甲师进行改编，而布鲁克将军是这件事情的负责人。目前，这件事情已经有些起色了。不久的将来，怀特里将军传播的那种不乐观的估计也会被纠正过来。英国第一装甲师经过重新装备，成为一支精良的战斗部队。两个波兰师、一个新西兰师和第四英印师，都被运往意大利，他们的战斗力已经达到极限了。那不勒斯港从一片废墟变成一个装备精良的港口，这都归功于美国的工程师，他们的本事确实是常人无法预料的。十月初，有十万人加入亚历山大将军的队伍。实力雄厚的德国军队，他们正扑面而来，而且还是接连不断扑过来。如果没有完成这个步骤，真有可能发生一场灾难。

第六章　意大利要停止战争

有关意大利的媾和提议——我在8月5日给罗斯福总统发了份电报——德意两国领袖最后的谈话——巴罗格利奥的问题——我在8月7日和9日给艾登发了电报——他回复我的电报——意大利的全权代表巴罗格利奥来到西班牙——我在8月16日向罗斯福总统报告了情况——我们联名向艾森豪威尔将军发了电报——卡斯特拉多将军和比德尔·史密斯将军在里斯本的谈话——我发电报祝贺亚历山大将军——扎努斯将军过来了——最后通牒，给意大利特使——我和罗斯福联名向斯大林报告了情况——在锡拉库萨附近卡斯特拉多将军签署了停战协议——英国第八集团军在9月3日渡过了墨西拿海峡——德军占领罗马是意大利最担心的——按照计划，艾森豪威尔将军决定执行“雪崩”计划——9月8日下午宣布停战——罗马被德国包围——逃去布林的西的意大利王室——急切需要占领东地中海的意大利基地——经历一场激烈的战斗，意大利舰队前往马耳他岛投降——9月12日，在希特勒的指挥下救出了墨索里尼——“百日丑剧”——意大利成为了主要战场

英美两国对于意大利有可能投降的问题，已经拟定了周详的计划。关于停战条件，在七月底以前就已经开始准备了。如果“意大利向我们提出倡议”，我们就有所准备，为了方便这一点，8月3日，战时内阁传阅了我的文件。在时间充足的情况下，我希望能够通过政治和外交的途径谈判，而不是通过盟军总部。罗马也在那天，首次提出媾和倡议。我们驻里斯本的大使向外交部说，刚刚从罗马到达那里的意大利驻里斯本大使的参赞希望与他见面。他暗示过，巴罗格利奥政府给了他一项重要的任务。这个意大利外交官是达耶塔侯爵，他以前是齐亚诺的私人秘书，有亲戚在美国，他还是萨姆拉·威尔斯的朋友。在巴罗格利奥政府的古阿利格里亚为他安排此次前来的任务，古阿利格里亚是意大利新上任的外交大臣。第二天，接到邀请的达耶塔，去往英国大使馆。关于为什么不提停战要求，他是这样解释的：意大利国王和巴多格利奥要求媾和，但是他们要假装继续作战，防止德国人在意大利实行军事政变。我们从他的言谈中可以察觉到，向盟国解释，才是古阿利格里亚最在意的，他将在意大利北部同里宾特洛甫举行会议，目的就是为了消除德国人的猜疑。

意大利前来交涉的这件事，我立马通知了罗斯福总统。

前海军人员致罗斯福总统　　　　　　　　1943 年 8 月 5 日

意大利公使馆新任参赞向英国驻里斯本大使坎贝尔谈了一些情况……这些情况正是我们要谈的。因为它有实质性的内容，所以我把这些情况告诉你。我已经跟坎贝尔大使交代过，不要发表任何意见。现在看来，确实有一些内幕消息被传出去了。如今，我要动身前往魁北克，不过没关系，艾登将军还留在那里。你和我联系时，也可以和他联系。

意大利国王和陆军首脑们一直都谋划着军事政变。如果法西斯大委员会有所行动，那么这场政变有可能提前几天发动。法西斯主义在意大利荡然无存，没有留下任何痕迹。一夜之间，红色沾染了意大利。共产党在都灵和米兰举行了示威游行，为了镇压他们，只好动用了武装力量。中产阶级被长达二十年的法西斯主义消灭掉。能有什么东西存在于国王和猖狂的布尔什维克主义之间？爱国人士集结在国王身边，他们控制着整个局面。如果有任何不稳定的形势,在罗马郊外驻扎的德国装甲师,就会开进意大利。有一万多名德国士兵驻扎在罗马市区内，大多数都装备了机关枪。如果罗马再受到攻击，人民势必就会起义反抗，那么德军就会开进去，杀光所有人。事实上，他们已经以使用毒气相要挟了。虽然意大利尽可能地在罗马周围集结军队，但是他们根本不想打仗。事实上，他们已经没有武器了，而且连一个装备完整的德国师都打不过。

在这种情况下，要求媾和的意大利国王和巴罗格利奥，也没有任何的办法，只能假装继续战斗。明天，古阿利格里亚可能接见里宾特洛甫，他们交谈后将会发表公报，公报的内容会说，意大利仍然是德国的盟国，依旧表现积极，这些内容比以前说的更加清晰。但是，这只是一个虚假的现象。全国上下，他们最痛恨的就是德国人，他们希望摆脱德国人的束缚，从而得到和平。

如果我们不能通过巴尔干半岛去攻击德国，从而迫使德军撤出意大利，那么我们在意大利登陆，要越快越好。不管怎么样，德军都会处心积虑地把这块地方保护好。如果我们在意大利登陆，意大利人们不仅不会反抗我们，还有可能会配合我们。

从一开始到现在，达耶塔一直没有提及媾和的条件。根据他的说辞，你会察觉出，他希望我们尽快地从德国人手中和他们自己人手中把意大利解救出来。

他希望，我们对意大利国王和巴罗格利奥有一些轻微的为难，这样就可以蒙骗住德国。但是做得太过分了的话，就有可能出现血腥的大屠杀。

* * *

与盟国媾和是现在意大利各方面人士的共同愿望，而且他们的意大利最高统帅非常渴望与德国一较高下。为了在不引起德国人的愤怒和报复的情况下扭转局面，古阿利格里亚和意大利外交部建议利用好时机，谨慎行事。就这样，在估摸不到哪些力量会产生作用的情况下，我们和意大利的两个代表进行了接触。德国的情形，和我们的一样。古阿利格里亚和埃布罗西奥将军于8月6日，在边境上接见了里宾特洛甫和凯特尔。只要是和军事有关的内容，讨论的时候都非常激烈。埃布罗西奥想把驻扎在法国和巴尔干半岛的意大利师团调回意大利，而凯特尔恰恰持相反的意见。在边境待命的德国军队，在会议期间驶进了意大利。为了拖延德军的行进，古阿利格里亚也在这时跟里宾特洛甫进行了谈判。这次谈判内容空泛，没有实际意义。

*　　*　　*

伯利奥先生于8月6日同我们驻丹吉尔的外交代表进行了交谈，他是意大利的另一个外交官。他的指示，都是巴罗格利奥直接下达的。时间上的要求被他再一次提及，与以往不同的是，他希望这一次可以认真谈判，而且他被授予可以开始谈判的权利。

在去往魁北克的航程中，我得到了这个消息，艾登先生的意见也是在那时收到的。外交大臣是这样写的："巴罗格利奥政府提议进行谈判，我们完全可以把它看成是一次有条件的谈判。我们对于这种情况，能不能这样回答：正如大家都知道的那样，如若我们坚持无条件投降，首先巴罗格利奥政府必须通知我们，意大利将无条件向我们投降。然后，我们就应该将条件告诉他们。根据这些条件，我们将会停止一切对意大利不利的行为，但是这个阶段，必须是巴罗格利奥政府已经做到这一点之后，才会出现。"

当我看完这份电报，我在它的旁边用红笔做了批注——不要错过时机。然后又写道："只要他们投降，我们就会向他们提出条件，这是一个恩典，不容许讨价还价。"随后，我在8月7日对外交大臣做了这样的答复：

首相致外交大臣　　　　　　　　　　　　1943年8月7日

你执行的方案，我同意。从巴罗格利奥自己的利益和意大利人民的心情来考虑，他打算出卖一个人，这个人就是希特勒。他的处境，困难重重，应该得到谅解。与此同时，征求了美国在各个方面的同意，应该继续对意大利发起攻击。

到达意大利的那一天，我又发出了一份电报：

首相致外交大臣　　　　　　　　　　　　1943年8月9日

1. 巴罗格利奥会听从盟国政府处理，绝不隐藏，关于这一点，他必须声明。盟国政府希望意大利在新欧洲能够受人尊敬，关于这一点，他们已经表明过。

这个意见也应该指出来，艾森豪威尔将军已经提到过只要尽快放了盟国战俘，那么在突尼斯和西西里岛的意大利战俘也将得到释放。

2. 上面说的这些是为了向意大利表达一种意图，这意图是：只要他们正式作出投降的行为，如果当时军事允许的话，我们对他们的态度会慎重些。反复强调“无条件投降”这一点，是为了防止他们死活不投降。不让他们产生这种念想——这是一种可以得到宽大处理的恩典。“体面地投降”这几个字，罗斯福在正式场合也用过，我认为，在我们现在将要使用的词汇中，不应该把这几个字省略掉。

3. 我们才到［哈利法克斯港］。我们愉悦地度过了这次航行，并且在旅途的讨论中，我们收获颇丰。

我向罗斯福总统转达了艾登先生的回复。

在魁北克的前海军人员致罗斯福总统　　　　1943 年 8 月 12 日

艾登建议我们驻丹吉尔的代表这样答复巴罗格利奥的特使伯利奥：

我们只要求无条件投降，不实行谈判。巴罗格利奥，你必须明白这一点。换句话说，就是只有到了意大利政府全凭盟国政府处置的时候，盟国政府才会提出条件，而这种条件会让你们体面地投降。

这项指示接着说道：

首相和总统曾经发出这样的声明：当意大利重新恢复和平的时候，我们希望在一个适当的时机，使它在新欧洲重新得到尊重。关于这一点，也一并向巴罗格利奥的特使强调一下。艾森威尔豪将军曾经这样说过，只要意大利释放了在你们手中所有英国和盟国的战俘，那么我们也会放回在突尼斯和西西里岛俘虏的意大利战俘。

这些都是我们参考我们以前的宣言，挑出来的词语。由于我的行踪飘忽，所以只要你同意这些答复，你就直接致电外交部的艾登。如果这个答复你不满意，那么请等我到那儿以后，再跟你商讨。我觉得，应该尽快地给意大利使节答复。

罗斯福总统致电艾登先生，他对这份电报中的内容表示同意，随后他按照这份电报，给了丹吉尔的意大利使节答复。目前在西班牙的最高统帅部出现了一个人，他是意大利全权代表，关于意大利那些试探性的接触，他照单全收。在 8 月 15 日，英国驻马德里大使塞缪尔·霍尔爵士接见了埃布罗西奥将军的参谋长卡斯特拉多将军。卡斯特拉多是奉巴罗格利奥元帅的命令来通知我们，他说只要盟军在意大利境内登陆，我们即刻加入盟军，与德国成对立形势。只要这个提议盟军同意，那么关于德军部署的详细情报，卡斯特拉多将军就会立马奉上。我立刻向罗斯福总统述说这个好消息。

在魁北克的前海军人员致电罗斯福总统　　　　1943 年 8 月 16 日

我发出五份电报，在伦敦发出的四份电报，我也给你发过去了，在这些电报中都提到了巴罗格利奥的新建议。我建议这样回答，内容如下：

“意大利使节的声明，我们看到了。‘我们没有处在那样的位置，可以提出任何的条件。如果以同盟国的身份加入对德战争，我乐意无条件投降。’至于意大利要成为我们的盟国这方面，目前，我们还不能下结论，而且以现在的形势来看，我们还没有在一起制定好计划。如果在意大利的陆军和德国的军队之间产生一些激烈的战斗，那么一定会有新的局面出现。英国政府和美国政府是不会阻挠意大利在欧洲重新获得尊重的，关于这一点，意大利人民是知道的。因此，在英美军队还没到来的时候，意大利政府应该尽早对付德国军队，并竭尽全力。为了阻止意大利受到德军的侵犯，他们应该切断意大利南部的德军交通线，尽快地把北部的桥梁和涵洞炸毁，把铁路和公路摧毁。这种行动带来的效果很显著，胜利的盟国认为这是一种有价值的贡献，他们有可能会进一步采取行动，一起对抗敌人。事实显示，意大利政府和人民破坏和切断德军的交通线，是力所能及的，并且这些行动，也可以代表他们的诚意。另一种证明的方式是保护英国和盟国的战俘，避免把他们押往德国。如果德国想这样做，意大利政府没有能力制止，那么请释放这些俘虏，让意大利人民来解救他们。还有一个有巨大贡献的任务就是把意大利的舰船驶进盟军占领的各个港口，希望这一点意大利政府能够做到。

“第四，关于德军部署的所有情报，意大利都要提供。而且正在登陆的盟军应得到意大利军队和人民的支援，尤其是那些在意大利人和德国人之间进行战斗的登陆军队。以上这些行动将会获得很好的评价。第五，还有驻扎在巴尔干半岛的意大利军队和当地的各种爱国部队之间的任何合作，也会获得盟国的称赞，他们应采取一同抵抗德国并且视死如归的合作方式。

“如果意大利的政府、陆军和人民采用这种方式来共同对抗敌人的行动，那么就会使意大利和联合国家的关系更加亲密，根本不需要进行任何谈判。我在这里特别强调一下，只要在盟国军队附近，发现意大利与德国对抗，我们会不惜一切代价来支援意大利。”

明天，艾登将军将会到达这里，对于目前的局面，我们可以一起商议。我希望你知道我的思路，这就是我寄信给你的目的。

为了使意大利倒戈相向，三军参谋长正在思考一些有实际意义的步骤和时机。

* * *

罗斯福和我一直都是这样认为：艾森豪威尔派遣去里斯本与意大利特使开始谈判的人选，应该是比德尔·史密斯将军和他的情报参谋处长英国斯特朗将军。他们将带去一份军事条件，而这份军事文件是我们在魁北克“四分仪”会议上经过彻底讨论之后决定出来的。

总统和首相致艾森豪威尔将军　　　　　　　　1943 年 8 月 18 日

1. 英美联合参谋长委员会命令你马上派遣两名参谋官，美国和英国各一名，前往里斯本。关于这一点，总统和首相已经同意了。只要他们到达目的地，就要向英国大使报到。我们商议的停战条件已经交到你的手中，你让他们带上。英国驻里斯本大使会遵照训令，安排一次与卡斯特拉多将军的会谈。这次会谈你的参谋官要参加。

2. 这次会谈，要按照下列方针执行，还要递交一份通牒给卡斯特拉多将军：

我们接受意大利的无条件投降，是遵照递交给他的文件中所规定的条件。（我们应该在此时交给他停战条件，这些都是我们已经商定并预先准备好的。告诉他在政治方面、经济方面或财政方面的条件都不包含在内，至于以什么样的方式通知，这都是以后的事了。）

意大利在同德国人作战中所能提供的援助，在这些条件里并没有具体地制定出来。如果意大利想让这些条约对自己有益，那么在将来修改时，修改到什么程度，这就得看意大利政府和人民在今后的战争中给联合国家多大的援助。然而，联合国家毫不保留地声明，只要意大利军队或人民和德军作战，或者是在破坏德国的财产，或者是在阻碍德军的行动，总之，不管在什么地方，联合国家都会竭尽全力地支援他们。如果能直接和定期地提供给我们有关敌人的情报，那么盟军会针对那些能够影响到德军活动和作战目标的地方进行轰炸。

从艾森豪威尔将军宣告了日期和时间的那个时候起，联合国家和意大利之间的敌对关系就会结束。

艾森豪威尔将军宣布停战后，意大利政府也必须马上宣布停战，而且他的军队和人民，要立即接受与盟军合作和向德宣战的命令。

停战时，意大利政府要马上释放所有联合国家的战俘，因为被德军逮捕危险还存在。

停战时，意大利政府必须下令，让意大利舰队和尽可能多的商船驶进盟军港口。盟军的飞机基地也要飞入大量意大利的军用飞机。只要舰只或飞机存在被德军捕获的危险，就必须毁掉。

3. 目前，德军还没有发现正在行动的计划，还有很多工作需要做，关于这一点，应该告诉卡斯特拉多将军。巴罗格利奥必须自己判断这个行动是否确切可行，他的范围是多少，但是这个总方针是要跟他说的，内容如下：

通知全国实行消极抵抗政策，但是只能让地方当局知道，不能让德国人获悉。

意大利的沿海防务不能由德国管理。

在合适的时机，安排驻守在巴尔干的意大利部队驶入沿海一带，这样做为联合国家将他们遣送回意大利提供了方便。

双方于8月19日，在葡萄牙首都的英国大使馆进行了会面。我跟卡斯特拉多说，艾森豪威尔将军接受意大利政府的无条件投降，是按照我们交给他的条件执行的。军事谈判的气氛比较严峻，外交比较灵活，要使他们相互适应是很困难的。里斯本让这位背负着使命的意大利将军感到自己身处绝境。他强调他来的目的，是怎么样才能让意大利摆脱德国的控制，才能兴兵反抗。比德尔·史密斯则必须这样回答他，你只能说无条件投降的事情。

这些谈判和发动对西西里岛的最后进攻都是在同一时间内发生的。就在同一天，我向亚历山大将军发了电报：

在魁北克的首相致在中东地区的亚历山大将军

1943年8月19日

1. 我非常高兴听到这个再创佳绩的消息，热烈祝贺你完成了这一切。我想马上打个电报祝贺你，让你向第十五集团军群的部队宣布。如今，我又觉得我该提出这样的建议，先让罗斯福总统和国王向艾森豪威尔提出祝贺后，我再来祝贺你。

2. 卡斯特拉多将军过来和我们交谈，还有我们在此期间给的回答，我想这些你都已经知道了。德国人占领罗马，然后建立一个吉斯林式的法西斯政权。打个比方，如果这个政权的领导人是法利纳西，那将会对我们构成很大的危险。意大利局面慢慢地陷入混乱，这让人很不高兴。从确定开始执行“雪崩”作战计划一直到结束，巴罗格利奥政府能不能维持他们的“两面派”地位，我对此产生疑问。所以，任何方法能把这段时间缩短，而对军事的成功没有影响，那它就是最有用的办法。

亚历山大将军致在魁北克首相　　　　　　　　1943 年 8 月 20 日

我很感谢而且很重视你发来的电报。为了“雪崩”计划的成功，我们要不惜一切代价。我们清楚地知道，每浪费一个小时，都是给敌人更多时间，让他们来准备和组织攻打我们。

* * *

8 月 19 日在里斯本，整夜都与卡斯特拉多将军在谈话。这位意大利将军已经知晓，不管向比德尔 · 史密斯提出什么条件，他都不会退让一分。所以，他在一幅地图上把意大利境内德意两军的分布地区给标示出来。为了掩饰他来葡萄牙的行动，卡斯特拉多在来的时候还耽搁了一会儿，随后他便带着投降的军事条件、一部无线电发报机以及盟军电码（用来与阿尔及尔盟军总部保持联系），回罗马去了。

8 月 26 日，还有另一名意大利特使在里斯本出现，他就是扎努斯将军。卡尔东 · 德 · 维亚尔将军陪同扎努斯将军来到里斯本，而扎努斯将军是意大利总参谋长的得力助手，他曾获维多利亚十字勋章。维亚尔是这次使命的中间人，他是英国的战俘，刚被释放出来。这位刚到的来访者，却没有明确的访问目的。卡斯特拉多在干什么是巴罗格利奥最想知道的，也许是因为他怕卡斯特拉多放弃了过多的利益。“因为以前放出去的鸽子没有回来，所以又一只鸽子被放了出去。”他们是这样跟卡尔东 · 德 · 维亚尔说的。巴罗格利奥命令扎努斯，不管用什么办法，都要到达伦敦，要求盟军在罗马北面登陆，这件事要尽快执行。

扎努斯将会被送到艾森豪威尔将军的总部，因为我们已经开始和卡斯特拉多谈判了。在他动身出发之前，他做了一件侠义的事情。这位意大利将军没有完成他的使命，他想回罗马，报告这件事情。这件事情经过商议，结果是他的英国伙伴决定陪他回去，没有任何的不情愿。“我的身份是一个战俘。我被释放的原因，是要与你去伦敦完成一项任务。你要回意大利去，是因为这项任务没有完成，所以我也要重新回到那里，和我的战友们在一起。”卡尔东 · 德 · 维亚尔是这样讲的，只不过是用他自己的话把它表达出来。扎努斯答道，这个计划他不会赞成。他知道，为了让维亚尔回到英国的一切事情都已经准备妥当。依照建议他应该去与艾森豪威尔将军见面。卡尔东 · 德 · 维亚尔已经获得了自由，他自己也是这样认为的。这个插曲，值得英意两个民族永远铭记。

这位意大利特使，刚刚到达，就被送往阿尔及尔。在那里，关于德军在意大利境内的动向，他提供了很多的情报。

遵照事先的安排，8 月 31 日，扎努斯将军陪同比德尔·史密斯将军，在西西里岛与卡斯特拉多见面。卡斯特拉多声明，只要意大利政府能够拥有自由行动的权利，那么他们会像盟国说的那样，接受和宣告停战条件。然而，德国统治着他们。在里斯本谈判以后，更多的德国军队驶进了意大利境内，目前，全国上下，差不多都驻扎着德军。因此，盟军在意大利大规模登陆以前就宣布停战的这件事，是不可能按照盟国要求的时间办到了。而卡斯特拉多对登陆的具体情况，也想知道。为了保障意大利国王和政府（在罗马）的安全，意大利希望登陆的力量要十分强大，而且要保持住这个实力。

很明显，我们选择在罗马北面登陆，是意大利政府特别希望看见的，因为这样做可以使他们不遭到罗马附近德军的袭击，对他们起到保护的作用。卡斯特拉多在谈话中说到，要想进行这样的一次战斗，盟军必须要有 15 个师参与进来。比德尔 · 史密斯的态度很明确，如果盟军的主力部队在登陆以后才宣告停止战争，那么他不打算继续谈下去。而且，凡是关于在即将展开的战争中的作战能力的信息，盟军都拒绝提供。卡斯特拉多想重新请示他的政府，他希望这个要求可以被允许。我们告知他，期限已经满了，这是最后的条件，但是从目前的形势来看，我们也非常乐意等到9月1日至2日之间的晚上12点，到时就会宣布接受或者拒绝的声明。于是当天晚上，卡斯特拉多就回到了罗马。

盟军最高统帅部意识到，意大利政府的勇气正在快速削减。而且，意大利要是还没有确定英美在进攻自己本土的时候，能占绝对性的优势，那么它肯定不敢在停战条件上签字。所以，艾森豪威尔将军对卡斯特拉多将军建议说，他会调遣一支空降部队，降落于罗马周围。这样的话就必须先取得巴罗格利奥政府的承诺——要像盟国所期望的那样在停战条件上签字，并发表出来。意大利不仅要占领主要的飞机场，还要坚守住这些飞机场，并且停止发射所有的高射炮火。驻扎在罗马地区的以师为单位的意大利军队，都必须与德军进行战斗。

这个时候，我和罗斯福总统都待在白宫里，我们致电给艾森豪威尔将军，内容如下："继续执行'雪崩'作战计划，并且根据当时的局面，在罗马周边空降一个师，这些做法我们都同意。在这个重要的时刻，我们已经完全意识到，军事方面的考虑要放在首要位置。"在同一天，战时内阁在伦敦举行了会议，核实了这个建议。

*　*　*

意大利的形势发展，我们向斯大林做了汇报

首相和罗斯福总统致斯大林总理　　　　1943年9月2日

1. 卡斯特拉多将军的声明，我们已经收到了。内容如下：停止战争的条件，意大利已经接纳了。过不了多久，他就会来签署协议。但是，我们不确定他要签署哪个条件，是你已经看到的那种短时间的军事协议，还是你指明要签署的那种更全面、更完整的协议。

2. 这一地区的军事情势看似紧迫，却也是满含希望的。我们马上要对意大利境内发起进攻，大约在下周的时候，还要开始执行一个叫作“雪崩”的作战计划，这个计划会给意大利带来严重的打击。因为意大利政府和人民很难依靠自身的力量摆脱希特勒的掌控，所以要进行一次很有必要而且比较大胆、比较冒险的行动，在这次行动中，意大利人民要提供更多的帮助给艾森豪威尔将军。意大利为什么接受条件，因为存在这样的事实：我们派遣了一个空军部队，降落于罗马，目的是让他们阻止和扰乱德军，然而在罗马郊区驻扎了德国的装甲兵力，他们可能要成立一个政府来替代巴罗格利奥政府，这个政府或许是由法利纳西领导下的吉斯林执政。因为那里的局势多有变化，我们认为艾森豪威尔将军在做事情的时候要慎重一些，不要因为短期条件或长期条件之间的差异而影响了自己的决断，把时间拖长。显而易见，在无条件投降的基础上产生了短期条件和长期条件，所以长期条件是包含短期条件的，而且盟军总司令的手中一直掌控着它们的解释权。

3. 故此，我们猜得出，你想在必要之时有人代替你签订那些为期短暂的和约，而你看重的人正是艾森豪威尔将军。这样一来，就可以使卡斯特拉多将军不必再回一趟罗马了，另外，也可以借此防范将军离开后可能出现的一系列军事问题，不用担心延迟行动，或是出现什么动荡之局。因而，你这么做，确实是有必要的。当然，我们有一个强烈的愿望，就是意大利要像向英国和美国无条件投降那样，向苏联无条件投降。什么时候进行军事袭击，就是什么时候宣布意大利无条件投降。

*　*　*

回到西西里岛以后，卡斯特拉多将军的政府正式授予他签署关于投降的军事条件的权利。签字仪式在9月3日举行，地点是一个橄榄树林里，这片树林临近锡拉库萨。在亚历山大的电报中，我获得了这样一个消息。

亚历山大将军致首相　　　　　　　　　　　　1943年9月3日

经过正式授权，艾森豪威尔将军和卡斯特拉多将军于今天下午，分别代表他们的上级比德尔·史密斯将军和巴罗格利奥元帅签订那些为期短暂的和约。同时今天也是战争爆发的四周年纪念日。

因为今晚我们要开始进行有关军事方面的谈话，所以卡斯特拉多被留下来，还是待在离我总部的不远处，这样方便我们共同商讨意大利部队如何为此次战役供以最有利的军事援助。

在9月3日天还没有亮的时候，意大利境内出现了英国第八集团军的身影，他们是越过墨西拿海峡来到这里的。

首相致斯大林总理　　　　　　　　　　　　1943年9月5日

经历了长久的战役，卡斯特拉多将军在9月3日签订那些为期短暂的和约，如今他正在与艾森豪威尔将军和亚历山大将军制定一些比较周详的计策，一些怎样实行这些条件的计策。导致德国和意大利发生一些直接冲突是必然的，但是只要我们驻扎的地方有意大利军队，我们都会尽最大的努力给予他们帮助，这样的帮助一定是最有效的和最迅捷的。下个礼拜，将会有惊人的进展发生。我们已经成功地向意大利的趾形地区发起进攻，并保持着持续向前进军的趋势。最重要的事是在这个战场上尽可能把德国人消灭，并且也使意大利消灭德国人。

直到这件事有了结果，我才会从大西洋这边离开，否则我会一直在这里。另一方面，我恭喜你们在主要战线上获得了一些新的胜利和突破。

目前，把意大利的投降条件和我们的军事战略联系在一起是我最需要做的。9月7日，去罗马的任务将派遣第八十二空降师的美国泰勒将军去执行。因为他要与意大利的总参谋部协商怎样在9日晚上占领首都附近的机场，这个也是他的秘密使命。但自从盟国答应了卡斯特拉多的要求，局势就发生了很大的变化。在近处，德国有强而有力的部队，然而他们好像已经将机场占领了。意大利的军队不仅没有弹药，而且斗志低迷。各式各样不同的意见一直在巴罗格利奥耳边喋喋不休地讲着，泰勒要求与他见一面，一切都处在不确定之中。意大利的掌权人最担心的，是签订投降条件的事情一宣布，会引发德国的不满，德国将占领罗马，并且直接解散巴罗格利奥政府。巴罗格利奥于9月8日凌晨两点接见了泰勒将军。由于飞机场已经被攻占，所以巴罗格利奥请求暂停或者延后对停战协议的传播。其实他已经向阿尔及利亚发了电报，告知罗马的安全现在已经无法保证了。所以，撤销了空降。

艾森豪威尔将军向英美联合参谋长发了电报，因为他必须在24小时内迅速地判断出是否对萨勒诺发起进攻。

1943年9月8日

刚刚我才和主要司令官召开了一次会议。由于意大利改变了他们的态度，我们决定不接受。我们打算先宣布停战条件，然后再进行一些广播或者是一些其他的方法。我们有可以直接联系的人，通过他我们告诉巴罗格利奥这样的一个信息：这个停战协议，是你委派代表和我们签订的，而且双方都有诚意能够履行它，所以它被认为是有效和有束缚力的协议。我们无法认同任何背离这个协议的行为。

经过我和罗斯福总统的商议，我们做了这样的回复：

1943年9月8日

总统和首相的观点是，既然在协议上签了字，而且这个有利于你的军事行动，你应该把它公布出来。

所以，在当天下午的六点，艾森豪威尔将军用广播宣布了停战通告，并且把停战宣言也播出来了。巴罗格利奥元帅在一小时后也在罗马公布了停战宣言。就这样圆满地结束了意大利的投降。

* * *

德军在9月8日到9日之间的晚上，开始围攻罗马。陆军部的大楼开始严格戒备，因为巴罗格利奥和王室搬进去了。讨论会是在越来越紧张和惊慌的氛围中举行的。一个五辆汽车组成的车队，在半夜三更的时候，开过了罗马的东面城门，朝着亚得里亚海海岸的佩斯卡拉港方向开去。意大利的王室、巴罗格利奥和他的内阁成员以及高级官员，都在这个车队里。9月10日的早上，他们在两艘驱潜快艇的帮助下到达了布林的西。他们迅速地在盟军占领的区域建立了一个机构，一个用来反对法西斯政府的重要机构。

卡威格里亚元帅在这些逃亡者离开之后，也来到罗马。他曾经参加过第一次世界大战，他是维多里奥·威尼托战役获胜者，现在，他是一名退伍的军人。他自己担负起与正在步步紧逼的德军打交道的职责。在城门前已经开展了一些零星的战斗。在郊外的德军，已经和意大利陆军的某些正规部队和罗马公民组织的游击队交战了。

9月11日，因为签订了军事停战协议，所以对敌人展开的行动也终结了，纳粹师团可以随意出入这座城市。

* * *

为了不打乱盟军在意大利踵形地区和罗马附近登陆的时间，要迫使巴罗格利奥元帅投降，而要他投降，就要对他施加压力。虽然重要的计划已经随着正式签订了停战条件完成了，但是还有其他果实需要采撷，而且是在这让人畏惧的收获中采摘。意大利在去往盟国港口的过程中必须保证自身的安全。大多数在东南欧驻扎的意大利师团的装备，对继续和纳粹德国作战的盟军来说都是宝贝。意大利在地中海东部的基地非常重要，绝对不能让敌人占领这些岛屿，这是最为重要的事情。

我已经感受到这种危险的特殊性。

首相致在中东的威尔逊先生　　1943 年 9 月 13 日

这对总的战局是一个很好的贡献——此时此刻，你在意大利的援助下占领罗得岛。对于这些要进行的军事行动，麻烦你告诉我。在中东的部队中你是不是还能调出一些临时的必要的军队？一共要配给你多少兵力？

现在应该想到科莱弗、彼得贝勒以及卢克的部队占领直布罗陀了。

我之所以引用英美联合参谋委员会的总结来讲述这些，是因为不让有的人以为是我把这种情绪夸大了，而这个总结是我们在华盛顿通过决议的时候写的。

地中海中部

中东总司令部队在罗得岛和多德卡尼斯群岛的其他岛屿做的一些动作，已经引起了英美联合参谋委员会的注意。这个行动，他们表示同意，而且他们正在还有什么其他行动可以采纳，一些能够促进进一步发展的行动。

不久之后，我还会重新说到这些事情。

* * *

意大利舰队的主力部分也是在这个时候离开了热那亚和斯佩西亚，他们于 9 月 8 日按照盟国的安排驶向马耳他岛，那个时候天已经黑了。一段英勇的航行就要开始了，因为他们要去那里投降。盟国的飞机不会是它们的保护盾，意大利的空军也不可能是它们的防卫队。它们在第二天早上就遭遇到德国飞机的攻击，这些飞机是从法国基地起飞的，当时它们正沿着撒丁岛的西海岸向南航行着。自从旗舰“罗马”号被击中后，所有的东西都被炸毁，还伴随着严重的伤亡，而舰队总司令伯盖米尼海军上将也是在这个时候死掉的。同时被损毁的船只还有战列舰“意大利”号。舰队只留下几条小舰艇后，就继续它艰难困苦的航行，这些小舰艇是用来打捞拯救那些掉进海里还没有死掉的遇难者的。舰队于 10 日的早上，在海上与英国的海军舰队汇合了，而且英国的海军舰队还护送他们到马耳他岛。在以前不同情况的时候，英国有两艘军舰经常搜寻意大利舰队，它们分别叫“沃斯特派”号和“英勇”号。塔兰托舰队的一个分支中的两艘战列舰，于九月出发，在第二天就到达了马耳他岛，而且还是平安到达的，它们在途中遇上英国舰队，这些英国舰队将要去攻占塔兰托港。

海军部在 11 日早上收到了坎宁安海军上将的报告，上面写道：“因为受到马耳他要塞大炮的保护，意大利的作战舰现在已经停靠在海港里面了。

* * *

意大利海军受到很好的接待，这是我最希望看到的。9 月 10 日，我给坎宁安海军上将发了电报，上面写道：“如果意大利的舰队在到达我们港口之前，认真地执行了停战条件，而且还受到了德国轰炸机具有报复性的攻击，那么他们到达后就应该得到亲切和宽厚的待遇，为了能够做到这些，我希望你和艾森豪威尔将军商量一下。我相信，这样的感情与你相符。”时间可能有些晚了，不过也是在这天，我又给他发了一份电报，告诉他：“如果条件允许的话，可以拍一个电影，把这些有关意大利投降的影像、英国人很友善地对待他们的影像和治疗伤员时那种体贴的影像都收录进去。”

意大利的舰队曾经也自认为是一等一的，而且还认为自己是胜利强国的舰队，如今，全部归于我们的麾下，是我们光辉灿烂的战利品。

首相致在阿尔及尔的坎宁安海军上将　　　　1943 年 9 月 12 日

你要赶快进行一次调查，最好是从主要的部队着手调查，统计好意大利舰队的各种性能的大炮和鱼雷所需要的弹药数，并且报上来。不止要做这些，还要统计出还有多少在现有的舰船上，有多少是在塔兰托那里获取的等等，并且还要估计出要制作多少个以及他们明确的大小和尺寸。你不用等到所有的数据都查清楚才上报给海军部，只要你掌握了最重要和现代化的部队需要的弹药数，就可以上报。然后，就可通过最正规的方式给美国传过去。我估计我可以想办法在这里进行快速制造弹药的部署。

一种风雨飘摇的政治局势出现在意大利境内，这都归功于法西斯政权的瓦解。现在，由于缺乏领袖，罗马的一个地下解放委员会接手了反抗德国人的组织工作。而他们又与游击队有了往来，这些游击队是在近期内兴盛起来的，并且他们的行动每天都会增加。20 年代被墨索里尼剥夺了政权的人和对法西斯政权充满了仇恨的集团代表组成了解放委员会。在这失败的时刻，法西斯主义中少数核心力量想要重新开始。全部的事物都笼罩在这股危险中。然而，德国人却在尽自己最大的努力，来帮助这股力量成长。

* * *

自从 7 月 26 日开始，墨索里尼就被囚禁在篷查岛，之后他又被囚禁在拉玛达勒纳岛，这座岛屿距离撒丁岛不是很远。巴罗格利奥在八月底把他以前的首领转移到意大利中部埃布鲁奇高山上的一个小型休养场，因为他害怕德国人突然发起攻击。看守墨索里尼的便衣警察和士兵并没有得到巴罗格利奥任何具有确定性的命令，因为他那时是带着恐慌逃出罗马的。9 月 12 日星期天的早上，90 名德国伞兵被滑翔机带到墨索里尼被囚禁的地方，他们降落在墨索里尼居住的旅馆周围。就这样，一架德国轻型飞机带走了墨索里尼，没有任何伤亡事件发生。墨索里尼被送到慕尼黑，与希特勒召开另一次会议。

德国把墨索里尼救出来之后，便可以在北部建立一个政府，与巴罗格利奥政府相抗衡。就这样，在加尔达湖滨建立了一个虚假的法西斯政权，而墨索里尼就在这里表演了一出“百日丑剧”。罗马北面的地区被德国军队攻占，正遭受着德国军队的践踏。在罗马建立的无实际意义的政府里没有一个人是竭力尽心的，而此时此刻，德国军队可以自由出入那里。在盟国委员会的监控下，意大利国王和巴罗格利奥在布林的西建立了一个残缺不全的政府，他们拥有的权利是有限度的，不能超过市行政大楼这片区域。盟国的军政府把统治解放区的任务接管了，我们的军队正在半岛的趾形地区出发，向前进攻。意大利将会成为一个战场，最激烈的战斗都会在意大利上演，而且这将是意大利在它历史上最悲惨的时期。

第七章　向意大利发起攻击。再一次来到白宫

在雪湖钓鱼——在魁北克，我发表广播演说——加拿大分担了更多战时任务——第二战场和第三战场——非洲和意大利的战役——“全能的三栖作战专家”蒙巴顿——和罗斯福总统相聚在华盛顿——接受哈佛大学学位——非常重要的联合参谋长委员会——史末资将军批判了战争计划和进展——另一方案被他提了出来——我的回答——他建议延迟执行“霸王”作战计划——我把这种意见反驳回去——向意大利的趾形地区发起攻击——因为病痛，庞德海军上将辞职了——我们于9月9日在白宫召开了会议——我给罗斯福总统的备忘录——我们双方在原则上达成了广泛的共识——在白宫的另一次全体会议是我主持的——英美历史上的一件大事

魁北克会议在8月24日结束了，而我们那些负有盛名的同僚也分散到了各个地方。他们朝着四面八方飞去，像极了炮弹的碎片。经过了这些探讨和争论，大家都想得到几天休息的时间。在召开会议的时候，自治领政府派来一个任由我差遣的人，他就是我在加拿大的朋友——克拉克上校。他有一个围绕在群山之间的牧场，这个牧场还有繁茂的松树林，距离魁北克差不多有75公里的路程。所有引领我们人生前进的报纸的纸浆，都是由这片松林提供的。在这里有用水闸拦截而成的

雪湖，它的水势很大，面积很广。传说这里面有很多鳟鱼，而且个头都很大。在会议期间，除了制定其他计划外，还制定了一个计划，那就是看两位热心的钓鱼专家在这里是否可以显露出他们的本事，而这两位钓鱼专家不是别人，正是布鲁克和波特尔。我答应过他们，我会参加。如果条件真的允许的话，我想我会晚一些过去。因为在8月31日我要发表一篇广播演说，这已经是板上钉钉的事了，不能更改。至于这篇演说，它就像盘旋在天空的老鹰那样，一直在我脑袋上盘旋着。那几天，我一直待在城堡里，每天我都会散步，而且一散就是一小时。我看着圣劳伦斯河这雄壮美丽的景色，沉陷在思考当中，我在想象着和沃尔夫以及魁北克有关联的故事，林林总总。只要是在这个城市的人民，他们都会由衷地欢迎我乘车环游并且视察全城，而且这件事我也曾应允过。我会把他们在魁北克会议上，以及所有战争中不明白的地方，都告诉他们，而且还是在加拿大内阁举行的会议上，因为我要去参加这次会议。我对自己能宣誓担任自治领内阁的枢密顾问官感到非常的荣幸。他们之所以这么敬重我，多亏了这两个人的建议，一个是我的老朋友，我和他交往40年了，一个是我最信任的同事麦肯齐·金先生。

我在这次广播中，只想着哪些话是该说的，哪些话是不该说的，根本没有时间思考其他事情。

所以，我常常转而惦念起雪湖来，为已经抵达那里的人送去一些使他们为之欣喜的消息。

钓鱼的时间是在白天，准备演讲稿的时间是在晚上，我想我可以把这两件事放在一起做。我之所以和我的妻子坐车走了，是因为我接受了克拉克上校的建议，而且还是非常诚恳的接受。我向庞德上将提议，要他和我们一起去雪湖，因为我看到他并没有和他的两位参谋长一起出现。很多工作需要他在开完会后处理，这是他的参谋官说的。但是，当他说他不能去钓鱼的时候，我感觉事情有些变化，而且还是朝着不好的方面去发展。因为他曾经在涉及海军内容比较多的讨论会上，表现出来的态度一点都不积极，当时，我对此还很诧异。我们的关系一直是最好的，这可以在战争初期我们刚开始共事的时候看得出来。我不仅晓得他的才干和胆识，而且我还晓得，他在国内每天都是凌晨四五点起床，只要有时间，他就会花上几个小时去钓鱼，在去海军部上班之前。可是，我在出发之前一直都没有看见他。他好像一直都在住所里待着，没有出来过。

我们的车沿着河谷行驶了一整天，其间我们还在休养所里睡了一会儿，最后我和我的妻子终于到了目的地，我们在湖滨处的小木屋内落脚，这个小木屋很宽敞。这真是一次愉快的旅行。布鲁克和波特尔每天都会钓到 100 条鱼，如果按这样的数量发展下去的话，雪湖的水位一定会下降。所以，他们俩决定在第二天就回去，这是一个不错的主意。我的妻子和我坐着不同的船去钓鱼，每回钓鱼都要在那儿待上几个小时。虽然我和我的妻子都不是什么钓鱼的好手，但我们的确能够钓上鱼，数量也不少，而且都很新鲜，都很好。我的渔竿有时会被人装上有三个分叉的钓钩。有一次，我还钓上一条三尾鱼。我想知道，这是不是有些不择手段呢？新鲜的鳟鱼每回都会出现在我们的丰盛美味的菜肴中。罗斯福也想来，但是分身乏术，他还有其他事情要做，就没有参加。玛丽，我的侍从官，她接受了美国的邀请，要在美国妇女陆军队员的一次重要集会上发言。于是，她将乘坐飞机去奥格尔索普。我收到罗斯福总统给我的电报，是这样写的：

罗斯福总统致沃顿上校　　　　　　　　1943 年 8 月 27 日

9 月 1 日是星期三，这天不管从哪方面讲都很适合 [指前往华盛顿]。如果侍从官 [玛丽] 要来奥格尔索普，希望她能提前一两天来，那样的话，她待在华盛顿的时间会长一些。我心想着，你的妻子是不是已经得到了真正的休息，你是不是也得到了休息，还有你是不是已经去了一条鱼的湖[1]。你一定要钓条大鱼，让麦肯齐·金给你称一下，用来佐证。

我钓到了一条鱼，那是我钓到的最大的了。我把这条鱼给身处在海德公园的罗斯福总统送了过去。广播稿也有所进展，就是在写初稿的时候太让人费神了，这比辩论会或者是钓鱼还让人感到劳累。

* * *

29 日的晚上，我回到魁北克，再一次参加了加拿大内阁会议。31 日之后，我将去往华盛顿。这也是我对加拿大和盟国发表演讲的时间，我算着在 31 日，发表我的广播演说。

我把其中的几段话摘录下来了，是这样写的：

在许多国家和民族的大家族中有很多我们的成员，还有其他所有的人，还有加拿大都深受感动，因为在这个关键时刻，加拿大对英联邦和英国政府的共同努力做出了很大的贡献。

在那段最黑暗的时期里，加拿大的陆军越来越强大。在敌人将要侵略英国时,加拿大为了保卫英国,做出了很大的贡献。如今，它投身在更加宽广而且还在不断扩大的战场上。在战斗中，它的表现异常的好。帝国的空军已经赫赫有功了，它的训练机构就设在加拿大。它广阔的飞机场迎接着非常优秀的青年，这些青年分别来自大不列颠、澳大利亚和新西兰。他们已经和加拿大自己的子弟兵成为了战友，这些如英雄般的子弟兵将与他们一同战斗。

---

① 在召开魁北克会议的时候，有一天下午，罗斯福总统约我到他说的那个湖里去钓鱼。我们享受了一次很开心的午餐，不过只有我钓到一条小鱼，他什么也没钓到。从那以后，他就给那个湖起了一个名字，叫“一条鱼的湖”。——原注

经过这次战争，加拿大已经是在航海领域上占有重要位置的国家。它建造的军舰和商船有数十艘——其中有些船是在别的地方建造出来的，而建造它的地方离海有数千英里的距离，而且还在这些船上配备了加拿大海员，他们既英勇又耐劳。最后，它将这些船都派遣出去，用来保护大西洋的商船队和我们最为重要的生命线，他们需要横跨海洋。在我们的战时经济中，加拿大的军火工业已经发挥了最重要的作用。最后说明一点，就是加拿大不再对大不列颠供应军火。虽然相比前面的来说，不太重要，但是加拿大消除了这个负担，否则的话，这些军火给加拿大带来的债务，将超过 20 亿美元。

所有法律都无法给这一切制定规则，当然，也不是任何的条约和任何正式的义务都能约束这一切。它来源自感情和传统，甚至是一颗心，一颗将要为人类的未来献身的决心，而这颗心不仅要高尚，而且还要不拘泥。我很高兴能在加拿大境内，而且还能够代表着大不列颠人民，向自治领表达出我的感激之情，你们真的很伟大。我背负着很多重担，但我真心实意地希望有些重担能带我去更遥远的地方，例如澳大利亚、新西兰、南非，那样我会面对面地对这些国家的人民说，我们看到你们为我们做的一切，或者说看到你们下定决心要为我们做些事情时，我们是一种什么样的心情。

两年已经过去了，在这两年中我们听说要在法国的北部开辟一个第二战场，用它来跟德国抗衡，而这些都是我们在人们的讨论声中听到的。所有人都清楚这正是我们希望的那样——开展规模巨大的作战行动。因为俄国人在他们的前线上主要是受着德军的打压，所以我们很自然地就开始实施这个计划。俄国人对此不仅没有心存感激，而且还不加遮掩地对我们抱怨，甚至是责怪我们，当初为什么不这样做。我对他们说话的内容，并不介意。他们的仗打得很好，甚至使德国的军事力量受到了很大的损伤，所以，他们对我们不管是在战略上的指责，还是时至今日在战争中起到的作用上的指责，我们都能够接受。而且我们对他们在作战中的英勇行为和成就所流露出来的钦佩之情，不会因为这些指责而减少。布特勒把兵力集中起来击毁了一条不错的战线，那是一条我们在法国的战线。重新建立一条战线不是件容易的事，相比之下，击毁一条战线就容易得多。我猜想着有那么一天，数量众多的英美解放军越过海峡，同侵入法国的德军进行一场近身格斗……就我个人而言，我会常常对第二战场和第三战场进行思考。我一直认为，西方民族国家应该像拳击手那样出拳，用双手去打击对手，而不是只出一只手与敌人抗战。

英王陛下任命我为最主要的执行者，然而我和罗斯福将要在进攻北非的计划中采取一种大迂回战术，我认为这个战术一定会被后世认为是一个良策，因为这是根据当时的情况采取的，这个战术产生了显著的效果，收获颇丰。非洲已经清扫完毕，所有在非洲的德国和意大利军队都被消灭掉了，我们缴获的俘虏最少有50万人。在一次战役中我们攻占了西西里岛，轴心国的军队在那里驻守着，有40万人，而这场战役一直打了38天，战果辉煌。墨索里尼垮台了。意大利已经没有了战争的动力，因为这个国家遭逢不幸，任由那个虚伪的罪恶的引导者带领着它走向错误的道路，如今，只能自食其果。结交损友是件容易的事，但是想要离开他们却是非常困难的事。为了打压意大利人民，德国近期内调动了大量的军队，这些军队原本是在法国作战的，如今来到了意大利，他们希望把意大利变成一个战场，这样就可以把战争的时间尽可能地拖长，也能让战争远离德国。德国把俄国前线的大部分空军调了回来，然而不管是在白天还是晚上，他们都会受到英、美、加空军的袭击，并且越战越激烈，而他们的力量也正在一点点的被削弱。然而重中之重的是，我们不仅在地中海上掌握了战略上的主动权，而且还在大西洋上也拥有了这些。我们不只仅限于主动权，我们还有潜在的力量。敌人根本不知道这些力量的分量是轻是重，也无法预测到什么时候是使用这些力量的时候。

斯大林元帅一点也没有把时间浪费掉，至于怎么知道的这件事，那是依据最新消息断定出来的，而这个消息是从俄国战场传来的。对于他这次战功显赫的夏季战役，还有他在奥廖尔、哈尔科夫和塔甘罗格这三个地方取得了胜利，整个英帝国对他肃然起敬。正是因为这些战争，俄国才把它失去的土地收了回来，而且还把那些侵略者全部歼灭，大约有 10 万人。

对于蒙巴顿的任命，是我重点强调的。

路易斯·蒙巴顿勋爵被选定为东南亚战场的最高统帅，英、美、中三国就他的名字而产生舆论，都是具有赞赏的性质。他与蒋介石保持着联系，甚至联系得很频繁，因为只有在这种情况下，他才能发动行动。他才四十三，就已经坐到这样高的位置。这么年轻的一个人在当代这样的条件，在常规的军事专业中，坐上这个位置是不多见的。但是一个立下志向要为军事艺术献出全部生命的人，如果他到了 43 岁还对战争不够了解，那么在他以后的人生道路中，进步的空间就很小了。路易斯勋爵是联合作战部队司令官，在他任职期间，他的组织能力和智谋都是少有的。不管那些迂腐学究们会怎么说，我都称他为一个“全才的三栖作战军事家”，而且还是明目张胆的叫出来。换句话说，对于土地、空气和水他都有研究，甚至是精通此道，并且对火也是略知一二。我们大家希望这个新司令官以及统帅在他们崭新的、各式各样、甚至是异常艰难的行动中摘取到胜利的果实，而且还是最大的那颗。我们在此由衷地祝愿他。

*　*　*

9月1日，我离开魁北克，坐火车来到白宫。在魁北克召开会议的时候，意大利的形势已经开始向好的方面发展。正如在前面已经讲过的，在这个危急时刻，罗斯福总统和我是与巴罗格利奥政府召开的停战谈判的指导员，并且这次谈判很隐秘。不仅如此，我们也急于知道在意大利境内登陆的军事安排，并且不停地关注它。我故意拖延时间，那样的话我就可以在美国多待些时刻，那么在这个有关意大利事件的危急关头，就会和我们的美国伙伴们有相当多的联系。那天，也就是我来到华盛顿的那天，我得到一个消息：盟国提出的投降条件，巴罗格利奥已经同意签订。这是我第一次得到这么确定、这么正经的一个消息。我们考虑到意大利即将可能出现溃败的形势，所以在“四分仪”这种辩论性质的会议上做了一些战略部署。而我们近日来最为在乎的事情就是这个局势的变化。

我在华盛顿的那段时间，参加过几次美国内阁会议，还有一些与它相类似的会议，而且还与美国的领袖人物有着很多的联系。霍普金斯在这个时候就比较可怜些，因为他身患重病，一定要在海军医院进行一次彻彻底底的休养。罗斯福总统不仅希望我可以在这里长时间逗留下去，还希望我接受哈佛大学的名誉学位，因为这是一个很好的时间，可以向全世界公开宣布英美是如何地团结，如何地步调一致，如何地和睦相处。9月 6日，我发表了演讲，部分内容摘要如下：

我看见美国的青年就像看见英国青年一样，如今我要对美国的青年这样讲：“你们不能停下前进的脚步。”在这个时期，连落脚的地方都没有。目前，我们只能向前走，因为在这个征途中没有一个地方能让我们驻足。在前方出现的世界不是混乱不堪的，就是井然有序的。只要你们把所有这些带有我们的时代特征的严格考验和战斗都通过了，你们就会知道你们最理想的战友就是英联邦和英帝国，而你们和他们要在一起合作，不仅仅因为这是国家的策略和彼此的需要，而且这里面还有些裙带关系。从大致范围上来讲，它们与血缘和历史都有关。我是新旧两个世界的后裔[①]，对于这些关系我是可以认识到的。

不管是法律，还是语言，还是文学，这些都是最重要的根源。有一个共同观点是大西洋两岸的英语民族同时具有的，那就是评价是非的观点。我们和你们都一样，非常看重是否公平，尤其是在弱者与贫者之间是否存在公平更为看重。而且我们跟你们一样，同样坚守着这些观点，不曾动摇。例如：对待铁面无私、公平公正的司法制度时，我们保持着一种严肃感，尤其是面对个人自由的问题上，我们一直是以热爱的心态去看待它，或者就像吉卜林说的那样，“要想生活在自由自在的世界里，就要有法律的维护，而不是依靠所有的人的认同。”

从本质上来讲，我们从来不想向有这些观点的民族发动战争。暴政与我们是敌对关系。不管它伪装成什么样子，穿戴什么样的饰品，我们都时刻对它保持警戒。不管它的言辞是什么，也不管它是对外还是对内，我们都时刻对它保持警戒。我们之所以这样戒备，时常动员着，一刻也不敢放松地警惕着，就是为了能够随时随地把它消灭掉。敌人在战场上或者空中炮火袭击着我们，我们一起战斗，一起前进。不仅在这个时刻我们携手并进，在所有的方面都是这样的。而且我们还要付出更多的努力，做个捍卫者，去捍卫我们人类的权利和尊严。

随后，我提到我们联合参谋长委员会，并且谈论了一会儿。

---

① 丘吉尔的母亲是美国人，父亲是英国人，而美国是新建立起来的国家，没有英国的历史久远，所以他才会这样说。——译注

如今，我们的英美联合参谋长委员会正在行动，这次行动是切实有力的，而且还具有连续性。罗斯福总统和我是这个委员会的领导人，同时我又是英国战时内阁代表，他们做的什么动作都直接听命于我们。它有一个精密的组织，是由各级参谋组成的，用来支配我们所有的人力与物力。实际上，它在使用英美两国的军队、船舰、飞机和军需品，就好像这些是一个国家或者是一个民族的资源一样。我不敢打包票地说，没有任何的异议存在于这些高级的专业负责人员之间。我们之所以要每两三个月就召开一次主要负责人的全体会议，是因为这些高级的专业负责人员之间存在着分歧。如果他们之间没有这些分歧，是不符合常理的。在这里的一切人员都要了解彼此，信任彼此。他们彼此之间存在着好感，再加上他们大多数人都一起工作了很长时间。所以，他们举行会议的时候，就能够运用非常公正的态度和简单明了的语言，把需要讨论的问题讨论清楚。随后的几天内，我和罗斯福总统就会得到一个建议，一个既中意又统一的建议。

这种体制是极好的。与这样相似的组织不仅在上次大战中没有出现，就在两个盟国之间也从来没有过类似的组织。在地中海战场，艾森豪威尔将军的总部里，所有的事务都需要合并在一起，而这种体制在这里表现出来的形式就更为密切。亚历山大将军是这些士兵们的最高司令官或者副司令官。这些士兵是依据战时需求去作战的，他们从来不想他们是应该由英国人派去打仗呢，还是美国人或者说是加拿大人？

目前，以我的眼光来看，这种机构是一个非常强大的机构，而且可以能把事情顺利地进行下去。如果战争结束了，我们两国的政府就把这个机构丢弃掉，不再使用，或者是我们其中的任何一个这样做了，这将是一个极其愚蠢和极其没有远见的做法。所以，在战争过去的很多年里，我们应该让这个机构继续发挥它的作用，这不仅可以保障我们自身的安全，也可以使世界其他国家处在一个稳定的环境中。如果非要拆除这个机构，那就要等到我们有了某种世界组织能够代替它，这样才能保障我们不遭遇危险和侵略，并且还要我们知道这个组织是否具有这个能力。我们之所以这样做，是因为经历了两次世界大战，我们不得不建立这样的机构。

可惜的是，现在到处流传着不明智的建议。

*　*　*

依据以前的习惯，我把正式的会议总结，交到各自治领的总理手中。史末资陆军元帅对我们依据规格拟定的计划感到沮丧，同样让他沮丧的是我们拟定的时间表，因为它们并不是很紧凑。唯一让我感到安慰的就是看到了我们有共同的心愿，这个也是读者所知道的事情。目前处于最为紧张的时刻，我们用电报来解决战争的主要问题，并且还在电报上写了说明，不仅真切而且还很周详。正因为我身居高位，所以积累了很多知识，当我运用这些知识给一个人，而且还是一个我很了解的人讲解情况时，我感觉自己有种如释重负的感觉，一点也没有压力感。

史末资将军致首相　　　　1943 年 8 月 31 日

我对于战争发展状况，存在些许疑惑，不过我想在私底下问你这些事情。如果你有不一样的观点，那对我发的牢骚请不要介怀。如果你对我的想法持肯定的态度，那么我们应该积极一点，想想怎么把这个问题解决掉。

中东战役是从阿拉曼开始发起攻击，一直打到突尼斯。很明显，那时候的我们一直在用积极的态度去战斗。但是自从那次以后，我们战斗的动作就变得迟钝了，甚至有些缓慢了，而且还不紧凑。我们用了几个月的时间，才从突尼斯转移到西西里岛上。然而我们在攻打完西西里岛之后，作战行动面对这种紧张的局势时，就一个接一个地卡在那儿，奇怪得很。虽然我们的资源比较丰富，但是要把处于同一阶段英美和俄国所做出的努力做比较，那在人们的心里一定会有一些问题，说出一些不堪入耳的话语。我们拿在陆地上作战规模做了对比，发现我们的作战规模不仅微乎其微，而且在速度上也不尽如人意。我们时常就着生产方面的成就进行吹捧，尤其是对美国那巨大生产成就进行吹捧。战争进行了差不多两年的时间，按理说，美国的战争部队的规模应该很大，应该能够和德军相抗衡。但事实并非如此，依旧是俄国人在对抗德军。有这样的差异有可能是因为在海上做航海运输比较困难，但这是一部分原因，并不是作为全部的理由。我们在陆地上执行的作战行动，有很多不完美的地方，单是从规模上或者是速度上讲，就有缺陷，我为之感到惶恐。我们的空军战绩颇丰，我的海军也一直在他的最高基准上不上不下，而我们的陆军，却比不上俄国人，俄国人几乎把所有的荣誉都占有了。单从他们在一条宽广的战线上的作战规模和速度以及卓越的战略来看，他们应获此殊荣。我们的作战行动与俄国比较，是逊色了许多，但是可以改进的，这一点毋庸置疑。以常人的眼光来看，最后的胜利一定是属于俄国的。如果任由这样的印象继续下去，那么战争结束后，我们的地位相比俄国的地位，孰轻孰重呢？如果是俄国掌握世界的外交，那么一定是我们在世界的地位发生很大的变化。但是这个不是我们想要的，我们也不希望如此，特别是对英联邦来讲，会产生不同的反响。除非在战争结束后我们的地位是平等的，否则的话我们将会陷入危险境界，而且在这样的处境中我们的心情也不会很好。在魁北克会议上拟定了计划，至于是什么计划，我还不知道。但是，我想它是通过极好的宗旨拟定出来的。至于什么时候实施这个宗旨，我想如果我们的行动缓慢，那么危险就会跟随，而且后果很严重。

史末资将军致首相　　　　　　　　　　1943年9月3日

我们战争的进展受到了批判，甚至还发表了一份电文。这个电文发出以后，我必须很坦诚地告诉你，有关魁北克的这个策略方针，我真的很失望。因为我觉得，这已经是战争的第五个年头，而且在最近的这段时间，我们的战争命运已经发生了很大的改变，这样一个作战计划是不够的。这个计划只会让我对未来产生更多的疑惑和恐慌。它并没有对我们现有的真正实力作出一个公正的评价。如果情节严重的话，可能会影响到人民的斗志以及在未来怎样和俄国相处。我们为此要尽自己最大的能力。面对这样的形势，我们应该拿出自己最大的勇气。

事实上，这个计划只是提到攻占撒丁岛、科西嘉岛和意大利南部的时候，最好是继续增强现有的轰炸和反潜艇战，并且还要从那里开始一直袭击到北面地区。接着在意大利境内，我们跨越山岳地带，越过它的重重障碍，一直向北前进。然而这场战役将会耗费我们很长的时间，当我们抵达意大利北部和德国的主要防御阵地的时候，如果我们在法国那边的空中和陆上的局势在明年春天的时候，出于一种有利的状态，我们的大部队将会跨越海峡，也许还会做出一些具有牵制性的行为——从南面进攻法国。游击队负责攻击巴尔干半岛，而我们给他们配备了一些空军，以便于支援他们。

这些计划都是根据西方战场上的形势制定的。至于如何应对东方战场，我们准备实施一些跳岛战术。大约在明年结束的时候，这种战术可能会把我们指向加罗林群岛，而我们的作战计划就会是对这座岛发起进攻，因为它是敌人的主要根据地。荷属东印度的资源任由敌人摆布，我们则准备为打开缅甸的通路尽自己最大的力量。而在支援中国的时候尽量依靠空军的力量。与此同时，计划还根据缅甸形势，制定一些内容不够清晰的两栖作战行动。

在我看来，这个计划中最主要的部分就是进行轰炸，而其余的部分和我们在过去的两年内执行的行动，仍是做些小范围的动作。毫无疑问，在目前的这个时期，在战争中的我们绝对不会为这个计划做最主要的努力，而且在适当的时机它也没有被利用起来，从而使我们的作战地位发生改变。如果在1944年年末，我们还是零零散撒地攻击敌人的主要阵地，那么我们可能会遭到舆论的猛烈抨击。不过，这也在常理之中。我们做的动作与俄国做出的巨大努力和取得的伟大成就比起来，简直寒碜至极。因此，俄国可以对我们这样说，说这样的结论，它有理由怀疑我们。

我之所以很难提出不一样的计划，是因为内部参谋提供的情报很少，但是我坚信，我们做出的动作比魁北克计划还要多、还要好，而且这一点我们能够做到并且也应该做到。魁北克计划不合适执行，它会把战争延长下去，并且还会给我带来各种各样的危险或者是可能性，这一点我在电文中提到过。我同意执行轰炸计划、反潜艇战争以及横跨海峡发动大范围地攻击，但是我们在地中海进行战争，就应该先攻占撒丁岛和科西嘉岛，随即再向意大利发起进攻。而不是沿着半岛的南方，一直打到半岛北方。我们已经即刻攻占意大利南部，并且向亚得里亚海海岸前进，在那里找一个合适根据地，随后向巴尔干半岛发起真正的攻击，并且使巴尔干半岛的复兴力量逐渐强盛起来。土耳其在被逼无奈下就会加入战斗，这样我们的舰队就能进入黑海。我们的军队和俄国的军队将会在黑海碰面，这样不仅可以为它提供供给，而且还能使它从东面和东南面去攻打希特勒自身的堡垒。我之所以认为这不是一个雄心过大的行动计划，那是因为我是根据俄国前线的形势制定的计划。

几经思考之后，我是这样回答史末资的，内容如下：

首相致史末资陆军元帅　　　　　　1943年9月5日

我已经收到你发的电报了，有两封。

1．现在对意大利的趾形地区发起进攻，当然只是一个序幕，随后将会发动一次规模比这还宏大的进攻。如果进展顺利的话，它的结果将会产生深远的影响。我们希望在不久的将来，尽量往北前进，打造出一条纵横意大利的强大战线。然而打造这样一条战线，需要从地中海那里抽调军队过来，差不多要20个师。如果这条战线被敌人当作实行反攻的地方，那我们可能还需要些军队用来支援。

2. 我对进入巴尔干半岛[①]，早已经按捺不住了。在那里，一切都在顺利进行着。如果我们要下决定，应该先查看意大利的战争形势，然后确定除了派突击队和特工人员过去以及提供物资供应之外，还能有其他什么动作。但是火焰已经点燃，燃烧着整个巴尔干半岛，再加上驻扎在意大利境内的军队——24个师，他们都已经不听从指挥，他们已经停止战斗了，想方设法要回到自己的国家。在这样的形势下，德军很有可能被迫退到萨瓦河和多瑙河一线……

3. 现在我们能够使用的作战军队，都在地中海中部发挥着他们的作用，而且也很有效果。所以，我个人认为，现在还不是土耳其参加战斗的时候。如果要在今年向土耳其提出这个建议，那么在时间上最好晚一点。

4. 我们的资源运用到了极限，这都是在地中海方面的这些急切的需要以及各种各样的计划造成的。在十一月之后，我们一定要从地中海战场调离7个师，这样做是为了1944年春天“霸王”作战计划的建制。为了这个目标，所有能够集结的运输军队的船只，都要源源不断地给美国的部队和空军送过去，当然这些船只不包括在太平洋上行动的美国船只。在今年，我们所有的船只都在忙碌着，但是迄今为止，驻守在英国的美军仍然只有两个师。单从物质方面来看，依照上面说的日期集结更多的军队是不可能的事。

① 这句话好像跟我前面几卷中说到的总的政策不相符。但是我在这里说的“进入巴尔干半岛”，意思并不是把军队开进去。——原注

我们可以派遣出兵力基本上相当的英国师，去配合美国的远征军。但是在最初的突击战终结后，我们没有可以使用的兵力了，而美国的军队就是军队编制的支撑者，我们就要完全依仗它了。时到今日，我只好请求美国停止调遣、运输作战部队，尽量把数千名工程人员先运过来。因为他们将从大西洋那边调出，那么我们就必须修建军队集结时所需要的各种设施和营地，而修建这些东西需要这些人。

5. 我们用完了我们所有人力和运输力量，都为了执行在欧洲的这些计划，还有执行在空中攻击和海上战争。我们必须要正视这个事实——我们的状况不能跟俄国的状况作比较。我们还需要正视一个事实，俄国这个国家，有近两亿的人口。他们在很早以前就把所有的力量组成一支巨大的国家军队，当然，除了那些在战争中牺牲的人。不仅如此，它还把这些军队部署在地面战线上，这条战线有两千英里。

6. 毫无疑问，在战争结束后俄国将会成为世界上最大的陆上强国，这个是我个人的观点。如果真是这样的话，那么它就能摆脱掉日本和德国这两个军事强国对他制造的威胁。在我们这一生中经历的时间内，这两个军事强国曾经带给它非常严重的打击。但是，我对英联邦和美国的“兄弟联合”这件事情满怀希望，再加上海军和空军的力量参与进来，这样至少可以使我们在战后的重建时期能与俄国友好地相处下去，邻里和睦。更加往后的事情，我这个凡人就无法预测到了，因为我还没有仔细地看看自己，是否拥有什么预测未来的“千里神眼”。

7. 我们英国在东方战场上，并不缺少军队，但是要进行作战却有难处。这些状况跟美国在大西洋和太平洋上出现的状况，是一样的。所有在海外的和两栖作战做的动作都由紧急的航运情况支配着。除了这些以外，在缅甸还有丛林和山岳将会迎来雨季，时间长达半年以上。尽管如此，还是进行了一次激烈的战役。年轻的温盖特被我带来了魁北克，我准备给他升职，从准将提升为军团司令。与此同时，还要以最快的速度来组成一支丛林部队，一支强大的、适合这一目标的部队。这样的话，就可以在明年的1月份发起进攻。我正用尽全力来实现蒙巴顿的任命，因为他的任命预示着一种新颖的和范围宽广的两栖作战行动。至于细节问题，在我们相见的时候，我会告知与你。

8．我亲爱的朋友，请你相信我，我真的不介意你给我发来这两份带有批评性质的报告。如果我和你能够在一起待上个两三天的话，我相信你焦虑的问题，我一定能给你解决掉，当然除了那些本来就有的、不可撼动的、确实应该焦虑的问题。日复一日，夜复一夜，我每天都在为加快行动的速度和减少组织方面的拥堵和失灵的状况做着努力。在大西洋这一边，我正等待着即将对意大利发起的袭击和反响。但是我希望我在那个时候回国——召开议会时，而且也希望在那个时候你能来，最起码也是在前往英国的途中。

这个详细说明，史末资已经看到了。从某种意义上来讲，他的心宽慰了。他说："你的电报，给了我很大的安慰。它说得很清楚，派往意大利的远征军有20个师，他们可以分布在整个半岛，而且还能够建立另一条战线，一条真正的战线。"但是，一天过后，他又发来了电报，内容是这样的：

1943年9月9日

我提议，我们在地中海取得胜利后，不应该执行像我们现在这样计划——横渡海峡的计划，而是要进攻意大利和巴尔干半岛。如果执行了这个计划，那就意味着要转移到一个新的战场。在没有更多的空中攻击来打压敌人的力量，使他们的力量减弱的情况下，那么这种转移则需要很多的兵力，并且会带来危险，还是具有严重性的危险。应该把这个计划的准备工作放缓——海峡计划，或者是把它放在冷藏库里，先冻结一会儿。但是在另一方面把轰炸的力度加强，为最后的军事突击做好准备。

我必须要立即对这项最后的提议进行纠正，那样我们两人才能从各自的角度出发，继续融洽地处理问题。史末资一个人在外面，远离华盛顿，他无法了解支配我们共同思想的气氛和相互协调的情况。

首相致史末资陆军元帅　　　　　　　　　1943 年 9 月 11 日

对于我们和美国已经制定的“霸王”作战计划的安排，我们绝对不能在中途停止。我们现在有多余的运输能力，这也许就能够加大我们在“雪崩”作战计划［对意大利的远征］的兵力规模，这都多亏了潜艇战的以及缓解意大利的突变。英美合作大厦的最主要基石，是英国对于“霸王”作战计划的忠诚，我希望你能够清楚地知道这一点。目前我们还没有足够的力量使我们左右兼顾，而且我坚信这是正确的策略，这个是我个人的意见。

*　　*　　*

对意大利发起的进攻也已经在这个时候开始了。第八集团军中英国第五师以及加拿大第一师，在 9 月 3 日的早晨，跨越了墨西拿海峡。[①]事实上，我军没有遇上任何抵抗。我们快速地攻占了勒佐。部队沿着卡拉布里亚的山道向前挺进，这条山道非常狭小。在 9 月 6 日，亚历山大发来电报说，“现在，德军在打后卫战，它正在搞破坏，而且它的战斗已经赶不上他的破坏…… 今天早上，只听到一声警报在勒佐发出，连一架敌机也没有看到。与之相反，这个夏季是多么的令人喜

① 观看附图，在英文原版的第五卷第 217 页。——原注

爱啊，在这样的日子里，各式各样的海军舰艇运载着士兵、必要物资和武器弹药在西西里岛与大陆之间，来来回回地穿梭着。这样的情景出现在这种非常活跃的气氛中，对于这个情景，与其把它说成是在战争激烈时执行的作战行动，还不如把它说成是在和平年代的一次快艇比赛”。

第八集团军各师部队在几天的时间内，就开到了洛克里和罗萨诺。一个步兵旅从海上登陆，当他们到达皮佐之后，只发现德军的殿后人员。当时这些人员正在撤退，双方之间没有产生任何争斗。但是仍耽搁了部队的前进步伐，这次耽搁情况有些严重。究其原因，是因为当地自然条件制造了难题，而且敌人还进行了破坏并进行了小规模的后卫战，他们指挥得很精妙。

首相致亚历山大将军　　1943 年 9 月 7 日

1．有关意大利趾形地区作战情况电报我已经收到了，非常感谢你发过来。请你把空降师意图攻占罗马的行动会引发什么样的状况讲得再清楚一些，还有就是这个行动怎样才能和你的计划相吻合。虽然你拟定的计策大胆了一些，但是我们大家完全同意。而我们对细节上的问题，也只能假设它都是对的。

2．我对你说的塔兰托也产生了很大的兴趣。你估计一下，什么时候向这个港口发起进攻最合适?

3．我依旧对“雪崩”战役之后的军队编成问题很关心。当然，如果你想在那不勒斯港每周都运送两个师登陆，那么就要让它能够正常使用。请把调派我们军队进入意大利的先后顺序告诉我们。在什么时候新西兰师、波兰师、第四印度师、第一装甲师以及其他的真正精锐师才能参加战斗？这样看来，你一定要保持一条差不多有 170 英里的战线，最起码要像突尼斯战役中最终阶段的那条宽广的战线。谁也不敢断言，德国人在有时间的情况下，是不是会真正地攻击我们的这条战线。

4. 我和罗斯福总统在这里一同等候，因为我们要对“雪崩”战役的结果进行评判。只要这件事情一结束，我就立刻回国。但在10月的上半月，我希望能到你那里去，而马歇尔将军也会从美国赶过来。到时候我将有重要的情报要跟你说。

亚历山大回复的电报是这样说的，因为停战协定不能被意大利政府公布出来，所以他需要做些变更，但是这是迫不得已的。第八十二美国空降师之所以不能空运到罗马，一是因为意大利人没有做好迎接他们的准备工作，二是因为意大利人相信飞机场已被德国人攻占了。虽然没有空降部队参加战斗，但是“雪崩”战役还是依照计划执行着。去往塔兰托的第一空降师大约有3000名士兵，他们是乘坐海军舰只到达那里,估计在9月9日到达。以什么样方式去迎接他们,无法预料到。因为塔兰托港有提前被打开的可能性，他希望增加些兵力给意大利。

同一时间段，我们也开始努力地去夺取罗得岛与爱琴海的其他岛屿。这在以后的各个章节会讲到。

* * *

我和罗斯福总统吃完晚饭后，坐在白宫书房里闲聊时，庞德海军上将带着一个关于海军方面的问题来见我们。罗斯福总统对他提了几个问题，都与战争一般情况的有关。而这位我所信任的海军朋友，早已丧失了他那种特有的作风，那种非常踏实细致的作风。看到他这样，我很难过。这让我和罗斯福总统对他得了重病这件事深信不疑。庞德在第二天早上，来到我的房间，那种坐卧两用的房间，他看着我并且突然对我说：“首相，我要辞职。我得了中风病，我身体的右边大部分的地方已经开始麻木，没有知觉了。我原本以为这种病慢慢地就治好了，但是却越来越严重，这个职务我已经不适合担任了。”第一海务大臣的辞职要求我立马接受了，并且我非常的同情他，因为他衰退的健康。我对他说，从那时候开始，他就辞去了所有的职务。我还非常努力地劝他多休息几天，然后再和我一起乘坐“声威”号军舰返回国家。当时的他，完全能够掌控住自己，而且一举一动都带有尊严。他一走出我的房间，我就马上发电报告诉海军部，他的职位由西弗莱特海军中将暂代，一直到有新第一海务大臣出现。

* * *

我们和罗斯福总统在白宫召开了一次正式会议，时间是在9月9日。蒂尔陆军元帅、伊斯梅和英国三军参谋长驻华盛顿的代表陪我出席了这场会议，因为早在几天前，帝国总参谋长和空军参谋长就飞回伦敦。莱希、马歇尔、金和阿诺德陪同罗斯福总统参加这次会议。我们收到一些电报，这可以作为我们会议的一个非常开心的序曲，而这些电报的内容是和意大利舰队向我们投降的事情有关。只要意大利舰队在这个地方出现，盟国都要以礼相待。这是我的希望，我把它传达出来了。为了迎接这次会议，我还准备了一份备忘录，当然这个是要给罗斯福总统的。在当天，我很早地就把这份备忘录交到了他手里。他认为这个可以成为我们讨论的基础，所以他要我在会上把它读出来。

1943年9月9日

1. 毫无疑问，我们在分别之前召开的这次联合参谋长委员会的全体会议是再合适不过的了。依据下列一些假设来判断随后发生的新的世界局势，是这次会议的目的。而我们是这样假设的，如果现在在那不勒斯和罗马进行的战争取得了胜利，德国是不是会退到亚平宁山脉或者是波河一线。

2. 因为在过去，英国舰队一直是牵制意大利舰队的力量。假使我们获取了意大利舰队，那么我们得到的不仅仅是那个舰队，还有英国舰队也包括在内。如此雄厚的力量添加到了我们的海军部队里，我们应该尽早把它用来对付日本，加大对日本的战争。为了方便派遣一支强而有力的英国作战分舰队跨越巴拿马运河和太平洋，去往印度洋，而这支分舰队必须包含巡洋舰与辅助舰在内，我已经邀请第一海务大臣和金海军上将过来协商。两栖作战将会在明年进行，在那段期间，我们需要一支强而有力的东方舰队，而且他要以科伦坡为基地。如果下面的事情发生，我将会很高兴。这件事情是这样的：要是在到达印度洋基地驻守以前，这支军舰能由美国太平洋司令部的指挥作战，参加一些行之有效的战斗，并且还要在太平洋战场上待上一段时间，最起码要待4个月。我们不能让舰只闲放在那里，而不去使用它。然而我对这些增援力量到达之后，该如何给美国太平洋部队增加一些他们应该负责的各种任务还不是很清楚。先不从战略问题谈起，就单从最高政策的观点来看，参加太平洋战争也是英王陛下政府的愿望。因为这样方便它在能力范围之内，为和它结成同盟的美国实施援助。而且因为它身上肩负着义务，所以将会为澳大利亚和新西兰提供帮助。我们船队的这次调动——挺进太平洋和越过太平洋，毫无疑问会给日本带来一种影响，一种可以分散其斗志的影响。而现在日本也一定感觉到我们在海军方面给它增大了压力。除了这些，这种调动确实是证明了英国的决定，他们要在对日战争开始到结束这段时间，做出积极的表现和发挥出有力的作用。毫无疑问，人们也会满意在美国出现这种调动。

3.我们要把意大利变成一个行动者，一个能够积极地去和德国抗衡的行动者，这是我们和我们的联合参谋长委员会的所有的想法。我们一定会一步步地让人民群众知道这些想法。意大利要将功补过我们赞同，但是要承认他是我们的盟国，而且还具有一个足够意义的盟国，我们不同意。只要它做的是对抗敌人这种有益处的活动，我们将给予不仅仅是援助，还会给予一些好处。如果德意两国之间发生了战争，那么人民群众的成见就会没有了，而且消散的速度很快。如果我们能够顺着形势发展的趋势加以引导，那么意大利宣布与德国进行战争的这件事会取得成功吗？时间大约要两周。这些都需要进行思考才能决断——意大利船舰是否挂意大利国旗的问题，怎样安排在英国或美国掌控下的船只中配备意大利船员的问题。最高一级现在还需要审查与核定一下这些问题——怎样处置和充分使用意大利海军的全部问题。

4. 如果我们在那不勒斯地区取得胜利，一个具有决定性的胜利，那么我想我们一致认同向意大利半岛北部前进，直到离德军主要阵地最近的地方才会停止脚步。各个地方的意大利人们如果都对我们心存好意,而他们的陆军（已经投降了）也过来帮助我们。那么，安排在各处的意军——最起码有 12 个师——对我们防御横向贯穿意大利的战线和盟军的换防有大大的益处。如果德军在那不勒斯的战争终结之后，他们在他们主要战线的南面不做激烈的反抗，那么我们就不应该长时间地对抗敌人，而且还是以薄弱的兵力去对抗。我们要与敌人对阵，就应该有充分的力量，而且这些力量最好是在今年年底之前就准备充分。如果能早点准备好，就再好不过了。一定不能削减“霸王”作战计划。在这紧要关头，我们不要忘记从 11 月份开始要连续不断地把七个师撤离出去，而且这件事情我们曾一致认为可行。怎么样才能让意大利的各个师与我们一起作战这是最为重要的。为了实现这一目标，我们的国家也应该调整一下政策，与之相适应。

5. 因为这些新的可能性出现，所以我一直在思考着 1944 年的战役。我仍然坚信，我们在向北面前进的时候，最好不要越过意大利半岛那片狭小的区域。当然，如果想要另一种局势出现，那就得让德国人退守在阿尔卑斯山脉。但如果不是这样的情形，我们不能为了配合“霸王”作战计划的需要，就把战线在伦巴第平原扩宽,因为这好像不在我们的能力范围之内。我们还应该想到，在内线作战的德军也许会派来一支队伍，他的兵力比我们在年底驻守在那里的兵力更加强大，目的就是为了要对我们在意大利的战线增加压力。德军会发起一次强大反攻，这个可能性我们不能排除。当我们接近德军的主要战线时，我们是否应该为自己建造一条防线呢？而且还是一条足够深、足够宽、足够坚固的防线呢？为了这个目标——意大利的军工可以大批大批的使用，我希望我们思考一下。当然，意大利的军队是可以参加这个任务的，守护这条战线的任务。如果是这样的话，到明年春季，我们就可以在这个战场上发起攻击，不管怎么样都能对敌人造成威胁，前提是在敌人处在微弱的时候。或者是采取防守的方式，并且还要保持住。只使用我们在这段期间建立的空军，而且这个空军是从我们防线后面起飞的。与此同时，派遣一部分军队去其他地区参战，方向不是往东就是往西。关于这一点，我希望可以探究一下。

6. 我们两人面对巴尔干半岛局势，深切地感觉到了它巨大的重要性。地中海最高司令部把全部精力都用来观察当前战争形势，面对这样的情况，我们就应该把他的注意力分一点到巴尔干爱国武装部队的身上，使他不要忽略掉他们的需求。必须马上研究意大利军队的问题。今天中东总司令威尔逊将军下达了他的命令。这个考虑就目前的形势来讲，算是周详、细密的。但是，我们需要清楚地知道它到底有什么样的企图，是否准确。这样看来，如果对德战争有意大利人参与进来，会出现一个结果，而这个结果又会产生一种深远的影响。从巴尔干半岛的底端向上发起进攻，我们的确没有必要这样做。如果我们能促使巴尔干半岛的爱国者和意大利部队达成一项协议，那么在达尔马提亚海岸开创一个或更多的良好港口就能很快实现，那样的话军需品和粮食就能够用船运进去，而任由我们指挥的所有部队，就可以把他们的作战能力提高到最佳状态。在所有地方的德国人，他们境遇将变得很危险，尤其是在供应这方面。横穿意大利北部的战线建好后，我们就可以把我们自己的兵力抽出一部分，从而壮大由达尔马提亚港开始向北与向东北的前进运动，而抽调出来的兵力是将派去参加地中海战役的。现在应该尽最大的努力去集结在巴尔干半岛的所有力量，并且使他们向德国人发起进攻。而且还要供给特工人员、武器和下达正确的指令。

7. 最后，目前已经到考虑岛屿问题的时候了。我想我们马上就可以把撒丁岛握在手中。不过我们还要帮助意军把在意大利境内所有的德国部队的武装力量都解决掉。德军的力气也许在科西嘉岛上已经耗尽了，但那里明显是法国远征军的地方。法兰西民族委员会要解放这个岛屿，即使只能调遣一个师去，那这个部队也能在很短的时间内完成任务。那样我们就地就能从该岛的壮丁中征收一两师人,对于这一点,不用怀疑。威尔逊将军发来了电报，是这样说的，很顺利进行两人在罗得岛和多德卡尼斯群岛中的其他岛屿的进行作战行动 ，但是，在当前的情况下我还不能确定是否已经充分地使用了驻扎在中东的兵力。关于准确的探查到所有实力在营以上的军队的驻扎地点的这件事，我立马去做。同时希望它们能够组成非正式的远征部队和卫戍部队，执行各种规模较小的军事行动。

8. 我们一定要期望，在保加利亚、罗马尼亚和匈牙利产生一些反应，而且这些反应还要产生具有深远意义的影响。这些反应又会造成一个运动，一个处于土耳其人中间的运动，而且这些运动也不需要我们提出任何请求或者是担任任何义务。我觉得，所有这一切都需要最高一级探究一下，而且可以从军事和政治这两方面进行探究，如果你同意的话，我们不如进行一下初步的审核，时间就定在今天下午。

根据上面的备忘录所提出的几点，在原则上我们两人取得了广泛的协议,在以后的几天里,参谋对需要采取什么必要的行动进行了探讨。

*　*　*

第二天，罗斯福总统就离开华盛顿，回到了海德公园的家中。他把白宫交给我使用，不仅可以作为我住的地方，而且不管是在这里与在华盛顿汇集的英帝国代表召开会议，还是与美国军事首脑举行会议，只要是我期望举行的所有会议都可以在这里召开。如果我认为召开另一次全体会议是有必要的，那么我要举行时，就不会有所顾虑。这样大方地提供给我的便利条件，我已经充分使用了。在9月11日，我在白宫召开另一次会议，而且还是我主持的，因为大家都期望对意大利快速发展的形势和在那不勒斯开展的激烈而紧张的战斗形势有所判断。美国方面出席会议的是莱希海军上将、马歇尔将军、金海军上将、阿诺德将军、哈利·霍普金斯、艾夫里尔·哈里曼和卢·道格拉斯。而我带领蒂尔、伊斯梅和我们在联合参谋长委员会三名代表参加了这次会议。

面前的所有问题，我们都进行了探讨。对于在那不勒斯地区的战争情况和德军师团的快速增援的情景，马歇尔将军做了报道。目前我们参加意大利空战的战斗飞机估计有3000架，这个数目比德国空军在所有战线上的总数还要多，以上这些是阿诺德将军说的。有一个提案，它的内容是有关如何在意大利境内增强我方兵力的，我一度让大家关注。我发觉到了12月1日时候，我们所能聚集的兵力只有12个师，这个数字实在是让我大吃一惊，以上这些是我说的。调派更多有可能调派的师来快速使我们在意大利的军队增加，是目前最重要的事。即便有一个师的人提早两个星期到达，也可能会存在一些差异，而且性质很严重。马歇尔将军对我的观点完全同意，还说要尽力而为。

他接着跟我们说，在南太平洋战场的美国空军胜利完成了任务，而且空降着陆完成得很好，非常出彩。因为他们降落在了马克汉姆河谷，再加上从海上进行了突袭，使得日本卫戍部队已经处于孤立无援的地步，在事实上也是如此。这支部队有 8000 到 10000 人。美军正在用大炮轰击萨拉马瓦，而且还步步紧逼莱城。不久之后，我们就能把飞机场占领了。如果是这样的话，敌人就没有办法守住其他飞机场，那么所有的海上局面，一定会随着这些发生变化。过不了多久，日军在新不列颠岛的阵地也有可能面临绝境，而且有迹象表明他们也想从所罗门群岛退离出来。

这场能在白宫会议室里主持的英美联合参谋长委员会和英美负责当局的会议，对于我来讲真是荣幸之至。在英美历史上这似乎也称得上是一件很大的事了。

第八章　萨勒诺战役。返航

萨勒诺遭到了英美的袭击——顽强抵抗的德军——占领塔兰托——亚历山大亲自来到了前线——有海军帮助的战争——斯大林发来了祝贺的电报——我们乘“声威”号军舰回国——战争的发展：亚历山大的报告——取得了胜利——我给艾森豪威尔的电报——玛丽遭遇危险——攻占那不勒斯——我在9月25日给艾森豪威尔发了电报，他回复了我——和各司令官来往的电报——休息整顿

亚历山大在9月 8日晚上，发来了一封“吉布”电报。盟国的巨大舰队在这天晚上离萨勒诺海滩越来越近了，就在那个时候，在英国的广播中传来了意大利投降的消息，他们听到了。战斗意志正浓的士兵听到这个消息后，感到很意外，以至于引起了一些震动。所以他们紧张的心情得到了暂时的放松，而且还产生一种心理影响，这种心理影响不是很好。很多士兵认为他们明天的任务，对于他们来讲简直是小菜一碟。军官们赶紧纠正这种情绪，并为之做着最大的努力。他们指出，不管意大利人有什么行动，德军都会进行顽强抵抗。人们都觉得战争已经到了结束的时候了。但是如果不适时地宣布是有停战协定的，那么就会像坎宁安海军上将说的那样，这是对意大利人民在道义上的违背。

一支强大的英国舰队掩护着突击船队驶进了萨勒诺湾，其间只遭遇了空袭，而且规模很小。它们正在步步逼近，敌人是知道的。但是在什么地方进行攻击，不到最后一刻是不会知道的。天还没亮，克拉克将军就开始指挥着第五集团军登陆。发动突然袭击的是美国第六军和英国第十军，而攻打北翼的是英国突击队和美国突击队。敌人已经在海上发现前来护航的船队。而驻扎在附近的德军之所有马上有所行动，那是因为在头一天晚上，他们都听到了艾森豪威尔将军的广播。他们把意大利军队的武装解除了，把所有的防御工事都由自己经手，并且为了能够让防御的一方，在最开始抵抗登陆的时候就占有优势，他们把现代化武器运用得淋漓尽致。大炮精确无比地瞄准了我们的士兵，当时他们正在涉水登陆。他们被炮火击中了，损失惨重。因为我们很多战斗机都在遥远的西西里岛飞过参加战斗，所以他们要想我们适时地在空中给他们打掩护，是非常困难的，但是航空母舰上的飞机帮助了他们。

美国第六军跨过海滩，就直接向前进军，他们行进得很顺利。直到 11 日晚上，已经行进了十英里，但是它的右翼又被撤回到了海边。英国第十军碰上了反抗，比先前更加坚强的。他们取得了胜利——攻占萨勒诺和巴蒂帕利亚。我们掌控了蒙特科尔维诺飞机场，但是它还不能为我们提供加油站，提供战斗机极其需要的加油站，因为它仍处于敌人的炮火下。德军快速地做出了回应。他们有一部分部队被调到了新战场，当时他们正在抗衡英国第八集团军，而第八集团军到那时正在意大利趾形地区艰难向前行进。从东面和北面分别调来了一个兵团和三个师的大部分兵力①。因为缺少船舶，特别是小型舰艇，所以我们调动自己的增援部队的速度，要慢得很。德国的空军虽然在西西里岛上有所损失，从而变弱，但他们现在正在尽他们最大的努力。他们新式的滑翔炸弹使我们的航运有所亏损，而且这些炸弹是由无线电控制的。敌人的援军正步步紧逼，而盟国空军拿出所有的兵力来阻止它，并且把他们的军事集结点炸掉了。我方的军舰进去了萨勒诺湾，它们

① 请参照本书的附录五，里面有关于 9 月 8 日德军和意军各师的战斗序列。——原注

进行援助时使用的武器就是它们自带的大炮，那种最重型的大炮。在蒙哥马利指挥下，英国第八集团军的快速行进，这样方便联络到第五集团军，而当时的第五集团军负担了很大的压力。一切的努力都为打败德军提供了帮助。而按照一个德国的高级军官的说法，德国空军失去了力量，面对我们海军的炮击没有作出任何的防护动作，这都是最为关键的。

* * *

当在萨勒诺进行着激烈的战斗时，亚历山大和坎宁安海军上将向塔兰托发起了一次突击，这次突击打得很精彩，而坎宁安海军上将是这次行动的主要负责人。因为成功地完成了这次冒险，所有人都得到了荣誉，而且还是最高的那种。整个集团军都能使用这个一等一的海港。亚历山大是这样认为的，虽然当时意大利提出向我们投降有些突然，但这个机遇让我们涉险是值得的。对于英国第一空降师，我们没有任何运输机把他们空运过去，也没有任何经常使用的船舶把他们海运过去，而这 6000 名精挑细选的士兵只能搭乘英国军舰出发。这些军舰在 9 月 9 日，英勇地驶入了塔兰托港，这与在萨勒诺海滩登陆是同一天，他们没有遇上什么反抗就把军队送到岸上。我们海军只损毁一艘巡洋舰，而它沉下去的原因是因为触碰了水雷①。

* * *

按照原先制定的计划，英国那些没有乘坐飞机的随行人员和我走海路返回国家，在哈利法克斯港停靠的“声威”号军舰等着我们。我

① 亚历山大将军送给我一面英国国旗，我把它收在了家中。这面国旗曾飘扬在塔兰托的空中，它是在我们被逐出法国以后，其中一面最早在欧洲的上空飘扬的盟国国旗。——原注

乘坐火车，曾中途下车和罗斯福总统说了声再见。所以，开始对萨勒诺发动战争的时候，我和他正在海德公园。我再一次上了火车是在12日，那时已经到了晚上。在14日早上抵达了哈利法克斯港。我在途中接收的各式各样的报告和报纸，让我忧心忡忡。很明显，进行的这次战斗存在着很多危险，而且还会打上很长时间。我之所以对这些事情特别关心，是因为这种海上登陆一直是我使劲张罗的，而且我感觉对于它的成败，我该担负起特别的责任。所有两栖登陆的关键之处，都是奇袭、猛攻和速战速决。登陆后，过了刚开始的二十四小时，这种方便的条件——海军力量可以随意地挑选袭击地点，很可能就消失不见了。原先只有十个人的驻守地点，很有可能一下子有一万人来守卫。我回忆起几年前的事。我想起了斯托普福德将军，在1915的那一年，他在苏夫拉湾的海滩上等了将近三天的时间，而且在这个时候，马斯塔法·凯末尔从布莱尔战线调派了两个土耳其师去了一个战场，这个战场在以前没有设置任何防护。我最近刷新的一次经验就是：奥金莱将军防守在开罗总部，他站在顶峰核心的位置上，用陈旧的目光审视着在他指挥下的那片开阔又多变的战场时，那场在沙漠地区进行的，对整场战争都有影响的战斗却在向糟糕的结果发展着。我们的火车轰隆隆地行驶在诺瓦斯科夏，那个令人向往的田野间。虽然我非常信任亚历山大，但是在那一天，我一直是忧心忡忡的。到了最后，我写了一封电报，写好后我把它发给了亚历山大，我相信他不会恼怒。一直到我们的船起航后，这封电报才发出去。

首相致亚历山大将军　　　　　　　　1943年9月14日

1. 首先，这次“雪崩”作战计划是最为关键的，我希望能时时刻刻的关注。这种大规模的战争，参加作战的司令官在以前没有一个人曾经历过。因为伊恩·汉密尔顿听从了他的参谋长的规劝，在一个遥远的中心地点驻扎，所以造成了苏夫拉湾战役的失败。希望在那里能够知道所有的情况。如果他曾经在现场出现的话，那么那次惨败是可以有所防范的。现在，我身处在一个很遥远的地方，而且在时间上再有些耽搁，所以我个人认为我不能对所有的事情做出判断，但是我觉得我有责任将这种经验告知与你，这些都是我过去的经验。

2. 以便于在那不勒斯的进行决战，因此所有的努力都应该做到。

3. 只要是你需要的，不管是什么东西你都可以提出要求，其他所有的考虑我都会弃之不顾，将必要的供应以最高的优先待遇分配给你。

他回答又快，又使人觉得很欣慰。

在萨勒诺亚历山大将军致在海上首相　　　　1943 年 9 月 15 日

当你知道我已经猜测到你英明的忠告时，我相信你一定会很开心。现在，第五集团军和我待在一起。对于你所说的帮助，我非常感谢。为了使“雪崩”作战计划取得成功，现在的我们正在实施所有可能的步骤，它的命运将会在几天之内有所判决。

我知道坎宁安海军上将毫不犹豫地把他的几艘战列舰冒险地驶近海岸，用来支援陆军，我对此感到很宽慰。他在 14 日派出两艘军舰去往前线，它们分别是“沃斯派特”号和“英勇”号，之所以这样做是为了把意大利舰队的主要舰只带领到投降地点，刚刚抵达马耳他岛。在第二天，它们就参加了战斗。在空军的带领下，它们用重炮准确无误地轰炸敌人，不管是友军还是敌军，都给他们烙下了深刻的印象，并且在把敌人打败这方面，也起到了很大的作用。糟糕的是在 16 日下午，“沃斯派特”号遭到袭击，一枚新型滑翔炸弹击中了它，使它失去了战斗的能力。我们对于这种滑翔炸弹的情况，已经有了一些了解，将来对它的认识还会进一步。

在海上首相致在阿尔及尔坎宁安海军上将　　1943 年 9 月 15 日

我非常高兴，你能派“沃斯派特”号和“英勇”号去参加战斗。这次战役非常的重要，你对此做出了不一般的举措，是完全正确的。

请把我最美好的祝愿传达给他们。

下面的电文也送到了：

斯大林总理致富兰克林·罗斯福总统和丘吉尔首相

1943 年 9 月 14 日

我特此恭贺你们取得新的胜利，尤其是在那不勒斯的登陆。

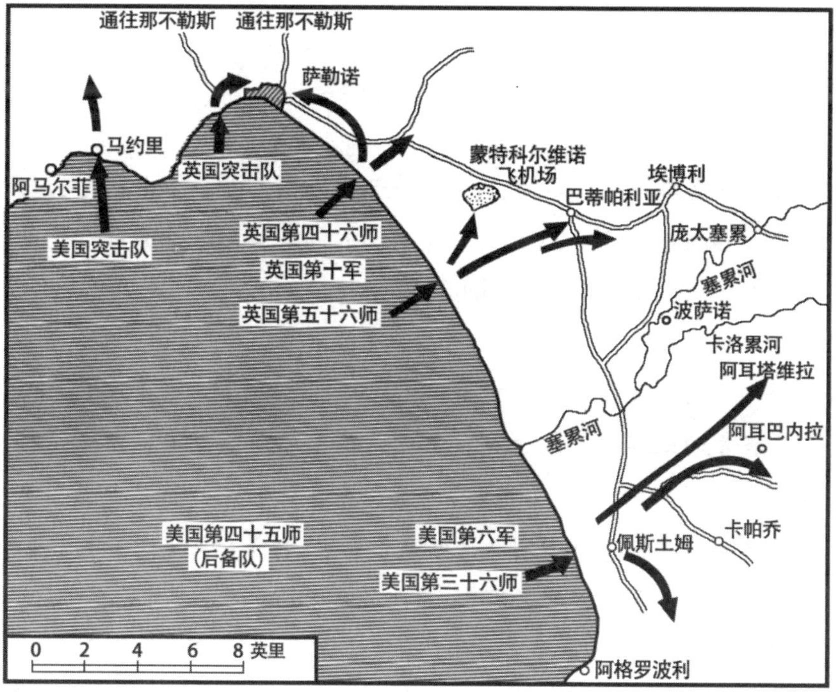

萨勒诺登陆

在那不勒斯的成功登陆和德意两国的决裂，这两件事情毫无疑问又给德国的希特勒制造了一次打击，而且也使苏联军队在苏德战场上进行战斗时占有优势。现在，苏联攻击的形势正胜利地铺展开来。在今后的两三个星期内，我认为我们能取得更多的成功。在最近这几天内，我们有可能夺回诺沃罗西斯克。

坐上了“声威”号军舰，它使人是如此的轻松，如此的欢快。这艘舰只在码头旁边停泊着，看上去非常壮观。直接从华盛顿过来的庞德海军上将已经上船了。他的行为与往常无异，不管是谁看见了他，都不会想到他病了。在返回国家的途中，我邀请他和我们一同吃饭，而他却说，他想和他的参谋们一同进餐，他们都住一个船室里。我们上了船，半小时后，船开动了，用了六天的时间，经过了曲折的航行才越过了大洋。

* * *

在萨勒诺进行的战争，在这几天从未间断过。电报不间断地发过来。我知道了全部的情况，这都出于亚历山大的好意，从他的那些生动的电报中我了解到了战局的全部面貌。

亚历山大将军致在海上的首相　　　　1943 年 9 月 16 日

我才回来不久，因为我把第五集团军的前线全面地审查了一次。我与两军的军长、所有的师长和在前线的几个旅见面了。虽然我并不是完全乐意看到这样的战争局面，但是相比 24 小时以前，要可观得多。下面是它的理由：

自 13 日夜晚以来，德军自始至终没有进行过一次激烈的攻击。这让我们有了些许加强阵地的时间，让极度疲劳的部队得到了休息的时间，与此同时还获得些许在人力和物资方面支援的时间。第八集团军一天比一天接近了。我不仅能鼓励他们，而且还能给予一些指示，已经被我们攻占的地方守护好；想尽办法都要把主要阵地巩固住，哪怕是用挖战壕、安设铁丝网与埋地雷等办法；在各处的散落的、各种各样的部队和编制都要进行整顿；把地方的后备队和尽可能强大的机动后备队编制好。向各个部队发出这样的通告：第八集团军正快速地向我们接近，而增援的兵力正马不停蹄地赶来。是这期间最重要的事情。[由于] 现在的弱点是下面讲到的原因：当我们在攻占的阵地上集结足够的兵力来维持第一次冲击时，德军就能够更加快速地在这之前纠集起强大的兵力；大部分的制高点都被德军占领，他们站在高处观察着我们，一直到海滩。我们的部队已经筋疲力尽。纵深的阵地不管在什么地方都很少，在一段时间内我们失去了主动权。我们的空军在昨天夜晚，空降了一个伞兵营，降落在了敌人战线的后方阿韦利诺地区。在昨天晚上，也空运了第八十二师的 1600 名士兵过来。我已经和海军商定好了，把 1500 名英国步兵援军用巡洋舰从菲利普维尔运到这里来，而这些援军应在 48 小时以内到达。美国第三师将在 18 日登陆，而我也已经催他们尽快过来。

第七装甲师的第一批人员将会在今晚抵达，但还需要几天的时间才能登岸和集结。一个步兵旅也于今晚抵达。我们在三个地方建造的小型机场，刚刚完成。现正从萨勒诺和附近地区起飞参加战斗的是“喷火”式战斗机。

在这个作战地区集结了所有的空军。主动权将再一次的握在我们的手中，只要我们有了足够强大的力量，我们就能开始占领重要的据点。希望上帝会帮助我们的事业，只需要一点点的运气，我们的军队就保证能取得成功。

在海上首相致亚历山大将军　　　　1943 年 9 月 16 日

福煦的一句名言可以表达出我对“雪崩”战役的心情，这句话就是“抓紧一切”。海军这样做是对的——让他们的重型军舰参与战斗，因为这场战斗拥有很深远的意义。你正在取得成功，我是这样认为的。

首相致亚历山大将军　　　　　　　　　　　1943 年 9 月 17 日

1. 对于你已经能够靠自己掌握了“雪崩”战役的形势，我感到很开心。就像你知道的那样，我曾经对“雪崩”战役中集结兵力的速度忧心忡忡。这是一个好消息——蒙哥马利计划在 17 日就让第八集团军参与战争。

2. 做了这样的行动是对的——在驶近海岸的分舰队中运用了战列舰，而这是根据海军力量对比的优势。

3. 希望你一切都顺顺利利的。请继续跟我说一些状况。现在，虽然我在大西洋航程的途中，但任何时间段都可以收到所有的电讯。

这样危急的形势已经有三天的时间了，但依旧没有结果产生。又一次没有把巴蒂帕利亚守住。虽然第五十六师因为遭到重大损失而变弱，但是却成功地阻挡了敌人再一次从那里向海边行进。敌人在美国第六军的战线上，看准了美国第六军和英军之间有一个空隙，而防守这个空隙的力量很弱，因此他们从北面冲了过去，穿越了塞累河，看这架势好像要到达那个登陆海滩，那个在美军身后的登陆海滩。敌人的行进被美军炮队的防守力量非常及时地阻截了。在十分危急的形势下，盟军守住了战线。原先美国第四十五师是留在船上的后备队，如今，正使尽自己所有力气在第六军的前线上参加战斗。增援的军队也已经开始抵达了。我们从海上把第七装甲师运过来了，从空中把美国第八十二空降师运了过来。激烈的战争持续了六天之久，在这期间我们虽然遭遇了情况不是很好的危险时刻，但是德军自始至终都没有把我们逼到海上，让我们退回去。凯塞林在 15 日，意识到他取得胜利是无望的。他以右翼为中心，开始向后转移他所有的战线，而这个右翼在萨勒诺的高地上。第二天，第五集团军和第八集团军集合在一起。我们打赢了这一仗。

*　　*　　*

亚历山大将军致在海上首相　　1943年9月18日

总的局面继续朝好的方面发展，我们也正在把主动权移交到自己手中。英国第十军在北面遭到几次攻击，虽然这几次攻击都有些凶猛，但是他们击退了所有攻击。美军在第六军的前线上展开了攻击，在阿耳塔维拉仍然有战斗发生。就像你知道的那样，第五集团军和第八集团军的前哨部队已经会合了。第七装甲师顺利地登上沿岸，1500名步兵也已经在昨晚抵达，他们是用来增援第十军的。在这一两天的时间内，美国援军将要到达，大概会有1600人。在明晚即将开始登上岸边的是美国第三师。储备起来的弹药和供给的数量都让人感到满意。到我开始写这份报告时，第八集团军正在向着阿卢伊塔和波坦察行进，但是它的先行部队已经到了什么地方，我还没有收到［任何］信息。英国第一空降师很积极地在塔兰托做着动作，而且他们已经和加拿大部队会合了，但是他们的力量太柔弱了，只能够对德国军队做些骚扰性质的动作。9月22日，第七十八步兵师将开始在塔兰托登陆上岸。9月23日印度第八师将在布林的西登陆上岸。我们要把在萨勒诺地区的美国第五集团军、第八集团军以及在塔兰托地区的第八集团军指挥下的英国第五军成为三个拥有强大战斗力的部队，这是我们当前的目标。我们将要从这些牢固的基地向北前进。我已经下达了命令，像这样的命令：第八集团军要攻下波坦察地区；第五集团军要以萨勒诺西北山地为中心向前发起进攻，而且还要攻下阿韦利诺附近的高地。第八集团军要攻下福贾地区的飞机场，第五集团军要攻下那不勒斯港，这是我们下一个目标。我不希望看到这过于乐观的态度，让你产生些不正确的礼节。我们现在已经将局势掌握在手中，并且也能够依照计划把我们未来的军事行动做完，对此我还是很满意的。

亚历山大传来了消息是在我们到达克莱德湾的时候，这个消息具有决定性的作用。

亚历山大将军致首相　　　　　　　　1943 年 9 月 19 日

所有的局面已经向对我们有利的方面改变着，这个我可以充满信心地说，主动权已转移到我们的手中……

明天，我将回到我的总部，它在锡拉库萨。

9 月 21 日，我给艾森豪威尔将军发了表达祝贺的电报，也请他替我问候一下克拉克将军。

首相致在阿尔及尔的艾森豪威尔将军　　　　1943 年 9 月 21 日

1. 我对你表示祝贺，因为我军能登陆成功，而且阵地还可以向北面扩充。这就像威林顿公爵说滑铁卢战争一样——“这真是一次敌我相当的战斗”，虽然你的行动有些冒险，但是事实证明这是对的。如果你也认为正好的话，那么请替我给克拉克发个电报，因为不管从哪个方面都在说他建了奇功，这个我也是听来的。我们在一起的工作方式，以前的盟国一定没有见过。

2. 如果你能做得到，我觉得确实应该调派更多的法国部队到科西嘉岛，再调派一支力量雄厚的英国或美国分遣队去撒丁岛。他们不需要同时运载战斗装备，因为现在我们已经有非常好的港口，以便登陆上岸。只要他们到达了那里，就是有一种鼓舞的精神存在，一种对意大利部队、法国人以及当地爱国人士鼓舞的精神。

3. 我们会在与意大利政府合作的事上面尽所有的力量帮助

你。我相信所有的事情都会像你想象的那样去执行。

4.9 月 27 日，也就是星期一，史末资陆军元帅到了开罗，住所是在凯西那里。四天之后，他将去往伦敦，你的战场他会在去往伦敦的路上看到。我对他是非常信任的，你和他谈论所有事情时不必拘泥。他会在伦敦待上几个月的时间，而英国战时内阁阁员的全部职责都由他肩负。此地的公众舆论会因为他产生一些影响，而且还是重大的影响。如果你对待他时，展现了最为尊敬的态度，我将会很感谢。他不仅是一个伟人，也是我最尊敬最爱戴的一个朋友。

* * *

如果我的几个儿女所遭遇的事情，我早一点知道，那么这六天的航程，将不会这么快乐。九月刚开始，伦道夫在马耳他岛招收愿意加入第二特殊空中任务的人员团。他在那里遇见了我的好朋友莱科克准将。将要发生的事莱科克是知道的，说："你要来吗？这会是一个突击队大展拳脚的机会。"所以，伦道夫就同意跟他走了，而且在整个战役中，一直都很专心地做着工作。

玛丽经受着另一种不同的危险。当时，"声威"号军舰穿过狂涛巨浪，正在偏航前进，有一个军官对她提了一个建议，建议她到船后的甲板上走走。如果船是走着曲折路线，就不应该这样做，关于这一点他应该明白。因为在这样的航行中，没有人能预测到浪涛会从哪个方位打到船上。军舰的航向发生了改变，当时，玛丽和她的同伴正靠在船尾栏杆上。她说道，"一道海浪打过来了，看，它好可爱呀！"这个军官意识到了危险，喊得非常大声："抓住栏杆！"一时间，他们两人被一记巨浪击倒了，浪从甲板上卷过去，一直把他们带到右舷的水槽处。如果不是栏杆的柱子把玛丽拦截住，她早已掉进了海里。舰长从船尾塔楼的后面看到了真实的情况，当时，正要下达投放"抢救落水者"

的救生圈的命令，军舰又返回原先的航向，所以冲到舰上的大部分海水又向另一侧涌去，当玛丽被海水冲回去的时候，她想了个办法把锚缆抓住了。那个可怜的军官也是这样被海水卷过来又冲过去。到了最后，把他们救到了安全地点，但是海水把他们的全身都浇透了。玛丽将衣服换下来，而那个军官遭受到了最严厉的斥责。这一切事情一直瞒着我，瞒到我们登岸后。

在我的周边，发生一件让人感到开心的事情。有英国皇家海军女子队员在我们的随行人员中，大约有十几个，其中有一个长得很好看。在这几天的海上航行中，我的私人秘书莱斯利·罗恩，成功地追到了她。但是他们俩对这件事情一直很保密，别人都不知道。如今，他们快快乐乐地结婚了。

当我们抵达的时候，我就收到一封电报。内容如下：

罗斯福总统致首相　　　　1943年9月20日

我非常的开心，因为你们都已经平平安安地返回国家了，而且希望这次航程你们是相安无事地度过。这里所有的事情都很平静。国会已经在这里开了一周的会议了，但是依然相安无事。希望你们三位能够幸福。

* * *

只要在萨勒诺战争中取得胜利，那么我们的眼前摆放着的就是那不勒斯以及福贾的飞机场。在维苏威火山附近，英国第十军和在它右翼的美国第六军，把敌人的后卫部队打退了，接着继续向前挺进，路过庞培和赫鸠娄尼恩的废墟，挺进了那不勒斯。敌人的破坏经验相当丰富，那不勒斯港口已经彻底被他们弄坏了，所以现在需要纠集所有庞大的力量来维修它。这种维修的工作是美国人的长项，他们取得了很大的成效，所以在两个星期之内，它天天可以装载和卸下的供应品有 5000 吨。过不了多久，在该城周围的两个飞机场就能够工作了。这对我方战斗机中队来说，这样的帮助是值得欢迎的。因为在以前，我们只能在临时的小型机场上起飞降落。同时在 9 月 15 日的那一天，第一空降师早已飞往遥远的乔亚和巴里，他们去那里执行巡逻任务，这是东海岸方面的情况。第一空降师先登陆，紧接着第七十八师和一个装甲旅也登陆了,而且还与第五军的总部在一起,和第八集团军会师了。与此同时，六个皇家空军中队开始从乔亚的飞机场做动作。9 月 25 日，敌人从福贾飞机场撤离出来。突击队占领了特尔莫利，他们是从海上登上陆地的。在援军的支援下，坚持抵抗敌人激烈的反攻。

* * *

当我返回国家后，过了几天，我发出一封电报，是给艾森豪威尔将军的。读者读到的所有函电和备忘录，都是我在秋冬这两个季节写的，应该记住这封电报。这封电报的第二段内容就是想把我们各项作战计划的兵力比例确定了，尤其在那些力量分配得不是很均衡的地方。只要是想知道在本卷后面的一章中为什么会讲那些争论的人们，就不应该把这些比例忽略掉。战争把怎样正确使用现有人力物力的问题提了出来,而我们也总不能将战争都归结为“这件事只能在这个时期做”。

首相致在阿尔及尔的艾森豪威尔将军　　　　1943 年 9 月 25 日

1. 因为同时从几个方面做动作是我一直强烈要求的，所以我觉得我应该向你提出在我心目当中该优先执行的举措，这都是我针对这几个希望实现的目标拟定的。

2. 在意大利军事安排方面应该投入五分之四的力量。因为过不了多久，在科西嘉岛的战争将要终结，为了落实能占领该岛，所以投入的力量应该是十分之一，同时这些力量也要投入亚得里亚海战区。在罗得岛投入的力量就是剩余的十分之一。当然，这样的分配比例只对那些限制来由的要素适用。我是这样想的，这些要素主要指的是登陆艇、运输突击部队的船舶和轻型的海军舰艇。

3. 这封电报叙述的情况是我的大致的思路，我之所以给你发过去，是因为我不想你有这样的感受——我尽全力地要求要一起从各个方面做动作，却丝毫不理解你经受着多么大的阻碍。

艾森豪威尔将军致首相　　1943 年 9 月 26 日

我们正在细致地钻研人力与物力方面的资源，这样就方便在这一计划中给中东提供必需的援助，而且在中东方面的最低要求能在我们这里得到满足，这一点是确定的。

蒙哥马利为了给第五集团军的右翼提供帮助，而把他大部分兵力向前挺进，到那时，在那不勒斯战线上做的所有动作就可以更加快速地执行。就像在每次联合作战行动开始发生的状况一样，不管是在战术方面还是在后勤方面，我们都会铺上很宽广的战线。我们正为这种局面的改变拼尽全力，过不了多久，你就可以收到好消息。

我并不希望艾森豪威尔给我的是这样的答复，尤其是讲到了我认为那是我的电文中最为重要的一部分内容——需要有一支小部分的部队，以便于开展辅助性军事行动。

*　*　*

我和亚历山大以及蒙哥马利还是来回发着电报。

首相致亚历山大将军　　1943 年 9 月 25 日

1. 对于第八集团军一定要把队伍集中一下，我非常理解。

2. 我之所以非常赞同这个建议——在一条宽广的战线上向前

挺进，是因为敌人要阻止它也不是那么容易的。但是，我想你也应该用小规模的两栖部队向前挺进，这就需要你自己想办法了。

3. 我在议会已经把意大利战役是“第三战场”的这件事宣布出去了，这个你会看到的。英国是第二战场，它还在储备着力量，引而不发。如果想降低俄国人的不痛快，我们应当坚持这样的说法，与此同时，也可避免与他们讨论意大利战役到底是不是第二战场的问题。

10 月 1 日，英美第五集团军挺进了那不勒斯。

首相致在阿尔及尔的艾森豪威尔将军　　　　1943 年 10 月 2 日

我们已经在地中海战役中获取了辉煌的转机。这只是意料之外的收获——在这次战役中撒丁岛和科西嘉岛也都到了我们的手中，我和你一样，对此感到开心。对于你的前途，我祝愿它畅通无阻。

首相致在意大利的亚历山大将军　　　　1943 年 10 月 2 日

我认为第八集团军在东翼的挺进有很大的价值。

据我的观察，不久之后蒙哥马利一定停止前进，因为他要把供应物资给送过去，但是我坚信这并不等同他的侦查部队和轻装部队就与敌人的后卫部队不再碰头。根据我们的情报部门得到的各种消息来分析，把时间延长是敌人的目的，与此同时在向北撤离的时候还要没有严重的损伤。不管怎么样，敌人都没有力量去建立一条战线，一条能够抵抗你目前部署的军队的战线。我觉得，正是因为你袭击得精妙，所以才占有优势，才能一步到位地占领塔兰托和这么好的港口设备。我对这一军事行动献上的最诚挚的祝贺，请你接受。

这个计划被你的军官带回国，而我已经研究了，并且我还知道这个计划的第一阶段和第二阶段你已经做完了。在本月月底的时候,我希望你能提前几天或是推迟几天完成第三阶段,那样的话,我们就可以在罗马碰面了。

亚历山大将军致首相　　1943 年 10 月 3 日

对于你发来有情深意重的电报,我由衷地谢谢,与此同时我也很看重你对我的赞扬……只要我能把皇家空军部署妥当,使我们的行政机构能够顺利地做事,那么所有的事情都将顺顺利利地向前发展。

如今,为了在距离上离前线近,还为了联络我的两个集团军司令和主要基地提供方便,我早已把我的总部建立在巴里。当然,我会和科宁厄姆空军中将在一起。

总而言之,顺利地进行着所有的事情。只要我们的主力部队无法打到德军,我们就会接二连三地出动轻装的机动部队和空军对它施以攻击,而且还会不间断打压它的后卫部队。

首相致在意大利的蒙哥马利将军　　1943 年 10 月 2 日

看到第八集团军能够这样漂亮的大踏步地向前走,我对此感到很开心。我热烈地祝贺你拥有了这样的成绩。我在的黎波里的时候,曾经告诉你我们见面的地方是哪里,我想,现在的你是否还记得?

蒙哥马利将军致首相　　1943 年 10 月 5 日

对于你发来有情深意重的电报,我很感谢。我们已经向前走了很长一段的路,而且行军的速度也很快。我们一定要这样做,因为这样能赶去援助第五集团军。我们一定要在有战争的时候,把它从趾形地区转移到踵形地区,因为现在的它已经发展到了它的最大限度了。但是这样做的话,就是给我们的后勤机构带来压力,而且是很大的压力。当我到达这条横线地带的时候——特尔莫利至坎波巴索，我一定要暂停我的主力部队前进的步伐，只是派出轻装部队越进横线到那里打仗。另一方面，在这段停留的时间内，我要我的后勤机构奠定一个稳固的基础。派出轻装部队去攻打容易的地区，可能收到的成效会比较大。我想拿这种方法来保持住主动权和获取的发展。经过短暂的休息后，我让我所有的力量都向佩斯卡拉和安科纳行进。和你在罗马会晤，是我期待的事情。

* * *

目前，我们的两个集团军被逼无奈下停下了前进的脚步。在那不勒斯的北面沃尔图诺河那片区域，第五集团军遭遇了顽强的抵抗，而要战胜这些需要时间和补给。那个时候第八集团军正在意大利趾形地区向北挺进，蒙哥马利将军意识到后勤方面将会面对所有危险，拼尽全力也要抵达萨勒诺战场。如今，他的基地一定要从趾形地区的勒佐转移到踵形地区的塔兰托和巴里。第八集团军把这项工作完成后，已经没有多大的作用了。而且要等到贾福被攻占后，重轰炸机才能开始使用它的飞机场。这件事情的任务量非常大，需要运输的必需品就成千上万吨，而且要想完成它，只能一步步地做。德军在十月中旬的时候，有 19 个师驻扎在意大利，而盟军拥有的兵力仅次于 11 个师的实力。我们需要大量的援军，这样才能够保持住快速夺取非凡战果的速度，与此同时我们的战线也要大大稳固一下。我们的航运面对所有的任务，感觉到自己的压力很大。

九月真是一个有收获的季节。一个创纪录的水平被刷新了——英美海陆空三军之间的合作。后来，德军对意大利的第十集团军司令说，德国人很羡慕我方海陆空三军能很融洽地在一起合作，而且还是在一个最高统帅领导下。我们已经控制了意大利的舰队，虽然多数空军和陆军因为德国人的阻挠而不能和我们一起参加战斗，但是他们也不会反抗我们。在对阵作战中，敌人已经被打败了。意大利的领土成靴子状，我们的军队在它的上面已经向前挺进了 300 英里。我们攻占的机场和港口在我军的后方，经过扩建后的它们，能够满足所有的需求。在参谋长委员会的辩论中，有个人极力主张攻击撒丁岛来替代攻击意大利的行动。如今，在 9 月 9 日有一个附赠收获，那就是撒丁岛到了我们手里，没有花费多大的力气。过了两周，法国部队攻占了科西嘉岛。我们经历了激烈的战斗后，才开始实施进攻意大利的计划。如今，事实表明这一行动是对的，甚至超过了这一计划的人们的期望值，他们是最热情和最长时间地鼓动吹捧者。

由于艾森豪威尔将军是这次短暂的、激烈的战争的支持者，所以艾森豪威尔将军的功劳最大。尽管亚历山大是具体指挥者，但是曾经在实际意义上采纳了英国的战略观点的人是最高统帅，而且还准备对这一战役负起最后责任。他自己手下的军事长官们曾经对他们的缅甸作战计划一直坚守着，不曾动摇，与此同时对“霸王”作战计划又优先看待，而且还是又顽固又严厉地对待。正因为做了这些，使得到了更低一级的时候竟然到了一种迂腐的状态，而且根本没必要把对意大利的战争的风险度增大。毋庸置疑，目前这个时期，意大利是我们所能取得的最大战利品。本来我们可以把充足的人力与物力给予它，不至于等到 1944 年横渡海峡的主要计划时才给。

第九章　为国内事务的奔波

向议会报告战争形势——指责缓慢的行动——对开辟第二战场的要求进行了讨论——评价了意大利政府做的动作行动——德国也一样适合这些原则——纳粹暴政和普鲁士军国主义是需要破坏掉的目标——无人驾驶飞机有可能会来轰炸的警告——需要把意大利人民团结起来——财政大臣金斯利·伍德爵士离世了——约翰·安德森爵士担任他的职务——庞德海军上将离世了——1373年英葡两国的条约以及亚速尔群岛——目前煤矿工业的情况——重新建造下院大厦——要想下院有效果一定要有这两个特点——我所说的备忘录记录的是从战争过渡到和平时期的内容——有关过渡时期的计划——伍尔顿勋爵被任命为建设大臣

在返回国家的路上，我拟定了一篇演说稿，打算回国后在议会中讲出来。我知道我一定会遭受到批评，而且我也明白，战争一次次的胜利，只会让下院和新闻界——那些心怀不满的人们，更加觉得他们可以肆意地说出自己的建议。

于是，我在登岸后两天，也就是在9月21日，在下院作了一个报告，时间大概用了两个多小时。我要求休息一个小时，为了不让议员们陆陆续续地走出去吃午餐，这一点要求议会答应了。

*　*　*

因为和意大利政府进行了毫无意义的谈判，所以在对那不勒斯发动攻击的时候白白地把大好的时间浪费掉了，以上是第一种指责。我晓得有关这一点我能回答得很漂亮。

我知道有人会说，英美军队的鲜血没必要流在萨勒诺附近的土地上，如今却流了出来，这都是因为40天的宝贵时间都在这些谈判中浪费掉了。实际上，这是种无理的批评，而且从另一方面讲，它还伤了战死者家属的感情。我们敢打包票，那时候对意大利发动主要进攻的时候，根本没把意大利政府的态度考虑到，而事实上，在与他们举行谈判之前，甚至是在墨索里尼下台之前，这个战役的临时日期就定下来了。这个日期要有所变动，也得根据我们从西西里岛南岸的海滩撤回登陆艇所需的时间进行变动。等到了八月份的第一周，事实上，我们在那里参加战斗的大部分军队，每天得到的供给都要经过西西里岛南岸的海滩。这些登陆艇撤回之后，就一定要回到非洲。其中有一部分登陆艇坏了，它们还需要维修，而且损坏的登陆艇的数量还不少。接着遵循极为严格和繁杂的程序，把所有的军需用品再一次地给它们装备上等等。要想进行另一次两栖作战行动，只有这样做才能说得过去。

一定要把这些问题安排得很到位，关于这一点我认为人们已经觉察到了。事先都要尽可能地对每艘登陆艇或作战舰只做出估计，装载的时候要遵照严格的顺序，这样，在登陆的时候该艇所运载部队就会拿到供应物资，而这些供应物资已经上岸了。装载的用品被每辆卡车运到的时候，正好是每个部队的需要量。有些卡车不管是开到船旁边，还是开回来，都是淌着水过去的。它们的装运都是遵照严格的顺序进行的，放在最上面是优先需要的物品，这样做就能最大限度地把随便装载的情况避开。敌人有强大的现代化火炮，在他们面前要想执行这种特殊的军事行动，就必须要使用上面说的方法。登陆艇的具体情况和它的准备工作是唯一的，但是它限制了决定性。它不仅和这种说法——“时间都将在谈判方面浪费掉”，这种议论——“出于外交部对这一条款或那一条款等等的担心，才使将军们的动作受到了阻碍”，没有任何的关联。从来没有在执行军事作战行动的过程中有过些许的暂停，其他所有工作和主要的军事运输一定要适宜。

人们说如何把现代化部队随便地送到岸上的各个地方的时候一点也不紧张，好像他们是一包包的货物，只要运到海滩上就行，不需要管他们。我听到这些真的很吃惊，我吃惊的是：人们居然对现代化战争的条件无知到这种地步……

如果这个正题我能离开一会儿不去说它，我要说的是：星期日早上我刚到，我在报纸上看到了与这类似的批评，这样我想起一个故事，一个有关于水手救起曾经一个溺水的小孩的故事。以前有个水手，跳进了一个船坞，我记得这个船坞好像在普利茅斯，他在那救起了一个溺水的小孩。大概过了一个星期，有一个女人向这个水手问好，并且跟他说，“你是不是那天晚上从船坞里把我孩子救起来的人？”水手很谦虚地对她说，“夫人，是我。”那个女人说，“啊，我正在找你呢。你知道我孩子的帽子在什么地方吗？”

* * *

第二种指责跟第二战场有关系，共产党分子和其他一些人一直强烈地要求，一定要把这个战场开拓出来。

目前，我想把我的建议发表出来，使德国的最高统帅部感到困惑，而且还对下院进行了教育。

我把它称为第三战场——我们刚开始在非洲，紧接着在西西里岛，目前在意大利开拓的战场。虽然那个隐藏的而且还在快速地积蓄力量的第二战场还没有开辟出来，但是它正在那里蓄势待发。当然谁也不能，而且我也不会给出提示，它将在什么时候开辟出来，但是第二战场是有的。而且敌人已经有了一块最为关键的心病，就是因为它的出现。这个时刻是会到来的，虽然它还没有开拓出来，换种说法说，就是还没有把它的作用发挥出来。时间一到，就要开拓这个战场。刚开始，将会从西方发动的巨大的攻击，与它相配合的是从南面发起的攻击。

如果人们对驻扎在英国的美军的实际情况和数量不知晓，或者是对在我们自己的在这里做着准备工作的强大远征军的实际情况与数量不知晓，对敌军在各个战场上的安排还不知晓，对敌人的后备队、资源和敌人将大批部队经过欧洲的庞大的铁道体系从这一战场运到那一战场的能力还不能做出估计，对我们的舰队和各式各样的登陆舰艇的情况与规模还不知晓，那么，他们对这种作战行动的确不可能说出有用的建议。

[我们有两名共产党议员，其中的一个在这时插口说道："这种说法也适用于斯大林元帅？"]

因为我们知道英国共产党员一直是个旁观者，所以我们不应该听从他们在这一类的问题上发出的建议。当我们的命运到了生死的关头的时候，他们不会关心我们。因为我们的朋友和同盟者和我们一起为共同事业争取着胜利，所以我们听从的所有建议将是他们说出来的。下院可以完全相信，不管是什么无知的煽动或者压力都不会让英王陛下的现任政府在这类问题上摇摆不定，或者被它压制住。不管是多么持之以恒的煽动，或者施加的压力的目的是多么的纯良，我们都有很好的判断力，不会因为压力和蛊惑而出尔反尔，在战斗中去做规模巨大的动作，来求得在政治上有一致的建议，或者是在任何方面赢得掌声。大家必须要清楚地知道这一点，这场战争对大不列颠和美国来讲，一些最为冷酷无情的战斗还在后面。面对这种严峻的形势，下院和政府是绝对不会后退的。为了共同的事业，就算损失了所有我们也在所不惜。

罗斯福总统和我面临着最困难的问题就是对于意大利该做出怎样的决定。这就像读者在前几章中看到的那样，我曾经为了实施这个决定而尽心尽力，要与意大利国王和巴罗格利奥元帅进行交流，对他们是共同的对德交战国表示认同，而且还要给他们这样的条件。这一次，就跟达尔朗海军上将事件一样，那是发生在一年以前的事情了，还是那一类人兴奋起来了。可是我在这个问题上，却有更加充沛的说辞。

我们可以稍稍地对意大利政府行为作一下权衡和判定，意大利国民确实对他还是承认和赞扬的。希特勒先生是一个有高见的裁判员，他使我们相信，他在这个问题上认为意大利做的动作是非常不忠诚的，而且还是卑劣的。其他人可能认为，当以墨索里尼为首的法西斯党徒成为长久以来一直珍惜意大利自由事业的英帝国的敌人时，他们的行为已经划到了背信弃义和忘恩负义的行列，他们使用蛮横霸道的权利去击打风雨飘摇的法国,就是为了得到物质利益。这的确是有罪的行为。尽管这种罪行已经无法弥补，尽管那些民族一定要为此受到严厉的惩罚，因为他们任由暴君损坏它们的权利与自由，所以他们要承担那些暴君犯错后的后果，然而我却不得不承认，在这个关键时刻，意大利做的动作是符合当时的人情世故的，但愿这最开始的做的动作都是一些自我赎罪的动作。

意大利人民已经遭遇了苦难，而且还是巨大的苦难。他们的子弟在非洲和俄国散落着，遗弃在战场上的是他们的士兵，他们的财富被糟蹋掉，他们的帝国已经不复存了，连挽回的机会都没有。如今，德军后卫部队一定要把他们美丽的家园变成战场，在后面还有更加严重的灾难等着他们。在希特勒的愤怒和报复下，他们还会受到掠夺和恐怖统治，但是，因为英帝国和美国军队向意大利进军，会把意大利人民从奴役和屈辱地位中救出来。他们经过一段时间后，就会在现代世界的自由的民主国家中获得他们应有的地位。

当我说到意大利是这样的情形时，难免不会有人提出质问，而且还是很适宜的质问，“德国人民也能适用于你这种观点吗？”“形势不同。”我是这样说的。在我们的一生中，曾经两次，如果算上我们的父辈的话则是有三次，德国人把世界放进了战争中，他们的目的就是扩张与侵略。他们把军人和奴隶的特点极其狠毒地组合在一起，而他们自己不会很珍惜地看待自由，当看到别人拥有自由就产生怨恨。只要让他们强大起来，他们就会找寻牺牲品。领导他们寻找牺牲品的人，他们会以严格的纪律跟着他。德国的普鲁士是多次发生瘟疫的源头，它是德国的心脏，但我们不能跟这样的民族打仗。要打仗我们也要跟暴政战斗，我们要把自己保存起来，避免被消灭掉。我坚信在这个世纪的四分之一里，英、美、俄三国人民曾经因为条顿民族的追求霸权，遭受过两次无法估计的消耗、危险和生命牺牲，所以这次他们一定会做点动作，使得普鲁士或整个德国再也无法带着蓄谋已久的报仇雪恨的心理和长时间谋划的计策来对让他们发起突然攻击。我们必须把德国生活中的两大因素——纳粹暴政和普鲁士军国主义完全摧毁掉。如果第三次战争不会在欧洲和全世界开展，那么一定要将上面讲到的两个因素连根拔起。

伯克曾经说过，“我不晓得怎样拟定一个状纸，一份控告一个民族的状纸”，在我看来对于他的这种说法是否得当而引发的争吵，都是一些废话，一些没有意义而且愚昧不堪的废话。如今我们需要对纳粹暴政和普鲁士军国主义，这两个显然而且具体的目标发起战火。我们每把枪的准星都对准了它们，每个愿意战斗的人都行动起来了，他们去攻打它们。我们给自己增加繁重任务或者给我们的士兵加重负担，是完全没有必要的。如果那些经受威逼利诱的卫星国家能提供一些帮助，把战争的时间缩短的话，或许可以让它们将功补过，以赎它们的罪孽。但是一定要把我们经受的纳粹暴政和普鲁士军国主义给消灭掉，因为这是祸患的孪生根源。只要能达到这个目的，不管要我们做出多大的牺牲，都义无反顾。哪怕让我们上刀山下火海，决不推辞。我还要再加上一句话，那就是现在的我已经步入晚年了，也已经能对国家大事起到些作用，所以我愿意发出这样的声明，如果不出意外的话，这场战争的时间我一天也不会加长。而且我希望在英国人民因为胜利的呼唤而把规划世界前途的重大责任分担一些时，我们将摆出我们态度，那种在生死关头显现出来的沉着冷静的态度。

以前，我思考过要在我的演说中提出一个警告，一个重要的、明确的警告，我觉得应该这样做。把这个点明——无人驾驶的飞机或火箭将要对我们发起攻击。很早以前，也就是在事情将要发生以前，就提出警告，并且还在公开文件中把这一点记进去了，这种做法终究谨慎些。尤其是在这种时候——袭击的规模与严重性很难预计得到，就更应该这样做。

不管在什么情况下，我们绝不会让我们的努力被这些占有优势的局面给削弱，或者让我们想象已经度过了危险，或者想象战争马上就要终结了。与之相反的，我们一定要想到，那个凶恶的敌人如今正被我们使劲地打击着，他们会报复，甚至会作出任何疯狂的举动加以报复。德国的领导人在谈话中都有一种暗示，这种暗示很秘密，那就是他们不久将试用新方法和新武器来对付我们，而这是从希特勒就有的。敌人散播这种谣言当然是为了激励他们的人民，这根本不值得见怪，但怕的是它的用意不仅仅是这些。举个例子来讲一下，现在我们已经受到了一种新型的空投炸弹的袭击，敌人已经开始用它来攻击我们临近海岸行驶的船舶。这种炸弹可以说是由火箭推动的滑翔炸弹，它发射时的高度一定要很高，然后他会瞄准目标，很明显这是由航空母舰引导的。如今德国人非常可能正在研发新式武器，他们希望用它来把我们打伤。与此同时，从某个角度上来讲，也能把他们每天从我们受到的损伤给填补起来。在我们的能力范畴内，对上面可能发生的事情，已经时常保持警觉了，而且还费了很多力气去研究它，我只能向下院担保这些。

* * *

我对意大利的政局，和那个遭逢不幸的国家中残忍的现实——内战在蔓延的看法，简单地说了一下。

自从被伞兵救出后，墨索里尼就逃往德国，他试图要建立一个吉斯林式的政府，并且想要凭借德国的武力，再一次给意大利人们的脖子上套上法西斯式的枷锁，这个问题一定会引发意大利的内战。一定要在意大利的合法政府的周围把意大利国家生活中的所有残存力量联合起来，与此同时，还要让意大利国王和巴罗格利奥元帅被所有的自由主义分子和左翼分子拥护，这样做都是为了普遍的利益以及意大利的利益。只要这些自由主义分子和左翼分子能抗衡这些法西斯党徒和卖国贼的组合，这样就能创造一些条件，一些能够有助于把这些凶残的组合驱逐出意大利境内的条件，或者用最好的方法把它们干掉。现在的我们要对意大利进行救赎和释放。["你不能使这样的事情发生——在那些变节者的领导下意大利人民站起来战斗。"一位议员插口道。] 我猜想，这位尊敬的议员可能还没完全想到这是一个艰巨的任务，而现在最为重要的是如何减轻我们的士兵在这个任务中的负担……政府的确打算这样做，使用这个计策来激发所有可能使用的力量，用它们来抗衡德国人，并把他们驱逐出意大利。因为在这个问题上不放心——我们有不同的意见，就不做动作，这个我们是不会做的。

全体一致的原则不是英国议会的基准，全体一致的原则也不是民主国家的议会做事的准则。它们要做动作都是遵照大多数人的表决作出决定的。这就是它们的行事风格。现在的我们为了抗衡德国人和墨索里尼—吉斯林—法西斯党徒三者的组合，正努力地把意大利内部最坚强的力量联合起来，我希望这些能够很明了地展示出来。

最后一段话，虽然我说的不太客气，但是是大实话：

要想具有灵活性，最好的办法是准备三四个计划，而且还要对一切的细小的无关紧要的事情做好详细的规划，以便于应对所有可能出现的意外情况。然后在看清楚形势的情况下，就能轻而易举地从一个计划转移到另一个计划。

下院被这些论证说服了，所以，任何有力度的刁难就没有被提出来。

*　　*　　*

财政大臣就在我发表这个长篇大论的这一天，突然之间离世了，我和我的同僚们经受的这个损失，很严重也很意外。在22日早上，我一睁开眼就听到这一消息。金斯利·伍德在近几年来，已经是我亲密朋友中的一个。他1938年加入空军部，后来我们为了同一个目标而共事。我百分百的支持他，毫无疑问，他也做出了很珍贵的贡献，而他的贡献是在这方面——能够让皇家空军在应对1940年的巨大灾难时做好准备。自我奉命出来组织联合政府开始，财政大臣的职务始终是由他担任的，而且还有很显著的政绩。他的第三次国家预算案，收支平衡，英镑的数目达到57.5亿，战时财政所有最全面的原则它都与之相符。一半的收入是出自税收，我们有很低的贷款利率。在第一次世界大战期间，我们用的“抵押加百分之六利息”的口号，再也不用了，然而，在战争迎来第五个年头的时候，便顺利地借到了一笔为数不少的钱，平均利率仅为2%。和战前水平相对比，在生活上花费的钱有所增加，但是没有超过30%。在金斯利·伍德离世的头几个星期里，他没日没夜都在想着“量入为出”的这个原则性问题。在那一天，他还期望着在下院因为这个问题发表些言论，而他就在那一天离世的。在1940年的时候，我曾经要求他资助一下那些在闪电战中有损失的人们，这些人中有个人的，也有商业住宅的。他依据他想象到的一种万全的保险计划去达成我的要求，那效率非常的高。当天，也就是在下院开会之前，我用了几小时来写了一份诔词，是用来追悼他的，这篇诔词已经被放进记录中。

我觉得约翰·安德森爵士继续担任这个职位再合适不过了，因为在那时他任命的职位有枢密院议长、最重要的内阁委员会主席，还兼任我国参加“合金管”工作的首席代表。约翰·安德森曾经担任过国内税收大臣，并且做了十多年的内政大臣。但是他不是在任何一个部门才有了这么宽广的眼界。他虽然在爱尔兰的动乱中，接二连三有生命危险，但是却镇定自若。在他任职孟加拉总督的时候，有人想要杀害他，他仍能处之泰然。他的看法既灵敏又有力，他还有坚定不移的意志，而且他还有各种广泛不同的职务的长期经验。9月24日，他的任命宣布了。

*　*　*

在返航途中，达德里·庞德爵士时常待在舱房中不出来，我除了与他在甲板上聊过几句之外，基本没怎么见过他。他在前往伦敦的途中，在火车上给我写了一封正式辞去第一海务大臣的信。当他在华盛顿时候，病情有所加剧，我就已经给他解除了这个沉重的职务，不过对于由谁来继任他的职务的问题，还需好好考虑。海军上将安德鲁·坎宁安爵士在地中海的各次战役中都获得了威望，算是一个很突出的人选，因此获得海军大臣亚历山大先生的推荐。不过，很多事情都在向前发展，并且各项战役也在发展，在这样的情况下，他可能很难离开战场。我先想到请弗雷泽海军上将担任这个职务，因为他担任本土舰队总司令的时候，在海上获得了极高的威望，而且他长期负责海军部的行政事务和参谋工作，积累了丰富的经验。弗雷泽海军上将的答复是，无疑，他会为他调遣到的任何地方服务，但他认为最佳人选还是安德鲁·坎宁安。他说："我获得的信任来自我自己的舰队，这我相信，而坎宁安享有的信任却来自整个海军。"他让我再仔细考虑一下这件事，我对他说，我认可他的态度。于是，我在反复思考与商谈后，听从了他的意见，决定认真对待更换地中海作战指挥官这一重要问题，因此，我们选择了安德鲁·坎宁安海军上将。他的职位由他的副司令约翰·坎宁安海军上将继任。直到今天，人民大众和海军界还不知道达德里·庞德爵士患病的事，当我在10月4日，发布以下这封写给庞德的信时，等于宣布了这项人事变动。这封信的内容如下：

我们在战争中共同走过的四年，因为你的身体不适，感觉无法继续承担此任而画上了句号，我为此感到十分难过。我知道，你在海军部和参谋长委员会任职期间，对我们国家的安全和军事上的胜利做出了价值不菲的贡献。你在海战的各个方面摄取了广博而精湛的知识；你坚忍不拔的性格令你走出忧虑与灾难的困扰；你足智多谋又从容不迫，使你化险为夷取得胜利。因为你所有这些优点，使你成为皇家海军历史上第一个令人难忘的第一海务大臣。

现在地中海的支配权，已实实在在掌握在我们手中；意大利的舰队在马耳他岛港内已向我们投降；更主要的是，在这次战争中，潜艇的危险已经被降低到前所未有的程度。在这样的时刻，你却不能与我们同在。对于你的国家来说，这些结果收获的价值是不可限量的，而你所做的杰出贡献，使你声名远播。

一次更严重的中风，令庞德全身瘫痪，他仅活了两个星期就辞世了。我最后一次见他，是在他已经不能说话的时候，虽然他那时神志清晰，但身体大部分已经不能动弹了。在我握着他的左手向他告别的时候，他也紧紧握住我的手，这种力度实在令人很吃惊。无论在海军部还是在参谋长委员会中，他对我而言，都是一位忠实的战友。10 月 21 日，正好是“特拉法尔加纪念日”[①]，而当天也是他去世的日子。

弗雷泽海军上将重返斯科帕湾，回归了他的舰队，到这一年年底，他创造了伟大的成就。他乘坐自己的旗舰出海作战，在一次正面遭遇战中，将德国的“沙恩霍斯特”号战斗巡洋舰击沉。这对海军来说是一个极为光荣又富有重大意义的乐章。在这之后，我在伦敦与他相遇，并让他回忆了下边这首有名的诗句：

在我们充满骚乱的岛国故事中，
不仅出现一次或两次，
对工作忠心耿耿的人们，
最终会获得荣耀。

据我推测，这位海军上将从未听过这些诗句，因此显得有些兴奋。我倒希望他把这首诗当作我专门为他即兴创作的。

* * *

① 特拉法加角位于西班牙西南端，与直布罗陀海峡为邻。1805 年 10 月 21 日，英国舰队在这个角的附近海面将法国舰队打败。——译注

写到这里，我还没有具体交代我与美国或葡萄牙的往来的内容繁多的电函。亚速尔群岛具有十分重要的地位，而英美小型舰队和空军想使用这个群岛，因此我们就这个问题，通过电函达成一项协议。我们圆满解决了一切问题，因此我在10月12日向会议报告了我们的最终结果。为了让下院议员听清1373年这个日期，我说话时语调不敢有波动，而且还稍微停顿了一下。我说，“1373年，我国的英王爱德华三世陛下和葡萄牙的国王斐迪南德暨王后埃莉诺签订了一项协议，我想向下院宣布的一件事，就是源于这份协议。”大家听到这个日期感到很惊讶，他们开始认真思考起来。我想，这种延续了很长时间的两国关系，过去在英国的日常外交事务中就没有详细说明，将来应该也不会详细说明。

接下来，我又说到“这一条约”，

又由多种形式的条约，包括1386年、1643年、1654年、1660年、1661年、1703年和1815年的条约，还有1899年的秘密宣言作为补充。在向现代迈进的那一段时间，1904年和1914年两次与葡萄牙签订的“仲裁条约”则承认了这些古老条约的效力。1373年条约的首条如下：

“首先我们确定签订盟约，从今往后，在友情、联合、同盟以及具体行动上，我们将保持……真实、忠心、永恒、互助、持久以及真情实意。从今以后，我们相互之间结为真正的、忠实的朋友，对方的朋友就是我们的朋友，对方的敌人就是我们的敌人。而我们的海军和陆军为了对付一切可能活着的，或是死去的敌人，彼此之间也要相互帮助、相互维持，相互支援。”

这一条约创下了世界历史纪录，因为它到现在，已经有600年的时间了。现在我要宣布它在近期的作用。在这次战争开始时，葡萄牙政府采取了中立政策，因为他们不想让伊比利亚半岛卷入战争，而他们这种行为也获得了联合王国英王陛下政府的一致同意。葡萄牙政府曾多次表明上述政策不会违背英葡同盟条约，而且在战争初期，也曾再次保证对同盟条约的维护。他们最近一次表明是在4月27日萨拉查博士的演说中。

现在，按照这个古老的条约，联合王国英王陛下政府已向葡萄牙政府提出要求：为便于我们更好保护大西洋上航行的商船，葡萄牙要在亚速尔群岛提供某些有利的援助。葡萄牙政府接受了我们的要求，接着两国政府讨论了各种办法，以便能即刻发挥作用：(1)联合王国英王陛下政府使用上述岛屿的要求；(2)对于葡萄牙的武装部队和他的国民经济，英国会提供必要的物资供应。这项协议表明，英国只是暂时使用亚速尔群岛上的设备，它对葡萄牙政府保持葡萄牙的领土所有权没有任何威胁。

* * *

煤炭供求紧张，战斗部队缺少人力，还有各政党之间对煤矿国有化的问题一直没有解决以致造成的潜在危机，都成为影响煤矿形势的因素。因此，第二天，我必须向下院就煤矿形势问题展开长篇演说。人们对煤矿国有化的问题，一直争执不下，而我所关心的却是全国团结一致的问题。

在我看来，如果我请下院在没进入深入探讨之前，就关注我们现在遵循的一般基本原则，这也许是有好处的。国家面临的重重困境，是各政党在很长一段时间内所做的事情以及安于现状的态度造成的。而现在，我们有了一个全国的联合政府，它使我们团结一致帮国家摆脱忧患，走出困境。因为这十一年以来，我并没有关注这件事，所以我能占据一个有利的地位。目前进行的战争，使我们团结在一起，因此我绝不会提出不礼貌或是不合理的要求，例如要求社会党人士或自由党人士或是工党人士放弃他们的信仰。

我们将所有注意力集中在外界事物上，并且因此而凝聚在一起。“不管战争是否会爆发，我们都要以战争为准则，凡是与战争无关的事情，都无需争论。”这是我们奉行的原则，也是我们的态度。一切以战争为借口，通过某些手段间接实施社会或政治性变革，并带来较大影响的行为都要被制止，这一点我们要注意。就拿煤矿国有化的问题来说，我绝对敢说这些话。上次大战结束后，国家对铁路的管理经验使我感受良多，那种管理制度，不但不能服务大众，更好地维护股东的利益，还引发了最为危险和恶劣的罢工，引起我很长一段时间的关注，因此我推崇铁路国有化。我曾表示，要想让人人都接受国有化原则，就应给予人们一定的补偿。大家在乎的是相比私人经营和竞争，国有化是否能为整个国家事业带来更多利益，而不在乎道德上的正确与否。煤矿国有化是一项十分重大的事情。如果事实证明，它是我们获得战争胜利的唯一法宝，或是得到下院和相关大臣的支持，而这名大臣又深得民心，那么就能避免人们对这件事情的诸多议论。如果不行，我们就要举行一次大选，这样才有正当的理由推行国有化，但目前举行一次大选实在不是件容易的事……

我听说，矿工们一直担心，战争结束后，他们不知道自己和企业的命运会何去何从，我很理解他们的想法。在上次大战后，他们经历了惨痛的教训，这种教训长期以来让他们深陷痛苦。而且他们一直认为采矿是一种谋生手段，由于这次经历，使他们这种观念也受到了影响。我不否认这种担心的存在。我们每个人都可以躺在床上清楚地想一想，如果我们在战争结束后也会回想起那种噩梦般的情景，让我们心生畏惧，那么每个人到时候都会抱有忧愁和困扰。不过，对于我来说，我会认为和平时期比战争时期要好得多，因为我一直持有乐观态度。而且我希望，我们能维护好这个时期。在上次大战期间，我一直担当重任，那次战争结束后，几乎每个人都想肆无忌惮一番，令国家差点陷入失控的境地。凭借上次大战的经验，我们在这次大战中收获良多。相比过去，我们能收获更好的作战成绩也得益于上次的经验。上次的和平时期发生了一些惨重经历，令我们从中充分吸取到教训。我们现在得以改头换面，是因为吸取了当时的政府付出极大代价换来的经验，因此相比上次，这次我们会更有秩序，更有纪律地完成从战争到和平的过渡。我说这些话，并没有谴责当时政府的意思。

不过矿工们对他们的命运确实十分担忧。英王陛下政府向他们保证，在议会对这个企业的未来结构做出定论之前，战后会一直保留现在的管理制度以及任何可能采取的变革。这说明，煤矿企业在现阶段，制度上不会发生任何决定性的变化，而且也会对其中包含的继续就业、工资和利润限制等问题继续提供保障。等各大政党协商之后，或是举行大选由人民自由选择政治理论和政治领导人之后，再解决这件事情。就这一方面，我希望获得大家的共同努力。

今天，我能重新回忆这份在当时缓和了紧张情绪的演说，感到十分开心。

* * *

最后，在10月28日，我还要筹划一下重建下院大厦的事情。我一生中大半时光是在下院度过的，可是一枚炸弹偏偏把这里炸成了一片废墟。现在，我有对事物进行永久规划的权力，因此我决定在斗争允许的条件下，尽快重建下院。我准备重新规划英国下院的建筑形式，使它在很长一段时间内符合两点原则：第一个原则是下院不能是半圆形，而必须是长方形；第二个原则，就是下院中只设置三分之二左右的议员席位。议会同仁们支持我的主张，艾德礼先生也给予了我真诚的帮助，不过外国人长期以来却对此疑惑不解。我在这里再解释一下。

但凡议员们经验丰富，并且经过仔细考虑，就一定会支持和赞同下院建筑包含这两个重要特色。首先，为什么它的形状不要半圆而要长方形的？这对我们政治生活来说是有好处的。政治理论家们最喜欢半圆形的议会会场，因为每个人或每个集团能围着它的中心移动，根据政治气候的不同，可以表现出不同的态度。我曾目睹集团制度使许多认真而蓬勃发展的会议无法进行下去，因此我绝不拥护集团制度，只对政党制度忠心耿耿。而政党制度则是长方形会场的受益者。一个人从左边移动到右边，从各种等级的人面前经过而不被察觉，是很容易的，而要想从一边的席位移动到对面的席位，就要认真思考自己的行为了。这种艰难处境，我经历过不止一次，应该说是两次，因此我在这件事情上最有发言权。经验比思维认知对人更有指导意义。许多国家之所以建造了半圆形的议会会场，就是从思维认知中得出的。半圆形会场能容纳所有会员入席,还有既可供他们写字,又可供他们敲打的桌子。我们在议会的故乡与发源地了解到它的真正含义后认为，议会政治的毁灭来源于推理。

根据下院形状所建议会会场的第二个特征是：它空间小，不足以容纳所有议员，也不会为每名议员保留单独的席位。对于置身事外的人来说，他们在很长时间以来，一直对造成这种特征的原因迷惑不解，甚至新议员也会对此产生好奇或是不好的评论。但是如果你从实际角度出发进行观察，这个也不难理解。如果下院有能容纳所有议员那么大的空间，那人在进行辩论的时候，十有八九会感觉自己完全置身于空旷或半空旷的会场中，气氛冷清，毫无生气。在下院，一篇好的演说特点是什么？就是要具有谈话式风格，使人能轻松地插上话，进行非正式的交谈。而在演说中，最不好的方式就是用长篇大论来代替谈话式风格，因为缺少谈话，很多重要的事情就无法解决。谈话式风格要在重要场合下进行，并且空间不能太大，要给人一种拥挤和紧迫感。而且还要让人觉得，下院不但讨论了很多重要问题，而且还在那儿及时解决了这些问题。

这个问题，不管怎样，也按照我的想法解决了。

* * *

我想到，既然我们已经看到了最后胜利的曙光，即便生活很忙碌，在胜利到来之前，我们也应该将随之出现的一些问题仔细研究一下。我曾经就这些依稀出现在我们面前的问题，为我的同事们拟定了两份备忘录，我将它附在下边，作为本章的结尾。

战争时期——过渡时期——和平时期

首相兼国防大臣的备忘录

1943年10月19日

1. 为方便处理战争结束时我们面临的任务，英王陛下政府应该做好筹备工作。需要立即做的是：

(1) 为复员制定完善的计划。我们必定要在敌人的领土驻扎一定数量的军队，此时也应将这件事情考虑在内。

(2) 供给本岛居民的粮食，应该超过战时规定的标准。

(3) 出口贸易应重新开展，我们的商船队也要恢复。

(4) 应将工业从战时生产转为广泛的日常生产，并且还有重要的一点，就是在过渡时期，为身体健康、有就业意愿的人提供就业机会，退伍军人应优先考虑。

现在，不管粮食和就业问题是否会涉及立法手续，也不管它们是不是会引发争论，我们都必须为解决战后几年内这两个最高目标，做出定论。

2. 各相关部门和委员会已经完成了很多工作，我们一定要注意，避免政党政治干扰和隐瞒这项紧张而又实际的工作，也避免无限期地讨论建立新世界秩序的长期计划将它延误。

3. 实际上分为三个阶段，那就是：

(1) 战争阶段；

(2) 过渡阶段；

(3) 和平与自由阶段。

为过渡时期做好一切必要准备，是本届政府和议会应该尽到的责任。我们应该认真对待，以便更好履行自己的责任。在过渡期间（一切准备工作到时将会完成），为让选民对我们在战后和过渡时期之后所采取的社会形式表达自己的意愿，大选应尽快开展。

4. 这次竞选是按照联合政府下属的各个政党，通过协商制定出的纲领来进行，还是由下院支持率最高的党领袖在选民面前提出自己的纲领来竞选，这我还不清楚。但是，不论用哪种方式，都有可能会公布一个“四年计划”。所谓“四年计划”，不但要实行过渡时期必须要实行的多项重要的行政举措，而且还要实行一连串关于发展和改革的重要决策。而这些关于发展和改革的决策，不论从哪个角度来看，都对我们战后和过渡时期之后的社会形式起创造性作用。可见，新议会还有很多事情可做。

5. 与此同时，还有一些与教育、社会保险，以及重建被毁坏的住宅和城市等问题相关的政策，已经或准备获得广泛而一致的认可。当前，正处于战争时期，我们应该为这些政策做好准备工作，并且为了在过渡时期的初级阶段就能实行这些政策，还要通过任何需要的初步法案。

6. 与德国之间的战争结束后，与日本的战争还需要多长时间？这点目前还很难预测。或许，将过渡时期确定为德国战败之后的两年，或是 1944 年 1 月 1 日以后的四年，这样能稳妥一点。但不管哪个时期先结束，我们以此为依据进行工作。

* * *

一个月之后，我决定指派一位建设大臣，过渡时期的所有计划，都会围绕着他的办公地点进行。伍尔顿勋爵在协调与推进各相关部门行动上的能力与经验，在各个方面都得到显示，他在指导粮食部工作的时候，获得了人们的普遍满意和认可。11 月 12 日，伍尔顿勋爵上任了。

第十章　与戴高乐将军的对立关系

戴高乐运动的最高阶段——法兰西民族解放委员会的组建——对委员会的认可问题——罗斯福总统如何看待局势——我写于7月13日的备忘录——我企图说服总统在一定范围内给予认可——他提出另一个合作建议——我们在魁北克对形势问题展开辩论——决定给予程度不高的认可——戴高乐和吉罗继续争权夺势——成立自由法国协商会议——戴高乐成为法兰西民族委员会独一无二的主席——叙利亚发生的暴行——一年来与“自由法国”的关系没有进展

我经常督促美国人接受戴高乐将军，是因为我们想促使驻阿尔及尔的各党派法国人团结在一起。为使我们两国促成这种政治局面中的一个领导者，我们付出了很大努力。但是在1943年的夏季，英国政府和戴高乐的关系越来越坏。自从法国事务被一种紧张的气氛笼罩后，戴高乐受这种气氛的影响变得比以前更加不友好，这主要因为克拉克——达尔朗协定的签订和吉罗的出现。最近这几个星期以来，戴高乐由于受到诸多支持者——来自盟军控制下的突尼斯——的支持，地位已经愈加稳固。从法国首都传来的消息，表明他享有广泛的声望，而秘密的中央委员会在当地成立，则表明了戴高乐运动的高涨。基于这种情况，吉罗同意在北非会见他的对手。

戴高乐于5月30日到达阿尔及尔，之后双方展开谈判。为方便管理“战争法国”的事务，这次谈判的重点在于成立一个统一的临时委员会。在谈判中，他们两人言辞犀利，针锋相对。而谈论的重点主要涉及三个问题：吉罗想掌控民政和军事上的最高权力；戴高乐坚持要求使“战斗法国”的主权得到正式认可，而这种做法必然违背1942年11月达尔朗和马克·克拉克将军所签协议的条例；还有现任北非核心职务的前维希政府行政官的问题，特别涉及诺盖、佩鲁东和布瓦松等人。直到现在，戴高乐都没有原谅布瓦松，因为1940年，布瓦松在达喀尔发生的事件，使他成为其中的重要的目标之一。

阿尔及尔的形势，在接二连三的激烈谈论中变得越来越紧张。6月3日下午，双方终于达成了一致意见，并成立了一个包括吉罗、戴高乐、喀特鲁将军和乔治将军在内的法兰西民族解放委员会。戴高乐委员会的某些成员也加入其中，因为自从戴高乐离开伦敦前往北非，这个委员会就解散了。这个新委员会没有前维希政府任命的地方长官，直到战争结束之前，它一直都被看作“战争法国”及其帝国的中央临时政府。

* * *

读者肯定没忘，当他们谈论关于法国的发展问题时，我正在北非和马歇尔将军与艾森豪威尔将军开会。我在离开北非之前，曾邀请新委员会的成员们中午一同用餐。我接到罗斯福总统的电报是在回伦敦之后了，他在6月5日的电文中表达了自己的担心。他说：“我的意见是，不管怎么样，北非都在英美的军事统治下。基于此种原因，艾森豪威尔要服从你我的命令。那位新娘显然应该记得，一场战争远还没有结束。我们英美的新闻机构怎么不起作用了？我们只听到新娘的宣传。那件让我们双方都受困扰的问题，希望你能早日解决。”

在给罗斯福总统的答复中，我向他阐释了阿尔及尔给我留下的印象：

前海军人员致罗斯福总统　　　　　　　　1943 年 6 月 6 日

1. 星期五（6 月 4 日），法兰西委员会的全体成员受邀与我们共进午餐。他们每个人看起来都是非常友好的。乔治将军是我的一个私人朋友，他是我在一个月之前，想办法从法国接来的，他是吉罗的主要支持者之一。据我了解，这个委员会是一个所有成员都拥有权力的机构，我们可以安心和他们一同工作，这样粗鲁无礼的戴高乐，就将成为五对二中的少数，或者处于完全孤立的境地。

2. 我和“战争法国”的领导人戴高乐之间，通过 1940 年的信件来往，到后来的某些其他文件的来往正式开始联系，现在这种关系因该委员会的成立而宣告完结。我提议，在必要的情况下，将包括财政和其他方面的联系，交由整个委员会处理。我认为，我们应该先观察一下他们是如何处理他们自己的事务，或是怎样展现自己的，然后再决定他们能在多大程度上代表法国，尽管他们在接受武器和物资供应方面让人觉得可靠。麦克米伦和墨菲作为同事，合作得非常愉快，掌管最高和最后权力的艾森豪威尔，将会不断收到他们俩提供的详细报告。

3. 我坚决反对解除布瓦松的职务。

* * *

戴高乐不同意法国部队的最高统帅由吉罗担任，因为吉罗希望法军在北非能保持完整，并不愿使他们受到“自由法国”的影响。他们之间的激烈争执无法停止。美国看到戴高乐对军事指挥表现出的态度后，更加不信任他，并且开始讨厌他。

罗斯福总统又向我发来电报：

罗斯福总统致首相　　1943年6月10日

以下电文是我刚从墨菲那里收到的：

“今天下午吉罗跟我说，在今天早上举行的法兰西委员会会议接近尾声的时候，戴高乐公开表明，他要担任拥有内阁机构中陆军部长职权的国防长官一职。他与艾森豪威尔、麦克米伦和我，在谈论他的目的时曾说过一些话，现在他在违背这些话的基础下，又要指挥没有积极参加作战的法国部队。吉罗绝不会交出法国部队的指挥权，他坚持任命乔治将军为国防长官。喀特鲁提出一个非常不错的办法，也算对戴高乐提议的一种妥协。吉罗跟我说，如果委员会在这个问题上获得的票数比他多，他绝对会退出，然后向英美政府和法国人民公开戴高乐的野心造成的不公。暂时，我不会采取任何相关行动，先等待吉罗借机与委员会的其他几名成员就此问题讨论一番。”

麦克米伦向我发来的电报也说到了相同的内容。能干脆利落地达成协议，才是我最迫切的希望。

首相致哈罗德·麦克米伦先生（在阿尔及尔）　1943年6月11日

由于我们对我们需要接受的对象还欠缺了解，因此根本不能考虑直接接受他们的问题。请看《马太福音》第7章第16节：“荆棘上不可能结出葡萄，蒺藜里不可能长出无花果。要想认出他们，看他们的果实就可以。”的确，整章都具有教育意义。

你在等待机会，并给戴高乐机会，使他恢复理智，看清他周围的力量，这是十分恰当的做法。他想得到不偏不倚的对待，就应该先不偏不倚地对待我们和法国。

罗斯福总统却没有如此耐心。

罗斯福总统致首相　　　　　　　　　　　　　　　　1943 年 6 月 17 日

今天我给艾森豪威尔将军发去一封电报，以下是电报的大概意思：

“在我们对北非实行军事占领时期，法国陆军只能接受盟军最高统帅指挥的任何机构的控制，如果超出这个范围，我们则不能容忍，这就是我们政府的立场。只有完全值得我们信任的人，我们才会选择，只有我们相信法国陆军愿意与我们在军事行动上达成共识，我们才愿意继续武装这支军队。如果法国陆军自认为在法国人民主动选择自己的政府之前，会成为法国的统治阶层，那么任何政府和委员会的成立，对我们来说都是没有意义的。等我们以后进入法国，盟国自然会有一个管理民政的政府计划，它将会完全适用于法国主权。最后，我必须直截了当地指出，我们在北非和西非已经实施军事占领，在做出任何民事方面的独立的决策前，必须要征得你的全部认可……”

*　*　*

我为盟国与“自由法国”之间的全部发展感到担忧，因为罗斯福总统在这些电报中，对戴高乐在阿尔及尔的所作所为，表现出越来越多的敌意。如果美国人将戴高乐看作影响战后法国发展的主要力量，他们也许对任何临时的行政机构都不予以承认，看来他们已经走到了这一步。我认为，我们不但要保留新的临时委员会，而且也要消除美国人在军事问题上的担忧。

前海军人员致罗斯福总统　　　　　　　　　　　　1943 年 6 月 18 日

……对于现在就将七人委员会解散或禁止该委员会召开会议的做法，我表示反对。在我看来，艾森豪威尔将军按照你的训令发布命令，然后墨菲和麦克米伦使用各种适当的手段使命令得到实施，这才是最好的办法，而且这种办法也会受到英王陛下政府的支持。

也就是说该委员会有两条路可以走，要么顺应多数人的意见，接受我们的决定，要么对拯救他们的两大国家，表示坚决地反对。他们中的多数人很可能会接受我们的决定，如果是那样，那么戴高乐和其他反对者们是顺从还是辞职，就要由他自己做决定了。如果戴高乐辞去职位，将会遭受舆论的谴责，此时，为防止他制造纠纷，我们必须采取必要的行动；如果他服从安排，以后也许我们还会遇到更多困扰，但这总比解散一个让盟军和法国寄予较高希望的委员会要好得多。我们不应该为了军队的安全来规定必要的条件，而让戴高乐承担这个责任。不管怎样，最聪明的方式就是先尝试一下这种办法。

* * *

美国对北非的法国政治局势的态度，一部分受到了军事需要的影响。盟军准备登陆西西里岛，在这种背景下，戴高乐引发争论，而他挑起有关法国最高统帅部的争端，也是在这个紧张的时刻。不管过去英国政府和戴高乐之间达成哪些协议，我们与美国之间的关系，决不能被这些协议破坏。

我于 7 月 13 日，就美国对法政策的发展问题，为我的同事们拟定了一份文件。我说：

长期以来，将美国人在西北非培养的法国人士与伦敦的法兰西民族委员会，特别是吉罗将军和戴高乐将军，团结在一起，才是我们的目标。我本以为，我可以在卡萨布兰卡会议上做出好的计划。但是我的同事们想得没错，这项计划由于戴高乐将军的离谱行为而宣告失败。从那以后，罗斯福总统对吉罗将军在北非的军队进行了大规模的武装，现在，他将注意力放到这些军队的行动和指挥上。在此期间，戴高乐不断指使伦敦和布拉柴维尔的机关报，还有他在英美新闻界的支持者批评美国的政策。这无疑激起赫耳先生还有罗斯福总统强烈的愤慨。

基于这些原因，我们坚持认为应该让戴高乐成为伦敦民族委员会中的一员，这是很关键的一步。不过现在，这一步已经实现，那么他就应该与阿尔及尔分子在民族解放委员会中联合在一起。这个委员会在经历了一些危机和挫折后，不再以吉罗和戴高乐为界限来划分明确的派别，因为非军事人员逐渐增多，并有机会施展自己的才华，使该委员会逐渐向集体性质转变。这是一种健康趋势，我们应任凭其发展。如果事实表明，在未来的几个月中，戴高乐和他派别中的人，没有主导解放委员会，并且还能遵守委员会的规矩，与其真诚合作，那么罗斯福总统可能会从某种程度上接受这个委员会。这个结果不是轻而易举或是短时间内就能获得，因此在此期间，我们也要考虑应该采取哪些措施。

我在解放委员会成立时，立即将以前与戴高乐将军商定好的一些协议交由该委员会接手。这种手续必须继续办理，这样，我们才能在关于财政、宣传、叙利亚和其他的法国属地，还有对法国武装部队的控制等问题上，找到谈判的对象。据外交大臣说，我们曾通过一项法令使戴高乐有权保持“自由法国”军队在英国领土上的纪律，但是现在，这种权力无疑必须交到新委员会的手中。我们完全赞同将一个属于集体的委员会在实际中看作权力机构，让他们处理一些必要的事务，对他们只有益处，如果他们能承担重任，也会增强他们的实力。

从某种程度上来说，这是对委员会的一种认可，但是，如果我们不想与美国之间造成不必要的矛盾，现在最好不要着重说明这一点或是采取任何能获法律认可的行动。我们应防止使用“认可”

这个词，也要防止做出任何在气势或态度上给人造成此种感觉的行动，而且，按照它的真实资格来说，我们也要防止经常与它接触。委员会应该重获两大国家的信任或让他们重建信心，这样才能得到他们对法国的援助。特别是美国政府对它的信心已经受创，所以才会疏远它，委员会无论出于责任还是出于利益关系，都应该这么做。如果我们在这个特别的时期，做出任何正式接受委员会的举动，就会将华盛顿彻底激怒。并且，有些人图谋在明年的选举中将罗斯福赶走，而这个举动也会使美国政府招致这些人的恶意批评。而战争的全部进程都离不开我们与美国政府以及罗斯福总统的友好关系。现在我们两国之间合作良好，为避免给战场上的军队增加负担，我们有责任避免采取任何可能严重弱化这种合作的措施。对于我们来说，最聪明的办法就是以美国的方针作为衡量我们的方针，而不管苏俄接受戴高乐的作为是不是因为他奉承了共产党分子。当然，在这件事情中，最重要的是，不要让美国感到孤立，与此同时也不要给他们造成我们与俄国联合起来反抗他们的假象……

我坚持认为并多次说明，如果法国在战后变强大，就能与英国的重大利益保持一致。我担心华盛顿政府的反戴高乐主义，也许会逐渐演变成一种反法情绪，并且十分明确。但是，如果戴高乐逐渐融入委员会中，变得默默无闻，并且，委员会能采取一种稳妥且忠诚的办事态度，可能会转变或是缓解美国方面的这种危险趋势。

法兰西委员会感觉，我们愿意帮他们改善与美国之间的关系，这对他们来说只有好处。我所提出的办法完备而有益，如果这些办法能顺利实施，并且我们能耐心地对待这些麻烦人的事情，特别在行动上要把握分寸，这样，就有可能在盟国的会议上，为法国和法兰西帝国争取到被认可的权力。

* * *

我们内阁人士逐渐产生一种意识，就是换一种方式接受这个委员会。于是我又向罗斯福总统发去电报。

前海军人员致罗斯福总统　　1943年7月21日

在外交部、我的内阁同僚以及环境的重大压力下，我被迫“认可”在阿尔及尔的民族解放委员会，认可到底是什么意思？人们可以认可某一个人是皇帝，或是一个杂货商。在缺少确切公式的情况下，认可是不具备意义的。在戴高乐前往西北非以及新委员会成立以前，我们之间的联系都是通过他和他的委员会进行的。6月8日，我曾向会议报告说，“我和戴高乐将军在1940年靠书信交流的局面，将因这个由集体负责的委员会的成立而改变。不管是财政上还是其他方面的问题，今后我们都将与作为整体的委员会进行交流。”比起与戴高乐单独打交道，我更愿意同集体性质的委员会往来，因此我很乐意这样做。事实上，我在这几个月中，一直想办法劝说或是迫使戴高乐“接受任务”，因为还有其他安排，这件事似乎大部分得到解决。麦克米伦多次强调，该委员会正在争取一种集体荣誉，戴高乐绝不能成为它的主宰者。他还跟我们说，如果委员会某天，在缺少支援的情况下宣布解散，那么除了吉罗能凭借美国的武装力量在西北非和达喀尔行使权力，唯有戴高乐能再次将一切控制在自己手中。他大力推荐一种认可的方法，并在报告中指出，艾森豪威尔和墨菲都认同他的意见……

这对英国和上述的英法两国之间的利益来说十分重要，在此情况下，我可能必须要采取这种办法。俄国如果看到我这样做，一定也会认可他们，但是我又怕这样做会让你为难。

因此我非常希望得到你的答复：(1) 对于我们的办法或是相

关举措你是否赞同。(2) 如果英王陛下政府单独采取此种办法，你是否会介意。我认为，第一种办法无疑会更好。委员会有许多人，如喀特鲁、马西格里、默纳、乔治，当然还有吉罗，他们人都很好。吉罗昨天到达这里，他一旦提出全部问题，事情就会被激化。

不过事实表明，对于现在这样组成的阿尔及尔委员会，美国人不打算认可。这时，吉罗正在美国，与他们就为北非法军提供武器与装备供应的问题展开谈判。他在美国的停留，并没有化解当地对戴高乐派的愤怒。

7 月 22 日，罗斯福总统向我发来一封很长的电报，上边说明了美国政府经过思考之后对法国问题提出的意见，这对我来说很重要。

罗斯福总统致首相　　　　1943 年 7 月 22 日

各个方面继续要求认可现已成立的法兰西民族解放委员会，尽管它们没有造成多大的压力。有些人要认可它成为一个代表全部法国领土，包括本土在内的法国利益的组织，还有些人则要求认可它成为法兰西帝国范围内法国利益的唯一代表。全体中的大部分人，希望承认该委员会的权威，但要以符合英美武装部队的军事需求为前提条件。

一直以来，我们都认为：第一，无论现在还是将来，与所有民政事务相比，军事需求都占据最重要的地位；第二，法兰西民族解放委员会刚刚发挥出作用，它应该深入并圆满地证明自己已真正彻底地团结起来。过去，法国政治或党派方面的纠纷意在助长集团对抗或个人野心，而这种团结应该消除这些纠纷，令它的真正目的变为使自己本身团结一致，并且团结它背后的所有法国人，这样在盟国共同努力对抗轴心国时，它才能提供援助。与此同时，它还应该铭记，它只能为法国的解放和盟国的成功而奋斗。

人们以为，法兰西委员会是以此为原则建立起来的，即一定数量的个别法国人对所进行的战争采取集团负责的原则，而我们与它的关系也应该保持在这种原则之上。当然，关于军事问题，我们两国政府会直接找法国军队的法国总司令进行协商。而法国的政治问题，则要等到法国人民摆脱了如今的敌人对他们的统治后，才能解决……

如果这种认可始终符合军事需要的话，尽管我国政府接受的程度有限，但还是极为愿意与你们和其他盟国沿着这一路线共同前进。但是我们必须明确提出，法国人应该团结，这是最根本的条件，必须好好实现。

依我之见，无论在什么时候，我们都不能使用“认可”这个字，因为它会被人误解为，我们一登上法国领土，就立即认定委员会为法国政府。应暂时“接受”委员会在各个殖民地的地方民政局，这种表达或许更符合我的想法。不过，只要能符合盟国的军事利益，我们就有权力与法国殖民地地方当局来往，同时保持现在实行的办法。马提尼克岛的情况就是如此。

吉罗到这里访问期间，取得了很好的成绩，因为我们在这次访问中只单纯地探讨了军事问题。我们可以利用每次前往北非的运输船队，直接将多出来的装备运送到他的军队所在地……

在电文快要结束的时候，罗斯福建议在同法兰西委员会“实行合作”，而非“予以认可”的条件下，采用一种联合方式。

对于罗斯福总统 7 月 22 日的电报，我给出的答复是：

前海军人员致罗斯福总统　　　　1943 年 8 月 3 日

1. 首先我对你提议的方式感到很失望，而且我们两国的由于呼吁认可而产生的激动情绪，也不会因此而缓解。此外，现在的局势发展对我们来说很有利。法兰西委员会会在意大利公开其全部问题的时候，明显感觉到自己不被重视。我想，现在戴高乐已经得到委员会总机构的进一步控制。过去，对于指挥权的安排问题一直相持不下，现在的情况应该更让人欣慰。

2. 所以，为协调我们双方的意见，我已经要求外交部针对你的提议提出改进方法……如果我们无法达成共识，还可以再次探讨。

我在前边已经说过魁北克会议，现在它召开在即。我们现在正处于僵局。

罗斯福总统致首相　　　　1943 年 8 月 4 日

我真诚地希望，等我们借机将认可法兰西民族解放委员会的问题一同探讨之后，再采取行动。

*　　*　　*

我能说服美国人用不太特殊的语句发表一个宣言，来支持已经在北非形成的政治局面，也是在商谈中费了不少口舌才换来的。

首相（在魁北克）致麦克米伦先生（在阿尔及尔）

1943 年 8 月 25 日

1. 我们就认可问题经历了长时间的口舌之争之后，才获得了一系列令我们感觉满意的解决方案。我们认为，我们无需坚持运用美国和联合王国共同宣言的形式，只需选择我们双方各自的观点来表达自己的看法才是最好的。

2. 依我之见，罗斯福总统和赫耳先生已尽最大努力，以便满足我们的心愿。你应该让我在委员会中的朋友们知道，我相信他们不会就认可问题指出任何方式或任何方面的区别，从而招致厌恶，他们要用最真挚的表达欢迎美国的宣言，这才是他们应该采取的正确方式。相反，他们越是乐于接受美国的宣言，对他们就越有好处。要想使法国的利益得到帮助，在现在这个时候，就要对美国表现出友好。另外，如果报纸或广播胡乱评论或批评，结果只会重新激起国务院的愤怒。

* * *

第二天，关于认可法兰西民族委员会的公告正式发表，这标志着一个时期的终结。虽然对意大利的停战谈判没有邀请法国的领导人参加，而后来成立的负责处理意大利事务的地中海委员会也没有邀请法国人加入，但是现在，他们却以法国代表的身份与盟国正式交往了。

* * *

戴高乐和吉罗之间的权力争夺，并没有因为时间一周一周地过去而有所平息。只要是谈及民政人员和军事人员的问题，他们就开始发生争执，不过这也不完全归咎于戴高乐自己。关于科西嘉岛的解放，也发生了一些本不应该发生的事情。9月9日晚，当地的“自由法国”分子占领了阿雅克肖，两天后，吉罗派了一支远征部队前往那里。但不幸的是，他的军事指挥官在当地与戴高乐派的领导人发生了冲突，从而导致关系恶化。从军事角度来看，这个岛会经历很长时间才能解放，但最终还是解放了。

首相致哈罗德·麦克米伦先生（在阿尔及尔）1943年10月3日

如果你认为以下这些贺词没有问题，就将它转交给吉罗将军和戴高乐将军：

“你们的军队在科西嘉岛进展顺利，我特向你们表示祝贺。与此同时我真挚地希望，不久以后，这个著名的岛屿可以获得解放，并回归法国。”

第二天，法军成功占领该岛。

*　*　*

在十月期间，关于为了巩固法国政权的根基而召开临时协商会议的计划，终于有了眉目。来自陆军方面某些重视与美国保持友好关系的人士，是吉罗仅有的支持者，作为民族委员会两主席之一的他，所得到的支持很快就不见了，他的地位已逐渐变弱。而事实证明，戴高乐才是一个无与伦比的强大人物。11 月 3 日，首次协商会议在阿尔及尔举行。法国的未来政府在政治生活中已初步形成。11 月 8 日，也就是北非登陆后的一年，吉罗继续担任法军总司令一职，但已辞去民族委员会的职务。我担心这件事会引发不好的后果。对于法国今后的统一来说，最主要的是在有意见分歧的人员之中保持某种平衡的力量。

因此，我给罗斯福总统发去电报：

首相致罗斯福总统　　　　1943 年 11 月 10 日

我对法兰西民族委员会发生变革导致戴高乐成为唯一的主席一事，表示不满。我们所认可的组织，性质应该是与众不同的，它最大的特点就是由吉罗和戴高乐共同担当主席一职。我的意见是，我们在共同探讨形势之前，先坚持自己的观点。

在前往德黑兰途中，我会在开罗停留，借着检阅法国新陆军的机会，我希望将两个相互冲突的将军聚集在一起。

首相致麦克米伦先生（在阿尔及尔） 1943年11月2日

如果从现在开始，到圣诞节之前，我在非洲能多出几天时间，我想对法国的新陆军进行检阅。你可以小心地从戴高乐将军和吉罗将军那择一下口风，看他们是否乐意接受。我们可以某天下午阅兵，晚上找个地方过夜，第二天早上再观看一些演习。我希望他们在这个时候，能把我当作法兰西民族委员会的嘉宾，还可以把检阅看作对他们的敬佩，而也是这样想的。目前，事情太多因此我还无法定下日期。

* * *

因为“自由法国”政权在叙利亚的行动粗暴而残忍，使我的心愿没有达成。1941年，“自由法国”宣布叙利亚和黎巴嫩正式独立，而这些共和国也获得我们的认可，因为我们于1942年2月，还委托爱德华·斯皮尔斯爵士以英国公使的身份前往这些地方，但一年过去了，也没有任何收获。两国的内阁都已经更换人员，但还没有进行选举，他们对法国有敌意，反法情绪高涨起来。1943年3月，两国成立了临时政府。7月和8月进行了选举，结果表明，民族主义分子在这两个共和国中占绝大多数，他们要求彻底修改托管宪法。当地政治家们并不相信法国所承诺的，战后允许他们独立，再加上“自由法国”政权的无能为力，迫使他们开始采取行动。10月7日，黎巴嫩政府提议废除法国在共和国的地位。一个月之后，位于阿尔及尔的“自由法国”委员会，否认黎巴嫩人有采取这种片面行动的权力。黎巴嫩的总统和大多数内阁成员，在埃勒先生——喀特鲁将军的代表，从阿尔及尔回来后，遭遇逮捕，还在贝鲁特地方爆发骚动，最后引发惨痛的血案，为此英国内阁对这些事感到担忧。

我们与法国以及我们与叙利亚和黎巴嫩达成的协议，完全被法国人的行动所破坏，这会与我们曾宣布的大西洋宪章还有其他许多宣言背道而驰。看来，这种形势在整个中东以及阿拉伯世界都会遭到误解，不管在任何地方，都难免不被人说，“它一边向敌人屈服，另一边又要使其他国家屈服于他，这是一个什么样的法国？”

因此，我认为，英美两国政府应该共同表现出强烈的态度。对于那个组织的性质，我们曾经在魁北克会议上予以认可，但是因为权力由戴高乐全部掌握后，现在已经发生变化。当然，地中海东部国家中爆发的动乱，其性质完全不同，而且舆论的声音比较大，这样我们就有充分的理由与戴高乐来解决这个问题。在我看来，应该释放被逮捕的黎巴嫩总统和内阁成员们，并且恢复他们的全部职务。与此同时，在保证法律和秩序的情况下，黎巴嫩议会应重新举行会议。如果要让我们保持对法兰西民族委员会的认可，并继续对北非的法国部队进行武装，戴高乐就要立即付出行动。

为了在必要时刻，派遣英国部队去接管黎巴嫩，并重新建立秩序，我被迫下令让威尔逊将军做好准备。不过，幸运的是，什么事情都没发生。11 月 16 日，喀特鲁将军从阿尔及尔赶来扭转局面，11 月 22 日，法国当局将受禁的政治家释放。此时，我们为叙利亚和黎巴嫩最终取得独立，开始展开长期谈判。

这些事情，令我们与“自由法国”委员会以及戴高乐将军之间的关系产生裂痕。我们在这一年中，为求以美国、英国和“自由法国”三国领导人真正的战斗友情为基础，建立一个共同的政策，我们付出了很大努力，但结果却没有想象的那么好。

第十一章　四分五裂的轴心国
1943年秋季

意大利内战——意大利国王和巴罗格利奥政府应受到支持——我向罗斯福总统提及这个问题——我们在政策方面达成一致——9月14日墨索里尼与希特勒会面——希特勒对意大利法西斯领袖的评论——萨罗共和国——意大利驻巴尔干半岛和爱琴海军队的遭遇——我就形势问题向斯大林做出说明——巴罗格利奥元帅在马耳他岛在长期投降协议上签字——罗斯福总统、斯大林和我共同宣布意大利具有共同交战国地位——斯福尔札伯爵的政治生涯开始了——利用意大利的人力和船舶——10月13日意大利对德宣战——一种动荡不安的局面

墨索里尼使意大利陷入内战的恐惧之中，因为他图谋复兴法西斯党。九月停战后的几个星期内，意大利陆军官兵和城乡爱国人士，在德军所占领的意大利北部地区，开始组建游击队，他们还联系上罗马南部的盟军和巴罗格利奥政府，对德国人还有那些仍然支持墨索里尼的本国人展开军事行动。意大利人在这几个月中遭受内讧、暗杀以及屠杀，被一种残酷的气氛笼罩，他们在全国各地开展抵抗运动，以便对抗德军的占领。意大利中部和北部的起义运动，就像欧洲其他被占领的地方那样，感染了各阶级的人民。

他们取得了一项重大的成就，那就是帮助与支援了宣布停战时，仍然被拘禁在意大利北部的盟国战俘。这些战俘有80000人左右，他们穿着的战斗服装引人注目，其中大多数人对意大利语言和地理不了解。另外，还有至少 10000 人，已经被意大利抵抗运动的成员还有乡村淳朴的人民不顾危险带到了安全地带，当地居民还给他们中的大部分人赠送了便服，他们已经穿在身上。

* * *

我认为应该与意大利国王和巴罗格利奥元帅达成合作的时候，正是在签订停战协议后，以及意大利舰队忠诚而英勇地加入盟军的时候。等盟军占领罗马后，能与我们建立起一个真正具有普遍基础的意大利政府，而这个政府能与我们共同作战，至少在此之前我们应该这样做。我相信，相比由意大利流亡者或反法西斯政权分子组成的任何意大利政府，维克多·伊曼纽尔国王和巴罗格利奥，更愿意将精力奉献于现在已成为我们共同事业的各项活动中。能证明他们威望的实例，就是意大利舰队的投降。另外，有些人认为不应该同那些曾经与墨索里尼一同工作或是曾经支持过他的人有来往，现在他们依然这么认为，因此在罗马六七个左派政党中，立刻接二连三地爆发出阴谋，他们想让国王和巴罗格利奥下台，将权力掌握在自己手中。因为战争十分严重，而最重要的是，意大利是真心实意地同我们并肩作战，所以我刚发现这些倾向，就立刻加以制止。斯大林元帅信奉俄国的一句格言，“你在下桥以前，要一直与魔鬼同行”，因此就这一点来说，他支持我的观点。

* * *

我对麦克米伦从阿尔及尔发来的建议，以及艾森豪威尔的提议思考一番后，为征求罗斯福总统的意见，特向他发去电报。

首相致罗斯福总统　　　　　　　　　　　　1943年9月21日

……我和战时内阁的成员们做出的结论如下：

为意大利国王建立威望，并将布林的西统治机构设置为政府，并为它建立威望，同时更重要的是，帮他们在整个意大利享有统一的指挥权……虽然今晚，巴罗格利奥已经通过广播发表了讲话，但我们坚持认为意大利国王在巴里时，应该跟大众讲几句话，告诉意大利人民他的去向，并让大家知道他将领导意大利合法政府的工作，交由巴罗格利奥全权负责。对于意大利人民来说，这样做十分有必要，对于意大利在海外的代表和驻军来说，也有这个必要。

我们应该让意大利国王和巴罗格利奥知道，他们必须尽全力建立起一个反法西斯联合政府，而且这个政府要拥有最普遍的基础。在当前的紧要关头，只要有一个正派人士能做出一点好的贡献，就要被吸收进来。以上几点，国王在广播中都应该标明。如果斯福尔札伯爵和自称是六个政党代表的教授们，愿意付出一致的努力，这肯定是大有益处。但是，我必须确切指出，这些临时措施都是因战争需要而采用的，等将来意大利人民能自由选择自己心目中理想的民主政府形式的时候，决不能受到阻碍。

目前，我们还没有打算授予巴罗格利奥政府同盟国的资格，只授予它共同交战国的身份已经很不错了。基于此种立场，我们应该在与德作战的过程中，逐步将意大利变成为一个有效的国家力量，但我们已经说过前提条件，就是它必须依靠自己的力量。将来我们调整和执行停战条件的时候，会对它在对敌作战中做出的有利行为予以确认。另外，我们希望巴罗格利奥以停战协定为基础，继续为盟国工作。根据结果给予回报则是我们的原则。巴罗格利奥有权利对德宣战，如果他采取这种行动，他虽然不会成为我们的同盟者，但会立刻成为我们共同的交战者。

我们要让巴罗格利奥知道，我们没打算设置更多的盟国军政府。如果他能与我们合作，我们会将一些领土转交给他的政府，而这些领土已经脱离了敌人的控制。这一建议适用于历史悠久的意大利本土、西西里岛和撒丁岛。在受意大利政府管制的领土范围内，联合国将通过一个管理委员会与它往来。

如果现在，能够签署完整的投降文件，即使其中有些改变，我们也会感觉，这远比签署之前更便于行动。当然，以布林的西统治机构的现状，许多条款他们还无法执行，但是，当我们向半岛北部挺进，并将领土交给意大利政府时，这些问题自然会出现。我们不想在每项条款上都要与意大利政府过分计较，因为我们不希望自己陷入这种境地。我希望艾森豪威尔除了让外交大臣发电报建议之外，还应尽快让巴罗格利奥在投降文件上签字，因为我们越是推迟签字，产生的困难就越多。

最重要的是，应该立即向意大利国王和巴罗格利奥提交这个计划，好让意大利国王应根据建议公开发表宣言。当然，这件事不一定要等到政策最后修订后，才能办理。

这封电报与下列罗斯福总统的电报是一同发出的：

罗斯福总统致首相　　　　1943年9月21日

如果你对以下电文没有异议，我将立即将它送交艾森豪威尔将军：

“考虑到意大利当前的局势，尽快采取现实可行的行动才是最重要的。

“1. 在没得到进一步的指示之前，你暂时先不要同意长期停战协议。

“2. 在符合军事需求的条件下，为方便意大利人在他们能力允许的范围内对德作战，你应授予他们随时提出减少军事停战协议条款提议的权力。

“3. 如果意大利政府对德宣战，根据以下第四条规定，我们应该允许它以意大利政府的身份执行公务，并在对德作战中，将它看成为一个共同的作战者。这种关系应建立在相互谅解之上，也就是说，意大利人民有权决定他们最终愿意采取的政府形式，这种自由权利绝不能被损害，并且，意大利政府的最终形式，要在德国人被驱逐出意大利领土后再做决定。

“4. 在实际情况允许的情况下，盟国军政府以及为停战协议执行委员会预留的适当职责，应尽早并入盟国委员会，服从盟军总司令的管理。盟国委员会在军事、政治和行政事务等方面，有随时给予巴罗格利奥政府指导和下达命令的权力。

“5. 你应该利用所有切实可行的办法，鼓励意大利武装部队在你的指导下，积极开展对德战争。”

我认为，这两份指示在任何主要的观点上都没有对立，只有长期的投降条款暂时还没有通过。我听从了罗斯福总统的意见，就长期投降条款的问题我们达成一致意见，将他的电文作为我们的共同指示，交给艾森豪威尔将军。

* * *

墨索里尼在9月14日获得“解放”后，首次与希特勒会面。他们两人在之后的几天中就如何在仍被德军控制的意大利地区内，继续维持意大利法西斯的问题，展开了讨论。9月15日，意大利法西斯领袖声称，法西斯党的领导权已重新回归到他的手中，而且，一个新的共和—法西斯党将叛变分子清除干净后，精神抖擞，打算在北部重新建立一个忠心的政府。看来，旧的制度在短时期内，穿上了伪装革命的外衣，似乎像火焰一样，有重新点燃生命的可能，但是结果却让德国人失望。当时，戈培尔在他的评论中将这种消息显露出来。

> 我们的元首期盼得到一个合乎情理的结果，然而法西斯领袖并没有从意大利的巨变中得出这种结果。他能兴奋到极点，是因为他见到了我们的元首，并且还重新获得了最大的自由。不过我们的元首希望他尽全力报复那些背叛过他的人，并认为这是他应该优先处理的事情。不过，他没有这种想法，这也是他真正的无法逾越的地方。我们的元首或斯大林是革命家，而他与他们不同，他想对本国人民尽到责任，因此缺少一个世界革命家和叛逆者那样的雄心壮志。[①]

但是这已经成为定局。墨索里尼的装模作样的“百日丑剧”登场了。九月底，他在加尔达湖畔成立了总部，起名为“萨罗共和国”，这个可怜的影子政府因此而闻名。这是一出低劣的悲剧，它在这里一直上演到最后。20多年的意大利独裁者和立法者，与他的情妇生活在德国主人的控制之下，遵循他们的意愿。而且德国还精心挑选了一些卫士和医生，对他进行监视，使他断绝了与外界的往来。

意大利驻巴尔干半岛的部队，因国家的投降而陷入当地的游击队与企图报复的德国之间，处境十分危险，这样的情形完全始料未及。意大利以前的同盟者，将他们驻扎在科孚岛上的7000多名军人全部消灭，这种报复手法太过残忍。克法利尼亚岛上的意大利驻军在9月22日之前一直在抵抗，大部分没有死于战争的人，遭到枪杀，剩余的人则被流放到外地。在爱琴海各岛屿上，有些驻军准备一小批一小批向埃及逃亡。在阿尔巴尼亚、达尔马提亚海岸和南斯拉夫境内，一些意

① 《戈培尔日记》第387页。——原注

军分遣队加入了当地的游击队，他们经常被强制送去参与劳动，军官也频繁遭到枪决。在门的内哥罗，铁托将意军的两个师团组建成“加里波第师”，就在战争即将结束时，他们遭遇了重大损失。在巴尔干半岛和爱琴海地区，自9月8日意大利军队宣告停战之后，损失人员除去那些在流放营中死去的士兵外，还有大约40000人。

* * *

我就目前局势与我们的政策向斯大林做了说明。

首相致斯大林总理　　　　1943年9月21日

在德国人的协助下，墨索里尼成为所谓共和——法西斯政府的领袖，为此，我们急需抵制这种作为。意大利国王和巴罗格利奥不但与我们签订了停战协议，而且又尽一切努力忠实地履行着协议，还交出了他们的绝大多数舰队，因此我们的办法是我方尽所有力量提升意大利国王和巴罗格利奥的威望。另外，基于军事原因，我们必须鼓励和聚集一些军队，这些军队要有对德作战的愿望，或者至少有阻挠德国人的想法，他们已经在积极的行动之中。

因此我建议，让意大利国王听从劝告，通过广播呼吁意大利人民与巴罗格利奥政府团结在一起。与此同时，宣布他建立一个具有普遍基础的反法西斯联合政府的打算。很明显，战后将采用哪种形式的民主政府，由意大利人民来决定，他不能通过任何行动来阻碍。

并且还应说明，在调整与执行停战协议的同时，会将意大利政府、陆军和人民在对敌作战中做出的有利成绩予以确认。不过意大利政府有权自由对德宣战，但它的行为，只能使它成为一个交战国，而非同盟国。

虽然目前在所有停战协议中，有一些条款还无法兑现，但我还是继续主张在它上边签字(有些条件还未解决)。基于上述原因，我们会告诉巴罗格利奥，等盟国政府将历史悠久的意大利本土、西西里岛和撒丁岛从敌人的手中拿回来后，就交给被盟国执行委员会领导的意大利政府。

我同时也向罗斯福总统提出这些建议，希望能获得你的认同。我想你一定了解，这件事情之所以紧急，是因为军事原因——诸如，德国人已经被意大利人驱逐出撒丁岛；许多岛屿和重要地段仍控制在德国人手中，但我们却能得到这些地方。

他的回复如下：

斯大林总理致丘吉尔首相　　　　1943年9月22日

你于9月21日发送的电报，我已收到。

1.我赞同你让意大利国王通过广播号召意大利人民的建议。不过，在我看来，意大利国王在号召的时候，应确切说明意大利已经向英国、美国和苏联投降，并将与英国、美国和苏联并肩对抗德国，这是十分重要的。

2.我也认为签署完整的停战协议是十分必要的。你认为某些条款在当前无法实施，因此持保留态度，而在我看来，这些条款只是当前在仍旧属于德国人的地区内不能实施，这才是保留的意义。不管怎样，我希望你能就这一点给我证明或进行必要的说明。

对于这一点，我曾问过罗斯福总统的看法，还告诉他，我认为意大利成立的停战协定委员会完全可以处理长期的投降条件。后来，我向他发送了一份电报，内容如下：

前海军人员致罗斯福总统　　　　1943年9月24日

我从麦克米伦那里得知，他确信，巴罗格利奥会在近几天内，签署所有协议。他还说，我们耽误的时间越长，争执就会越多。等过一段时间之后，新委员会才能提出他们的意见。对我本人来说，我更乐意现在就把这件事解决，因为这会为我们将来免去很多后患之忧。

我们在序言上的用词，因艾森豪威尔的提议而变得平和。我们还规定，9 月 3 日的停战协议仍具有效力。

前海军人员致罗斯福总统　　　　　　　　1943 年 9 月 25 日

由于我不知道你对约大叔会采取哪种方针，因此对于他同意支持意大利国王的来电，以及关于完整条件的提议，我还没有答复。你一定收到了我的电报，麦克米伦告诉我说，巴罗格利奥应该很容易就会签字。

罗斯福总统答复说：

罗斯福总统致首相　　　　　　　　1943 年 9 月 25 日

我赞同你对长期条件的提议，但前提是能够尽快签字。我已经将这些意见告诉了艾森豪威尔。

*　　*　　*

这时，另外的政治纠纷爆发了。

首相致麦克米伦先生（在阿尔及尔）　　　　　　1943 年 9 月 25 日

他们以“意大利和阿尔巴尼亚国 173　王及埃塞俄比亚皇帝”的名义，在巴里电台广播消息，因此让这里的人们惊讶不已。我只能说，只要这种愚蠢的行为再出现一次，这里的人就会对我们的所有政策表示怀疑。难道那位国王希望被送回到他的埃塞俄比亚帝国当国王吗？

……依我之见，我们先审查一下意大利国王的演说词，然后再让他公布。就算时间不允许，你也应该过问一下。斯大林支持我们利用意大利政府的政策，这是难能可贵的，因此在演说中提到苏联，也是十分重要的。

9 月 28 日，巴罗格利奥元帅从布林的西出发，乘坐一艘意大利巡洋舰到马耳他岛，签署长期投降协议。在“纳尔逊”战列舰上，艾森豪威尔将军以及他的参谋长比德尔·史密斯将军、戈特勋爵和亚历山大将军，用正式仪式欢迎他。对于无条件投降这一条款，巴罗格利奥不愿保留，但是盟军司令们坚决认为，这里不接受任何的讨价还价，因为这次签署文件是由盟国政府提出的，它属于正式集会。

巴罗格利奥和艾森豪威尔将军在双方签字之后，就对德宣战的问题进行了讨论，但没持续多长时间。这位意大利元帅有对德宣战的意愿。他们视察了马耳他港内的意大利舰队之后，当天的日程就结束了。

前海军人员致罗斯福总统　　　　1943 年 9 月 28 日

我们就当前应该为长期投降文件进行保密的问题，达成一致意见。我深信约大叔不会反对，但如果你能作为我们两人的代表，把我们的意见告诉他，就再好不过了。

我们认为，将罗马设置成没有防守的城市是错误的，因而无需讨论。因为这不但丝毫起不到约束敌人的作用，而且还会阻碍我们的进攻。

* * *

我们在意大利的驻军，面对新的局势感到手足无措。意大利人这三年多以来，一直与他们对立，但因为意大利加入了联合国家，没用几个星期，就找到了自己的新位置，其中有些人还抱有一种新的立场。我们再也不可能征用军需品了，因为他们不同意向英国军队提供住宿所需，并且，如果英国军官没有意大利的定量配给证，也领不到食物。当地人对英国军票也持怀疑态度。而担任过北方军政长官的英国高级军官，同意大利人来往的时候，也只能享受联络官的待遇。以前他们可以强行征用所需的便利条件，但现在必须向意大利人请示。而意大利的新政权则因请示过多而倍感烦恼，于是他们很快就进行了改善。不过有些意大利平民则借着变动的机会谋取私利。罗斯福总统和艾森豪威尔将军为对意大利人和全世界说明“共同交战国”的地位，认为公开发表宣言还是很有必要的。对于这个意见，我是赞成的。

前海军人员致罗斯福总统　　1943 年 9 月 30 日

对于我们发表联合宣言，我是持赞成态度的，但现在显而易见，约大叔也明确认同意大利有共同交战者的地位，因此我们是否借此机会也将他拉来参加呢？我们必然会耽误好几天时间用来往返莫斯科，但与俄国加入这一行动相比，耽误点时间也不是什么大事，因为它更有意义。

我希望这种宣言能采用这种形式，如果你同意，可否请你按照我的观点，将内容告知斯大林。他能否同意和我们发表联合宣言，还是希望不在宣言上列入他的名字，只让我们自己发表就够了？当然，他还会对草稿提出修改意见，我们也应该予以考虑。

我会在即将发送的电报中，就我认为应有的几处修改，提出建议。如果你没有反对意见，而且同意通知斯大林，那么能否请你按照这种形式将内容转交给他？

以下是我起草的宣言正文：

“对于巴罗格利奥元帅所声明的意大利王国政府的立场，英国、美国和苏联三国政府予以认可，并将意大利国家和武装部队看作对德战争中的一个共同交战国，并接受它们的积极合作。9月8日以来的军事事件，以及德国人对意大利人民实施的暴行，终于促成意大利对德宣战。根据这些事实，我们已经将意大利看成一个共同交战国。基于此种原因，美、英、苏三国政府，会坚持同意大利政府一同工作。待意大利政府将德国人驱逐出意大利后，三国政府一定履行诺言，服从意大利人民的意愿。很明显，意大利人民有权通过宪法手段，决定他们最后所希望的民主政府的形式，这种绝对自由的权利不容遭到任何破坏。

“近期签订的条件，不能受到意大利政府和联合国家各国政府作为共同交战国之间关系的影响，只能由盟国政府在他们之间协调一致后再进行调整，但要以意大利政府对联合国家在事业上可能提供的援助程度为依据。”

罗斯福总统和斯大林均同意了这份宣言。

* * *

斯福尔札伯爵在法西斯革命之前，曾经任外交大臣和驻巴黎大使，在墨索里尼执政期间，他被迫离开祖国，现在，他登上了意大利的政治舞台。他在驻美国的意大利人之间，享有很高的威望。他曾声称，他提倡让意大利加入盟国共同作战，而且他还在近期给国务院一个高级官员去了一封信，表示了他与巴罗格利奥合作的意愿。在他看来，借着这种愈发紧张的局势，他能在意大利获得重要的权力，并深信他有权获得这样的权力。许多美国人都支持他，而且一部分驻美意大利人的选票也被他影响。我们遵循的意大利战役的军事思想，是意大利国王和巴罗格利奥延续下来的，因此罗斯福总统希望，在可能不导致意大利国王和巴罗格利奥下台的情况下，让新的政府机构接纳斯福尔札。

前海军人员致罗斯福总统　　　　　　1943年9月30日

你在电报中提及斯福尔札与其政府合作一事，我认为，他的公开声明对意大利国王来说，至少没表现出友好。不过，我在他9月26日的宣言记录中，找到了下边这段摘要，从中可以看出，对于我们努力进行的战争来说，他或许能起一定作用：

“如果现在的意大利领导人认真做事，努力战斗，我们就会和他们并肩作战，将德国人逐出意大利。

我之所以这样说，因为这是我唯一的，也是最重要的愿望，而我的出发点，也是希望做一件有益的事，以便取得胜利。如果享有盟国信任的任何政府，在当前就能证明它能通过战斗将德国人赶出意大利，那么我们就可以与这些政府联合在一起。

如果明天，让我成立一个共和国，并对外公布，我会说，‘不，把德国人逐出意大利才是我们最重要的任务。意大利人希望如此，但是当意大利获得解放，决定权则在意大利人手中。’”

前海军人员致罗斯福总统　　1943年10月1日

你发来谈及斯福尔札的电报，我已收到。斯福尔札几乎提及了各种问题，但是他在信中写到的情况，和这些相比还是有很大出入的。他到底是想帮助巴罗格利奥的王国政府呢，还是要破坏它的声望，他的确应该有定论。我们最好先弄清自己的态度，然后再栽培他。最好是你能送他回意大利，途中经过联合王国时，我们在这儿用友好的态度，向他深入劝说。在艾森豪威尔的作用下，反法西斯主义与德国人小规模的斗争在意大利人中已经形成，如果斯福尔札返回意大利，会破坏这些斗争，这样做是没有好处的。

罗斯福总统致首相　　1943年10月2日

我收到了你提及斯福尔札的电报。据说，10月3日，他和他的儿子准备前往马拉柯什，其间会乘飞机先到达普勒斯特维克。

我希望你趁他在联合王国停留的机会，好好地教训他一下。

我今天给艾森豪威尔去了一封电报，内容如下：

“告诉巴罗格利奥，虽然戈兰迪在罢免墨索里尼的行动中，表现突出，但由于他与法西斯主义的关系过于亲密，因此美国政府目前不能接受他加入巴罗格利奥政府。不过，如果现在将他安排在布林的西政府里，也会引发诸多不好的议论和误会。首先，只有拥有确切自由和民主原则的人，才能被巴罗格利奥政府接纳。美国政府支持现今意大利政府的条件，即使要使用这种人承担职责。

对于意大利的宣战，德国做出了积极回应，巴罗格利奥政府宣布它坚持用武力将德国侵略者赶出意大利，才是它的核心力量所在。意大利政府只有立即对德宣战，才能获得一个共同交战国的权力。”

我趁斯福尔札伯爵途径伦敦的机会，与他进行了一次谈话，时间很长。我确信我们达成了一项协议。基于这份协议，为使我们尽快收复罗马，建立一个具有普遍基础的非反西斯主义政府，他会忠心地为意大利国王和巴罗格利奥工作。于是，我坚持执行我们已经确定的原则，在意大利获得自由之前，都要实行君主政权。在对德作战中，我们要使意大利政府站在我们这边；为巩固该政府，就要增加具有代表性的以及反对德国的人物。我们当前对意大利事务的安排，需要俄国人的加入。

*　　*　　*

我们在交换意见的时候，我尽全力提出充分利用意大利人力和船只的要求。

首相致外交大臣　　　　1943 年 9 月 26 日

我们是否应该就利用意大利战俘和人力的问题，与意大利政府签订一份协议？这些意大利人数量庞大，我们不能任凭他们在英国或北非随便逗留，不受纪律的约束。如果将他们遣送回国，就会增加我们航运的负担。另外，我们也需要他们的人力，而且我们不能因为看管大量的战俘，而影响了我们在非洲的军事行动。我们的第一装甲师，事实上已经无用武之地，因为他们只用于看管战俘了。

在与意大利政府签订新的协议之前，我们应该要求坚持进行往联合王国输送战俘的工作，因为从非洲返回联合王国的船只，经常是空的。如果他们能坚持做现在的工作，并严格遵守纪律，我会为改变意大利人地位的问题，进行充分的思考与准备。

首相致海军大臣，海军副参谋长和坎宁安海军上将

1943 年 10 月 2 日

1. 无论是停泊在亚历山大港的意大利海军舰船，还是停在其他地方的舰船，都要让它们得到充分的利用。为参与太平洋战役，供美国在太平洋使用，现在，我希望向美方提议，将“李特利奥”号军舰开往美国进行装备。基于一些原因，第一，对德作战的主要任务由我们承担；第二，我们损失了很多主力舰；第三，为实现短期造舰计划，我们已经停止建造主力舰，因此现在，我还要向罗斯福总统提议，等战争结束后，将意大利军舰转给我们。我相信，罗斯福总统会用友好的态度，接受我们的建议。我希望你们能就以上所说，提出你们的意见。当然，我也希望得知这些舰船的构造情况和价格。

2. 我们不能任凭一些主要的舰船在地中海港口内无所事事，而要充分利用巡洋舰和其他舰船。最重要的和最新式的舰船应当用来参与作战，超龄军舰则应该被报废。较旧的意大利战列舰可以加入沿海炮轰分舰队，来发挥作用，因为到了 1944 年，这些分舰队会在一定时间内，用于英吉利海峡或印度洋。

*　*　*

前海军人员致罗斯福总统　　　　1943 年 10 月 4 日

我们目前最重要的事情就是催促意大利国王提早宣战，因为约大叔已经同意与我们一同向意大利发布宣言。我知道你也是这么想的。再空谈什么等到收复罗马之后再行宣战，没有什么意义，我主张授权艾森豪威尔对意大利国王施加最大压力。我认为，这正是意大利人戴罪立功的大好机会。只要你赞同，不用跟我们商量就可以立即发出所需指令。

总统立刻采取了行动。

罗斯福总统致首相　　　　1943 年 10 月 8 日

我于 10 月 5 日给艾森豪威尔发出下列通知：

“意大利无需等待收复罗马，应尽快对德宣战，这是总统和首相的一致意见。因此，为使意大利政府早日宣战，而非等到收获更多成绩之后，你必须向它施加压力。”

因此，意大利王国政府于 10 月 13 日对德宣战。

*　*　*

首相致麦克米伦先生（在阿尔及尔）　　　　1943 年 10 月 23 日

……我的方式是发展意大利政府的基础，使它的左倾力量得到增长。我们在这里已经对现有的人员的情况有了一定了解。这一切，你都应该关注，并尽量向我报告更多情况。

我知道，等到我们占领罗马以后，才是谈论意大利政府改组的最佳时机，因为将罗马占领，就会得到意大利和罗马天主教会的拥护。而且巴罗格利奥和意大利国王在那里恢复职位，将会有更多机会去凝聚意大利实力派。我们在那里可以进行交易，还能实施我们伟大的抱负。

在此期间，我们应注意，避免采取任何会削弱意大利国王和巴罗格利奥现有职务的行动，反而要支持他们，并领导他们与我们的军队并肩前进。另外，为增强现有政府的实力，应坚持尽全力为他们物色人才。

前海军人员致罗斯福总统　　　　1943 年 11 月 6 日

我从所有情报中得出，假如我们不让意大利国王与巴罗格利奥合演这台戏，我们将损失巨大。虽然对我们来说，维克多·伊曼纽尔是个无关紧要的人，但实际上，意大利舰队的投降，就是他与巴罗格利奥联合导致的，现在这支舰队，做出了非常有益的事情。与此同时，当前绝大部分意大利军队和人民都处于不幸之中，正是因为这次联合，使他们的忠心，受到了驻各地意大利外交代表的拥护。我们为何要减少对他们的任何援助，从而增加正向罗马进军的英美军队的压力呢？我认为，如果我们鼓励对巴罗格利奥和意大利国王的政权进行何种变革，也要等到我们进入罗马，并能组成一个真正具有普遍基础的意大利政府之后再说。

我知道，艾森豪威尔基本上会同意我的观点。我们应该先保持我们已得的成绩，然后再预测我们还有哪些更好的成就，不过这些更好的成就，要等我们占领了罗马的时候才有把握获得。

我就是在意大利这种动荡的局面下，动身前往开罗和德黑兰的。

第十二章　与胜利失之交臂的岛屿

罗得岛，东地中海的军事要塞——我们有能力控制爱琴海——威尔逊将军的计划遭遇失败——陆军少校杰利科勋爵的冒险降落行动——联合参谋长委员会同意进攻罗得、勒罗斯和科斯诸岛——德军誓死守护罗得岛——希特勒关注爱琴海——德军重兵占领科斯岛——进攻罗得岛迫在眉睫——10月 7日，我致电报给罗斯福总统——他的回复令人沮丧——10月 8日，我又向他请求援助——华盛顿的态度很坚决——这个问题没有得到解决——希特勒决定在罗马南面作战，这个消息彻底打破我们的计划——10月10日，威尔逊的报告——我感到痛心，作出让步——10月10日，我向罗斯福总统发送电报——我们部队防守勒罗斯岛的经历——11月12日，德军发动进攻——一个沉痛的打击——处于次要地位人员的反对，老套而固执

意大利投降之后，我们只需付出不多的代价和努力，就有希望在爱琴海获得重要的成功。

但前提是在他们遭受各岛屿上德军恐吓与被解除武装之前，我们就要到达那里。意大利驻扎在此地的军队听从意大利国王和巴罗格利奥元帅的指令，他们是会真心投降的。相比之下，德军人数要少很多。不过没有多久，德军就已经开始怀疑他盟友的忠诚度，并为此备下了对策。很长一段时间以来，在我们的次要作战区域内，罗得、勒罗斯和科斯这三个岛屿作为堡垒，有着非常重要的战略地位。这群岛屿的关键是罗得岛，因为那里有很好的飞机场。我们自己的空军就在这里起飞，它将为我们可能占据的任何其他岛屿保驾护航，助我们海军将海域完全控制在自己手中。而且，假若驻埃及和昔兰尼加的英国空军，将部分军力转移到罗得岛，同样能保卫好埃及，甚至保卫得更好。我想，如果不将这些宝贵的东西握紧，即便天赐良机也会失去。此时，在意大利溃败的影响下，土耳其遭受巨大危机。如果能争取到对爱琴海的制空权和制海权，我们很可能决定土耳其的命运。如果我们能利用爱琴海和达达尼尔海峡为海军开辟通往俄国的线路，我们就再也不用组织北极护航队，这样能降低风险，减少开支，而且我们也不用维持通往波斯湾那条供应线了，因为它漫长而令人讨厌。

开始的时候我就感觉，我们应该做好准备，这样才能利用起意大利溃败和德国遭受围歼期间的任何机会。

首相致伊斯梅将军，转参谋长委员会　　　　　　1943 年 8 月 2 日

1. 现在有一项重要工作，必须积极推进，并且不惜尝试各种方式。假若克里特岛和罗得岛上的意大利军队反抗德军时，双方相持不下，我们必须尽快支援意大利军队，这样，当地居民更愿意帮助我们。

2. 今天应该通知中东方面：为防止紧急事件的发生，应该停止对土耳其的一切供应；为抓住可能出现的机会，他们应该准备远征部队，即便不符合师的编制也可以。

3. 现在，在没有时间按规定进行编制的情况下，更要利用现有的任何作战部队。在不影响意大利作战的条件下，是否能想办法弄到一些攻击舰艇？这不表示装甲的登陆舰成为输送部队登陆的唯一方式。在舰艇和海岸之间，还可以使用轻舟和舰载小艇，假若得到岸上朋友们的支援，情况就会有所改观，这样可以吗？

这一行动虽然有些冒险，但付出的代价微小，而取得的胜利巨大。我希望参谋长委员会能给予鼓励。

好几个月之前，中东司令部就已经完成夺取罗得岛的计划与准备工作。为了这次作战行动，第八印度师在八月期间，进行了训练与演习，并准备在9月1日乘船出发。他们本来可以乘坐船舶前往罗得岛。但是去年五月，我们在华盛顿会议上做了一个次要决定。为履行决定，在8月26日那天，联合参谋长委员会就下令让中东司令部将船只派往印度。而此时，第八印度师正好待命参加中地中海的军队联盟，恰好方便我们展开对缅甸海岸的作战行动。

* * *

很长一段时期以来，爱琴海的岛屿是我们希望获得的一个战略目标。当重大的意大利投降事件发生时，将我的思绪又拉回到它们那里。9月9日在华盛顿，我发电报给中东总司令威尔逊将军说："到了我们展示自己的时候了，我们应该大胆做决策，灵活变通。"威尔逊将军希望我们尽快展开行动，但是除了第二三四旅之外，他的大部分部队被派遣到其他地方。第二三四旅是由部分驻扎在马耳他岛的军队组成的，历经艰难考验。至于运输方面，除了用在当地想尽办法找来的船只外，再无其他船只。有些攻击舰艇虽然曾经受过训练，不过近期也被调到其他地方去了。它们或者调到西面去参加遥遥无期的"霸王"战役，或是调到印度去作战。尽管这些舰艇的控制权仍然在它的上级手中，但是美国人遭受巨大压力，在他们的要求下，我们不得不将这些船只分成几个方向调离。在意大利溃败前，他们制定的那些适应于各种不同情况的协议，至少在中级官员之间仍在严格执行。为在多德卡尼斯群岛尽快展开行动，威尔逊也制定下完备的计划，不过受此事影响，也被粗鲁地打乱了。此后，我们只能尽自己最大努力，用不多的兵力去占领和维护那些岛屿，因为它们具有极为重大及重要的战略与政治地位。

特殊空军防务团，是由戴维·斯特林中校（曾获三级特殊功勋章）组织的，他们最近将攻击范围扩大到沙漠以外地区。不过在此之前，他们已经在敌人后方两三百英里的地方，对敌人的机场进行了一系列大胆袭击，并取得了胜利。9 月 9 日晚，陆军少校杰利科勋爵——冒险队领导人之一杰利科海军上将的儿子，为迫使罗得岛投降，带领一个小队用降落伞降落到那里。要想刺激意大利军队将人数比他们少很多的德军控制住，我们最好能占领一个港口和一个机场，并尽快派英军前往那里。不过德军没有那么脆弱，他们用权威将意大利制服，杰利科只得快速撤离。在这之后，兵力如果不超过中东司令部可抽调的兵力，打败六千德军，攻占他们坚守的罗得岛是很难的。我们之所以准备攻占罗得、勒罗斯和科斯三个岛屿，是因为受到 9 月 10 日，联合参谋委员会依据魁北克会议决议做出的最后总结中专门许可的。[①]威尔逊曾派遣两支规模不大的部队，分海空两路前往其他一些岛屿，态度果断而迅速。9 月 14 日的报告如下：

梅特兰·威尔逊将军致帝国总参谋长　　　　1943 年 9 月 14 日

在我们还没开始采取行动之前，罗得岛的形势就急剧恶化。意大利军队经历小范围的轰炸之后，就向德军交出了他们的市镇和港口。以后，我们只能进行突击登陆。但不幸的是第八印度师，他们为了这次战役不但进行了训练和演习，现在又被调到中地中海作战区域。在海军部的一声令下，他们的船只、舰艇也被分散到各地去。驻罗得岛的意大利军队曾经宣称要与德军对抗，但现在已经没有了抵抗的意思，因为他们的士气已经不再高涨。我们

① 加州南部的港口。——译注

已将卡斯特洛里佐岛占领，科斯、勒罗斯和萨摩斯等岛也已经有部队前往。今天，一小队“喷火”式战斗机将在科斯岛组建。驻扎与防守的步兵今晚将会用降落伞登陆。一支步兵分遣队也被派遣到勒罗斯岛。我建议，我们今后应该用变化无常的方式在爱琴海上袭击敌方的交通线。如果恰逢时机，借助希腊的兵力攻占希腊的岛屿。现在，即便第十印度师装备不完善，也成为唯一可供使用的部队，因为新西兰师也将被派遣到中地中海作战。

艾森豪威尔将军决定中东战区部队与物资的调遣与使用，因此我们对罗得岛实行突击登陆的希望落了空。不过在我看来，最好用 1522 年土耳其人采用的策略来占领该岛，不过时间却没有那么长。

如果我们不能占领罗得岛，我们在整个爱琴海上取得的成功就会功亏一篑。要想达到我们需要达到的目的，只有投入大量空军力量。要是我们的观点早点达成一致，实际上会为他们节约很多时间。我们曾经将我们掌握的一切重要信息上报给他们，自愿且毫无保留。但艾森豪威尔将军和他的参谋们好像并没有关注这个目标，尽管这个目标很容易达成。

现在我们知道德国人开始感到恐慌，因为他们曾认定我们会从东南两侧向他们发动致命的攻击。9 月 14 日，德国的陆军和海军代表们，在德国元首总部举办的会议上都强烈要求，趁现在还有时间，应该从克里特岛和爱琴海的其他岛屿上撤回。他们表示，以前为了在东地中海展开进攻，才会占领这些前进基地，但是现在形势已完全不同。他们还重点提出，坚决不能让军队和物资遭受损失。

军队和物资对于防守大陆至关重要，并且是决定性的，坚决不能让它们遭受任何损失。不过希特勒批评并反驳了他们的观点，他认为为防止因政治带来不利影响，他绝不能下发撤退的命令，特别是不能撤离克里特岛和多德卡尼斯群岛。希特勒说：“东南欧盟国和土耳其之所以信任我们，是因为我们的实力。如果从这些岛屿撤退，就会为我们带来不利影响。”希特勒的决定经过事实验证是对的，他们应该坚守爱琴海岛屿。只对主要的战略地位带来微小的损失，就从一个次要的战区获得了巨大的回报。希特勒在巴尔干半岛做出了错误的决定，但对于爱琴海战区，他的决定是正确的。

* * *

我们做了一个正确的决定，就是不攻占克里特岛。因为岛上已有大量德军驻扎，他们很快就将意大利军队的武器没收，并控制了他们的防御事务。不过，我们在克里特岛周围一些小岛上的作战行动，暂时没有遇到阻碍。9 月 15 日，海空两路军队开始行动。除了小型沿海航船、帆船和汽艇等工具全部被用来运输以外，为协助作战，英国皇家海军还派遣来驱逐舰和潜水艇。到了月底，一些规模不大的分遣队将会登陆一些其他岛屿，而三个营的部队会分别攻占三个岛屿——科斯、勒罗斯和萨摩斯。他们与驻扎在那里的意大利军相遇，那里的防御工事和防空设施简单而粗陋，意大利军却向他们炫耀。除此之外，他们的态度还是很不错的。因为船只短缺，我们自己的重武器和车辆还无法运送到这里。

除罗得岛之外，科斯岛是又一具有重要战略地位的岛屿。因为这个岛上有一座飞机场，可供我们的战斗机从那里展开行动。这个机场已经维修完毕，24 门“博弗斯”高射炮也被运来保护机场，现在已经启用。敌人必定锁定目标，对这个岛发动袭击，从 9 月 18 日起，空中袭击也会频繁降临这个岛。我们用侦察机查看到敌人的一个护航队正在强行靠近。10 月 3 日，天刚亮的时候，降落在中央机场的德国降落伞部队，袭击了我们独立防守机场的一个连的部队，并取得胜利。敌人将我们驻扎在该岛北部的其余兵力切断，并从那里登陆，这些兵力有一个营那么多。很明显，我们能派出最大数量的兵力就是一个营。他们在这个长达 30 英里的岛上两面受袭，在这种情况下，要想让他们击退敌军确实很难。皇家海军拼尽全力防御科斯岛，阻止地方护航队的逼近，但却失败了。这原因恰巧是因为剩余舰艇、船只都被调走，仅剩下三艘驱逐舰作战。当时，海军的主要舰艇船只，都在马耳他岛集合，我们的两艘战列舰也奉命前往。其实这部分安排并非出于紧急任务，但却需要其余舰艇和船只护航。因此，科斯岛沦陷了。

* * *

威尔逊在 9 月 22 日的报告中说，他对即将在 10 月 20 日左右进攻罗得岛的行动提出几点起码的要求，这些要求我们可以承受。他只提出给他海军的护卫舰、炮击舰、三艘坦克登陆舰、几艘军事运输舰、一艘医院船，还有一架运输机，以便保证有足够的空间运输一个伞兵营。此外，他还要求使用第十印度师和一部分装甲旅。我们对支援爱琴海的军事行动无能为力，为此感到忧心忡忡。9 月 25 日，我向艾森豪威尔将军发去电报：

中东总司令会致电报向你说明关于罗得岛的情况。罗得岛是东地中海和爱琴海的重要岛屿，如果德军会在那里重兵防守，这对我们来说十分不利。中东司令部提出的要求不多，我没有问华盛顿，希望你能告知具体情况，我将感激不尽。①

① 参见第四卷，第 779 页第 748 页及第 796 页。——译注

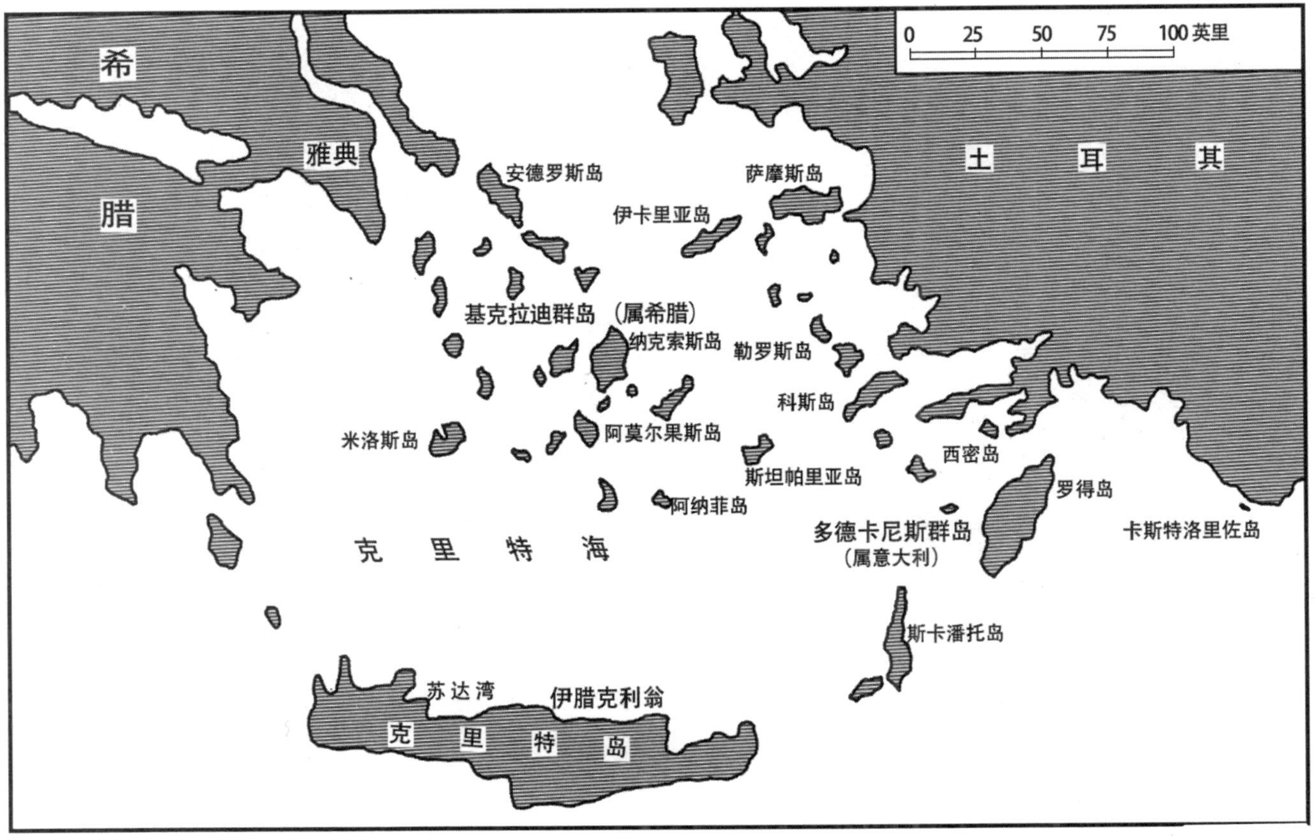

0 25 50 75 100 英里
希
腊
雅典
土 耳 其
安德罗斯岛
萨摩斯岛
伊卡里亚岛
基克拉迪群岛（属希腊）
纳克索斯岛
勒罗斯岛
科斯岛
米洛斯岛
阿莫尔果斯岛
斯坦帕里亚岛
西密岛
罗得岛
阿纳菲岛
多德卡尼斯群岛
（属意大利）
卡斯特洛里佐岛
克 里 特 海
斯卡潘托岛
苏达湾
伊腊克利翁
克 里 特 岛

南爱琴海

我的要求不算多，只是想请求我们的美国朋友提供我们所需的微小帮助，这样我们就能成功占领罗得岛，守住勒罗斯岛，继而收复科斯岛。过去三个月中，我们不断向他们施加压力，他们也做出让步，因此我们获得了巨大的成功。不过我们也向他们付出了酬劳。我完全有权利要求援助，虽然为数不多，却可以增强英国军队的力量。现在，英国军队准备展开关于爱琴海的战略行动，也许经过联合参谋长委员会的认可，他们已经达到危险阵地。我们有信心占领罗得岛，如果能有运输一个师兵力的登陆艇，我们有信心占领罗得岛，当然在这几天中，不可或缺的是主要空军盟友的协助。不过，德国人为破坏我们一心想要达成的愿望，已经把许多飞机派遣到爱琴海上来，他们重新控制了局势。

* * *

我向罗斯福总统详细汇报了这一行动的具体情况。

前海军人员致罗斯福总统　　　　　　　　1943 年 10 月 7 日

1. 我极为关注东地中海的局势发展。在意大利溃败初期，我们很快就派遣兵力不多的分遣队从埃及进攻希腊的几个岛屿。科斯岛和勒罗斯岛是我们进攻的重点，因为科斯岛有一个飞机场，而勒罗斯岛有防御工事，还有可供永久使用的强大炮台，因为那是意大利海军的驻扎基地。意大利驻防军一直对我们持欢迎态度，因此我们希望他们能加入我们的防守任务，但是现在看来，这个希望没法实现。现在，除了山区还有一些部队作战外，科斯岛已经失守。而我们攻击罗得岛的计划也已经失败，因此，勒罗斯岛很可能即将失守。

2. 意大利半岛和巴尔干半岛无论从军事还是政治上都已经结为联盟，相信我们很快就会看到，因此，我们必须对付他们这个统一战线。要是我们不重视爱琴海发生的事情，在意大利的战役就绝不可能取得胜利。显而易见，德国人对这个东战场极为重视，他们的空军力量本来就已经不足，但为了保住自己在当地的地位，便毅然决然地从中调出一大部分兵力。匈牙利和罗马尼亚可能会背叛他们，保加利亚可能出现严重的割据局面，这些都令他们忧心忡忡。土耳其也可能随时与德国站在对立面。希腊和南斯拉夫的局势对敌人来说没有一点优势，这我们完全看得出来。也许因为我们在军事上做出努力，并在意大利引起政治反响，从而为自己带来了光辉的业绩。如果想到这些，我们就不重视我提到的所有那些国家或是其中某些国家，我们的目光未免过于短浅。因为这些国家也可以发生同样的，甚至更大的溃败局面。假如这样的反应能助我们获得胜利，将会在很大程度上减轻我们在意大利的共同任务。

3. 我从没有派遣军队去巴尔干半岛的想法。当地激烈的游击战争现已遍地开花，以示鼓励，我只是希望特工人员、军需供应和突击队能够前往。这样做可能会对我们主要的军事行动造成一点损失，但却会带来无法衡量的影响。我提出的要求是，占领罗得岛和多德卡尼斯群岛上的其他岛屿；我们的中东空军继续向北部挺进，以便在这些岛屿上建立基地。我们很有可能占领土耳其海岸，也可能在此建立基地，这样敌人就会被迫分散兵力，其分散程度远远超过我们的预期。此时，敌人的空军力量日益衰退，借此机会，我们在一个新的战区与其作战，这样会大大削弱他们的战斗力。反正敌人的空军力量没有多少，我们最好是要不断地与他们交战。

4. 现在的进攻计划还有不完善的地方。以上所说的一切，罗得岛才是重点，我们需要且值得再派遣最少一个师团，并且是最优秀的师团作战。只要占领了这个岛屿，就可以替换成普通的驻防军防守。目前，我们守住了勒罗斯岛，不过它作为海军堡垒，具有重要的地位，因此情况不容乐观。如果我们能坚持在此地防守，空军和轻型的海军舰船，必定能取得极为有利的成果。要想实行这一战略，就要迅速而果断地投入优秀的军队，还需要配备充足的运输工具，否则，行动只会落空。虽然这次军事行动会与主要战场暂时脱离，但却具有重要意义，而这个意义是深刻且永久性的。

5. 我诚恳地请求您万万不要将这个问题置于不顾，一定要仔细考虑。这几个月中，我们已经四面楚歌，再不能丢掉所有取得成功的可能性。虽然能输送一师人的登陆舰和袭击舰都调去为“霸王”战役服务，但如果能将它们在不变更行动日期的前提下，从编制中调离几个星期，这么做也是值得的。我想，这次是一个大好时机，但不抓紧，就容易失去。如果你也赞同，请先将这份电报交由马歇尔看一看，之后再由联合参谋长委员会做出定夺。

罗斯福总统给我发来一封电报，电报上说拒绝一切援助（他已寄给艾森豪威尔），这令我感到十分难过。在他和美国三军参谋长的许可下，我已经作出承诺，现在即将面临当头一棒。过去消极力量主导大局，好不容易才被我们压制下去，现在又卷土重来了。

罗斯福总统致首相　　　　1943 年 10 月 8 日

为了顺利取得我们预期的结果，也就是说为在罗马北面建立一条巩固的展现，我们应该让意大利的作战行动，尽快且毫无障碍地取得进步。因此，我不想强求艾森豪威尔改变计划。

如果艾森豪威尔认为，任何计划上的变动，将会对其当前在意大利地位的巩固造成不利影响，我都不会支持。地面部队与装甲师方面是艾森豪威尔对手的强项，与他们的强项相比，我们努力建立巩固地位的行动却没有多大的进展。

我认为，任何部队和装备的调遣，都应该以保障事先决定的“霸王”作战计划为前提。

以上观点经过美国三军参谋长认可。

艾森豪威尔也已经收到了我的电报副本。

这样一句话，成为我重点关注的对象。“我认为，任何部队和装备的调遣，都应该以保障事先决定的‘霸王’作战计划为前提。”用这种说法做挡箭牌，实在是分不清各种工作的主次。这样说的意思就是：如果推迟六个星期归还准备参与“霸王”作战计划的500多艘登陆舰中的9艘，就会不利于1944年5月的主要战事。不管怎么说，从现在算起，还有六个月的时间才会展开“霸王”作战计划。因此，我下定决心，要再次对罗斯福总统提出诚恳的请求。今年六月，我和马歇尔将军一同前往阿尔及尔，那是一次具有深远影响的行程，我们基本没有遇到困难，此后便好运不断。想到这些，我希望用同样的做法能够奏效，我已做好立刻飞往突尼斯的准备。

前海军人员致罗斯福总统　　　　1943年10月8日

1. 我想起，过去我们之所以收获显著成果，并且对将来意义重大，是因为我们在行动上配合默契。因此在这个紧要的时刻，我诚恳地请求你考虑一下我的意见。

2. 我深信，假如我们在战略上造成重大失误，那主要原因一定是在现阶段放弃占领罗得岛，以及没有重视东地中海的整个局势。我也确信，如果我们大家能将此事放在会议桌上讨论一下，在不妨碍我们在意大利进军，也不干扰“霸王”作战计划的准备工作的前提下，我们一样可以将这次战役编入我们的计划。你也知道，我们对进军意大利的事情一直持拥护态度；并且，我们也忠心支持“霸王”作战计划。

3. 如果可以，请你回忆一下：我们在魁北克时，接到的通知上说，到12月1日，我们聚集在意大利的军队，能够登岸的不足12个师。当时我是多么的不安。迄今，到了10月9日，登岸的兵力比15个师还要多，其中有12个师左右的兵力已经参与到战斗中。我们明白，敌人正在一边向北撤退，一边在后方进行守卫战，以便将从敌人那缴获的武器装备运送出去。至于是在十月还是十一月我们才能占领罗得岛，现在还不能确定。但是在十二月之前，甚至再向后推一段时间，我们就无法在意大利北部同德国的主力部队进行交锋，这是我们可以确定的。不过，我们可以操控我们的进程。

4. 所以，先抽调一个师的兵力去进攻罗得岛，只要在德军设置防御战线之前，我军到达那里，就能把这个师调回到意大利战线。我们有足够的时间完成这些。

5. 我们应该想些办法来解决这些困难，还要弄明白我们应该采取什么样的策略才会避免犯错。我愿意带领英国三军参谋长们前往艾森豪威尔的总部，但前提是你能派遣马歇尔将军和你的私人代表到那里与我会面。我们能在本周日（10月10日）下午到达那里，接下来，我们可以进行详细商讨，并将讨论结果交给你和你的三军参谋长们。

当日晚些时候，我又给罗斯福总统发了一份电报：

1943年10月8日

1. 我想再说几句。我曾经说过，在我看来，推迟六个星期将9艘登陆舰送回原地，这是对“霸王”作战计划造成的唯一影响。霸王作战计划还有近六个月的时间才会展开，而这九艘登陆舰预计在本月内就会从地中海出发，目前霸王作战计划对它们并无实际需求。依我看来，我们在对待我们共同的事业时，应该懂得灵活变通，分清轻重缓急。

2. 为进行训练，派遣四艘装载飞机的登陆舰，从东地中海开往孟加拉湾——这是在魁北克会议上做出的决定。但是经事实证明，这个决定是不合时宜的，因为当时意大利投降为战事开创了新局面，我们却没有将此考虑在内。本来中东只需付出不多的代价，就可以收获巨大战争回报（指登陆舰），但是因为这不顺心的一点，我们就一无所获。

以上两封电报都是10月8日发出的，这一点很重要，应该引起注意。事实充分证明我的观点是正确的，就在当日，我获得的情报上说敌人在后方防守部队的掩护下，正在向罗马或它的北面撤退，他们的目的是在罗马南部建立基地与我们交锋。这一点也是我们一两天后才意识到的。这对于我们驻扎在意大利的军队来说，并未造成任何直接的不利影响，即便它已经形成了一种新局面。

罗斯福总统致首相　　　　　　　　1943年10月9日

我已收到你的电报（10月8日），对于你提出的几点意见，我已仔细阅读并亲自做了研究。我和参谋长们深入思考了这些意见后，最关心的就是，敌人除了空军力量薄弱以外，在兵力上占有优势，并且还有智勇双全的统帅。一旦他们采取行动，我们的军队很可能遭遇挫折。这一点特别适用于我们想在意大利获得那条绝不会出任何状况的战线。

我（上次给你发电报），是充分了解了你在东地中海的各种困难后提出的想法：为保卫盟友在意大利的安全，不应该从意大利转移任何兵力；同时，对于任何次要目标采取的行动，都以保证“霸王”作战计划的成功为提前。

现在，为判断进攻罗得岛可能引发的局面，我们几乎了解了所有实情。依我之见，这次战役不仅要攻占罗得岛，还意味着我们有继续进军的意图。如果停止进军，科斯和克里特两岛，会从两面夹攻罗得岛。这一点德国人也必然会看在眼里。

如果我们能在多德卡尼斯群岛上获得我们可能占领的任何军

事基地，并且无需承担重要义务，我会认可这个意见。但问题是，从目前局势来看，这次军事行动，仅靠坚决的态度和完备的组织还不够，而将这一行动贯彻下去，才是大势所趋。但是要贯彻这一军事行动，不需要地面部队，而是需要从其他来源抽调船只、飞机等战斗工具。而意大利、“霸王”作战计划，或者也有可能是蒙巴顿的两栖作战部队，都不可避免成为这些工具的其他来源。到时候，我们要考虑的问题就成为：我们应该从巴尔干半岛的南端开始发动进攻，还是为了收获更多回报，在保证安全、快速的条件下，继续向罗马北边我们商定好的基地挺进？因为敌人知道，我们进攻罗得岛，却没有将此行动贯彻到底的策略。我认为，后边这个想法对于盟军来说，对巴尔干半岛造成的威胁，比对罗得岛进行势必十分危险的两栖作战行动所造成的威胁要大得多。从战略角度来看，我要问问自己，如果我们占领了爱琴海的岛屿，接下来再会去哪儿？反过来说，如果德军此时仍然占领着那些岛屿，我们该何去何从呢？

实际上，你提到的周日（10 日）在非洲举行的会议，将是联合参谋长委员会的另一次会议，所以只有一部分代表参加，而我却不能参加，也不必前往。说句实在话，就现在情况来看，我认为，我们完全可以通过我们的参谋长机构，将我们要讨论的问题进行调整，而无需参加会议。那样做并不见得能让问题得到充分解决。我们已经了解了大部分事实，明天准备在突尼斯召开会议，结果很快就会出来。

* * *

罗斯福先生的回复，让我最后的希望彻底覆灭。现在我提出的要求是：尽管罗斯福总统最早时候发来的电报否定了我的意见，但要允许总司令会议自由探讨这一问题。这是我唯一能做的。这个要求因理由充分得到认可。

首相致威尔逊将军 1943年10月9日

我不相信现在分配给你的这些兵力，已经足够应对“武士爵位授予式”（罗得岛）这个作战计划。为了争取更多援助，你应该在会议上极力争取。如果随意行事，到时陷入困境就麻烦了。下个月，地中海战略的关键内容用几个字概括就是“猛烈进攻罗得岛”。因此，尽可能提出需要的支援，在行事之前，与亚历山大一同协商，千万不要鲁莽。我会竭力帮忙。

前海军人员致罗斯福总统 1943年10月9日

1．承蒙您花费精力，给予考虑我唐突的意见，在下感激不尽。我已通过电话告知威尔逊，我绝不展开这次行程。一则是因为遵照你的嘱咐，缺少你的祝福，二则是因为马歇尔将军不能被派出席，所以我取消了这次行程。

2．今天你发来电报，最后几句说到，有一场会议准备今天在突尼斯召开，等结果出来之后，对这件事情的思考和解决可以交给联合参谋长委员会进行处理。对此我表示赞同。

3．不过我对一件事还心有疑虑，就是艾森豪威尔已经收到10月8日你给我发送电报的副本，他会认为那是你下达的命令，问题已经得到解决。如果确实如此，我恐怕不能接受。所以我希望你能明确向他说明，在会上，关于整个问题的各个方面都应进行充分自由的审查，并将相关结论交由联合参谋长委员会转交你我。我的要求是，中东代表对观点进行论述后，整个问题必须进行细致考虑，并且是自由的、耐心的、没有偏袒的考虑。

4．威尔逊将军使用艾森豪威尔将军曾经分配给他的军队——现在成为他自己指挥的军队，正打算在23日向罗得岛发动进攻。我不确定他是否能在人力和物力的使用上做出极为精确的计算，因为他认为那些兵力足以应对。

依我看来，问题是他是只能得到这点微弱的援助呢，还是应该将这个作战行动取消？

5. 如果取消行动，即使他们能在勒罗斯岛上坚守一段时日，也很可能致使该岛沦陷，或是致使我们失去爱琴海上的所有基地。此后，我们将不能进入爱琴海，我们从世界的另一部分收获的不是巨大利益，而是政治上和心理上的极为不利的影响。

6. 我完全赞同你的说法：在意大利聚集兵力是十分重要的。事实表明，我对此事极为重视，例如为支持艾森豪威尔将军的作战计划，我减少了英国中东指挥部的各项供应，因为这件事情，关系到我们双方的利益与损失。

罗斯福总统给我发来了回复电报：

罗斯福总统致首相　　1943 年 10 月 9 日

以下内容已送达艾森豪威尔：

“首相在致总统的电文中表示，总统于 10 月 8 日将致首相电报的副本寄送给你，他恐怕你会认为那是总统下达的命令，问题已得到解决。首相希望向你明确说明，在今天突尼斯召开的会议上，关于整个问题的各个方面，都应进行充分自由的审查，并将相关结论交由联合参谋长委员会转交你我。我的要求是，中东代表对观点进行论述后，整个问题必须进行细致考虑，并且是自由的、耐心地、没有偏袒的考虑。

首相表明的上述愿望，总统命令你接受，并作为自己的指导路线。”

我们接到情报说，希特勒为在罗马南面进行主力战，已决定增加他驻扎意大利部队的兵力。这个消息将我们正在激烈进行的会议打断，关于为攻打罗得岛提供少量兵力援助的计划也被否定。威尔逊发来电报说：

威尔逊将军致首相　　1943年10月10日

1．昨天，也就是突尼斯会议开始之前，我收到了你的电报。经与坎宁安和亚历山大商讨，我确认就目前的兵力来说进攻罗得岛，失败的几率确实很大。本来在停战的时候，如果按照这个计划行事，确实现实可行。但没想到的是，当我们盼来为期不长的有利时机时，却由于航空运输工具被调走而对此无能为力。

2．从那以后，局面就发生了很大变动，即先派单独一个旅的兵力进行突击，四天后再派另外一个旅的兵力去援助。如果遭遇恶劣天气，此做法很可能导致两批部队依次遭受损伤。昨天会议上我们讨论过所需的兵力，我们一致认为解决兵力的方式就是从“霸王”作战计划中调用登陆舰，还有亚历山大带领的舰艇船只、登陆舰和飞机。昨天接到的最新情报显示，意大利的局势在很大程度上已发生改变，因此，我必须同意将现有所有用来作战的援助，由亚历山大调遣。

3．今天早上，我与约翰·坎宁安、林内尔三人分析，假如将罗得岛行动推迟到以后进行，爱琴海的形势会发生怎样的改变？我们得出的结论是：虽然防守勒罗斯岛和萨摩斯岛变得愈加困难，而且还要借助土耳其的援助，但是将它们守住也不是没有可能。星期二，艾登将会到达这里，到时候，我们会一同探讨这个问题。尽管我们现在最难决策的就是撤退守军这件事，但不管怎样，我还是希望它不会发生。只要我们坚守爱琴海绝不退兵，敌人要想将我们赶走，就会耗损很大一部分兵力。

我立即致与答复，内容如下：

首相致威尔逊将军　　1943年10月10日

为了辉煌的战绩，你要尽可能坚持下去。关于能从土耳其人那里得到哪些援助，你要与艾登细致商讨。[①]如果你拼尽全力换来的仍然是撤退的命令，我一定会支持你。但是现在，你最好尽全力争取成功。

我不敢相信，直到今日也不敢相信，进攻罗得岛的计划与其他计划竟然不能协调一致地进行。尽管我能明白我们参加意大利战役的将领们提出的意见，在局势发生改变的情形下，受到哪些影响。虽然这件事让我在战争期间再次遭受极为严重的痛心，不过我还是做出让步。在必须做出退让的时候，即便再坚持己见也不起任何作用。而且，如果因为这件事影响了我和罗斯福总统之间的关系，与他产生矛盾，那就太冒险了。因为现在还有很多严重的问题没有得到解决。凭借意大利传来的消息，我接受了这个决策，尽管我一直认为这是一个目光短浅的决策。我向罗斯福总统发去电报，其中第一段我在其他地方曾经说过，以下是电报全文：

前海军人员致罗斯福总统　　1943年10月10日

1. 有关艾森豪威尔将军在会议上做出的报告我已阅读。艾森豪威尔所说的“过去四十八小时内发生的巨大变化”指的就是德国人打算在意大利南部增加人力和物力，并在罗马前方发动战争。在到达罗马之前，我们不仅要击退敌人的后方防御部队，还将会经历一场极为激烈的战役，对于这一点，我不得不承认，按照事情的发展规律，我们应该预料得到。因此，我赞同回忆的结果：必须将所有现有重要兵力集中起来，用于对抗这场战争。放弃在任何平静的停战期进攻罗得岛。按照艾森豪威尔的建议，冬季战

① 艾登准备前往莫斯科参加外长会议，现在途中。——原注

线在罗马北面成功建立之后，再考虑罗得岛的问题。

2. 即使我们决定在23日对罗得岛发动进攻，为防止勒罗斯岛可能在此日期前沦陷，现在我们也必须严肃对待爱琴海的局面。土耳其已同意我们使用附近的登陆地点，在此基础上，我们是否还能使用仍属于中东司令部的资源，将科斯岛竭力夺回？我已要求艾登同威尔逊将军和坎宁安海军上将对这一问题仔细考虑。如果这样做不起作用，那么幸运的话，我们能做的唯有在今晚或是明晚，将运送敌人攻击部队的护航队之一消灭。否则的话，勒罗斯岛必将失陷。

3. 这也是我建议你通知威尔逊将军的原因。如果他判定形势确实对我们不利，他可以亲自下达让驻防军在夜晚撤退的命令，将所有意大利军队的官员带上，还有其他的意大利人能带多少就带多少。别忘了将那里的防御工事和大炮捣毁。我们只有1200名士兵，连设置一小部分必要的炮台人手都不够，防守外围基地更是不可能，因此我们也不需要意大利人作战。我们不能在土耳其的收容所待太长时间，因为那里不够严密。也许沿着土耳其海岸撤退也是不错的选择。

4. 做这个决定时，我心痛万分，其他多余的话就不说了。

* * *

我跟亚历山大说：

首相致亚历山大将军　　　　1943年10月10日

你应当全力以赴收拾残局……如果事情已完全没有希望，而你也无法解决，你应该与威尔逊将军一起讨论：究竟是让守卫莱罗斯的部队撤到土耳其去，还是让他们把炮台炸毁后，想办法沿着海岸线撤离。另外，还有其他岛屿上的远程沙漠部队，最好不要让他们沦为战俘或被意大利军官枪杀，还是想办法让他们撤离比较好。

我又给威尔逊将军发去电报：

首相致威尔逊将军 1943年10月14日

在手中的兵力不足的情况下，你却能合理利用，这令我感到很欣慰。你一定要振作。

* * *

这些处理方式细致谨慎，最后却没有获得任何成效。实际上，占领罗马是8个月之后的事情了。在整个秋冬两季，把位于非洲的英美重轰炸机阵地迁往意大利，要用到比原定在两周内用来协助占领罗得岛所需船舶多20倍的船舶。罗得岛仍然是我们急于攻克的岛屿，但我们迟迟没有在海岸附近采取行动。土耳其方面见他们的盟军是这种状态，更不想听我们派遣，连飞机场都不愿让我们使用。

现在英国人为美国参谋人员的固执己见付出了代价。事实上，我们在勒罗斯岛驻有一支小型部队，尽管我们想保住我们在勒罗斯岛的地位，但是这支部队的命运已经无法改变。我们曾自愿将所有陆地和空中最好的作战部队（大大超越了五月在华盛顿和八月在魁北克预定的数量），交由艾森豪威尔自由调遣。并且我们用比最高统帅部还要周密的计划和更高的期望，竭力增强驻扎在意大利的部队。但是现在，我们却不知道手头剩余的兵力能做些什么，对此，我们必须要进行仔细研究。德军刚一展开攻势，就对勒罗斯岛和萨摩斯岛进行了猛烈轰炸。三个优秀的英国步兵营加入到勒罗斯岛防守的行列中，现在那里有一个旅的兵力。此时,这三个营[1]的士兵仍在处于体力与战斗力的复原期，因为他们刚从马耳他岛遭受的包围攻击和粮食断绝中挺了过来。

科斯岛沦陷当日，海军部曾派遣势力雄厚的海军部队，从马耳他岛开往爱琴海进行援助，这个海军部队还包括 5 艘巡洋舰。艾森豪威尔也临时决定，派遣两大队远程战斗机前往中东。它们到达那里没多久，就起了极大作用。10 月 7 日，敌人的一个护航队，在运送援兵前往科斯岛的途中，在海空两军的夹攻下被捣毁。几天后，敌人的两艘运输舰也被海军击中，沉落海底。不过，11 日之后，远程战斗机撤离了，此后，控制权又掌握在敌人手中。我们的舰船为避免更加严重的损失，只有夜间才敢出来活动，也种局面与两年前海军在克里特岛作战时遭遇的局势一样。两年前，海军在克里特岛战役就经历了这样的局势，如今，这种局面再次出现。

* * *

勒罗斯岛的命运因为战斗机的撤退而改变。敌人利用分在各处的小规模船队，在战斗不够激烈的时候，继续聚集兵力。现在我们知道，敌人面临的危机在船只运输方面。敌人之所以暂时没有攻打勒罗斯岛，主要是因为他们怕盟军在亚得里亚海展开战斗。10 月 27 日，我们听说由四千士兵组成的德国阿尔卑斯山部队和许多登陆舰已经到达赖弗斯。很明显，他们是冲着勒罗斯岛来的。11 月初，有迹象表明敌人准备进攻，因为我们收到他们调动登陆艇的报告。德国的军队和飞机，白天在它们强大战斗机的掩护下，以小队形式悄悄向前逼近，然后聚集在一起。我们自己的空军和海军对于这种方式的移动，居然没有制止的办法。晚上他们为躲避我们的驱逐舰，则隐藏在群岛中间。

驻防军的作用是保持戒备，但人数毕竟有限。勒罗斯岛有三个高

[1] 爱尔兰皇家明火枪第二营、禁卫军第一营和步兵第三团第四营。——原注

低不平的山区，由两个不算宽阔的地峡分割。每个山区我们都安排了士兵防守。11月12日清早，德国军队同时在两个地方登陆，这两个地方是勒罗斯岛的东北顶端和莱罗斯城东南的海湾。在莱罗斯城登陆的敌军虽然被击退了，但是当日下午在阿林达湾和古尔纳湾之间的地峡降落的600名伞兵，把我们的防线切成两段。这次，我们完全没料到敌人会用空降的方式着陆，因为以前收到的报告上说，伞兵降落并不适用该岛。为夺得这个地峡，我们付出了巨大努力。在最后关头，驻扎并保卫萨摩斯岛的皇家希肯特第二团，也被派往勒罗斯岛。但是，局势不但毫无更改，他们自己也遭遇失败。由于缺少空军的支援，岛上三个营的防守部队遭受了敌人的猛烈袭击。这支优秀的部队苦苦坚持到11月16日的晚上，终于筋疲力尽。他们因无力作战，已被敌人的威力压倒。

威尔逊将军报告如下：

威尔逊将军致首相　　1943年11月17日

敌人在空袭勒罗斯岛方面，占有绝对性优势。我们尽管进行了勇敢的抗战，但勒罗斯岛最终沦陷了。我们与敌人之间的成败只差分毫。原本，我们可以取得圆满的成功，因为我们可以不费吹灰之力，就能将局势扭转到对我们有利的一面。但相反的是，我们竟遭受失败。很显然，我们已预料到后果。因为我们在9月的时候明明预见了危险，现在却冒这个风险，这都是我们自愿的。如果我们能将罗得岛攻下，事情就不一样了。我相信总有一天，我们会有机会进行一次从一开始，我们就占有利形势的战斗。

每天我都收到电文，读它们时，我正在前往开罗途中。我怀着沉痛的心情作了以下答复[①]：

① 我准备参加德黑兰会议，现在开往开罗的途中。后边的章节中，我会详细讲述与会议有关的情况。——原注

首相致威尔逊将军　　1943年11月18日

感谢你来电告知关于勒罗斯岛的情况。我对你在指挥该岛战斗中的表现,表示赞赏。我的心情和你一样,认为这次斗争的失败,为我们造成了巨大损失。而且我与你一样，对这场战斗深感无能为力。我希望在下次会议后，我们对此能有更完善的计划。

*　*　*

勒罗斯岛的失陷，终止了我们在爱琴海的一切希望。我们将勒罗斯岛上残余的部队救出，并想办法让驻扎在萨摩斯和其他岛屿上的部队撤退。撤出的兵力中，除了包含1000多名英国和希腊的部队外，还有很多态度友好的意大利人和德国战俘。但是这次，敌军将我们海军的六艘驱逐舰和两艘潜艇击沉，还有四艘巡洋舰和四艘驱逐舰遭受破坏,可见我这次损失不可小觑。希腊海军从开战到结束,一直英勇战斗,从而为我们减少了一些损失。

*　*　*

此时，安东尼·艾登从莫斯科返回国内，我给他发送了一封电报：

首相（在海上）致外交大臣　　1943年11月21日

勒罗斯岛的失陷令我深受打击。如果议会要讨论这个问题,我希望以下列内容为导向进行阐述：

空中作战既然不具备优势，是否应该采取这种作战方式呢？人们对此表示质疑。我们是否从克里特岛和其他战役中吸取了经验教训？我们是否再次使用“斯图卡”小型俯冲轰炸机，让它们像过去那样克制敌人，建立丰功，并且节约大部分时间？我们能说的是，你们提出的质疑都在情理之中，但是我们无法一一详细作答。现在能说明的是，我们在打算占领这些岛屿前，就已经预料到了那些观点。如果我们忽视了这些观点，没有将它们放在重点考虑的范围之内，也是因为我们还有其他原因和其他希望。如果没有十成的把握，我们就不敢轻易尝试，在很长一段时间内，我们都难以分出胜负。

本来，要想占领多德卡尼斯群岛，我们只需付出一点点代价，这对我们来说很容易。但现在我们付出了极大的代价，却没有把它保住。虽然我们遭遇挫败，但不必掩盖它带来的痛苦。另外，德国人也做出了巨大努力。为了这次战役，他们从本来局势已经堪忧的意大利境内调出了几乎一半的空军，使我们驻扎在意大利的军队相对轻松了一些。对于这一点，你应该强调。

还要说明的是，在航行途中，德军 2000 名士兵的大多数已经溺水而亡，加上在战役中死亡的，不管怎样，总数目也可以抵消我们的 3000 名战俘。在这次战斗中，如果遵循一命换一命的原则，那么德国人付出的代价（包括战俘在内）说不定比我们损失得还要多。话虽如此，但我们可以毫不夸张地说，自 1942 年托卜鲁克战役以来，我们还未真正遭受过如此之大的战败。不过，我们没必要把这看成一个灾难性事件。

* * *

这就是全部关于罗得岛和勒罗斯岛的惨痛经历。此后，我和艾森豪威尔将军之间有了极为严重的分歧。但幸运的是，这些分歧涉及的范围不大。好几个月以来，为艾森豪威尔将军在意大利的战争扫清障碍，我一直身负重重压力。在意大利本土，我们除了占领撒丁岛以外，还聚集了大批兵力。不过令人意外的是，科西嘉岛也被我们成功占领。我们从其他战场上召集来一大批德国士兵充当后备军。墨索里尼在外

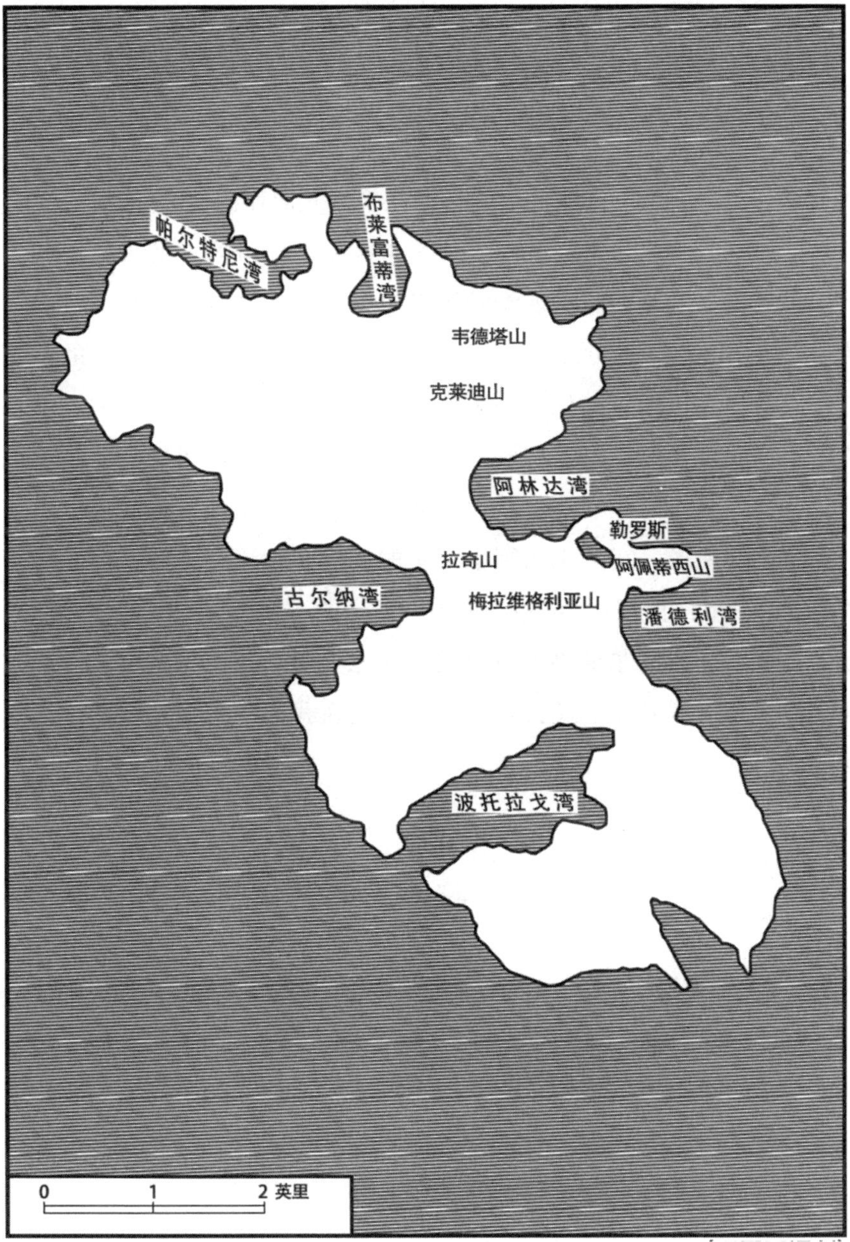
帕尔特尼湾
布莱富蒂湾
韦德塔山
克莱迪山
阿林达湾
勒罗斯
阿佩蒂西山
拉奇山
古尔纳湾
梅拉维格利亚山
潘德利湾
波托拉戈湾
0
1
2 英里

勒罗斯

逃亡，意大利政府和人们已经投靠到我们这边，他们的舰队也加入到我们自己的舰队里边，意大利已经对德国宣战了。解放罗马指日可待。德国的 19 个师毫无组织和秩序，他们在整个巴尔干半岛都有分布，因为他们已经被他们意大利的盟友遗弃，而我们驻扎在那里的士兵还不到 1000 人。“霸王”作战计划的日期并未因此而作出巨大变动。

我调遣了西北非最高统帅部认为可能调遣的师团，此外，还调遣了四个最优秀的师团。这四个师团来自驻扎在埃及的英军和英帝国军队——根据怀特将军的报告。我们不仅对艾森豪威尔将军领导的英美参谋人员提供援助，助他们在事业上取得胜利，而且还向他们提供了意想不到的重要资源，这些资源为他们避免了灾难性事件。但我难过的是，为了获得与我们已经获得的同样重要的战略地位，我仅提出了一点小小的要求，竟然也遭到了坚决的反抗与拒绝。当然，人们处于战争即将获胜的阶段时，可能认为周围发生的一切，都是正确且合理的。但是，要不是那些非重要人员一成不变地反对，我们不但可以在意大利战役中获得战利品，还会将爱琴海控制在我们手中，并激励土耳其参战。

第十三章　希特勒的“神秘武器”

伊斯梅将军写于 1943 年 4 月 15 日的备忘录——桑兹先生委以重任——有关佩内明德的情报——国防委员会关于袭击佩内明德的决定——希特勒的积极愿望——对火箭和无人驾驶飞机的戒备——关于它们相对重要性的不同意见——8 月 17 日，佩内明德被成功袭击——德国人遭遇袭击后，无限期将计划推迟——具有重要影响的结果——敌人准备使用无人机——琼斯博士的报告——所说的“滑雪场”——10 月 25 日我向罗斯福总统发送的电报——他的答复——斯塔福德·克里普斯爵士的报告——我们及时实行了防御措施

几年前，战争还没爆发，德国人在波罗的海海边的佩内明德建立了一座实验站，用来开展火箭和无人机的研究。尽管这项活动是秘密进行的，但还是走漏了风声。1939 年秋季，我们收到来自情报机关的报告，上边已经涉及各种类型远程武器。战争打响后的头几年中，针对这一情况，我们从各方面收集到传言和为数不多的情报，但是这些传言和情报总是无法相互一致。1943 年春季，三军参谋长对此种情况做出研究。4 月 15 日，伊斯梅将军将研究结果通过备忘录的方式递交给我，内容如下：

首相：

三军参谋长们认为，关于德国人实验远程火箭的报告应该引起你的关注。从1942年年末开始，我们收到了五份报告。这些报告虽说没有详细阐述细节，但也说明根本情况。

三军参谋长们建议：我们一定要抓住当前机遇弄清事实。如果证据确凿，应立即想办法解决。在他们看来，这个问题如果能在一个人的领导下进行调查，而这个人能够将本领域相关的科学家与情报顾问召集在一起，就能更快更好地解决问题。他们建议你任命一位负责人，立即展开任务。他们还说邓肯·桑兹先生是个不错的人选。如果能任命桑兹先生负责此事，那是再合适不过的。

三军参谋长们还建议，将此事告知国内安全大臣，以便他们密切关注远程火箭袭击的可能。他们认为，从目前来讲，在此事还没确切的证据之前，最好是向公众保守秘密。

以上是三军参谋长们的建议，请你核准。

战争刚展开的时候，桑兹先生曾是驻挪威防空部队中的一员，后来在指挥第一火箭试验团时遭遇车祸而失去双脚。1941年7月，他被调到政府部门，担任陆军部财务处长一职，后来又任军需部次官。他在担任政府工作期间，对指导武器发展事业做出很大贡献。由于他们与三军参谋委员会在工作上来往密切，又因为他是我的女婿，尽管我个人没有提出过任何建议，但我仍对三军参谋长委员会推荐他来负责这项重要的工作感到欣喜。

一个月之后，桑兹先生提出的第一个报告开始在战时内阁中相传阅读。以下是报告要点的概括性总结：

我已调查了德国远程火箭研究的各种证据。通过以往的报告，我们可以判断火箭的发展计划很可能正在开展。为了进一步补充资料，我已提出对德国波罗的海沿岸的佩内明德周围地区进行空中调查。现在航空侦察已经完成，拍摄出的照片为我们提供了更深一层的重要情报。

看来德国人在过去的一段时间内，一直试图研究一种重型火箭。这种火箭能从很远的地方对某一地区进行轰炸。这项研究很可能是与喷气飞机和空投火箭鱼雷的发展计划同时展开的。就现在我们掌握的情报来看，能解释它们研究进度的不多。不过，根据现有情报提供的少量证据来看，它可能有了很大进展。而伦敦因为面积适当，很可能成为它们的攻击目标。

我们应该做更充分的准备，这样才能从大陆的特工人员那里，从战俘口中，或通过空中侦察的办法获得更多关于这项工作的情报。

看来最有可能开展这种武器的实验设备和生产工厂分布在德国境内和德军占领的地区。我们怀疑在法国西北部的沿海地区，这种工厂也可能存在。对于这些工厂和设备，我们都应进行轰炸。建议进行轰炸的目标名单，我们已初步制定，并尽快送到空军参谋部。

6 月 4 日，经空军副参谋长艾维尔中将的同意，桑兹能直接与相关情报机构进行联系，从中得到特工人员和战俘的进一步情报。他还可以为空中侦察提供建议，并将侦察结果告知空军参谋部。相关部门研究了一切关于导弹的弹道追踪以及发射地点探测的方法，并在民间采取防空和安全处理办法。

6 月 11 日，桑兹先生向空军参谋部呈上一份备忘录，请求在佩内明德地区上空定期进行航空侦察；对于距伦敦 130 英里以内的法国北部地区，也要进行空中摄影。将位于佩内明德的实验基地炸毁，也是他提出的建议。他还特别说明应立刻展开袭击，此工作的重要性体现在以下报告中。

从近期空中拍摄的照片中可以看出，德国人的远程火箭项目正在佩内明德实验站快速而紧急地开展，并且经常进行发射。另外，还有证据表明，德军在佩内明德的防空工事正在进一步巩固，以解决设备短缺的情况。

基于这种情况，我们应该尽快实施轰炸实验站的计划。

6月28日，桑兹呈上报告说，从佩内明德传来的空中影像表明，在发射地点附近有大量射程在90～130英里的火箭。

德国人在我们采取了一系列预防处理办法的基础上，仍有可能躲避我们的侦察，在法国北部成功安置一定数目的发射器并做好向伦敦发射火箭袭击的准备。面对这种情形，我们的确需要尽快找到发射火箭的位置，并立即轰炸，将它们捣毁。

根据当前雷达站具备的条件，在10英里范围内精确侦察飞行中的火箭，并判断它们的发射地点不成问题。如果用某种仪器进行辅助，将大大提高雷达的性能。目前，这种辅助仪器已处于制造阶段。如今，第一套设备已经在拉伊安装，两三个月后，剩余设备也得以完成。有五个雷达站已经接到特别指示（斯温加特、拉伊、皮文赛、波林和文特诺尔），操作者正在进行必要的训练。

四月份以来，国防委员会不断收到情报，材料充足。6月29日，它们的决定如下：

应该组织人，对伦敦附近130英里内的法国北部地区进行最彻底和最严格的调查，并且将此工作坚持到底。只要是能让这项工作有效而彻底地进行，任何步骤都应该采纳。

尽可能采取最猛烈的夜间攻击形式，组织佩内明德实验站的袭击。一旦时机成熟，轰炸机队应尽快实施。

只要探明法国北部的火箭发射地点，我们就应尽全力做足准备，立即对它们采取空中袭击。

* * *

希特勒对这一计划十分感兴趣。在 1943 年 6 月初左右，他跟随一些担任阁员的党内重要人士，对佩内明德进行视察。此时，相比无人机，我们对火箭发射的导弹有更深的了解。佩内明德是全部研究与实验的中心，火箭与无人机都在大规模地准备之中。德国人在研究原子弹方面不在行，重氢氧的化合物也没有产生激励性作用，但是希特勒和他的顾问们认为，英美图谋大规模横渡海峡并重新返回陆地，而无人机和火箭可能为英国带来一次新的，致命性的打击，并干扰英美的计划。希特勒在佩内明德了解了全部情况，他为此感到高兴。为了实现这个新的，也可能是他最后的希望，他投入了德国的最大力量。

在 6 月 10 日左右，希特勒将德国军事领袖召集在一起，并告诉他们只要坚持下去，到了 1943 年年底，伦敦必定会被摧毁，英国不得不投降。火箭发射的日期定为 10 月 20 日，为供当天使用，一共制造了 30000 发火箭。据说这是希特勒亲自下达的命令。如果传言属实，证明希特勒是个想法荒谬，生活脱离实际的人。德国军需部长施佩尔博士说，制造一恶搞 V2[①]所耗费的时间，与制造六架战斗机消耗的时间不相上下。也就是说，希特勒要求他们在四个月内制造出 18 万架战斗机，这真是荒诞离奇。不过，生产这两种武器，始终是最首要的任务，因此，有 1500 名技术娴熟的工人从高射炮和大炮工厂调到这个项目上来。

7 月 9 日，桑兹先生汇报了情况。他说，有证据显示，德国人除了准备启用火箭计划，还试图用无人机和远程大炮对伦敦进行袭击。因为他们在靠近圣奥韦尔的瓦当，和费康周围的布伦艾瓦，发现两条形迹可疑的坑道。所以，位于英国东南部被选定的雷达站收到指

① 我们为火箭命名为 V2，无人机被称为 V1。——原注

令，准备预防火箭发射。内政部也制定了计划——在紧急情况下，迁出十万名拥有优先权的居民，如上学的儿童和孕妇等。每天只能迁出一万人，而非将伦敦人口大规模地撤出。30000个莫里森桌形防空壕[①]已经运送到伦敦，加上以前储备的，城内现有这种设备约50000个。

7月19日，我们呈上报告，内容为：

> 我们在法国西北部看到一些建筑物，包括铁路侧线、转车台、房屋以及钢筋水泥等，但却无法明确判断这些建筑的用途。上边提到的大部分地区，都在加速进行紧张的建筑工作，特别是在瓦当，情况更为紧迫。他们还将高射炮运送到现场，好为当前的工程进行掩护。

当各种实际情况与报告都涉及国防委员会时，科学家和技术人员开始众说纷纭。他们的分歧在于，对英伦三岛采取的新的袭击方式，到底是用火箭炸弹还是用无人机？他们的争论尖锐而深刻，开始，火箭支持者占优势，但是，这些人在弄明白他们夸大估算了导弹的体积以及破坏力之后，就改变了自己的观点。在这种情况下，国内安全负责人切不可忽视这种可能性——在保证儿童和孕妇以及其他特定人员撤离的前提下，最好实行整个首都的撤离。

国内安全大臣深感不安，因为他发现报告将危险描述得极为严重，而他的专门职责就是确保对危险性的合理评估。不过，彻韦尔勋爵不信这种危险。他认为德国人可能有制造巨型火箭的能力，但是却承担不起它的高额消费。他的态度还像开始时一样，他坚决认为使用无人机对于德国人来说才是最好的选择，因为无人机付出的代价小，却收获良多。他还认为，即使德国人使用的是人们之前预言中所说的弹头就有10吨或20吨重的火箭，英国遭受的破坏程度也不会达到之前提

① 英国内政大臣莫里森提议制作的，桌形钢制室内防空设备。——译注

到的数字。况且他认为这种情况不可能发生。这几个月以来，他与赫伯特·莫里森先生时常进行探讨，听到他们所说，让人感觉这两位重要人物的意见差异在于，究竟这些自动武器的袭击具有彻底性的破坏，还是危言耸听。其实，这种争执与以往情形毫无差异，这是“多与少”的争论，而不是“是与不是”的争论。

彻韦尔勋爵的记事簿上写得非常清楚，他对袭击规模的大小所表达的观点几乎不会有误。那些令人惊诧的传言则不正确。

* * *

上述讨论并没有让我们对袭击佩内明德的行动产生怀疑，或是推迟行动。不管有多少困难，我们都必须采取行动。8 月 17 日夜里，轰炸机司令部司令哈利斯空军中将调遣了 571 架重型轰炸机对所有建筑物进行轰炸。但是，这些建筑物都分布在沿海边的一条狭小地带，笼罩在烟雾之中。我们在飞机上携带的仪器不能完全对它们进行定位，而英国发射来的无线电导航电波也无法送达那里，因此，我们必须在夜间采取行动。但是，德国的夜间战斗机就停在附近，而派我们的夜间战斗机过来，还有很远一段距离。我们的飞行员需要从 8000 英尺的高空进行袭击，这比平时的高度要低很多。哈利斯将军告诉飞行员们，如果第一天夜晚轰炸失败，就要在第二天晚上再袭击一次。只要以后的夜晚条件具备，不管付出多少代价，也不管敌人遭遇一次轰炸是否增强防御措施，也要一直袭击下去。同时，我们还会尽一切努力，引导我们的飞行员摆脱敌人的追踪。领航飞机在前面飞行，指挥航线和分散标志，一架主轰炸机锁定目标飞行，评测出结果后，用无线电话对我们的飞机进行指导。这次飞行的航线，与上次袭击柏林时采用的是同一条线路，一小队蚊式飞机也被派遣到柏林去迷惑敌人。

我们没有预料到当晚的天气不好，地面上的标志很难找到。不过飞机快要到达吕根岛时，天气转晴。很多飞行员开始按照自己的时间和距离飞行，没有延误分秒。目标上空云雾密集，且又笼罩在烟雾之中。不过，哈利斯说，“这次袭击部署周密，而且炸弹量大，因此所有目标都能保证被击中。”开始时，我们假装袭击柏林，不过很快就被敌人察觉。在月光明亮的夜晚，我们大多数的飞机在返航途中，被德国的战斗机截住，其中 40 架轰炸机被击落。

* * *

尽管敌人在物质上的损失没有我们预料中的大，但这次轰炸结果对我们最为重要。因为这次袭击，对局势造成的影响是长远的。所有刚刚绘制完成，并准备发给车间制造的构造图被烧毁，这将他们预计开始大规模制造的时间大幅度地推迟。我们炸中了敌人佩内明德的总厂，他们将制造火箭的工作转移到哈尔茨山脉的地下工厂内，以免其他地方的工厂遭受轰炸。这些局势的改变，都大大推迟了这些武器的生产和改进。我们的轰炸机航线没有涉及波兰，因此，德国人决定将实验活动转移到波兰境内的一个机构。我们驻扎在波兰的特工人员会对那个地方进行小心谨慎的监视。1944 年 1 月，敌人的新武器进入到试验阶段，关于新武器的射程和发射路线，他们能探测到，但是火箭坠落的地方，则有很多英里远。德国的巡逻队为收集碎片，时常要赶到火箭坠落地点。不过有一天，一枚没有爆炸的火箭在布格河岸边坠落，被先到达的波兰人推进河里。这个波兰人在德国放弃寻找之后，趁夜间将它打捞出来，开始了危险的拆卸工作。等他完成任务之后，皇家空军于 1944 年 7 月 25 日，用一架“达科他”式飞机将他与他携带的大量技术资料和重达 100 多磅的新武器的重要组件一起接到英国。不过这个勇敢的人回到波兰后被德国警察秘密逮捕，并于 1944 年 8 月 13 日因枪杀死于华沙。

*　*　*

虽然我们在对佩内明德的轰炸中做出了很大的牺牲，但这些牺牲却大大推动了战争的进程。要不是这次空中轰炸以及后边对法国境内发射地采取的袭击，希特勒没准儿在 1944 年就已经开始对伦敦发动火箭袭击。现在袭击行动被推迟到九月，到那时，蒙哥马利将军的部队已经将法国北部准备完毕的发射点占领。这就致使敌人要在荷兰搭建临时基地，用来发射炸弹，不过发射的准确性就会大幅度降低。因为从荷兰到发射的目标伦敦之间的路程，相比之前增加了一倍。到了秋季，由于战争所需增加，德国的交通路线会非常繁忙。这就导致敌人运输火箭到发射地点失去了优先权。

《欧洲十字军》一书，是艾森豪威尔将军所著。他在该书中畅谈了自己对于“V”武器的看法。他认为，佩内明德实验基地和其他武器制造基地遭遇轰炸，会大大延误这种武器的发展与使用。他还说：

> 如果德国人能提前六个月制成新武器，并投入使用，我们进攻欧洲的计划则困难重重，甚至不可能实现。这种情况不是不可能出现。我相信，如果他们已使用武器长达六个月，并进展顺利，特别是，如果他们将攻击目标之一锁定为朴次茅斯的锁斯艾普顿地区，“霸王”作战计划则有可能不会开展。

这个说法有些夸大实际。这两种武器的误差平均在 10 英里以上，即便德国人能够坚持每天发射 120 枚炸弹，并且每一枚都安全到达，其造成的破坏程度与每周在一平方英里以内，落下三枚一吨重的炸弹不相上下。不过，军事指挥官认为，为了使人民免受生命财产损失，也为了避免我们的攻击行动受到干扰，必须将“V”武器的威胁扼杀。

*　*　*

德国人的计划在初秋时期显现出来。他们不但要用火箭轰炸，还要使用无人机袭击我们。1943 年 9 月 13 日，桑兹先生汇报说：

相关现象表明，敌人正考虑将轰炸伦敦的方式改为无人机投弹。不过，在飞机大小正常，飞行高度和速度没有特别变化的基础上，我国的战斗机和防空工事完全能应付得了。如果这些无人机的飞行高度和速度，超出我们空军可以防御的范围，那它们与发射弹也没什么差别。

我们的应对方法就是将它和远程火箭一样对待，也就是说，将它的制造基地、发射基地或是起飞地点炸毁。

9 月 25 日，空军部科学情报司司长琼斯博士，将我们打探到的情况总结在一份报告中：

我们收集了许多信息，这些信息就像一幅完整的图画。尽管有人在记录中错记漏记，使情报失实，尽管敌人想借宣传迷惑人心。但是这些情报足以说明，德国人一直在佩内明德地区大规模地研究远程火箭。当然，他们的实验曾经遭遇过种种磨难，可能对生产造成干扰。尽管希特勒坚持要求将火箭尽早投入战争，但最快的速度，也要几个月之后。

为了与火箭竞赛，德国空军也可能正在研发一种用于远程轰炸的无人机，而且这种飞机很可能会更早出现。

在同一时期内，我们发现，法国北部有许多样式奇特的建筑群。每一个建筑群中都有一座或多座建筑物，外形酷似雪橇。它们的外形没有差异，并且大多数建筑的朝向都冲着伦敦。后来我们查看空中摄影，结果发现，佩内明德周围的建筑也是这样。有一张照片上有一架微型飞机，它与一个斜坡离得很近。根据这一点，我们推测，这些被称为“滑雪场”的法国北部建筑群，也许是用来储存、安装与发射小型无人机和炸弹的。

*　*　*

我们经常将技术方面的情报告知美国的三军参谋长们。直到晚秋的时候，也就是十月底，我们才麻烦罗斯福总统倾听我们长期以来的重大心事。我们私底下关系特殊，因此我写了这样一份电报：

前海军人员致罗斯福总统　　　　1943年10月25日

1. 从过去六个月中，通过多方面逐渐收集到的情报说明，德国人准备以远程火箭的方式轰炸英国，特别是伦敦。关于这点，我应该让你知道。通过估算，这种火箭的重量可能在60吨左右，上边能够装载10吨到20吨的炸药。基于这个原因，我们不得不向他们的实验基地——佩内明德发动袭击。靠近圣奥韦尔的瓦当，也在进行工程建造，虽然我们不能确定那里的袭击目标，但还是将那里炸毁。还有多于七处这样的地方，分布在加莱海峡和瑟堡半岛一带。另外，可能还有许多其他的地点，有待我们发现。

2. 科学家对于这种火箭制成后的实际情况，没有达成一致看法。不过我个人认为制造这种火箭完全有可能。我们和你们那边的人一直密切联系着。敌人想用火箭推动力的研究来制造超越飞机的东西，因为他们在这方面的研究比我们先进。现在他们将一切可能的工作付诸实施。关注火箭问题的专家委员会认为，尽管火箭的条件还不够完善，但它很可能在十一月中旬展开一次短暂而猛烈的轰炸。到了新年的时候，就会进行主要袭击。德国人为鼓舞军心，安抚卫星国和中立国家，散步了关于新武器的言论。

虽然这些言论让他们尝到甜头，但他们的行动可能会逊色得多。

3. 对于加来海峡地区那些不明用途的建筑工程，直到今天我们都没有放弃监视。之所以没有对它进行轰炸，主要是为了获取更多资料。不过目前，我们已经决定将已知的建筑工程全部摧毁。我们的战斗机具有难以抵挡的优势，用它来保护轰炸机，将那些建筑工程摧毁则易如反掌。你们的空军也可以对我们实行多方面的援助。但是，这种袭击方式难以抑制敌人的威胁，因为那个地方以森林和石矿居多，有利于在山边修建倾斜的隧道。

4. 瓦当的事情很有意思。因为我们把那个地方破坏得太严重，德国人在两天之后举行的会议上决定，不再在那里建造工程。当地被迫从事劳动的6000名法国工人，对空中袭击惊恐不已，因此德国派来一群穿制服的年轻法国人，监视他们的工作。这些年轻的法国人行为极为残忍，他们开枪射杀自己的同胞。一个德国军官看不惯这些年轻人的恶行，当场将他们中的一个击毙。一周之后，德国人似乎完全颠覆了他们上次的决定，又开始建造工程。我们之所以能明确我们的看法，是因为3000多名工人又回到这里，其他人则被送到另外一些不明确的地方去了。我们有一个非常优秀的情报系统，就在法国北部这个地区。我们能获取上述全部情报，也是依靠上述方式，以及空中拍摄的照片和战俘提供的口供。

5. 我想，你很希望获知这个情况的最新进展，因此，我派一名空中信使为你呈上这封电报。

几天之后，他的回复如下：

罗斯福总统致首相　　　　1943年11月9日

我也接到很多关于德国制造火箭的情报。最近，我接到关于火箭制造工厂所在地的消息，这对你来说，可能是唯一有价值的资料。据说这些地点有卡涅弗里德、利西斯哈芬、米茨肯内特、柏林、库戈拉戈福科、施魏因富特、维也纳新城，以及位于维也纳南面，由维也纳通往巴登的公路左边的一个孤立的工厂。有消息称，萨米尔格木班斯基中将在轰炸中死亡，由于他是佩内明德实验基地的负责人，所以火箭的生产工作遭遇延误。这是一个情报人员通过土耳其转来的消息。

* * *

科学家和我所在国防委员会的官员们持有的证据杂乱无章，他们之间意见冲突，而又互不相让，因此我希望让知识丰富、见解公平的飞机生产大臣斯塔福德·克里普斯爵士，来客观评价德国远程武器的情况，并给出定论。11 月 17 日，斯塔福德·克里普斯爵士提交了报告。

单从实验的角度来看，生产顺序有可能是：(1) 大型滑翔炸弹；(2) 无人机；(3) 小型远程火箭；(4) 大型远程火箭。

皇家空军对佩内明德的袭击，使敌人各种远程袭击武器的研发均遭受打击。这对皇家空军来说具有重要意义。

德国人正在极力制造某种远程武器，对此我们可以完全肯定。对于法国北部那些新建造的，目的不清晰的建筑工程，确实值得人特别怀疑，因为我们也不知道它有什么其他作用。基于这种情况，我建议将一切工作准备就绪，如果敌人使用这种方式袭击，我们可以应对产生的一切后果。不过，还没有现象指出新年以前可发动袭击。

同时，我们还应继续获取空中影像，只要有机会，我们就应将相关地点全部摧毁。

报告中，有些问题说得不够确切。12 月 14 日，空军副参谋长波顿里空军中将发来报告说：

我们怀疑法国北部一块“面积较大的发射地”（包括已经被袭击过的三处），与远程火箭的袭击有关。现场有很多高射炮，包括重型的56门，轻型的多于76门，都是用来保护这块发射地的。

从收集的证据来看，“滑雪场”的作用主要是发射无人机。从空中拍摄的照片可以看出，目前的滑雪场数量已有69处，预计，最终总数会达到约100处。如果按照目前的建筑速度进行，预计到1944年1月初，大约20处工程可以完工。剩余工程完成时间在2月。塞纳地区的发射地加来海峡和松姆河，确切的目标的是伦敦，瑟堡地区几处发射点的目标则是布里斯托。

12月18日，我收到与琼斯博士联系紧密的彻韦尔勋爵发来的一份报告。他在报告中表明了自己对飞弹袭击的预计时间，以及破坏力度的一些观点。他认为四月之后，袭击行动才会开启。袭击一两天之后，每天发射飞弹的数量会少于100枚。在这之中，只有大约25枚可以送达距目标十英里以内的地方。这个数量每天只能致50～100人伤亡。因此，为避免恐慌，他不建议实行大规模的撤退计划。他还认为敌人不可能使用大型火箭，因为这种火箭在生产上消耗的时间，比飞弹多二三十倍，而且用他的话说，效果还不见得出众。就算这样的火箭能制造出来，以现有的任何技术来看也很难实现。

我们应对飞弹轰炸的计划是1944年的头几个月内制定的。我们决定，将防御工事分为三个区域，即将一个气球阻塞网安置在伦敦郊区；在其周边安置一个高射炮阵营；战斗机活动区域则在高射炮阵营以外的地方。我们又按照程序，促使美国迅速为我们提供电子高射瞄准器和无线电控制的近接信管[①]。一旦袭击开始，高射炮兵借助这些仪器，能将大多数飞弹击落。

① 一种依据与目标距离决定引爆的雷管。——译注

与此同时，英美两国空军继续对法国北部100处左右的“滑雪场”展开攻势。到了四月末期，通过空中侦察，我们看出敌人已经弃那几个地方的工程于不顾，可见这种轰炸起到了良好作用。但是，我们还没有高兴多久就发现，敌人正在建造一些发射地，只不过改变了以往的样式。这些场地虽说地形简单，布置得也不算周密，但是却很难发现，也不容易击中，因为它们经过了细致的装扮。只要我们发现这种新场地，不管它在什么地方，我们都要轰炸。除了大约40处场所没有被损坏或是被发现之外，我们已经毁坏了许多场地。不过，六月期间，敌人还是利用那约40处的发射地，展开火箭袭击。

*　*　*

1943年4月，三军参谋长们为我们提供了备忘录，经过近15个月的时间，也就是到1944年6月，真实的袭击开始启动。在此期间，我们没有一天敢疏忽大意，每天都过得很充实。本来这些准备工作需要花费好几个月的时间，我们能及时全面地开展工作，是用巨额开支换来的。当灾难来临的时候，尽管我们的生命财产损失巨大，不过我们的作战能力没有问题，对法国采取的军事行动也没有遭遇任何阻碍，因此，我们能够将它击退。我在下卷中会将这些事情的前后讲明白。有关这件事情的详细经过，可以作为案例证明我们统治机器的高效，同时也可以证明所有跟这件事情有关的人士眼光高远，思维敏锐。

第十四章　相持不下的第三战场

关于希特勒在罗马南部作战的决定——德军的冬季战线——亚历山大的部队兵力变弱——10月24日，我致亚历山大的电报及其答复——艾森豪威尔将军召开的战区司令会议——关于亚历山大对意大利局势的分析，他表示赞同——登陆艇的撤离导致我军失去机动性——汇集军队的速度减缓——观察局势变化——我向马歇尔将军和罗斯福总统致电——马歇尔将军的答复——我请求将更多登陆艇留在地中海地区——艾森豪威尔授权，将多出的68艘登陆艇延迟到12月15日撤离——我于11月9日致我国驻莫斯科大使的电报 ——我向布鲁克将军说明我们需要波兰军——联合战略空军提出的要求很过分——第八集团军横渡桑格罗河——美国第五集团军向卡西诺的德军重地挺进——空战——德国驻意大利的空军人数被精简——第三战场在控制敌人方面的作用——总结

十月之前，希特勒本来准备把他的军队撤退到罗马后边，保卫好意大利北部即可。到了十月初期，他听从了凯赛林的建议，对原先的意大利战略做出调整。现在，他下令让军队尽可能向西南面开战。他将选定的战线命名为“冬季战线”。这条战线的起点是亚得里亚海沿岸的桑格罗河后边，中间经过意大利蜿蜒曲折的山脊地带，最后到达西海岸的加里利亚诺河河口。意大利山势险要，河流湍急，这种自然特点令这个纵深几英里的阵地非常坚固。一年以来，德军几乎未曾间断地从非洲、西西里岛和意大利撤退，现在它又兴奋地掉过头来，给追击者来个突然袭击。

德国人已完全置身于意大利战场，基于这一点，魁北克会议做出了对我们十分有利的决策，我们已不在乎冬季来临对我们行动的严重妨碍。我们首先要做的就是横渡海峡，然后发动进攻，这样，意大利从此以后就不再是我们的主要战场。希特勒迫于无奈，只得发动大规模兵力来抵抗我们的追击。这种做法不但不能令我们在意大利战败，而且还对我们进攻主要目标有利。

10 月 12 日，第五集团军发动了新一轮的进攻。它所属的英国第十军和美国第六军也在十天抗战之后，渡过沃尔图诺河，建立起坚固的阵地。接下来，他们准备向敌人的下一个阵地——加里利亚诺河南部的一系列高地发起进攻，以便清除我军前进的障碍。再有一个星期的时间，我军才能将敌人从这些阵地中逼退。但是在十一月的前两周，第五集团军与“冬季战线”前哨防地[①]的敌军展开争斗。我们尝试着对德军战线展开第一次袭击，但效果就不太理想。因为德军在这条战线上安置的兵力与第五集团军六个师的兵力相当，并且他们的战斗力十分强大。我们的军队已经艰苦奋战了两个月，现在气候恶劣，是时候让军队休息，顺便进行整顿与改编。但是现在，地中海战区的大部分登陆舰被调离，这是因为魁北克会议上制定的应付不同局势的计划被强制执行。

意大利局势的变化，并未让我们占领先机。德军借助人力和物力上的强大援助，不但没有后退，反而奉命顽强作战。我们的盟军中有八个优秀的部队，从意大利和地中海战区中撤出并返回英国，他们准备加入到 1944 年横渡海峡的战斗中。这对我们来说是一种损失，即使我正在聚集兵力，加上已经调来的另外四个师的兵力也无法弥补。紧接着，我们陷入了相持不下的局面，经过八个月的激烈斗争，仍然没

① 军队驻扎时，向敌军方向派出的防御部队安置地。——译注

能摆脱这种局面。很快，我会在后边谈论这些情况。

* * *

10 月 24 日，我在思考这些情况的同时，还向亚历山大将军发去电报：

1. 我的内心忐忑不安，因为为了执行魁北克会议决议，你们的战斗还没停止，就将我们两个优秀的师团——第五十师和第五十一师调走。眼前的任务需要你的军队去担负，我希望你能告知你军的实力。你曾提过，第八集团军在 24 日之前会集合完毕，现在情况如何？

2. 我正在请求在 11 月 15 日左右，于非洲举办一次联合参谋长会议。到时候，不管怎么样，我都要到你那儿去，因为我有很多话想跟你说说。祝你万事如意。

亚历山大回复说，他对德军驻意大利的师团数量感到十分担忧。敌人能在罗马南部多远的地方保持强大的战斗力，完全取决于这些师团带来的影响。现在，我们正在尽一切努力，利用空军行动破坏德军的交通路线,使其陷于瘫痪。他还迫切希望加强我们的空军在意大利的力量。但要想完成这一切，没有时间、人力和物力是不行的。第八集团军已经完成集结，并已参与战斗。他们的进攻在起初几个阶段中，效果令人满意。他说，“我的建议是，细致入微地关注当前局势。听说你很快要来看我，令我感到高兴。我将会怀着愉悦的心情迎接你的到来”。

* * *

艾森豪威尔将军也在当天，将各战区司令聚在一起召开了一次会议。亚历山大受邀在会上综合描述了当前局势。他的报告十分重要，以至于艾森豪威尔将报告全文转交罗斯福总统与我手中。艾森豪威尔认为亚历山大在报告中确切而真实地分析了当前局势，他的全部观点都得到艾森豪威尔的认可。

第一部分

一、(1) 9月9日是发动“雪崩”战役以及意大利宣布停战协议的日子。我们对敌方进行了总体评估，情况如下：在卡拉布里亚有两个师抵御第八集团军的逼近；在意大利的踵形地区有一个师驻扎；镇守罗马南部基地的有三个师，当盟军从萨勒诺湾登陆时，就会投入战争；罗马周围地区的兵力有两个师之多；意大利北部有9个师。这意味着，意大利本土可供德国人调遣的总兵力，几乎达到18个师。在我们看来，其中一些师是用来对抗意大利北部的内部局势的。据我方推测，这种局势，会令他们陷入困境。

(2) 当然，我们也能意识到，德军正在与我军对抗，因此我们在萨勒诺周边发动突然袭击可能会导致失败。不过我们分析了意大利的局势，考虑到为数不多的兵力被派遣到踵形地区登陆的机会，以及我们空军的绝对化优势，我们感觉到整体形势对我们是非常有帮助的。由此可见我们选择冒险行动是非常正确的。另外，可供我们使用的登陆舰数量众多，因此，我们有充分的自由来推进军队的海路会合机动，并灵活多变地补充军队。这些登陆艇，还能帮助我们支援陆地上的军队攻势，实行深入的两栖作战。事实证明，这种灵活机动性，是极为重要的。在第八集团军在卡拉布里亚沿岸作战的最初危急时刻，第七集团军将西西里岛一个师的兵力调遣来，支援萨勒诺地区，这些都显示出对灵活机动性的充分利用。

(3) 当时我们就知道，到了冬季登陆艇就要撤回，不过，我们却不明确撤回的具体时间和数目。照原计划，我们准备每天从

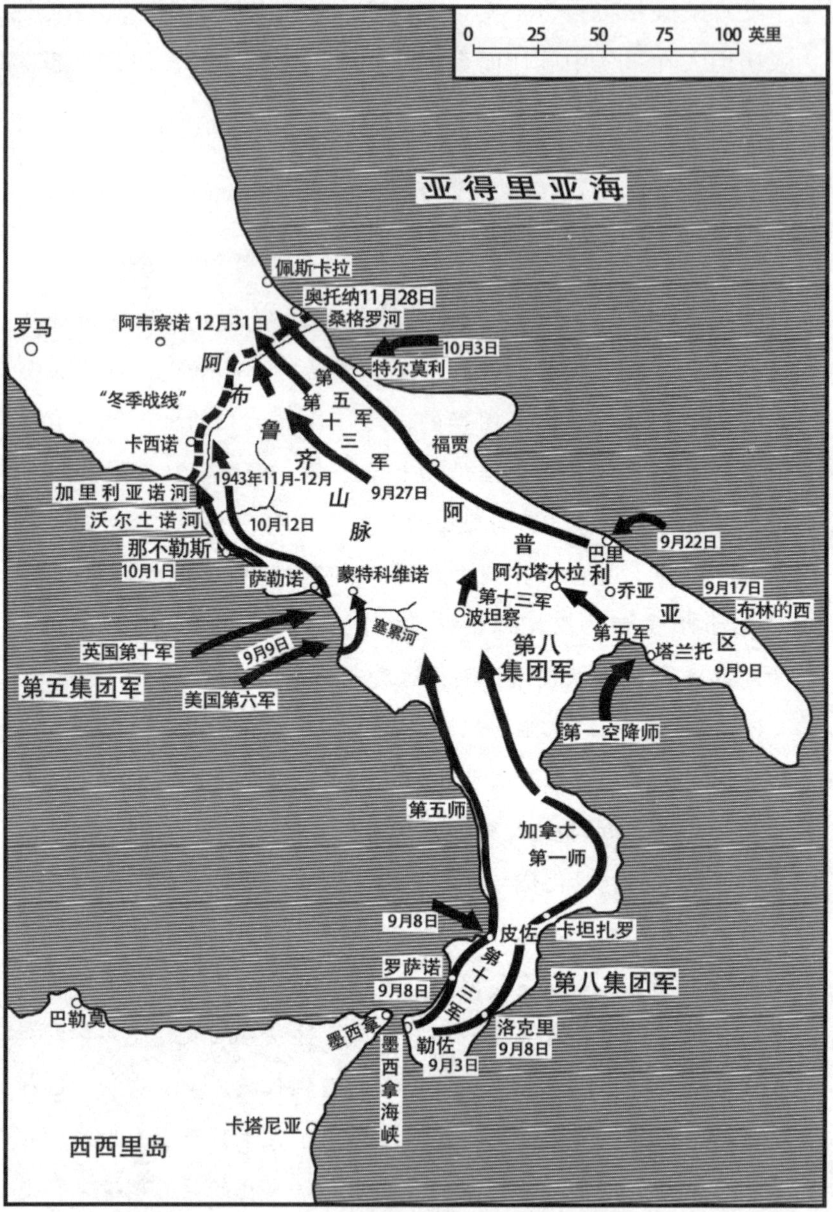

1943年9月至12月，意大利南部战役

地中海各港口聚集大约1300辆车辆，只要在装备充足、物资供应得到保障的前提下，这些车辆实际到年底之前，可将盟军的20个师以及战术空军运送到意大利。与此同时，我们还对日后使用的登陆艇数目做了估算，这样就有充分的机动性对军队实行增援。而且，从陆地向罗马进军的两栖作战行动正在开展，一旦有需要，也可为其提供物质帮助。

第二部分

二、(1) 当今局势已经发生了显著的变化。盟军的11个师在南边与德军的9个师对抗。在更北部的地区，敌人还安置了大约15个师，已知师团的总共数量已经达到24个，甚至多达28个。假如排除不可预见的因素，使汇集军队的数独保持不变的话，我们在意大利本土可供调遣的总兵力数量为：11月底13个师；12月底14到15个师；一月底，16到17个师。以前我们每天汇集1300辆车辆的兵力，现在集结兵力的速度减少到每周2000辆左右，延误了空军和陆军的编制工作。以下决策是导致陆上军队聚集数量减少的原因：战术空军没等占领罗马地区的阵地，就被调遣到福贯地区。空军提出的要求，应该在年底得到解决。

(2) 本来我们利用敌人的一贯弱点，借助海上迂回战术，很容易就能从两边向敌人发动进攻。但是登陆艇的数量本来就在耗损中减少，现在又遭遇大幅度的缩减，我们能使用的只剩下为数不多的兵力。由于公路和铁路设施遭到破坏，现有的大部分登陆艇，都要用来汇集兵力，援助沿海地区。另外，由于驳船和拖轮数量不足，停泊设备被敌人破坏后又很难复原，因此，为保持港内交通运输畅通，也要用到登陆艇。

三、(1) 我们研究了敌人的现状，结果表明，如果敌人真有60个师的兵力，他们的交通线也足以保证他们在意大利，特别是在北部区域汇集到这么多的兵力。就算空中作战是我们的强项，我们的空军也要在冬季与敌人对抗几个月。显而易见，德国人想缩减他们在欧洲堡垒战线上的兵力，以便组成一种后备军，用来深入支援他们驻扎在意大利的军队。

(2)相比之下,盟军处于劣势地位。要想提高汇集兵力的速度，以现有的人力与物力是办不到的。相对于罗马的战略地位，它的城市意义更为重要，因此想在罗马南部建立一条稳定的战线，也是行不通的。要想保证福贾机场和那不勒斯港的安全，我们必须要获取面积充足的纵深地带。如此看来，我们急切需要将罗马北部一个坚固的防御阵地据为己有。并且，我们不能只防不攻，这样德国人就会将主动权霸占。

第三部分

四、很明显，德国人现在正试图在罗马南部开通一条战线，因为那里的地形有利于防守，却不利于我们的装甲部队和炮兵发挥优势。气候很快就会变得恶劣，而实际上，现在就已经很不好，这将会妨碍我们空军的行动。敌人的军队可能已经劳累不堪，但是从北方派来的军队可以代替他们作战。已有现象显示，他们现在正在进行交换防守。我们当前所处的形势是，向罗马逼近，不但要耗费时日，还需付出巨大的代价，这一切都要归因于我们缺少可替换的军队，也没有运输船舶帮助我们采取这种行动。这是一场“凶猛的棒球对抗赛”，我们虽然在战场上占有稍许优势，但也被敌人特有的轮班机会抵消。由于缺少一定数量的登陆艇，我们也就不可能加快前进速度，采取大规模的从两边进行袭击的两栖作战行动。现在我们面临一种危机，也就是说，我们即使在这场“凶猛的棒球对抗赛”中取得胜利，也可能在罗马北部就变得虚弱无力，筋疲力尽。假若德国人从北部调来新的军队进行反攻，我们已经占领的阵地恐怕就会失去。敌人给我带来的这种性质的打击，恐怕不是我们空军在冬季的几个月行动可以弥补的，这是我唯一担忧的事情。看来，德国在意大利战场上增加的人力和物力，已经超越了他们内部形势所需，以及单纯防御的许可程度。一旦出现能够获胜的机会，德国人为在1944年战争爆发前提升军队士气，必定会紧紧利用这个机会，来弥补一年以来，在各条战线上的失败所带来的影响。在巴尔干半岛和法国将要发生的事情，可能会对我们造成非常不利的影响。

五、(1) 总之，如果在萨勒诺袭击的初始阶段就取得胜利，就象征着九月的乐观前景。北部的一些德军部队，将会陷入关于内部安全问题的困境。在我们看来，南部聚集兵力的速度是这样的：如果德军缺乏后备部队的支援，而我们在意大利本土又有足够的兵力，到了十二月底，我们会有20个师与敌人可能拥有的18个师对抗。以我们的观点来看，我们可能必须拥有充足的登陆艇，这样才能从敌人背面和两侧对敌人发动攻击，并维持我们在滩头[①]的军事力量。

(2) 总而言之，当今的局面是，盟军的11个师所处地势有利于防守，他们正在与德军进行正面作战，而德军现有9个师的兵力，还可能随时获得增援。到了一月底，敌人所拥有的兵力增加到大约24个师，而我们聚集兵力的速度减退，最多拥有16或17个师。我们要与敌军对抗，但又缺少可用的增援来开展超越局部性的两栖作战行动，我们就会长期被困罗马南部，陷入进退两难的境地。借此机会，德国人能够肃清意大利北部的混乱局面，继而向他们的南部战线实施人力与物力上的援助。如果情况真是这样，我们占有的主动权就会移交到他们手中。

这份报告话语精练，却包含了我们在战略上出现的一切最危急

① 海（河）头连接海（河）岸的地区，是进攻登陆作战中首先抢占的基地。——译注

的情形。

*　*　*

我已经就某些问题向马歇尔将军提出说明。

首相致马歇尔将军（华盛顿）　　　　1943 年 10 月 24 日

我曾经用很长篇幅向罗斯福总统请求在非洲举行一次会议，因为这是我们迫切需要的。我希望他能把电报给你看一看。罗马战争形势十分紧迫，这时为了遥遥无期的“霸王”作战计划，将我们两个最优秀的师团——第五十师和第五十一师调走，我不得不感到担忧。虽然这样做是在履行我们的承诺，但是我还是要祈求上天，不要让我们为了这次行动损失惨重。

现在我致电罗斯福总统：

前海军人员致罗斯福总统　　　　1943 年 10 月 26 日

艾森豪威尔在发来的报告中向你说明了我们在目前意大利遭遇的困境，想必你已阅读完毕。为避免敌我双方相持不下，我们绝对要保证这场伟大的意大利战役的良好局面。

只要能成功占领罗马和其北面的飞机场，付出任何代价都在所不惜。事实证明，我们采取的策略正确无误，因为敌人已经把他们那雄厚的军事力量转移到这个战场上来。毫无疑问，我们目前能够给予俄国人唯一的援助就是，在意大利取得胜利，帮助俄国人向前行进。依我之见，艾森豪威尔和亚历山大必须获得他们所需的援助，而不要对其日后在军事行动上造成的影响顾虑重重，这样才会在意大利战役中获胜。

你感冒还未痊愈，我很抱歉这个时候用这些事情来打扰你。

10月27日，马歇尔将军回复说，他相信艾森豪威尔将军在意大利战役中不致面临风险，因为他有充足的兵力。而他自己当前面临的问题，并且也是需要研究的问题是缺乏登陆艇。在他看来，我们在预测意大利局势时，没有将我们空军的显著优势，也可以说是一大便利条件考虑在内。尽管天气恶劣，我们对敌人交通路线采取的密集轰炸行动造成的必然结果，不会因为恶劣的天气受到阻碍，或是受到长期的阻碍。

* * *

现在，我向罗斯福总统说明关于地中海的登陆艇问题。

前海军人员致罗斯福总统　　　　1943年11月4日

1．英国陛下政府为登陆舰在紧要时刻从地中海调走一事，感到忧心忡忡。很抱歉，对于这一点，我必须提醒你注意。我们当前面临的局势，正如艾森豪威尔将军预测的那样：如果现有的登陆艇撤走计划必须严格执行，他为保护罗马机场而必须占领那条战线的时间，很可能要推迟到一月底，甚至是二月底。他还深入说明，这样做，不但不会取得令人满意的结果，而且还会在正面进攻上消耗巨大的人力、物力和时间。况且在意大利对抗敌人的英国兵力，为数众多，因此伤亡人数也会增多。另外，美国总司令提出了明确建议，而我们听命于他，因此，对于我们提出的真诚建议，我们有权要求美国盟军认真研究。

2．为此，在战时内阁的正式请求下，我要求美国参谋长联席会议必须考虑英国参谋长委员会提出的请求。可惜的是，事情十分紧迫，我们没时间等下次参谋会议召开时再提，因为那还需要三个星期的时间。在此期间，登陆艇就会被撤走或停用，到时将大大影响到意大利战役。

3. 顺便，我还想说明，我们完全可以相信，在多方努力的作用下，联合王国在“霸王”作战计划开展之前，必能在预定范围内多生产出75艘坦克登陆艇。

收到他的回复后，我松了一口气。

罗斯福总统致首相　　1943年11月6日

今日，联合三军参谋长委员会授予权利，批准艾森豪威尔将原计划立即调回联合王国的68艘坦克登陆艇，一直沿用到12月15日。

在我看来，这次授权，应该使他的基本要求得到满足。

我立即将此情况告知亚历山大，并受到他的答复：

亚历山大将军致首相　　1943年11月9日

我非常感激他们能推迟执行坦克登陆舰的撤走计划，这将会大大有利于我们的计划。不过，到12月15日前，我恐怕无法将我的全部计划付诸实施。关于这点，我在致帝国总参谋长的电报中已经表明。

首相致亚历山大将军　　1943年11月9日

你应该指定一份坦克登陆艇沿用到1月15日的作战计划。我认为，这个时间应该会在会议上得到认可。

我又向我们的驻莫斯科大使发去了电报，内容如下：

首相致阿齐博尔德·克拉克·科尔爵士　　1943年11月9日

……俄国战区天气晴朗，而我们的意大利战区却下着暴雨。

虽然我们的兵力不如敌人强大，我们仍需要一些军队与敌人展开正面交锋。这些军队一直积极奋战，但这种正面交锋的速度却受到恶劣的影响……

继续坚持并大力推动意大利战役，尽量将更多的德国师团吸引到那个战区中来,并将他们控制在那里,是我们长久以来的愿望。联合参谋长委员会已经达成一致意见，那就是将撤走登陆艇的日期推迟到 12 月 15 日，这让我很欣慰。这样一来，我们就可能将更多力量用于我们在意大利的全部作战计划中。我希望，国内能做出改变，为制造更多登陆艇付出努力，这样一来，就可以弥补延迟撤离其他登陆艇造成的影响。

德军有二分之一的兵力，安置在距我军前线约 300 英里远的意大利北部和伊斯特利亚半岛，其中一些兵力已经撤回到俄国的南部，这是因为意大利北部的意大利人一直默默顺从，对德军的内部安全没有造成太大威胁，而不是因为我们战线上有不利于作战的情况，才让敌军的兵力撤走的。毫无疑问，伊斯梅将军对德军实力的评估是正确的。他说那里有六个德国装甲师，在我们战区作战的占了一半。现已证明，德国安置了 10 个师的兵力在罗马南部作战,与之对抗的是我们略胜一筹的兵力——12 或是 13 个师。但是这些兵力并没占太多优势，因为他们需要在多山地带与敌人进行连续正面交锋。

我向布鲁克将军致信，内容为：

首相致帝国总参谋长　　　　1943 年 11 月 16 日

我们迫切需要波兰人参与前线作战，因为这些年来，波兰人消耗了大量物力,也做足了准备工作,却没有参与任何战争。加之，意大利战区又急需他们的支援，可能他们在等新西兰人离开战区后，就会被派送过去。目前，他们还不需要改变编制，他们仍被称作波兰军。先将兵力不足的两个师调过去试一试，我们再从其他方面努力招募士兵……

在我看来，先将在英国的波兰装甲师派过去参战，因为这个师在未来一段时间内没有作战计划，这样我们就不用改变在波斯挖空心思集结起来的军队。不过我相信，波兰军一旦走到前线与德军作战，并且获得所有人的见证，就有可能从斯大林那里获得更多的波兰兵力。关于这个问题，我准备与你当面说明。苏联政府有可能不太信任这支波兰部队，并且怀疑他们只养兵而不参与战争的原因，是为了将来保护自己国家的利益，与俄国人抗争。不过，如果这支波兰部队上前线参与抵抗德军的战斗，苏联政府就会消除对他们的偏见。另外，对现行编制进行改变，这种做法我不能同意。

* * *

此时，盟友正在贾福机场建立重型轰炸机部队，他们的目的是轰炸德国东部的工业目标，这个目标超出了我们以本土为阵地的空军中队航程以外。我们的航运力量有限，而这个重型轰炸机队提出的需求过多，这让我们感到压力倍增，令我们越发不安。依我看来，对于当前总体形势，这些要求不太现实，甚至毫无关联。

首相致伊斯梅将军，转三军参谋长委员会　　1943 年 11 月 17 日

你们不惜放弃罗马战役带来的收获，只是为了在意大利组建战略空军，这个决定是完全不正确的。我们应当在思想上，将这次战役看作为最重要的战役，只有关于这次战役的问题才能优先处理，即便对德国实行战略轰炸十分重要，也应该退居次要地位。战略政策相比，应优先对待的始终是重要战术。我最近了解到，陆军的汇集之所以降低了速度，是因为与这场战役毫无关联的一大批战略空军部队被调遣到前方。实际上，这种做法不但与常规

的军事原则背道而驰，而且还犯了常识性错误。

一周过后，我又报告道：

陆军的行动，确实被空军操之过急地优先前进带来的巨大障碍所影响。

*　　*　　*

第八集团军经过一连串的斗争后向前逼近，现已靠近驻扎着德军四个师的桑格罗河。亚历山大将军建议，第八集团军应该过河，将这条战线上的“冬季战线”攻破，接着尽可能向前逼近到佩斯卡拉－阿韦察诺公路，在那里用武力使罗马屈服，然后破坏敌人在西海岸的交通线，这样才能保持我们的主动地位。我们的军队已经在桑格罗河两岸相对的地方建造了桥头碉堡，但是敌人却在对面的高地上修建了防御工事。由于天气极坏，雨下不停，将道路弄得全是污泥，令人举步艰难，而河水也涨高了不少，因此导致进攻时间推迟到11月28日。进攻当天，第七十八师、第八印度师和刚刚到达不久的新西兰师发起攻势，经过一周的激烈抗战，他们获得了阶段性的胜利，在桑格罗河对岸十英里的地方巩固了阵地。加拿大军队在12月20日，已经到达奥托纳的近郊，但是直到圣诞节后的三天，他们才通过异常猛烈的斗争，将敌人清除出奥托纳城。这是第一次规模较大的城市战，凭借这次战争，我们收获不少经验教训。敌人从意大利北部调来更多援军进行顽强抵抗，虽然第八集团军在十二月份获得了一些胜利，却没能占领任何重要的基地。接下来，军队的猛烈行动被冬季的气候延缓。

美国第五集团军在克拉克将军的领导下，沿着公路吃力地向卡西诺前进，还偷偷攻击了德军在重要基地上，面朝我军攻击方向建造的防御工事。 敌人在两侧的山上建立了坚固的阵地，从上边能看到下方的公路。12 月 2 日，英国第十军与美国第二军向公路西侧，高耸的卡西诺山岭进军，他们与敌军顽强作战，终于在一周后将这里的敌人清扫干净。美国第二军与包括摩洛哥第二师在内的第六军，在公路南侧也进行了猛烈的战争。到了新的一年，敌人终于被击退，第五集团军才得以完全顺着加里利亚诺河和它的支流拉皮多河布下战线。从这里向前眺望，就是卡西诺高地和著名的修道院。

在所有的陆地抗战中，我们的战术空军为陆军提供了充足的支援，而我们的战略空军在敌人战线背面，实施了多次袭击，且获得成效。特别是在袭击都灵的时候，美国空中堡垒将一座重要的滚珠轴承厂毁坏。另外，德国空军白天很少出动战斗机和战斗轰炸机，他们的远程轰炸机袭击了六七次那不勒斯后，也没有造成严重后果，可见他们的空军作战力量薄弱。但是 12 月 12 日那天，德国空军对我们的巴里港口进行了一次突然袭击。那里停靠了众多船只，一只放有军火的船只正好被击中，造成了极大的破坏。另外，还有 16 艘船只，被炸毁沉入海底，损失货物达 30000 吨。

到了冬天，德国人对争夺意大利的制空权没有兴趣，他们将空军力量大大减少，如下表所示：

德国空军的实力（在中地中海）

1943 年 7 月 1 日	1943 年 10 月 1 日	1944 年 1 月 1 日
975	430	370

我们从英国派遣来的空军向敌人发起攻势，将他们所有能撤出的飞机从地中海和俄国驱逐出去。为了报复英国的袭击，以及对来年春天的“小型闪电战”做准备,敌人在意大利的远程轰炸机已经全部调离。

我曾经将意大利战役叫作第三战场，之所以如此命名，我已将理由阐述清楚。德国 20 个优秀的师团被派遣到这个战场，再加上留在巴尔干半岛防守的驻防军，德国人用来抵抗地中海战役盟军的师团已经有近40个了。我们位于西北欧的第二战场，虽然还未开战，但是它是真实存在的。为对抗这次战争，敌人准备了30个师以上的兵力。当接近开战日期的时候，敌人预备的兵力就增加到60个师。敌人为保卫他们本国领土免受我们从英国发动的战略轰炸，被迫调回大量的人力和物力，所有这一切为我们在俄国的第一战场（他们绝对有权这样称呼它）做出了不小的贡献。

* * *

在本章结束之前，我应该做一个结束性陈词。

在这段时间内，由于没有足够的坦克登陆艇将各种车辆而非坦克运输到这里，导致战争中，西方国家在所有战略上的配合受到限制或是失误。“坦克登陆艇”对这段时间处理军事事务的人来说，已经成为再熟悉不过的东西。为进攻意大利，我们已经消耗了大量兵力，如果我们在那里的陆军得不到支援，就会导致前功尽弃，从而让希特勒获得继法国沦陷以来的最大胜利。另外，1944年的“霸王”作战计划一定会开展，这是毫无疑问的。我的要求只不过是在迫不得已的时候延缓两个月，也就是从1944年5月的一天，延缓到七月的一天，这样登陆艇的问题就能得到解决。本来，这些登陆艇可以到1944年春季再返回英国，这样就可以避免在1943年晚秋的时候，经历冬季飓风。但是如果一定要顽固地认为进攻日期为五月，而且还是5月1日，那么驻扎在意大利的盟军所面临的危难局面则无法扭转。如果批准将为“霸王”作战计划准备的登陆艇，调到地中海过冬，那么意大利战役就能轻而易举地获胜。地中海战区还有很多部队，如三四个法国师团，两三个美国师团，三四个英国师或是英国统率的师（内有波兰军），这些都是没有参战的部队。这些部队为何在意大利参与实际作战时受到阻碍，就是因为缺少登陆艇。为何我们没有成功获得登陆艇，是因为有人坚持认为登陆舰要尽早调回英国。

读者看到本章引用的各种电报后，不要因为对某些字句的一知半解，就理解为（1）我不愿坚持“霸王”作战计划；（2）我要霸占“霸王”作战计划的决定性力量；或者是（3）我企图用驻扎在巴尔干半岛上的作战部队发动一次战争。我从未有过这种想法，这些说法毫无根据。按照“霸王”作战计划规定日期，也就是5月1日算起，只要给我一个半月到两个月的周转时间，我就能让登陆艇在地中海运行好几个月。只要将优秀的兵力运送到意大利作战，我们不但能攻克罗马，还能使俄国战场或诺曼底战场中的德国人将许多兵力撤离。我曾经在华盛顿就所有这些问题给予说明，但是由于我坚持的这些问题性质不同，所以没能给予足够关注。

很快，我们就会看到，为了保证地中海的运输，登陆艇不但不用撤离，甚至为了一月的安齐奥战役做准备，还可以延期使用。我提出的一切要求，最后都成为现实。而6月6日的“霸王”作战计划，并未因此受到任何阻碍，而且还会以充足的兵力成功开展。不过，实际上，所发生的情况却是，为了尝试争取为期不长的运转时间，并预防只为严格把守时间开辟另一个战场，而置广大战场于不顾所进行的长期战争，我们进行了长期的斗争。终于，这场长期的斗争致使意大利战争消耗了很多时间，而且无法达到令人满意的效果。

第十五章　北极运输船队恢复航行

1943 年 3 月运输船队暂停航行——东线的斗争很激烈——苏联在夏季发动的进攻——库尔斯克、奥廖尔和哈尔科夫的会战——德军被击退——11 月 6 日占领基辅——莫洛托夫要求恢复运输船队的工作——我催促海军部办理——“提尔皮茨”号无法参与战斗——驻俄国北部的我方人员受到不公平待遇——一些恰当的要求——艾登先生前往莫斯科——斯大林对我的信函的复电——我将复电内容通知艾登先生和罗斯福总统——我退回苏联大使交来的斯大林的电报——战时内阁对我的行动表示认可——艾登先生报告他同斯大林和莫洛托夫在 10 月 21 日的会谈情况——运输船队复航——“沙恩霍斯特”号在 1943 年 12 月 25 日被弗雷泽海军上将乘坐的“约克公爵”号击沉——“提尔皮茨”号被摧毁

1942 年年底，英国驱逐舰护卫运输船队通过北极水域开往俄国北部，行动十分频繁。因为这一行动，正如上一卷中所描述的，为德军最高统帅部带来危难，致使负责海军事务的雷德尔海军上校遭到撤换。在白天和黑夜几乎一样黑暗的一月到三月期间，又有两批运输船队在这条危难重重的线路上航行。这两批船队一批是 42 艘，另一批是 6 艘，每一艘都独立向前行驶，共有 40 艘到达目的地。在同一时期，还有 36 艘船舶从俄国各港口平安返回国内，5 艘遭受破坏。白天恢复光明后，敌人对运输船队的袭击活动变得更为简单。现在，德国剩余的船只力量都集中在挪威水域，“提尔皮茨”号也不例外。它们在大多数航线上，造成一种时间更长、更为可怕的威胁。大西洋的局势一直没有任何变化，因为它作为海战战场，起到了决定性的作用。与此同时，1943 年 3 月期间，我们与德国潜艇的斗争形势非常紧迫。因为我们的驱逐舰能够承受的压力，已经超出我们可承受的范围，所以我们的运输船队在三月间只得延误航行时间。四月的时候，海军部提议，在秋季黑暗期到来之前，暂停使用这条航线向俄国运输供给物资。对此我表示赞同。

* * *

在俄国战场上，一场重大的会战正在展开。这次会战对 1943 年的战役来说，具有代表性作用，因此我们为做的这个决定深感惋惜。双方待春雪融化之后集结力量，预计会展开一次大战。在陆军和空军方面，俄国人占有优势，德国人虽说很难在最后关头获得胜利，不过他们已经先采取了行动。德国人准备展开南北两面夹攻，将俄国人消灭，因为俄国人在库尔斯克高起的基地上，潜入德军的战线内，让他们遭遇重大危机。而俄国人也有很强的警惕性，他们早就料到德国人会使这一招，因此早已为战斗做好充分的准备。德国人在 7 月 5 日发动进攻，结果他们看到的是防卫森严的工事，以及坚守阵地的敌人。北部的进攻虽有一些突破，但过了两周又被击退。开始的时候，德军在南部取得较大的胜利，他们打入俄军战线 15 英里以内，接着遭遇巨大的反击。7 月 23 日，德军的进攻彻底遭受失败，他们损失惨重，却没有获得任何可以弥补的机会。而俄军的战线已经彻底恢复到之前的状态。德军的新型“虎”式坦克，已经被俄军的炮火摧毁，而这种坦克曾经承载了他们对成功的寄托。

现在，德军遭遇俄军的穷追猛打，已经抵挡不住，这是因为，德军在俄国经历多次战役，精力即将消耗殆尽。而盟军水平较低，他们的加入使德国军队力量大大削弱。又因为德军置上千英里战线上，其他地区的安全于不顾，将大部分兵力聚集在库尔斯克。而德军后备部队被限制自由时，正是库尔斯克战争猛烈开展的时候。7月12日，俄军在奥廖尔附近，对德军高起的基地发动了第一次袭击。在进攻初始阶段，俄军用大炮发动激烈的轰炸，随后，他们从北部向高起的基地发动主要进攻，为协助此次进攻，他们同时在东部发动了袭击。尽管德军为守护阵地顽强抵抗，但他们坚固的阵地还是不断遭遇夹攻，围攻，甚至被铲除，令俄国在很短的时间内取得了突破性进展。德军进行反击，但俄军兵力充沛，武器强大，让他们深感压力。德军被击退了，他们完全失去抵抗力。8月5日，奥廖尔被占领，到了18日，德军长达50英里的高起基地全部被铲平。

8月3日，当奥廖尔的攻击战正打得如火如荼的时候，俄军展开了二次重大进攻。这次，他们在哈尔科夫四周的高起基地上，对德军进行了袭击。哈尔科夫是连接通往乌克兰和顿涅茨工业盆地的要塞，是重要的交通中心，因此那里设置的防御工事，比其他地方的更为坚固。这次的攻击要点是从北部对高起基地进行袭击，一批兵力从正南方向攻打哈尔科夫本地，另一批兵力潜入西南部阵地，从整个德军后方发动袭击。俄军发动的两处进攻，在48小时内已经打入敌人基地内，最长达30英里，别尔哥罗德也被攻克。到了8月11日，俄军从东南部对哈尔科夫展开进攻，哈尔科夫三面遇敌。同一时间，俄军正在西北方向50英里的地区迅速挺进。当天，希特勒下令，不管付出多大牺牲都必须将哈尔科夫牢牢守住。德国的驻防军一直坚守阵地，不到最后不认输。直到23日，这座城市才被俄军占领。

库尔斯克、奥廖尔和哈尔科夫，这历时两个月的三大战役，象征了德军在东部战线上的溃败。不管在任何地方，他们都彻底失败了。俄军的计划之所以强大，因为他们是按照现有资源来制定的。在陆地上，俄军显示出他们的最新优势；在空中，俄国飞机的效率也已经有了很大提高，他们用超出德军两倍之多的力量与德军的近2500架飞机对抗。在这一战争时期，德军的空军力量已经达到最高水准，拥有飞机总数达6000架左右。尽管这次战役起到决定性作用，但德军用来支援战役的飞机却不到总数的一半。这足以说明，俄国非常重视我们在地中海的作战行动，以及在以英国为基地的基础上，联盟国家每日剧增的轰炸机为战争付出的努力。德军特别是在战斗机方面，遭遇重重阻碍。尽管他们在东线没有占据有利地形，但是到了九月，他们为了保卫自己在西线上的安全，被迫削弱了东线的实力。到了冬天，德军在西线安置了战斗机总数的四分之三，但却没有展现这些空军力量的机会，因为俄军对他们发动了迅猛且多次的袭击。德军的空军部队为应对新的局势，总是从一个战区调到另一个战区。但是不管他们调到哪里，总会在身后留下一个突破口，这样俄国的飞机就显示出其压倒性的力量。

九月期间，德国从与莫斯科正对的地区，沿着整个南方战线一直向黑海撤退。俄军迅速向前推进，乘胜追击。9 月 25 日，俄军在北部的中心地段，从维亚兹马向前挺进，用武力将斯摩棱斯克收复。第聂伯河是第二条巨大的河流，毫无疑问，德军希望守住这条战线。但是，俄军在十月初期，同时从基辅北部、南部的佩列亚斯拉夫以及克列米缅丘格三地渡过第聂伯河。到了 10 月 25 日，他们在更远的南部地区，将第聂伯罗彼得罗夫斯克攻克。德军只能在靠近河口的地方，坚守该河的西海岸，剩余的沿河地区全部失守。俄军将彼列科普——由陆地通向克里米亚的通道攻克，切断了驻防在克里米亚强大德军的退路。基辅因受两侧袭击，于 11 月 6 日被占领，导致大量德军成为战俘。俄军迅猛前进，到达了科罗斯坚和日托米尔。不过强大的德军后来又重新占领了上述两个城镇，这是因为他们用装甲部队从侧方对俄军发动进攻，将他们击退。这里的战线暂时处于平静状态。十一月底，俄军从北面收复了戈梅利，并从第聂伯河上游的莫吉廖夫两边渡过了河。

历经三个月的追击后，到了十二月份，德军在俄国中部和南部的战线已经被推回 200 英里远。德军面前已经无路可走，他们难以应对冬季战役的袭击，这是因为他们失守第聂伯河战线造成的。以往的惨痛经历表明，他们的对手善于此种攻击方式，这他们是知道的。这就是 1943 年，俄军创造的赫赫战功。

* * *

对于船队暂停运输一事，苏联政府自然而然表现出责备的态度，这是因为苏联军队急切盼望船队运送物资过来。9 月 21 日晚，莫洛托夫先生为运输船队恢复通行一事，召见了我们驻莫斯科大使。他表示，意大利舰队已经被摧毁，德国的潜艇已经向南部航行，早已放弃了北大西洋。波斯铁路难以维持供应物资的充足运输。三个月以来，苏联投入所有精力，发动了一场范围广泛的进攻，但是，他们在 1943 年收到的军需补给还没有去年的三分之一多。基于上述原因，苏联政府坚持认为，运输船队恢复航行刻不容缓，并希望在未来几天内，英国女王陛下的政府能开展一切必要行动。

要想回答这些问题，我能长篇大论，不过在 9 月 25 日，我向海军部和其他部门提出了这个问题。

首相致外交大臣、生产大臣、战时运输大臣、伊斯梅将军转三军参谋长委员会以及代理第一海务大臣　1943 年 9 月 25 日

如果重新开放北极运输线路属于我们能力范围之内的事，我们则有责任开放。根据月亮的盈亏状态，可以在十一月后半月启动。我们应该在航线上试行五次，这五次分别在十一月、十二月、一月、二月和三月。我认为这项计划可以实施，因为它是由海军部和战时运输部制定的。

既然恢复运输船队的重新运行是俄国人的要求，我们则可以明确地要求他们，用更高标准对待我们驻俄国北部工作人员。

起初，海军部对运输船队一事作出的回答，令我感到沮丧。

首相致外交大臣、海军大臣、伊斯梅将军转三军参谋长委员会以及其他相关人员 1943年9月27日

驶往俄国北部的运输船队

我对此回答表示不满。为什么十一月份运输船队的船只数量会不足？12月8日启程的运输船队中船只也只有那么多。在“霸王”作战计划开展之前，我们必须想办法调遣足够数量的运输船队，而且不得少于5次。对于你的意见，即我们以前派遣船队时的情况很紧迫，而大西洋与地中海的情况同样紧迫，我不能赞同。当然我没预备与斯大林元帅签署庄严的约定，因为很多事情无法预测，我们应该提前防范。不过，我认为，我们应该在十一月、十二月、一月、二月和三月这几个月中，每月令一次足够数量的船队航行。

我会就这件事情召开一次参谋会议，时间为星期二晚上十点。

会议在29日晚上召开，当我们探讨这件事情时，发现了一件令人兴奋的新事件，即我们小型潜艇发动了勇敢无畏的袭击，将“提尔皮茨”号战列舰摧毁。我们派六艘潜艇参加战斗，其中两艘成功袭击敌人严密的防御设施。德国人将这些潜艇的指挥官——卡梅伦上尉（皇家海军后备役）和普莱斯上尉（皇家海军现役）从水中解救出来做了战俘，这两位指挥官后来还获得了维多利亚十字勋章。空军在事后侦察时发现，这艘战列舰损伤严重，要想重新参与作战，必须要到船只修理厂维修。我们在北冰洋水域内有机会喘口气，时间也许能长达几个月，因为德国舰艇“卢佐夫”号已经向波罗的海驶去。于是，我给外交大臣递上一份书面说明：

我准备致电斯大林，向他说明运输船队重新航行一事已经成功解决。在提及此事前，希望你能将我们的人员在俄国北部受到

1943年7—12月俄国战场形势

的不公正对待一一列出，这样我能用最有效的方式，将两个问题联系在一起向他说明，希望在今晚拟定出电报的初稿。

鉴于艾登先生列举的情况十分危急，我们向斯大林发去了电报：

首相致斯大林总理　　　　　　　　　　　1943 年 10 月 1 日

1. 你提出的有关重新派遣运输船队前往俄国北部的请求，我已经收到。你领导的军队英勇无畏，我和我的全体同事，都希望尽全力助你一臂之力。对于莫洛托夫先生来电提出的各点要求，为避免争论，我不准备回答。自 1941 年 6 月 22 日以来，希特勒带领的军队像土匪一样残酷，为保卫你们自己的国家，我们不顾自己背负的沉重负担，一直尽全力帮助你们抵御侵略。并且，你们所获得辉煌战绩，以及给德军带来的致命打击，也给我们带来了巨大好处，对这一点我们从未否认，并且对外也是如此宣称。

2. 我和海军部在这四天内，一起拟定了一份计划，准备将一批运输船队重新派遣到俄国北部去。实施这份计划，可谓困难重重。首先，大西洋水域又开战了。为向我们发动袭击，德国潜艇已经运用了一种新式音响引爆鱼雷对抗我们正在搜寻潜艇的护航舰船。这种鱼雷效果出众。第二，在 11 月底之前，我们要在意大利汇集一支军队，这支军队需要 60 万人，可见地中海的形势极为紧迫。意大利军队在爱琴海岛屿和巴尔干半岛彻底溃败，我们也要想办法将这一局势合理利用起来。第三，美国在对日作战中付出了很大热情，我们也必须尽到我们的责任。如果我们态度冷漠，会引起美国人愤怒。

3. 虽然我们的困难不少，但我还是要告诉你一件高兴的事情，我们准备派遣四批各包含 35 艘英美船只的运输船队前往俄国北部，每批出发时间依次为今年的十一月、十二月，明年的一月和二月。根据航行要求，每批运输船队可能会分两次出发。大约在

11 月 12 日，第一批运输船队会离开英国，十天后到达俄国北部，剩下的运输船队，每隔 28 天左右出发一批。我们准备将现留在俄国北部的商务船只在十月底之前撤回，剩余的船只可在护送舰船返航时，一同返回。

如果我们为帮助苏联所付出的努力没有收获任何效果，为了避免苏联方面对我们发出没有履行诺言的责备，我加入一段话，以此澄清我们的态度。

4. 上述举动不属于条约或是合同，只是如同一份严肃认真的宣言，表达了我们的心声，因此我们必须将这些记录下来。基于以上原因，为了派遣四批各包含 35 艘船只的运输船队，我已经下令采取必要的行动。

接下来，我将我们的人员在俄国北部受到的不公平对待列举了出来。

5. 我受外交部和海军部委托，希望引起你的关注，并且是亲自关注我们在俄国北部遭遇的以下困境。

6. 今年三月以来，我们在俄国北部的机关已经减少了不少。要想让运输船队恢复航行，就必须保证这些机关的数量。根据目前的需求判断，现有的海军人员数量难以满足实际需要，这是由于人员遣送回国后无人替换造成的。我国人员被派遣到俄国北部，或是接替那些期限已到人员的工作，你们的政府当局却拒绝对他们发放签证。莫洛托夫先生曾向英王陛下政府大力请求，希望他们同意，前往俄国北部的英国军事人员数量，要与驻英国的苏联军事人员和贸易代表团人员的数量保持一致。基于双方工作性质完全不同，而且按照此规定来限制军事行动需要的人数，又不符合实际，因此我不能赞同这个建议。另外，我们必须自己决定执行我方负责的军事行动所需要的人员，这一点我已经向苏联政府告知。我们会特别注意，将人员数量严格控制在最低限度内，艾登先生对此已经做了保证。

7. 因此我必须请你同意，立即给现在所需增加的人员派发签证。今后我们还会向俄国输送援助，请你保证他们到了需要申请的时候，不会遭遇拒签。我要重点说明，当前有 170 名海军人员驻扎在俄国北部，其中有 150 多名在几个月前就到了需要替换的期限。我们之所以急需将他们调回，而不能再度延迟，是因为他们的身体状况不佳，难以适应那里的各方面条件和气候。但是这些人却遭到俄国方面的长久拒签。

8. 我们还希望将一只小型的医疗团队派往阿尔汉格尔斯克，因为那儿可能有很多伤员。这件事已经得到你方负责当局的批准，但是签证还未发放下来。

9. 我还需要你帮助我们提高我方军事人员和海军人员目前在俄国北部的待遇。这些与敌人抗战的人员，主要任务是将盟国的供应物资运送到你们国家，这无疑便于大家获取共同利益。我相信你会承认这些人员在俄国所处的地位与到那里的普通人有本质上的区别。但是贵国当局却限制了他们的行动。这些人员是盟国派去执行军事行动的，而这军事行动与苏联的利益有很大关系，因此，我认为，这些限制对于这些人员来说不符合常理。限制的情况具体为：

(1) 英国军舰和英国商船上的任何人员要想登陆，必须由苏联的小船运送，现场有苏联的官员监督，而且每次必须检查文件。

(2) 英国军舰上的任何人员，要想接近英国商船，必须要经过苏联当局的许可。英国海军的负责将领也适用于该条。

(3) 英国军官和士兵，要想离船上岸，或是在两处英国驻扎基地之间来往，就必须持有特别通行证，而这种特别通行证总是长期拖着不肯发放，导致很多工作延误。

(4) 相关作战部队的行李、邮件或是军需物资，必须在苏联官员的现场监督下才能上岸。而且，一切军需物资和邮件，都必须办理各种手续后才能运送。

(5) 作战部队的私人信件必须经过检查。不过我们认为，这件事应该交由英国军事当局处理。

10. 我方官兵认为，这些设定好的限制，会为英俄两国关系带来负面影响。如果英国议会了解到这些情况，更会严重伤害到英俄关系。我方人员本可以有效完成任务，但因为手续的积累，造成巨大障碍。而且这些手续更多次严重妨碍了紧急且重要的工作。我们却未对驻英的俄国人员实施此种限制。

11. 我国军事人员和运输船队船员触犯苏联法律的案件，应该交给我国军事当局处理，关于这个问题，我已经向莫洛托夫先生提出。毫无疑问，我不排除这样的案件发生，但其中的原因与俄国北部艰苦的工作条件脱不了干系。

12. 斯大林先生，我相信你有办法以友好的方式解决这些问题，这样我们才能尽全力为促进双方的共同利益相互协助。

凭借我们现在付出的努力，我们提出的要求不算过分。但是两个星期过去，我们都没有收到回复。

* * *

经过很长一段时间的准备，三个主要联盟国家的外长会议，即将在莫斯科拉开帷幕。关于会议的情况会在下一章中介绍。10 月 9 日，艾登先生乘飞机前往出席。途中，他会经过开罗和德黑兰，并在这两个地方处理许多事情，直到 10 月 8 日清晨，才能到达莫斯科。在他离开期间，外交部的工作由我接手。

首相致阿齐博尔德·克拉克·科尔爵士（莫斯科） 1943年10月12日

我在10月1日，曾就北极运输队重新航行一事发出一份篇幅很长的电报，但至今没有收到回复。关于我方对人员问题提出的要求，必须尽快得到答复，这样我们的运输船队才能在11月12日开始往返。负责运输船队安全工作的几十名无线电报务员和通讯人员，以及前往替换应当回国人员的150名接班人，计划于10月21日从英国乘坐驱逐舰出发。希望催促他们尽早答复。与此同时，如果苏联方面仍然需要运输船队，我们也做好派出的准备。

次日，我们收到斯大林的回复电报。

斯大林总理致首相 1943年10月13日

1. 你10月1日发来的电报我已收到。得知你准备通过北方航线，在十一月、十二月、明年的一月和二月派四批运输船队前往苏联，但是因为你提出的要求，让这份电报失去它的积极作用。你公开表示你们派遣北方运输船队前往苏联，目的既不是出于义务，也不是履行协议，而只是一个宣言。我们认为英国方面随时可以推翻宣言，甚至不管推翻宣言后对前线的苏联军队产生的各种影响。我声明，你方对问题采取此种态度，我必须反对。英国政府为苏联提供的军需准备和物资，不能出于其他目的，只能是义务。我们两国之间在制定的专门协议中表明，这项义务应该由英国政府对苏联承担。盟国的敌人是德国希特勒，而苏联已经连续三年承担着与我们共同敌人作战的重大任务。

我们必须重视一个事实，即盟国能够在最短的时间内将供应的军火运送到苏德战场，北方路线无疑是最便捷的。要想按照计划，向苏联供应足够数量的物资，就要充分利用这一路线。早些时候，我曾写信告诉过你，而且经验也证明了，不管怎样，用波斯港口向苏联运送军火和军需物资，在数量上远远达不到从北方路线运输军火和物资的数量。

顺便提一下，今年，由北方线路运送过来的军需物资，因为某些原因，与去年相比有了很大程度的减少，因此导致苏联设定的向军队提供军需供应的计划遭遇延误。这种情况同样也违反了英苏关于军火供应的协议书。当前，我们应尽全力来满足苏联军队在前线的需求，因为他们是战胜我们共同敌人的主要力量，如果苏联军队的供应，要取决于英国方面的任何决定，我是不能同意的。如果用此态度对待这些问题，我们会认为英国政府不愿履行它肩负的义务，而且是在某种程度上威胁苏联。

2. 你提到莫洛托夫先生的声明中有些引人争论的问题，对此我不得不说，我无法看出与这种评论相关的任何证据。在我看来，苏联方面提出的平等互利政策，在解决军事代表团人员的签证问题上正确无误，甚至是公平的。我认为，你的一些说法，我不能认同，即英国军事代表团和苏联军事使团的工作性质不同，并且只有英国政府才能决定英国军事代表团工作人员的数量。关于这个问题，苏联人民外交委员会已经在以往的书面声明中做了具体说明。

3. 在我看来，没有必要在苏联北部增加英国军事人员。关于这个问题，苏联方面已经多次提及，大部分驻扎在那里的英国军事人员，好几个月以来，没有什么事情可做，可见使用率并不高。我还可以举出一个例子：英国在阿尔汉格尔斯克港口建立的基地，没有多大用处，因此我们几次提议让他们撤离，但直到近日，才得到英国方面的许可。除此之外，还有一些例子令人深感痛心：英国个别的军事人员，有多次收买苏联公民为他们传递情报的行为。这种行为，对苏联公民来说是一种侮辱，让我们无法容忍。这件事情必然会引发其他事情，导致令人难过的纠纷。

4. 提及通过北方港口，必须办理某些手续，以及不得超越某种限制的问题，你应该考虑到苏联目前的战争局势。在前线和靠近前线的地方，这些手续和限制必须执行。我还想补充一句，这种规定不但适用于英国人和其他外国人，也适用于苏联人民。其实，苏联当局在相关方面，已经为英国军事人员和海员下放了许多特权，而且，早在今天三月，我们就关于特权的问题，向英国大使馆做出说明。由此可见，你提出的很多关于手续和限制的消息，是没有任何确切根据的。

至于检查和举报英国军事人员的事情，根据互惠条例，我认为英国当局有权承担检查从北方港口登陆的英国人员私人信函的责任。如果英国军事人员在做事过程中违法程度较轻，只要没有上升到法院起诉的程度，就可交给军事当局研究后做决定。

* * *

此时，艾登先生已经从开罗启程去德黑兰，他还未到达莫斯科。因此，我给他去了一份电报：

首相致外交大臣（德黑兰） 1943 年 10 月 15 日

我将运输船队的电报发送出去后，现在接到了这样的答复，言辞缺乏基本的礼貌。我将我拟定的答复初稿寄来给你，到了那里后，你可以见机行事。在我看来，我们不应该在海军替换人员和通讯人员的问题上退让。如果在不考虑船队问题的基础上，能将我们的人员从俄国北部撤回，我才真是松了口气。如果他们心里也是这么想的，那么我们应该满足他们的愿望。

以下是我的回复初稿：

首相致斯大林总理　　　　　　　　　　　　1943 年 10 月 15 日

1．要确保英王陛下政府派出我们提到的四批运输船队，就必须将海上军事局面考虑清楚。如果苏联政府能够积极接收船队运送过去的物资，我们就会在不计较损失轻重，不怕牺牲的情况下，尽全力做出行动。但是，我不能答应超出能力范围之外的事情，况且英王陛下政府派遣他的军队去执行特殊的抗战任务，我们有权利对这件事的可行性做出判断。

2．四批运输船队的往返行程，将会给皇家海军带来重大压力。他们必定需要将急需的驱逐舰队从反潜艇战中调离，还会用到护送军队和其他重要运输船队的军舰。这样舰队中的主要舰艇难免会遭遇严重的袭击。苏联政府对于派遣运输船队一事应该给予重视，否则英王陛下政府将会为卸下这个沉重的负担而感到高兴。

3．需要着重提出的是，苏联北部有几百名英国军事人员驻扎，英国政府希望派遣人员过去进行轮换，并在人数上略有增加。英国政府还要求派遣通讯人员过去，因为他们在一定程度上能保护运输船队的安全。但这些要求却没有被接受，因此使我们之间出现了无法逾越的鸿沟。俄国北部的英国军事人员数量不多，因此英王陛下政府非常希望将他们撤回。英国政府认为这些条件是恰当且合理的，如果他们一旦了解到苏联政府不愿在此条件下接收运输船队，就会立即付出行动，

就这个问题，我向罗斯福总统做了说明：

前海军人员致罗斯福总统　　　　　　　　1943 年 10 月 16 日

1．关于派遣船队到俄国一事，我已收到了约大叔的电报。从这位先生那里收到这样一封电报，我想你一定会感到意外。因为我们排除万难，付出一切努力，都是为了他。我拟定了一份复电

初稿，寄去给安东尼，希望他能视情况而定。

2. 复电花费的时间长达12天，因此我判定，并且我也希望，这封电报不是斯大林，而是苏共领导机构发来的。苏共领导机构对他们使用恐吓手段所达到的效果深信不疑。但我也绝对相信，让他们意识到情况并非永远像他们想象的那样，一定是有好处的。

此时，艾登先生已经到达莫斯科。

首相致外交大臣　　　　　　　　　　　1943年10月18日

你当面去解决运输船队的事情，这是非常合理的。苏联大使会在今天下午三点到访，我见到他时，准备把斯大林那封不尊重人的电报退给他，并且还要告诉他，我之所以不接受电报，是因为已经将这件事情交给你在莫斯科解决。我拟定的复电，你不需要送出，只要它对你有指导作用就够了。

另外，定于11月12日启程的第一批运输船队正在集合。在我看来，船队的工作不该受到干扰，因为他们正在装货。况且这样做，也会将美国牵扯在内，因为他们派船加入运输队是我们给出的建议。不过我希望，你在与斯大林进行单独会面时，可以表明：首先，这包含140艘船的四批运输船队，以及他们装载的物资都是十分重要的。我方愿意尽最大努力保证必要的护航。第二，我们要求略微改善我方驻俄国北部人员的待遇。第三，当然我们也希望解除这些运输船队的压力，并将我方人员从俄国北部撤回。第四，他误会我不愿与他们达成绝对性的条约或是合同，是为了对他起到威胁的作用。对于他的想法，你可以纠正。我需要做的，只是保留权利进行最终判断，也就是说，从军事上判断运输船队的行动是否在现实可行，或是视察了大西洋的总体局势后，在免除被人指责不守信用的基础上，判断这种做法是否值得一试。我必须坚持保留这种权利……

这次会议了无生趣，我对你的参与表示同情，希望我能与你并肩作战。你在一切问题上，要充分相信英国所持有的坚定立场。我迫切希望，你能立即将我们与他们保持友谊的意愿传达出去，让他们感受到我们在一些基本问题上的决心。希望你一切顺利。

* * *

当天，苏联大使在我的邀请下，登门拜访。这是我第一次与古塞夫先生（继麦斯基后为驻英大使）会面。在他向我表达了斯大林元帅与莫洛托夫先生的问候后，我也向他在加拿大期间建立的良好声誉表示赞扬。寒暄过后，我们将话题引到莫斯科会议和第二战场上，语言简练。我向他指出，我早就打算召开一次英俄军事专家会议，因为这次军事行动性质不同，不能肆意妄为。只有以军事专家深入研究的事实和数字为依据，我们才能行动。如果没有这些依据，任何探讨都是没有意义的。我诚恳地向他说道，与俄国进行合作并与它保持友好关系是我们的伟大心愿。而且我们对他在战后的前景有很好的展望，欢迎他在世界上占有一个崇高的地位。同时，我们也会尽全力促进他与美国的良好发展。我还谈到，如果可以的话，我希望同斯大林元帅会面。为了世界的前景做出贡献，我还希望召集英美苏三国政府首脑召开会议。

接下来，我就把话题引入到斯大林对运输船队的复电上。我言简意赅地说：在我看来，这封令我困惑的电报，对改善局面没有一点作用。我不敢给出任何答复，是因为我怕将事情搞得愈发严重。现在外交大臣已经到达莫斯科，我将这个问题交由他处理，因此将这封电报退回。接着，我将一个信封交到苏联大使手中。古塞夫打开信封，看到里边是那封电报，就说，他将这封电报交给我，是奉了上级的指示。接着，我边说：“我不打算接受它”，边站起身来用友好的态度告知他谈话结束。我向大门走去，将门打开，继而又在门口聊了些关于近期邀请他中午前来就餐的事。当时我还告诉他，丘吉尔夫人募捐到的俄国基金总数已有400万磅，希望到时请他与丘吉尔夫人探讨一下有关基金的一些问题。接着我鞠躬将古塞夫先生送出门外，没有给他任何重新提出运输船队问题以及退回电报的机会。

对于我退回斯大林的电报，战时内阁表示赞同。这件外交事件非比寻常，它正像我们后来了解到的那样，给苏联政府带来了很大的影响。实际上，莫洛托夫在多次谈话中，都提及这件事，而且苏联方面在这件事还没报告给莫斯科之前，就产生疑心。艾登先生于10月19日发来电报说，莫洛托夫曾到英国大使馆登门拜访，并称将供应物资送往前线，唯北方路线最为快捷便利，因此苏联政府对运输船队一事极为重视，并急切盼望船队的到来。此时，对于前线上的俄军来说，正是一个困难时期。德军的冬季防线势必要攻克。莫洛托夫同意将具体情况向斯大林说明，并会安排一次会晤。

爱登先生接着说：

> 有两名英国商船水手，近期被判处重大徒刑，因为他们在俄国北部将当地一名共产党领导人打伤。我们不得不关注他们的命运。如果让我极为情愿地同意恢复运输船队的航行，除非苏联方面将这两名不幸的英国水手释放，并交由我方海军处理，并将他们遣送回国。对于我的意见，我们的大使都很赞同……我相信，如果我们对在苏联监狱中忍受煎熬的两名水手放任不管，此外，还欣然接受英国海员在日后参加运输船队所遭遇的危机，你必定会与我一样，产生抵触情绪。我想亲自，并用真诚的态度向斯大林或莫洛托夫提出请求，不知结果如何。

21日，这次重要的会议召开了。为了让艾登占主动地位，我让英国驱逐舰暂时停止启程，这也是艾登自己提议的。因为只有先派出驱逐舰，运输船队才能恢复航行。

外交大臣致首相　　　　　　　　　　1943 年 10 月 22 日

1．昨日晚上，我在英王陛下大使的陪同下，会见了斯大林和莫洛托夫。我们双方就各种问题展开会谈，时间持续了两小时一刻钟。

2．简单问候之后，我将话题引到运输船队的问题上来。我说，我必须指出，这些运输船队每一次航行，不亚于一次重大的海上军事战争，它需要大约 4 艘巡洋舰和 12 艘驱逐舰给予的直接保护，还需要本土所有舰队进行掩护，这对皇家海军来说，要承受多么重大的压力。我不得不减少我们在大西洋上的海军兵力，以此来增加必要的护送舰船数量。虽然我们在反潜艇战中面临的局势相比以往有所转变，但斗争仍然十分猛烈，双方难分胜负。说到这里，我让斯大林看了一张上边列有过去三年参加战斗的德军潜艇数量的图表。这张图表说明目前的潜艇数量只增不减。我们不希望在战斗时，发生一些突发事件，导致我们无法派出四批运输船队，从而受到你们的指责，所以我们没有做出一定要派出四批运输船队的承诺。但是我们的愿望是发自内心的，就是令这几批运输船队能按时航行。我还对斯大林说，现在你发电报来说，你预期我们能运输来的供应物资有一百三十四十艘船那么多，总量大约为 86 吨。可见你个人为了将事情安排妥当，耗费了不少心血。而我们也急切希望运输船队立即就能恢复航行。为了这次复航，我们已将我方海军力量进行了部署，在德国舰艇“提尔皮茨”号不能活动期间，我们希望开始行动。关于我方海军人员数量问题，我们已经精简到了最低限度，我们一定要保持这个数字，绝对不能再减少。另外，我们还有一些不太重要的要求，希望大致达成协议后，再向莫洛托夫说明。

3．对于我说的潜艇战的形势，斯大林表示赞同。他说，他与你意见上的差异，在于我们这样做究竟是不是出于义务，而不在于船队复航困难与否。你曾暗暗示意，我们每派出一批运输船队，就是一次馈赠。而对于这种说法，斯大林认为它并不能反映真实情况。据他了解，尽一切办法交付这些物资，属于我们的义务。你收到他的答复后非常生气，并且将他的复电退回。我回答说，我们派出这些运输船队的行为，并不表示这是对你们的照顾或是善举。为了将这些物资交给我们的盟军，你自始至终都坚决全力以赴。对于一些超出你能力范围的军事行动，根据我所说明的理由，你确实无法做出承诺。斯大林本人应该相信他的同盟者的诚意，你看到他的答复感到气愤，这也属人之常情。斯大林说，他不是故意让你气愤的。

4. 经过深入探讨之后，斯大林说，俄国北部驻扎了很多我方海军，他们因为没有事做，就与俄国海员发生冲突，因此他不同意我方人员的数量有所增加，这些运输船队的任务，可以交由俄国人自己负责。我回答说，这种做法不可行。他说，今天之所以会产生这些纠纷，就是因为我们驻扎在俄国北部的人员当初粗鲁地对待了他的公民。要想随意增加人员数量，我们的人员就要用平等的态度对待他的人民。一阵争论过后，双方做出了决定，即明天，我与莫洛托夫进行会谈，那时，我会把我的各种要求提出，不知我们能否达成一致意见。

* * *

就这样，运输船队复航一事确定下来。十一月，第一批出发，接着十二月，第二批启程，两批船队共 72 艘船只都顺利到达了目的地。与此同时，运输船队带领的空船也平安返航归来。

十二月出发的运输船队，引发了一次海战，结果令人满意。“沙恩霍斯特”号是继德舰“提尔皮茨”号失去战斗力后，敌人在挪威北部海面安置的唯一重型战舰。1943 年圣诞节的夜晚，“沙恩霍斯特”号与五艘驱逐舰猛然间从阿尔滕峡冲了出来，在熊岛南部距运输船队 50 英里的海面上进行袭击。运输船队的护送舰船数量增加以后，拥有 14 艘驱逐舰和 3 艘掩护用的巡洋舰，实力有所增强。此时，在西南海面上航行的，是本土舰队总司令弗雷泽海军上将乘坐的旗舰“约克公爵”号，以及巡洋舰“牙买加”号和四艘驱逐舰。

“沙恩霍斯特”号在两次准备攻击运输舰队期间，均受到护送舰船巡洋舰和驱逐舰的拦截攻击和对抗。这次战斗没有分出胜负,因为“沙恩霍斯特”号和英国巡洋舰“诺福克”号都被炮弹击中。随后德方舰船猛然间停止进攻,向南部逃离。我方巡洋舰紧紧尾随,汇报它的踪迹。我们始终没有发现德国几艘巡洋舰的位置，他们也没有参加作战。在此期间,本土舰队总司令乘坐旗舰,用最快的速度横渡波涛滚滚的大海,并向前挺进。下午四时十七分，北极的夜幕降临，“约克公爵”号用雷达侦测到敌人的行踪，他们在相距约 23 英里的海面上。但是，直到下午四时五十分，“约克公爵”号才用照明弹在距离 12000 码的海面上发动攻击，而“沙恩霍斯特”号对它要即将遭受的毁灭全然不知。此时，弗雷泽海军上将将他的四艘驱逐舰派去,趁机发动攻击,其中“司托德”号是由挪威皇家海军人员驾驶的。“沙恩霍斯特”号迅速转头向东逃离,我们在追赶途中向它发射了好几发炮弹。但是它还是凭借自己的速度,与我们逐渐拉开了距离。不过，到了下午六时二十分，它的速度显然下降了不少,致使我们的驱逐舰能从两侧向它靠近。到了下午七时左右,我们的驱逐舰发动猛烈进攻，用四发鱼雷击中了敌人的舰船，而我方只有一艘驱逐舰遭受炮弹攻击。

“沙恩霍斯特”号准备将我军的驱逐舰击退，因此调转过来。“约克公爵”号立即前进到与它距离约 10000 码的海面上，对它发起又一轮攻击，并将它摧毁。我方战列舰和敌人伤势惨重的战斗巡洋舰之间的实力相差巨大，但只用了半个小时，我们就完结了战斗任务。剩余任务，“约克公爵”号交由巡洋舰和驱逐舰去完成。“沙恩霍斯特”号连同它上边的 1970 名官兵，包括海军少将在内，全部沉入海底，只有

36人获救。

虽然敌方的“提皮尔茨”号遭遇重大创伤，一年都不能活动，但我们却将我们北极运输船队面临的最大威胁——“沙恩霍斯特”号消除，这样，我们的本土舰队，便能恢复自由航行。敌人的重型军舰不会在它们设定的时间内，猛然驶入大西洋，我们也不用随时准备作战，这是我们获得的重大战绩，令人深感安慰。

* * *

1944年4月，有关现象显示“提尔皮茨”号修理完毕，准备前进到波罗的海的一个港口重新进行设备安装。不过后来它又不能活动了，是因为我方航空母舰“胜利”号和飞机“狂暴”号用重弹向它发动了轰炸。这时，从俄国北部一个阵地上起飞的皇家空军，继续向它发动袭击，致使它受到重大损坏。因此，“提尔皮茨”号被转移到特罗姆瑟海峡，这个地方比起以往停放的地方，距离英国近了200英里，不过仍然属于我们从本土阵地出发的重型轰炸机的最远行程范围内。德国人对这艘战舰回本国维修已经不抱希望，而且也不再把它当作一艘远洋作战军舰了。11月12日，“提尔皮茨”号遭受了致命性的打击，那是由皇家空军特别制造的29架“兰开斯特”轰炸机，发动了总重量达12000磅的炸弹造成的。这些轰炸机包含空军的第六一七中队的轰炸机，它们以炸毁默纳水坝而闻名。当日天气晴好，虽然这些轰炸机需要从它们的苏格兰基地飞越两千英里，但它们只发了三枚炸弹就将目标击中。我们的一架轰炸机被摧毁，但飞行人员没有死亡。而“提尔皮茨”号停在那个地方就被炸翻了，连同它的船员共1900名，一多半已经身亡。

现在，英国的重型军舰彻底获得自由，他们可以调去远东了。

第十六章　莫斯科举行的外长会议

回想魁北克会议——对召开三国政府首脑会议的期盼——我和斯大林的电文来往——三国外长会议的铺垫作用——10月 11日，我为艾登先生参加这次会议拟定的备忘录——10月 19日，莫斯科会议召开——苏联的意见——斯大林特别关注横渡海峡的进攻——10月20日，我给艾登先生的私人备忘录——关于土耳其和瑞典加入战斗的问题——艾森豪威尔和亚历山大关于意大利战局的重要情报——在克里姆林宫深入探讨——俄国人着重指出“霸王”作战计划问题——友好的氛围——艾登先生的意见——他建议将一部分意大利舰船分给俄国——10月29日，我就这一问题发去电报——我起草的关于德国战犯的三国宣言已被认可——这次会议的重要收获

为了将外交事件的进展情况与故事的叙述联系在一起，我现在必须将往事重提。自从魁北克会议召开以来，我们一直建议斯大林举行三国首脑会议。最初在魁北克的时候，我就接到了他的答复电报，内容为：

斯大林总理致首相（在魁北克）　　　　1943年8月10日

我刚从前线返回，已阅读了英国政府8月7日发来的电报。

1. 我赞同举办三国政府首脑会议，因为这是绝对需要的。在与美国总统商量之后，定下时间和地点，一旦时机成熟，会议会立即召开。

与此同时，我不得不告诉你，目前我不能离开我的工作岗位和前线，因为我要监视苏德战线的局势，即使离开一个星期也不可以，真是十分抱歉。近日，我必须付出比平时更多的时间，前往各个战线视察军情，因为我们在前线虽然获得了一些进展，但是苏联军队和苏联统帅部还须大力增强兵力，并对敌军可能采取的新行动给予高度警惕。在此情况下，我不能到斯科帕湾 或是其他遥远的地方访问，也不能与你和美国总统会谈。

当然，我们最好组织一次由三国派出的代表召开的会议，这样也不至于耽误我们三国共同关心的问题。我们可以尽快在会议的时间和地点问题上达成一致。

另外，在会议开始之前，我们必须就我们要讨论的问题以及需要通过的提案的草案取得一致意见。要想在会议上获得具体结果，我们就应该做到这一点。

2. 借此机会，我想恭祝英国政府和英美部队在西西里岛战役中将墨索里尼打垮，并瓦解了他的土匪帮，这真是一种巨大的胜利。

这是俄方首次表示，同意三个联盟国家召开任何级别的会议。我把下述电报转发给艾登，并让他转给莫斯科。我说："熊先生再次直接致电给我，令我十分高兴。这是我的答复，内容遵循了你的意见，请将它转交给熊先生。"

经过与罗斯福总统的探讨，我们联名起草了一份电报致斯大林。

首相和罗斯福总统（在魁北克）致斯大林总理

1943 年 8 月 19 日

1. 我们在此地可能会召开为期十天的会议，我们二人与参谋人员已经达到。对于你留在前线，我们表示非常理解，因为你确实应该那样做。如果你没有亲自到战场视察，战争怎会取得那么大的胜利。但是，我还是想再重点指出，我们三人共同参加一次会议是十分重要的。在我们看来，阿尔汉格尔斯克或阿斯特拉罕不是合适的地点，但是为了与你一起对形势做一次彻底的分析，我们打算带领相关官员到费尔班克斯（属阿拉斯加）。目前是战争的分水岭，是召开会议最恰当的时机。我们诚挚希望你再考虑下这个问题。英国首相在大西洋这里停留的时日，会根据需要来决定。

2. 假如我们真不能举办这个重要的三国首脑会议，我们同意你的提议，在未来一段时间，派各国外长参加会议。这次会议将只能以商讨为目的，因为最终结果还要留给各国政府来确定。

斯大林答复道：

1943 年 8 月 25 日

你们的联名电报，我已于 8 月 19 日收到。

你和罗斯福先生提到的三国举行会议的重要性，我完全认同。但是，我目前所处的境况是，我军正在与希特勒的主力部队进行十分激烈的斗争，希特勒不但没有从我们的前线撤退一个师团，反而向苏德战场上增派了新的师团，而且还在继续增援。我真诚地希望你们能够理解。在这样的情况下，我不能离开战场到遥远的费尔班克斯去，这也是我们全体同仁的意见。如果要去那里，将会对我们的作战情况不利。虽然我以前曾说过费尔班克斯确实是我们举行会议的最佳地点，但前提是我们前线的形势不像现在这样。

我赞成你们的提议，让三国代表，尤其是外交代表召开会议，最好尽快召开。但是，这次会议不应该以单纯探讨为目的，还应该有实际性的准备，这样在会议结束之后，我们的政府才能在紧迫的事情上给予明确答复。

首相致斯大林总理　　　　　　　　　　　　1943 年 9 月 5 日

1. 接到你 8 月 25 日关于外长会议的答复，我十分高兴。你在电报中赞同苏联、美国和英国派外交代表参加会议。如果莫洛托夫先生能来参加会议，我们就会将艾登先生派去。

2. 诚然，上述人员即便能参与会议，也无法代替相关政府做决定，所以我希望你将对未来的期待告知我们，同时我们也会将我们已有的打算告知与你。到时候，我希望我们能在某个地方亲自会谈，以便各自政府做出决定。假若需要的话，我可以前往莫斯科。

3. 军事顾问可能需要协助政治代表的工作。黑斯廷斯 · 伊斯梅爵士，是一位将级军官，负责国防秘书厅的工作，也是我在参谋长委员会中的私人代表。我准备派他在会上就谈论的军事问题提供证据、事实和数字。我想美国也会派同等级别的军官参加会议。对于外长会议，我想从目前情况来看，具备这些应该是可以了。

4. 不过，如果你想了解一些问题的技术环节，例如为什么我们还没有渡过海峡向法国进军，为什么不能尽早使用比当前所建议的更多的军事力量进攻法国等。你可以派一个由陆军和海军首领组成的特别代表团，我将欢迎他们到伦敦或是华盛顿，或是到这两个地方。到时候，我们会尽全力将我们的人力物力状况和目的向他们详细说明，再与他们一起进行探讨。你绝对有权利知道这些情况，我也十分愿意将这些情况告诉你。

5. 我们往往认为，英国是会谈的好地点，因为它的地理位置适中。当然最好在除伦敦外的其他地方举行。我已经将这个建议告知美国总统，不过他还没有给我最终回复。我希望得到你对这个建议的支持，假若你也同意在英国会谈的话。

6. 我希望，我们的外长会议可以定在十月初召开。

斯大林总理致首相　　　　　　　　　　　　1943年9月8日

我赞同你的建议，即将三国政府代表会议的时间定于十月初期。我建议在莫斯科举行会议。在我看来，重要的是，为了便于对会议中我们三国政府共同关心的问题做出决策，我们之间应该在会议召开之前商定议程，并就各项提案达成一致意见。以前我认为要想在会议上获得进展，这个环节不可或缺，现在我也同样这么认为。这次会议目的是促使三个国家以后能达成一致意见。我不认为会议组织方面的有关问题，会对我们达成一致意见造成阻碍。

我已经写信给总统，向他说明三国政府首脑亲自会谈一事。这说明我正在尽全力使这次会谈尽快举行。他建议会谈时间定为（十一月－十二月），我持赞同态度，不过会谈的地点，最好设定在波斯这样一个驻有三国代表机构的国家里。我还有一个不同意见，那就是在苏德战场上，两个国家共有500多个师正在作战，在此情况下，苏联最高统帅必须每天进行视察，因此会议召开的具体日期，应根据苏德战场上的情况再做确定。

我于9月10日就斯大林总理的意见进行答复：

首相致斯大林总理

你提议外交部代表的会议在莫斯科召开，对此我尊重你的意见。艾登先生，我国的外交官，准备于十月初前往莫斯科，相关的参谋人员将会随他一同前往。

英王陛下政府表明，我们愿意与苏联和美国就任何议程展开探讨。近日，我们会向你提出我们的提案，但我们也很想知道你们想要探讨的主要问题。

我认为，这次外长会议有其必要性，也有其重要性，因为它为召开三国政府首脑会议起到铺垫作用。我觉得首脑会议也许在11月15日到12月15日之间就会举行，为此我感到非常高兴。几个月以来，我一直向你表明，无论去何处，在何时，为了参与这个会议，我愿意冒任何风险。如果波斯没有更适合的地方，我准备前往德黑兰。我认为塞浦路斯或是喀土穆更为适合，但我认为你的意见更重要。我希望你知道，斯大林元帅，所有联合国家都对我们三人的会议表示期盼，因为这个会议不仅可以找到结束战争最有效而又最快捷的办法，还能制定良好举措来促进世界前景，那就是使英、美和俄罗斯民族为人类做出永久的贡献。

* * *

之后，我从魁北克回到伦敦，为我的同仁拟定了一份备忘录，其中列举了需要在已经安排妥当、并召开在即的外长会议上探讨的问题。

首相为外交大臣参加即将召开的会议所拟定的备忘录

1943年10月11日

1．英国参加这次战争的目的，并非出自为自己霸占任何领土或是获取特别利益。我们是为了履行义务以及维护公法，才参与到这次战争中的。

2．国际联盟制度包括一个欧洲委员会，一个国际法庭以及一支武装部队用来执行判决，对此我极力支持将它保留。为使停战条件得以实现，并在全世界建立永久性的和平机构，在停战期间（时间上可能会延长），我们请求三大国，包括英联邦和英帝国、美国和俄国，应该结成联盟，保持一致意见，并保证足够的武装力量，这也包括中国在内。

3．我们认为，有权利出席和平会议的，还应包括战争中曾被纳粹或法西斯暴力侵略的国家和民族。所有关于最终领土占领的问题，都应该在和平会议上解决。与此同时，还应该将各国人民的利益考虑在内。

4. 大西洋宪章的原则需要重新确定。我们注意到俄国是根据1941年6月22日的边疆情况加入到大西洋宪章的，而且我们还注意到德国于1914年和1939年发动两次侵略战争以前，俄国的边界历史问题。

5. 对于波兰和俄国达成的任何一致意见，我们都应该欣然接受。这些意见对建立一个强大和独立的波兰具有保障作用，并且，还会使俄国的西部边界获得必要的安全保证。

6. 我们坚决认为，应该在侵略国家内部，即战争的发源地，将纳粹主义和法西斯主义彻底清除出去，我们还坚持我们的意见，还应在这些侵略国家建立能够让公民在合理、稳定的环境下，自由表达意愿的民主政府。当然，这些意见还包括，为实现我们的重要目标，将屠杀，特别是针对盟军的屠杀降到最低级别，应该在外交与军事上采取行动，或者与可能建立的临时政府保持关联。

7. 对于德国或意大利在纳粹或法西斯执政时期占领的一切领土，我们都不给予认同。并且，在我们看来，根据德国的未来体制，以及普鲁士作为德意志国家的一部分，所具有的作用，应该听从西方三大国家达成的一致意见。

8. 为防止违法国家用武力干扰欧洲秩序 我们一定要采取所有必要的方式。我们不但要缴获他们的武器，还要将他们国内各种形式的战争场所或机构长期控制住。

9. 除了为满足世界的普遍需求和安全，否则我们不会奴役欧洲国家大家庭中的任意一名成员，也不会让他们受到约束。

10. 我们公开表明，我们为了促进世界的共同利益以及人类的进步，我们会将三大国从胜利中获得的权威，毫不动摇地运用起来。

* * *

如今，在莫斯科举行的三国外长会议，为我们形势多变的局面带来了巨大的正面影响。罗斯福总统曾提议在伦敦召开会议，目的是避免年岁已高的赫耳先生忍受飞往莫斯科的旅途劳累，但是斯大林不接受地点变更。不过，赫耳先生作为一位经验丰富的外交官，没有露出畏惧的神色。虽然他身体虚弱，但还是登上了飞机，尽管这是他人生中的第一次。这不愧是一次勇敢的行动。

会议在莫斯科召开之前，三国外长就会议提案一事通过电报交换了多次意见。美国政府提出了四项提议，其中包含一个有关停战期间如何看待德国和欧洲其他侵略国家问题的四大国宣言。我方提出的意见包括对土耳其的共同政策、在波斯实行的共同政策、苏联与波兰之间的关系还有波兰的普遍政策，至少有 12 项。俄国方面提出了一项建议——如果将德国以及其他欧洲联盟国家的作战时间缩减，他们只有这一项提议。显而易见，这个问题属于军事，而非政治上的问题，我们开始就明白，如果不将这个问题解决彻底，他们是不打算讨论其他任何问题的。由此，我认为，应该让伊斯梅将军成为我们代表团中的一员。

* * *

10 月 19 日下午，首次会议正式召开。莫洛托夫先生推辞一番之后，被选为主席，他那故意做作的样子，与下议院议长被众人推上主席台时的样子不相上下。他和他的代表团对这样的结果显然感到兴奋。接着，议程得到认可。经过一些准备环节，莫洛托夫将苏联提议交给大家轮流阅读，以下为内容：

1. 为保证英美军队进军法国北部，英国和美国政府应在1943年实施紧急举措。将这一行动与苏联军队在苏德战线上对德军主要部队给予的沉重打击结合在一起，德国在军事上的战略地位，将很快被破坏，这定会将战争所用的时间缩短。

关于这个问题，苏联政府的意见是，必须将丘吉尔先生和罗斯福先生在1943年6月伊始，发表的英美部队将在1944年春季攻打法国北部的声明弄明白，看看它有没有失去效力。

2. 三大国家应该建议土耳其政府，立即加入战争的行列。

3. 为了方便对抗德国，三大国家应向瑞典提议，为联盟国家提供空军基地。

莫洛托夫征求赫耳先生和艾登先生的意见，问他们研究了这些建议之后，如果时间允许，是否会将它们放在受限严格的会议中进行讨论。他们立即表示赞同。

我在阅读了艾登先生发来的会议详细报告后，给出了我的意见。

首相致艾登先生（在莫斯科） 1943年10月20日

关于我们1944年制定的计划，从目前情况来看，容易产生极为严重的问题。五月期间，我们将会派遣15个美国师和12个英国师前往法国，还会派遣6个美国师和16个英国师驻扎在意大利前线。世界上最方便的交通中心，控制在希特勒手中，如果德军不能溃败，他起码能聚集四五十个师来抵挡上述任何一支部队，并且将另一支军队的力量控制住。他可以得到所有需要的部队，前提是趁着巴尔干半岛没受多大损失时，立即向萨瓦河和多瑙河撤退，这样也不用调遣他在俄国战线上的兵力了。这是战争中最起码的一种判断。我们在意大利和英吉利海峡这两个战场上各自安排多少兵力，这要根据局势的变化、航运可能出现的情况以及英美之间意识上的让步而定，而非战略需求。我决定要重新研究兵力部署问题，因为在意大利汇集的部队与实际需求不符，而准备在五月横渡英吉利海峡的部队，也不能满足实际要求，因此，两个战场上能够调动的兵力，实际上只有七八个师。

2. 如果让我来做决定，我不但不会从地中海将任何部队撤离，而且也不会通过意大利狭窄的像靴子一样的地形上，向波河流域前进。我会一边让巴尔干半岛和法国南部的局面变得混乱不堪，一边在狭窄的地域上，与敌人激烈对战。在我看来，只要德军没有完全溃败，而我们那时在意大利的战场上也没有与敌军爆发激烈的战争，我们至少需要在 60 天内聚集 40 个师的兵力，这样才能保证横渡英吉利海峡。美国方面认为，用我们本土的空军就能将战区内或战区通道上的所有东西摧毁，对此我表示反对。因为我们还不具备这样的经验。以上情况现在还不适合对外宣布，只要你心中有数就行。通过这些情况，你能看到，我们对五月开展的“霸王”作战计划所承担的责任是十分危险的，就如同我们要履行一个律师制定的合约一样。如果那样做，我们很可能会与意大利战场以及巴尔干半岛上收获的种种胜利无缘。另外，横渡海峡 30 天或 40 天后，我们用来保护自己的军队数量也不足。

3. 你要想办法将俄国方面对巴尔干半岛的真正意图弄明白。我们打算在爱琴海开战，让土耳其参与战争，接着在达达尼尔海峡和博斯普鲁斯海峡之间打开通路，让英国的海军舰船和商船为俄军的挺进护航，最后在多瑙河海岸，给予他们足够的援助。他们是否对这些行动感兴趣？我们在黑海建立通道，为盟军的战舰提供物资，为盟国军队包括土耳其军队在内开道护航等，他们对这些事情到底有多大的兴趣？他们是否对我们从右侧进行的回旋作战行动感兴趣？或者，他们坚持希望我们向法国发动进攻？他们的观点是，只要我们在英国不停汇聚兵力，一定会将大部分德军控制在西线。德国人拒绝我们大规模开展巴尔干计划，可能是出于政治因素。另外，他们愿意将土耳其卷入战争，表明他们对东南战线没有失去兴趣。

4. 我坚持认为，将罗得岛攻克，重新占领科斯岛，稳定勒罗斯岛，并在这些水域形成对海空军有利的形势，这样才能在爱琴海建立基地，这是非常重要的。俄国人对于我们巩固勒罗斯岛所付出的努力，以及占领罗得岛的心愿，是否持相同态度？他们是否知道这样的行动会对土耳其造成何种影响？这样做能否为海军将进入黑海提供可能？以上问题只供你个人思考。

* * *

一次讨论苏联提议的会议于10月21日在莫斯科召开，英方代表有艾登先生、英国大使阿齐博尔德·克拉克·科尔爵士、斯特朗先生和伊斯梅将军；美方代表为赫耳先生、哈里曼大使以及迪恩少将；俄方代表为莫洛托夫先生、伏罗希洛夫元帅、维辛斯基先生和李维诺夫先生。伊斯梅在会议刚一开始的时候，就代表英美代表团，就魁北克会议的结果发表了意见。他着重指出，在横渡英吉利海峡展开的战斗中受到的规定限制。

我方代表在接下来的讨论工作中，表明了自己的态度，即计划对我们一方而言，事实上没有任何更改，除非我们不具备已经确定好的条件，否则我们将会坚持实施下去。莫洛托夫指出，苏联政府要对伊斯梅将军的发言做出细致研究，以便在日后的会议中进行深入探讨。这说明在当时，俄国方面对这种观点很可能是满意的。

接下来，艾登先生说到了土耳其问题。他指出，从目前来说，我们无法给予必须且有效的帮助。关于共同与土耳其进行协商的问题，应该留到以后再做决定。另外，还探讨了俄国就瑞典给出的提案。俄国人不愿提及这个问题，因为瑞典会要求俄国对芬兰做出保证，这是显而易见的。

* * *

当晚，艾登拜访斯大林，并与他就多种问题进行了探讨，时间共用两个多小时。读者已经猜测到，北极运输船队问题是首要问题。接着，谈话转到正准备召开的盟国政府三方首脑会议，斯大林仍然认为德黑兰应作为会议举办地点。

总之，谈话进行得还算顺利。

* * *

艾登先生向我说明了他的意见，因为他已经阅读了我在10月20日发送的电报。他说，俄国人最希望通过会议决定我们向法国北部进军的事情，因为他们将所有注意力都集中到这件事情上，并且一再盲目地坚持。他们不断询问：自从五月，华盛顿会议召开以来，罗斯福总统和我曾与斯大林协议在1944年向法国发动袭击，不知现在这个协议是否还有效，还有这次军事行动的起始日期是何时。

关于第一个问题，艾登先生确保协议没有失去效力，但是他还重点指出只有三个条件都具备，这次远征才有获胜的可能。对于第二个问题，我们的观点是，最好不对具体日期做出规定，但艾登先生向他们确定地说，所有准备工作正在开展，待春季天气变好之后，就开始进攻。

我给他的复电内容为：

首相致外交大臣（在莫斯科）　　　　1943年10月23日

1.假如我们迫切希望土耳其加入战争，土耳其就一定会向我们提出空中援助的问题。如果我们不想令我们在意大利的重要战役受到不利影响，就无法提供这种援助。假若土耳其经历了一段停战时期，自愿加入战争，我们不但不用承担这方面的责任，还能获得重大利益。显而易见，我们应该抓住机遇，而这份机遇要由驻保加利亚和色雷斯的敌军战斗力来决定。我们给俄国的物资援助、我们的战舰以及让其他部队进入黑海，都是我们将会收获的利益，这些正像我所说的“极力为俄国提供援助”。土耳其很可能采取这样一种行动，特别是当德军发现在巴尔干半岛上没有什么损失，然后立即向多瑙河和萨瓦河那边撤退的话，这种可能性更大。

2. 关于芬兰和瑞典的建议。瑞典如果能参战，则会为我们带来很大好处。我们认为，德军的力量不足以对瑞典造成大范围的侵犯，我们应该争取到一个新的国家以及一支十分优秀的陆军，尽管它的人数不多。我们在挪威的收获，能为我们带来极大的好处。对于俄国空军来说，能获得各种重要的设施；对于我们自己来说，东英吉利具有大量设施，我们从这里起飞对德国进行轰炸，其效果要比从瑞典起飞好得多。从英国飞往德国各地的距离，与瑞典飞往德国各地的距离相当，但是在瑞典，所有东西都必须依靠空运，而且还必须按照原先简陋的条件办事。实际上，当前英国具有十分便捷的条件，加上罗马北部的便利条件——这是我们希望获得的，凭借这些，我们能派重型轰炸机去轰炸德国任何一个地区。

3. 就我个人而言，土耳其自愿参战是我期望看到的，我也希望瑞典能自动参战。我认为，这两个国家都不会遭到掠夺，而且，每增加一个新敌人，希特勒全线溃败的速度就会加快。不过，我提议，首先我们要弄明白，我们和俄国人各自需要什么，以及对我们双方最有利的是什么？其次，我们应立即思考未来需要的策略。尝试后将情况转达给我。

我于两日后又发去一封电报。

首相致外交大臣　　　　　　　　　　　　　　1943 年 10 月 25 日

经过深入思考，我坚持认为，俄国希望土耳其和瑞典主动成为共同交战国，或者真实意义上的联盟国，对于这一意愿，我们应该支持。这样，我们就不会让俄国人为争论此事有机可乘，也不会令我们自己成为制造难处的一方。我们应该从原则上表示赞同，然后让难处自动出现，因为只要我们讨论策略，必然会将难处体现出来。虽然难处可能会被解决，或作出适当的安排，或是分清轻重，但不管怎样，开始时，就对任何问题诸多挑剔的行为是不可取的。

*　*　*

艾森豪威尔将军发来一封重要的电报，我在前边一章曾经提到过。他向我报告了亚历山大将军对意大利战役做出的分析。我接到电报后，将它转交给艾登，让他代交给斯大林查阅。以下几点是我对电文的补充：

1943 年 10 月 26 日

1. 当前，导致我们陷入危险境况的原因，是因为我们为给 7 个月之后的“霸王”战争聚集兵力，将我们最优秀的几个师以及大量重要的登陆艇调离地中海。因为这次战争受到具有法律效力的协议的约束，因此会产生这样的后果。虽然这份协议是几个月之前经过认真考虑签署的，但是现在不考虑局势多变的情况下，却仍然坚持履行。如果你觉得恰当，就应该让他们知道：在我负责期间，我绝不同意对意大利战场不管不顾，只为了五月横渡英吉利海峡进攻做准备，这将会带来一场严重的伤害。因为意大利战役非常重要，并且容易获得成功，再者，它将大部分德军预备军吸引到这里参与作战。我们必须支持这场战役，并且在获得胜利之前，一定要坚持作战。为了“霸王”战役，我们将会付出巨大的努力，但是准备到战场上遭受失败，是为了在政治上暂时获得安慰，那是没有好处的。[①]

2. 由此看来，你务必要说明，“霸王”战役在五月期间就要展开，你对其做出的保证，因为条件受限，如果发生变化，那说明意大利战役形势紧急。我正在与罗斯福总统讨论这个问题，在这个紧急时刻，对于英国军队来说，坚决不能置意大利战场于不顾。无论发生什么事，我都不可能改变立场。为了帮助艾森豪威尔和亚历山大赢取胜利，不管为以后的军事行动带来什么样的影响，我们应该给予他们所需的一切。实际上，“霸王”战役的日期，也许真的会因这件事而延误。

对于这个问题，我在三天之后又发表了我的最终意见：

首相致艾登先生（在莫斯科） 1943 年 10 月 29 日

“霸王”作战计划是我们在 1944 年最重要的军事行动，我肯定不会放弃。我们之所以要将登陆艇留在地中海，是为了保证罗马作战行动的胜利。由于小型登陆艇必须要等到春季才能启程，它们无法利用冬天的几个月时间通过比斯开湾，因此可能会将进攻日期略微延误一些，还可能推迟到七月。但是这种延误将会说明，只要战争开展，就会拥有猛烈的战斗力，同时也会对德国进行长时间的全力轰炸。我们也准备随时推进德军的全面溃败，并将这个机会充分利用起来。以上要点，也许会为你的发言带来帮助。

* * *

① 参阅第五卷 216 页及其之后的几页。——原注

当天晚上，艾登先生在我国大使和伊斯梅的陪同下，前往克里姆林宫。莫洛托夫与斯大林在一起。会晤刚一开始，艾登就将艾森豪威尔发来的意大利战争局势的电报交给了斯大林。这份电文是用俄文翻译过来的，斯大林大声将它读给莫洛托夫听。读完之后，斯大林没有露出不满的神色。他说，依据俄方提供的消息，英美有 12 个师在罗马南部与德国的 6 个师对抗；沿着波河流域，德国还有 6 个师在那里。他相信亚历山大的情报可能会更加准确。艾登说，我急切希望斯大林了解到意大利局势的最新进展，还希望他知道，我们不但十分担心这件事，还坚持认为对意大利战役要加强支援的力度，不管它为“霸王”作战计划带来什么样的影响，也要助它取得胜利。他还表示，当前，联盟国需要做出十分重要的决策，因此三国政府首脑会议更需要尽快召开。

斯大林笑着说，除非有充足的兵力，否则三国政府首脑会议也制造不出兵力来。接着他又直接问道，刚才读过的电文是否代表“霸王”作战行动会延迟。艾登答复道，要等到英美联合参谋长委员会深入研究，并做出局势更改的决定之后，他才能确定，不过这种事情也是有可能发生的。他又引用了我电报中的一段话说，“为了‘霸王’战役，我们将会付出巨大的努力，”但是，“准备到战场上遭受失败，是为了在政治上暂时获得安慰，那是没有好处的。”这次战役有两个难点，第一是登陆艇，第二是要在十一月初运送 7 个有战斗经验的师，作为先遣队到联合王国参与“霸王”战役。可能运送上边提到的几个师团或全部师团的时间必须延迟，但目前我们还不知道这对“霸王”作战计划的开展日期是否会有影响，而且也不知道这种影响会到达哪种程度。

紧接着，斯大林就将论题转移到总战略问题上来。他建议我们采用两种策略，即将我们所有其余优秀的部队派遣到“霸王”战役上去，只在罗马北部采取防御措施。另外，还可以通过意大利向德国境内进军。

艾登先生说，他比较中意于第一种策略。据他所知，我们没想过要穿越比萨到里米尼这条路线。这条路线绝对能让我们占领罗马北部的纵深地带，向欧洲南部的空军阵地发动袭击。很明显，斯大林认同我们的决策，他还说穿越阿尔卑斯山正好与德军的心愿相符，因为这条线路很难穿越，他们正好想在那里与我们抗战。罗马被攻克后，必定会大大提升英国的声望，为我们在意大利进行防守提供保障。

随后，论题又转移到其他进攻地点。艾登先生说，我们可以一边开展“霸王”战役，一边对法国南部进行可能的控制性袭击。我们很可能将在北非训练和装备的几个法国师为我所用，前提是我们能用两个师的兵力将一个桥头堡攻下。因为我的建议能使希特勒的兵力得到分散，而这种战术也是斯大林经常在俄国战线上使用的，所以受到他的称赞。不过登陆舰的数量是个问题。

接下来，斯大林又提到这个问题，即“霸王”战役会推迟一个月还是两个月？艾登先生说，对于这个问题，他无法作答。他能表明的是，只要“霸王”战役有希望获得胜利，并且理由充沛，我们会竭尽全力，尽早发动攻击。而且，我们还特别希望三国政府首脑会议尽快召开。斯大林表示完全赞同，但是他说罗斯福还没有同意去德黑兰。当艾登建议到哈巴尼亚会晤时，他与莫洛托夫都坚决反对。斯大林说，他本人不能出远门，目的是找机会继续削弱希特勒的势力。德军最近在缺少物资和装备的情况下，就从法国和比利时调遣了一定数量的坦克师到苏联前线。斯大林主动说，让希特勒没有喘息的机会，这才是重点。德军不敢调派他驻扎在西线的40个师，目的是防止我们发动袭击。如果它能将这些兵力调动过来，苏联军队就不会获得以往的胜利。对于我们为共同事业做出的有利行为，苏联已经有了深刻的了解。

艾登先生说，斯大林元帅深深得知英国首相与他一样，希望让希特勒垮台。斯大林对这一点完全认同。但是他突然间又笑着说，我们将难题交给俄国人解决，而自己常常走捷径。艾登不认同这种说法，并列举了我们海军在工作中遇到的种种困难，以及当今，我们的驱逐舰遭受的巨大损失。斯大林又用严肃的语气说，他的人员很少提及我方的作战行动，但是他能感觉得到他们的困难。

艾登先生致电告诉我说，“所有会谈进行得毫无阻碍，这是意料之外的事情。斯大林情绪非常好，当天晚上不管提及什么问题，他丝毫没有责备过往的事情，而且极为关注我们真正面临的困难。可能，他刚开始有这样的反应，他后边的想法就说不准了。不过重要的是，对于我们在西线将40个德国师紧紧拖住一事，他竟然主动赞扬我们做出了贡献。而且谈到我方海军作战行动中遇到的各种困难，以及登陆艇的问题时，他还表达了自己的同情，这些很可能说明他承认渡海作战是一件非常艰巨的任务。不过,显而易见,他希望我们尽全力将‘霸王’作战计划提上日程，并且，我认为，他对我们的话已经有了很大程度上的信任。”

会议期间的相关现象说明，苏联政府真挚希望永远与英美两国保持友好关系。我们设想了可能会发生的一切大小问题,大家达成了共识。斯大林对于我方的情况表达了理解之情。到目前为止，我们回想过往，所有事情基本是令人满意的。艾登先生说，“莫洛托夫在多个场合，特别是今天我们就军事问题召开了最后一次会议，他在担任主席时，就表示了他的友好。昨晚我与他和斯大林进行了谈话，虽然他对结果不算满意，并且我们对支持苏联关于土耳其和瑞典问题一事的态度，令他也很不满意。但是很明显，他在处理我们之前的事情时，不希望我们任何一方感到尴尬。今晚，他通知我说我方两个被囚禁的水手已经获得释放，这是他友好的体现。”

“俄国代表们愿意为英俄关系开创一种新局面，他们为此做出了各种表示。他们对你争取运输船队的态度印象深刻。今晚，莫洛托夫和他的政府同事们会首次参加我国使馆举办的宴请。米高扬的职责是向这些人汇报消息。他今晚说个不停，尤其对你本人在恢复运输船队通行方面做出的贡献表示赞扬。

“借着这种氛围，我急切希望用某种方式，在会议结束之际坚定不移地表达我们的友情。他们希望分到意大利舰队中一少部分舰船，我相信，如果我能向他们透露一些情报，让他们感觉到有希望，那么，即便这些舰船的价值巨大，它也比不上为其心理带来的影响。对于这个建议，我国大使和哈里曼完全认同。假如我能告诉莫洛托夫先生，对于苏联政府要求合理分得一部分舰船，我们从原则上讲，同意将从意大利收缴的舰船分出一部分给他们，即使我们在离开苏联之前，无法明确地答复他们，我们也能从中收获益处。随后我们制定具体的办法，其中包括移交日期。我相信，如果你能照这种方式做，我们所收获的将比证明了你的态度的正确性还要多。我诚恳地希望你给我帮助。”

我立即将战时内阁对意大利舰队做出的意见转达给他。

首相致外交大臣　　　　1943 年 10 月 29 日

……我们愿意在原则上认同俄国有分得意大利舰队一部分舰船的权利。不过，我们认为这支舰队能为对日战争带来影响。为了将舰队用于战争最后的阶段，我们正打算为“李特利奥”式和其他舰船配备热带装备。如果俄国有在太平洋安置一支分舰队的愿望，我们会给予重视。我们希望通过会晤探讨这个问题……

5．目前，阿尔汉格尔斯克和摩尔曼斯克是仅有的，能向俄国转交意大利舰船的地方。意大利军舰首先需要用几个月时间进船坞维修，而且它们不适合在北冰洋活动。我们也应该注意，为避免对意大利的合作带来不利影响，不要直接向俄方转交舰船，因为意大利在海上与德军对抗，这对我们至关重要。意大利人正在塔兰托的船坞中，为我们做着重要的工作，我们不希望意大利人因为我们向俄方转交舰船一事，与我们的合作出现裂痕。如果意大利人想到自己的舰船刚从德军轰炸中逃脱，又要交给外国海军人员时，他们可能会将几艘船捣毁，这点我们很难保证。当前，意大利潜艇正在向勒罗斯岛运输军需物资；意大利的七艘没有损坏的驱逐舰正在为地方运输船队护航，他们的巡洋舰正在运输兵力与军需物资，他们为我们承担了很多任务。因此，无论遇到什么情况，我们在没有任何举措之前，为避免不良影响，坚决不能将这件事泄露出去。一旦法国人、南斯拉夫人和希腊人看到意大利舰船被分配，都会提出要求，并且都是理由充足的要求。

6．介于上述原因，在“尤里卡”（德黑兰）会议召开之前，最好暂时回避这个问题。

7．虽然意大利的一部分商船已经归我们所有，但它们还需要分配给所占领的地区和意大利地区，因此实际数量远远达不到对它们的最低需求量。实际上，经过测量，我们船舶重量并不大，因为大部分意大利舰船只适用于小范围的运输。

8．对于这个要求，赫耳先生是否已经报告给他的政府？首要的是,我们应该达成一致意见。如果“尤里卡”会议真的能够举行，我希望将所有问题放在会上探讨。

当天，我又给外交大臣发去电报。

1．你可以告诉莫洛托夫，如果美国人对苏联政府分得一部分从意大利俘获的舰船一事表示认可，并判定他们要求的数量合乎常理,我们在原则上可以同意。我猜想他们需要的不会是一艘“李特利奥”样式的战列舰。最为重要的一点是，为了让意大利人继续对我们提供支援，不要轻易将消息泄露出去。与此同时，先将军事行动考虑到位，然后再确定移交的具体日期和方式。当然，我们不应该影响了对日战役。我们希望在对日战役中采用这支舰队中最新式的舰船，这应该会被俄国人理解的。我们同时还认为，在战争过后，英国方面应该获得两艘“李特利奥”样式的军舰，那是因为：第一，我们在对意大利的所有战争中，肩负的重任最多；第二，我们的海军在主力舰艇方面遭遇了严重的损失；第三，议会已经批准我们长期建造战斗舰的计划，但为了聚集兵力，为当前战争需求提供最大保障，我们已经停止了这个计划。

2．这些只供你个人思考，必须要专门严格保密。或许你可以试探性地提及：假若希特勒全线溃败，俄国下定决心要承担对日战役的职责，可能会制定一个重要的计划。而以下情况，则可能作为计划中的一部分出现：有一支强大的海军部队，它由俄国水手组成，代表了苏联方面，却在属我们控制的某个太平洋领域完成装备。这些海面舰船，只在战争的最后阶段参与作战。我在这封电报中的前几行字，已经表达了我的认可，希望会对你解决难题提供帮助。

* * *

为了给即将召开的三国政府首脑会议铺设探讨的道路，我草拟了一份德国战争罪犯宣言。

首相致罗斯福总统和斯大林总理　　　　1943年10月12日

以下文件是否能经过我们三人签名后再发表，请你考虑：

“英国、美国和苏联（我们也愿意将其他更好的排列方式列在后边），已经将希特勒军队在多个国家犯罪的种种证据掌握在手中。这些国家曾经被他们践踏，遭到他们的暴行、屠杀以及集体被他们冷酷无情地枪毙，现如今已将他们一步一步击退。纳粹统治的残酷，屡见不鲜。他们通过恐怖手段，施展极为残暴的统治，让受侵略的人民或地区深感痛苦。新的进展为：向前逼近的军队，为国家解放，拯救了很多地区。溃败的希特勒暴徒和德国鬼子们深感绝望，更加重了他们残忍冷漠的恶行。

“综上所述，代表32个联合国家利益的三个联盟国严肃宣告，以下列宣言作为强烈警告：

“所有德国官兵和纳粹党员，但凡负责或自愿参与上述恶行、屠杀或执行集体枪毙，在德国建立的任何政府实行停战被许可后，都应当押回他们犯下滔天大罪的、已经被解放的国家，并按照这些国家或是这些国家中建立的自由政府的法律，严厉惩罚。这些犯人的名单将会按照所有被侵犯国家收到的详细资料来制定，尤其是苏联被占领的区域、波兰、捷克斯洛伐克、南斯拉夫、希腊(包括克里特岛和其他岛屿)、挪威、丹麦、荷兰、比利时、卢森堡、法国和意大利。所以，德国人只要参与暴行，例如大面积枪杀意大利军官，处死法国、荷兰、比利时或挪威人质获释克里特岛的农民，屠杀波兰人民、屠杀正在将敌人驱赶出去的苏联领地内的人民等，都应该清楚，无论付出多大代价，他们都会被带回到犯罪国家，由曾经受到他们侵害的人民来判决。趁现在有些人还没有伤害过无辜的人民，就应该让他们知道，只要犯下罪行，三个联盟国即使追到天边，也要将他们找到并交给起诉他们的人，以便伸张正义。

“上述宣言不会对主要犯罪人的案情造成影响，他们犯下的罪行不受特定地方的限制。

罗斯福

斯大林

丘吉尔”

假若这一宣言或是相关文件（我不注重措辞）签上我们三人的名字，我相信施暴者会惊恐万分，从而不敢参与屠杀行为，因为他们担心自己会遭受惩罚。以前，德国人对波兰实施暴行，我们曾对外宣扬要对他们进行报复，致使波兰人民遭受的残暴行为，因德国人感受到危机而减少。这是我们知道的这样一例。我军的负担会因敌人使用恐怖武器而加重。要想让敌人在心理上有所顾忌，就要让他们知道他们将会被押送到侵犯过的国家或是犯罪地点那里接受审判。就地审判原则能对敌人的残暴行为起到抑制作用，因此我极力向你们推荐。英国内阁对这个原则和政策表示赞同。

这份宣言经过文字上的略微调整后，被认可，并被署名。

*　*　*

三国外长每天准时在会上就各种问题展开讨论，他们在 11 月 3 日拟定了一份秘密协议书，将统一意见记录在里边。这些意见因增加了一个当前就要成立的合作机构而显得重要。按照协议，为了在希特勒即将完全溃败时，解决德国和欧洲大陆面临的问题，我们决定在伦敦成立一个欧洲咨询委员会。而将德国划分成一些占领区的计划，就是这个机构初步制定的，这份计划随后引发了严重的问题。有关这件事的情况，我会以后找机会详细说明。我们还会成立另外一个包括一名俄国代表的咨询委员会，用来处理意大利事务。对于强国下属的小国家发出的任何和平的试探情况，我们可以相互交换消息。美国期盼这次在莫斯科召开的会议上，签订一份四大国宣言，其中包括中国。这份宣言主张确保“对他们分别对抗的那些大国”采取行动联合抵抗。10 月 30 日，该宣言生效。艾登先生随后拟定了一份关于俄国和英国联合对土耳其采取行动一事的协议书，该协议于 11 月 2 日生效。

我们对所有结果都感到很满意。这次会议，解决了很多冲突，为深入合作确定了具体方式，为三个主要盟国的首脑会议尽快开展奠定了基础，也缓解了以往我们与苏联共事时，相持不下的局面。我们对所有结果都感到十分满意。

这次与会代表们，不论在会上还是私底下，相比以前，更能友好相处。俄国政府还邀请本国一位著名画家，将这次会议的真实讨论场景绘制成一幅图画。这位画家已经初步将英美代表团的各个代表描绘了出来。直到今天，我们还没有见到这幅画，也不知道该画是否绘制完成。

第十七章　三国会议的实现。最高统帅的抉择

迫切需要为“霸王”作战计划任命最高统帅——我们同意任命马歇尔——我与罗斯福信件来往——总统犹豫不决——他希望一个最高统帅能兼并指挥西线两个战场——我不赞同这个建议——三国会议所需的准备工作——我于9月25日致斯大林的电报和他的回复——就开会的合适地点很难达成一致——罗斯福的提议——斯大林坚持去德黑兰——罗斯福的希望落空——他以不能违背宪法条例为托词——我企图让英美举行预备会议——我在10月23日给总统的电报——他提议邀请蒋介石——他提议让俄国也加入预备会议——我不同意这个建议——就召开会议达成一致意见——现阶段俄国不同意与中国政府一起开会

1944年，我们即将横渡英吉利海峡进军欧洲，即“霸王”作战计划。我们急需为此计划寻找一位最高统帅。无疑，这件事情会对战争中的军事行动有最直接的影响，并且还会对人事问题造成严重且复杂的影响。起初，我想请布鲁克将军担当此职责，但在魁北克会议上，我与罗斯福总统达成一致意见，即由一名美国统帅指导“霸王”作战计划，后来我又将这个决定告诉了布鲁克将军。罗斯福总统打算选马歇尔将军，这是我后来从他嘴里得知。我们都觉得马歇尔是最佳人选，不过，在召开魁北克会议和开罗会议中间的那段时间，我感觉罗斯福总统对马歇尔将军的任命还在犹豫不决。我们一切其他安排，都要等这个主要问题得到解决后才能进行。同时，谣言在美国新闻界广泛传播，我

想伦敦的议会也会有所反应。海军上将莱希曾经将美国人相互对立的意见写入他的著作[1]中。他写道:“所有人都认为罗斯福总统会将最高统帅的头衔授予马歇尔。但这种安排却遭到报界强烈反对。这些反对者们为马歇尔的‘明升暗降’打抱不平，他们认为罗斯福将他从一个高级别调到低的级别,是在陷害马歇尔。还有人从另一个极端发布消息，称美国参谋长联席会议认为马歇尔担当最高统帅是对他的提升，有人在妒忌马歇尔。”

我们双方对这一问题进行了极为细致的探讨。在不影响美国参谋长联席会议以及英美联合参谋长委员会职权的条件下，我迫切希望通过各种渠道突出马歇尔将军的地位。九月底，我将这番意思通过电报告知霍普金斯。

首相致哈利·霍普金斯先生　　1943 年 9 月 26 日

对于马歇尔将担任西线全部军队最高统帅的问题，报界议论纷纷。据我所知，会议想任命他来指挥“霸王”战役，他的职责不仅仅是指挥一个战区。他除了专门的指挥范围以外，还能和我们一样，获悉对德作战的全部情况，就像蒂尔在华盛顿的联合三军参谋长委员会中能够获悉整个战争局势一样。我们非常愿意为他提供战争的整个图景，也非常欢迎他时常与我们的参谋长探讨战况。不过，我曾清楚地指出，我们的参谋长需要根据英国的所处的地位来考虑我们的局势，所以他们不能被分开，这就如同你们的参谋长在华盛顿表现出的行为一样。马歇尔将军只需参与“霸王”战役以内的决定。我们的一切联合作战行动和全球部署，需交由华盛顿联合参谋长委员会掌控，而各国政府首脑有权给联合参谋长委员会下达指令。请告知我的观点是否妥当。

① 莱希的著作《我曾在场》(高兰兹出版公司)，第 227 页。——原注

几日后，我直接给罗斯福总统去信。

1943 年 10 月 1 日

1. 当前，用这种方式让大众得知我们最高指挥部的重要任命，让我深感不安。在美国，每天都有关于马歇尔的新闻发表，但我们至今还未走漏任何风声。星期二，也就是 12 日，肯定会有人在议会上向我发问。并且，任命马歇尔为英国总指挥，需要与继续任命亚历山大为地中海战区指挥官的命令一同宣布，否则我会左右为难。如今，谣言四处传播，今天报纸上刊登的文章，谈话方式如同史汀生那样稳妥而小心，让人感觉神秘莫测，好像要揭露什么事情。这更是火上浇油，成为让心怀不轨的人找到挑起事端的大好时机。不过，我们一旦将确切决定对外公布，一定会制止谣言。不管怎么样，我希望我们两方能在同一时间内发布任命指令，希望你想办法解决。并且，在适合的军事形势下，要立即采取行动。

2. 除此之外，此任命一旦下发，就会为我带来其他任命上的困扰，例如马歇尔推荐蒙哥马利做他的副指挥，也就是说，“霸王”作战计划中的英国远征军要处于他的领导之下，而现任本土指挥将领的人是佩吉特将军，我则需要将他调走。希望你能对这些情况给予考虑。现在，原任伊拉克及波斯战区总将领的博纳尔将军要随蒙巴顿到印度任参谋长一职。这些将领的职位长期空缺，又难选择，也不利于局势，借此机会，我正好将佩吉特安插进去。

3. 有些美国报纸发表了对蒙巴顿的刻薄言论，说他是“英国的富家子弟，纨绔公子”，还说“这个职责由沙场老将麦克阿瑟担任最合乎情理，却被他挤对走了”，诸如此类的话，都来自美国电讯，对蒙巴顿造成很大影响。这些言论的重要性指向印度战区的指挥权，我们已经收到情报称日本已经增强了那里的军事力量。我们听说，许多记者猜测战争即将爆发，他们正想方设法从美国前往德里，有些人已经在路上。事实上，在第二年到来之前，因为雨水多，会发生洪涝，任何决定性的行动都是无法进行的。我们不想对外公布，就是怕减轻日本人的压力，不过想到很多记者都聚集在德里胡说八道，我们仍感到难以忍受。因此，假若能转移他们的兴趣，尽可能免除他们对这个地区的言论，我们在战争中就更容易获取胜利。

4. 基于这种情况，我认为应将我们对各个战场所做的决定，包括任命、他们的参谋长以及一两位重要的将领，直接公布并做出说明，这对我们有好处。待你认同之后，我将起草一份声明交给你。

罗斯福总统回复说：

罗斯福总统致首相　　　　1943 年 10 月 5 日

这里的报界对马歇尔职位一事发表了诸多言论，其中赫斯特—麦考密克系统的报纸为领头羊，其他报纸也紧跟着造势了好几天，不过现在都已经安静下来。我认为，在时机还未成熟的时候，我们应该保持沉默，如果我们耐不住，对外宣布了我们的军事任命，就如同我们受控于报界一样。可能日后的形势（绝不是指我们的政敌在报纸上发表的言论），会令我们比原计划更早宣布联合声明，但现在，我迫切希望我们保持沉默。待到时机合适，我们要发表一份关于指挥官问题的详细声明，对于这个想法，我表示赞同。你在国内的困境，我完全理解。不过在我看来，关于马歇尔任命的重大决定，决不能因世界其他战区的副指挥难以指定而公布。

我知道我们有些报刊，让蒙巴顿受到侮辱，对于他的事，我一定全力解决。不过，总体看来，他并没有受到严重影响。当然，美国人对他的任命完全认可。你说无论在国内还是国外，我们都不该让人们对这次（缅甸）战役持乐观态度，我对此表示赞同。不过，大家对蒙巴顿的看法还是十分中肯的，他们认为，无论派他做什么事，他都能竭尽全力。

当前，我们不要公布任何关于马歇尔职务的事情，希望你能同意。

10 月 17 日，我向罗斯福总统发去电报，因为他们迟迟不做决定，影响了我的工作。我说："我认为，就当前形势来看，我们不得不就最高统帅问题做出定论。如果德国还没有全线溃败，迄今为止，1944 年的战役对我们来说将会是最危险的一次。从个人立场来看，比起 1941 年、1942 年或 1943 年的战役，我更加担心这次战役是否能成功。"

我收到回复差不多是两个星期之后的事了，而这件事仍然没有定论。

罗斯福总统致首相　　　　　　　　　　　　1943 年 10 月 30 日

看来，只有确定了将领人选，"霸王"战役的筹备工作才能继续进行。想必你也清楚，我无法立即帮马歇尔排除干扰，但我仍迫切希望，筹备工作能按照"四分仪"会议商量好的时间进行，也就是 5 月 1 日。我的意见是，你先考虑"霸王"战役英国方面副总指挥官任命的事，等他受到的正当支持与将来要给予马歇尔的一样多的时候，就能更好地投入工作了。要是允许我来提名，我会推荐蒂尔、波特尔或是布鲁克。

* * *

直到十一月初，我们才了解到，罗斯福总统的顾问们希望"霸王"战役的最高统帅应该兼顾地中海的指挥权，而罗斯福本人也这么认为。罗斯福总统的意见是，让马歇尔在一个战场亲自指挥，并兼顾另一个战场，也就是说指挥两个战场。据我猜测，指挥地点应该是直布罗陀司令部。我认为我现在就应该表明英国的立场，不过就目前来看，我应该将这件事告知陆军元帅约翰·蒂尔爵士，由他与美国参谋长联席会议主席莱希海军上将谈论，而不适合直接告知罗斯福总统。

首相致蒂尔陆军元帅（华盛顿） 1943 年 11 月 8 日

我坚决不赞同美国总司令既指挥“霸王”战役，又兼顾地中海战场的提议，对于这一点，你要让莱希海军上将清楚地知道。伟大的盟国之间在地位上应该保持平等，而这种安排已违反了这一原则。如果让一名统领兼指挥两个战场，那他的职位就比联合参谋长委员会还高，而且，根据宪法规定，总统兼美国总司令，以及首相兼战时内阁代表，均享有军队调动方面的控制权，由于这一点，这种权利也会受到影响，因此我不能同意。当然，我更不愿对这样的安排承担责任，因为我们虽然听从美国将军的指挥，在突尼斯、西西里岛和意大利专心致志地作战，但我们双方用于战争的兵力比值一直是二点五比一，我军遭遇伤亡。以前，只要国内对这件事有任何非议，我都能成功制止，但现在，如果我再提出上述建议，必然会引发重大矛盾。不过，只要我在位一天，就会制止这样的事情发生。等你找到适当机会，让霍普金斯先生了解这些情况。

第二天，蒂尔当面向莱希传达了我对合并“霸王”战役与地中海战区指挥权的态度，清楚表明了我的观点。莱希说：“如果首相真这么认为，我也认同他的想法。”可见他虽深感失望，但也并无他法。据蒂尔说，他还见到了霍普金斯，也看到了霍普金斯失望的神情。蒂尔说：“无论如何，霍普金斯和莱希都已经清楚，不可能再让你改变观点，而我也希望他们的想法到此为止。”

* * *

借着在魁北克开会的机会，我参观了城塞、白宫和海德公园，这些我在前面有所提及。参观完毕，我回到国内立刻想到了继英美会谈之后还要举行的三国首脑会议。所有人从原则上都认为，这次会议急需召开，但是谁也不知道，对于在这方面没有经验的人来说，需要付出多少心血，面对多么复杂的情况，才能将三大巨头首次会晤的时间、地点和条件确定下来。一段经历可谓外交史上的一大奇闻，我将全部经过记录了下来。

据我所知，斯大林对在德黑兰开会表示赞同，因此我先给斯大林写了封信。

首相致斯大林总理　　　　1943 年 9 月 25 日

1. 我一直在思考，我们的政府首脑在德黑兰聚首的问题。这个地方的治安管理不算严格，我们必须加强安全防范措施。我提议，在开罗的住宿及安全方面的工作，由我来进行安排，请你给予考虑。尽管我们对这次会议采取严格的保密措施，但还是会被人察觉。在会议召开的前两三天，我们从英、俄两军中各调一组兵力安置到德黑兰某个适当区域（不排除飞机场）的周边，形成警戒圈，以此确保安全。这样我们就能有效转移别人的视线，在会议召开期间，抵挡各国新闻记者，或是在现实中与我们唱反调的那些可恶的人。

2. 此外，我提议我们用“开罗三”来代替德黑兰这几个字（地点必须保密）；同时，我建议用出自古希腊文的“尤里卡”作为此次会议的暗号。直到现在，我还没有向罗斯福总统谈论这方面的情况，如果你有其他意见请告知，我好向罗斯福总统说明。

斯大林的回复干脆利落。

斯大林总理致丘吉尔首相　　　　　　　　　1943 年 10 月 3 日

为了迷惑敌人，你想在开罗佯装筹备，我赞同你的这种想法。但是，你提到在开会几天前，各派英、俄部队中的一旅兵力安插在“开罗三”地区，对此我表示异议，因为这会导致不必要的轰动，从而暴露我们的行踪。我认为，为了保证我们的安全，每人只需由若干警卫员跟随其后就可以了……

实际上，在开会的时候，我们在周围进行了精密部署，并且出动了军队和警察部队，特别是俄国政府，带来的警卫人员数量都以千为单位。

* * *

我还提及了另外几个地方，是因为我担心罗斯福总统的安全顾问不同意他到德黑兰去。这些地方包括哈巴尼亚的一个沙漠露营地，它靠近空军教练学校。这里绝不会受到任何干扰，且安全性高，1941 年，一次光荣的保卫战就是在这里进行的。罗斯福总统只需花费几个小时，就能从开罗顺利到达这里。因此我在向他发送的电报中提及了这条建议。

前海军人员致罗斯福总统　　　　　　　　　1943 年 10 月 14 日

对于“尤里卡”，我有一个新的提议。我已经让艾登（他正准备前往莫斯科）去征求约大叔的意见。如果约大叔同意，我就立刻通知你。在沙漠里有个地方真名为哈巴尼亚，现在我称它为“塞浦路斯”。你从开罗出发到“开罗三”，远没有到那里方便。而对于约大叔来说，路程也就远了一点点。这个地方环境隐秘，我们可以搭建三个帐篷，这样既舒适又安全。如果能达成三位一体[①]协议，我会根据预想的情景，展开关于会议细节的探讨。请看圣经马太福音，第11章，第4节[②]。

罗斯福总统致首相　　　　　　　　　　1943年10月15日

我觉得你的建议很不错，我把以下电文也发给了约大叔。有时候，圣彼得真的会受到神灵庇佑。你那三个帐篷的想法，让我感到欣喜，以后，你还可以再为你的老朋友蒋添置一个帐篷。

“我想，我应该直截了当地告诉你，对于我去德黑兰的问题，已经令人感到不安。基于宪法规定，我不能冒此风险。美国国会即将召开，我必须签署新的法案和决议，并且需要在十天内将法案和决议文本送回国会。德黑兰的距离太遥远，而我也不能通过无线电或电报处理这些事务，这样就很难确保履行宪法规定的责任。飞机去时向东飞，返回时向西飞，需要飞过重重高山，这就会造成延误，而我们却无能为力。据我的经验判断，飞机在往返过程中无论如何会延误三到四天……

“开罗从多个方面来看，都是很不错的地方。据我所知，在靠近金字塔的地方有一个完全远离外界的地方，那有一家旅馆，还有几座别墅。

“听说阿斯马拉的建筑不错，那是意大利殖民地厄立特里亚的首都，那里还有可供全天使用的飞机场。

“另外，我们还可以每人占用一条船，在地中海东部的某个港

---

① 引用《新约全书》三位一体的说法，即圣父、圣子、圣灵三位一体。——译注

② 借用《新约全书》马太福音，第17章，第4节：“六天之后，耶稣带着彼得、雅各和雅各的兄弟约翰，悄悄上了高山后，在他们面前变了形象。他的脸如太阳一般明亮，衣裳像光一样洁白。忽然摩西和以利亚出现在他们面前，与耶稣对话。彼得对耶稣说，主啊，我们在这里真好，如果你愿意，我就在这里搭建三座棚，一座为你，一座为摩西，一座为以利亚……”——译注

口开会……另一个提议是在靠近巴格达的地方……

“这次会议在很大程度上能为今后世界带来希望，我认为，我们无论如何都不能让新闻记者进入会场。

“我们大家都感到十分兴奋，因为整个前线的主动权，日益把握在我们手中。”

首相致罗斯福总统　　1943年10月16日

你给约大叔发去的电文中，谈论“尤里卡”的内容我完全赞同。请告知他的答复。

不过，斯大林认定德黑兰为开会地点。

罗斯福总统致首相　　1943年10月21日

我在昨晚收到约大叔的复电，内容如下：

“……对于你推荐的几个代替德黑兰的地方，对我来说都不方便，这令我感到惋惜。通过苏联军队在今年夏秋两季的作战情况明显可以看出，夏季的作战将延长到冬季，而我们的部队能持续向德军发动进攻。我需要亲自与指挥部保持联系，还需要最高指挥部每天发送指令，而我的同僚们也一致认为我需要这样做。德黑兰的条件比较好，因为除了那里有直通莫斯科的无线电和电话外，其他地方都没有。基于这个原因，我的同僚们坚定德黑兰为会址。

“你建议会议在11月20日或25日召开，我赞同这个日期。我也赞同禁止报界代表进入会场的决定。有了赫耳先生（已经到达莫斯科）的亲自参与，我预祝莫斯科会议能取得巨大的成功。”

罗斯福总统很快就作出了答复。

看到你今天发来的电文中，谈到了关于会议的问题，令我的希望落了空。你提到最高指挥部每天必须发送指令，你必须亲自与指挥部保持联系，对于这个理由，我完全理解，这种做法确实效果显著……

但我希望你能明白，我们美国政府受宪法管制，政府内部有很多事关重大的事务，而处理这些事务，是我的职责所在，这点无法改变。我们的宪法规定，总统必须在十天内将通过的法案处理完毕，这就意味着在十天之内，总统不但要将他收到的法案交回国会，还要将书面批准或否决意见书一同交回，而这些法案，无法用电报或是无线电来处理，这我之前对你说过。我觉得去德黑兰不方便，理由并不复杂，因为飞往德黑兰的航线，要经过重重高山，可能会造成几天的延误。这会给我带来双重风险，第一是飞机从华盛顿运送公文到这里的路上有风险；第二是把飞机将公文送回国会的路途中也可能遭遇飞行中断。作为国家最高领导，我很遗憾地说，我必须要履行宪法规定的职责，因此不能前往那个地方。要想让我冒着飞行的风险承担职责，除非用飞机接力续航的方式，将公文运送到波斯湾东部的平原地带。但是如果让飞机带着文件翻山越岭，从位于盆地的德黑兰进出而导致延误，我可担负不起这个责任。因此，我遗憾地通知你，我与我的政府同僚以及立法机构领导人达成一致意见，不能到德黑兰去。

罗斯福总统建议在巴士拉开会。

为了参加会议，我从美国本土出发，需要飞行6000英里，而你从俄国领土出发，却只需飞行600英里，我决不赞同这种情况。为与你会谈，我也可以愉快地将十倍时间花费在路上，但问题是我还要领导一个成立了150年的立宪政府……请你想一想，我也需要对美国政府，以及保持美国的所有战斗力，担负巨大责任。

以前，我曾对你说过，在我看来，我们三人的会晤，对于我们当代人民以及后辈子孙是否能生活在和平世界中，都是具有极其重要的意义，且事关重大。如果你、我、丘吉尔因为距离相差几百英里，就无法会面，这在我们的后代的眼中，将会成为一场悲剧。

艾登先生仍在莫斯科想尽办法说服斯大林，让斯大林认可一个能让罗斯福总统满意的会址和时间，他正在全力以赴。显而易见，斯大林不愿改变德黑兰这个地点。此时，我开始思考在德黑兰开会的计划，尽管我还不能确定罗斯福总统会被说服同意到这里开会。

* * *

我重点思考了召开在即的会议中将会涉及的几个重大问题。我的意见是，英国参谋长委员会以及美国参谋长联席会议之间，应该就“霸王”作战计划的战略以及它对地中海战区带来的影响基本达成一致意见，而他们的上级罗斯福总统和我之间也应达成一致意见。我们两国所有的海外武装力量，都要运用于作战行动。而英国的部队，在“霸王”作战计划展开伊始，其兵力是驻意大利美军的两倍，更是驻地中海其他地区美军的三倍。我们相互之间应先有个实实在在的了解，然后再邀请苏联政治或军事代表来参加会议。

于是，我向罗斯福总统提出了如下计划。

罗斯福总统致首相　　　　1943 年 10 月 22 日

1.……我认为，当前，我们应利用足够多的时间来考虑莫斯科会议的定论，而且还要考虑我们计划中的下一次会议。如果我们召开会议的时间要先于莫斯科会议结束的时间，或是我们还没有仔细探讨莫斯科会议的结果，恐怕会在俄国造成负面影响。

2. 联合计划工作人员现正在制定一份全面计划，用来战胜日本。为便于两国参谋长有时间深入探讨，这项计划必须在三国会议召开之前完成，这一点很重要。

3. 11 月 1 日，艾森豪威尔和太平洋战区的指挥官，要递交他们为魁北克会议批准的战役制定的计划要领。我们在参加联合会议之前，应该思考一番……

由此可见，罗斯福总统赞同我的建议，只是对我安排的程序还有异议。这时，一股强烈的议论风潮正从美国政府内部涌出。我之所以再次重申我的观点，是因为有些人为了获得俄国的信任，竟然挑拨英美在战争中的配合。我认为，我们在与俄国人商谈之前，必须就“霸王”战役中尚未解决的问题，以及最高统帅的任命，达成明确而一致的共识，这是最重要的。

前海军人员致罗斯福总统　　　　　　　　　1943 年 10 月 23 日

1. 如果没有俄国人参战，美、英两国之间也能在 1944 年准备展开的大规模作战行动中密切合作，那么我们就不用麻烦俄国人上战场了。况且，我认为，如果我们无法商定英美在作战行动中的协作事宜，即使会议已经准备就绪，我们也没必要与斯大林会谈了。

2. 如果你的参谋人员能在 11 月 15 日参加会议，这正好与我的想法不谋而合。我认为，在你我到达之前(在 18 日或 19 日左右)，参谋人员可以先会谈几天，接着，我们再一起去参加“尤里卡”。开会日期是 11 月 20 日，还是 25 日，我还不是很明确。我想“尤里卡”最多开三四天，参会的技术人员应该不多。

3. 从魁北克会议召开到 11 月 15 日，应该有 90 天了。在这九十天中，发生了一些至关重要的大事，而且是刚刚发生：墨索里尼垮台了；意大利已经投降，它的舰队也已经诚心归顺；我们顺利攻克意大利，现正向罗马挺进，胜利在向我们招手；德国人在意大利及波河流域聚集了25个或更多师。

4.……以往，美国和英国各退一步，最终用对两方都有利的方式敲定了“霸王”战役的开展日期。为给五月进行的“霸王”战役做准备，我们正在意大利聚集部队。这些部队的力量还很薄弱，无法承担重任，要想弄清这种说法是否属实，我们可进行讨论。

5. 英国参谋长委员会和我的同事们都认为，应该重新对这些情况进行讨论，而我自己也这么认为：我们应确定好两个战场上的指挥官人选，让他们也参与讨论。根据魁北克会议结果，我们已经准备将正在西西里岛的第五十师和第五十一师——我们两个优秀的师团，派遣回英国。但是，意大利战场就在前方，如果这样做，它们则与意大利战役无缘，而且它们在七个月内都不能参加，要想重新加入战争，除非具备某些假设的条件。用于地中海的登陆艇，在十一月初期必须调回为“霸王”战役服务，但是，这些登陆艇有好几个月时间不能用于其他战区。我认为，我们应该遵守魁北克会议协议，但却不应该对其进行刻板阐释，目前战局变化多端，我们应该重新进行思考。

6. 在我看来，为避免给希特勒制造突然回击的机会，我们应避免在1944年的战役中犯严重性错误。德国战俘冯·托马将军说：“他们在我们安置陆军的地方进攻，是我们仅有的希望。”据说这是别人偷听来的，但这说明，我们需要在军事上做细致而长远的安排，要准确地协调两个战场的作战行动，还需为两个作战计划聚集最强悍的兵力，尤其是“霸王”作战计划。毫无疑问，就目前条件来说，我们在登陆与开展行动上不成问题，但我最担心的是军队聚集，以及从第十三天到第十六天之前的形势发展问题。我深深认为，“霸王”战役的指挥官，应该仔细研究美国人员进入英国，以及组织战斗团队的问题。

我希望，正副两名统帅，都能在我们两国满意的人选中诞生，接着我们就可以任命次要的指挥官了。我再说一次，我对马歇尔将军非常信任，如果由他来领导“霸王”作战计划，我们英国必将支持他，并且不惜花费一切代价。亲爱的朋友，我们现在要做的大事可谓前所未有，但我想，我们无法保证这次战役的胜利，因为我们还未采取必要的措施。现在，我觉得自己无论在思考问题还是采取行动上，都没有信心，缺少大无畏精神。因此，我期盼会议能尽快召开。

7.11 月 1 日，艾森豪威尔和太平洋战场的指挥官，已经将他们制定的计划递交上来。从你对这项计划提出的所有意见来看，会议最晚在 11 月 15 日召开是合适的。我不清楚，在你看来，联合计划人员制定对日战争的长远而完善的计划需要多长时间，我们两国参谋长探讨这项计划，又需要多长时间。在我看来，我在前边提到的问题，不该因探讨长期对日战争计划而拖延，它更需我们尽快定论。当然，我们也会积极推进对日战争的进程。

8. 对于召开英美会议，我希望得到你的赞同。但在没有收到约大叔的复电之前，我们不能做最后定论。如果德黑兰会议无法召开，我们就更需要就我们从莫斯科外长会议获悉的情况，进行会晤。预计艾登在这个月底之前，会动身回国，过了十一月第一个星期，我自己会随时做好出发的准备。

9. 迄今为止，勒罗斯仍在我们手中。“狗也会吃主人桌子上掉下来的碎末儿。”①我想你也会像我一样没有负担。

*　*　*

对于我的上述建议，罗斯福总统并没有作答，而是发来一封电报。

① 出自《新约全书》，意思是有信心就能取得胜利。——译注

从电文中看，他还没有对前往德黑兰做出决定。

罗斯福总统致首相　　1943 年 10 月 25 日

我得了流行性感冒，实在令人烦恼。麦金太尔建议我来一次海上之旅。

还未收到约大叔的消息。

如果他不肯改变意见，你我就各自携带少量随行人员，到北非会见，在金字塔附近也可以。会谈快结束时，再邀请蒋介石来和我们谈论两三天，你意下如何？我建议会议在 11 月 20 日召开，同时，可以要求莫洛托夫代表约大叔参加我们二人的会议。

关于我对联合参谋长委员会提前召开会议的建议，两天之后收到了他的意见。

罗斯福总统致首相　　1943 年 10 月 27 日

为使希特勒早日溃败，当前的莫斯科会议看来确实能为英、俄、美的合作铺设道路。

他建议将下列电报交给斯大林：

迄今为止，你已经知晓英美联合军事参谋长会议的结果。可能你认为，派一名俄国军事代表出席并听取会议上关于英美联合作战的研究，并将结果记录下来更为合适。他可以根据你的意思发表言论或建议，这样，你和你的参谋部就能与会议保持紧密联系，并及时获得消息……

我感到很惊讶，因为俄国人被提议参加这种会议。

前海军人员致罗斯福总统　　1943 年 10 月 27 日

1. 对于莫斯科会议的顺利推进，我与你一样感到兴奋，希望我们能为“尤里卡”做充分的准备。

2. 对于俄国军事代表出席我们的联合参谋长会议，我表示反对，因为他们不懂英语，会耽误很多时间，这让人无法忍受。我所知道的是，在这些高级俄国军官中，没有一个人会说英语，这样的代表本身是没有发言权的，他只能按照上级指示发表意见。而他们的观点只针对早日开辟第二战场，这会干扰到其他问题的讨论。我想我们不应该为他们提供便利，因为他们从未把自己部队的变动告诉我们。况且，如果这样做，我们今后的所有会议都会有他们派来的观察员列席，这会让我们之间的所有讨论无法进行。过不了多长时间，我们就会调六七十万英美部队和空军兵力到意大利去，而且，我们还在为庞大的“霸王”作战计划做着准备。这些战争计划中，从另一个角度来说，对我们的整个命运起到决定性作用，它不涉及一名俄国士兵。

依我之见，我们两国聚在一起讨论我们自己的军事调动问题，是我们的基本权利，而且对我们很重要。到目前为止，我感觉我们一直合作得很顺利，但是到了 1944 年，情况则不容乐观。我们之间也许会出现矛盾，使我们走上错误的道路。另外，我们可能会再次妥协，但结果却是两方都没有收获好的结果，我们只能依靠你我之间早已建立起来的亲密友谊，以及我们的高级参谋人员之间的亲密友情。如果连友谊都遭到破坏，我对将来就彻底不抱希望了……我不妨告诉你，英国参谋长们也持我这样的想法。我还要再说一句，比起任何一次我参与的战役，1944 年的战役更让我忧心忡忡。

*　*　*

由于美国政界向罗斯福总统施加了巨大压力，并以美国宪法所规定的他的作用为依据，致使他仍然没对到德黑兰开会的事做出定论。对于他的处境，我完全理解。

首相致罗斯福总统　　　　　　　　　　1943 年 10 月 30 日

按照你的建议，我将于 20 日在开罗与你会面。如果你同意，我将会尽地主之谊，负责安排与你相关的各方面事宜，确保你的安全与舒适。那儿有一所漂亮的别墅，是别人借给凯西的，我曾去过那里。它离金字塔有一两英里，四周被树木环绕，与外界完全隔离。从飞机场到那里，途中不用经过城镇，二十分钟就可到达，我保证这儿的各方面条件对你来说都很合适。我们还可以一起来几次有趣的短途沙漠之旅。我相信凯西一定会非常乐意让你住进这座别墅，而我自己可能住在距别墅二十分钟路程的英国驻开罗大使馆里。当然，我们俩也可以都住在金字塔区域内，据说你们的柯克先生有所房子也很别致。开罗的各方面条件，适合所有参谋人员在这里食宿及办公，而且他们到你的别墅去也很方便。由于我掌握的情况比较全面，我认为这样安排再好不过。如果你对此没有异议，我就立即展开筹备工作。如果你担心安排的不符合你的心意，你也可以派一名官员前来……

这时，我的计划有了一些进展。

罗斯福总统致首相　　　　　　　　　　1943 年 10 月 31 日

赫耳要经过两天时间，才能从莫斯科返回本国。我在离开之前，有必要见他一面，我想你也会赞同我的想法。本来我想先到北非待三天，然后再前往开罗，不过，将一些关于北非和意大利的问题放到返回的时候再处理也可以，因此我一到港口，就立刻登上前往开罗的飞机，希望能在20日到达。但是如果天气状况不好，遭遇大风，我想我需要直接乘船到奥兰，预计22日才能到达开罗。

你提议为我们在开罗提供周密的安排，对此我表示十分感谢并很乐意接受。如果在那里遇到什么困难，我们还可将地点转移到亚历山大港口。我们使用自己的军舰，参谋人员住在岸上。

现在，我正准备发电报给蒋介石，让他准备一下，在11月25日于开罗附近与我们见面。

首相致罗斯福总统　　　　1943年10月31日

"六分仪"行动[①]的全部准备工作会在20日以后完成，沃顿上校会在约定地点等候Q海军上将和天国之人。[②]参谋人员的食宿已经安排妥当。

艾登跟我说，我们根本不可能改变斯大林以德黑兰为会址的想法，于是，为给会议举办奠定基础，我需要全力以赴。

首相致伊斯梅将军（莫斯科）　　　　1943年11月1日

三个国家之所以不能在"开罗三"开会，原因是从开罗飞往"开罗三"的飞机，飞跃山峰时会导致中断，使公文无法在宪法规定的日期前，传送到Q海军上将（罗斯福总统）手中。调查一下当地的天气情况，确定从德黑兰到叙利亚之间是否通了公路，汽车在这两个地方运送文件，需要花费多长时间（公文到了山地南部，就可以换飞机运送）。也许我们可以实施之前的计划，但前提是让Q海军上将打消文件运送发生中断的顾虑。

① 英、美、中三国会议的暗号。——原注
② 丘吉尔、罗斯福和蒋介石。——译注

这时，我用变通之道做了最后的尝试：我与罗斯福总统在奥兰会谈，到时我们乘坐各自的军舰，两方的参谋人员可以在马耳他岛展开四天的准备性会谈。不过这个计划也落了空。罗斯福总统已经决定乘坐他的军舰上路，他建议在联合参谋长委员会开会之前，最好不与俄国人和中国人接触（他对他们参加开罗会议表示热情欢迎），但是该委员会最早只能在11月22日开会。美国方面建议中国代表团的到达日期也是这一天，但他们一旦到达，就肯定会参与到我们的讨论当中。此外，我从别人那里得知，罗斯福总统还同时邀请了莫洛托夫到开罗开会，于是我给罗斯福总统发送了电报：

首相致罗斯福总统　　1943年11月11日

1．我们之间看来已经产生了误会，这是非常不幸的事情。我以为，你会在发来的电文上说在俄国人和中国人参加会议之前，英美参谋人员需要进行“多次协商”，但是现在，克拉克·科尔大使说，在莫斯科的美国大使于11月9日，把你的一封邀请莫洛托夫先生携带一名军事代表于11月22日到达开罗的信转交给斯大林。但是11月22日，是参谋人员预备开会的头一天，因此，我请求将莫洛托夫和他的军事代表们抵达开罗的日期，推迟到不得早于11月25日。

2．另一方面，我还听克拉克·科尔大使说了一个令人兴奋的消息——你准备11月26日前往德黑兰。我觉得，如果让我第一个知道就更好了。

我希望事情分三个步骤完成：第一，英美在开罗基本达成一致；第二，在德黑兰举行三国政府首脑会议；第三，印度战场和印度洋战争的形势确实紧迫，而这又纯粹属于英美范围之内的事务，因此我们到达开罗后，需要就此进行探讨。我们需要做出决定，哪怕是暂时性的，因为这些问题关系到整个战局。况且时间很仓促，我不希望在相对来说不算重要的问题上浪费时间。此外，在苏联还未向日本宣战之前，可能不应该受邀与中国政府一同参会。

我于 11 日致信给斯大林说：“三个国家之间以通信的方式来讨论问题多有不便，尤其是在乘船或乘坐飞机的时候。”不过幸运的是，有些困难已相互消除。

罗斯福总统致首相　　　　　　　　　　　　1943 年 11 月 12 日

我刚才听说约大叔要到德黑兰去……就立即致电告诉他，我可以前往德黑兰与他开个短期的会议，因为我已经把在此期间涉及宪法的公务安排妥当。我还告诉他，我为此感到高兴。不过，即使我已经这样说，但我还是不敢确定他是否能履行之前一定去德黑兰的承诺。他在刚才的来电中敲定了此事，因此我认为，现在你我可以相信在 27 日到 30 日之间能与他会面。我想我们现在都满意了，因为这个难题就这样解决了。

我一直认为——我想你也会有这样的想法，关于开罗会议，我不想让约大叔觉得我们是在军事行动上合伙对付他。你也清楚，英美参谋长在开罗预备会议期间，会讨论一些筹备工作，仅此而已。莫洛托夫带领一名俄国军事代表参加开罗会议，不会影响到你我，也不会感觉到我们是在躲避他们。他们参会的人员既无参谋人员也没有计划人员，我们就让他们正式加入好了。

我从收到约大叔要到德黑兰去的电报声明到现在，仅过了五个小时。毫无疑问，莫洛托夫和军事代表会在 27 日和 30 日之间，随我们一同到德黑兰。等我们和约大叔完成会晤后，他们再与我们一同返回开罗，除了首次陪同莫洛托夫前往开罗的代表外，在返回途中，还会增加一名其他军事代表。

在我看来，我们必须按照这个步骤进行。我向你保证一切都会顺利。

很快我就要启程了，希望你我二人一路顺风。

首相致罗斯福总统　　　　　　　　　　　　1943年11月12日

1.我很高兴你能妥善处理宪法事务，使我们的会议能够召开。这样事情就有了很大进展。

2.不过，你为军事会谈作出的安排，让三军参谋长和我都感到惶恐不安。我原以为，上次的电文意思是在俄国人和中国人参会之前，英美参谋人员要进行“多次探讨”。我坚持认为我们非常有必要进行多次探讨，以便解决重要的问题。我赞同你我先同莫洛托夫会面，然后再与约大叔举行会谈，但是，如果会谈刚开始，就让苏联的军事代表列席，局面会非常尴尬。英王陛下政府认为，英国有权利就双方混合军队的重要事宜，与你们的将领展开详细而真诚的讨论，对此我们不会放弃。我们不让苏联代表参加这些会谈，是因为我们两方的参谋长需要进行一些紧密的洽谈，但不让他们参加，又容易得罪他们。不过他们要是参加我所建议的、在一定时候举行的三国参谋长会议，我则表示欢迎。

后来，因为总统邀请了蒋介石，才得以消除了这场危机。斯大林为了维护与日本之间的关系，不管怎样也不肯与日本的三个敌国举行四国会议，因此，他不同意苏联派代表参加开罗会议，这样一来，我们就松了一口气。不过后来，我们也为此带来的严重不便付出了代价。

斯大林致丘吉尔首相　　　　　　　　　　　　1943年11月12日

我曾在给罗斯福总统的信上说，莫洛托夫先生将会在11月22日到达开罗。但是现在我不得不抱歉地说，莫洛托夫因为一些其他重要原因，所以不能前往开罗了。也许，他会在十一月底，与我一同到达德黑兰，随我一同前往的，还有几位军事人员。

根据以前签订的协议，三国政府首脑会议，应该在德黑兰召开，并且任何其他国家代表参加这次会议都是不被允许的。

你正与中国就远东问题展开探讨，我预祝会议取得成功。

最终，我们的安排就这样确定下来，随后，我们便起程了。

附 录

一

略语表

A.A.guns	Antiaircraftguns, or ack-ack guns	高射炮
A.D.G.B.	Air Defence of Great Britain	英国防空委员会
A.F.V.s.	Armoured fighting vehicles	装甲战车
A.T.rifles	Antitank rifles	反坦克步枪
A.T.S.	(Women's) Auxiliary Territorial Service	(女子)地方辅助服务队
C.A.S.	Chief of the Air Staff	空军参谋长
C.I.G.S.	Chief of the Imperial General Staff	帝国总参谋长
C.-in-C.	Commander-in-Chief	总司令
C.O.S.	Chiefs of Staff	参谋长
F.O.	Foreign Office	外交部
G.H.Q.	General Headquarters	总部
G.O.C.	General Officer Commanding	总指挥官
H.M.G.	His Majesty's Government	英王陛下政府
M.A.P.	Ministry of Aircraft Production	飞机生产部

M.E.W.	Ministry of Economic Warfare	经济作战部
M.O.I.	Ministry of Information	新闻部
M.OF L.	Ministry of Labour	劳工部
M.OF S.	Ministry of Supply	军需部
P.M.	Prime Minister	首相
V.C.A.S.	Vice-Chief of the Air Staff	空军副参谋长
V.C.I.G.S.	Vice-Chief of the Imperial General Staff	帝国副总参谋长
V.C.N.S.	Vice-Chief of the Naval Staff	海军副参谋长
W.A.A.F.	Women's Auxiliary Air Force	军女子辅助工作队
W.R.N.S.	Women's Royal Naval Service (“Wrens”)	皇家海军女子服务队

二

密码代号表

Accolade（“荣称授予式”）：爱琴海作战计划。

Admiral Q（“Q 海军上将”）：罗斯福总统。

Anakim（“安纳吉姆”）：夺回缅甸的作战计划。

Anvil（“铁砧”）：盟军于 1944 年在法国南部登陆的作战计划。

Avalanche（“雪崩”）：用两栖作战方式攻克那不勒斯（萨勒诺）的作战计划。

Baytown（“贝城”）：横跨墨西拿海峡进攻的作战计划。

Bombardon（“低音大号”）：用于人工港的钢制外部防波堤。

Buccaneer（“海盗”）：侵袭安达曼群岛的作战计划。

CairoThree（“开罗三”）：1943 年德黑兰会议。

Caliph（“哈里发”）：为配合“霸王”作战计划向法国南部和中部展开的进攻。

ColonelWarden（“沃顿上校”）：丘吉尔首相。

Culverin（“长炮”）：向苏门答腊北部进攻的作战计划。

Eureka（“尤里卡”）：1943 年德黑兰会议。

Gee（“前进”）：为轰炸机提供目标方位的探测仪。

Gooseberry（“醋栗”）：用于人工港的防波堤。

Habbakkuk（“哈巴库克”）：用冰建造的漂浮机场。

Hercules（“赫尔克里士”）：占领罗得岛的作战计划。

Husky（“哈士奇”）：攻占西西里的作战计划。

Jupiter（“朱庇特”）：在挪威北部展开的作战计划。

Lilo（“利罗”）：用于人工港的防波堤。

Mulberry（“桑葚”）：人工港。

Oboe（“欧波”）：盲目轰炸。

Overlord（“霸王”）：1944 年解放法国的作战计划。

Penitent（“悔过”）：袭击达尔马提亚海岸的作战计划。

Phoenix（“凤凰”）：用于人工港的混凝土潜水箱。

Pigstick（“打野猪”）：从位于缅甸阿拉干沿岸梅宇半岛南部的日军阵地后方登陆的作战计划。

PloughForce（“耕种部队”）：特种联合作战部队。

Pluto（“冥王”）：穿越英吉利海峡的海底石油管。

Point-blank（“直指其害”）：联合参谋长委员会发出的关于修改卡萨布兰卡会议决议的指示。

Quadrant（“四分仪”）：1943 年魁北克会议。

Round-up（“围剿”）：1943 年解放法国计划。

Saturn：（“土星”）：1943 年于土耳其聚集的一支盟国军队。

Sextant（“六分仪”）：1943 年开罗会议。

Shingle（“海滩砂石”）：在罗马南部安齐奥的两栖作战计划。

Sledgehammer（“锤击”）：1942 年进攻布雷斯特或瑟堡的作战计划。

Strangle（“绞刑”）：对意大利北部的铁路运输线进行空袭。

Tentacle（“触角”）：主要由混凝土制成的漂浮机场。

Torch（“火炬”）：1942 年盟军进攻法属北非的作战计划。

Trident（“三叉戟”）：1943 年华盛顿会议。

TubeAlloys（“合金管”）：原子弹研究工作。

Whale（“鲸鱼”）：用于人工港中的浮动码头。

Window（“窗户”）：用散发锡箔片的行动扰乱德国雷达。

Zip（“吉布”）：总司令发布的信号，代表战役开始。

三

首相以个人名义发出的备忘录和电报
1943 年 6 月—1944 年 5 月

6 月

首相致军事运输大臣和第一海务大臣 1943 年 6 月 6 日

请向我汇报经过地中海的运输船队的船只和货运种类，还有为英国红十字会运输到俄国的货物列表，谢谢。

以后的计划，也请告知。

首相致空军大臣和国内安全大臣 1943年6月8日

我们正在用哪种方式避免水库遭受袭击（正如我们近期对德国〔莫内水坝〕所做的行动），请向我汇报。

首相致彻韦尔勋爵 1943年6月10日

战后民航问题的初步意见

1.关于战后民航的问题，我的想法是遵循“不偏不倚”的原则。航空港属于世界性的，应该对所有国家（除了犯罪国家）开放。只要这些国家支付一定的保养费和服务费，就可以开通到这里的直达航线。任何国家在他国领土上经营航空公司，无论性质属国营还是私营，都是不被允许的。任何政府在可能的情况下，无需向航空港提供额外资助。但如果航运经营没有获取利益，政府应按照相关国家认可的规定，给予所需的资助，其中一部分资助可根据航空邮政合同而定。只要遵守上述原则，不论公司属国营还是私营，都可对全世界开放经营。

2.按照建议，战后应成立一个世界性的组织，起维护和平的作用，并控制民航所需的空中力量。世界委员会的小组委员会或各洲的小组委员会（假如有这种组织的话）可以调解争执，监督与控制准军事力量的发展和关于此类的问题。这个组织在各国都能遵守原则的基础上，受到激励，他们所能做到的是，为民航提供一切便利条件，让它达到安全、舒适、快速而完善的服务标准。

3.当前阶段，虽然与各自治领之间达成一致意见不太容易，但这种困难经过协商后，不会阻碍我们制定英国政策。与此同时，我们迫切需要弄清美国的真正意见和愿望，假若能与美国达成协议，所有事情办起来就容易多了……

首相致莫顿少校　　　　1943年6月11日

据说，有些组织建议让那些成为战俘的敌方高级将领参观我们某些教育中心，并且带他们到全国各地去访问，例如，有人请求让（意大利的）杰西将军参观伊顿学院，这究竟是不是真事？这些建议太荒唐，我不能同意。没有我的批准，不能把这些将领带离他们的拘留所，也不许任何人离开。

首相致爱德华·布瑞奇斯爵士　　　　1943年6月13日

1.请替我拟定一份通知，让所有大臣、高级官员、议会私人秘书等明确知道，与驻英国的外国（中立国）外交代表交流时，开口一定要慎重，千万不要多说。这些人十分友好，也真心希望我们在战争中获胜。不过，他们只要听到一点风吹草动，就会以提高自己在政府中的地位为目的，立即报告给他们的政府。而他们的政府为换取其他情报，会将我们的消息出卖给我们的敌人。我们只能与那些有责任和权利发布消息（不管是一般还是专门消息）的人谈论战争问题。

2.为防止外国人在与熟悉内部情况的人接触后，弄清报纸上刊登消息的虚实，即使讨论报纸上的普通战争问题和战争消息，也是不被允许的。应该避免和这种外交人员共进午餐和晚餐，但官方场合例外。我将权力下放给你，他们如果遇到特殊情况，要向你请示，并获得你的指令。与外国人不得有过于亲密的私人关系。

首相致海军大臣 1943年6月13日

我听坎宁安海军上将说，在他看来，我们轻型海军船艇在地中海能做出更大的贡献，但前提是摩托鱼雷艇的引擎质量过关。对于这个问题，我想知道，到底属于局部性问题，与这些船艇保养有关，还是在设计上存在着基本缺点，请你向我提交报告。

首相致外交大臣和新闻大臣 1943年6月13日

我读过一份报告，是关于德军在突尼斯的士气的。报告中将德军的战斗力吹捧到最高程度，虽然使用了诸如“野蛮”之类的词汇，但德军给人留下的令人畏惧的印象，一点没有因此而减少。报告中还说他们“非常不灵活”，当然，这不是说他们在使用武器或控制作战方面不够灵活。

首相致伊斯梅将军和爱德华·布瑞奇斯爵士 1943年6月15日

所有英国官方文件应使用下列术语：

用“aircraft”取代“aeroplane”一词，用“airfield”或“airport”取代“aerodrome”一词，“airdrome”这个字我们不该使用。

应该为语言制定规范，并严格遵守规范，这样做是有好处的。

首相致飞机生产大臣（斯塔福德·克里普斯爵士） 1943年6月15日

我为你能实实在在地贯彻你的计划而感到高兴。对于不切实际的危害，你的看法十分正确。如果说过的话不能实现，就会使空军部在训练和建筑等方面浪费过多的人力和物力，更会影响到你们自己的工厂。

对于你们的劳动力的情况，我不算了解。你们在制订计划时，是不是把需要的劳动力算少了？因为据我观察，相比原来给你们分配的劳动力，你们现在的劳动力要少得多。或者你们之所以能完成计划，是因为你们的效率突然间得到提高吗？因为劳动力只有增加没有减少，对此，你们要仔细思考所有问题。不过截止到当前，你们的劳动力确实比任何其他部门都要少。

你建议飞机名单应具有特殊的优先权限，我对此表示赞同。你说的没错，只要有办法能促进计划提前完成，对这些类型飞机的生产就具有特殊价值。

我感到高兴的是听说你还极力推进新型战斗机的制造。那天，你给我看了喷气推进飞机的模型，我对它非常感兴趣。请随时向我汇报这些飞机的进展，让我得知它们的应用时间。

首相致军事情报局局长　　　　1943年6月15日

当前，你对西西里兵力的估算数值，最确切的是多少？第一，我们知道德军方面正在编制的那个师部队的具体人数是不到7000人。那里是否还有零散部队（包括空军地勤人员）？有多少增援部队已经出发，或是到达那里？第二，据说过去在西西里海岸驻扎防守的意大利军队有84四个营，还有估计是七八个师，请就它们的分配情况给我一份分析报告。班泰雷利岛上的15000人和兰佩杜萨岛上的四五千人，那么容易就投降了，这些意大利人的性格脾气是什么样，我们应该清楚了。

首相致空军参谋长　　　　1943年6月16日

驻埃及等地的空军规模非常庞大，它们现在看似无事可做，我想知道，在未来几个月中，它们准备如何采取行动。支援土耳其的计划进展如何？从埃及调去支援西西里战役的空军人数，所占比例是多少？空军任何部分都应该被利用起来。

首相致伊斯梅将军　　　　1943年6月17日

我的想法是，我们应该向上次大战学习，颁发负伤袖章。希望三军方面能关注这个问题。毫无疑问，陆军部是主要部门。过去，我已经考虑过这件事，我想在周一的时候向国王请示。这个问题万万不能再拖下去，因为美军正在为他们自己的士兵发放“紫心勋章”，他们还因没有给我们的士兵颁发，而感到不舒服。

请为我准备相关材料。

第二，在海外服役，每满一年，就授予臂章，我想这也是士兵们的期盼。

首相致伊斯梅将军，转参谋长委员会　　1943年6月17日

1.昨晚，我之所以需要一份专门报告，是因为我十分关注西西里战役中的诈敌计划。西西里成为所有报纸关注的目标，而且根据这期间（我认为美国也一样）的许多机关刊物上刊登的地图和漫画来看，我们的战斗目标就像公布了一样，人人皆知。

2.令目标增加到难辨真假的程度，是最安全的策略。今天早晨，有些报纸说我们的兵力多到能同时攻击几个目标，他们的观点是正确的。今天下午，布拉根先生将会受记者采访，这一点应该重点提出。此外，希腊的局势是不是也应该强调一下？

首相致伊斯梅将军，转参谋长委员会　　1943年6月18日

我们不如从济州岛的突击队中，调出一部分到缅甸或其他地方去配合战斗，这样可不可以？

首相致空军参谋长　　1943年6月19日

我知道，目前确实是时候考虑塔科拉迪 航线裁员的问题了，因为经过卡萨布兰卡的新航线的开通以及地中海航线的开通，会为塔科腊迪航线减轻负担。我期盼你对此问题的建议。①

首相致印度事务大臣　　1943年6月20日

副首相提议增加印度部队的军饷，我对此完全赞同。总体说来，我认为可以先减少部队总人数的25%，剩余人员的军饷，用节约出的军饷来补充。

---

① 加纳南部的港口。——译注

首相致枢密院议长 **1943年6月20日**

请向工程与建筑大臣下达指令，（为农业工人）建造3000座住房征用土地时，可用强制权力。将这项工程作为修建飞机场或战时工厂一样来进行，尽全力将它们和必备的战争需求相协调，并适当地给予它们一定的优先权，你看这样可不可行？全国各地方相关部门因为没有必要的强制权力，如果让他们去跟进这件事，他们为了这一小部分房子，免不了和所有战时事业部门走公文程序，白白将大量精力耗费掉。现在我感觉大家都知道了这件事，而且我们的信誉也因为这点小事受到影响。总之，我认为，我们要么就行动，要么就别干。

首相致雅各布旅长 **1943年6月22日**

将的黎波里的海岸防卫设施情况用列表的方式说明，并将战前估计的设施与目前实际设施做个比较。在战争向前推进的过程中，因为我们接触频繁，所以对的黎波里防卫装备的情况有更确切的了解。不过现在，我们正准备向一些我们没有接触过的新地方进攻，为防止战前过分估算会带来不利影响，我们要将这主要的一点盘问清楚。

首相致帝国总参谋长 **1943年6月25日**

大家对增加各个步兵营枪支数量问题，有没有什么意见？对于增加36支的意见，以前已经达成共识，但我希望能增加72支。

首相致陆军大臣 **1943年6月26日**

我很高兴，因为据说大量0.300英寸口径的子弹，有望在七月底交货。基于此种情况以及现有的储备情况，我们可以再给国民自卫军额外发些弹药，让他们利用今年夏天剩下的几个时间，即刻投入训练。

首相致参谋长委员会 **1943年6月30日**

我观察到，于五月运送到北非之外战场上的陆军和皇家空军的车辆，95%已经打包完毕。这种情况为努力作战做出了贡献，并且令人感到欣慰。

我毫不怀疑，你们在其他战场上，也力争达到这种高的标准。让装配场每月工作一定时间，才是真正的节约。[①]

首相致生产大臣和贸易大臣 1943年6月30日

皮革供应仍然是我担心的问题。如果商店将新配送的货物投入供应，不再有抢购的情况，你是不是能感到欣慰？皮鞋修理情况，有什么方法可以缓解？

民用供应缺乏严重，而我发现，1400万平民的存货皮鞋数量还没有250万陆军人员的多，可否调拨军用皮鞋或皮革来缓解供应紧张的民用？

从长远角度来看，你有什么解决方案？是否可以与美国方面一同研究以后（如12个月）的世界供求情况？

首相致帝国总参谋长 1943年6月30日

据我所知，我们需要75艘货轮才能装载今年冬季从北非运回的英军装备。这大体说明，他们将运回大部分车辆。

如果将师团调回，把它们的大部分车辆留在非洲，让他们在英国获得新的车辆，这样我们就不用再运送大批车辆到北非去，也就省下往返转运的时间了。

7月

首相致伊斯梅将军，转参谋长委员会 1943年7月2日

1.相比过去，北非各司令部的情绪似乎更加忧郁低落。计划参谋处就各种可能出现的情况，进行心理方面的研究。不过人事方面的情况相对来说没那么复杂。

2.首先，我们应该让亚历山大和蒙哥马利领导的战争爆发。如果战争进展良好（或是完全溃败），我们就能清楚知道下一步行动了。如果不这样做，我们就无法攻克西西里，更无法涉及下一步的问题了。

3.美国的参谋人员好像正企图从这个计划中撤退，准备进行撒丁岛（计

① 参阅第四卷，第779页、第784页及第796页。——原注

划），而我们要充分利用我们的强大部队，决不能被他们干扰。我们必须激励他们，不让他们表现出任何胆怯。三军参谋长也应该再次要求联合参谋长委员会告诫他们，不要抱有逃避心态，不能表现懦弱。

4.总而言之，只要我们将西西里的情况搞明白，就能确保自己具有所有能力来判断局势以及发动进攻。

5.今天下午三点，我希望与你一起讨论这个问题。我对现在人们抱有的态度感到很不满。我们必须给予必要的指导。

首相致彻韦尔勋爵 **1943年7月3日**

人力问题

根据需要人力的主要部门，请将这个主题分为七八栏，如陆军、海军、空军、飞机生产部等。它们最初有多少人力？在一月份上交的报告中，需要多少人力？它们已经得到多少，目前总数是多少？还需要多少？

看到这张表格，我才能对此提出工作建议。

请今晚将表格交给我。

首相致枢密院议长和爱德华·布瑞奇斯爵士 **1943年7月3日**

当前为农业工人建造房屋的事情，有什么进展？建造负责人是谁，开工时间是什么时候？听工程与建筑大臣说，这件事现在已完全由他负责，是这样吗？

首相致枢密院议长 **1943年7月5日**

去年十二月，我有一份关于短期患病人数增加的备忘录，你可能还有印象。这个数字来源于政府保险统计人员制作的统计表。令我焦虑的是去年冬天这个数字一直在增长，并无回落。该统计表说明，我们所有劳动力中，除了正常因病缺席的人数外，新增加的缺勤人数占有很大一部分比重。如果增加的人数中，大多数是因为厌倦战争，而不是真的生病，他们对战争都能带来不利。

首相致空军大臣和空军参谋长 1943年7月5日

我认为，为了工厂的夜间工作，现在是时候考虑灯火管制的问题了，因为敌人的轰炸能力确实已经变弱。我们需要从各方面节约劳动力，以便加速推进飞机生产计划。因此，夜间作业的工人绝对有必要摆脱灯火管制的束缚。

我希望空军部保证，停止任何妨碍生产的举措。

首相致陆军大臣 1943年7月5日

今年，陆军对车辆的需求量增多。获悉与1942年相比，你们对生橡胶的需求量没有增加，而且，陆军有效节约了主要原料的使用，因此你们获得了令人满意的成绩，这让我深感安慰。

首相致经济作战大臣 1943年7月5日

对于法国形势，我的观点与你不同，因此对于你从不够长远的角度出发，做出的概括性总结，我表示异议。假若（法国）解放委员会能够通过行动换取英美政府的信任，我们必定能授权该委员会为法国抵抗运动提供费用上的支持。我们该打交道的不是戴高乐将军，而是委员会。现在，我们正尽全力培养的不是个人力量，而是委员会的集体力量，并竭尽全力提高文职人员的作用。

首相致爱德华·布瑞奇斯爵士 1943年7月11日

1.我对基础英语一事很关注。我们能通过基础英语的广泛应用收获益处，而这种益处的持久性和深远性胜过占领几个大省。我们的想法是与美国建立更为亲密的关系，而推广基础英语，使之成为英语国家的重要工具则符合这一想法。

2.为便于成立一个由大臣们组成的委员会进行研究，明天，我准备向战时内阁提及此问题。如果得到赞许，我打算提出关于工作方式方法的建议。新闻大臣、殖民地事务大臣、教育大臣或代表外交部的劳先生似乎都是合适人选。

3.我想，英国广播电台可以每天教授基础英语，这样也是一种宣传。而且这种交流思想的方法，还要得到广泛而大力的推广。

4.对这个委员会有什么意见，请你告知。请将这个问题列入明天的议程。

首相致外交大臣 **1943年7月11日**

1.我们应重新回忆那些最早的原则，以便解决彼得国王结婚的问题。欧洲人崇尚武力，他们的整个传统推崇“战争的婚礼”，意思就是，最好的方式是让年轻的国王与一位配得上他的公主在出征前一夜结婚。这样，他就有机会令他的王朝代代相传。并且，不管怎样，那些地位最卑微的人有权实现的原始本能，他也有机会实现。

2.还有一种说法，我想一定不是源自崇尚武力的民族，因为它与这原则相反。据说，塞尔维亚人认为，任何人都不应该在战争时期结婚。乍一看，这句话好像是为男女私通脱罪。还有一些大臣，被逐出南斯拉夫，他们之间相互排挤，只是为了争夺流亡政府中没有实际权力的官职。有些大臣对结婚持赞成态度，有些则不赞成，而国王和公主坚决赞成结婚。依我看来，在这场争执中，我们更应该尊重他们两人的意见。

3.外交部发表了最直接的意见，他们早已弃18世纪的政治于不顾。我们要告诉国王和他的大臣们，在我们看来，应该举行婚礼。国王的王位动荡不安，如果他能坚守阵地，我们可向他交出剩余的所有权力。

4.我还有句话要说：基于上述原则，我打算在下院，大不列颠或美国的任意一个民主讲坛上做出行动。我想，战时内阁应有机会发表自己的意见。我们要避免陷入20世纪放纵私欲的下流生活中。我们不正是为了自由和民主而战吗？如果你希望我去拜见国王，我就劝他到最便捷的登记处去做登记。那没什么不行的。

首相致空军大臣和空军参谋长 **1943年7月12日**

拨给澳大利亚的飞机

1.我们应该做些事情，来保卫澳大利亚和太平洋战争，因为这对于英国自治领和英帝国的未来起到极其重要的作用。基于此观点，我们派去了皇家空军的一个中队，它做出的成绩远远超越了它作为战斗单位的规模。澳大利亚派到我们这边来的飞行人员，包括他们最优秀的飞行员在内，共有8100名，他们在帝国训练计划中造成了很大的影响。根据上述事实，在空军方面，我们是欠了他们一份大礼。

2.我想今天调遣三个喷火式战斗机中队到澳大利亚去，并说服美国将他们本打算送往澳大利亚的战斗机拨给我们，因为这个问题不关乎于飞机是喷火式的或其他战斗机，而是英国空军中队是否能充分展示皇家空军的精神。我确信我可以对罗斯福总统清晰说明，并将这些问题圆满解决。但是你要注意，不要让澳大利亚飞行员驾驶英国飞机，而要派去全部由英国人组成的空军战斗团队。根据你们上次的报表我看出，与适用于服役的战斗机相比，你们的战斗机驾驶员的实际数量多出了945人，所以我想应该可以从这些驾驶员中拨出四五十人来吧。我有责任维护英国和澳大利亚大陆之间的友好关系，因为澳大利亚居住了600万与我们属同一种族、说同样语言的人民。

3.期盼你的意见和建议。

（即日办理）

首相致伊斯梅将军，转参谋长委员会 1943年7月13日

1.现在是时候将波兰军队从波斯派遣到地中海战场上去了。这些人希望作战，只要加入战争，他们就不会过多思考他们自己的伤心事，因此从政治意义来讲，他们是适合走上战场的。我们的目的是想让他们到意大利参战，因此应将整个军团从波斯调到塞得港和亚历山大港。

2.我们可用长达五个月的时间，调动所有力量来对抗意大利。请将英国所管辖的（盟国）可调动的军队，列一份名单。这些军队必须是能进行实际作战的军队，且没有被用于西西里作战计划。

首相致第一海务大臣 1943年7月13日

1.听到“约翰公爵工人”运输船队毁灭的消息，我感到十分震惊。大约十天前，地中海总司令发来一份警报，这份警报说靠近西班牙海岸航道上的空袭，危

险到让人“难以承受”（我记得他用的是这个词），他让我们提高警惕。请将这份警报给我。这些大型舰船的覆灭令我们本已写满战争伤亡人数的月报表，又增加了一些内容，这些内容令人胆战心惊。日后我们该怎样避免这样的空袭，请你告知。当然，我们有必要避免让舰队进入“福克乌尔夫”式轰炸机航程所涉及的范围。

2.我收到消息称“费里港”号在圣文森特角以西方向受伤。飞机从哪儿飞出来的？这艘船驶出后，距港口有多远？为什么驻直布罗陀的空军没有保护它，使它逃过敌人的追击？

首相致爱德华·布瑞奇斯爵士 **1943年7月14日**

近期，公共关系官员们弄出很多丑闻，整个组织要彻底检查，并立即进行整顿。对于此事如何进行，请提出意见。我认为，成立一个小范围的内阁小组委员会，并授权让它们处理这件事是很有必要的。

（即日办理）

首相致陆军大臣和帝国总参谋长 **1943年7月16日**

1.我们有一支素质过硬，经过多年训练且经验丰富的第一装甲师，现在用于看管战俘。从帝国总参谋长处得知此事，我感到十分担忧。如果是作为紧急调遣（例如为期一个月），我还可以理解，但是现在，必须制止这种情况。到北非看管战俘的工作应该由本国或尼罗河三角洲派遣来的一些步枪部队（至少一万人）负责，并且他们不在师的编制内。莱瑟斯勋爵应该把运送此部队出国，看作享有最高优先等级的任务。

2.为使第一装甲师具备充分的战斗力，一定要尽快将这支部队以及它们的车辆组装完毕。为让它们的作战效率得到恢复，要进行及时而必要的训练。请为此制订计划，并将时间表交给我。我知道帝国总参谋长已经向艾森豪威尔将军提出抗议，你将事情经过、答复的结果告诉我。

3.请给我列一份在西北非和中东各师以及独立旅情况的清单，说明还有没有部队有相同的情况？每个部队的现状和承担的任务是什么？南非师是什么情况？

第201警卫旅什么情况？第七装甲师在什么地方？第四印度师所处的位置？新西兰师是否正在进行整编，并且是按原计划进行的？波兰师向叙利亚转移，进展如何？这些师完不完整？装备是什么情况？

首相致空军参谋长 **1943年7月16日**

我仍然不理解，为什么（战斗司令部）1732架战斗飞机，或者说是总数为1966架初步组编飞机，需要配备2946名战斗人员。看看轰炸机司令部，它为初步组编的1072架飞机，只配备了1353名飞行员，而对1039架作战飞机只配备了1095名战斗人员。它肩负的任务比战斗机司令部重得多，但数字却是那么的不同。轰炸机司令部遭受的损失要比战斗机司令部大得多，但后者的剩余飞行员人数却那么多。地勤人员中有没有多余人员的情况？

首相致枢密院议长 **1943年7月17日**

我已经跟温特顿勋爵说好，会就建造农业工人住房问题再给他去一封信。不过，现在我感觉一封信可能说不明白，为了能让温特顿勋爵详细了解这件事，你最好能亲自去和他谈一谈。[①]

（即日办理）

首相致帝国总参谋长 **1943年7月19日**

1.星期六，我对多佛尔的驻防部队进行了视察，对他们的实力感到担忧。多佛尔驻有一个营，圣玛格丽特驻着另一个营，只需几个小时，这两个营就可以得到一个旅的援助。不过，在他们后方更远一点的地方，还有许多军队驻扎。

2.当然，德国入侵事件还不至于发生，但是我曾问斯韦恩将军，假如有一天三四千个与我们突击队类似的纳粹冲锋队员横渡海峡，向我们进攻，我们怎么办？他说，他们虽然能够登陆，但很快就被会驱赶出去，他还着重提出能在很短的时间内收到警报。我认为他当时的答复不够完美，这让我放心不下。多佛尔与敌人离得很近，我们最快接到雷达信号最早是敌人开始行动的半小时前。我想德

① 参阅7月3日，致枢密院议长的备忘录。——原注

国人不敢轻易尝试，但是如果他们真的将多佛尔的一部分占有，哪怕是三四个小时，对他们来说也收获巨大。这在公众舆论方面造成的恶劣影响，比“沙恩霍斯特”号和“格奈森诺”号事件严重十倍。

3.我绝不赞同让过多部队驻扎在像多佛尔那样的海岸要塞上。不过我想我们已经走向另一个极端，使自己处于容易遭到侮辱的难堪境地。在我看来，最起码应再调一旅兵力驻扎在多佛尔，防守沿海防御工事或要塞。当德军准备登陆时，我们就立刻攻击。我们得多派些部队，总不能让人觉得我们无能到连那些贵重的大炮都被敌人炸毁几门。

请对此事进行新的研究。

首相致陆军大臣及新闻大臣　　　　1943年7月19日

1.千万记住，在解决军人转业的疑难问题时，一定要维护并严守规章。不过，相关大臣可以根据实际情况行使权力，让那些对公务有利的军人转业。如果有些高级人员当文官发挥的作用，或许比当军官发挥的作用更大，就按照特殊情况来办理。当相关大臣根据实际情况行使权力时，自然而然他就会考虑：陆军中只有一小部分人参与实际作战，在多数情况下，从文官换为陆军职位，只是象征着用一个非战斗职位来取代另一个非战斗职位罢了。

2.每个相关大臣要通过个人安排来解决诸如此类的问题，不要因为一点小事，造成部门与部门之间的纠纷，或者到达非由我出面才能解决的程度。

首相致新闻大臣　　　　1943年7月19日

1.昨天，我又将《分化与征服》和《不列颠战役》这两部描写美国陆军的电影重新看了一遍。在我看来，这是我国目前看到的最好的宣传片。另外，这两部电影向人们讲述了很少人能完全知道的，在人们脑海中已日益淡忘的，1940年发生的那些事情。我的意见是尽可能多地放映这两部电影。在我们的影院放映这些电影有没有什么困难？你大概打算和他们签订何种条件？如果有人想垄断电影市场，拒绝放映这些电影，你要立即向我报告。必要时我将申请法律诉讼。

2.还有四部电影，现在在什么地方？我要看这些影片，四部中的两部，我已经提到过片名。为什么这么长时间不放映？电影公司是不是在秘密抵制？请向我汇报后两部影片的情况。它们的发行为何受到阻碍？

3.你也许清楚，如果让我再发表一篇简明的讲话，介绍一下这几部电影，再赞扬一下美国人的态度，我也愿意这样做。不过我希望先欣赏一下另外两部影片，我对这件事很上心，望你尽快处理。

首相致空军参谋长 1943年7月21日

你明白，我十分重视建设宽敞的、专门用于雾天的机场，因此对于石油大臣提出的这项议案，我打算批准。我希望此事能尽全力实现。

首相致海军大臣 1943年7月23日

我们需要深入思考一个事实，那就是在4月30日之前的三个月中，（海军航空兵部队中的）45000名官兵里（4000多名军官），只有30人战死、失踪或是成为战俘。当然，我很庆幸他们遭受的损失不大，但是这个事情明显说明引发海军航空兵部队的整个规模问题的原因是他们与敌人交战的次数过少。我们之所以不顾个人影响，也要详细询问海军航空兵部队在对敌作战中发挥的实际作用，是因为它向我们要求的人员和飞机数量是如此庞大。我明白，海军航空兵部队官兵没能参与更多的战斗，并不关他们的事。而且上面提到的那一段时间可能有特殊情况，不过，从与敌人交锋这方面来看，他们这一大批优秀官兵拥有很强的战斗力，我们不能让他们无所事事。

不久，我还要过问此事，对于上述问题，希望你仔细思考。

首相致伊斯梅将军，转参谋长委员会 1943年7月24日

1.看看（缅甸战场上的）困难为何会越来越多？为了获取那些毫无作用的战利品，又是消耗了多么大的精力吧。这个战场上的司令官们，对于他们的需求和应该克服的困难，似乎说得有些言过其实。

2.这一切的情况表明，我们急需选定一位司令官。我坚持认为，这个司令官要是敢作敢为，精明能干，精力旺盛，经验丰富的军人，而奥利维尔·勒斯将

军正好符合这些特点。西西里战争结束后，让他立即回国商量此事。我认为温盖特勇敢，有才干，是被大家公认的出色的人物，因此应由他担任缅甸战役的指挥官。印度前线以松散和无能为特点，局面十分混乱，而这个有“缅甸的科莱弗”之称的人一定会因他的魄力与贡献崭露锋芒。一个真正的人物在战争中所具有的地位，决不能被资历的问题左右。他也需要尽快回国商量此事。

首相致伊斯梅将军，转参谋长委员会　　　　1943年7月23日

请参考我国人员在俄国北部遭受不公正待遇的几份电报。我们不需向俄国当局谈论是非，只需作出准备将我国所有人员撤离的样子，并且故意造成较大声势，这是我们应对这种事情仅有的方式。当地的俄国人一旦看见我们撤退，就会立即向莫斯科汇报，而莫斯科的人也清楚，我们的人员一撤离，北极运输船队的工作就到头了，这样他们就清醒了。如果他们还不清醒，我们就得尽早解决，因为这件事肯定会引发争端。我们不值得跟俄国人争论，只要让他们面临新情况，观察他们的反应，这是我的经验之谈。

首相致帝国总参谋长　　　　1943年7月25日

感谢你重新审查了驻多佛尔军队的实力。对于你提及的重要兵力，起初我并未考虑在内。你是否确定这些兵力，尤其是皇家海军和空军，已经组织完毕，并且只要一接到通知，就能在短时间内采取行动？不过，敌人通常是在夜间袭击，我想象的是，也许有两千名乘坐摩托快艇的冲锋队员横渡海峡，悄悄向我们发动袭击，而且又打又抢。如果你认为悬崖难以攀越，而可登陆的地方和防御重地都有重军防守，我就安心了。①

首相致伊斯梅将军，转参谋长委员会　　　　1943年7月26日

1.最重要而又最紧急的事情就是任命一名（缅甸战场的）高级指挥官，这个军人要年轻有为，经过战争的历练，为了给战斗增加活力和勇气，还要对这条战线上的全部作战问题重新进行检查。

① 参考7月19日致帝国总参谋长的备忘录。——原注

2.阿恰布港口正被敌人打造成像直布罗陀一样重要的关口，有整整一个师的日军能过来援助。对于目前这种情况，我知道参谋长委员会已经充分意识到，为攻打只占整个缅甸战区区区一点的港口，就到地中海战区聚集宝贵的人力和物力，采取这种做法是多么愚笨。他们起初还打算接着向仰光进攻，这目标简直不值得一提，现在总算放弃了。到了1944年，我们必须整年将我们在孟加拉湾可以利用的所有两栖部队充分利用起来。等过了1944年的雨季之后，再提向兰里岛进攻的事情。一个具有绝对实力的海空军国家，绝不能愚蠢到利用这种既耗费精力，又浪费时间的方法参与作战。如果用这种做法，我绝不会承担责任。

3.正确的1944年作战步骤应该是：

（1）为中国提供最高级别的空军援助：保护机场并改善航空线路。

（2）为给日军施以最大的压力，展开像温盖特将军在阿萨姆那样进行的战斗，一切（其他）在陆上能与日军对战的地方，都可用来作战。

（3）两栖作战——至今被称为“第二安纳吉姆”作战计划，如果要大范围开展，就要选择战斗不被雨季妨碍，我们的海军又能充分展示其实力的地区。当前，参谋人员应集中精力，深入而仔细地研究这个问题，并且一刻也不能耽搁。

4.为在魁北克会议举办之前弄清他们的基本观点是什么，务必现在就将这件事汇报给国防委员会。

首相致贸易大臣 1943年7月26日

我听说，现阶段，为保证部队及产业工人的扑克牌的供应，虽然已从民用中抽出了一部分，但数量仍然不足。军人们在空闲的时候，或长期驻扎在偏远的地方待命，感到孤独的时候，水手们连续几个月不能下军舰的时候，最重要的是有些娱乐用品可供消遣。而扑克牌则是所有娱乐用品中最方便、携带最容易，最耐用的。

对于扑克牌供不应求的情况，你打算如何解决，请向我汇报。在我们人力物力的消耗中，只制造十几万副扑克牌实在是不值得一提。

首相致陆军大臣（已阅）及帝国总参谋长 **1943年7月26日**

为了不让艾森豪威尔误会这件事是你们的意思，我认为我还是不要以我个人名义给他发送电报，向他提及第一装甲师的事了。我坚决要让这支精锐的部队达到最高的作战效力，配备最精良的装备，如果你们能即刻展开措施，并毫不犹豫，我则愿意以个人名义发电报。假若我们想用最快的速度攻占意大利大部分地区，特别是假若我们的前线要拓展至意大利北部和波流河域的话，这支部队对我们来说更是不可或缺。

2.我对这件事极为关注，希望你们告知艾森豪威尔将军，并与他尽快商量出令人满意的结果。

3.还有，请你向我汇报对该师重新装备的方案，接着，向我说明这个师在各方面适应战斗的工作进展状况，每两个星期向我汇报一次。[①]

首相致农业大臣 **1943年7月30日**

草料和谷物的丰收情况怎么样?请向我提交简短的报告说明。

首相致普赖斯上校 **1943年7月31日**

在我看来，现在我们不应该将对日作战结束的日期假设为1948年。我们可以在魁北克会议中和前往魁北克途中讨论这个问题。显然，我们在没有看到海军部的长期作战计划之前，不能做出此类论断。

首相致飞机生产大臣 **1943年7月31日**

最近我们在制造喷气飞机，而你对此基本没抱多大希望，这令我感到不安。据说最严重的情况就是力量的分散，就算是本应很容易制造的飞机外壳也无法按期完成。

先检查一下正在研究阶段的各种形式引擎的情况，将所有精力消耗在那些有望提早投入生产的两三种（型式），是不是更好？目前，关于德国喷气机的情况报告有很多，我们一定要追赶上来。

---

① 参阅7月16日给陆军大臣的备忘录。——原注

8月

首相致贸易大臣 **1943年8月1日**

1.很感谢你对缺乏扑克牌问题向我发来的报告。过去的一年里，130万副用于销售，还剩190万副在哪里?

2.今后一年中，需求量还远远不足200万副，而你建议在此需求量上制造225万副。这需要增加20名工人和100万吨纸张，才能多制造出100万副扑克，我很愿意帮你这个忙，但前提是我必须弄清楚去年一年中的剩余的195万副扑克牌的去向。另外，你认为应储备一些“以备不时之需”，在量的方面应该如何把握?最重要的是让人们在需要的时候就能买到，虽然士兵应享受优先供应，但普通工人也同样需求。

首相致第一海务大臣 **1943年8月1日**

1.我已向罗斯福总统提议，在魁北克会议期间，我们的反潜艇战月报可以从海德公园发布。这说明发布日期不是10日，而是13～14日。

2.这次，我想给德国人致命性的打击，让他们的希望破灭。我准备说服总统同意下列各项：(1) 1942年上半年，船舶损失率为1.6；1942年下半年为0.8；1943年上半年为0.4。

(2) 据说，德国潜艇在五、六、七3个月共92天中，刨去许多被击坏的，有87艘（或其他数字）被击沉。

(3) 盟军的商船在全世界的损失中，七月比六月要大，创下了最高纪录。但是损失数量不及1942年1月到1943年6月末的平均数字，或是与1943年1月到1943年6月末的平均数字（用其中哪一个都可以）那么多。在攻占西西里岛的战役中，损失大概少于7万吨。

(4) 在今年（到七月末为止），美国、英国和加拿大新制造的船舶，要比联合国家船舶损失的总数多。在多出的真实数字之下，取最小的那个百万数字，也意味着要多出（假如是）300万吨以上。

为了便于我就整个问题与罗斯福总统展开探讨，务必在我们起程之前考虑这几点。此外，英国击沉了多少艘德国潜艇？

首相致伊斯梅将军 **1943年8月2日**

一切密码暗号，必须经我审查后才能批准。

首相致帝国总参谋长 **1943年8月2日**

艾森豪威尔将军就解除第一装甲师驻防工作一事向我发来电报。

1.你打算怎样解决对看管战俘人员的进一步需求（关于船舶事宜，请与莱瑟斯勋爵讨论），请告知。[①]

2.我搞不懂，为何为供应参与“哈士奇”作战计划中，为数不多的装甲部队，却要让中东地区所有其他装甲部队卸下他们的装备。请将驻非洲各个部队实际拥有的坦克数量汇报给我。此外，上一次的坦克报告明确记载，中东司令部拥有近3000辆坦克，这我没忘记。

3.为尽快重新装备第一装甲师，我们应当机立断地从本国的装甲师中调出“谢尔曼”式坦克，立刻派专用船运输

4.请就英国现有坦克的数量、美国可能会支援的坦克数量，以及未来三个月从供应中获得的坦克数量，制造一份统计表交给我。

首相致帝国总参谋长 **1943年8月2日**

我们陆军中有几支最优秀的部队，它们是我们历经磨难才组建起来的。我希望你能保证，如果有些不知内情的人调遣了这些部队，绝不能降低了它们的价值。

以前，中东地区有组织完备、经验丰富的装甲师和装甲旅驻扎在那里，但现在我们搜集到的坦克种类不一不说，就连配备的人员也是东拼西凑得来的。务必排除一切干扰，重新组建这些部队。

① 参阅7月16日和7月26日的备忘录。——原注

首相致枢密院议长　　1943年8月2日

感谢你做出的全部努力，并欢迎你对陆军时事报道局进行深入研究。

当然，这种活动本身有其好处，但却不能因为它们为整个军事机器的运行带来不合时宜的干扰，也不能因为它们增加非战斗军事人员的人数，因为这些人的比重已经过重。因此，应想尽所有办法，不要让这种活动占用过多的时间、金钱和军事人员。所有用于作战的人员都禁止进入此机构，而且要将警惕性设定为最高级别，还要让这些机构打消自行扩大和增加人员的念头，这些是最重要的。[①]

首相致飞机生产大臣　　1943年8月3日

我很清楚，发动机产量之所以下降，是因为现在正好是放假的季节。不过我仍为这件事感到不安，因为今年新产品的产量相比去年，有了大幅度的下降。

首相致副首相　　1943年8月6日

1.战斗机中队的飞行人员数量已比战斗机数量超出了很多，你负责的空军编制委员会应该检查这一问题。 战斗机中队以飞行员经常需要随时待命、准备起飞为理由，因此需要用3038名飞行员来配备1725架飞机。但是，这个理由只有在某些地区和某种情况下才能成立。自从不列颠战役过后，战斗机就没经历过严重的损失，我感觉从这地方就富余出不少人力。人们可能会问，是不是哪个方面都像这样浪费。轰炸机司令部虽然经历了更多场更加激烈紧迫的战斗，但他们却没有保留过多的富余人员。虽然空军海防总队拥有很多富余的飞行员，但是他们的巡逻线很长，确实需要很多飞行员，甚至为满足需求还要用到两倍数量的飞行员。我再次声明，战斗机不适用于此情形。

2.此外，“旋风”式和“喷火”式飞机存放于塔科拉迪的问题，也值得研究一下。近期的统计表表明，7月30日，该地拥有飞机数量，包括43架“喷火”式在内，共计183架。目前，有一条通过地中海的较便利的航线已经开通，它很可能会暂停使用。基于这些情况，我们应该对这条航线的人员配备情况，以及将价值巨大的飞机保存在中东全部坦克存放地塔科拉迪这种习惯性做法，进行细致检查。

---

① 参阅7月16日给空军参谋长的备忘录。——原注

首相致外交大臣 **1943年8月6日**

1.目前土耳其正重整军队装备，而我认为，俄国人对他们的规模并没有感到任何担忧。我们在土耳其军队中进行的改编，与俄国如此之大的实力相比起来，简直不值得一提，因此不足以（我想也不会）让他们担心。

2.巴尔干局势因土耳其而变得更加复杂。而土耳其又没有采取任何举措帮助俄国打败德国，毫无疑问，这是最让俄国人困惑的事。

3．很明显，达达尼尔海峡和博斯普鲁斯海峡的现状不会令俄国人满意。并且，上次大战初期，我们提出将君士坦丁堡让给他们，我想他们一定还记得。你应该清楚，我们为了轰炸普洛耶什蒂，并一点一点地将达达尼尔海峡、博斯普鲁斯海峡和黑海控制在自己手中，也许很快就会要求我们的空军中队和某些其他部队对土耳其进行保护，因此，土耳其为得到最安全可靠的保护，就要积极地联络联合国家。我们在不知道土耳其采用什么政策之前，还不能与俄国认真探讨土耳其问题，因为前提条件不具备。

首相致伊斯梅将军 **1943年8月8日**

1.我将附件中许多不合适的代号划去。对于一些可能会令很多人丧命的作战计划，不应该用“凯旋”这类代号来命名，因为这会显得声势浩大，言过其实。而故意使用诸如“降灾”、“屠杀”、“杂乱”、“灾难”、“不宁”、“脆弱”、“悲惨”及“黄疸病”等等，这些相反字眼的也不应该，因为它们为作战计划赋予的色彩是消极沮丧的。还有一些代号如“拥抱舞”、“下流话”、“开胃药”和“大吹大擂”等，也不该用，因为这显得太轻浮。还有一些字眼如“洪水”、“平坦”、“突然”、“最高”、“全力”、“全速”等也不能采用，因为它们在常用于其他方面，显得太普通。还要避免用健在的大臣或司令官的名字命名，如“布拉根”。

2.代号应该既不暗含作战计划的性质，又不含有一点贬低之意，而且也不要让某些寡妇和母亲说自己的丈夫或儿子是在一个叫“拥抱舞”或“大吹大擂”的战役中丧生的。总而言之，世界那么大，聪明的人可以想出非常多响当当的名称。

3.密码代号适合用专有名词命名。只要符合上述原则，都可以采用，例如古代英雄、希腊和罗马神话中的人物、星座及星名、闻名的赛马、英国和美国战斗英雄的名字等。当然，还能列举出很多其他题目来。

4.自始至终都要细致认真地处理这件事。除了重大事情之外，细小的事情也是一个政府办事效率和成功几率的体现。①

首相致伊斯梅将军，转参谋长委员会　　1943年8月10日

请参考这封电文②。突击队实际上是最精锐的正规部队，并且是我们今年唯一能调遣到巴尔干半岛的部队，因此我们赞同使用突击队。遇到敌军要求投降时，授命前往的英国军官和外交官可随突击队进行谈判。对于中东战区各司令官不思求变的态度，应该及时制止。

首相致生产大臣及军需大臣　　1943年8月11日

在7月31日前的一周内，只生产出39辆坦克，这数量真是少得令人震惊。我想，暑假不是用来辩解的最佳理由，希望你向我详细说明情况。同预定数字做比较，这个数字处于哪种程度，尤其是新型坦克，是否达到了你们的预计数字了？这件事与我们接受美国坦克的决定关系重大，因此我必须追究到底。

首相致外交大臣　　1943年8月14日

宾特洛甫被巴本志取代是具有重大意义的事件，也许会致使纳粹体系进一步分裂。虽然这些都是确定的事情，但我们最好不要有所反应。我要不要总是喊“无条件投降”，这会妨碍了这种演变。我们要想占据有利形势，就不要确定到底要和哪个新人物或新政府来往。我们肯定不想让他们都结合在一起，组成一个强硬的、坚持到底的集团，但问题是我们想不出办法。当然有这样一个集团也不起什么作用。我认为，德国人日益分裂，证明他们的反抗能力降低，这样也能保

① 参阅8月2日致伊斯梅将军的备忘录。——原注

② 中东防务委员会在电文中说，反对在多德卡尼斯群岛等地使用突击队，因为德、意军队不可能向他们投降。——原注

证数十万英国人和美国人的生命安全。对此你一定会认同吧。

首相致第一海务大臣　　1943年8月15日

为阻止好望角周边海域的海上往来，在反潜艇支援舰船（正在路上）开到之前，你是否可以把你的舰船先移到靠近西蒙斯敦和基林蒂尼的海面？希望你考虑一下。我已经请莱瑟斯勋爵将沉没舰船和出航的全部舰船数量告诉我。这条航线经过严格控制，通过的船舶也不多，有19艘船沉没，无论如何也实在不是个小的损失。

9月

首相（在华盛顿）致罗纳德·坎贝尔爵士　　1943年9月13日

以下致我国驻中东各领事的电报，都是我遵循你的意愿拟定的。

你可以先与哈利·霍普金斯先生商量，看他是否赞同由我出面解决这件事，然后我再将电报发送出去。

“中东这些国家为战争做出了巨大贡献，我们英国人对他们表示敬佩。中东的每一个人都应该从英国驻中东领事那里获悉我们的态度。这些国家虽处于内陆，与海隔着很远，但却为我们在各条战线上付出了努力，正义事业的胜利，正因为它们而加速实现。

“我真心希望能到中东的某些大城市去，代表我们英国人亲自感谢人们正在做出的巨大贡献。”

首相致罗斯福总统　　1943年9月13日

民航问题

1.我已经向我们的政府汇报说，我们准备在伦敦或加拿大召开联邦预备会议，并且也跟你提过此事。我们之所以开这个会议，是因为我们以后要与美国政府协商，就要总结出我们英联邦自己的意见，希望你能赞同。

2.我向你提议召开国际会议，你的意见是英、美、苏三国会议即将召开，等在这个会议上讨论后，再做决定。

3.我提到，你在初始阶段的提议包括以下几项：

（1）应具备私人所有权。

（2）重要的地点以互惠为条件，可供国际使用。

（3）内地公司应拥有经营内地航线的权利。

（4）政府可根据国际协议，对某些零利润航线给予所需的资助。

首相致枢密院议长 1943年9月16日

1. 7月29日，艾森豪威尔在广播中列举了一些条件，然而意大利人并没有按照这些条件办事，我认为，我们应该感到自在。关于进一步运送意大利战俘的计划，我们应该继续实施。我们曾俘虏了大量战俘，仅韦维尔将军就俘获了25万多人，现在他们在什么地方？很多停战之后俘获的战俘在许多场合都尽全力帮助我们，并且他们完全没有抗争就投降了，因此想把他们运到英国，应该不容易办到。不过，联合王国内的工作比印度或南非的工作更加重要，现在我们能调遣到更多人手。现在，应该有一些船只准备从印度返航。我们想知道属于我们的所有意大利战俘具体被安置在什么地方（不管他们在哪里），请陆军部告诉我们。

2.无疑，我们在很多方面都能为巴罗格利奥政府提供帮助，因此我们可以与它们进一步就向我方提供意大利劳工一事作出妥善安排。我们可以彻底改变当前意大利战俘在英国的地位，授予他们类似“民间工兵队中的拘留人员”的身份，但前提是意大利政府同意为我们提供更多劳工。我确实希望到 1944年，再为英国运送10万意大利劳工。

首相致海军大臣及海军副参谋长 1943年9月26日

为便于我们的潜艇在遭遇敌人反潜艇船只攻击时，进行自卫，我们正在为它们安装音响引炸鱼雷。这件事的进展如何？

首相致粮食大臣及军事运输大臣 1943年9月27日

从北非返回的船只会有空置船舱，我想我们的确应该将地中海地区的柑橘和柠檬运回我国。请你们商讨目前进行状况和未来进行的可能性，并以便函的方式向我汇报。

首相致海军大臣 1943年9月27日

德国滑翔炸弹和蒙骗装置的进展情况如何？请想办法随时让彻韦尔勋爵获悉，这样我就能通过他及时掌握方面的紧张情况。

首相致军事运输大臣 1943年9月29日

排队等候公交车的几率一定要降低，特别是在伦敦地区，以便让工人回家时能享受更便利的交通服务。由于供油情况已经大大改善，做到这一点不难。在冬季到来之前，应该采取哪些应急举措，请你务必提出你的意见。为了保证战时效率，应确保人们在回到家之前不至于太过疲惫。你要尽全力让晚间车辆增加25%。

首相致帝国总参谋长 1943年9月30日

请简单制作驻塞浦路斯岛现有军人数量的表格，并提交给我。如果我们有机会重新进入希腊，并且没有进行任何战斗，应该能为该岛凑够七八千人的驻军。我们的目的不是占领希腊，而只是为了从政治上支持复位的合法政府。

首相致贸易大臣及粮食大臣 1943年9月30日

欧洲解放后，许多重要食物在世界范围内，明显会短缺。我想内阁应及时对整个问题进行探讨，这样我也避免承担估算救济数量的责任，因为为外国提供救助，我们本国的供应就会不足。

关于此事，请尽快向我汇报。

10月

首相致蒙巴顿海军上将及伊斯梅将军转参谋长委员会　　　　1943年10月2日

蒙巴顿海军上将在视察他的部队各支队时用这篇草拟的特别指令作为发言内容，在我看来是十分恰当的。不过，在现阶段，为避免招致更多日军进入这一战场，我认为还不适宜公开这份文件。我认为，凭借这一点的重要性，我应该反复强调，至少在未来三个月内，禁止传播任何关于这个战场的消息。为防止该指令在印度报纸或在世界任何其他报纸上刊登，必须通过最严格的新闻审查，才能向部队的任何一部分传达。待下次，我在下议院发言时，就要用这些话来描述东南亚战场：

“这个战场上的所有可能性，已经被气候、饥荒和水灾阻止。新任总司令到现场察看整个局势，还要到他负责的辽阔区域的多个地方进行调查。部队还需接受长时间的训练。如果认为现在可以开展大规模的行动是因为新总司令的上任和指挥部的彻底改组，那就蠢到家了。”

用这个办法的确能更好度过未来三四个月。而蒙巴顿海军上将想通过慰问分散在各地的各指挥部根据地来振奋军心，或用很快来临的伟大日子来鼓舞官兵的做法，我们也绝没有阻止的意思。不过，我们应该给世界大众和敌人造成假象。

庄稼人，忙播种，
种子静静藏土中，
艰难困苦几个月，
新苗叶儿长又长。

首相致印度事务大臣　　　　1943年10月3日

基础英语

我回国后非常惊讶地发现，内阁委员会自1943年7月12日成立以来，从未举办过一次会议。这项工作是你主动提出要负责的，而我也感觉你确实是非常适合的人选。到目前为止，工作进展程度如何，请向我提交报告。

奥格登先生在信函上向我提议，派遣一位专门研究员，与他在一周时间内掌握所有基础英语的相关知识。我认为，为给你们的委员会及时提供全面掌握基础英语的顾问，我们应该接受这个提议。因为斯大林总理也喜欢上基础英语，所以它已成为非常重要的事情。如果你感觉自己在其他方面的任务非常多，我可以亲自承担主持委员会的工作，不过，我还是希望由你来负责。[①]

首相致海军大臣 1943年10月4日

我相信彻韦尔勋爵能简明扼要地向我说明感音自动跟踪鱼雷的问题，请你叮嘱他向我提交简短报告。

首相致军事运输大臣 1943年10月4日

为便于“霸王”作战计划聚集人力和物力，我们应该将这艘24000吨的船只（意大利商船“萨图尼亚”号）扣留，让它尽快在大西洋航线上行驶。

首相致劳工与兵役大臣 1943年10月6日

在你的指挥下，八月份其他工厂为飞机生产部门创造的额外产量不仅有所提高，而且还为这个部门增加了17800名新劳动力。你创造了优秀记录，如果能继续保持，到了年底，我们就能完成7月23日制定的目标了。

首相致空军参谋长 1943年10月6日

我们感觉有必要为推动我们在喷气推进飞机方面的发展施加更大压力，因为最近有现象表明，德国人也在就这一方面进行积极研究。

首相致外交大臣 1943年10月6日

我们为什么宁愿使用二十年的条约，也不愿就俄国西部边界问题签订这项

① 参阅7月11日致爱德华·布里奇斯爵士的备忘录。——原注

协议，我们应该没忘，原因就是对于这个问题，我们非常清楚下议院的意见一定会引发严重矛盾。依我看来，他们还会再次提出反对意见，甚至用更加激烈的方式提出。反对者们为了使自己占据有利地位，还会引用一些重要原则来与我们对抗。

1.如果在和会上，可以对形势做出全面衡量。并且，如果有一方面做出了调整，可与另一边方面的变动持平。因此，我们很有必要保留领土问题，等待全面解决。美国的态度，特别是在选举年中，与我们一样。在我们打算换另一种立场来签订二十年条约之前，最好先让美国明确自己的立场。

2.我认为，我们应尽全力就东部边境问题说服波兰，让它同意俄国的要求，作为交换条件，它可以从东普鲁士和西里西亚方面获得一定好处。当然，我们可以答应俄国在这方面会为他们提供帮助。

首相致空军参谋长 1943年10月7日

驱 雾

我听彻韦尔勋爵说，他曾到格拉夫利，当时没有起雾，但却看到了驱雾设备在格拉夫利的应用情况，这引起了他的极大关注。这种设备每分钟虽然要消耗汽油数吨，但还有改进的空间。我们的飞机以前受雾天阻碍，不敢在夜间行动，如果运用这种设备，连喷燃器都不用打开，就可以在夜间出动，这对我们大有好处。如果我们的轰炸机，在大雾中免于遭受损失，也值得我们消耗若干吨汽油（幸好现在我们储存了大量汽油）。

我希望这种设备能照原计划继续生产，到十二月份，八架驱雾机都能投入使用。

首相致外交大臣及军事运输大臣 1943年10月7日

自从华盛顿报道了盟国航运情况，今天的大部分报纸就开始引述，说进攻欧洲大陆的计划至少能提前六个月，因为不少于250万美国人在圣诞节之前可以运送到英国。听说这种毫无根据的说法是从美国参议院战争动员小组委员会传播出来的，到底什么情况？

我到下院开会时，一定会被人质问此事。

首相致陆军大臣及帝国总参谋长 1943年10月11日

1.以“师”为单位计算盟国和敌军的兵力，会引发混乱，因为“师”的标准都不一样。譬如一个标准的德国师拥有两万兵力；而到了俄国前线，一个德国师的平均人数就成了不到七八千。几天前，我曾看到由1800名步兵和18门大炮组成的德国师，与他们对峙的俄国师，他们的兵力和战斗力如何呢？请制作一份罗马南部德国师的一览表，列出它们实际参与战斗的人数，提交给我。据你们估算，驻意大利和北非的所有英国师拥有多少兵力，大炮（包括反坦克炮及高射炮在内）的攻击力如何？在意大利和非洲的美国师，实力一般怎么样？英国远征军每个师的实力，也就是实际派遣到海外的一个战斗团队有多少兵力？

一个英国师，包含特种兵和交通线在内，据说共计42000人，不过被派到海外就成了大约不到15000人。我听说，为了“霸王”作战计划，美国为一个师编制的所有人数为51000人，但派到海外后，每个师的真实数量又是多少呢？

2.应该制止西方各国为师团的作战实力制定报告，我希望这种统计报告，依据最真实的情报，经过预算后，反映每个月的情况。

3.我需要一份英国驻意大利军队的分析报告，请你尽全力为我提供，一定要精确说明师的数量以及实际参战人数。另外，当前在意大利登陆的英国部队给养人数是多少，请单独说明。

首相致军事运输大臣 1943年10月11日

伦敦和其他大城市排队等候公车的情况如何？你准备利用哪些措施来减少这种现象？[①]请在报告中说明。

---

① 参阅9月29日和10月16日的备忘录。——原注

首相致生产大臣 1943年10月12日

关于英国和德国部队使用的高级炸药性能一事，近期我请彻韦尔勋爵展开调查，并做出比较。我将他的初步报告一同附上。

参谋长委员会坚决认为在深入调查的结果没出来之前，应即刻改用铝化炸药。我对此表示赞同。这一变动会不会引发其他问题？请在下周内向我报告。

国防大臣应运用自身职权，对我们的炸药发展到目前情况的原因进行调查。鉴于整个情况需要严格保密，请推荐三名委员，将他们的资历写清。

首相致外交部、枢密院议长及财政大臣 1943年10月13日

我听史末资元帅说，他在南非俘获了8万名意大利战俘，并且很愿意拨一部分给我们，让他们为联合王国服务。他说可以给我们拨4万名。

在我看来，这是很重要的一件事，应该给予考虑。[①]

首相致雅各布准将 1943年10月16日

（在埃及的）241000名基地部队情况如何？请为我作一份分析报告，要及时且详尽。目前，战事已经从中东转向其他地区，但大部分部队仍然驻扎在西北非，那么上边说到的部队，到底是谁的基地部队呢？我建议，成立一个专门委员会，对这241000人（其中包括116000英国人）进行最细致的检查。不过，我需要立即了解当前掌握到的实际情况。

首相致军事运输大臣 1943年10月16日

排队等候公共汽车问题

我为你能想办法改变现状感到十分高兴。伦敦的每一路公共汽车每天在旅客运输管辖区内行驶次数共计550万次。就拿一个辖区来说，公共汽车每天每次行车

---

① 参阅9月13日给枢密院议长的备忘录。——原注

耽搁一分钟，就相当于一万人每天工作9个小时的时间。[②]

过渡时期的计划 1943年10月23日

1.我之所以准备发布另一份备忘录，提议应遵循一些程序以便制定出过渡时期的各项计划，是因为10月21日，战时内阁在会议上已经大致认可了我在10月19日的备忘录中提到的发展方向。

2. 我们会采取哪些行动，制定哪些方案，在行动之前政府在筹备与组织上会有怎样的安排？这是第一个阶段的工作，需依次列出，这样我们终止了对德国采取的敌对行动后，会让全国人民看到，我们已经料到会出现新的紧急情况，并且已经初步付出了必要的行动。

3.为了这目标，到11月10日之前，各部门应向战时内阁秘书提交报告，内容包括：①与德国之间的敌对行动停止后的一段时间内，我们打算采取的行动和必要举措； ②按照我们预想到的情况，在过渡时期的其他时间里，应该采取的，很可能为我们打败德国后两年内所进行的工作奠定基础的各种行动和必要举措。

4. 各部门承担主要责任的各项事务，也应在报告中表明。不过，还有很多事务属多个部门负责，并且已经交给专门组织或委员会进行核查。对于这类事务，可由各相关组织的负责人或委员会的主席向战时内阁提交报告。

5.以下各项应在报告中说明：

(1) 各项方案的制订进展，包括：方案是否已经拟定完成，或是到拟定出来还需多久。

(2) 在深入开展工作之前，需要确立的原则。

(3) 引用法令、枢密院批准的法令或国防法令是否需要，这些法令是否准备就绪，德国战败以前，是否需要颁发这种法令。

6.为对过渡时期内必须保留的战时权力以及停止使用的权力做出定论，要将细致审查一切法令作为本计划中重要的一部分。现在，这项审查工作已经在克劳德·舒斯特爵士领导的紧急法令委员会中展开。

7.将过渡时期准备工作的整个轮廓构思出一个大致的状况，这是第二个阶段

② 参阅9月29和10月11日的备忘录。——原注

的工作。我会亲自指导这个阶段的工作，确保计划的各部分之间能相互衔接，相互协调。

8．战时办事条例对于和平到战争的过渡以及战争到和平的过渡不能完全适合，因为这两种过渡在多个方面都有不同情况。因此，为了帮助各部门了解各自的预备工作是否符合总的计划，它们都应得知上述提到的大致状况，这样就方便了不少。

为了各部时常能顺应局势的发展，应任命一名高级官员，由他亲自监督该部主要负责的工作计划的准备工作。

9．保证整个方案制定完成，或保持制定完成的标准，这是第三个阶段的任务。开始可能会发现，有些事情的准备工作一直无法开展，是因为有些原则还没有确立。待我将总的计划制订好后，会亲自主持一连串会议，以便对总计划的各个部分进行审查。有些问题会阻碍预备工作的进展状况，我会请战时内阁对此做出定论。[①]

首相致内政大臣 **1943年10月24日**

希特勒全线溃败后，只要我们确实制定出一套关于粮食、工作和住房的计划，对于计划的改进就容易多了。

首相致霍利斯准将转参谋长委员会 **1943年10月24日**

这份看起来清晰易懂，又与美国人逻辑相同的文件，是政府给各位最高统帅下达的指令。不过，只向一位将军下达指令，让他攻打敌军，接着就看他打得怎么样，这样做是远远不够的。事情远没有这么简单，我们看到更多的情况是，该将军也许无法完成这项任务。在英国人看来，必要的监督和指导还是很有必要的，因此参谋人员和政府最高当局，在一定程度上应该给予监督和指导。

首相致海军大臣 **1943年10月24日**

我认为，没有权力将这40艘军舰从护航队和舰队驱逐舰中消除。如果你同

① 见第九章。——原注

意，这40艘军舰只被看作储备物资，暂不配备人员，遇到紧急情况才可以使用。

如果想把国家大部分战时力量用来实现如此庞大的新舰船制造计划，却不对自己的物资进行充分使用，那是行不通的。既然意大利舰队和德国海军已经全部被消灭，而且还有两年时间驱逐舰才能建造完成，因此，我们为何不考虑修理这些老的舰船，让它们为我所用呢。现在你们想要大量的航空母舰，却不把老的舰船进行修理，我为此感到担忧。未来的海军计划，不但由战时内阁进行严格审查，我也要严格把关。

首相致霍利斯准将 **1943年10月27日**

我想看看十字形防波堤的照片，弄明白它是如何达到预期效果的。为什么不使用橡皮防波堤呢？我感觉计划已完全改变。钢筋混凝土的防波堤与普通防波堤的不同之处在哪里？安装需要多长时间？需要多少船只运输？等等。一项有很大希望的计划没有实现，就是因为对人力和物力提出的需求太多导致，这样就太可惜了。

首相致兰开斯特公爵郡大臣 **1943年10月27日**

委任文官或准文官属非军事人员，对于授予他们高级军衔，或让他们穿着军装一事，我表示反对。除了便于执行公务，否则这么做显然没有必要。请就上述问题，询问安全事务处需依据哪些原则可以公布官员职务以及穿戴军装等方面的问题。请制定成简短的报告提交给我。

首相致霍利斯准将 **1943年10月31日**

为“霸王”作战计划聚集的英国部队目前有什么进展？请向我提交报告说明。除上述部队外，留在本国的部队情况如何？请另附一份报告。

11月

首相致帝国总参谋长 **1943年11月1日**

1.虽然我对其中的一些问题仍一知半解，但还是感谢你将情况告诉我。我一直在寻求一个标准，因此对于你提出我们应有一个“标准”的建议，我完全认同。有了“标准”，我们就有了一致的准则。不过“师”这个字完全不能使用，因为它没有共同标准可言。“师”可以指20000人的德国师，也可以指15000人的俄国师，又可以指42000人的英国师和美国师。

2.情报局对一个完整的英国师和一个完整的德国师做了最精确的分析，请将报告交给我，并说明一个英国师比一个德国师多出22000人，这些人的兵种是什么……[①]

3.就拿最近抵达意大利的英国第五步兵师来说，这个师只有18480人，还有23000多人去了什么地方？他们准备什么时候前往意大利？在这23000人中，肯定会参与作战的战斗部队的人数是多少？

4.关于意大利军和集团军的组成，能否再向我单独提交一份表格，并将大致给养人数附加在内。的确，这些大致人数不够确切，无法明确说明最近的情况，这我是非常了解的。

5.据说，波兰装甲师拥有至少400辆坦克，它既不属于第二十一集团军，也不属于本土野战军。它在英国远征军中，主要负责哪些任务？是否还有诸如此类的部队？所有的陆军坦克旅都安置到什么地方（据我最近收到的统计表显示，应有8个旅）？对于这些事情，我绝对有必要表明自己的观点。

6.我记得，一个德国师总共有20000人，而真正参与作战的有12000人。我们的一个师有42000人，参与战斗的有15000人或16000人。如果情况真是这样，则很容易让人悲观。因为德军的作战实力与我军不相上下，而且他们在远程行军时速度很快。不过，从另一方面来说，英国军和集团军可根据形势需要，给他们所指挥的部队以强有力的支持，这是因为他们拥有的炮兵、工兵和信号兵，比德军多得多。

7.面对我们不断增加的内勤和非战队人员的附属部队，我感觉形势紧迫。请将给养人数、营的数量、坦克数量还有大炮数量为我在报告中列出。为了开展“霸王”作战计划，就需要对后勤工作进行仔细分析，尤其是初始阶段。因为这种作战计划，船只要为每个人预留位置，还需在海滩给予给养。我希望这个问题能在国防

① 参阅10月11日致陆军大臣的备忘录——原注

委员会或参谋长会议中得到仔细研究，因此希望近期能安排好开会日期。

首相致海军大臣 **1943年11月1日**

1.在初始阶段，我的意见是，对你关于轻型输送舰的建议完全没有异议。我还希望在本周内找个机会和你、第一海务大臣还有军需署长对此进行探讨。我发现1945年和1946年不需要这么大量的输送舰。

2.但是，海军部提出，1944年总共需增加人数约36万，其中舰队增加288000人，造舰厂增加71000人。因为海军部提出这个要求时，我们正好缺少人力，又不得不大幅度减少全国各种作战活动，所以现在我们必须请求解决我们海军的整体人力问题。既然下令情况在近期已经出现，海军部到了1944年怎么可能需要的人力比1943年还多：

（1）在空军的大力协助下，我们已完全击败了德国潜艇；

（2）意大利舰队已投降；

（3）“黎歇留”号以及很多比它小一些的法国舰队已参加作战；

（4）美国在太平洋上安置的兵力是日本的两倍；

（5）今后多个月内，“提尔皮茨”号——敌人在西方的唯一主力舰，无法航行（除非德国的新航空母舰竣工）。

3.基于上述这些新的重大情况，今后会大大削减现有海军人员的数量，新的舰船建造完毕后，旧的舰船应立即退出战斗，并进行保养。内阁应该考虑，为让老舰船从现有战役中退出，推后或暂时停建已经投入建造但近期内无法完工的舰船，是否应该制定一项重大计划。所有这些情况可以说明，敌人的实力已经大大下降，盟国的实力已经大大提高，而你为何还要增加那么多的人力呢？当前情况紧急，有些舰船在对敌作战中不起作用，如果海军部仍然让它们参与作战，它就不能为国家更好地贡献自己的力量。

4.我想，要想让这40多艘驱逐舰退出战斗，最好的办法是将它们进行改装，然后全部进行保养，以推迟或暂停建造两年后就能完工的远航程驱逐舰。

5.你会留下哪些军舰参与1944年的作战，请列一张清单交给我。当我们与意德两国还处于敌对状态而这些军舰还属于敌国的时候（例如1941年1月1日），请将它们与我们现役军舰还有舰上人员数量做个比较。驱逐舰和小型舰艇分类列出，舰上人员只需列出总数。请列出1941年1月1日的数字、目前估算的数字，以及你提出的1945年1月1日的预测数字。请将出海的和未出海的分别列出，别忘了把海军航空兵部队计算在内。

6.我观察到，美国减少建造反潜艇舰船，是为了登陆舰的发展。到目前为止，只要造舰厂有一个船台空出来，我就督促他们毫不间断地制造反潜艇舰船。但是很多现象表明，敌人的生产下降，海军士气低落，反潜艇舰的数量越来越多，所以我们需要对这些情况进行全新的调查。

首相致飞机生产大臣　　1943年11月6日

看到了你10月27日发来的备忘录，其中令我印象深刻的是耗费大量时间对大量作战飞机进行改进。我希望，飞机要优先改进最能提高其战斗价值的那些方面。

你在备忘录附表中提到一个事实——我们并没有研发真正的重型轰炸机，这让我感到不安。卫克氏“温莎”式轰炸机，虽然性能不错，但比起经过改进的“兰开斯特”式轰炸机（将于明年年底投入生产），规模上相差不了多少。同时，美国的“波音 B29”式飞机，总重量为12万磅，据说可承载9吨炸弹，航程达3000英里，现在也已经投入生产。据我所知，他们还设计了一种“B36”式六引擎飞机，总重量大于25万磅，承重量超过30多吨，航程达4600英里。对于这种性能的飞机，我们是否也应该想办法制造?

首相致陆军大臣及帝国总参谋长　　1943年11月6日

1.据我所知，在“霸王”作战计划爆发之前，按照计划美国会提供15个师，我们提供12个师。我对我们不能与美国提供同样多的师，或比他们多一个师表示遗憾，但这要归咎于我们对“师”字的理解不同。[①]我非常希望他们（美国人）知道，“你们有一个人上前线，我们就有一个人上前线，你们有一门炮，我们也有一门炮”，还要让他们知道，我们为此付出了更多的努力。这样，我们才能在一

① 参阅10月11日以及11月1日备忘录。——原注

些事关重大的作战行动中，保证我们的权利。

2.也许，我需要在本国的防守上冒些重大风险，才能达到上述目的。如果所有正规部队都被派到海外，我们在迫不得已的时候会对国民自卫军进行动员。至于因此导致军火产量下降，也只好随他去了。

3.因为我们的兵力在意大利战场上占有优势——我们曾提过这一点——所以能彻底解决近期意大利战役的争端。我们要派遣与美国相等的兵力，参与另一场至关重要的战斗任务才行。另外，如果我们宣称我们在派遣兵力方面有所增加（增多），我们就能毫无障碍地进行一切商谈，并且如果有任何需要，对方或许会同意将作战行动开展日期进行必要的推后。请你思考这一点后与我面谈。

首相致枢密院议长 **1943年11月11日**

我认为，你应想办法从现有剩余粮食中再分配一些给养鸡户，因为他们的粮食不够，就用零碎的食物来代替。养鸡户和养鸡场分配到相同数量粮食的情况下，前者能生产出更多鸡蛋。养鸡比较轻松，而多生产的鸡蛋，也是养鸡户经营料理后应得的奖励。另外，还可以为他们的日常谈话增加话题，以便增加他们的兴趣。当前，每张配给证只能领取一份饲料，实在是微不足道。小家庭饲养的家禽不多，连他们搭建鸡窝的费用都挣不回来。在我看来，要想让更多人养鸡下蛋，供自己食用，就应该提高饲料供应量，这样，就节省了运输量和劳动力。

首相致教育大臣

1.9月16日，你在报告中提议利用电影开展教学，我对此表示感谢，因为我对此十分感兴趣。听说你亲自负责此事，我感到很欣慰。

2.如果教师只教授读书写字，而不辅以这种直观的教学方法，大多数儿童都无法得到发展，或得不到充分的发展。另外，能让所有儿童都受益的影片才是真正好的影片。摄制影片有这两大类：

（1）影片是对正规课程的协助和说明；

（2）现在的儿童是历史遗产的继承者，未来会成为历史遗产的守护者，因此影片应向儿童介绍我们辉煌的历史遗产。

3.关于这份教育提案，你在施政报告中提出的附加费用不是一笔小数目，因此，我无法在经济方面为你提供帮助。你应该将放映电影的费用与你计划中的其他各部分结合起来一起预算。据我所知，在德国，儿童家长会为租用影片和放映机承担费用。我不知道，你在提案中如何应用这种方法，如果不将电影作为正规课程的一部分，或是不需每个儿童观看的话，可能还好办些。但是如果儿童自愿观看某部电影，或许会同意以某种形式支付费用。请你研究解决此问题的具体办法。

首相致伊斯梅将军，转参谋长委员会　　1943年11月16日

基于某些情况比较严峻，因此我们在福克兰群岛上驻扎了强大兵力进行防守。在没得到上级批准之前，就削减了驻军的数量，我想知道这其中经过了怎样的事态变化。如果日本一艘巡洋舰驶来，将我们的岛屿和连人员都没有配备的新的防御工事都霸占了，这是多么可惜的事情。这种意外不一定会发生，但也不排除这种可能。那1500人属于哪个团的？你打算如何使用他们？

首相致第一海务大臣及伊斯梅将军转参谋长委员会　　1943年11月21日

1.现在，我将一月初进攻罗马，一月底进攻罗得岛视为重点思考的问题。前者已经准备妥当，后者还缺少两个必备条件，这两个条件是：第一，让土耳其加入战争，以便利用它的基地；第二，需要能运送一个师的登陆舰艇，这样可以使一个优秀的英国师率先登陆，接着第十印度师继续登陆以提供援助。这些师的行军路程不长，还需在主要据点上将8000名德军牢牢守住，因此只需配备部分车辆即可。所需登陆艇的数量是多少？这些登陆艇的来源在哪里？第一海务大臣的想法是，现在东南亚指挥部手中有一些登陆舰，可以先让他们到地中海去执行这个任务，然后再立即返回东南亚，加入（进攻苏门答腊的）“长炮”作战计划或这个地区的其他作战计划。

2.如果蒙巴顿海军上将的确不再参与“长炮”作战计划，就不用这么紧张了。与攻占罗得岛相比，攻占安达曼群岛显得不值得一提，到年底的任何时间去攻占它都可以。除了攻占罗得岛和其他任何岛屿外，我们还可以消灭八九千德军，或是令他们投降。到目前为止，这八九千人是我们在意大利战争中俘获（德国）战俘的三倍。

12月

首相致陆军大臣 **1943年12月13日**

1.军事参议院于9月26日公布了关于不按规定戴军帽问题的第1408号指令，是我在中东时，经第四轻骑兵团提醒注意到的。该指令规定，皇家装甲部队各战斗单位“在穿着作战服和军装时均要佩戴黑色贝雷帽”，这种软帽是（第十一轻骑兵团除外）正式军帽，但是，军官如有军便帽的话，在需要更换其他型式的军帽之前，也可以佩戴。

2.第四轻骑兵团担心的是，如果战后的规定仍然未变，那他们就和坦克部队一样，只能佩戴黑色的贝雷帽。

3.如果我是第四轻骑兵团的团长，就会提出要求，向这个团保证这只是一种战时举措，等到供应充足，他们可以继续购买并使用军便帽。

4.我希望你能对此保证，请你提出想法。

1944年1月

首相（在马拉柯什）致陆军大臣 **1944年1月7日**

国民自卫军所承担的任务比任何其他民防组织的任务更加繁重，因此我们应想办法减轻他们的负担。他们每个月虽然有48小时的操练任务，但由于大部分人员都已经熟练，所以不该为了凑够任务，而强行让他们操练。国民防空自卫队只要值勤一晚，都按12小时计算，不管有没有警报。但是普通国民自卫军，被强制参加操练，而且三年以来，他们中的很多人都没有自己的私人时间，因为他们的操练时间都安排在晚上和周末。如果不参加，就要罚款或是被监禁，这种强制性手段常常为厂矿企业带来困扰。在战争的这段时间，关于减少国民自卫军值勤时间的规定，不应由一个单位的负责人员随意发布，而应该由官方宣布。应最大限度减少防守工作和紧张的操练。对于已经获得熟练队员勋章的人，只对武器的保养进行操练就可以了。

首相致海军大臣及第一海务大臣 1944年1月10日

无线电控制的近炸引信

1.到了今天春季，美国海军就可以得到大量的引信管，即使是4英寸口径的大炮也可以使用。这种装置使用方便，但是我们在整个战争时期都没有，你能满足我们的需求吗？我认为，这是个严重的问题，海军部应该想办法解决。

2.有没有可能请求美国分给我们一批信管？或者你认为我们还有更好的办法？

首相致伊斯梅将军，转参谋长委员会 1944年1月17日

1.这篇报告（联合情报参谋处关于日本在东南亚地区的企图的报告）上说，日本已经不准备向印度进攻。在未来几个月内，东方舰队即将成立，随着它的实力日益增长，任何一支日本所谓的值得派遣的分遣队都不是它的对手，因为日本海军已经将所有力量集中到太平洋，已经无暇顾及其他方面了。此外，印度的防空力量也不容小觑。

2.基于上述情况，我得出的结论是，大量印度的实力较弱的武装部队必须持续精简。排除驻印度及其边境的英国部队，领我们的军饷和物资供应的人员大约有200万名。应该为印度总督和奥金莱克将军下达指令，让他们在今年内至少精简50万人。削减工作主要以减少粮饷消耗为目的，但要特别注意的是，对于没有削减的部队要提高他们的质量，同时还要尽可能得到当地尚武部队的帮助。印度军队应尽力恢复到他们战前的高效和水准。各被解散营的军官和技术人员，应集中到这些营中充当军官骨干，尤其是白人军官骨干。各地招募新兵，即真正能用于战斗的新兵，应遵守严格的标准。

3.同时，我想知道开战以来印度军队（不包括英国军队）每年的开销，以及每年在人力方面的平均消费情况。请印度事务部向我提交一份财务报告。

首相致伊斯梅将军 1944年1月19日

现在看来，我又该将以前曾向将领和高级司令官公布过的关于发表演说的通令，重新公布一次了。近期，将领们发表演说和接见到访者的次数好像很多，请将那份通令拿出来阅读一下。

首相致伊斯梅将军，转参谋长委员会 1944年1月19日

我们驻意大利的空军拥有制空权，可以毫不费力地飞往达尔马提亚海岸，将它完全控制在自己的手中。我们在海军方面也很具优势，待安齐奥战役结束后，我们应该很容易就组建一支包括近2000名突击队员和十二三辆轻坦克在内的搜索队，搜索和肃清德军占领过的各个岛屿，将岛上的守军俘虏或消灭。我们应该考虑为此制订一项计划，然后再交给最高司令官审查。

请务必即刻开展这项工作。敌军既无制空权，也无制海权，却能随意阻隔我们与达尔马提亚海岸的联系。如果我们集中火力进攻，他们是否还能守住这些岛屿?

首相致自治领事务大臣 1944年1月23日

一直以来，我之所以希望新西兰师参与罗马战役，不是因为我们缺少其他部队，主要因为我们想将它们作为一种象征。他们现在很可能会参加战斗吧，如果退出欧洲战场，那就太可惜了。

即便这个师的人数减少到一个旅般大小，我也无所谓。即便如此，它可以称作师，或者将其他旅并到其中也可以。我希望他们参加这次作战，以后，他们也会为自己参战感到荣耀。

弗雷泽先生无需为了个别人回国感到为难，这是我不愿看到的。

首相致伊斯梅将军 1944年1月25日

蒙哥马利将军说，现在七个突击队可供他用于“霸王”作战计划，但他需要的是十个。请告诉我，他的要求能否得到满足？我不准备将第二特别空军团调回，但同意调回某些专门人员担任教练，对于这件事，你们做了哪些工作?

首相致伊斯梅将军转参谋长委员会 1944年1月25日

刚才，我阅读了“英国在中东各国的战略需求”这篇文章。可能参谋长委员会认为，分治（巴基斯坦）将会激起犹太人的愤怒，但与实际情况相反的是，政府报告中的政策才是激起犹太人愤怒的真凶。阿拉伯人反对分治，于是犹太人开始对他们的一切暴力行动进行反抗。如果随其自然，阿拉伯人会被犹太人打败——这是韦维尔勋爵说过的话，我们应该记住。因此，不管怎样，对于表格中列出的关于保持内部安全的必要条件，我不能认同，因为这些条件，是在假设了犹太人和阿拉伯人联合起来对付我们的情形后，制定出来的。如果我们与犹太人联合起来，按照内阁报告中关于分治的提案，采取一致行动，应该不会冒太大的风险。当然，犹太人如果对任何分治计划表示不满，我们是不会执行的。

首相致自治领事务大臣 1944年1月25日

在我看来，希特勒虽然有可能在法国获得成功，但是他在1944年以溃败为假设来制订计划，是非常愚蠢的。敌人的预备部队可以在很短的时间内从一个根据地调到另一个根据地，因此战争有很大风险。我收到一份情报，来自德国内地，上边表明，整个德国仍然控制在希特勒和他的政府手中，德国在遭受轰炸后，仍然没有兵变的迹象。通过与德国部队的接触，我们可以清楚地了解他们的实力、纪律与战斗力。[①]

首相致陆军大臣及帝国总参谋长 1944年1月25日

1.对于“盟军中地中海军事力量”这个名称，我不同意使用。在未与我商量之前，你们不应该公布这个名称。

2.这个军队由20个师组成，不该被称作“军事力量”，而且它活动的区域也不完全算作中地中海。打个比方，马耳他岛和突尼斯属于地中海区域，科西嘉岛和撒丁岛包含在这个区域内。另外，南斯拉夫是专门为最高统帅保留的地方，它并没有被划分到亚历山大将军（除非以纯粹作战为目的）管辖范围。因此，种种

① 参阅519—520页。——原注

原因证明这个名称不可用。

3.根据上次大战的先例，亚历山大将军被任命并接受了“驻意大利盟军司令”的头衔。那时“英国远征军”因人数增加被命名为“驻法国和佛兰德的英国军队”，因此亚历山大的头衔也被更改。这次，待到时机合适，也就是罗马战役已成定局，并获得令人满意的结果后，也应该为他更换头衔。

首相致蒙哥马利将军　　1944年1月27日

1.生产大臣对双层甲板坦克的暂时性答复是什么，请向我提交。这种坦克看起来还不错。

2.我还希望很快看到一份关于防水材料的报告。一个军队包含30个师，而这三十个师以每师两万人来算，一共才60万人，其中参与实际作战的不到四分之三，却要配备20万辆车辆，好像过于庞大了。一辆车最少需要一个半的人力来驾驶和看管，这就需要30万人，还有人担心车辆被敌人霸占，还希望配备充足的步兵，携带步枪和刺刀来保护这些庞大的车辆。

首相致霍利斯少将　　1944年1月28日

将地中海区域的重要司令部设在意大利并不合适。不该将威尔逊将军限定在某个特定区域内，因为整个北非战线都在他的管辖之内。亚历山大将军也不应该因最高统帅的司令部设在意大利而受影响，因为意大利战场的指挥权在他手中。我认为，人们并没有必须将（这些司令部）迁到突尼斯地区的想法。适不适合迁往马耳他岛？如果其他地方都不合适，就将驻扎在阿尔及尔的过多的军官精简一部分，然后就继续以该地为司令部。

首相致内政大臣　　1944年1月30日

你在1月24日的备忘录中记录的在政府机密工作中任用了共产党员的问题，我已查阅。

对设立陪审团一事采取保密措施，我赞同这么做，而且还要对所有陪审员进行嘱咐。是否对任用共产党的人有所行动，要由他所在的部做决定，而这个部的部长又负责议会工作。

就这件事情来说，责任分为三种不同的程度。

陪审团收到的证据，应由提交证据的军事情报局第五处负责；审查证据并决定是否联系相关部门由陪审团负责；而在必要时，采取何种行动，则由这个部门负责。

我同意将一名熟悉人事问题的财政部高级代表纳入陪审团中，但如果陪审团不同意接受涉事部门派出的代表，不应该强行让他们同意。在陪审团受理这一案件之前，这名犯罪嫌疑人所在部门代表，不应该去了解起诉的情况。陪审团主席在权力范围内，可允许一名相关部门的代表加入。

首相致外交大臣　　　　1944年1月30日

欧文·奥马利爵士对调查卡廷森林有什么意见？我想应向他秘密询问。这种新的说法是否能和桦树在坟墓上的生长时间所做的辩解相吻合？有人对那些桦树进行调查吗？

首相致海军大臣及第一海务大臣　　　　1944年1月31日

1.海军部即将制定舰艇制造计划，并将四艘经过改进的快速运输舰包括在内。我同意这个做法，但我认为，应该先提前很长时间，将两艘修建完工，另外两艘就可以更好地参考前两艘修建过程中的改动。此外，我想在战争期间还未开始建造就已获议会批准的“雄狮”号、“冲锋”号、“征服者”号及“雷神”号等四艘战列舰，也应被纳为海军舰艇制造计划中，但须说明，只进行设计工作。到1945年夏季，想办法将“先锋”号建造完成，其中有哪些困难，请告知。

2.目前，你们提出的战列舰订货量，我不确定是否比我们在战争期间的产量要多得多。1943年，你们预定的舰船总承重量为808000吨，其中只有402000吨建造完成，337000吨竣工，这样一来，仅将去年的预订量制造出来就需要两年零三个月。迄今为止，我们一年最少要完成两个造舰计划，而我们的舰船制造速度要大大超越1943年，否则你们远远无法完成，或是无法消化你们身上担负的，已经获批的大量的造舰量。如果让喜欢评头论足的人了解到这种情况，就会对海军不利。毫无疑问，以上情况还会令整个新的舰艇制造计划受到影响。我的意见是，如果有些舰船会影响订单中类似舰船的竣工，或者说在1944年还不能开工，就不必列入造舰计划中。

3.我们经常讨论到1945年与日本作战的时候，用哪些主力舰队。我认为我们应该用到八艘战列舰，分别是四艘“英王乔治五世”号级战列舰、“声威”号、“纳尔逊”号、“伊丽莎白女王”号和“沃斯派特”号，调动所有能调动的装甲航空母舰和辅助运输舰，巡洋舰和小型舰队根据情况予以援助。你应该制定一份逐步发展辅助舰队[①]的计划。到了秋季，我希望“先锋”号可以成为主力舰队中的一员。此外，意大利的“李特利奥”式军舰在改装后也可用于此次战斗，请予以考虑。请将需要的时间、人力还有资金告诉我。

4.到了1944年6月，只要美国有需要分舰队，我们就会同意将你们已经准备好的分舰队交给他们。但重要的是，我们不能给（苏门答腊的）“长炮”作战计划带来影响，因为在1944年到1945年之间，我们仅能借此机会使大部分在孟加拉湾一带的陆、空部队对敌展开有效的行动，我们必须要注意这一点。如果“长炮”作战计划没有其他困难，又不会发生意外状况，我们在孟加拉湾与太平洋之间部署舰队的时候，一定要以执行“长炮”作战计划为目标。

5.为了满足11月或12月执行的“长炮”作战计划的需求，我们需要一定数量的登陆艇，因此还需向美国参谋长联席会议提出借调申请。他们可能不会拒绝我们，因为我们曾派舰队支援他们。不过，要等蒙巴顿海军上将派出的军官来到这里，我们再对这件事进行探讨。

6.经过战争幸存下来的四艘“英王乔治五世”号级战列舰，一艘现代化的“纳尔逊”号、“先锋”号、四艘装有16英寸口径大炮的战列舰（这四艘战列舰将列入我们的造舰计划中，只要有机会便开始建造），此外我们还要申请两艘“李特利奥”式战舰——我们要争取用这大约12艘战列舰组建战后舰队，不过也取决于这些战列舰是否因为发明的日新月异而变得破旧。当然，目前的情况还很乐观，而潜艇对战列舰造成的危险，大多数已被排解，飞机对战列舰的威胁，也比以前任何时候都得到更好的控制。我们在地中海做出较大的贡献，并且我们

① 为舰队供应燃料、物资等的机构。——原注

加入紧张的战争，都牺牲了建造新的重型舰船的时间，因此我确信，我们绝对有理由获得“李特利奥”式军舰。便于我们对整个问题进行更深入的探讨，我希望你们根据上述规模，拟定出我们战后舰队的大致情况，就像1947年的大致情况那样。

7.至于“霸王”战役中的炮轰舰队，我同意让“沃斯派特”号与“罗德尼”号加入。另外，你们还有哪些舰船可以调来加入炮轰舰队？我想，你们可能正在为提供舰上炮手、最新的训练方式以及落弹观察员想办法吧，而且我想，你们无论是对付人，还是用于轰炸混凝土防御工事，都应该有足够的军火。只要有空军掩护，炮轰舰队应该能充分发挥作用。

8.关于你们在人力使用上的建议，日后我会提出。我认为，（当前）你们那儿的人力最少有10万，除了流动人员，剩余的人分别分布于训练机构、港口、基地。未来两年内，你们先从这些人员中抽调一批，这就需要大幅度精简训练机构和工厂人员，然后再从我们为数不多的人力储备中抽调。

2 月

首相致伊斯梅将军，转参谋长委员会 **1944 年 2 月 2 日**

1.每当一次大规模的进攻爆发时，战线上未受影响的地方就因准备不足而显得平静，这是我的经验之谈。人们只关注战争本身，有时只用不多的代价，或是毫无代价，就可以在其他地方获得非常巨大的收获。

2.请在严格保密的情况下进行研究：

(1) 以当地局势混乱为借口，在三、四、五3个月中，将英国第一、第六装甲师还有南非第六装甲师调到摩洛哥。在没其他借口的情况下，也可以以“霸王”作战计划增援为由。

(2) “进攻起始日”之后的第二十或第三十天，全部军队出动后，先用奇袭攻占波尔多，然后用不了多少登陆艇，就能将这些师送到该地。由于敌人的空军已经被引到北部，这些应该不难做到。等这样一支部队到了法国中部或南部，他们的行动会立即激起大众起义，这会为主要战斗带来不可限量的优势。

3.此外，这几个师是否能通过陆地暗中运送到摩洛哥，然后再极为秘密地登船，通过一个极大的弧形航线（海路），达到进攻地点。

4.执行“铁砧”作战计划时，不需要这些部队的参与，因此，上述行动不会对“铁砧”作战计划造成影响。

5.如果这个计划（可称为“哈里发”作战计划）取得成功，美国就可以派步兵师横渡大西洋，直接在新的基地登岸。

6.以上情况引发了几个问题：三个装甲师需要多少舰船承载？如果运送5000名突击队员到波尔多（无疑，准备让这些师团从正式码头登岸），需要登陆舰的数量是多少？所需的舰船从哪里获取，如何将他们秘密开往卡萨布兰卡？如果登船、航行都很顺利，加上登陆共需要多长时间？我们可能需要一支航空母舰舰队来保护登陆，但如果我们在北部的海岸基地已经建立起来，这件事应该很容易办到。我们让别处的大好时机白白溜走，而总是循规蹈矩地盯死一个地方，真一点也不明智。

首相致自治领事务大臣　　　　1944年2月2日

1.在必要的前提下，我可以就轴心国外交使团驻在都柏林一事召开一次内阁特别会议，并将此事进行讨论。

2.英美运兵船队的行动被泄露虽然有危险，但它的危险程度却不及我们为“霸王”作战计划做的准备工作从某种渠道泄露出去。从军事上来看，如果德国和日本公使继续驻扎在都柏林，那么最近几个月内，我们也许需要阻断爱尔兰和欧洲大陆之间的所有联系。不过现在，只要有人乘坐爱尔兰开往西班牙的船只，且听说了英美最近的准备情况，都能泄露出去。即使海路完全被切断后，德国大使只能发送最后一次电报，但我们仍然无法阻止他们通过无线电，将关于我们行动日期的预测发送出去。

3.我认为有些非常严重的危险，一定要引起罗斯福的注意，因此正打算向他发送电报。此外，我还想通过他让参谋长联席会议考虑这件事。

首相致外交大臣 1944年2月5日

关于你提议将某些公使馆升级为大使馆的备忘录，我已阅读。

古巴具有“安的列斯群岛中的明珠”之称，它广阔、富饶、美丽，又是出产烟草的岛国。如果其他地方的公使馆已经升级，却不让这个地方的公使馆升级，那就对它太不尊重了，它应该与其他地方一样，也应拥有此权利。相比委内瑞拉，古巴更具有资格，如果对它不管不问，不但会与它结下深仇大恨，而且过段时间后，在迫不得已的情况下，还是得让它享受其他国家的相同待遇。

首相致伊斯梅将军 1944年2月7日

“哈里发”作战计划报告有何进展？如果计划人员还没有写完，请你告诉他们，为配合英国装甲部队在“哈里发”的登陆[①]，我们打算最少在摩洛哥的集合区内，汇集三个法国师。

首相致爱德华·布瑞奇斯爵士 1944年2月12日

我不准备从内阁作战室中期迁出，因为我们不可能遭受到与以往完全不同的闪电式轰炸。况且我认为新的轰炸没有什么不同之处。你可以给掌玺大臣安排其他住处，其他大臣还住原处。

首相致爱德华·布瑞奇斯爵士 1944年2月19日

塞尔博恩勋爵在来信中说明了战后过渡时期住房问题的原则，我认为是不可行的。不考虑货币价值的变化，就将土地价格制定得高于1939年的标准，这就与为某一阶级颁布的财产没收法令没什么区别。 必须在颁布法令时加上一条：价值应与1939年相当，也就是说，实际价值相同。

首相致伊斯梅将军，转参谋长委员会 1944年2月19日

1.到了雪季，依靠飞机运输过来的小型坦克在挪威作战，是“耕种部队”的

① 参阅2月2日致伊斯梅的备忘录。——原注

任务。有了空运的坦克，士兵在作战时可以移动，从某种程度上来说还能遮风挡雪。后来，“耕种部队”就被看作为执行普通任务的突击队了。空运坦克的办法进展到哪种程度？有多少个“耕种部队”？当前，“耕种部队”在意大利的驻扎地是哪里？它在任务执行方面有何进展？

2.就我个人而言，这次战争完全放弃了“朱庇特”作战计划，是很愚蠢的行为。当然，到1943年，我们本应该解放挪威，但是那时，我们很难在战略上得到美国盟军的认同，或是很难得到国内的必要支持。假设我们在执行“霸王”作战计划中遇到困难，或是希特勒在“霸王”前线上聚集了大量兵力——我们不排除发生这些意外的可能。在1944年到1945年冬季，我们可能需要在挪威、土耳其和爱琴海从侧面发动进攻，因此我不愿意解散这支部队。另外，这支部队还可以用于巴尔干半岛，或是用来将德国驻达尔马提亚海岸以外岛屿上守军消灭。

3.请就上述观点提出你的见解。

首相致内政大臣　　　　1944年2月22日

为“霸王”作战计划设定一个国家祈祷日是完全错误的。我认为，目前专门规定一个祈祷或感恩的日子是没有必要的。

首相致外交大臣　　　　1944年2月25日

1.我们要向我们的敌对国家“进攻”（invade）。

2.我们要“进驻”（enter）并“解放”那些被敌人占领的盟国国土。

3.我们已经同诸如意大利这样的国家政府签署了停战协定，我们最早是“进攻”（invaded），但是后来由于意大利与我们有了合作关系，我们对意大利采取的进一步行动就具有“解放”（liberation）的性质了。

首相致外交大臣　　　　1944年2月27日

1.民间向美军索求的限额5000美元以上的赔偿金，根据宪法规定，美国方面显然无法支付，因此我们完全同意立即支付这笔赔偿金。

2.我需要同艾森豪威尔将军进行一次交流，以解决开车莽撞带来的诸多麻烦。不管怎样，我都该先向他说一说这个问题，我确信，只要向他说明，他一定会利用职权进行管制。

3.我们没必要在议会上说那么多的废话，因为这样做就会令美国人不满，况且我认为，这件事并未让你在下议院的压力剧增。你向下议院提交报告时就说，在英王陛下政府与美国政府深入协商之前，我们将支付5000美元以上的赔偿金。同时，我会让艾森豪威尔严加管制，希望有不错的效果。

首相致伊斯梅将军及派尔将军 **1944年2月28日**

毫无疑问，德国最新研制出的炸弹已经有了很强的爆炸力，在此情形下（当然在普通情形下也是如此），不用值勤的防空人员遇到敌机空袭时，是否应该有掩蔽壕，以及防爆炸气浪和弹片的掩体做保护？因为敌人有了“窗户”装置，每次空袭的时间不会很长，所以没有任务的防空人员，遇到空袭时应听从命令使用掩蔽壕。在材料充足的条件下，大部分掩蔽壕可以由高射炮队亲自修建。如果需要外部支援，就尽量在最不隐蔽的地方优先修建掩蔽壕。

3月

首相致飞机生产大臣 **1944年3月1日**

我对你在二月份超额完成任务，使飞机产量达标表示祝贺。请代我向所有完成任务或超额完成任务的人员表达我最真挚的感谢。

首相致罗斯福总统 **1944年3月2日**

我提议将下列内容（假如关于1944年2月船舶损失报告中的数字，在今后没有大幅度增加的话，就照此办理）加入你就反潜艇战制定的月报中：

“自美国参战以来，1944年2月是成绩最突出的一个月。在二月间，盟军船只损失的总数还不及1943年2月损失数量的五分之一，不及1942年2月损失数量的九分之一。”

1944年2月，70000吨；1943年2月，378000吨；1942年2月，659500吨——

这是英国方面记录的数据。大量的德国潜艇也被我们摧毁。

首相致国内安全大臣 1944年3月2日

很感谢你对民间防毒面具进行的分析调查。我知道有约十分之九的人已经有防毒面具可用。当前，我们向德国投了相当于投向我们自己的30倍吨数的炸弹，此时，备好这些面具，才能有效保护我们在敌人发动毒气战时的安全。

首相致艾伦·拉塞尔斯爵士 1944年3月4日

内政大臣为“霸王”作战计划设定全国祈祷日的备忘录，你应该看一看。在我看来，这样做最为危险的是人们会关注即将发动的战争，因为人们都不知道到底什么时候会发动。我们要避免使我们的部队士气低落，这一点必须特别注意。①

首相致飞机生产大臣 1944年3月5日

我听说，现在美国制造的飞机不刷油漆，这种飞机不但省时省材料，而且其中一些型式的飞机一小时还能提高20英里的速度。请告知，这种方法是否适用于英国飞机。

首相致军需大臣 1944年3月7日

在阿默舍姆和阿克斯布里奇之间有一条大道，在大道旁边有个叫查尔方特圣贾尔斯的地方，那里有一个垃圾堆或废品站，三年来，一直有人在那里工作。每次我去契克斯时都经过那里。现在那些罐头瓶子或是金属物品有没有从那个堆积多年的垃圾堆中回收，或还是在垃圾堆中扔着？是正在挑选还是刚将他们找出来？我经过时看得不是很清楚。我只知道这件工作一直在做，就是进度太慢。

首相致波特尔勋爵 1944年3月7日

在外交部的楼下、圣詹姆斯公园的湖对面的草地上，有一个破烂不堪的口袋，破口已漏出了沙子；还有一个过去当地国民自卫军在这儿操练时，用沙袋堆

① 参阅2月22日的备忘录。——原注

积的街垒和其他障碍物。这是一个练兵场，不过已经很久没人用了。这个地方很显眼，不应该弄得乱七八糟。除非这样做真有需要，否则应想办法解决。

首相致财政大臣、海军大臣、陆军大臣及空军大臣　　1944年3月7日

听说你们正在想最适当的办法，为三军士兵增加一点经济补助。虽然我在基本军饷的变动上还是保留我的意见，但是现在的确应该给我们自己的军队一些补助，因为战争开展的时间已经不短了，况且很多美国军事人员来到我们这里，都享受着不错的待遇。虽然我还没有对这个问题进行仔细研究，但是我想，每年增加两千万镑的经费用于发放补助，应该还算合理。另外，已婚且收入最低的人员应该受到特别照顾。请你们在制定提案时，将以上意见考虑其中，待提案拟定出来后交由我审批。

首相致陆军大臣（请军事运输大臣一阅）　　1944年3月8日

那些车辆装备齐全，我们无法用船只把它们运输出去，当然敌前登录的情况除外。

据我所知，到了12月31日，会有20万辆各种形式的军用车辆汇聚在地中海战区，到了一月份又有大约1000辆从联合王国和北美运来。据十一月到十二月的耗损情况看，运去的这些车辆是否能用四个月？

在今后的三四个月中，这个战区的车辆已经很多，而且舱位还要满足其他方面的紧急需求，可否先暂停向那里运送车辆？

首相致罗斯福总统　　1944年3月9日

关于英国在美国的黄金和美元储备问题。

1.我们曾于12月8日在开罗讨论过美元收支情况，我还给哈利·霍普金斯一份备忘录，这你应该没忘记。在这个问题上，你认为我们受到的待遇应该和法国和俄国相当，我的确是这样理解的。法国的储备至少有20亿，而且也没有海外债务与之相抵；俄国也一样。你在电报中说，这些美元结余是我们存在美国的一份特别资产，然而实际上，它却是我们的全部储备。在账面上，与这笔储备相抵消的是，我们为共同事业欠下的不少于100亿美元的债务。

2.1月8日，也就是我们商谈之后，哈里法克斯勋爵同赫耳先生和摩根索先生进行了会谈，他们就你在电报中第一段提到的需要的答复的问题进行了探讨。摩根先生向哈利法克斯勋爵说，当前不准备用任何其他方式减少英国的美元结余。哈里法克斯勋爵向我汇报后，因为我们相信摩根先生对哈里法克斯勋爵作出的保证，所以我们将一些在政治上难以达成的项目，从租借物资中划掉。

3.可以说，美元结余是我们仅有的流动性储存基金，你们建议将它减少到10亿，这不仅违背了盟国间的平等原则，还不符合平等承担损失或提供资源的理念。为了这场战争，我们几乎把我们在国外可以变卖的资产全部用尽，说明我们并没有逃避责任或贪图享乐。在同盟国当中，只有我们一个国家会在战争结束时欠下大笔的外债。这最后一笔流动储备金是留作应急的，如果将它花掉，我真不敢想象后果。这个时候，正是英国人和美国人共同在战场上挥洒热血的时候，只要将战争缩短一个月，就会节约下比这笔储备金还要多的军费，如果此时在议会中提出这个问题，我担心会引发大众的不满情绪。

4.我坚信你的正义感，以及美国人民的正义感，为了让你对我们的情况有所了解，因此我鲁莽地向你提出了这些观点。

5.请继续看我发来的下一封电报。

首相致罗斯福总统　　　　1944年3月9日

1.接前电。现在你已经了解了我们美元收支的全部情况。不过我一直认为，你的意思也许是让我们寻找一些安置方法，以便我们美元收支的一部分不会引人关注。如果真是如此，那么待你同意之后，等斯退丁纽斯来了，我与他进行详细探讨。

2.我们看到你的电报后才知道，就在3月8日，克劳利先生已经同意向美国国会就我国现在和战争开始时美元的收支情况进行汇报。这是十分危险的事情，如果事情的起因经过能讲清楚，我确信能表明我们正确的立场。但是如果把事情弄得人人皆知，当然，我们就必须要当众重新声明我们自己的正确态度。如果泄露了我们对除美国之外其他国家的巨额负债，必然会大大影响英镑的地位，从而使盟国在同一时期的实力受到牵连。所以我们要求你们不要对外公布这个数字，如果一定要公布，也要严格保密，并让听到这些情况的人弄清问题的本质。

首相致军需大臣 1944年3月9日

请告诉我，我们的新杀虫剂滴滴涕的产量有多少，是否充足，因为据说它的供应很紧张，需求量日益增大。如果不够用，就想办法扩大生产量或提高速度，最重要的是尽快大幅度增加供应量，特别是对东南亚指挥部。请想办法大幅度提高滴滴涕的生产量。

首相致罗斯福总统 1944年3月10日

哈利·霍普金斯术后身体怎么样？今天我派信使送上我为他已经牺牲的儿子写下的碑文，请带我转交到他休养的地方。

首相致吉罗将军（在阿尔及尔） 1944年3月10日

你的女儿在突尼斯遭遇逮捕，并同她的四个孩子一起被俘虏到德国，我对她的离世表示最深切的慰问。

首相致达夫·库伯（在阿尔及尔） 1944年3月10日

我十分赞成勒克莱尔将军带领的师团同我们一起参与这里的主要战斗。我与艾森豪威尔进行了交流，他也在言语中表达了此观点，因此你可以私底下告诉戴高乐将军了。为了这件事，我正在想办法解决运输方面的难题，我相信这些问题可以迎刃而解。

首相致海军大臣及第一海务大臣 1944年3月11日

当前我们俘获的德国潜艇其特征和技能是什么？请将它们与战中其他重要时期俘获的德国潜艇做一个比较，并向我移交简短报告。

首相致外交大臣 1944年3月11日

我认为，将马利特在此重要时期调离斯德哥尔摩是件可惜的事情，因为马利特在这个岗位上积累了大量的专业知识，并且又有需要执行的具体任务，如果只是按照军队一贯的升级程序，就将他从现有职务或所属司令部调离出去，我是不会同意的。在战争时期，个人事业要以国家利益为标准。一位大使要有足够的时间，才能扎根此地。第一年，他可能什么都不了解，第二年在工作上有了起色，第三年又要调走了。斯德哥尔摩的局面比较复杂，因此马利特一定要留在那儿。最后，我最希望瑞典能加入战争，我想这不是没有可能。

首相致帝国总参谋长 1944年3月13日

三十个人在激烈的军事演习中死亡[①]，这究竟怎么回事？这些军队从哪儿派出来的？共有多少人参加演习？这些军队应用于参加一些地方的战斗，而不是死于演习。

首相致枢密院议长、卫生大臣、工程与建筑大臣 1944年3月14日

昨天我听比德尔·史密斯将军说，美国军官在英国期间租住的平房和小型住宅，价格太贵。他说，一所中等大小的平房，每周租金为28镑，他住的一所小型住宅，每周租金要35镑，就像敲诈一样。美国人应该并且也愿意为他们的住处付出代价，但是要公平合理，如果借此敲诈或谋取暴利，在我看来这是绝不允许的。

我不知道此事由谁负责，但希望你们了解一下，并让我知道：第一，真实情况怎样；第二，有什么办法可以改进。

首相致空军参谋长及伊斯梅将军 1944年3月18日

对于轰炸罗马火车货运聚集场一事，我十分理解，但对于低空机枪扫射意大利街道上的普通民众，这种罪行不应该是英国飞行员干的。我想知道这个命令是由驻意空军的哪一部分发出的？请就此事向我提交专门的报告。

---

① 在外约旦举行的一些军事演习。——原注

首相致罗斯福总统 1944年3月19日

1.在爱尔兰，我们一直遵循格雷①的行事风格。如果一位医生给他患有神经系统疾病的病人开的药只是带颜色的水，而他又告诉了他的病人，那这个医生就是愚蠢的，因此现在还不到时候向德·瓦莱拉提出保证，我想最好还是先让他们去猜测吧。

2.我的确准备在“霸王”战役爆发之前，禁止船只从爱尔兰开往西班牙、葡萄牙和其他外国港口，但是我并不准备妨碍英国与爱尔兰之间的必要交易，也不会禁止向爱尔兰运送物资。我们知道船只离开港口时朝着某个方向行驶，但是在途中可以改变方向，但拦截船只并没有什么困难。我们要尽全力拦截飞往海外的飞机，因为这些飞机同样适用于上述措施。我们并非因为不喜欢爱尔兰人才采取这些措施，我们的目的只是想避免驻都柏林的德国公使通过海路或空路派遣密使泄露我们的计划，以便保护英国和美国士兵的生命安全。从1943年初以来，从爱尔兰港口驶出的19艘船只总共只有几次航行，因此我们的措施不会造成多大影响。此外，我们还要用切断电话线路的方式将通讯往来严格限制起来，还要禁止英国和爱尔兰之间的空运。我再申明一遍，我们的所作所为绝无恶意，只出于自我保护。

3.不过，如果爱尔兰人干出伤害别人又对自己不利的事情对我们打击报复，如停止提供福恩斯航空港的使用，那么我想作为回报，我就可以禁止他们渡过英吉利海峡的贸易。他们可能又在搞什么新花样，我们应该考虑从经济方面给予他们打击。在采取措施之前，我会告诉你的。

4.我想，我们先不要减轻德·瓦莱拉这帮人的恐慌，反而应该利用他们的恐慌心理创作有利形势。在这种形势的作用下，我们就可以在背后持续向爱尔兰施压，防止机密的泄露。到现在为止，我们的机密还没有流传出去。

5.赫耳先生曾在电文中说：“不过，在我看来，至少现在还不到我们向报界发表声明，或向爱尔兰政府担保我们的目的并非实施经济制裁的时候。”根据这些我推测出，议会应该会赞同上述意见。我希望你也这样认为。

---

① 美国驻都柏林的代表。——原注

首相致伊斯梅将军，转参谋长委员会 **1944年3月19日**

事实上，战场上的参谋长和总司令并没有多大区别，两人都在办公室工作，都要按时到前线视察，都经常受到敌人空袭的威胁，他们只是从表面上看起来不同罢了。当然，在很多场合下，集团军群的司令官，甚至是集团军的司令官与他们两人的情况也有类似，但是在运用军事艺术方面，现在的条件与过去的条件基本上是不同的。因此，马歇尔将军接受苏联的勋章是合情合理的。[①]

首相致海军大臣及第一海务大臣 **1944年3月19日**

这场灾难太严重。被淹死的1055人是什么人？是派出去的军队，还是运回来的军队？英国人还是美国人？有这样的护航队护送，为什么不多救些人出来？

首相致陆军情报局局长 **1944年3月19日**

你在这里应该用“intense”（热烈的）才正确，而不该用“intensive”（强烈的）这个字。关于这两个字的用法，福勒著的《现代英语用法》一书中有讲解，你应该看一看。

首相致外交大臣 **1944年3月19日**

我听说你准备调动两位大使。我认为，在战争时期，将一个工作能力出众、知识积累丰富的人调到一个陌生的环境中，让他一切从头开始，这种做法是非常不明智的。的确，我们现在所处的时期，堪称我们生平或历史上的重要时期。在这紧急时期，我们应该以为大众最大奉献自己为目的。

那些有所成就的伟大的大使，都是在这个岗位上任职多年的人，这样的例子数不胜数。麦斯基在美国已经待了十年左右；德·斯塔埃尔先生的名字在英国广为传颂，我在童年时期便知道；我想（葡萄牙大使）佐韦拉尔出使英国的时间，

---

① 在一支护航队的掩护下，英国运输舰“赫迪夫·伊斯梅尔”号从东非开往锡兰。在2月12日，一艘日本潜艇用鱼雷在阿杜岛附近将这只运输舰击中，只用两分钟就沉入大海。这艘运输舰共载客1947人，包括英国、美国和非洲的部分成员，还有女性服务员。不久，该潜艇被英国驱逐舰击沉。

大概也有15年或更长时间。

外交部不同意让一名大使长期驻一个地方，但这种“布金斯的轮流制”原则对该部门的影响实在太大。我们需要派一位能力很强的外交官驻意大利，因此同意你将诺埃尔·查尔斯从里约热内卢调走，不过听你说，巴西方面对这次变动感到很不满。当然，我不希望大使的职位因为这次变动就成为一种“普通职位”，或是让每个大使都处于完全陌生的环境中，如果是这样，我也会对这种做法深感不满的。凭经验而论，我认为大使在没有触犯相关工作原则或是违背政府政策的情况下，在一个地方的任期应为六年，绝不能提早将他们召回。

首相致下院领袖及陆军大臣　　　　1944年3月29日

我的意见是，在制定陆军年度议案的同时，应对我们的现行办法作出修正，内容如下：

1. 应明确规定，为使各种军阶的现役官兵有机会被提名为选取候选人，不管候补还是大选，都应该享有各种合理的便利条件。

2.现役官兵（议员除外），无论属于哪个党派，均有参加集会的权利，但却不得参加政治示威活动或政治运动，并且在服役期间，也不能登台演讲。

3.军人候选人如果参加补选，请假日期应从发表竞选演说当天或正式开始其他竞选活动当天开始，直到选举结果出来为止。随后，他可以行使其作为议员的权利。

4.正规军官不得作为候选人到选区竞选。今后他们的服役日期应该延长到战争结束，在此之前，正规军官与“只在战时服役”人员的待遇是相同的。

5.在部队服役的议员，不但可以在自己的选区发表演说，还可以在任何选区发表。对于此问题，请你们进行讨论，待与海军部、空军部一同商量后再下定论，这两个部也必须照此执行。

4 月

首相致石油大臣杰弗里·劳埃德先生　　　　1944年4月1日

我听说，你们于3月18日在菲斯克汤使用驱雾装置，获得了成功，使能见距离从200码增加到1500码，还使5架轰炸机安全着陆。这一切都让我有强烈的探索欲望，我对这种装置有如此良好的性能感到高兴。通过你们的辛苦付出，你和你的部门获得的最大回报就是使宝贵的生命和装备得以保全。我百分之百支持你对这个装置的深入探究。

首相致彻韦尔勋爵　　1944年4月1日

我们驻意大利开展战斗以来，有多少人伤亡？请向我报告数字，同时还要分析这个数字。首先要知道这个战场上的战斗部队有多少人，然后分析死亡人数与失踪人数的比例。被俘后投降的人员也应算在“失踪”人数中，这点要注意。失踪人数越少，对我们的声誉越有利。

首相致伊斯梅将军，转三军参谋长及副参谋长　　1944年4月2日

为援助“霸王”作战计划相关的各个港口，需要适当调整联合王国的防空设施，请想方设法采取措施。与此同时，你要继续适当保卫其他地方的安全，不过这些地方的防空力量要减弱一些。显然，不管我们做什么工作，背后都会有英国民众的支持。

首相致伊斯梅将军，转三军参谋长　　1944年4月2日

现在我们有足够多的毒气以便供应，因此我认为，在此方面我们可以再精简30%的人员，加上已经精简的10%，也就是说，总共要精简40%。请与军需部协商，我等候你们的意见。

首相致陆军部长及空军部长　　1944年4月2日

据说，新滴滴涕的杀虫效果非常不错，但它目前还没有投入生产，因此你们还可以向军需大臣要求足够数量的杀虫剂，以便满足所有战场的需求，特别是亚洲战场。请将当前情况向我报告。[①]

---

① 参阅3月9日致军需大臣的备忘录。——原注

首相致副首相 1944年4月2日

我想，比德尔·史密斯是因为租金过高，才不得已向我说出这件事。租金似乎已经变得不合乎情理，一套中型公寓房间的租金每周为28镑，一所小型住宅的租金每周为35镑。可否请波特尔勋爵亲自视察一下这种情况。无论如何，只要他能和比德尔·史密斯将军协商，我就算尽到责任了。[②]

首相致粮食大臣 1944年4月2日

对于这种搬弄是非的检举（检举一个面包商），你概不接受，你还将那些吹毛求疵、絮絮叨叨以及气势逼人的官僚主义条例从规章制度中清除，这样做很好。你做的一切都会为你赢得大家的喝彩。一个大机构的威望和声誉最忌讳这种官僚主义条例的影响。

首相致工程与建筑大臣 1944年4月2日

你对我写的“非常时期住宅问题”所提出的建议，我完全赞同。请按照你的想法修改我的文稿，然后把校对后的样本印刷出来。

另外，“Prefabricated”（预制构件的）这个字不算太好，我们一定还能找到更好的，“ready-made”（做好的）这个字会不会更好一些？

首相致内政大臣 1944年4月3日

现在法庭中还会引用1735年的《巫术法案》，原因是什么，请提交报告说明。这次审讯要从朴茨茅斯传唤证人，并且负担他在人口密集的伦敦生活两个星期的费用，这需要多少国家经费？法院顾不上处理必要工作，都将精力浪费在这种陈旧而愚蠢的事情上。

首相致蒙哥马利将军 1944年4月4日

前晚听你说了第六警卫集团军坦克旅的事，我已说过，我不同意解散这个

---

① 参阅3月14日备忘录。——原注

旅，但经过对此问题的反复思考，我打算随时与你和陆军部进行讨论。

首相致陆军大臣及帝国总参谋长 **1944年4月4日**

1.现在有一个旅，所有人为了一个专门的目的，共同接受了两年多的训练，而且装备有最新式的“丘吉尔”坦克，这就是第六警卫集团军坦克旅。我认为，现在解散这一旅人，将他们分配到普通的军队中，不管是到某个装甲师，步兵警卫队还是正规步兵中去，都会损失巨大。先不要对此采取任何行动，待我们协商后再做决定。

2.我有一个想法供大家参考，就是让警卫装甲师的两个旅和第六警卫集团军坦克旅，共三个旅一起加入战斗。因为这个旅是从精心培养的人才中选拔出来的，而不是将辛勤培养起来的完整的部队破坏，白白浪费一部分人才组织起来的。这样我们从战斗开始就拥有一支实力较强的部队，随着人员的伤亡，车辆的损失，这支旅的实力有所精简，直到降低到为一个普通师的标准为止。我相信你一定会支持我的这种想法。

首相致陆军大臣及帝国总参谋长 **1944年4月9日**

（并请蒙哥马利将军一阅）

1.对于你向我提出的几个问题，我进行了细致思考。俄国人正在大规模地设置警卫师，德国人也在增强这方面的实力，例如组建近卫装甲师，而它的大部分兵力是飞机场和伞兵中抽调出来的坚强的青年，其人数没有步兵师多。而我们也可以让正规步兵来补充警卫集团军，而不必将它的规模缩小。因为，这些特殊的名称必定能激励他们为国效忠。毫无疑问，警卫军的表现确实能与他们享有的威望相匹配。

2.为了保持现有警卫集团军的力量，它自己的新兵不仅可以作为补充，必要时，正规部队的新兵也可以用来补充，因此我希望调遣正规步兵的力量来补充警卫集团军。我已经批准将意大利的两个旅合并在一起，它应该不会因此事受到影响。

3.除了以上提及从正规步兵中抽调兵力补充警卫集团军的办法外，还有几点其他问题：

（1）对于精简人数较少的师，将剩余人员改编为两个骨干师的提议，我表示赞同。

（2）解散第六警卫集团军坦克旅的提议我不赞同。[①]

（3）我对解散第十装甲师的司令部及军队，将该师的装甲旅保留下来表示赞同。

（4）应尽全力将大批皇家空军团人员从飞机场抽离，至少抽出25000人，将他们与陆军的步兵队伍合并在一起，并直接将其中一部分调去补充警卫集团军。

首相致国务大臣及亚历山大·卡多根爵士 1944年4月13日

因为我们知道共产党员并不忠实于我们或我们的事业，他们不管我们与苏联之间是不是合作关系，也要把我们的机密汇报给苏联，所以我们要将他们从我们一切机密部门中清除出去，这一点你应该没忘。我们必须细致入微地处理向法国委员会泄露机密的情况，因为它们那里有两名共产党员。

首相致空军大臣及陆军大臣 1944年4月18日

1.现在，我们需要研究能节约人力的一切办法，用来应对陆军编制工作中遇到的部队人数严重减少的问题。在我看来，我们的力量不足以支持那支特殊部队，让他们继续承担专门保卫机场的职责。那个时候，我们唯恐遭受敌人的进攻，而战斗机机场的安全又关乎我们的生存，因此我们建立了皇家空军团。后来这个团的人数逐渐减少，不过现在是时候考虑是否抽调大量人员去补充陆军作战部队的问题了。我认为应将皇家空军团的人员尽可能地与陆军的正规步兵队伍合并在一起，至少要抽调25000人[②]用来合并。请一起探讨这个问题。

2.因为这件事十分紧急，所以我希望尽快得到你们的确切意见。

① 参阅4月4日的备忘录。——原注

② 参阅4月9日的备忘录。——原注

首相致陆军大臣及帝国总参谋长 1944年4月19日

我想，我们不能因为马特尔没有在俄国获得胜利，就怪罪于他，我们在俄国的地位跟狗没什么两样，所以我们应该想办法帮帮他。马特尔曾带领他的坦克部队在法国阿尔曼蒂埃尔附近打了一场胜仗。在战争爆发前两年，他访问俄国陆军时提出的报告很有远见卓识。虽然我在坦克的问题上与他的观点不同，但我认为他的确是位杰出的军官。一定能给他安排一个职位吧，请告诉我你准备如何决定。

首相致亚历山大·卡多根爵士 1944年4月19日

关于“无条件投降”

我曾向内阁指出，我们准备向德国正式提出的条件（如果能详细列出），并不代表我们要保证什么。罗斯福总统和斯大林元帅在德黑兰的时候，都希望将德国分成比我预期中还要小的几个部分。斯大林曾提到，要将德国的参谋人员和军事专家共5万多人全部处决。当时的气氛是轻松中带着严肃，因此我不敢确定他说的是真是假。不过，他确实说过，要让400万名德国男子到俄国去，进行国家重建工作，并且没有时间限制。我们曾答应波兰，从东普鲁士那里对他们进行补偿，而且如果他们愿意，还可以将奥德河看作界限。此外，为了消灭德国，无限期地防止它恢复力量再次成为军事强国，还制定了许多其他条件……

另外，他们知道，我们是用非常宽容的态度来解释意大利人提出的“无条件投降”的，如果罗马尼亚投降，我们现在就会看出他们会提怎样的条件。

首相致外交大臣及亚历山大·卡多根爵士 1944年4月23日

1.促使俄国尽快向日本宣战是我们的主要目标。你应该记得斯大林在德黑兰的声明。基于这一点，我们可以看出日俄双方签订的协议对我们不利，因为这份协议是由于俄国不敢违背1941年的俄日中立条约才签订的。为了该协议，日本准备作出最大让步。根据这个事实可以看出，他们对此协议的态度，也表明他们希望俄国继续维护中立条约。日本人自然应该这样做，但我们能得到什么“利益”呢。

2.我们能看清日本人的目的所在，但至于俄国人，我个人觉得，他们的目的令人怀疑。他们看到英国和美国将日本打得狼狈不堪，就想借此机会解决他们自己与日本之前的争端。希特勒一旦崩溃，他们就会占据有利地位，向我们提出苛刻的条件，以便自己展开对日本的进攻。也许，这只是一种欺骗政策，先将日本安抚好，让它产生安全的错觉。就我个人而言，我不赞成这种做法。

首相致外交大臣 **1944年4月29日**

1.你在备忘录中提及的问题（同德国谈判被侵占国家的粮食救济问题），我持赞同态度。当前还涉及不到影响“见到敌舰立即向击沉的海域行驶”的问题。海军逐步建立这种海域，是以方便作战为目的的。

2.如果有任何政策我们无法接受，我们就不能以此为依据与瑞士或其他任何政府进行协商。

3.必须强调，对欧洲进行救济时，美国已经制定出粮食分配或供应标准，我国人民要按此标准接受救济。

首相致海军大臣及第一海务大臣 **1944年4月29日**

詹姆斯·赛默威尔海军上将趁日本的主要舰队在新加坡时，成功袭击了萨庞。这件事令我们的信心倍增。我认为，他熟悉这个战场，能正确分析这个战场，并且在行动上敢于冒险，我们为什么要将他调走呢？他是想放弃自己的指挥作战任务，到华盛顿去吗？

首相致粮食大臣 **1944年4月29日**

1.关于美国对肉类需求过多的问题，我在你交上来的所有报告中都没有看到。我之所以暂时拒绝向罗斯福总统提出这个问题，是因为你说这个问题由你来提。我想粮食部采取的办法是，只要美国满足我们的需求，那么它对澳大利亚和新西兰提出的要求，我们也会同意。但关键是，包括我们自己的政府在内的关联政府，无法真正解决美国提出的数量。

2.肉类供应紧张，但却遭到浪费。澳大利亚和新西兰将美国的士兵从前线撤回，受到美国人的责备，但澳大利亚人只用一句——他们之所以回来是为给美国陆军生产肉类，就轻松地反驳了他们。

我本该在几个星期前，就向罗斯福总统汇报这个问题，如果你还无法给我满意的答复，我就必须给他去电报了。

首相致彻韦尔勋爵　　1944年4月30日

请你告诉我下列想法是否可行，之后我再审核海军部的这个文件（关于德国音响引炸鱼雷“蚊虫”）。

有一种装置被称为“鸣叫器”，可用深水炸弹的发射管发射。可能这种装置落在什么地方（浮在水面或沉入水中）就在什么地方发出“鸣叫”声。如果要对“蚊虫”进行拦截，或许可以令它活动。如果能正确判断敌人的袭击时间，适时发射15枚或20枚此装置，按理说是能够引起敌人的注意的。

或者，如果这种装置与舰船相撞后，不但不会造成坏的影响，还可能有效保护舰尾的话，那么当我们的舰船遭遇不测时，可以让“鸣叫器”环绕周围。

不知上述想法是否可行？

5月

首相致外交大臣及霍利斯将军，转参谋长委员会　　1944年5月1日

我完全同意将巴西师尽快调往意大利。在遵守战事紧急需求的情况下，应想方设法将这个师调到那里去。对于它的象征意义，我们先不要表明。空军中队也适用于上述原则。

首相致外交大臣　　1944年5月4日

我们应该为内阁或者是英帝国会议拟定一份文件，简单说明我们与苏联政府之间，在意大利、罗马尼亚、保加利亚、南斯拉夫，特别是在希腊形成的尖锐矛盾。这很重要，将所有内容汇集在一页纸上应该可以。

今天柯廷先生谈到一件事，大体说来这件事是我们是否接受巴尔干国家，或是默认意大利的共产主义倾向？我的大概意见是：我们应该对这件事做出清晰的定论，如果我们决定抵制共产主义，阻止它们的进入和攻击，我们就应该在军事允许的情况下，找个恰当的机会向他们清楚地说明问题。不过，在行动之前，我们还要和美国商量。

首相致外交大臣　　1944年5月4日

1.我很想和我国驻莫斯科大使召回国来进行商谈，但不知道这么做恰当与否，请考虑。现在这种做法，恐怕会令我们与俄国之前产生很大的隔阂。艾夫里尔·哈里曼已经动身，现在返回美国的途中。

2.我不知道该怎么处理这件事，希望得知你的意见。不过，对于俄国人在意大利、南斯拉夫和希腊的共产主义阴谋，我们已经不得不向他们表明我们的决定。曾有一段时间，莫斯科既没有英国大使，又没有美国大使，我想他们的日子一定不好过吧。我感觉他们的态度实在是越来越恶劣了。你是否已经同哈里曼商量了这件事，方便时，请告诉我具体情况。

首相致伊斯梅将军　　1944年5月7日

在一场重要的战役即将爆发之际，我不愿对记者公布，即使所说内容不刊登出来，我也不想公布。因为最近，从那不勒斯发出的多篇报道中，有一篇说我们很快就展开进攻，我是从“柯里尔”杂志上看到的，内心感到十分不安。新闻记者要想置身于战斗，等到战斗打响那一刻再确定亚历山大将军所主张的原则也不晚。难道发动进攻真有必要让敌人知道吗？当然，也许他们认为我们这么做显然是在放烟幕弹，觉得我们非常愚蠢，但这种钻空子的行为无异于冒险。

首相致霍利斯将军　　1944年5月7日

我在直布罗陀开会期间，听到人们议论说，派往阿尔及尔的军事代表团到达该地后，就舒舒服服地住了下来，而事实上，他们在那儿整天无所事事。我为此感到十分痛心，因此坚决不同意将这个代表团派到那里。聚集在那里的人已经显得拥挤不堪，而这个代表团里的大部分人都不是为了战争而去，他们只是为那个地方增加些人数罢了。当然，我希望你能处理好这件事，将那些拿着高薪，经验丰富，技术高超的军官召回，让他们参与一些有益的工作，例如将他们编入一支包括一千名参谋军官的“神圣军团”，分配给他们一些非常激烈的进攻任务，让他们为部队树立榜样。无论如何不该让这些军事代表团存在。

首相致军事情报局局长　　　　1944年5月7日

请将在意大利战死、受伤和被俘的人数，按照国籍（包括德国在内）列出并制成报表送交与我。数字力求精确，并尽量在每个类别中表明：（1）战死和失踪人数的比例；（2）战死、受伤和失踪人数的比例。我军战死、失踪和被俘的人数，总共为38000人左右，而德军失踪和战死的总人数为55000名左右，其中包括被我们俘虏的35000名，还有战死的20000名。而我方战死19000名，损失的总人数为38000人。大体说来，敌军在前线上的人数比我们要少得多，而我军在前线上战死和失踪的人数不如美军的少。但是我认为，这最后一次，我们一定能统计出令人满意的数字。

首相致外交大臣　　　　1944年5月7日

驻莫斯科大使克拉克·科尔总是亲自将电报交给莫洛托夫或斯大林，他在这两个人中见到谁就交给谁，这种办事方法让我很费解。假设这两位掌权人外出，或拒绝接见，他还要再等几天。当然有些电报应该由他本人亲自递交，但有些电报应该也能派官员递交吧。希望你告诉我这种事情该如何妥善处理。在我看来，最好不要让我们的人等着与他们面谈，如果对方威胁了我们之后，再表示对我们的歉意，我们要说的话，就失去了分量。我们派人送一封态度非常强硬的信件怎么样？

首相致掌玺大臣　　　　1944年5月7日

战争结束后我们会欠下印度一大笔账，这样的结果非同一般，我想你一定还没有研究过。我们欠它的债比上次大战结束后欠美国的债还要多，而且我们还保护了它。这样的结果很可怕，而你在来信中似乎一点都没有想到。

首相致海军大臣 **1944年5月10日**

我对你4月5日发来“蚊虫”的报告表示感谢。我认为，在时机合适的情况下，用深水炸弹发射管或其他发射管将15个或20个发音装置（或称为“鸣叫器”）射入水内，也许会将“蚊虫”吸引过来，或弄得它们迷失方向。

“猎狐者”装置具有使用拖托航机具等缺点，而这种装置的最大好处就是避免了这个缺点。

我很高兴你能去思考和研究这些问题。希望你能促使“鸣叫器”尽快投入战争。[①]

首相致波特尔勋爵 **1944年5月14日**

几个月之前，我曾请你再制造一些呈现多数构件的房屋模型来。[②]据说，制造一座住宅模型需要六个星期的时间，一座已经放在了塔特展览馆，另一座已经建好，正运往苏格兰去展览。另外还有两座了，经过了多方面改进，很快就可以建成。尽管建成的模型还没达到我心目中的数量，不过我听说这些情况已经很欣慰了。这些住宅模型也应该让劳动妇女和各阶层人士看一看。已经动工的房屋，请加快速度修建。

首相致空军大臣 **1944年5月20日**

1.之所以成立皇家空军团，是因为当时的条件与现在完全不同。有一场战斗即将开展，急需一批人对陆军进行支援，因此我之前曾请你从皇家军团中调出25000人。[③]我本想早些跟你详细商量此事，但时间都被本周三在下院的演讲占去。此外，我还希望你能抽调2000名优秀士兵，补充到警卫队中。有些危险已经对我们失去威胁，他们没有必要待在人员众多的飞机场做着四处游荡的防守工

---

① 参阅4月30日致彻韦尔勋爵备忘录。——原注
② 参阅4月2日致工程与建筑大臣备忘录。——原注
③ 参阅4月9日备忘录。——原注

作，如果将他们调入警卫队中，他们更有用武之地。请务必办理好这件事，否则我就会在下周二召开的战时内阁特别会议上提出此事，让他们立即决定。我务必说明，专门负责抽调必要人员的委员会，向你提出的深入要求，不会因为此事受到影响。

2.陆军已经从它的防空团中将大量合适的人员抽出来充当步兵。在战争的这段时期，不该让皇家空军团中的许多最优秀的人员担任令他们毫无长进的工作。

3.去年年底时，我们缺少登陆艇上的海军人员，就从陆军和皇家空军团抽调人员，这可以清楚说明，调动人员不是件难事。这段时间以来，每个人都深刻意识到，为了他们的共同任务，将人员放到能施展他们实力的岗位，才是最重要的。因此我确信，很多人会积极主动地承担新的任务。

4.现在时间有限，情况非常紧急，因此希望你能满足我的要求，帮我尽快抽调两千人。[①]

首相致帝国总参谋长　　1944年5月21日

我听说，由于波兰第一装甲师的后勤人员数量不足，无法维持它参与战斗。事情真是这样吗？我们在欧洲大陆上的军事力量已经衰退，可以进行一些适当的调整，让这个优秀的师补充进来。后勤缺少多少人员请告诉我。

首相致生产大臣　　1944年5月21日

感谢你在5月11日提交的备忘录中谈到了盘尼西林的情况。今年，我们大量生产的可能性还不大。在不妨碍我们自己增产的情况下，应想方设法从美国争取到最大数量。

首相致桑兹先生　　1944年5月21日

请阅读此报告（奥康纳将军关于“克伦威尔”式坦克的装甲护板和逃脱装置的报告），并在明天向我提交你的书面意见。坦克上层隔间里有火药和汽油，我担心它们一旦着火，下面隔间里的人逃不出去，不知你是否能消除我的疑虑。

---

① 1944年6月，两千人调动完毕。——原注

首相致外交大臣 1944年5月22日

1.有人认为，要想完全掌握外交部备忘录上记录事情的正反两面，就连续阅它的单数段落和双数段落。如果我们直接跟美国和俄国说："我们拒绝在当前时期与意大利结成联盟国"，应该也可以吧。

2.这封电报对每一种办法都清楚论述了它的认同和反对意见，我读完之后，总结出一个结论，这个结论既让人产生怀疑，又让人出乎意料——"在条件允许的情况下，立即与意大利签订部分协议。"这就相当于在说，就算所有政府都参与探讨，等希特勒垮台后，只是长期停战，而不会签订条约。

3.我想，你肯定也清楚，言简意赅地阐释我们的观点，更有力度，也更容易让最高领导知道。我想知道你有什么想法，如果你不同意我的观点，我们更需要讨论一下。

首相致外交大臣、军事运输大臣、生产大臣及粮食大臣 1944年5月23日

我曾提出，在未来的四个月中，我可以再削减50万吨的进口量（为了执行"霸王"作战计划而削减进口量），不过，美国必须要保证在之后的两三个月中将这些数量补足。这些事情要由莱瑟斯勋爵和艾森豪威尔将军商量决定。我们需要的最低限度的进口量是2400万吨。

首相致外交大臣 1944年5月23日

我看到一份文件上说俄国想认可法国的临时政府。你已经给克拉克·科尔发去电报，可能斯大林还没看到。我绝不能在这个问题上与罗斯福总统背道而驰，让别人看到我们与俄国合伙来抵制他，因此这件事显得至关重要。如果我们必须说因为俄国没有跟我们商量过这件事，于是我们就和美国商量，这种做法是不可行的。不过，要让我们与俄国合伙对付美国，还不如照那种方式做。实际上，我可以完全不管这件事。俄国的两个盟国正承担着西线上所有的作战任务，俄国要想做出这种行动，必须要与两个国家协商才行。

首相致伊斯梅将军转参谋长委员会 1944 年 5 月 25 日

1.英帝国已收复的领土，必须要有军队驻扎。“师”这个字含义模糊，如果用它当作计算驻军的单位，问题就复杂了。等将敌人赶走后，我们要按照每个地区的特殊情况，适当派出营、装甲车连，或断断续续派出一些大炮和坦克，就行了。这个驻扎的任务应该可以派遣大批印度师来承担。

2.一个师是一个运动实体，它能从事最高级的军事行动，它与警察部队完全不同。警察部队是用来压制动荡国家的，它有静止的也有机动的。警察部队中有一大部分人来自当地，至于使用70门大炮的问题，完全不在他们考虑的范围之内。

首相致外交大臣 1944年5月25日

依我之见，在整个机构中，三个大国或四个大国应该负责或承担运用武器抵制战争的职责。而经济方面的问题，我想应该由较大的或是起实际作用的机构来处理。我们并不是想让三个大国或四个大国统治全世界，相反的是，他们在获胜之后，有责任为全世界承担防止战争再度爆发的崇高责任。至于（譬如）俄国或美国及其追随者中国制定的经济、财政和货币制度，我们绝不可能服从。

世界最高会议或执行委员会以防止国与国之间相互杀戮为宗旨，而不是统治世界各国。我想如果从国家主权会受到损害的观点出发，应该能对以上原则进行有效的维护。

首相致粮食大臣 1944年5月27日

很高兴听你谈到粮食分配的问题，我认为你的做法非常可取。不管在旅店、小商店还是日常生活中，都要想办法避免生活琐事带来的干扰，不管做什么事都要与人方便。我们国家在食物分配方面做出了伟大的成绩，令我们信心倍增，让人们消除了阶级观念。有些政策琐碎无用而又难以推行，这项伟大的工作不应该受到它的影响。你对此事有什么想法，请说一说。

首相致外交大臣 **1944年5月27日**

我们两人达成一致意见后，将这份重要的电报发给了斯大林。但斯大林还没提早收到电报，令我们很失望。因为大使等着斯大林接见，或等候他从前线归来，就将这封电报放在莫斯科长达四五天或六天之久。如果他认为这封电报写得有问题，就这个机会提醒我们注意即可，而且在情况特殊的时候，他不用请示便可自行处理，但现在这种做法确实不应该。如果派一名身着军服的军官，让他向递信一样将电报递过去，应该没什么困难吧。

有时，人们发出电报后要等待很长时间才能收到复电是产生误会的根本原因。信件为何不能耽搁，而要及时送到，就是因为人们在接到复电前，一直以为对方保持沉默是有什么不好的想法，但是当他们接到复电，又发现结果却是令人满意的。①

首相致帝国总参谋长 **1944年5月27日**

波兰师是一支伟大的作战部队，让很多事情有所依靠的波兰国魂之所以能保持永存，完全是因为它辉煌的战绩，因此它一定要参与实际作战。请将这个师所缺少的后勤配备列一张清单，上边标明车辆、军官和人员的数量，然后上交给我。

另外，比德尔·史密斯将军提出，可以帮助该师从非洲和美洲空运几支分遣队来。②

首相致飞机生产大臣 **1944年5月27日**

我衷心祝贺“德·哈维兰”喷气飞机创造了每小时飞行506英里的成绩。望向相关人员转达我的热烈祝贺。

你提议在政府新设置的公司内进行喷气推动飞机的发展工作，我听说后表示担忧。我们近期讨论了很多关于研究和发展方面的工作，认为这些工作不该扎堆进行，而应该分散开来。我明白，你之所以考虑为喷气推进飞机的研究开设一个

① 参阅5月7日致外交大臣备忘录。——原注

② 参阅5月21日致帝国总参谋长备忘录。——原注

新机构，就是因为这项工作在很多方面都停滞不前。但是，据我所知，喷气推进飞机的研究工作在凡巴勒打下扎实的基础，而且引擎和飞机在那里能同时发展，因此我不敢肯定从那里移出的想法是否正确。[①]

首相致燃料及动力大臣　　1944年5月27日

这种事太离谱了（据《约克郡邮报》报道，一个人因向邻居借煤被罚款1镑，另交煤费两枚金币），你一定要制止。这种官僚主义作风既混乱，又愚蠢，它最容易使一个部门失去人心。我想，低级官员或是某些委员会肯定干了很多不明智的事，这种经常出现的蠢事，只是其中的一个典型事例罢了。

你应该对相关人员进行处理，以便杀一儆百。

首相致海军大臣及第一海务大臣　　1944年5月28日

1.俄国人要是再那么蛮横，我们就完全不用再让着他们了。为防止被他们写入报告，我们不要说恶劣的话，但可以通过行为和态度表达我们的立场。此外，如果他们的高级人员说出十分鲁莽的话，我们在对付他们的时候，也可以故意失礼。这样他们才能真正知道我们不怕他们。

2.另外，如果他们希望先举行个特殊仪式再移交舰船（用英国军舰代替意大利军舰），我们为在大众中造成好的影响，就要将仪式办得十分隆重。对于这件事，俄国人应该向我们表达谢意，而不是由我们向他表示敬意，因此我绝不会给斯大林元帅去信。即便我们将舰船移交给他们，也没听到他们说过一句谢谢，但我们两国的低级军官，还是要尽可能结成友好关系。他们对船舶提出的需求，主要靠我们国家满足，如果你被人侮辱，可以用各种办法表达你对他们的不满。

3.不过，如果他们的态度有所缓和，你也要尽量持鼓励态度，好让他们坚持这种缓和。

首相致盟国远征军副最高统帅　　1944年5月29日

我对你5月11日记载的梅利–勒–坎普（德国坦克训练站）备忘录表示感谢。

① 参阅1943年7月31日和10月6日的备忘录。——原注

梅利–勒–坎普人员密集，向它发动袭击绝对是一次巨大的胜利。看来，我大力支持优先实施这种作战行动是正确的，因为它在未给法国人带来伤亡的情况下，直接促使德国军队瓦解。

（法国民众伤亡）最高限制为一万人，你们是否已经超限?

首相致海军大臣 **1944年5月29日**

这家共产党报派遣的战地通讯员，得到英国或美国的机密后，总是果断地将它们透露给共产党，再间接传达给俄国，因此我们不同意他们到战场或严格防止危险的地方去。

虽然这次，他向俄国透露的全部是不会涉及危险的消息，但我们还是应该告诉他们，俄国政府规定，只有等舰船安全到达俄国，才能透露消息。他们都是为了一个目标才泄露消息，尽忠职守的，如果他们能保证服从禁令，在此情况下，我同意让他们先知道一个事实——俄国人已经规定只要这些舰只还未抵达俄国，就必须严格保密——然后再邀请他们到场。

四

英国、盟国和中立国因遭受敌人袭击每月损失的船舶数量

月份	英国		盟国		中立国		总计	
	船数	总吨数	船数	总吨数	船数	总吨数	船数	总吨数
1943年1月	19	98 096	24	143 358	7	19 905	50	261 359
1943年2月	29	166 947	39	232 235	5	3 880	73	403 062
1943年3月	62	384 914	53	303 284	5	5 191	120	693 389
1943年4月	33	194 252	27	137 081	4	13 347	64	344 680
1943年5月	31	146 496	26	151 299	1	1 633	58	299 428
1943年6月	12	44 975	13	75 854	3	2 996	28	123 825
1943年7月	30	187 759	26	166 231	5	11 408	61	365 398
1943年8月	14	62 900	9	56 578	2	323	25	119 801
1943年9月	12	60 541	15	94 010	2	1 868	29	156 419
1943年10月	11	57 565	17	81 631	1	665	29	139 861
1943年11月	15	61 593	12	82 696	2	102	29	144 391
1943年12月	10	55 611	21	112 913	—	—	31	168 524
总计	278	1 521 649	282	1 637 170	37	61 318	597	3 220 137
1944年1月	16	67 112	9	62 115	1	1 408	26	130 635
1944年2月	12	63 411	8	53 244	3	200	23	116 855
1944年3月	10	49 637	14	104 964	1	3 359	25	157 960
1944年4月	3	21 439	10	60 933	—	—	13	82 372
1944年5月	5	27 297	—	—	—	—	5	27 297
总计	46	228 896	41	281 256	5	4 967	92	515 119

五

德国和意大利部队部署简况
（1943 年 9 月 8 日）

（本资料引自：弗朗西斯科 · 罗西将军所著

《达成停战协定的经过》）

	意大利部队		德国部队	
意大利北部	步兵师	5	步兵师	$6\frac{1}{3}$
	* 步兵师①	5	摩托装甲师	2
意大利中部	步兵师	3	摩托装甲师	2
	摩托装甲师	2		
	* 步兵师	2		
意大利南部	步兵师	3	步兵师	2
	* 步兵师	1	摩托装甲师	4
撒丁岛	步兵师	4	摩托师	1
法国南部	步兵师	4		
	（正由龙德施泰特司令部调派的德国部队接替，实力不明）			
科西嘉岛	步兵师	2	步兵师	$\frac{1}{3}$

① 标星号的是力量薄弱或低等师。

斯洛文尼亚、克罗地亚、达尔马提亚	步兵师	8	步兵师 旅	9 6 （克罗地亚阿尔卑斯山部队）
黑塞哥维那、门的内哥罗	步兵师	6	步兵师 摩托装甲师 旅	2 1 2 （克罗地亚阿尔卑斯山部队）
阿尔巴尼亚	步兵师 摩托师	5 1	无 （但可依靠驻在塞尔维亚和马其顿的两个德国师和两个保加利亚师）	
希腊	步兵师	7	步兵师 装甲师	6 1
克里特岛	步兵师	1	步兵师	1
爱琴海	步兵师	2	步兵师 步兵师 （配备装甲战车）	1 1

共计

	意大利部队	德国部队
意大利本土	21 个师（其中有 8 个师力薄弱或为低等师）	$16\frac{1}{3}$
撒丁岛	4	1
“海外”	36	$21\frac{1}{3}$
总计：	61 个意大利师（其中有 8 个师力量薄弱或为低等师）	$38\frac{2}{3}$个德国师

德军详细部署情况

（1943 年 9 月 8 日）

集团军群——由隆美尔指挥

意大利北部	第二十四装甲师 希特勒党卫队装甲师	驻扎在巴马—博洛涅
	第四十四步兵师 一个步兵旅	上阿迪杰
	第七十一步兵师	塔尔维齐奥——皮耶迪科莱——波斯图米阿
	第六十五步兵师	塞斯特里·莱万泰——
	第七十六步兵师	瓦尔塔罗——
	第九十四步兵师	蓬特雷莫利——
	第三〇五步兵师	阿普安尼阿

德军南方指挥部——由凯塞林指挥

意大利中部	第三近卫装甲师（摩托装甲） 第二近卫装甲师（伞兵）	驻扎在博尔塞纳湖—维特尔博
意大利南部	第十五步兵师	福尔米阿
	戈林装甲师	那不勒斯
	第十六装甲师	萨勒诺
	第一伞兵师	普格利亚—巴西里卡塔
	第二十六装甲师	卡拉布里亚
	第二十九近卫摩托装甲师	卡拉布里亚
撒丁岛	第九十步兵师	
科西嘉岛	“德国元首”摩托装甲旅	

德军东南指挥部——由洛尔指挥

斯洛文尼亚、克罗地亚、达尔马提亚	第一一四步兵师 第三七三（德国——克罗地亚）步兵师	驻扎在比哈奇
	第一八七步兵师 第三六九（德国——克罗地亚）地步兵师 第一七三步兵师	萨瓦河一带

	两个（？）步兵师 一个党卫队师	萨格勒布
	一个（克罗地亚）山地师 六个（克罗地亚）山地旅	在几个地区
黑塞哥维那门的内哥罗	欧根亲王党卫队摩托装甲师	莫斯塔尔
	第一一八（？第一〇八）步兵师	普里耶波列——普莱夫列
	第二九七步兵师	伊巴尔河谷
	两个（克罗地亚）山地旅	在几个地区
希腊	一个山地师	亚尼纳
	一个交通线师	萨洛尼卡
	一个步兵师	拉里萨
	第一〇四步兵师	阿格里尼昂
	第十一步兵师	比雷埃夫斯
	第一一七步兵师 一个装甲师	伯罗奔尼撒半岛
克里特岛	第二十二步兵师	
罗得岛	第五十五摩托装甲师	

六

各部大臣名单

1943 年 6 月—1944 年 5 月

（有黑点的人名为战时内阁阁员）

首相兼第一财政大臣及国防大臣	温斯顿·丘吉尔先生
海军大臣	A.V.亚历山大先生
农业及渔业大臣	R.S.赫德森先生
空军大臣	阿齐博尔德·辛克莱爵士
飞机生产大臣	斯塔福德·克利普斯爵士
缅甸事务大臣	L.S.埃默里
兰开斯特公爵郡大臣	（1）达夫·库伯先生
	（2）欧内斯特·布朗先生
	（1943年11月17日任命）
财政大臣	（1）金斯利·伍德爵士
	（2）约翰·安德森爵士
	（1943年9月28日任命）
	殖民地事务大臣奥利弗·史丹
利上校自治领事务大臣	（1）克莱门特·艾德礼先生
	（2）克莱勃恩子爵
	（1943年9月28日任命）
经济作战大臣	塞尔伯恩伯爵

教育委员会主席	R.A.帕特勒先生 （根据1944年教育法案，这项职务改称教育大臣）
粮食大臣	（1）伍尔顿勋爵 （2）J.J.卢埃林上校 （1943年11月12日任命）
外交大臣	安东尼·艾登先生
燃料及动力大臣	G.劳埃德·乔治少校
卫生大臣	（1）欧内斯特·布朗先生 （2）H.U.韦林柯先生 （1943年9月17日任命）
内政大臣	赫伯特·莫里森先生
印度事务大臣	L.S.埃默里先生
新闻大臣	布伦丹·布拉根先生
劳工与兵役大臣	欧内斯特·贝文先生
司法官	
检察总长	唐纳德·赛默威尔爵士苏
格兰检察总长	J.S.C.里德先生
副检察总长	戴维·马克思维尔·法伊弗爵士
苏格兰副检察总长	戴维·金·默里爵士
大法官	西蒙子爵
枢密院议长	（1）约翰·安德森爵士 （2）克莱门特·艾德礼先生 （1943年9月28日任命）
掌玺大臣	（1）克莱勃恩子爵 （2）比弗布鲁克勋爵 （1943年9月28日任命）
国务大臣	R.K.劳先生

	（1943年9月25日任命）
不管部大臣	威廉·乔伊特爵士
主计大臣	彻韦尔勋爵
年金大臣	瓦尔特·沃莫斯里爵士
邮政大臣	H.F.C.克鲁克香克上尉
生产大臣	奥利弗·利特尔顿先生
建设大臣	伍尔顿勋爵 （1943年11月12日任命）
苏格兰事务大臣	托马斯·约翰斯顿先生
军需大臣	安德鲁·邓肯爵士
城乡计划大臣	W.S.莫里森先生 （1943年2月5日任命）
贸易大臣	休·道尔顿先生
陆军大臣	詹姆斯·格里格爵士
军事运输大臣	莱瑟斯勋爵
工程与建筑大臣	波特尔勋爵

驻海外大臣：

驻中东国务大臣	（1）R.G.凯西先生 （任职至1943年12月23日） （2）默因勋爵 （1944年1月29日任命） （3）爱德华·格里格爵士 （1944年11月22日任命）
驻华盛顿供应大臣	（1）J.J.卢埃林上校 （2）本·史密斯先生 （1943年11月12日任命）

驻地中海盟军总部大臣	哈罗德·麦克米伦先生
驻西非大臣	斯温顿子爵
驻中东副国务大臣	莫因勋爵
	（任职至1944年1月29日该机关撤销时为止）
上院领袖	克莱勃恩子爵
下院领袖	安东尼·艾登先生

图书在版编目（CIP）数据

第二次世界大战回忆录.09，战胜意大利 /（英）温斯顿·丘吉尔著；寿韶峰译．—北京：北京时代华文书局，2017.7（2020.2 〃 印）
ISBN 978-7-5699-1647-8

Ⅰ.①第… Ⅱ.①温… ②寿… Ⅲ.①丘吉尔（Churchill，Winston Leonard Spencer 1874–1965）–回忆录②第二次世界大战–史料 Ⅳ.① K835.167=5② K152

中国版本图书馆 CIP 数据核字（2017）第 137106 号

第二次世界大战回忆录 09：战胜意大利

DIERCI SHIJIE DAZHAN HUIYILU 09：ZHANSHENG YIDALI

著　　者 |〔英国〕温斯顿·丘吉尔
译　　者 | 寿韶峰

出 版 人 | 王训海
选题策划 | 梁明德　邵鹏军
责任编辑 | 周连杰
装帧设计 | 格林文化
责任印制 | 刘　银　訾　敬

出版发行 | 北京时代华文书局 http://www.bjsdsj.com.cn
北京市东城区安定门外大街 136 号皇城国际大厦 A 座 8 楼
邮编：100011　电话：010－64267955　64267677
印　　刷 | 三河市华润印刷有限公司　0316－3656029
（如发现印装质量问题，请与印刷厂联系调换）
开　　本 | 710mm×1000mm　1/16　印　　张 | 28　字　　数 | 377 千字
版　　次 | 2017 年 8 月第 1 版　印　　次 | 2020 年 2 月第 3 次印刷
书　　号 | ISBN 978-7-5699-1647-8
定　　价 | 62.00 元

核心素养导向的
小学数学作业设计

陈春芳　著

中国出版集团
東方出版中心

图书在版编目（CIP）数据

核心素养导向的小学数学作业设计 / 陈春芳著. —上海: 东方出版中心,2023.5
ISBN 978-7-5473-2190-4

Ⅰ. ①核… Ⅱ. ①陈… Ⅲ. ①小学数学课—学生作业—教学设计 Ⅳ. ①G623.502

中国国家版本馆 CIP 数据核字(2023)第 079268 号

核心素养导向的小学数学作业设计

著　　者　陈春芳
责任编辑　王欢欢
装帧设计　余佳佳

出 版 人　陈义望
出版发行　东方出版中心
地　　址　上海市仙霞路 345 号
邮政编码　200336
电　　话　021-62417400
印 刷 者　上海万卷印刷股份有限公司

开　　本　890mm×1240mm　1/32
印　　张　5.625
字　　数　124 千字
版　　次　2023 年 5 月第 1 版
印　　次　2023 年 5 月第 1 次印刷
定　　价　48.00 元

序 | PREFACE

2014 年 3 月，教育部印发了《关于全面深化课程改革落实立德树人根本任务的实施意见》，首次在国家文件中将“核心素养”放置在深化课程改革的核心地位。同时，文件进一步明确了立德树人的根本任务，促进学生的全面发展。这也为我国教育教学改革指明了方向。

2016 年 9 月，《中国学生发展核心素养》总体框架正式发布。它以科学性、时代性和民族性为基本原则，以培养“全面发展的人”为核心，针对文化基础、自主发展、社会参与三个方面，分别提炼了人文底蕴、科学精神、学会学习、健康生活、责任担当、实践创新六大素养，并细化为十八个基本要点。核心素养总体框架的发布，引发了社会的高度关注。核心素养成为中小学教育教学研讨的主题词。

自 2017 年 12 月至 2022 年 4 月，基于学科核心素养的高中新课程标准与指向核心素养义务教育阶段新课程标准先后颁布，标志着中国基础教育课程改革进入了聚焦学生核心素养培育的新阶段。

学习数学历来有“做数学”的说法。作为数学学习不可或缺且一直受到家长、社会高度关注的数学作业，如何将文本上的改革精神落地，如何将核心素养的表现性要求体现在作业设计中？这是当前“双减”背景下一线教师最为关心又颇感棘手的问题之一。

本书作者基于长期的教学、教研经验积累，对核心素养导向的作业设计展开了持续的实践研究，进而通过筛选、提炼，写成此书，形成了对素养导向的小学数学作业设计较为深刻、系统的认识，并提供了具有操作性的实施要点。

本书由认识、观点、策略三部分构成。

第一编“核心素养的初步认识”,简要概述了对核心素养内涵的理解,剖析了影响核心素养形成的主要因素,为深入开展核心素养导向的小学数学作业设计奠定了基石。

第二编“核心素养导向的小学数学作业设计基本观点”,融合学生、学科特点,阐述了数学作业的育人价值,揭示了促进核心素养发展的作业应具有的主要特征。这是提升作业设计水平,确保作业品质的先导。

第三编“核心素养导向的小学数学作业设计基本策略”,较为系统地梳理了使核心素养落地的小学数学作业设计的基本策略、实施要点与案例分析。书中的策略与要点,经历了由点到面多轮的实践检验;每一个案例都从大量实例中,以典型性、新颖性、实效性等标准精挑细选而来。相信这些策略与要点,能给基层学校数学教师解决操作问题提供一定的指导、示范或借鉴。

本书的特点:一是立足小学数学教学实际,以实践者眼光解读理论;二是案例鲜活,具有典型性、策略可操作;三是结构清晰,简明扼要,可读性强。

当然,作业设计是一个常讲常新的课题。核心素养导向的小学数学教学改革的深入,还会有新的改进思路与作业设计的具体方法及其操作策略不断涌现。在这意义上,我们现在看到的,是小学数学教学、教研当下的研究成果。

愿本书的出版,能够惠及更多的教师、更多的小学生。

谨此为序。

曾培英

2023 年 1 月

目录 | CONTENTS

第一编
核心素养的初步认识

第二编
核心素养导向的小学数学作业设计基本观点

第三编
核心素养导向的小学数学作业设计基本策略

第一编　核心素养的初步认识

第一章

核心素养的内涵

第一节　素　　养

一、素养的内涵

1.“素养”解析

“素”的本义是白色，因此人们将白色事物常以“素”来形容。如白纸被称作“素纸”，白鱼被称作“素鱼”等。“素”另有“一向，向来，从来”的含义，如成语“素不相识”“素昧平生”。

“养”意为养育、供养。“养”的对象不同，其含义也就有所不同。当“养”对象为人时，意为供养。当“养”的对象为动物时，其意为“豢养”或“驯养”。当“养”的对象为植物时，意为“培植”。尽管上述“养”的意义有所不同，但都有“对其供养、培育并使之日趋向好”的含义。尤其当“养”的对象为人时，更有“教育”的意义。

当“素养”逐渐固定为一个词语，其含义指向范围也逐渐缩小，“素养”中的“素”为“平常”之意，“养”意为涵养，平日的修养，最终仅指向对人的能力、才干等进行培育，同时也突出了“一向、向来”的过程性，即为经常修习涵养。

2. 素养与素质

素质，根据《辞海》的解释，主要包括两层含义：① 人或事物在某些方面的原有特点与基础。② 事物本来的属性。

素质与素养的不同之处主要在于：素质是人原有的特质，强调先天遗传；而素养则偏重于后天，是人通过接受长久的教育、训练、实践而不断增强、形成的品质。举例来说，一个人体魄强健，身材魁梧，但若未接受过文明的教化，在生活中屡屡恶意伤害人，则只能说此人具有良好的身体素质，却未具备友爱互助的素养。

3. 素养与修养、涵养

修养，主要指“人在思想道德、文化科学、艺术欣赏、为人处世等各方面所达到的水平”。[①]

修养与素养的主要联系和区别在于：修养主要是指人通过长期学习后，在思想道德、文化科学、艺术欣赏、为人处世等方面的表现，其范畴略窄于素养。换言之，修养是狭义的素养，或素养是广义的修养。譬如，有修养的人在同别人交流的时候，总是望着对方的眼睛，保持注意力的高度集中；而不是心不在焉，显示出一副无所谓的随意样子。

涵养，有两层含义，可以指身心方面的修养，也可以指滋润养育。涵养与素养的区别是：涵养主要聚焦于修身养性，而素养还包括知识技能等方面。比如一位为人宽厚的商人，当谈判对方激怒他时，仍能冷静克制，以礼相待，但他并不能指出对方言辞之中的逻辑漏洞，有理有据地反驳对方，则只能说此人具有较好的涵养，但并不具备较好的商业素养。

---

① 中国社会科学院语言研究所词典编辑室：《现代汉语词典》，北京：商务印书馆，2003 年，第 1417 页。

二、素养的构成

1. 素养的一种表现是学识

“学识”，指的是学问和见识。学识丰富者，往往理解能力强、容易接受新事物，善于思辨。

这里的“学识”也指学科素养。学科素养是一个人所掌握的学科知识和技能等。一个人，如果没有学科知识的学习和储备，则不可能具有这方面的思辨能力，也就不可能具有这方面的素养。

譬如，技术高超的刑侦员之所以能破获很多奇难案件，与其具有丰富的犯罪心理学、法学、情报学、侦探学、物证学等知识是密不可分的。我国古代的庖丁解牛之所以能手起刀落、游刃有余，也与庖丁对牛的生理构造早就了然于胸有关。

学识，是素养之基。

2. 素养的一种表现是人格

“人格”，是人的性格、气质、能力等多方面特征的总和；也指个人的道德品质，人能成为具有权利、义务的主体的资格。人格与素养有着密切的联系。譬如，西方天文学家哥白尼不惧教会迫害，坚持真理，不惜葬身火海，以身殉道。这是素养表现为人格的典型案例。

3. 素养的一种表现是态度

“态度”，可指对人或事的看法在其言行中的表现或神情；在社会心理学中指包含认知成分、情感成分和行为倾向的持久系统。

态度有积极和消极之分。积极的态度包括：热爱、进取、坚定、自信、乐观、认真等。消极的态度包括：厌恶、退缩、犹疑、自卑、悲观、敷衍等。

不同素养的个体对待事物会产生不同的态度。素养良好的个体，对事件的判断会更科学理性，对目标的认识会更清晰坚定，对症结的发现更为准确，付诸的行动也会更有的放矢。

联系当下,我国的航天工作者正是凭借着科学素养,以不断试错修正、百折不挠的态度将航天事业推上了一个新的高度。

4. 素养的一种表现是行为习惯

“行为”在心理学上泛指有机体外显的活动、动作、运动、反应或行动。“行为习惯”,是一个人天长日久养成的一些固定的行为模式,是大脑经过长期训练后,下意识形成的一系列默认的动作程序。

当个体具备某一领域的素养时,其必定会表现出符合该领域要求的行为习惯。例如,驾驶员开车时不接听和不拨打电话,这是具有良好驾驶素养的司机的表现。

5. 素养的一种表现是思维方式

“思维方式”,主要是个体看待事物的角度及方式、方法,是人认识事物或规律的大脑认知运行模式的总和。个体的思维方式既受先天禀赋的制约,也受到后天教育的影响。

个体的思维方式是会变化的。伴随个体认知的发展,个体的思维将从动作思维逐渐向具体形象思维乃至抽象思维发展,思维将更加深刻、敏捷和广阔,更具有批判性。

譬如,在众人熟知的“曹冲称象”的故事中,曹冲用石头代替大象、多次称重的办法,打破了人们“整象称重”的思维定势,解决了原先很棘手的问题。这样“灵光乍现”、别具一格的思维方式与曹冲素日里的科学素养是分不开的。

第二节　核心素养

一、核心素养的内涵

“核心”是指中心,主要部分(就事物之间的关系而言)。

“素养”是指一个人所具备的学识、人格、态度、行为习惯和思维方式等综合特征。

“核心素养”作为新时代教育改革中的专有名词，教育部在《关于全面深化课程改革落实立德树人根本任务的意见》中将内涵明确界定为：“学生应具备的适应终生发展和社会发展需要的必备品格和关键能力。”

2016 年 9 月发布的《中国学生发展核心素养》研究成果确定了核心素养的框架和内涵。

中国学生发展核心素养，以科学性、时代性和民族性为基本原则，以培养“全面发展的人”为核心，分为文化基础、自主发展、社会参与三个方面。综合表现为人文底蕴、科学精神、学会学习、健康生活、责任担当、实践创新六大素养，具体细化为十八个基本要点。[①]

（一）文化基础

文化是人存在的根和魂。文化基础，重在强调能习得人文、科学等各领域的知识和技能，掌握和运用人类优秀智慧成果，涵养内在精神，追求真善美的统一，发展成为有宽厚文化基础、有更高精神追求的人。

1. 人文底蕴

主要是学生在学习、理解、运用人文领域知识和技能等方面所形成的基本能力、情感态度和价值取向。具体包括人文积淀、人文情怀和审美情趣等基本要点。

（1）人文积淀

具有古今中外人文领域基本知识和成果的积累；能理解和掌

---

① 核心素养研究课题组：《中国学生发展核心素养总体框架正式发布》，《中国青年报》，2016 年 9 月第 2 版。

握人文思想中所蕴含的认识方法和实践方法等。

（2）人文情怀

具有以人为本的意识，尊重、维护人的尊严和价值；能关切人的生存、发展和幸福等。

（3）审美情趣

具有艺术知识、技能与方法的积累；能理解和尊重文化艺术的多样性，具有发现、感知、欣赏、评价美的意识和基本能力；具有健康的审美价值取向；具有艺术表达和创意表现的兴趣和意识，能在生活中拓展和升华美等。

2. 科学精神

主要是学生在学习、理解、运用科学知识和技能等方面所形成的价值标准、思维方式和行为表现。具体包括理性思维、批判质疑、勇于探究等基本要点。

（1）理性思维

具有崇尚真知，能理解和掌握基本的科学原理和方法；尊重事实和证据，有实证意识和严谨的求知态度；逻辑清晰，能运用科学的思维方式认识事物、解决问题、指导行为等。

（2）批判质疑

具有问题意识；能独立思考、独立判断；思维缜密，能多角度、辩证地分析问题，做出选择和决定等。

（3）勇于探究

具有好奇心和想象力；能不畏困难，有坚持不懈的探索精神；能大胆尝试，积极寻求有效的问题解决方法等。

（二）自主发展

自主性是人作为主体的根本属性。自主发展，重在强调能有效管理自己的学习和生活，认识和发现自我价值，发掘自身潜力，有效应对复杂多变的环境，成就出彩人生，发展成为有明确人生方向、有生活品质的人。

1. 学会学习

主要是学生在学习意识形成、学习方式方法选择、学习进程评估调控等方面的综合表现。具体包括乐学善学、勤于反思、信息意识等基本要点。

（1）乐学善学

能正确认识和理解学习的价值，具有积极的学习态度和浓厚的学习兴趣；能养成良好的学习习惯，掌握适合自身的学习方法；能自主学习，具有终身学习的意识和能力等。

（2）勤于反思

具有对自己的学习状态进行审视的意识和习惯，善于总结经验；能够根据不同情境和自身实际，选择或调整学习策略和方法等。

（3）信息意识

能自觉、有效地获取、评估、鉴别、使用信息；具有数字化生存能力，主动适应“互联网＋”等社会信息化发展趋势；具有网络伦理道德与信息安全意识等。

2. 健康生活

主要是学生在认识自我、发展身心、规划人生等方面的综合表现。具体包括珍爱生命、健全人格、自我管理等基本要点。

（1）珍爱生命

主要是理解生命意义和人生价值；具有安全意识与自我保护能力；掌握适合自身的运动方法和技能，养成健康文明的行为习惯和生活方式等。

（2）健全人格

具有积极的心理品质，自信自爱，坚韧乐观；有自制力，能调节和管理自己的情绪，具有抗挫折能力等。

(3) 自我管理

能正确认识与评估自我;依据自身个性和潜质选择适合的发展方向;合理分配和使用时间与精力;具有达成目标的持续行动力等。

(三) 社会参与

社会性是人的本质属性。社会参与,重在强调能处理好自我与社会的关系,养成现代公民所必须遵守和履行的道德准则和行为规范,增强社会责任感,提升创新精神和实践能力,促进个人价值实现,推动社会发展进步,发展成为有理想信念、敢于担当的人。

1. 责任担当

主要是学生在处理与社会、国家、国际等关系方面所形成的情感态度、价值取向和行为方式。具体包括社会责任、国家认同、国际理解等基本要点。

(1) 社会责任

自尊自律、文明礼貌、诚信友善、宽和待人;孝亲敬长、有感恩之心;热心公益和志愿服务,敬业奉献,具有团队意识和互助精神;能主动作为、履职尽责、对自我和他人负责;能明辨是非、具有规则与法治意识、积极履行公民义务、理性行使公民权利;崇尚自由平等、能维护社会公平正义;热爱并尊重自然、具有绿色生活方式和可持续发展理念及行动等。

(2) 国家认同

具有国家意识,了解国情历史,认同国民身份,能自觉捍卫国家主权、尊严和利益;具有文化自信,尊重中华民族的优秀文明成果,能传播弘扬中华优秀传统文化和社会主义先进文化;了解中国共产党的历史和光荣传统,具有热爱党、拥护党的意识和行动;理解、接受并自觉践行社会主义核心价值观,具有中国特色社会主义共同理想,有为实现中华民族伟大复兴中国梦而不懈奋斗的信念和行动。

（3）国际理解

具有全球意识和开放的心态，了解人类文明进程和世界发展动态；能尊重世界多元文化的多样性和差异性，积极参与跨文化交流；关注人类面临的全球性挑战，理解人类命运共同体的内涵与价值等。

2. 实践创新

主要是学生在日常活动、问题解决、适应挑战等方面所形成的实践能力、创新意识和行为表现。具体包括劳动意识、问题解决、技术应用等基本要点。

（1）劳动意识

尊重劳动，具有积极的劳动态度和良好的劳动习惯；具有动手操作能力，掌握一定的劳动技能；在主动参加的家务劳动、生产劳动、公益活动和社会实践中，具有改进和创新劳动方式、提高劳动效率的意识；具有通过诚实合法劳动创造成功生活的意识和行动等。

（2）问题解决

善于发现和提出问题，有解决问题的兴趣和热情；能依据特定情境和具体条件，选择制订合理的解决方案；具有在复杂环境中行动的能力等。

（3）技术运用

理解技术与人类文明的有机联系，具有学习掌握技术的兴趣和意愿；具有工程思维，能将创意和方案转化为有形物品或对已有物品进行改进与优化等。

二、素养与核心素养的关系

素养和核心素养有着密切的关系，可以理解为核心素养是素养的一种具体表现。

素养强调的是人在知识、思维、态度、行为等方面的表现和能力，是一个人的综合表现。

核心素养是指适应未来发展的正确价值观、必备品格和关键能力。核心素养也称“21 世纪素养”，是人适应信息时代和知识社会的需要，解决复杂问题和适应不可预测情境的高级能力与人性能力。

素养是核心素养的基础，核心素养是素养的具体表现。核心素养是在现代社会中，个人必须具备的几种核心能力，包括数学素养、语文素养、信息素养、科学素养、生活素养等，这些素养是人们在各个领域中生存、学习和发展所必需的。因此，可以认为素养是核心素养的基础，只有具备了综合性素养，才能更好地掌握和发展核心素养。同时，核心素养也可以视为素养的一种具体表现，体现了素养在具体领域和实践中的应用和表现。

在教育实践中，应该注重培养学生的素养和核心素养。核心素养不仅是学生综合素养的重要体现，也是未来学生成长和发展的关键。通过教育和培养，帮助学生掌握基本的素养和核心素养，以便更好地适应未来的学习和生活。

第三节　数学核心素养

一、数学核心素养的内涵

《义务教育数学课程标准(2022 年版)》对义务教育数学学科核心素养作了精准的描述，将之确定为以下三个方面(简称“三会”)：

1. 会用数学的眼光观察现实世界

(1)“通过数学的眼光，可以从现实的客观现象中发现数量关系与空间形式，提出有意义的数学问题。”[1]即从数学角度出发，我们可以从现实客观现象中发现数量关系和空间形式，并提出富有意义的数学问题。例如，在超市购物应付多少元，就可以从中抽象出单价、数量与总价的数量关系。进而我们能够更深刻地理解其间的数量关系。可见，通过运用数学，可以将现实问题转化为数学问题，并为实际问题提供可行的解决方案。

(2)“能够抽象出数学的研究对象及其属性，形成概念、关系与结构。”[2]也就是说，通过对数学研究对象的抽象，能更清楚地看到数学研究对象产生的源泉；通过经历构建数学概念、关系与结构的过程，经历从具体到抽象的过程。例如，现实生活中各种长方体形状的物体，通过用数学的眼光去观察，抽象出长方体，并通过对多个长方体的研究，过滤其非本质属性，把握其本质属性，逐步建立“长方体”的概念。

(3)“能够理解自然现象背后的数学原理，感悟数学的审美价值。”[3]通过深入学习数学来理解自然现象背后的数学原理，从而感悟数学的审美价值。数学是一门复杂而又严谨的学科，而许多自然现象都具有一定的数学规律。例如，斯涅尔定律、欧拉公式等，这些定律和公式，能够让我们更好地理解光的传播、复杂的曲线和曲面等等。而这些数学原理，更能让我们感受到数学的美感。因此，深入学习数学，不仅有助于我们更好地解释自然现象，还能让我们领略数学自身的审美价值。

(4)“形成对数学的好奇心与想象力，主动参与数学探究活动，发展创新意识。”[4]数学的眼光，可以激发对数学的好奇心和想

①② 中华人民共和国教育部：《义务教育数学课程标准(2022年版)》，北京：北京师范大学出版社，2022年，第5页。

③④ 中华人民共和国教育部：《义务教育数学课程标准(2022年版)》，北京：北京师范大学出版社，2022年，第5—6页。

象力，积极参与数学的探究活动，不断发展创新意识。因此，从小就养成对数学的热爱和兴趣，会让学习更加主动、积极，同时也能够更好地应对未来的挑战。

2. 会用数学的思维思考现实世界

(1)“通过数学的思维，揭示客观事物的本质属性，建立数学对象之间、数学与现实世界之间的逻辑联系。”[①]也就是说，通过运用数学思维，探索物质世界的本质属性，可以构建数学模型，并建立不同数学对象之间、数学对象与现实世界之间的逻辑联系。例如“抽屉原理”，5 个苹果放 4 个盘子，不管怎么放，至少有一个盘子里的苹果个数不止 1 个。这样，我们可以深刻地理解客观事物的本质规律。

(2)“能够根据已知事实或原理，合乎逻辑地推出结论，建立数学的逻辑体系。”[②]数学是一门能够根据已知事实或原理，通过合乎逻辑的推导，而建立起一套完整的逻辑体系的学科。数学学科具有严密性的特点，它的核心在于推理，而推理的过程离不开逻辑。逻辑推理主要包括两大类：第一类是从特殊到一般的推理，推理形式包括归纳和类比。归纳是根据个别现象得出普遍结论的推理方式，适用于通过实例推断出普遍规律的领域；而类比则是在不同领域间建立共性联系的推理方式，适用于将某一知识领域的思路方法运用到另一领域。第二类则是从一般到特殊的推理，推理形式主要有演绎。演绎是基于已知事实进行逻辑推理得出结论的方法，适用于对已有逻辑结构向未知领域推理。通过掌握这些逻辑推理方法，可以使我们更加准确地分析问题，提高解决问题的能力。

---

①② 中华人民共和国教育部：《义务教育数学课程标准(2022 年版)》，北京：北京师范大学出版社，2022 年，第 5—6 页。

(3)“能够运用符号运算、形式推理等数学方法，分析、解决数学问题和实际问题。”①即数学问题和实际问题都可以通过采用符号运算、形式推理等多种数学方法进行深入的分析和解决。这些方法不仅可以帮助我们深入理解数学问题的本质，还可以应用到实际问题的解决中。例如，如果“$a>b$，$b>c$”，那么，可以推断：“$a>c$”的结论。可见使用这些方法，可以让我们更加精准地处理数学和实际问题，并找出最优解。

(4)“能够通过计算思维将各种信息约简和形式化，进行问题求解与系统设计。”② 计算思维是一种能力，它可以将繁杂的信息约简和形式化，解决各种问题，设计复杂系统。这种思维方式独具优势，能够将问题简单化、形式化，从而提升问题的求解效率和准确性。以著名的高斯求和问题“1＋2＋3＋…＋100”为例，通过运用计算思维进行分解、模式识别、抽象、算法设计等环节快速求出结果，节省了大量的时间和精力。同时，计算思维也具有广泛的适用性，它能够应用于多个领域。

(5)“形成重论据、有条理、合乎逻辑的思维品质，培养科学态度与理性精神。”③ 培养具备严密论证、逻辑清晰、结构严谨的思维能力，同时还要注重培养科学态度和理性精神，遵循客观规律，思考问题全面系统。如以“鸡兔同笼”问题为例，通过经历问题解决的过程，帮助学生形成有序思考的思维品质。因此，要学会有条理地思考与合乎逻辑的推理，才能应对未来社会发展面临的各种挑战。

3. 会用数学的语言表达现实世界

(1)“通过数学的语言，可以简约、精确地描述自然现象、科学

①②③　中华人民共和国教育部：《义务教育数学课程标准(2022年版)》，北京：北京师范大学出版社，2022年，第6页。

情境和日常生活中的数量关系与空间形式。”[①]与其他学科一样，数学也有自己独特的语言，主要包括：公式、模型、数据等。譬如：地球绕着太阳公转的轨迹近似椭圆形；运动员投掷的铅球在空中的运动轨迹是一条抛物线，抛物线的顶点就是铅球达到的最高点；商品售卖时，同一商品的总价与数量的关系可以用正比例函数来描述……这样的事例举不胜举。可见数学的语言既简洁又准确。

（2）“能够在现实生活与其他学科中构建普适的数学模型，表达和解决问题。”[②]现实中的问题看似变化多端，大部分有规律可循，可揭示其内部的系统特征或数量关系，或抽象出其数学模型。例如：银行存款的计算方法、两车在行驶过程中的相遇问题，细菌在培养皿中的繁殖过程……

（3）“能够理解数据的意义与价值，会用数据的分析结果解释和预测不确定现象，形成合理的判断或决策。”[③]我们应该深刻理解数据的实际意义与价值，同时掌握使用数据分析结果解释和预测不确定现象的方法，以此形成合理的判断或决策。这样，我们就能通过数据分析技能，更加准确地洞察各种行业的情况，找到有利的商业机会，并做出明智的决策。相信只要有了这些能力，我们就能在各自的领域取得更为卓越的成就。譬如，根据网络平台上留下的一些个人购物数据，推测出此人的购物喜好、能接受的价格区间等信息，并有针对性地进行新品推送。

（4）“形成数学的表达与交流能力，发展应用意识与实践能力。”[④]掌握了恰当的数学表达方式，能够准确、清晰地传达自己的思想。而拥有实践能力，能够让我们将所学到的数学知识应用到实际生活中，解决现实问题。因此要养成有理有据的表达习惯，在

①②③④　中华人民共和国教育部：《义务教育数学课程标准（2022年版）》，北京：北京师范大学出版社，2022年，第6页。

与他人的沟通和协作中，进一步提升数学的应用意识与实践能力。

二、数学核心素养与核心素养的关系

数学核心素养是指在数学领域中所需要具备的核心素养。数学核心素养是核心素养的一个重要组成部分，它是核心素养在数学领域的具体体现。数学核心素养与核心素养有着密切的内在关系。主要表现在以下方面：

1. 数学核心素养与核心素养是部分与整体的关系

数学核心素养是学生发展核心素养的重要组成部分，学生可以通过数学课程学习逐步形成正确的价值观念、必备品格和关键能力。数学学科在数量关系与空间形式上研究物质，具有数学学科特殊的知识、能力和素养。核心素养是上位概念，涵盖各门学科的学科核心素养，因此各学科核心素养都是核心素养的重要组成部分。

2. 数学核心素养和核心素养是具体与抽象的关系

核心素养体现了对学生培养的总体目标和要求，比较抽象；相反，数学核心素养是指对学生在数学学科领域的培养目标和要求，比较具体。从抽象到具体看，学生发展核心素养要落实于具体各学科教学中，就一定要提炼学科核心素养。因此，数学学科核心素养是学生发展核心素养的具体化，是数学学科育人价值的集中体现。

3. 数学核心素养和核心素养是个性与共性关系

数学核心素养和核心素养之间相互关联，既有个性化的特征，又有共性的特征。数学核心素养强调的是培养学生在数学领域方面的素养，主要的内容是“三会”，体现的是数学学科的特性。而核心素养则更注重学生的全面发展，是对学生的综合素质和创新能力的培养，强调的是学生的跨学科素养，体现了各学科的共性素养。两者的共性在于都是为了提高学生的素养、全面素质以及能力水平，让学生在未来的职业生涯中具备更好的竞争力，从而更好地适应社会的发展。由此看来，数学核心素养和核心素养是个性与共性关系。

三、数学核心素养与三维目标的关系

教育部在2001年颁布的《基础教育课程改革纲要(试行)》中提出，为了学生更好地发展，要重视学生在知识与技能、过程与方法、情感态度与价值观三个方面的表现。

1. 数学核心素养是对三维目标的提炼与整合

三维目标强调的是知识与技能、过程与方法和情感态度价值观。而数学核心素养指向个人适应未来终生发展和社会发展需要的正确价值观、必备品格和关键能力。知识与技能、过程与方法可提炼为能力；情感态度价值观可提炼为品格。能力与品格的形成就是三维目标的有机统一。因此，数学核心素养是对三维目标的提炼与整合，如果三维目标的出发点是学科本位，那么数学核心素养的出发点是人本位。

2. 数学核心素养是对三维目标的传承与超越

从核心素养的角度看，知识与技能、过程与方法提炼为能力，情感、态度、价值观提炼为品格。数学核心素养是不会脱离于数学知识的载体而独立存在的；"情感、态度与价值观"提炼为核心素养的"必备品格"，才能实现核心素养。三维目标只是核心素养形成的基础，它不是终极目标，终极目标是核心素养，是对品格和能力而言的。

从数学核心素养的角度看，在运用"数学知识与技能"，通过"过程与方法"进行解决问题的过程中，"数学的眼光""数学的思维""数学的语言"才能得以表现；数学知识经历"过程与方法"的学习活动，才有机会形成"三会"。"过程与方法"对数学核心素养的形成至关重要。因此，数学核心素养目标是三维目标的传承与超越。

第二章

影响数学核心素养形成的主要因素

影响学生数学核心素养形成的因素是多方面的，主要有教师、学生和学习活动等。学生数学核心素养主要是在这三大因素相互作用中形成的。

第一节　影响数学核心素养形成的关键因素——教师

教学是培养学生数学核心素养的主要途径，教师是教学的主导者，承担着促进学生数学核心素养形成的重要任务。学者必有师，教师在学生数学核心素养形成过程中起着关键的作用。教师影响学生数学核心素养形成的关键因素有：教师的教育价值观、教师的学科素养和教师的学科教学能力。

一、教师的教育价值观

教师的教育价值观是指教师对教育价值的认识和评价，以及在此基础上决定的行为取向标准①。

① 王宇航：《黑龙江省乡镇初中教师的教育价值观研究》，哈尔滨师范大学硕士学位论文，哈尔滨，2011 年，第 20 页。

教师需要有正确的教育观念，重视育人导向和学生的全面发展，注重学生的思维能力和创造力的培养。教师正确的教育价值观就是对培养怎样的人的总目标的明确；对具体学科而言，就是培养学生的学科核心素养。

教师的教育价值观是影响学生数学核心素养形成的首要条件。首先，教师的教育价值观影响着自我意识的形成。教师教育价值观发展的重点和目标是提高社会创造力，培养社会主义建设者和接班人。教师教育的重心应放在立德树人、培养学生的创造力上，改变目前以灌输知识、传授知识为主的做法。在教学实践中，要从知识、智力、能力和优良个性入手，激发学生对事物和社会的观察力、思考力和创造力，培养学生发现和创造的能力。新的教育价值观的确立，必然包含着对原有教育价值观的某些不合理部分的否定。这种新的自我意识的形成，将改变教师以往的教育行为，进而影响着学生数学核心素养的形成。其次，教师的教育价值观会影响教与学的方向。教师的教育价值观决定着采用什么样的教学方式，而教学方式将直接影响着学生学习方式的转变，进而影响学生形成适应未来发展的正确价值观、必备品格与关键能力。教师的教育价值观是调节教与学的内驱机制，当教师在教学实施过程中遇到阻力或挫折，就会寻找新的途径或方式，这就成为教师的行为发生变化或得到调节的动机，而导致动机发生变化的就是价值观念。再次，教师的教育价值观决定着评价标准的选择。教育价值观为教育评价提供了根本的标准。教师依据教育价值观选择教育活动中某些因素做出判断与评价。因此教师正确的教育价值观也影响着评价标准的转变，其由原来的只关注结果评价逐步转向同时关注学生学习的过程性评价，更多注重学生在学习过程中的表现，进而以评价来促进学生核心素养发展。

二、教师的学科素养

教师的学科素养主要是指教师在特定学科领域中所具备的专业知识、技能、态度和价值观等方面的素养。数学教师的学科素养是指教师在数学学科方面的学科专业知识、学科文化以及学科情感等。

教师的学科素养直接关乎学生学科核心素养的形成。新课程改革要求变知识传授为学生学科核心素养的培育，而学生学科素养的培育又依赖于教师的有效引导，在一定程度上取决于教师自身学科素养的高低。事实上，调整课程结构、设置学科核心素养形成的有效活动、作业的设计等，都离不开教师自身的学科素养。因而，提高教师学科素养是学生核心素养形成的有力保障，更是课程改革的必然要求。

1. 教师的学科专业知识

数学教师的学科专业知识主要指的是教师在数学学科方面的专业知识，还有与数学学科相关的其他学科的知识。影响学生数学核心素养形成的学科知识主要包括：数学学科专业知识（如：系统的数学知识结构）、数学学科教学知识（如：针对不同的数学课程采取适切的教学手段）以及数学教育理论知识（如：数学教育学、数学学习心理学等基本理论）等。教师的学科知识丰富、全面，就能站在一定的知识高度引导学生经历科学、严谨的知识再发现过程，从而促进学生数学核心素养的形成。

2. 教师的学科文化

学科文化是一种文化体系，主要包括物质文化、行为文化和精神文化三个层次，其中物质文化包括学科条件和知识体系维度，行为文化包括学科思维和学科语言维度，精神文化包括学科使命和学科信仰维度。①

教师的学科文化是教师学科素养的综合体现。影响学生数学核心素养形成的物质层面文化主要指数学教师的知识体系，具有完备知识体系的数学学科教师能站在一定的知识高度设计学生的学习活动，包括对学生作业的设计，促进学生在作业中形成适应未来发展的正确价值观、必备品格与关键能力。影响学生数学核心素养形成的行为层面文化主要包括数学思维和数学语言。“会用数学思维思考现实世界”是数学核心素养的重要组成部分。只有具有较高数学思维能力的教师，才能更好地为学生搭建发展数学思维的桥梁。“会用数学语言表达现实世界”是数学核心素养的另一个重要组成部分。具有数学语言能力的教师能在教学中有意识地引导学生用数学语言表达现实世界的数量关系与空间形式。如在作业中可设计让学生将发现的规律用符号语言表示；也可让学生用不同的数学语言表达所理解的数量关系和空间形式，从而促进学生数学核心素养的形成。影响学生数学核心素养形成的精神层面文化主要包括学科信仰和学科使命。对学科知识的热爱与好奇心是一种优秀的品格。具有优秀品格的数学教师在教学中，将会潜移默化地影响学生适应未来终生发展必备品格的形成。具有学科使命感的数学教师不仅能传承数学学科知识，还能在作业中融入有关数学文化的内容，引导学生在作业中感受数学文化与数学家的优秀品格。

3. 教师的学科情感

学科情感是一种内心的体验和感受。一个教师热爱自己的教育教学工作，并对学科教学有深厚的情谊，是教师的学科情感。教

① 白静：《学科文化对博士生培养过程影响的比较研究——以 S 校 4 个学科为例》，上海交通大学硕士学位论文，上海，2020 年，第 36 页。

师的数学学科情感素养包括：数学认同感、数学信任感、数学亲近感、数学审美感[①]。教师认同新课改理念才能对自己的教学内容和行为表现出积极正向的态度。教师肯定数学的教育价值和学科价值才能在教育教学中培育学生的核心素养。教师保持对数学知识与数学学习活动的热爱才能积极投身数学教育事业。教师具备数学审美教育意识和能力才能感悟数学之美。根据美国心理学家、教育家布卢姆的教育目标的分类，我们得知情意目标或者说专业情意是教师从事学科教学工作不可或缺的内容。

三、教师的学科教学能力

教师的学科教学能力是以一般教学能力为基础，具有鲜明的学科特色，是学科教师胜任力的核心。一般教学能力是教师以一般认知能力（智力）为基础形成的符合教师职业需要的特殊能力。数学学科教学能力主要是指教师胜任数学学科教学所具备的能力。数学学科教学能力主要包括学科教学设计能力、学科教学实施能力、学科教学评价能力等。

1. 学科教学设计能力

学科教学设计能力主要是指教师在教学过程中，根据学科的性质、学生的学习特点和教学目标，设计合理、有效的教学活动，以促进学生的学习和发展。它涉及教师的教育理论、学科知识、教学技能等方面的能力。具有较强学科教学设计能力的教师，在教学设计中能充分考虑学生的认知水平和兴趣爱好，会采用多种教学手段，使学生获得更多的学科知识和技能，增强学生的学科素养。同时教师还会在作业设计中引导学生运用学科知识，独立思考和

---

① 武丽莎、朱立明、张莉、马振：《高中数学教师核心素养测评模型构建研究》，《天津师范大学学报（基础教育版）》，2023 年第 1 期，2023 年 1 月，第 42—47 页。

解决问题，培养学生的创新思维和创新能力。除此，具有较强学科教学设计能力的教师还会在教学设计中注重培养学生的自主学习能力，使学生具备终身学习的能力。当然，同样的教学内容，不同的教师会设计不同的教学活动。没有最好的教学设计，只有最适合当前学生学习的教学设计。因此，教师的学科教学设计能力是教师学科教学能力的重要组成部分。

2. 学科教学实施能力

学科教学实施能力主要是指教师在具体的教学过程中能够有效地组织和实施教学活动，包括教学方法的选择、教学内容的呈现、教学资源的利用，以及教学环境的营造等方面的能力。教师的学科教学实施能力对学生核心素养的形成有着重要的影响。数学教学实施能力强的教师，首先，在教学实施中能够帮助学生更好地理解、掌握数学知识，促进学生形成扎实的数学基础和丰富的数学经验，从而有利于学生形成数学核心素养。其次，学科实施能力强的教师，还能根据学生的数学学习特点和实际情况，针对性地实施数学教学，让学生更加主动地参与学习，进而有助于学生形成数学核心素养。再次，学科实施能力强的教师，还能充分调动教学资源与利用现代教育技术手段，有效地实施教学，促进学生数学核心素养的形成。可见教师的学科教学实施能力将直接影响学生数学核心素养的形成。

3. 学科教学评价能力

学科教学评价能力主要是指教师根据课程标准和教学目标、对学生学习情况进行全面准确评价的能力。这种能力涵盖了对学生知识、技能和态度等多方面的评价，能够帮助教师了解学生的学习情况，从而制订更加针对性的教学方案，促进学生的学习和发展。教师的学科教学评价能力，对于学生核心素养的形成同样有着重要意义。教师通过对学生数学学习的评价，可以发现学生在数学核心素养各方面存在的问题，及时对学生的问题进行反馈与指导，帮助学生更好地理解和掌握数学知识和思维方法，提高学生的数学核心素养。同时，教师的学科评价能力还可以帮助学生更好地认识自己的学习状态和水平，促进学生形成自我评价和反思能力，提高学生的学习自觉性和自主性。因此，教师的学科评价能力对学生数学核心素养的形成有着重要的作用。

第二节 影响数学核心素养形成的决定因素——学生

学生是形成数学核心素养的主体，也是影响其形成数学核心素养的决定因素。学生的学习态度、学习基础、学习能力等是影响其形成数学核心素养的内部因素。

一、学习态度

心理学认为，学习态度是学生对学习的较为持久的肯定或否定的内在反应倾向。学生的学习态度对其数学核心素养的形成具有重要意义。首先，积极的学习态度可以激发学生学习的热情和兴趣，能让学生认真对待每个学习任务，不轻易放弃，勇于尝试和探索，不断挑战自我；还能促进他们形成自主学习和长期坚持的习惯，能提高学习效率和效果，有利于学生形成创新思维和批判性思维。其次，积极的学习态度可以让学生更加勇于面对挑战和困难，增强学生的学习信心和动力，在实现学习目标的过程中不断提高自我调节和自我认知能力。再者，积极的学习态度还可以培养学生的自我监控和自我管理能力，让学生对自己的学习过程有更加清晰的规划和认知，有助于学生形成协作能力和领导力等。反之，如果学生对数学核心素养指向的内容不感兴趣、不主动去学或课堂学习的时候状态不佳，拥有再好的学习基础都是徒劳的。可见，学生的学习态度在数学核心素养的形成中起着重要的作用。

在教学中要加强学生学习态度的培养。学生学习态度的培养可以关注以下两方面：一是要注重学生学习兴趣的培养。学生的学习兴趣与其数学核心素养的形成息息相关，学生对指向数学核心素养的学习内容感兴趣，就会发挥自身的主观能动性，会主动地参与数学学习活动，从而对数学核心素养的形成产生正向影响。反之，如果学生对学习内容不感兴趣，就不能主动地参与数学学习，则会产生负面效应。二是注重学生学习动机的激发。根据教育心理学的观点，学生数学的学习动机指的是由需要引起的，激发和维持学生数学学习的动力机制。美国认知教育心理学家奥苏贝尔认为，学生学习的成就动机至少应包括三方面的内驱力，即认知内驱力、自我提高内驱力、附属内驱力。认知内驱力是指学生对学习内容产生强烈的好奇心，并会主动要求掌握知识，渴望系统地阐述问题并解决问题。它是学生的内部学习动机。自我提高内驱力是指学生学习的出发点是为了证明自己工作的能力，赢得相应的地位，如获取“数学明星”称号的愿望等。附属内驱力是指学生为保持家长和教师等的认可而努力学习。自我提高内驱力和附属内驱力都属于学生的外部学习动机。学生的学习动机受这三方面的共同影响，且三因素相互影响，共同构成一个学习动力体系。

二、学习基础

学习基础主要是指学生在学习某一学科知识前已经具备的基础知识、基本技能、数学基本思想和基本活动经验，它们是学习该部分知识的前提条件和基础。学生学习基础的好坏对于核心素养的形成具有重要的影响。有扎实的学习基础的学生可以更深入地思考和分析学科问题，更好地理解和掌握新的知识和技能，进而更有利于发展批判性思维与创新能力，促进数学核心素养的形成。反之，如果学生的学习基础较差，将会影响学生对新知识的理解和掌握，难以形成扎实的学科知识基础，从而也难以培养学生的数学核心素养。因此，促进学生形成良好的学习基础，是教师需要重视和努力的方向之一。

基础知识在这里是指学生通过学习获得数学的概念、原理、法则等。学生获取知识基础的渠道有很多，如学校教育、家庭教育和其他形式教育等，这里的学习渠道主要指学生通过课堂学习获取的知识。学生已有的知识基础影响其对数学核心素养指向的学科知识的掌握程度。学生已有的知识基础可帮助自身更快地习得新知识。相反，不具备这些知识的学生学习新知识的进度则会慢很多或者是难以掌握。

基本技能在这里是指学生已经习得的技能，它将是学生进一步学习的基础。如学生已经掌握的口算乘法口诀的技能，是后续进一步学习整数乘法、小数乘法等知识的基础。如果学生没有掌握这个口算技能，将不能较好或无法进行整数乘法、小数乘法的学习，在作业中表现为运算结果不正确，影响了核心素养主要表现运算能力的形成。

数学基本思想和基本活动经验在这里是指学生已经获得的数学基本思想和基本活动经验。它们是学生后续进一步开展数学学习的基础。如学生在完成下面作业，“先列竖式计算，再找规律。45×11，32×11，78×11，56×11”时，如果学生没有已经积累的不完全归纳推理的数学思想方法和探究发现的数学活动经验，学生将无法完成这个作业，进而会影响学生数学核心素养的形成。

三、学习能力

学习能力主要是指学生在学习过程中获取、处理、运用和评价信息的能力，包括记忆、理解、应用、分析、评价、创造等方面的能力。学习能力对学生核心素养的形成具有至关重要的意义。数学学科不仅是一门知识学科，更是一门需要不断探究和思考的学科。学生具有良好的学习能力，可以更好地适应不同学科的学习要求；还可以更好地理解和掌握数学知识，更深入地思考数学问题，从而提升数学核心素养。学生数学学习的能力，直接影响数学核心素养的形成。学生的学习能力在这里主要是指数学认知能力、数学实践能力以及数学创新能力。

1. 数学认知能力

数学认知能力在这里可以理解为学生对数学知识内容的获取、加工处理的能力。如学生能理解其所学的数学知识，即能从现实世界的客观对象中发现数量关系和空间形式，进而理解自然现象背后的数学原理。

2. 数学实践能力

数学实践能力在这里是指学生有意识地运用数学的概念、原理和方法解决现实世界问题的能力。实践能力是将理论知识在实践中应用的能力。数学课程标准提到的“应用”是指学生有意识地利用数学的概念、原理和方法解决现实世界的问题。学生的实践能力与学生分析问题与解决问题的能力有较大相关性。

3. 数学创新能力

数学创新能力，从认知过程来看，主要表现为克服思维定式，打破常规做法；从认知结果来看，主要表现为丰富的、相异的、原创的思维产物。[①] 数学创新能力源于学生的创新意识。《义务教育数学课程标准(2022 年版)》指出学生的创新意识是“学生主动从

① 罗新兵、罗增儒：《数学创新能力的涵义与评价》，《数学教育学报》，2004 年第 2 卷，2004 年 5 月，第 82 页。

日常生活、自然现象或科学情境中发现和提出有意义的数学问题”。数学创新能力强的学生善于独立思考,勤于探索一些开放的、非常规的数学问题,进而获得数学核心素养的发展。

第三节 影响数学核心素养形成的重要因素——学习活动

学习活动主要是指学生进行的各种学习行为,包括课堂听讲、课外阅读、作业、讨论、研究、探究等。学习活动是影响学生数学核心素养形成的重要因素。首先,学习活动能够激发学生的学习兴趣和学习动机。学生对学习活动的积极参与,可以增强对数学的学习兴趣和信心,提高对数学学习的投入度和参与度。其次,学习活动是学生获取知识、掌握技能和培养能力的主要途径。学生在学习活动中,通过与教师和同学的交流互动、探究和实践、解决问题和应用等方式,不断深化对数学知识和技能的理解和掌握。再次,学习活动是学生数学思维和数学能力发展的重要途径。学生在学习活动中,通过分析问题、探究规律、推理等方式,可以逐步形成较高的数学思维水平和数学能力。除此,学习活动还在增强学生的数学实践能力方面发挥着巨大作用,让学生可以获得更多的亲身体验,进而促进学生数学核心素养的形成。数学核心素养导向的学习活动要具有真实性、实践性和自主性。

一、真实性

学习活动的真实性主要指的是将学习内容与学生的日常生活和实际经验相联系,让学生在学习中能够体验到真实的情境和实际的应用场景。学习活动的真实性对学生的学习意义重大。首先,真实情境的学习活动可以激发学生的学习兴趣和动机,让学生更积极主动地投入学习活动中。其次,通过真实情境的学习活动,学生可以更好地理解和应用所学的数学知识和技能,从而增强学习效果和记忆深度。再次,真实情境的学习活动还可以培养学生的实际运用能力和解决问题的能力。因此,注重创设真实的情境对于促进学生数学核心素养的形成具有重要意义。基于真实情境的学习活动具有现实性,这里的现实性主要指情境的创设要源于学生的生活现实和贴近学生的学习现实。

1. 源于学生的生活现实

真实的情境要源于学生的生活现实。源于学生生活现实的情境是指要将学生身边熟悉的、有趣的事物作为情境创设的素材。源于学生生活现实的情境一方面可以激发学生学习数学兴趣,使他们感受数学就在身边,也易理解数学知识;另一方面真实的情境也可以为学生数学核心素养的形成营造一个良好的学习背景。如:培育学生数据意识,可在学生学习统计知识后,用生活中黄豆发芽作为情境素材设计实践性作业,引导学生观察浸泡后黄豆生长的情况,并在制成折线统计图后,说说自己的发现。由于学习活动是源于学生的现实生活,这不仅激发了学生浓厚的学习兴趣,还增强了学生数学应用意识和数据意识,促进了学生数学核心素养的形成。

2. 贴近学生的学习现实

真实的情境要贴近学生的学习现实。情境贴近学生的学习现实是指情境要符合学生已有的数学知识和其他学科知识。情境的创设要符合学生的学习现实,以利于学生运用已有的知识经验,去解决现实问题,从而获得新知识与学习活动经验的积累,进而逐步实现知识的转化。如学生学习了长方形面积后,可设计实践性作业,如要求学生量一量自己房间的长与宽,再算一算房间的面积。通过实践作业活动，学生运用已学过的求长方形（正方形）面积的知识解决实际问题，并在活动过程中逐步形成应用意识。

二、实践性

学习活动的实践性主要指的是在学习过程中，学生能够亲身参与并通过实际体验和实践活动来加深对知识与技能的理解和掌握。学习活动的实践性对于学生的核心素养的发展有着重要的意义。首先，学生通过亲身实践，能更好地理解和掌握学习内容，并将所学知识与实际生活中的经验建立联系。其次，学习活动的实践性能够使学生参与其中，增强学生的学习自信心和成就感，提高学生的学习兴趣和动机。再次，实践性的学习活动不仅可以提高学生的实践操作技能，还能够培养学生的创新能力和解决问题的能力。具有实践性的学习活动注重学生的直接经验，强调学生的亲身参与，倡导学生在做中学。

1. 重视学生的直接经验

学生可以通过直接经验和间接经验获取学科知识。综观当前课堂教学，重学生对间接经验的获取，而轻学生对直接经验的获取，这源于教师对"直接经验"价值的认识。第一，学生获取的间接经验来源于前人的直接经验。比如勾股定理等都来源于先人们的直接经验。第二，学习间接经验要基于学生个人的直接经验。数学课本的原理、定律与公式，对学生来说是间接的经验，他人的认识成果，是抽象并且不易理解的。因此，数学学习活动要让学生经历知识的再发现过程，让学生在实践活动中获得学习的体验，进而促进其核心素养的发展。

2. 强调学生的身体参与

苏霍姆林斯基在《给教师的一百条建议》中，反复强调教师学习活动中让学生动手操作的重要性。他认为"儿童的智慧在他们手指尖上”。学习活动是内部心理活动和外部操作活动相统一的活动，学生的身体参与必不可少。比如在学习小学数学中一些抽象的公式、原理时，可以通过让学生在“剪一剪”“量一量”“分一分”等身体参与的活动中理解数学知识的形成过程，从而促进数学核心素养发展。同样在作业中也可以设计一些让学生“身体参与”的实践性作业，如1分钟跳绳的活动，让学生进一步感受1分钟到底有多长，促进其建立1分钟量感。

3. 倡导学生在“做中学”

实践的目的是学以致用，反之，操作的过程也能获得知识。孔子主张学习、思考和行动相结合，他提出了“学—思—习—行”的完整学习过程。美国华盛顿国立图书馆的墙壁上写着一段话：我听见了，但可能忘掉；我看见了，就可能记住；我做过了，便真正理解了。在“做中学”强调在实践和操作中习得知识。数学学习中，操作学习广泛应用于概念的建立、算法的建构、公式的推导等方面内容的学习。如“设计测量不规则土豆体积”的实验作业，让学生在做实验过程中进一步感悟体积的守恒定律。

三、自主性

学习活动的自主性主要指的是学习者在学习过程中拥有自主选择、组织和管理学习的能力，能够根据自身的学习目标、兴趣和学习风格来规划和实施学习活动，从而更好地提高学习效果。学习活动的自主性对学生核心素养的形成具有重要意义。首先，学生通过自主参与学习活动，能够更好地理解知识，从而增强学习的主动性和兴趣，提高学习的热情和积极性。其次，自主性的学习活动可以帮助学生发掘自己的潜能，发展创新意识和创造力。最后，学生通过自主性的学习活动，可以自我管理学习时间和学习进度，提高自我调节能力和自我反思能力。因此，教师要调动学生的主观能动性，以便更好地促进学生数学核心素养的形成。自主性的学习活动主要表现在学生意识上的自觉性和行为上的主动性。

1. 学生意识上的自觉性

教师激发学生学习的自觉意识，变“要我学”为“我要学”，是学习活动中的关键。学生是否感受到“学习需要”，这与学生对学习的认识与情感有着直接的联系。教师激发学生的学习兴趣，学生产生“需要感”；教师肯定学生在活动中的进步，帮助学生产生积极的情感体验；教师根据最近发展区设置有难度的活动，激励学生勇攀高峰；教师引导学生全面评价自己的学业，明确努力的方向，进一步提高学生的自觉性和责任感。如可以让学生对自己的作业成果给予评价，增强学生作业的自觉性。

2. 学生行为上的主动性

学生在学习活动中具有主观能动性，学生能根据已有的知识经验、认知结构、去主动学习新知识，并且能动地进行吸收、加工和改造。自主性较强的学生会将自己视为学习的主导者，积极主动地参与各种学习活动，能够自我支配、自我调节并懂得有效地掌控自己的学习进程。他们充满热情和动力，不仅在课堂上表现积极的学习态度，还会利用自由时间自行进行深入学习和探究研究。他们具备较高的自我管理能力和学习策略，能够克服各种学习障碍和挑战，达到更高的学习成就和目标。反之，学生如果在学习活动中缺乏主动思考的话，就只能被动地接受知识，难以实现深度学习。因此，我们鼓励学生在学习过程中积极思考，勇于提出问题，不断探究和思考，将知识内化为自己的能力和智慧，实现知识的深度和广度的双重提升。唯有如此，学生才能真正掌握学科知识，提高综合素质，为未来的成长和发展奠定坚实的基础。

第二编 核心素养导向的小学数学作业设计基本观点

第三章

基于育人价值的作业

教育部办公厅在《关于加强义务教育学校作业管理的通知》中指出："作业是学校教育教学管理工作的重要环节，是课堂教学活动的必要补充。"在课堂教学提质增效基础上，切实发挥好作业育人功能。因此，作业要落实立德树人根本任务，体现德智体美劳全面发展的育人理念。

第一节　确立正确的价值观

一、价值观的内涵

所谓价值观就是人们基于生存、发展和享受的需要，在社会生活实践中形成的关于价值的总观点、总看法，是人们的价值信念、信仰、理想、标准和具体价值取向的综合体系。[①] 价值观是对行为提供普遍指导，或是对信念、行动进行评价的参照点，是使人据此

① 李景源、孙伟平：《价值观和价值导向论要》，《湖南科技大学学报（社会科学版）》，2007 年第 4 卷，2007 年 8 月，第 46—51 页。

而采取行动的一些原则、基本信念、理想、标准或生活态度。① 价值观的内容，一方面表现为价值取向、价值追求，从而凝结为一定的价值目标，另一方面表现为价值尺度和准则，成为人们判断事物价值、荣辱的标准。

数学学科价值观主要包括三方面。一是科学价值：能够认识数学是所有学科的基础，数学在各个领域都有着广泛应用性，数学在科技、社会发展中的巨大作用，形成热爱数学，积极向上的学习态度。二是文化价值：能够理解数学思想方法，体会数学精神、理性思维、数学审美，并能将其转化在自己的学习行动和树立个人发展的理想信念中。三是育人价值：能够理解数学对人的思维发展的作用，形成刻苦训练、不畏艰难、积极向上的优良品格。②

二、对作业价值观的认识

作业价值观主要是指人们对作业在教学活动中的作用、地位、意义的认识和看法，它受课程理念和目标的支配，也受诸如阶级、社会、理论水平等各种因素的影响。传统的作业是以“知识巩固”与“技能强化”为主。“标准答案”的唯一性与方法的单一性，在一定程度上扼杀了学生思维的“灵性”，缺乏发散思维与创造思维。根据中国学生发展核心素养提出的育人目标，已有的作业功能显然不能满足当前育人的要求。从教学观角度出发，作业的主要功能应由巩固掌握已有的知识转向主动搜集发现新知识，引导学生乐学；从学习观角度出发，作业功能应由被动学习转为积极主动的会学习、能学习。

---

① 莫尼卡·泰勒：《价值观教育与教育中的价值观(上)》，《教育研究》，2003 年第 5 卷，2003 年 5 月，第 35—40 页。

② 喻平、赵静亚：《数学核心素养中品格与价值观的评价指标体系建构》，《课程·教材·教法》，2020 年 6 月第 6 卷，2020 年 6 月，第 94 页。

数学作业的价值观应转向树立“全面育人”，促进主动发展的观念。数学作业的价值观主要表现为学习态度、科学精神和学会学习。

正确价值观导向下的作业，应引导学生形成热爱数学、积极向上的学习态度。心理学研究表明，学习态度是学习者对学习的较为持久的肯定或否定的内在反应倾向。[①] 学习态度受学习动机制约，学习者在不断地积累学习经验的过程中，逐渐培养出适合自己的学习动机，进而塑造出积极向上的学习态度。良好的学习态度主要表现为，一是具有积极的学习数学的动机、兴趣、自信，能够体会到学习的乐趣。二是学习的主动意识强，有积极的自主学习心态和主动学习行为。三是具有坚持不懈学习数学的毅力，克服学习困难与挫折的勇气等。良好的学习态度不仅会直接影响学习成效，还会影响学生核心素养的形成。它是学生形成和发展数学学科核心素养的必要条件。因此，在作业设计时要尽可能创设以生活现实为素材的情境，要让学生通过作业认识到运用数学知识可以解决现实问题，感悟数学的广泛应用性，进而促使学生养成热爱数学，积极向上的学习态度。

正确价值观导向下的作业，应促进学生形成理性的科学精神。科学精神主要表现为，一是理性思维，即学生能够理性地分析与解决问题，形成严密的思维品质。二是批判思维，即学生能批判性地思考与判断、敢于质疑并能做出正确的抉择。三是勇于探究，学生具有探究问题的意识和坚持不懈的探索精神。良好的思维品格有助于学生形成科学的态度与理性精神，促进核心素养的发展。

正确价值观导向下的作业，应促使学生学会学习。“学会学

① 朱智贤等：《心理学大辞典》，北京：北京师范大学出版社，1989 年第 10 期，1989 年，第 819 页。

习”是指学生在学习意识的形成、学习方式与方法的选择，以及学习进程的评估与调控等方面的综合表现。学会学习主要表现为，一是自主学习，强调学生自主调控学习的过程和方向，积极地参与学习活动，包括运用信息化技术进行的学习，激发自身的学习兴趣和学习动机。二是深度思考，对于某个问题进行深入分析和探究，从多个角度去思考，并能够形成有深度、有价值的见解和思考结果。三是学会反思，具有反思习惯，善于总结经验、形成有效的学习策略，了解自己的学习风格，能有效地选择适合自己的学习方法。

第二节　培育必备的品格

一、品格的内涵

品格即“品性、品行”，英文“character”可解释为“品质特性”或“道德行为”[①]。好的品格应是向善、行善、求真、勤奋。可见，有时候我们会将品格教育和道德教育等同看待，认为它们是对等的。还有些时候，我们会用品格和美德这两个术语来相互替代。此外，有时候我们也可以把品格与价值观交融论述，可见品格是一个比较宽泛的概念。核心素养中的必备品格一般是指自律、尊重和认真。[②]

二、作业中的“品格”

作业也是学生进行自主学习的过程，学生根据自己的学习能

---

① 中国社会科学院语言所词典编辑室编：《现代汉语大辞典》，北京：商务印书馆，2003 年，第 868—869 页。

② 余文森：《核心素养导向的课堂教学》，上海：上海教育出版社，2017 年，第 25 页。

力和学习方法，通过翻阅学习用书、查看笔记、搜集资料，或是询问老师、家长及同学等方式来完成作业。学生完成作业的过程，也是自我品格修炼的过程。在设计作业时，要融入学生品格的培养。作业中的“品格”主要有：自律、认真、责任、执着、尊重等。

1. 自律

自律是指学生依靠自身的力量进行的一种自我管理、自我教育、自觉意识升华的约束机制。心理学上是指儿童的道德判断受自己主观的价值标准所支配。自律是学习过程中非常重要的品格之一，它能够帮助学生保持注意力，持续努力，从而提高学习效果，进而能够更好地掌握知识。作业中的“自律”是学生对作业的一种自我管理、自觉完成的表现。

培育学生“自律”品格，教师在设计数学作业时可以从以下几方面进行思考。

一是从设计作业类型的角度。教师可以设计一些探究类作业，要求学生通过积极主动的思考和自主探究的作业，以提高其学习自主性，从而培养自我管理的能力。探究类作业将有助于学生更好地掌握知识，发现问题并解决问题，以及学会利用有效的学习方法来促进个人成长和进步。比如在解决问题时，要求学生自己寻找解决问题的方法，而不是依赖老师的指导或抄袭同伴探究结果。教师也可以设计一些合作探究类的作业，通过团队合作完成作业，学生需要遵守合作规则和分工，同时也需要保持团队合作的质量和效率，从而帮助学生养成自律的品格。

二是从设计作业完成时间的角度。教师为学生设定作业完成的时间，要求学生在规定时间内完成作业，养成良好的时间管理习惯，培养学生对时间的敏感性和自我控制的能力。根据教育部办公厅在《关于加强义务教育学校作业管理的通知》提出的小学其他年级每天书面作业完成时间平均不超过 60 分钟的要求，可知每门学科完成时间不超过20分钟。

三是从设计作业完成目标的角度。教师可以设定一些目标和标准,帮助学生设定自我监督的标准。例如,明确要求学生完成的数学作业应达到怎样的质量标准,从而可以激发学生的自我监督和自我激励的意识,进而提高学生的自律品格。总之,教师设计数学作业,培养学生自律的品格,需要从多个方面着手,促进学生“自律”品格的养成。

2. 认真

认真表现在做事的态度上。认真是一种重要的品格,它所体现的是认真对待学习、工作、生活等方面的态度和行动。只有认真地对待每一个细节,我们才能够达成更高的目标和更好的成果。不管是在学习上,还是在工作和生活中,认真总能带给我们更大的价值和更多的成就感。在学生的学习过程中,认真对待学习是非常关键的,学生只有认真对待学习才能更好地掌握知识,提升自己的学习能力。作业中“认真”主要表现为书写端正、仔细检查、格式规范符合要求等。

培育学生“认真”品格,教师在设计数学作业时可以从以下几方面进行思考。

一是要注重合理的作业量。教师在设计作业时,应注意每次的作业量要适度。教师应督促学生养成认真做作业的好习惯,避免因过多作业而盲目追求作业的数量,却忽略了作业的质量。同时教师要鼓励学生养成检查作业的习惯,这也是培养学生认真品格的有效方式之一。

二是注重质量优先的作业要求。教师在设计作业时,要注重对作业质量的要求,可用提示语的形式,如提出书写要工整、计算要准确等提示语。

三是要注重设计启发性的作业。启发性的作业,可以激发学生的学习兴趣，促进学生深入思考数学问题，有助于认真品格的养成。同时，教师还可以设计适合学生的作业类型，如数学游戏、调查研究等作业，也能激发学生的学习兴趣与学习热情，促使学生全身心地去完成作业，进而促进学生认真品格的形成。

3. 责任

责任是指分内应做的事。在教育中，教师培养学生的责任品格是非常重要的。因为责任可以帮助学生增强自我约束能力，建立正确的价值观和行为准则。除此教师也要培养学生勇于承担责任、尊重他人的能力。作业中的“责任”主要表现为能按时间、有质量地完成作业等。

培育学生的“责任”品格，教师在设计数学作业时可以从以下几方面进行思考。

一是作业内容要有适度的思考性。具有思考性的问题，让学生花费时间和精力去思考和解决，从而可以培养学生的耐心和毅力。

二是作业要有明确的完成时间期限。要求学生在规定期限内完成作业，进而培养学生的责任心和自我约束能力。

三是作业类型可适当选择小组合作类作业。小组合作类的作业，可以让学生在分工合作和分担任务中承担相应的责任。总之，作业的设计和实施，可以培养学生成为勇于承担责任和具有责任感的人。

4. 执着

执着是指对某一事物坚持不放，不能超脱的态度。培养学生的执着品格，对于学生的成长和发展至关重要。具有执着品格的学生，不论面对怎样的困境和挫折，都会毫不退缩地持续追求自己的目标；无论是遭遇各种挑战还是遇到重重难关，他们总能在坚定自我信念的同时，勇往直前地朝着理想目标迈进。这种精神不仅仅塑造了自己的人格，更无限激励周围的同学和师生们向着更高远的目标奋勇前进。反之，如果学生缺乏执着精神，那么他们就难以克服困难并完成他们的学业任务。作业中的“执着”主要表现在对正确答案的追求、对解题策略的追求等。

培育学生“执着”品格，教师在设计数学作业时可以从以下几方面进行思考。

一是设计的作业应该有一定的难度和挑战性。具有一定难度和挑战性的作业，需要学生花费一定的时间和精力才能完成，从而可以培养学生执着的品格。

二是在设计的作业中要给予学生一定的鼓励与帮助。针对部分有一定难度的作业，教师可在设计作业时插入适切的作业指导语，给予学生及时的指导和帮助，帮助他们克服困难，坚持完成作业。

总之，培养学生的执着品格是数学教育中非常重要的一部分。教师要通过合理的作业设计，让学生逐渐建立执着的品格。

5. 尊重

尊重是指对他人的价值、尊严和权利的尊重和认可，同时也是对自我的价值、尊严和权利的保护和尊重。培养学生尊重的品格可在多方面带来益处。一是能帮助学生树立良好的人际关系，建立积极的情感联结，增进相互信任和尊重。二是具备这种品格的学生更容易与他人有效地协作，兼顾各方利益，达到更好的团队成果。此外，尊重的品格还能有助于培养学生高层次的社交技能。因此，培养学生尊重的品格不仅能提高学生的综合素质，还能发展学生的核心素养。作业是培养学生尊重品格的重要途径之一，作业中的“尊重”主要表现在对同伴意见的尊重、对学科知识的尊重等。

培育学生“尊重”品格，教师在设计数学作业时可以从以下几方面进行思考。

一是设计基于有意义问题的作业。基于有意义问题的作业，可以让学生接触到有意义的实际问题，可以帮助学生意识到数学知识对生活的重要意义以及实际应用。基于有意义问题的作业，使学生更能够认识到数学知识的价值，从而更加尊重数学知识。

二是设计一些相互交流与合作的作业。合作类作业，让学生在小组讨论中，学会彼此倾听和尊重对方的观点与想法。因此，合作类作业有利于培养学生的团队精神和尊重他人的品格。

三是设计一些参与社区公益活动的调查类作业。调查类作业，可以让学生通过调查、收集数据等方式，探究社区的问题，提出改进的建议。通过这些活动，学生可以意识到自己作为社区的一分子，需要尊重社区的规则和制度，关注社区的发展。

四是设计结合生活实际的作业。结合生活实际的作业，让学生通过购物计算费用等作业解决生活类问题，激发学生将数学知识融入实际生活中的能力。同时教师要积极引导学生在日常生活中学会尊重他人，培养学生的公民意识和社会责任感。总之，教师设计数学作业时，应该注重尊重品格的培养。

第三节　培养关键的能力

一、关键能力的内涵

"关键能力"源于西方，也有人将其译为核心胜任力、核心竞争力、核心能力、核心素养等。通常情况下，关键能力被认为是跨专业的知识技能和能力。[①]

《关于深化教育体制机制改革的意见》中明确了培养学生的四

① 徐朔：《"关键能力"培养理念在德国的起源和发展》，《外国教育研究》，2006 年第 6 卷，2006 年 6 月，第 66—69 页。

种关键能力：认知能力、合作能力、创新能力和职业能力。数学学科的关键能力是数学学科核心素养的必备，可具体表现为：用数学的眼光发现问题、用数学的思维思考问题和用数学的语言表达问题。[①]

二、在作业中，培养“关键能力”

新课程改革为作业的功能赋予了新的内涵，其“工具性”“教育性”的基本属性进一步丰富了作业的功能。因此，作业也是培养学生关键能力的重要载体。

1. 作业是培养学生用数学眼光发现问题能力的主要载体

用数学眼光发现问题，包含了四层含义，一是从数学的视角来看，我们可以通过观察客观世界的现象，发现并抽象出各种数量关系与空间形式，进而提出有意义的数学问题。二是数学的研究对象和属性可以被抽象出来，进而形成概念、关系和结构。三是掌握自然现象背后的数学原理，不仅可以深刻理解它们的规律和本质，同时也能从中感悟到数学的审美价值。四是培养对数学的好奇心和想象力，积极参与数学探究活动，促进创新意识的发展。

作业是培养学生用数学眼光发现问题能力的主要载体。学生在完成作业过程中经历对现实世界中基本数量关系与空间形式的观察，理解所学的数学知识及其现实背景；经历在生活实践和其他学科中发现基本的数学研究对象及其所表达的事物之间简单的联系与规律；经历在实际情境中发现和提出有意义的数学问题，进而养成从数学角度观察现实世界的意识与习惯，发展用数学眼光发现问题的能力。

用数学眼光发现问题的作业，教师主要侧重培养学生从数学抽象（数感、量感、符号意识）、几何直观与空间观念等角度观察并

---

① 朱立明：《高中生数学关键能力：价值、特质与操作性定义》，《天津师范大学学报（基础教育版）》第 22 期第 2 卷，2021 年 3 月，第 49—54 页。

发现问题的能力。主要包括以下几方面：

一是从数学抽象（数感、量感、符号意识）角度发现问题的作业。教师在设计这类作业时，要有渗透抽象思想的意识。教师可以将数感、量感和符号意识等融入作业内容中；也可以有意识地设计含有抽象活动的情境问题，帮助学生在作业中体验抽象的过程，领悟数量关系和规律。比如，在学习了"用字母表示数"的内容后，可以设计以下作业："小军和爸爸妈妈一起去看儿童剧，三人正好坐在同一排，如果将小军的座位号用字母 m 表示，请用含有字母的式子分别表示出爸爸妈妈的座位号。"学生在解答这个问题的时候需要掌握剧院座位号的排列规律，并将他们三人座位号之间的关系抽象成数学问题，用含字母的数学式子表示，进而培养学生用数学眼光观察并发现现实世界中数学问题的意识和习惯。

二是从几何直观角度发现问题的作业。教师在设计此类作业时，要引导学生在完成作业的过程中能借用直观图形分析问题，渗透数形结合的思想。如学生学习了"小数加法"后，可设计以下作业：

案例 3-1　小数加法

如果 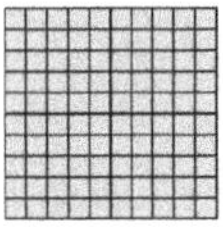 表示 1，请你看图写加法算式，并用竖式计算。

（　　）＋（　　）＝（　　）

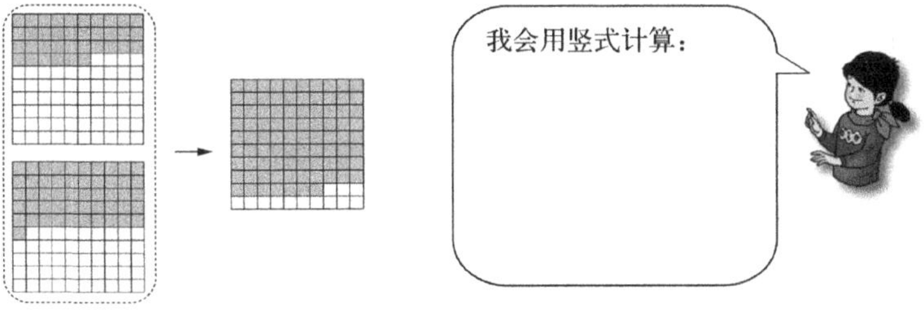

学生在完成作业时，需要先通过观察直观图，发现并总结出小数加法算式，然后再用竖式计算。学生完成以上作业的过程，经历从直观图发现并抽象出小数与加法算式的过程，进而发展学生的数学抽象意识。

三是从空间观念角度发现问题类作业。教师在设计此类作业时，可以选择一些根据生活中实物能抽象出几何图形的素材创设情境，让学生在经历数学抽象的过程中发现问题、提出问题、分析问题与解决问题，从而使得数学核心素养得到发展。例如学生学习了"长方体表面积"后可设计以下作业：

案例 3-2　长方体的表面积

红星小学三(1)班学生准备给敬老院张奶奶送 2 盒同样的月饼，如果把这两盒月饼包成一包，至少需要多少包装纸？（接缝处忽略不计）

学生解决这个问题首先需要从实物月饼盒中抽象出长方体，然后寻找将两个长方体包上包装纸最省的包法，再计算其表面积。通过作业，学生经历从实物抽象几何图形的过程，并学会用数学的方法解决问题，发展数学核心素养。

2. 作业是培养学生用数学思维思考问题能力的重要载体

用数学的思维分析问题，包含了五层含义，一是运用数学的思维，揭示客观事物的本质属性，建立数学对象之间、数学与现实世界之间的逻辑联系。二是能够根据已知事实，合乎逻辑地推出结论，构建数学的逻辑体系。三是能够运用符号运算、形式推理等数学方法，去分析、解决数学问题或实际问题。四是能够运用计算思维将各种信息简约和形式化，进行问题求解与系统设计。五是形成重论据，有条理及合乎逻辑的思维品质，培养学生的科学态度与理性精神。

作业是培养学生用数学思维思考问题能力的主要载体。学生在完成作业过程中，须经历独立的数学思维过程；经历合乎逻辑地解释数学的基本方法与结论，分析、解决简单的数学问题或实际问题；经历数学的“再发现”过程；经历质疑问难的批判性思维过程等。并在此过程中初步养成讲道理、有条理的思维品质，发展学生用数学思维思考问题的能力。

用数学思维思考问题的作业，教师主要侧重培养学生用数学运算与逻辑推理的思维方式去思考问题的能力。其主要包括以下几个方面：

一是用数学运算思维思考问题的作业。首先，教师在设计作业时要注重学生的算理理解与算法掌握，引导学生能有条理地表述运算的算理与算法。其次，教师要设计不同形式、难度和类型的题目，包括口算、练习、应用等，使学生可以通过不同的思维方式解决问题，培养运用运算思维思考问题的能力。此外，教师在作业设计时还要关注学生批判性思维的培养。教师设计具有辨析性的作业能够引起学生的认知冲突，促使学生进行适当的辩论、质疑等，进而培养学生的批判性思维。例如：对于“张老师买了 120 米彩带来装饰教室，第一次用去 30 米，第二次用去 68 米，剩下的彩带比原来短多少?”这一作业，学生普遍会先求出剩下多少米彩带，再用原来的彩带长度减去剩下的彩带长度，问题就解决了，即 120－30－68＝22(米)，120－22＝98(米)。不过，也会有学生将两次用去的彩带长度加起来，即 30＋68＝98(米)。第二种方法一开始会受到质疑，学生会觉得算式的结果根本不是要求的量，但如果借助线段图，学生就能清楚发现第二种方法也是有理有据的，而且更加简便。通过这样的作业，学生明白了其中的道理，清晰了概念，培养了思维的批判性。

二是用推理思维方式思考问题的作业。教师在设计作业时，可设计需要学生进行推理的问题，让学生运用数学知识，经历逻辑推理、验证与得出结论的过程，进而可以提高学生的推理意识和创新意识。如作业“先算一算，再说一说下面一组算式中的规律。$1\times9+1$；$2\times99+2$；$3\times999+3$”，引导学生在计算中发现并归纳规律，发展学生运用推理思维解决问题的能力。此外，教师设计该类作业时，要体现作业的过程和方法。如设计需要学生解决的问题，要求他们在解题过程中明确思路，列出步骤和方法，这是强调过程和方法的重要性。通过让学生经历解决问题的过程，培养学生运用数学思维思考问题的能力。

3. 作业是培养学生用数学语言表达问题能力的重要载体

用数学语言表达问题，包含了四层含义：一是运用数学的语言，可以简约、精确地描述现实世界中的数量关系与空间形式；二是能够构建普适的数学模型，表达和解决问题；三是能够理解数据的意义与价值，会运用数据分析的结果去解释和预测不确定现象，形成合理的判断或决策；四是形成数学的表达与交流能力，发展应用意识与实践能力。

作业是培养学生用数学语言表达问题能力的主要载体。学生完成作业不仅仅是简单地提交纸面上的文字或数字，同时也是一种通过数学语言表达现实世界中数量关系和空间形式的学习过程。在这个过程中，学生需要不断地思考和探索要解决的问题，并将抽象的数或数量等与实际情境相结合，从而更好地表达现实世界中数量关系或空间形式。如通过调查收集数据后，学生要学会用收集到的数据进行解释与分析现实世界中的不确定现象，并用数学语言表达分析的结果。进而让学生逐步养成用数学语言表达与交流的习惯，发展用数学语言表达问题的能力。

用数学语言表达问题的作业，教师主要侧重培养学生用数学模型和数据表达问题的能力。主要包括以下几方面：

一是用数学模型表达问题的作业。首先，教师在设计作业时要注重数学知识的实践运用，选择和学生实际生活有联系的素材创设情境。其次，教师要让学生运用习得的数学知识与能力去分析、表达问题，这样不单单能让学生感悟数学知识与现实生活的紧密联系，还能提高学生的模型意识和应用能力。例如，在学生学习了“植树问题”后，可以设计这样的作业：“① 学校主道路上每隔 10 米安装一根路灯杆，每边都安装了 11 根，学校主道路长多少米？② 64 路公交线路全长 15 千米，平均 0.6 千米设一个公交站。这条公交线路设有多少个公交站？③ 某商城楼上的时钟 5 时敲响 5 下，16 秒钟敲完；12 时敲响 12 下，敲完需要多长时间？”这些作业取材于现实生活中不同的素材，构成了不同的真实问题情境，但都具有本质上的联系。学生解决这组作业有助于理解不同的问题情境中蕴涵的相同数量关系，并在用数学语言进行表达的过程中，进一步感悟“两端种”“一端种”“两端都不种”情况的数学模型的普适性，进而培养用数学模型表达问题的能力。

二是用数据表达问题的作业。首先，教师在设计作业时要选择生活中具有实际意义的素材。其次，教师可以结合与“统计与概率”相关的学习内容。再次，教师要引导学生运用获得的数据进行分析、推断和解释现实中的现象，感悟数据的意义与价值，进而发展用数据语言表达的能力。例如，在学习“折线统计图”后，教师可以设计以下作业：关于小亚家近几年购物支出情况。小亚家近几年购物支出情况的变化趋势？你能猜测一下这些数据背后隐含的信息吗？这样的作业题是从学生熟悉的生活实际入手，选择学生身边也会碰到的真实情况来设计的问题情境，有利于激发学生的探究兴趣，也有助于学生身临其境感受数据变化的规律，并能探寻出数据背后隐含的信息，便于后续对这些数据进行客观分析，并学会选择合适的数据进行描述与表达，进而发展学生用数据表达问题的能力。

第四章

基于核心素养发展的作业

《义务教育数学课程标准(2022年版)》指出：通过义务教育阶段的学习，学生能获得适应未来生活和进一步发展所必需的数学基础知识、基本技能、基本思想、基本活动经验；学生能在探索真实情境所蕴含的关系中，发现问题和提出问题，运用数学和其他学科的知识与方法分析问题和解决问题；学生能提高学习数学的兴趣，建立学好数学的信心，养成良好的学习习惯，形成质疑问难、自我反思和勇于探索的科学精神。① 基于以上培养学生的目标，作业作为学生学习的重要组成部分，应充分发挥其功能，使之成为发展学生核心素养的作业。

第一节 促进"四基"形成的作业

"四基"是指数学的基础知识、基本技能、基本思想、基本活动经验。"四基"虽然各自具有相对的独立性，但它们又是相互制约、相互促进的有机整体。"四基"的获得是学生义务教育阶段的学习

① 中华人民共和国教育部：《义务教育数学课程标准(2022年版)》，北京：北京师范大学出版社，2022年，第11页。

目标，是学生获得适应未来生活和进一步发展的“必需品”。作业作为数学教学的重要组成部分，同样承载着促进学生“四基”形成的任务。

一、获得基础知识的作业

基础知识，从广泛意义上讲，它就是学习中需要掌握的基本的知识，包括一些常识和简单直接的、容易理解的知识。基础知识是能适应当今社会生活能力和参加当今社会生产劳动所必需的知识；它也是促进学生形成良好的思想品德、培养积极的个性品质、获得科学的世界观所必需的知识。牢固掌握一定量的基础知识对学生的学习发展非常重要，只有在建立了扎实的基础之后，才有可能顺利地学习新知识。新的学习并不是一个全新的开始，而是在已有的基础上不断地拓展和深化。因为只有不断地积累、探索和总结，学生才能实现自我提升和全面进步。

从狭义上说，教育界将数学学科中“基础知识”的内涵界定为：数学中的基本概念、基本性质、基本法则、基本公式和基本定理等。[①] 基础知识是整个学科体系的根本，没有牢固的基础知识作为根基，也会影响学生对数学知识的应用与迁移，学生将无法获得可持续的发展。基础知识是学生在数学学习上得以发展的基础，只有在掌握了一定基础知识之后，才能理解和获得数学学科更深层次的知识与方法。基础知识也是学生进一步深入学习数学知识或更高一级数学知识的前提。

数学“基础知识”的作业设计应注重促进学生对知识的理解与知识获得的探究过程。在具体设计作业时，可通过设计对知识本质的辨析、对比、解释说理等练习。如学习了“单价、数量、总价”后，为

---

① 宋乃庆、张奠宙：《小学数学教育概论》，北京：高等教育出版社，2008 年。

帮助学生进一步理解“单价”的含义，可设计对比练习：“① 将4 盒枇杷装一箱，每箱枇杷 140 元，平均每盒枇杷多少元？ ② 每箱枇杷 140 元，4 箱共多少元？”请学生说说两题中“每箱枇杷 140 元”分别表示什么。通过比较引导学生进一步理解同一个数量在不同的题中表示的含义不一定相同，有时可表示“单价”，有时可表示“总价”，进而避免学生因看到“每份是多少”就误认为是“单价 ”的误区。

二、形成基本技能的作业

现代学习论认为，技能是指在练习的基础上形成的能按某种规则或操作程序完成某种智慧任务或身体协调任务的能力。[①]“在练习基础上形成”和“某种规则或操作程序”是技能概念的两个要点，也是心理学中技能概念的内涵。基本技能包括智慧技能、认知策略和动作技能。数学技能主要是指前两类，由于数学技能特别重视训练，而训练又注重“法则”或“程序”，因而对“数学基本技能”的内涵又有了恰当解释。数学基本技能主要是指了解一定操作程序的原理，能够按照一定的程序步骤进行熟练操作的能力，如作图、化简、运算、证明等。[②]根据概念，从认知理论的现代发展和数学教育的实践看，一般应包括：推理能力、运算能力和运用工具作图、度量等能力。[③]

基础知识与基本技能都是素养的重要组成部分，在实际教学中既要加强对学生基础知识的教学，又要重视对基本技能形成的训练，学生掌握基础知识是基本技能形成的前提；在基本技能形成的过程中，又能促进学生对基础知识的理解。在实际应用中，既需要基础知识，又需要基本技能，二者缺一不可，因此必须同样重视，

①② 吴云才：《中学数学“双基”教学与创造性思维培养的教学研究探索》，江西师范大学学位论文，南昌，2006 年，第 7 页。

③ 维忠：《数学课程与教学研究》，杭州：浙江大学出版社，2008 年。

不可偏颇。

学生基本技能的形成,不仅要掌握技能操作的程序和步骤,还要使学生理解程序和步骤的数学道理,并在此基础上进行一定量的训练。训练要适度,不能依赖机械的重复操作,因此形成"基本技能"的作业设计要突出以下几方面:

一是要注重技能操作程序和步骤方面的内容设计。学生"基本技能"的形成,首先是操作程序和步骤正确,其次是增加一定量的训练。因此在作业内容的设计上要凸显技能操作程序和步骤方面的设计。如针对学生度量角这部分知识的技能训练,可设计学生度量角时,学生量角器错误摆放和不正确读数的辨析练习,让学生进一步清晰与巩固正确的操作步骤。

二是注重技能训练作业的趣味性。由于基本技能训练的作业比较枯燥,一味地做相同作业题会让学生产生厌学的情绪,从而会影响作业效果。因此,针对基本技能训练作业,要适度增加趣味性。如学生学习了乘法口诀后,可设计每个气球上有一道乘法口诀填空的"吹气球"游戏练习,让学生在游戏中熟练乘法口诀,掌握运用乘法口诀的基本技能。

三、感悟基本思想的作业

关于数学思想的含义,东北师范大学史宁中教授认为:数学思想是在数学活动中解决问题的基本观点和根本想法,是对数学概念、命题、规律、方法和技巧的本质认识,是数学中的智慧和灵魂。[1] 数学基本思想,可从以下两大层面入手分析,第一,从数学知识结构自身来看,数学基本思想指的是在数学知识中最基础的

① 史宁中:《漫谈数学的基本思想》,《中国大学教学》2011 年第 7 卷,2011 年 7 月,第 9 页。

数学理论和一般特点。第二，数学基本思想是指数学思维逻辑及其处理问题的方式方法。[①] 数学基本思想主要有：抽象思想、推理思想和模型思想。

数学方法通常指在解决数学问题时采用的方法、途径或手段。"数学思想"和"数学方法"处于不同的层次。"数学思想"往往是观念性的、普遍的、深刻的、一般的、内在的、概括的。而"数学方法"往往是可操作的、具体的、有一定程序的。数学思想的内涵十分丰富，也有学者把"数学思想"说成"将具体的数学知识遗忘后所剩下的东西"。

学生数学基本思想的获得是一个漫长的过程，是学生在学习中，长期不断地持续接触中逐渐感悟与获得的。因此感悟"基本思想"的作业要注重学生探究内容情境的设计和探究过程的设计。如学生学习了两位数乘以一位数后可这样设计作业：先观察并找出一组算式的规律，再写出其余算式的积，如"$99\times1=99$，$99\times2=198$，$99\times3=297$；$99\times4=396$；$99\times8=(\quad\quad)$；$99\times8=(\quad\quad)$"。引导学生运用归纳推理思想解决问题，再次感悟推理思想。又如学生在运用一些运算法则进行计算时，可设计一些诸如"说说你的运算依据或思考过程"等说理题，让学生再次感悟推理的思想。再如，让学生用抽象的字母表示发现的规律等。又如在解决生活实际问题时，将之抽象为数学问题后再进行解决，这样就是为了让学生经历数学抽象的过程。

四、积累基本活动经验的作业

关于"基本活动经验"的概念理解，学者观点不完全相同。如

---

① 李美凤：《高中数学"四基"培养及提升策略研究》，海南师范大学学位论文，海口，2019 年，第 13 页。

有学者认为：数学的基本活动即为一种感知，具体涵盖了学生对数学对象的理解以及学生对这种经历的价值判断和情感依恋。[①]也有学者认为：基本活动经验是在教学目标的引导下，通过分析、观察具体事务，从而在感性认知向理性认知的过渡中所形成的一种观念[②]；还有学者认为：数学基本活动经验是学生在主动加入数学活动中掌握的与数学相关的理论知识、实践技能及其情感价值观念。[③]以上观点虽也不完全相同，但都认为是一种经历活动后形成的观念。

学生可以从数学基本活动的过程，获得活动后的体验，并形成个性化的学习经验。这种经验积累到一定量就可以成为学生自身的直觉和意识，并以此来帮助学生分析和理解知识，促进学生形成一些思维方法。此外，学生经历数学活动的过程还可以提高学生数学学习兴趣，促进其核心素养的发展。

学生获得的基本活动经验主要有以下几方面：

一是操作经验。操作经验是指学生在数学活动中积累的动手操作经验。学生通过操作积累的经验可以促进表象思维的发展，从而为抽象思维的形成奠定基础；学生还能结合操作实践的经验加深对知识的理解等。

二是数学思维经验。数学思维经验是指学生在解决问题的数学活动中积累的思维经验。学生积累的思维经验有助于在新问题的解决中获得迁移。

三是综合运用经验。综合运用经验是指学生运用多方面知识解决问题时所积累的经验。综合运用经验也是学生应用意识的标

① 顾泠沅：《改进教学策略提高教学效率——在中国教育学会第七届数学年会上的专题发言(提纲)》，《数学教学》1996 年第 2 卷，1996 年 4 月，第 1—2 页。

② 张奠宙、郑振初：《"四基"数学模块教学的构建——兼谈数学思想方法的教学》，《数学教育学报》2011 年第 4 卷，2011 年 10 月，第 16—19 页。

③ 郑毓信：《审思数学课程改革》，《中学数学教学参考》2000 年第 Z1 卷，2004 年 2 月，第 5—8 页。

识。学生积累的综合运用经验对于拓宽学生综合运用知识的能力有着非常重要的作用，这不仅能够增强学生的应用意识，更可以提高学生的实际操作能力和解决问题的能力。因此，学生应该积极参与综合运用项目，不断积累经验，以便更好地应对未来的学习和生活挑战。

学生数学直觉和意识的形成源于数学基本活动经验的积累，它需要经历一个由量变到质变的过程。因此，积累"基本活动经验"的作业设计要注重学生实践活动内容的选择与过程的设计。如学生在学习了"长（正）方体体积和用量具测量不规则物体体积"的知识后，可设计"求土豆体积"的小实验作业。教师可以让学生分别用长（正）方体容器和量具测量不规则土豆的体积，然后通过比较进一步验证体积的守恒定律。通过本次小实验作业，学生获得了较为丰富的活动经验。首先是在实验中获得的运用量具测量土豆体积和测量与计算长（或正）方体容器中切成细末状土豆体积的操作经验，进一步发展实践操作能力；其次是通过比较不同测量方法获得土豆的体积，再次感悟体积守恒定律。进而获得由感性认识上升为理性认识（体积守恒定律）的数学思维经验。最后是在实验中学生运用量具测量物体体积、长方体体积计算方法、测量长（正）方体长、宽与高等知识解决问题的能力，进一步发展学生的应用意识，促进数学核心素养的发展。

第二节　促进"四能"发展的作业

一、"四能"的内涵及意义

"四能"是指学生在探索真实情境所蕴含的关系中，发现问题和提出问题，运用数学和其他学科的知识与方法分析问题和解决问题的能力。发现问题的能力主要是指学生在数学学习和问题探究中有困惑，或在显而易见之中发现“问题”的能力。提出问题，是把找到的矛盾或联系以数学问题的形态，用数学语言表达出来。分析与解决问题的能力主要是指能理解问题的陈述材料，综合应用所学的数学内容（包括数学知识技能、思想方法、观念意识等）解决相应问题的能力。[①] 发现问题与提出问题是一个相对独立的学习过程，即学生通过观察与分析情境，形成问题意识，然后对问题信息进行收集与处理，再通过数学语言加以表达出来。因此，提出问题是发现问题的升华。如果说发现问题和提出问题涉及的是未知内容，那么分析问题和解决问题涉及的是已知内容。

“四能”是发展学生核心素养的有效途径之一。学生通过对实际情境的观察，发现和提出有意义的数学问题，也就是从具体现实情境中抽象出基本数量关系和空间形式，有效促进学生抽象能力的发展，这也是会用数学眼光观察现实世界的表现。学生能够运用符号运算、形式推理等数学方法分析、解决数学问题和实际问题，也就是会用数学的思维思考现实世界的表现。学生用简约、精确的数学语言表达问题解决的过程与结果，也就是用数学语言表达现实世界的表现。

二、促进“四能”发展的作业

发展学生数学核心素养离不开对“四能”的培养。学生“四能”的培养，可以是来之于课堂的学习，也可以是来之于课堂外的学习。针对“四能”培养的作业设计要关注情境的创设，创设的情境

① 孔凡哲：《“四能”及其培养》，《湖北教育（教育教学）》2020 年第 4 卷，2020 年 4 月，第 15—18 页。

要具备提出问题的条件与问题的价值，并且要基于学生能发现问题与解决问题的能力现状。

如学生学习了“两位数除三位数”后，可设计以下作业。

案例 4-1　两位数除三位数

先计算下面各算式，然后观察被除数和除数以及商之间分别有什么特点，再说说你的发现，最后举例验证你的发现。

$28\overline{)140}$　　$48\overline{)242}$　　$72\overline{)364}$

结合上述题做进一步分析：本题内容数据的选择具备了学生发现结论的条件，发现的结论能加快学生计算除数是两位数除法的试商，并且经历解题过程能有效促进学生“四能”发展。学生通过观察以上三道算式，首先能发现它们的商都是“5”，然后进一步可发现被除数前两位是除数的一半。于是学生能提出除数是两位数，被除数前两位是除数的一半，商是不是都是“5”的猜测，再是学生通过自己举例进一步验证发现，最后得出结论。本题的作业目标是让学生在掌握“除数是两位数，被除数前两位是除数的一半”除法算式的商的特点基础上，经历发现问题、提出问题、分析问题和解决问题的过程，从而促进学生“四能”的发展。

第三节　促进学会学习的作业

一、学会学习的内涵及意义

《中国学生发展核心素养》总体框架中提出：学会学习是指学

生在学习意识形成、学习方式与方法的选择、学习进程评估调控等方面的综合表现。学会学习也指学生掌握了学习的方法和技能，能够有效地获取、组织、记忆、应用和创新知识的能力。这是一种终身学习的能力，可以帮助学生未来适应社会、工作和生活中的变化，提高个人素质和竞争力。学会学习主要表现为以下几个方面，一是学会自主学习。能够自觉、积极地制定学习目标、规划学习过程、评估学习效果，掌握自主学习的技能和方法。二是学会深度思考。能够对所学知识进行分析和评价，并能够在不同学科领域之间进行有效的转化和整合，形成独立的思考能力与问题解决能力。三是学会反思性学习。善于对已经学过的知识、方法等内容进行批判性反思与总结，形成有效的学习策略。

学会学习在信息化和终身学习的时代背景下，其重要性日渐凸显。从适应社会发展需要的角度，学会学习可以帮助个人不断适应社会、工作和生活中的变化，掌握新技术、新知识和新能力，为社会发展做出贡献，进而增强社会责任感。从提高自我发展能力的角度来看，学会学习可以使个人更加有效地获取知识，提高自我学习和发展能力，不断提高自身的职业素质和竞争力，进而增强个人幸福感。因此，学会学习是每位学生适应未来社会发展和终生发展所必需的学习能力。

二、促进学会学习的作业

促进学生学会学习素养形成的因素是多方面的，其中作业也是促进学生学会学习素养形成的重要途径。促进学生学会学习素养形成的作业主要有：激发学生主动学习的作业、启发学生深度思考的作业、引导学生反思性学习的作业等方面。

1. 激发学生主动学习的作业

主动学习主要是指学生在学习过程中积极参与，主动掌握和运用学科知识和技能的学习方式。这种学习方式强调学生的自主性和积极性；强调学生自主调控学习的过程和方向，积极地参与学习活动（包括基于信息化技术的学习活动），进而激发自身的学习兴趣和学习动机。

鉴于主动学习的心理机制是源于学生的学习兴趣和学习动机。因此，作业的设计要注重趣味性、差异性和分层性。缺乏趣味性的作业会使学生感到作业枯燥乏味，从而丧失做作业的动机。缺乏差异性的作业，会使部分学生因作业内容未能接近最近发展区，致使其不能正确解答而失去学习的信心。缺乏分层性的作业，会使学生因作业的整齐划一而感到机械单一，从而缺乏做作业的兴趣。例如，在学生学习了用两位数乘两位数后可设计小探究作业。

案例 4-2　两位数乘两位数

要求：先阅读下面三种两位数乘两位数的计算方法，然后和同伴说说你的发现，再任选一种算法，自编算式后做一做。

方法一：画线法

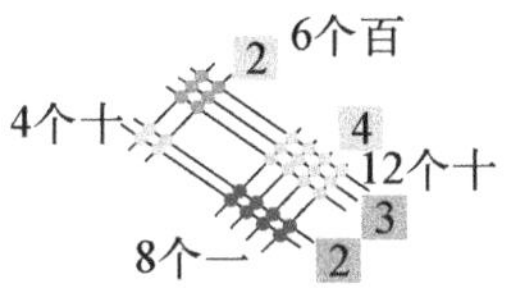

600+120+40+8=768

方法二：格子算法

×	20	4
30	600	120
2	40	8

600+120+40+8=768

方法三：铺地锦

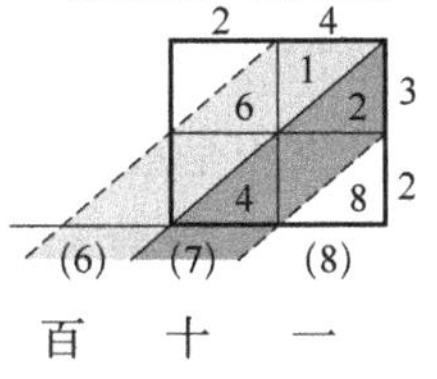

图 4－1　小探究

本题的设计引入了两位数乘法的不同计算方法，能激发学生对数学文化的学习兴趣。作业要求是让学生任选一种计算方法，并自编算式做一做，充分尊重了学生的差异性。学生可以根据自己的学习水平，任选一种适合自己的算法做一做。先说一说，再做一做的要求也充分体现了作业分层的要求。

2. 启发学生深度思考的作业

深度思考主要是指对于某个问题进行深入分析和探究，从多个角度去思考，并能够形成有深度、有价值的见解和思考结果。深度思考是一种能够提升人们思维水平和能力的重要手段，通过深入思考和探究，能找到问题的本质和核心，发现新的思路和方法，从而提高分析、解决问题的能力和创新能力。深度思考还能帮助学生通过反思和总结，不断提高自身的思维水平，促进自我认知和成长。

启发学生深度思考的作业可以从引导学生思考知识的原理与运用方法、逻辑思维训练、提供挑战性的任务等多方面加以设计。如学生学习了一位数乘多位数后，可设计“编一编、算一算”的作业：用“0、2、3、4”四个数(每个数字只用一次)，组成符合要求的一位数乘三位数的乘法算式，并写出计算结果。一是积是最大的四位数；二是积是最小的三位数。本题以一位数与三位数相乘计算方法的巩固为知识载体，引导学生深入思考“积是四位数还是三位数”的关键是乘数与被乘数百位上的数相乘的积；而“积是最大四位数或积是最小三位数”还需要关注一位数与这个三位数另外两个数位上的数相乘的积，从而提高学生分析问题的能力与思维水平。

3. 引导学生反思性学习的作业

反思性学习主要是指学生通过对已有知识和经验进行思考和评价，形成新认识的学习过程。在反思性学习中，学生会将已有经验和新经验相结合，并不断调整和改进自己原有的认识和看法，从而不断促进自己的学习成长。反思性学习是一种重要的学习方式，能促进学生深入思考与加深理解，从而提高学习成效。反思性学习还能提高学生自主学习能力和批判性思维能力，帮助学生更清晰地认识自己，进而增强学习的自信心和自我认知。

反思性学习作业的设计要注重具有反思性学习的内容，可以是对学习内容的反思，也可以是对学习思考过程的反思或学习方法的反思等。在作业设计时，可以为学生提供反思性学习支架，引导学生在作业过程中学会学习。如，学生学习了整十数乘两位数的乘法口算，可针对学生口算的思考过程设计作业：

口算 21×30，先算 21×（　　）＝（　　），再算（　　）×10＝（　　），所以 21×30＝（　　）。

有时也可以引导学生对单元学习的内容进行反思性学习，促进对单元知识的掌握。如设计作业：梳理单元学习内容，并整理本单元的错题及分析错误原因等。

第三编 核心素养导向的小学数学作业设计基本策略

第五章

整体性策略

第一节　整体性策略的内涵

作业中的整体性主要包含了三层含义：一是一致，强调培育的数学核心素养内涵的一致性；二是关联，强调知识之间是相互联系的；三是统整，强调是从单元不同维度（知识、目标与结构）的整合。

一、从数学核心素养培育的视角，整体意味着“一致”

《义务教育数学课程标准（2022 年版）》提出的数学核心素养主要由三方面内容构成：会用数学的眼光观察现实世界，会用数学的思维思考现实世界，会用数学的语言表达现实世界。数学核心素养具有整体性、一致性和阶段性。[①]

1. 以“同一阶段数学核心素养主要表现”为整体，意味着“一致”

数学核心素养，在不同阶段将有不同的主要表现，同一阶段的数学核心素养主要表现的内容是相同的。如数学核心素养中“会

---

① 中华人民共和国教育部：《义务教育数学课程标准（2022 年版）》，北京：北京师范大学出版社，2022 年，第 7 页。

用数学的眼光观察现实世界”落实在小学阶段主要表现为：数感、量感、符号意识、几何直观、空间观念与创新意识；可见以“同一阶段的数学核心素养主要表现”为整体，表示本阶段各学段培育的数学核心素养主要表现是相一致的，并与“三会”核心素养的内涵也是相一致的。

2. 以“数学核心素养构成的某个方面”为整体，意味着“一致”

数学核心素养由三个方面内容构成，在不同阶段有着不同的核心素养主要表现。以“同一阶段数学核心素养某个方面”为“整体”，意味着不同学段间有着内在一致性。如“会用数学的思维思考现实世界”在小学阶段的主要表现是运算能力和推理意识，虽然在不同学段培养“运算能力和推理意识”的要求会有所不同，但其都指向运算能力和推理意识的培养，也都与“会用数学的思维思考现实世界”的内涵相一致。

二、从知识本身的视角，整体意味着“关联”

关联是客观存在的，又是普遍存在的，它反映出事物之间是普遍联系的，也体现了辩证唯物主义普遍联系的观点。如生活中“3个苹果”，既与数学学科中的数“3”有关联，又与跨学科中的语文学科中的量词“个”、名词“苹果”的词性有关，等等。可见，世上任何一件事物都不是孤立存在，它与其他事物之间是有关联的。知识也一样，任何知识都不是孤立存在的，知识与知识之间也是相互关联的。正如刘庆昌教授所言：“任何知识总处于联系之中，时间上处于历史的联系中，空间上处于结构的联系中。”所谓历史联系，在这里主要是指知识的纵向关联，如将数学中“数的认识”这部分知识看作整体，由正整数、0，引入负整数后，再逐步扩展到整数……所谓“空间联系”在这里主要是指知识的横向关联，可以是学科知识与跨学科知识之间的联系等。如将“年月日”知识看作整体，在空间上与自然学科中有关地球围绕太阳公转与自转的知识建立关联等。由此可见，从学科知识本身的角度，既有知识的横向关联又有知识的纵向关联。

1. *以横向知识为整体的关联*

《义务教育数学课程标准(2022 年版)》指出："要整体把握教学内容之间的关联。"[①]数学知识间是相互关联的，既有横向关联，又有纵向关联。所谓横向关联，也指平行、水平关联，指将当前知识与平行、水平知识间的关联。如以沪教版义务教育课本二年数学中"乘法口诀"的这部分知识为例，从知识间的关联上看，以横向关联为主。在设计作业时可以从整体出发，通过横向关联知识来促进学生的学习。如"2 的乘法"的学习，由于在学习本课之前，学生已经学习了 5 的乘法口诀，并掌握了编乘法口诀的方法。因此在学习"2 的乘法口诀"时，可引导学生横向关联"5 的乘法口诀"知识，设计让学生自己尝试编 2 的乘法口诀的作业，通过引导学生对水平知识的横向关联与迁移，学生不仅获得了新知识，也进一步感悟编乘法口诀的方法。

2. *以纵向知识为整体的关联*

数学知识间不仅有横向关联，还有纵向关联。知识间的纵向关联也称垂直关联。如以加法运算为例，从 10 以内加法到 20 以内加法，再到 100 以内加法，三位数加法和多位数加法，各部分知识间呈纵向关联。在设计作业时可从"加法运算"的整体视角，引导学生在关联之前知识基础上，探究新知识。以尝试计算两位数加两位数进位加法 48+25 为例，可关联两位数加整十数不进位加法和两位数加一位数进位加法等。通过知识的纵向关联，促进学

---

① 中华人民共和国教育部：《义务教育数学课程标准(2022 年版)》，北京：北京师范大学出版社，2022 年，第 85 页。

生自主学习，进而发展学习能力。

三、从单元的视角，整体意味着“统整”

“统整”是指统合整理，就是将两个或两个以上，看起来不相同，但却相关的概念、事物或现象组成一个有意义的整体。单元一般是指同一主题下相对独立并且自成体系的学习内容。这个主题可以是一个观念、一个专题、一个关键能力或一个真实问题，还可以是一个综合性的项目任务。[①] 因此，有专家认为单元可以是“大项目”“大任务”“大观念”“大问题”。沪教版的《小学数学单元教学设计指南》将单元分为四类：一是基于《义务教育数学课程标准(2022年版)》所规定的领域与主题；二是教材编排的自然单元；三是基于自然单元的若干有关联的知识点组成的小单元，可以是将自然单元划分为若干小单元，也可以是将跨年级、跨学期或跨单元中相关联知识内容重新组成单元；四是以数学思想方法为主线组成的专题单元。[②] 综上所述，单元是对有关联知识的统整。

1. 以知识内容关联为纲的统整

从单元视角，以知识内容关联为纲的统整，是指将有关联的知识整合为一个单元，并划分为若干课时，每课时设计相应的作业。以知识内容关联为纲的单元作业，是围绕同一主题知识下多个课时作业的组合，其不同课时的作业内容是围绕知识发展，按知识的层级逐步走向深入。以知识内容关联为纲的单元作业可以是同一自然单元的作业。如沪教版四年级第二学期第二单元(自然单元)“小数的认识和加减法”，以与“小数”知识关联作为一个单元进行

① 王月芬：《高质量学校作业体系建构的价值与策略》，《中小学管理》2021年第10卷，2021年10月，第3页。

② 徐淀芳、姚剑强：《小学数学单元教学设计指南》，北京：人民教育出版社，2018年，第16—17页。

作业设计；也可将之拆分为“小数的认识”和“小数加减法”两个分别以“小数的认识”和“小数加减法”知识为关联组成一个单元，并依此设计单元作业；或将不同自然单元以相关联知识重组单元后进行作业的设计。如沪教版三年级第一学期第二单元“用一位数乘”和第四单元“用一位数除”，可以在复习阶段将之整合为一个大单元，以“用一位数乘除”知识为关联进行单元作业的设计；也可将不同学段以相关知识重组单元后进行作业设计。如学习了沪教版三年级第一学期长度单位“千米的认识”后，可将之与前面在一年级学习的“米”“厘米”“毫米”的知识以“长度单位”为知识重组成一个新的单元后设计作业。以不同的知识关联可以划分出不同大小的单元，但同一单元内必然包含若干课时的作业，并且若干课时作业的知识是相关联的。

2. *以目标关联为纲的统整*

以“目标”关联为纲的单元作业，是指围绕单元作业目标设计单元各课时作业，也就是以单元作业目标统领本单元的作业内容。单元作业目标是根据《义务教育数学课程标准（2022 年版）》、单元教学目标与学情分析等情况而确立的。单元作业目标主要反映某个单元所有作业需要达成的目标，它既是单元作业设计的出发点，也是评价单元作业设计质量的依据。以“目标”关联为纲的单元作业，体现了单元作业目标的整合性、统领性和聚合性。实现以“目标”关联为纲的统整，要基于对单元各课时教学目标的把握，要学会对单元教学目标向作业目标的转化，要在统整各课时作业目标基础上提炼单元作业目标。

如沪教版三年级第一学期第三单元“时间的初步认识（三）”共5 课时内容，分别是“年月日”（2 课时）、“平年与闰年”（1 课时）、制作年历（1 课时）和练习（1 课时）。结合《义务教育数学课程标准（2022 年版）》、5 课时的教学目标及学情分析等，可提炼出以下单元作业目标,① 能根据年、月、日之间关系,正确判断具体年份中的大、小月及具体月份的天数,初步形成量感。② 会根据具体年份或 2 月的天数识别平年与闰年,并知道平年与闰年的全年天数。③ 会根据每周和每季度的天数,解决相关实际问题。④ 会用简写方法表示年、月、日。⑤ 能根据年、月、日的相关知识,按要求制作年历。

3. 以结构关联为纲的统整

以结构关联为纲的单元作业统整,是指对单元内各课时的作业内容、作业层次、作业类型、作业难度、作业时间等各属性进行结构化统整。国务院办公厅印发《关于进一步减轻义务教育阶段学生作业负担和校外培训负担的意见》的文件要求作业系统设计要符合学生年龄特点和认知规律、体现育人价值的基础性作业,还要确保各学段书面作业平均完成时间在合理范围内。这就要求我们对作业类型、完成方式、作业难度、作业时间等属性进行全面、系统而又有结构性的思考。以单元为整体的结构化统整的作业,便于从单元的整体视角检核作业内容的递进性、关联性。结构化统整的单元作业还有助于从整体视角检核作业类型的多样性、作业的难易度与作业时间的适切性等。因此以结构关联为纲的单元作业统整,不仅是检核单元作业的需要,还是后续统筹改进单元作业内容的需要。

以结构关联为纲的单元作业统整,首先要树立正确的作业价值观,要以促进学生核心素养形成为目标,有效落实学生的“四基”形成与“四能”发展;正如前苏联心理学家维果茨基认为的:教育应该把儿童发展的明天作为方向,而不是昨天。其次要对作业的各属性在进行正确、客观的检核后再予以统整。在作业检核前,先要将部分作业属性划分水平层次,如作业难度可分为较高、适中和较低等不同的水平层次。在作业检核时,要以中等学生的认知水平为标准进行客观的检核，然后再将检核后的作业属性加以结构关联形成统整的单元作业。

第二节　整体性策略的实施要点

教育部基础教育司教育高质量基础性作业体系建设项目组编著的《学科作业体系设计指引》一书中指出，以单元为基本单位进行作业体系的整体设计，可以避免教师宏观整体把握教学要求的困难，又能避免微观角度把握个别课时出现的割裂问题。因此，下面阐述的整体性策略实施要点是指站在单元角度的作业设计。

一、树立整体思考的意识

整体论（Holism）是理解心理现象的一种方法论观点。整体论认为人的心理现象是对事物整体的反映，而非单纯决定于个别刺激物的总和；人的行为也不是决定于个别刺激物的性质，而是决定于对事物整体的反映。[①] 如格式塔心理学就强调整体组织，反对元素分析。如韦特海默认为似动现象也是并非由个别感觉元素合并而成的。在心理现象方面，整体不是简单的各部分之和，整体也不可分为各个元素，整体是优先于部分而又决定着各部分的性质与意义。现代心理学对个性的理解也认同于整体论的观点，认为人的个性是具有多层次、多水平的整体结构，并非是个别特质或特性的简单之和。简而言之"整体"是一种"化学反应"，不是"物理反应"。

基于单元作业设计的整体思考，要关注单元内作业目标的整合性、关联性。作业目标是作业的灵魂，是单元作业内容设计的主

① 朱智贤等：《心理学大辞典》，北京：北京师范大学出版社，1989 年，第 939 页。

要依据,也是检验作业质量的标准。美国教育心理学家加涅认为“(作业)目标界定的明确性,满足教学(作业)效果交流和教学(作业)评价的需要。”单元作业目标的整体定位是作业设计的基础,是保证作业质量的前提。单元作业目标的确立应基于数学课程标准和教学目标的把握。单元作业目标应是单元内各课时作业目标的整合,并与单元教学目标有着紧密关联性。单元作业目标除了要注重与单元教学目标的一致性,还要注重学生的学情分析,确立适合学生学习现实的目标,从而使单元作业目标的设计更具体、更科学,从而正确把握作业设计的方向。

基于单元作业设计的整体思考,要关注单元内作业结构的均衡性、内容的递进性与系列性。在围绕作业目标进行作业的设计时,要充分考虑学生的学习能力及认知特点,为学生搭建适切的知识整体框架,全面地整合单元作业内容。在具体设计作业内容时,教师可以依托作业的整体性,找准单元知识间的内在联结点,由易到难地设计单元作业,促使学生在完成单元作业的过程中,循序渐进地掌握和巩固单元内所学的知识,并获得能力与素养的发展。针对设计的作业,要关注其结构的均衡性,要有单元作业结构整体性的意识。可从单元作业的难度、分层设计、差异性、类型多样性等方面在各课时间加以平衡,整体上与“双减”政策保持一致,与有利于学生发展要求保持一致。

二、借助作业设计工具,整体把握单元作业结构

统整的单元作业,可借助相应的可视化工具,对单元作业进行显性化的整体呈现,以便从整体上把握作业结构。作业的可视化工具主要有单元整体规划表、单元作业目标设计表、单元作业属性统计表、单个作业属性表。实证研究表明,运用作业工具表能较好地从整体上呈现结构化的单元作业,以便及时调整与完善。如单

元作业属性统计表(见表 5－1),可以较好地呈现单元作业结构的整体现状:单元作业完成的总时间、难度分布、习题类型等方面,为教师调整单元作业结构提供参考依据,进而提高作业设计的质量。

表 5－1　单元作业属性情况的统计表

作业属性统计表												
不同课时题量		不同目标题量分布		不同学习水平题量		不同题目类型题量		不同题目难度题量		不同题目来源		预计完成总时
课时	题量	目　标	题量	水平	题量	题型	题量	难度	题量	来源	题量	
01	4	XS0420201	2	A 知道	5	选择题	6	较低	21	引用	0	127 分钟
02	6	XS0420202	3	B 理解	9	填空题	14	中等	16	改编	34	
03	6	XS0420203	6	C 应用	18	简答题	13	较高	3	原创	6	
04	4	XS0420204	3	D 综合	8	听说题	1					
05	5	XS0420205	8			活动题	4					
06	5	XS0420206	10			合作题	2					
07	5	XS0420207	4			其他	0					
08	5	XS0420208	4									

以表 5－1 为例,可以很清晰地看到本单元共有 8 课时、作业目标数量共 8 个,及对应目标的作业题量,不同水平、不同类型的题量,单元作业难易度的分布、题目的来源及预计完成的总时间等。根据以上单元作业的相关信息,可以对本单元作业有一个整体、清晰的了解,还能通过分析发现可进一步提升作业质量的方面,如对对应目标的题量可适当调整、还可适当增加跨学科作业,

及体现差异性的自主选择作业等，进一步提升单元作业的整体质量。可见，通过借助作业设计的工具，可以较简便地从整体视角把握单元作业的结构。

三、运用统筹方法，提升单元作业的整体质量

《中共中央国务院关于深化教育教学改革全面提高义务教育质量的意见》中特别强调，要“统筹调控不同年级、不同学科作业数量和作业时间，促进学生完成好基础性作业，强化实践性作业，探索弹性作业和跨学科作业，不断提高作业设计质量”。可见“统筹”是提升单元作业整体质量的有效方法之一。

统筹是指统一筹划，就是把单元作业作为一个完整体系来思考，对单元作业结构给予整体筹划，这也是发挥作业功能的重要保障。统筹的具体方法，可以是对单元作业中部分作业题的删减、调整、补充等。统筹作业的内容，应布局不同课时知识的侧重，新授课作业侧重知识的理解与技能的训练，练习课作业侧重知识的深化与拓展，从而促使单元内各个作业的知识内容有序推进，逐步深入，形成有关联的知识链。统筹作业的难度，就是使单元作业的难度要适中，要注重各作业题水平层次的比例，可针对已有作业题进行难度的调整，确保单元整体系统效应的发挥；统筹单元作业的层次性，既要关注单元内作业的层次性，又要关注作业的差异性，让每位学生有自主选择作业内容，让不同学生有不同发展。统筹单元作业的类型，做到单元作业类型丰富，在发挥作业功能的同时还使作业类型适合学生的年龄特征。统筹单元作业的时间，使单元作业时间符合教育部规定的学生每天课后作业的时间。总之，通过对单元作业结构的统筹，进一步落实“双减”政策，提升单元作业的质量与减轻学生过重作业负担。

下面以沪教版三年级第一学期第五自然单元中“千米的认识”

小单元作业设计为例，以此说明统筹方法在小学数学单元作业设计中的运用。本单元的作业设计是基于现有教材配套资源的单元作业设计。首先要对现有单元作业内容对照单元作业目标进行系统的精准分析，并借助作业属性表呈现统整的单元作业结构，以便能较为清晰地发现当前单元作业设计的现状。表 5－2 是“千米的认识”现有资源的分析结果：

表 5－2　“千米的认识”现有单元作业属性分析表

<table>
<tr><td>内容</td><td colspan="14">“千米的认识”现有单元作业</td></tr>
<tr><td rowspan="4">属性分析</td><td rowspan="4" colspan="2">题目序号</td><td>一致性</td><td colspan="11">结　构　性</td></tr>
<tr><td rowspan="3">对应目标编号</td><td colspan="7">作业类型</td><td colspan="3">作业难度</td><td rowspan="2">预估完成时间（分钟）</td></tr>
<tr><td colspan="6">书　面</td><td rowspan="2">非书面</td><td rowspan="2">低</td><td rowspan="2">中</td><td rowspan="2">高</td></tr>
<tr><td>计算</td><td>填空</td><td>选择</td><td>判断</td><td>作图</td><td>解答</td><td></td></tr>
<tr><td rowspan="6">练习部分</td><td rowspan="4">第1课</td><td>P 66(1)</td><td>1</td><td></td><td></td><td>√</td><td></td><td></td><td></td><td></td><td></td><td>√</td><td></td><td>0.5</td></tr>
<tr><td>P 66(2)</td><td>3</td><td></td><td>√</td><td></td><td></td><td></td><td></td><td></td><td>√</td><td></td><td></td><td>2</td></tr>
<tr><td>P 66(3)</td><td>2</td><td></td><td>√</td><td></td><td></td><td></td><td></td><td></td><td>√</td><td></td><td></td><td>1</td></tr>
<tr><td>P 67(B 级)</td><td>3</td><td></td><td></td><td></td><td></td><td></td><td>√</td><td></td><td></td><td></td><td>√</td><td>5</td></tr>
<tr><td rowspan="2">第2课</td><td>P 66(4)</td><td>1</td><td></td><td>√</td><td></td><td></td><td></td><td></td><td></td><td></td><td>√</td><td></td><td>1.5</td></tr>
<tr><td>P 67(5)</td><td>2</td><td></td><td></td><td></td><td></td><td></td><td>√</td><td></td><td></td><td>√</td><td></td><td>3</td></tr>
</table>

根据上表的分析结果，对现有单元作业运用增补、调整等方法加以统筹。如从分析表中可发现第一课时作业共有 4 个作业（组），第二课时作业共有 2 个作业（组），合计 6 个作业（组）。对应作业目标都有相应的作业；从作业时间看，两课时作业时间总共

13分钟；从作业类型看，主要以书面作业为主；从作业的难易度看，难度较低作业有2个、难度中等作业有3个、难度较高作业有1个。

根据单元作业统整的结果，首先须做进一步增补作业设计。基于现有单元作业内容，围绕单元作业目标可适当增补其他类型的作业，如设计了有关计量单位换算的开放性作业："填入适当的数或计量单位。58 000（　　）= 58（　　）和（　　）m =（　　）km"；还增补了新的作业类型，如实践性作业："学生在熟悉的现实生活中感受1千米大约有多长？"学生可以选择提供的方法完成作业，也可以自主选择喜欢的方法完成。比如记录走1 000米所需的时间或步数的方法，感受解决问题方法的多样性和自主选择性；还增补了阅读作业："收集常用交通工具的速度，如飞机每小时飞行多少千米等"，学生可以通过查阅纸质书籍资料或利用网络等途径完成作业。又从分析表中可发现第二课时的配套作业共有2个作业(组)，其中作业的难易度中等，完成作业的时间相对较少(共约4.5分钟)，作业类型依然不够丰富。因此，在原有作业的基础上需要增加作业量，同时可从补充不同作业类型的角度思考，如可以增设阅读类作业(略)和跨学科作业(略)。

统筹除了从丰富作业类型的角度增补作业外，还要从单元视角和当前学生学习的实际反馈情况加以结构性的合理调整。这里的合理调整就是指将设计后的单元作业分别从作业类型、作业时间和作业难易度等方面加以整体思考与完善，比如减少作业时间，可适当删减相同作业题组中的作业题等。从单元视角，即依据单元内每一课时作业时间、作业类型等方面因素，对个别作业可在单元内作适当调整，如在"千米的认识"第一课时作业中补充设计的"实践作业"，需要学生通过实践来建立"千米"的量感，因本单元作业中原有"小实践作业"完成需要的时间较长，因此可将此题作为本单元内的长周期作业题。针对当前学生学习的实际反馈情况，可对预设的课时作业内容作适当调整，即根据学生当天课堂学习反馈情况，结合学生掌握相对薄弱的知识点，可适当调整相应的作业内容，以便帮助学生巩固知识。

第三节　整体性策略的案例分析

学科作业设计要明确以核心素养培育为目标，关注作业目标与作业内容的一致、内容科学、类型多样、难度适中、时间合适、关注差异等几方面的要求。这些方面虽相对独立，但又相互关联，会牵一发而动全身。如要减少完成作业的总时间，就要控制作业的总题量；减少作业总题量，就会在一定程度上影响单元作业的难易度比例、作业目标对应的题量、作业类型的分布等问题。可见单元作业设计需要实施整体性策略并加以统筹与把握。下面以沪教版四年级第一学期“小数加减法”单元作业设计为例，进一步分析整体性策略的实施应用。

案例 5-1　《小数加减法》单元作业

作业目标：

1. 能较熟练地口算有效数字是两位的小数加减法。

2. 能理解并运用小数加减法的计算方法正确笔算，初步形成运算能力。

3. 能运用加法运算定律、减法运算性质进行小数加减法的简便运算，初步形成推理意识。

4. 能通过小数加减法运算解决实际问题，初步形成应用意识。

小数加法(第1课时)

1. 如果 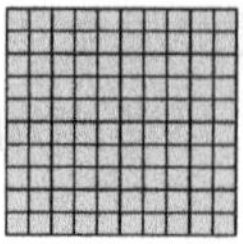 表示1,请你看图写加法算式,并用竖式计算。

(　　)+(　　)=(　　)

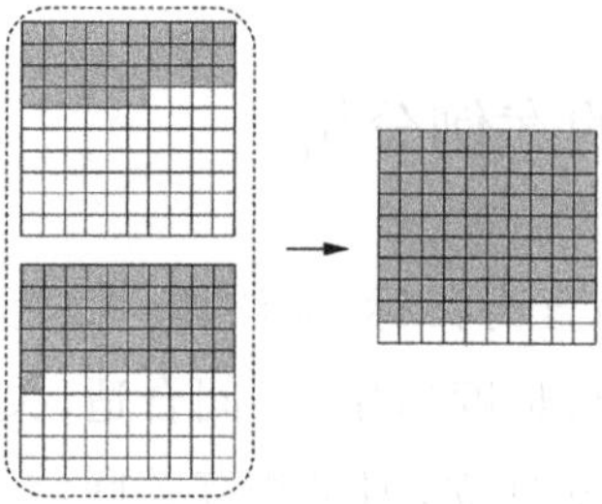

2. 先计算每条线上两个小数的和,再用彩笔画出和相等的两条线。

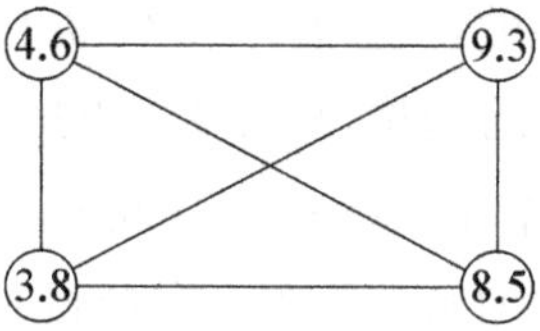

3. 选一选,写一写。

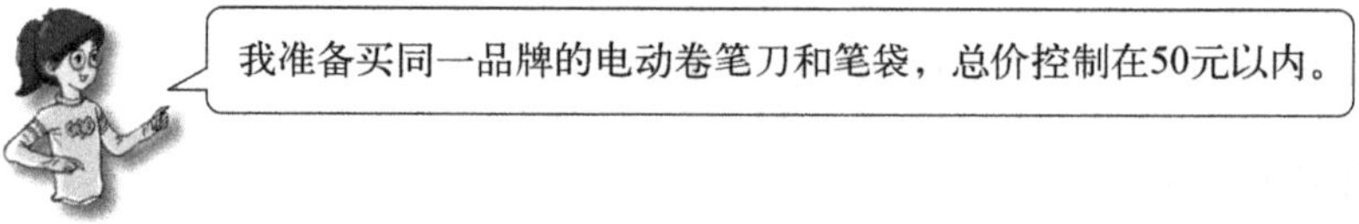

各类品牌电动卷笔刀和笔袋价目表

类别/单价/名称	A品牌	B品牌	C品牌	D品牌
电动卷笔刀	55.30元	29.20元	40.90元	32.80元
笔　袋	28.60元	19.90元	9.40元	18.60元

请你帮小亚挑选一下，并说明理由。

我选(　　)品牌，我是这样想的：

4. 在□里面填上合适的数。

$$\begin{array}{r} 1\square.84 \\ +\ 23.\square3 \\ \hline \square9.2\square \end{array}$$

5. 生活小调查。

调查并记录家里一个月的支出情况，及结合小调查的结果对爸爸妈妈提出家庭支出的合理化建议。（完成时间：一个月）

例表：

______月家庭支出情况表

项　目		金额(元)	合计(元)
支出	水费		
	电费		
	购物		
	……		

爸爸妈妈，我想对你们说：______________________________

____

小数减法(第 2 课时)

1. 如果 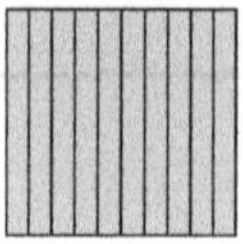 表示 1,请你看图写减法算式,并列竖式计算。

(　　)－(　　)＝(　　)

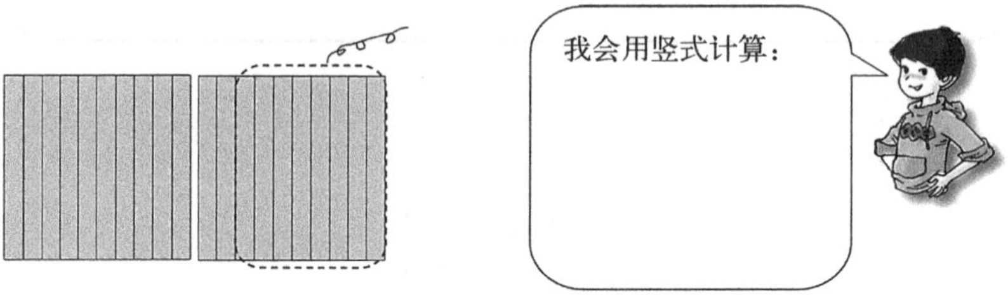

2. 选一选。

(1) 笔算 1—0.56 的退位过程,通常是把 1 分成(　　)个 0.1 和(　　)个 0.01。正确的选项是(　　)。

A. 10;10　　　　B. 9;10　　　　C. 9;9

(2) 两支铅笔的长度相差(　　)米。

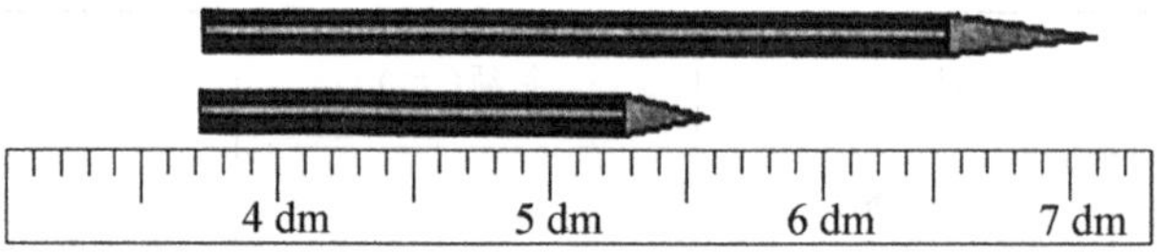

A. 0.2　　　　B. 1. 5　　　　C. 0.15

3. 解决问题。

两根彩带长分别是 1. 27 米和 1. 16 米,如果把这两根彩带接在一起,接头处用去 0.3 米。

(1) 估一估,接好后的彩带够 2 米长吗? 说说理由。

(2) 接好后的彩带实际有多长?

4. 想一想：正确答案是几？

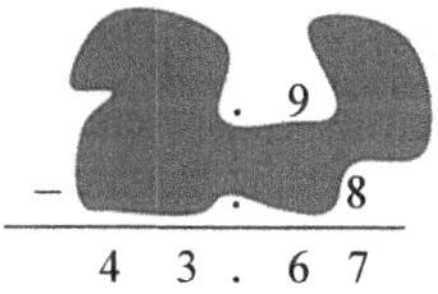

我把被减数十分位上的0看成了9，把减数百分位上的5看成了8，得到的差为43.67，正确的结果应该是(　　　)。

5. 跳棋比赛。

跳棋规则：从起点出发，只有一条路能跳到终点，并且跳过的三角形中的算式结果都是2.5。请你试一试，并将跳过的三角形涂色。

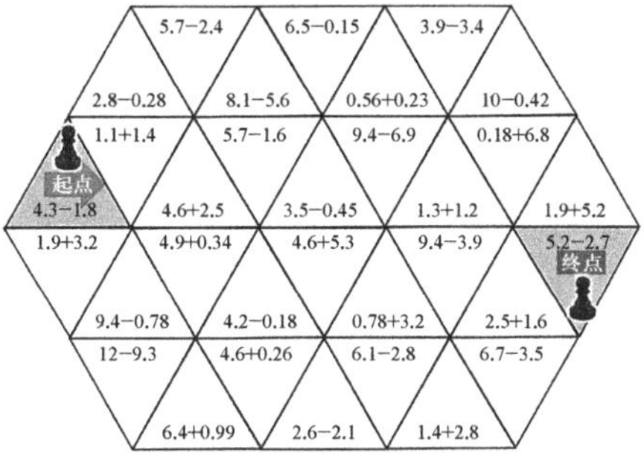

小数加减法的应用(第 3 课时)

1. 选出可以简便运算的题，并在方框内写出简便运算的过程。

27.37+18.37+2.63	13.73−2.5+7.45	34.6−5.4−4.6	19.7−3.8+4.2

2. 想一想，算一算。

小丁丁、小亚、小巧三人原来分别有多少元？

原来：小丁丁有(　　)元；小亚有(　　)元；小巧有(　　)元。

3. 解决问题。

小军要去超市购买面包、巧克力、牛肉干和饮料各1份，他要在同一家超市买全所有的食品。以下是A、B两家超市的价格对比表：

名　称	A超市单价	B超市单价
面　包	7.80	7.35
巧克力	25.85	27.30
牛肉干	14.20	13.65
饮　料	4.15	4.70

(1) 我建议小军去(　　)超市购物。

理由是：

（2）小军在建议的超市用 55 元购买了这四种食品后，还剩下多少元？

我的计算过程是：

4. 小巧、小亚和小丁丁三人买了同样的铅笔和橡皮，请你在下面三个条件中选择两个合适的条件，并利用小数加减法计算出一支铅笔的价格。

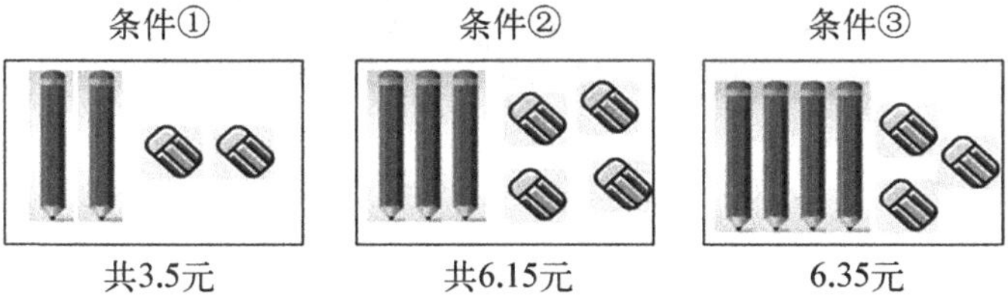

（1）我选择的条件是：__________ 和__________ 。

（2）根据你选择的条件，计算铅笔的单价。

5. 先阅读材料，再解决问题。

决战东京·战况完美收官！

“00后”张常鸿　50米步枪“三姿”创世界纪录

北京时间2021年8月2日下午，在东京奥运会射击男子50米步枪“三姿决赛”中，中国选手张常鸿以总成绩466环获得冠军，并以0.7环的优势打破了原先由中国选手杨皓然创造的世界纪录，为中国代表团拿下本届奥运会的第27枚金牌。

张常鸿在最后一轮单枪淘汰赛中五枪的成绩分别是10.3环、10.6环、10.9环、10.3环和10.3环，为进入最后的决赛与夺冠奠定了基础。

根据材料提供的信息，你能运用简便方法计算张常鸿最后一轮淘汰赛五枪的总成绩吗？

我是这样计算的：

练习(第4课时)

1. 先找规律,再填数。

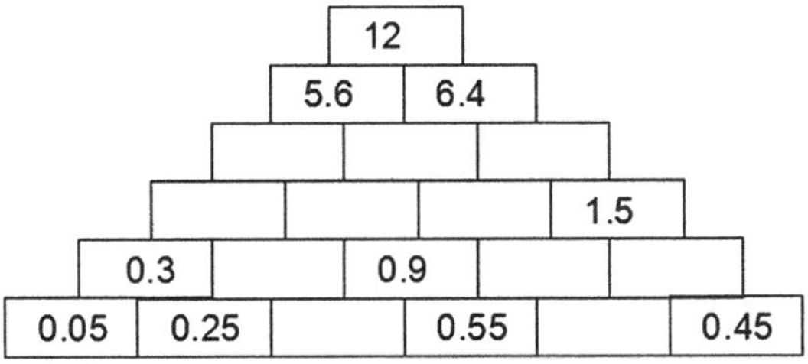

2. 从下面任选几张卡片,按要求编简便运算题并写出计算过程。

5.57　　12.38　　4.43　　50.14　　17.62

连加　　　　连减　　　　加减混合

3. 小军用计算器计算 12.34－7.56＋2.35 时,错误输入了 12.34－7.16＋2.65。要修正这个错误,你同意谁的说法?说说你的理由。

4. 解决问题。

小丁丁的水壶里装有一些水，他先喝了0.15升水，接着又倒入0.28升水，这时水壶里还有0.43升水。小丁丁的水壶里原来装有多少升水？

5. 先阅读材料，再按要求做一做。

你听说过“黄金比例”吗？黄金比例也称为黄金分割比，它是指将整体一分为二，较大部分与整体部分的比值等于较小部分与较大部分的比值，其比值约为0.618。这个比例被公认为是最能引起美感的比例，也被称为黄金分割。

达·芬奇的作品《蒙娜丽莎》《最后的晚餐》中就运用了黄金比例；古埃及的金字塔、巴黎的圣母院中也有黄金分割的足迹。

《蒙娜丽莎》

《最后的晚餐》

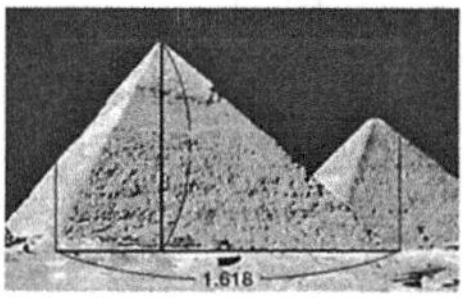

古埃及金字塔

巴黎圣母院

小巧捏了一个泥娃娃，并测量、记录了从肚脐以下部分高度、总高度（通常肚脐是人体总长的黄金分割点），泥娃娃身材达到黄金比例了吗？

泥娃娃身材比例数据表

	肚脐以下部分的高度(cm)	总高度(cm)	比例
泥娃娃	6.5	10.9	0.596

我用泥娃娃的较长部分（肚脐以下部分的高度）与整体部分（总高度）来计算比值：6.5÷10.9≈0.596。

(1) 你准备如何调整,使泥娃娃肚脐以下部分高度和总高度的比例接近或达到黄金比例值,写出你的思考过程。(可以借助计算器)

我是这样想的:

(2) 请你用超轻土制作一个人偶模型,要求是使它肚脐以下部分的高度和总高度的比例尽可能达到黄金比例(可以借助计算器),并按要求完成表格。

人偶模型身材比例数据表

	肚脐以下部分的高度(m)	总高度(m)	比　例
人偶模型			

本案例共4课时,有20个作业(组)。在依据单元作业目标设计本单元作业后,又运用整体性策略从作业各属性角度加以统筹与整合,最终形成《小数加减法》单元作业内容。下面将运用整体性策略统筹与整合后的情况加以分析。

从单元作业内容与单元作业目标的一致性看,总体解释性较好。每条单元作业目标都有对应的作业题(组),如对应的第一条单元作业目标共有3个作业题(组),分别是第1课时第2个作业题(组)、第2课时第5个作业题(组)、第4课时第1个作业题(组)。从单元作业解释性的整体情况看,单元作业内容与作业目标的解释性较好,能做到基本相一致。

从单元作业内容的科学性看,单元作业内容的表述能做到较准确、清楚，要求明确，且符合当前学生的认知水平。如第4课时第1题，内容是“根据‘数墙’图，先找规律，再填数”。由于本课是单元作业内容的第四课时，学生已经会进行有效数字是两位小数的加减法口算，“数墙”中的小数也控制在有效数字是两位小数的范围内，因此本条作业符合当前学生的认知水平。从单元作业内容整体检核的结果情况看，基本能做到科学、合理。

从单元作业类型的多样性看，本单元作业类型较丰富。除常规作业类型外，还设计了阅读题：如第3课时第5题，通过阅读张常鸿“三姿”步枪夺冠材料，引导学生尝试用乘法意义进行简便运算，同时对学生也进行了一次爱国主义教育，落实立德树人的根本任务。还设计了开放题：如第4课时第2题，按要求编简便运算题，并写出计算过程，要求学生选择合适的数据编题并计算，本题尊重学生学习的自主选择性，由于每位学生选择的数据不完全相同，因而完成的作业内容也会有所不同，故属开放题。又如第1课时第5题作业，要求学生调查自己家一个月的支出情况，并提出合理化消费的建议，由于每个家庭情况不同，因而本题是属于结果开放题；同时本题由于是收集一个月的支出情况，所以还是长周期作业。另外设计了跨学科作业，如第4课时第5题作业以“制作人偶模型”的跨美术、劳动学科的作业，要求学生在操作中，不仅复习巩固了小数加减法，还让学生获得了审美教育，落实了立德树人的根本任务。因此整体看本单元的作业类型，还是比较丰富。

从单元作业的难易度看，总体比例相对合理。在单元作业的整体题量中主要以基础性作业题为主：比如第1课时第1、2、3题作业(组)，第2课时第1题等；其次也有适量中等难度的作业题：第1课时第4题作业和第2课时的第4题作业等；再次是有较少比例的提高题：如第3课时第5题是引导学生灵活运用相同加数连加可以用乘法进行简便运算，促进学生灵活运用知识解决问题的能力；第 3 课时第 4 题引导学生运用等量关系思考问题，促进学生数学核心素养的发展。从整体上看，单元作业题量的难易度比例，还是比较合理的。

从单元作业完成的时间看，单元作业时间符合要求。教育部办公厅下发的《关于加强义务教育学校作业管理的通知》中指出的：严控书面作业总量，小学除一、二年级外每天书面作业完成时间平均不超过 60 分钟，即每门学科不超过 20 分钟。以中等学生完成作业时间看，本单元平均每课时完成时间均能在 20 分钟内完成，因此单元作业时间较合理。

从单元作业对学生差异的关注度看，能根据作业难易情况适度关注。在单元作业设计过程中，首先能根据学生间的认知差异，为学生提供一定的学习提示语：如第 3 课时第 5 题要求学生运用简便方法计算“10.3＋10.6＋10.9＋10.3＋10.3”有一定难度，因而通过小朋友提示语“不要忘了相同加数连加可以用乘法计算哦!”为部分学生解答本题提供学习帮助。其次给予学生自主选择的空间，如第 4 课时第 2 题，要求学生选择合适的数据进行简便运算，学生可根据自己的学习基础编写符合要求的简便运算题，以“连加”为例，学生可编制四个数连加简便运算“5.57＋12.38＋4.43＋17.62”或三个数连加简便运算题“50.14＋12.38＋17.62”等。可见，本单元作业还是能较好地关注学生的认知差异。

综上所述，通过运用整体性策略可以针对设计的单元作业从整体上给予把握与完善，进一步提升单元作业设计的质量，促进学生的核心素养发展。

第六章

一致性策略

第一节　一致性策略的内涵

作业的一致性主要包含了四层含义：一是选用的素材要与育人目标相一致；二是作业内容要与作业目标相一致；三是作业的难易度要与《义务教育数学课程标准（2022 年版）》的水平要求、学生阶段认知水平相一致。

一、从作业素材选用的角度看，要与育人目标相一致

作业素材的选用要与育人目标相一致，是指选用的作业素材反映的思想内容要与国家的育人目标相一致，如作业中创设的情境主题反映的教育思想不能违背国家总的教育方针与育人目标，要与其相一致，体现正确的价值观念。

立德树人目标就是培养德智体美劳全面发展的社会主义建设者和接班人。如何落实"立德树人"可概括为六个方面的具体要求，即"六个下功夫"，"强调培养人要在坚定理想信念上、在厚植爱国主义情怀上、在加强品德修养上、要在增长知识见识上、在培养奋斗精神上和在增强综合素质上下功夫。'六个下功夫'明确了新

时代学生的基本素质和精神状态”。[①]

数学学科蕴涵着丰富的德育素材，应发挥其特有的育人价值。数学作业作为教学的重要组成部分，它不仅承载着促进知识内化、发展学生能力、评价学生学习情况等功能，同样也承载着育人功能。因此作业的主题内容要与立德树人的育人目标相一致。

案例 6-1　解决问题

汶川大地震后，红星小学组织全校学生开展捐款活动，其中三年级学生共捐款 346 元，四年级学生比三年级多捐款 102 元，五年级学生比三、四年级学生的捐款总数少 98 元。五年级学生共捐款多少元？

以上案例从学科知识的角度看，编制的意图是检测学生能否通过三步计算解决实际问题；从育人角度看，教师能以此为育人契机、充分挖掘德育素材，选择了“汶川地震捐款”的主题，作为素材的情境内容，在有效达成学科作业目标的同时，对学生进行了一次很好的献爱心教育，使立德树人的育人目标在学科作业中得到很好的落实。

二、从作业内容针对性的角度看，要与作业目标相一致

作业内容针对性是指作业内容要与作业目标相一致，即在作业设计时要围绕作业目标设计针对性的作业内容，使作业内容能反映作业目标所指向的能力水平。

作业作为检测和评价学生学习情况的重要手段，它是学生对

① 张宁娟：《“六个下功夫”：新时代人才培养的行动指南》，《教育研究》2018 年第 9 卷，2018 年 9 月，第 17—20 页。

所学习数学知识的巩固、形成知识迁移和能力转化的重要途径。课堂教学过程需要依据教学目标来设计,同样作业内容也应依据作业目标来设计。作业目标是作业内容设计的依据,作业目标也是检验作业内容设计质量的标准。因此作业内容须围绕作业目标进行设计,如果设计的作业内容不能依据作业目标做出合理的解释,我们可以认为设计的作业内容解释性比较差;相反如果设计的作业内容能依据作业目标做出合理的解释,就可以认为该作业的解释性较好。总之,有较好解释性的作业也就能与作业目标达成较好的一致性。

作业内容与作业目标的一致性,首先表现在作业内容与作业目标所指向的数学核心素养培育相一致,如作业目标指向的运算能力培养,作业内容的设计主要围绕数与代数领域方面的内容;如作业目标指向的空间观念培育,作业内容的设计就主要围绕图形与几何领域的内容。其次作业内容与作业目标的一致性,还表现在作业内容与作业目标所指向的知识与技能相一致,如作业目标指向掌握一位数与两位数相乘的计算方法,作业内容就应选择一位数与两位数相乘的素材。再次作业内容与作业目标的一致性,还表现在作业内容与作业目标所指向的过程与方法相一致,如作业目标指向用图示或语言表达平行四边形与四边形、长方形和正方形之间的关系,作业内容就可以是让学生用自己喜欢的方法表现它们之间的关系,如在方框内用图示或语言表示平行四边形、四边形、长方形和正方形之间的关系。

作业内容与作业目标的一致性越高,就说明其解释性越好,这也是衡量高质量作业品质的条件之一。设计高质量的作业是我们实施作业设计所要追求的目标,它不仅是教师专业能力的体现,还是当前“双减”政策下实施“减负增效”不可或缺的手段。使用高质量作业,可以在一定程度上减少学生低效、机械的作业;能精准检测到学生学习情况，为教学改进提供依据；能有效地促进学生知识的内化与迁移；能有效地实现知识向素养的转化。可见，高质量作业对提高学生学习效能与核心素养的培养有着举足轻重的作用。然而设计高质量作业的第一步，必须是在制定精准作业目标的前提下，做到作业内容与作业目标的一致性。因此在作业设计时首先要做到作业内容与作业目标的一致性，它是高质量作业形成的前提。

三、从作业难易度的角度看，要与课标的水平要求和学生阶段认知特点相一致

《义务教育数学课程标准(2022 年版)》明确指出数学核心素养在不同阶段有着不同的主要表现，并对不同学段分别从数与代数、图形与几何、统计与概率和综合与实践四个领域提出了具体的水平要求。

瑞士心理学家皮亚杰经过长期研究，将儿童的认知发展分为如下四个阶段：感知运动阶段(0—2 岁)、前运算阶段(2—7 岁)、具体运算阶段(7—11 岁)和形式运算阶段(11—15 岁)。[①] 它们彼此衔接，依次按阶段发生，不会超越，也不会逆转，各阶段发生的时间基本对应于上述年龄阶段，但也存在较大的个性差异。由此可见，不同阶段学生的水平要求是不同的，同一阶段学生的认知水平也存在一定差异。因此作业内容的难易度要适度，要与当前学生的认知水平相一致，如果布置过于简单的作业，虽然可以面向全班每一位学生，但学习能力较强的学生会得不到思维训练和挑战，进而影响他们完成作业的兴趣。相反如果布置难度较大的作业，虽然可以满足优等生的需求，但对部分学习有困难的学生而言，完成

① 皮连生：《教育心理学》，上海教育出版社，2011 年，第 252 页。

作业就会存在较大的困难，久而久之，该部分学生学习自信心就会受到打击，进而失去学习数学的兴趣。

难易适度的作业有助于激发学生的学习动机。设计的作业要适合不同学力水平的学生，并且让学生通过完成力所能及范围内的学习任务。通过这样的方式，可以让每个学生都能够充分发挥自己的潜力，并且不会感到无所适从或者过于困难，获得成功的体验和自我价值实现的快乐与满足感，从而增强学习的自信心与产生对数学学习的浓厚兴趣。

难易适度的作业应做到“上不封顶，下要保底”。在作业设计时要做到：对学习有困难的学生，要低起点、牵着走、多激励；对学习中等的学生，要有变式、小步走、多思考；对学习优等的学生，要多变化、主动走、有综合、促能力。要努力提升不同认知水平学生的思维空间，让他们在作业中获得不同程度的发展。

难易适度的作业有助于学生的数学思维发展。由于每个学生的先天素质、认知基础和主观努力程度不同，因而其思维发展水平也是不同的。如果要求全班每个学生都完成相同数量、相同难度的作业时，有部分学生的思维可能会得不到最好的训练。因此，教师需要通过了解学生的优点和不足，设计难度适度的作业，让不同认知水平的学生都有机会选择自己力所能及的作业题来表达自己的数学思考过程，从而获得数学思维的发展。

第二节　一致性策略的实施要点

一、树立正确作业观是有效实施一致性策略的前提

要使设计的作业与育人目标相一致，教师首先要树立正确的

作业观。教育部办公厅2021年颁发的《关于加强义务教育学校作业管理的通知》中第一条明确指出："把握作业育人功能。作业是学校教育教学管理工作的重要环节，是课堂教学活动的必要补充。各地各校要遵循教育规律、坚持因材施教，严格执行课程标准和教学计划，坚持小学一年级零起点教学。在课堂教学提质增效基础上，切实发挥好作业育人功能，布置科学合理有效作业，帮助学生巩固知识、形成能力、培养习惯，帮助教师检测教学效果、精准分析学情、改进教学方法，促进学校完善教学管理、开展科学评价、提高教育质量。"可见，作业不仅有巩固知识、评价学习质量的功能，还有促进学生形成适应未来发展的正确价值观、必备品格与关键能力的功能。因此，明确作业的育人功能，树立正确的作业观是开展作业设计、布置与评价等系列作业管理工作的前提与基础。

教师作为学生作业的设计者和组织者，应促进学生核心素养的发展，转变"死记硬背、机械训练"的传统教法，树立科学的作业观，不断提高自主设计作业的能力。要重视针对班级学生的不同学情，精准设计有差异性的作业；精选作业内容，提高作业的解释性；根据规定的作业时间，合理确定作业的数量；作业类型要多样，给学生自主选择的空间；作业难度不得超过国家课程标准的水平要求，切实提高作业内容和形式的有效性。特别要减少多余而非基础、减重复而非核心的作业，减少作业时长和总量，切实减轻学生过重作业负担，设计学生喜欢的高质量作业。

二、明晰作业目标是有效实施一致性策略的基础

明晰作业目标主要是指对作业目标指向的知识内容以及知识内容达成的能力水平有一个准确的定位，对目标指向的过程与方法等也能正确理解；对目标指向的核心素养培养也能做到清晰明确。因此作业能否达成预期的目标首先在于是否明晰作业目标的内容。

作业目标是依据《义务教育数学课程标准(2022年版)》、教学目标等要素而制定的。因此要做到明晰作业目标,不仅要基于对教材的把握与学情的分析,还要基于对教学目标的把握。要做到明晰作业目标,也就是要明晰目标的内容,要明确作业目标指向的知识内容与作业目标中的行为动词,及目标所达到的表现水平。如作业目标"会表示已知平面图形的周长",从作业目标的内容中可知,指向的知识内容是"周长",行为动词是"表示","已知平面图形"是设计作业时需要给的条件。又如作业目标"结合具体情境,进一步建立1平方分米的量感,发展空间观念",从作业目标的内容可知,指向的知识内容是"1平方分米的量感",行为动词是"建立",指向的数学核心素养主要表现是"空间观念"量感,而结合具体情境,预示着根据本条作业目标可以设计成实践性作业。

三、科学设计作业内容是有效实施一致性策略的关键

为使作业内容与作业目标保持相一致,教师可以先明晰作业目标,做到心中有目标,然后分解作业目标并依据作业目标进行作业内容的设计。作业目标决定着作业内容,也影响着作业的类型及呈现方式。教师在设计作业时必须以此为依据,决不能把目标当作摆设,仅凭经验和个人感觉来设计作业。

依据作业目标,开展作业设计的方式主要有选编、改编和创编三种。选编是指从现有的作业资源中选用与作业目标相一致的作业。可以选编的作业资源除了配套教学资源外,各种习题集等教辅书籍和网站都有大量的作业资源可供利用。如果能根据作业目标,从各种作业资源中精挑与作业目标相一致的作业,那也是一种省时又高效的好方法。对作业的筛选要体现四性,一是一致性,依据作业目标,对选编的作业进行仔细斟酌,确保与作业目标相一致。二是准确性,对选编的作业,教师应先做一遍,确保每一个作

业的科学性。三是典型性，选编的作业要能达到举一反三、触类旁通的作用。四是应用性，培养学生运用学到的知识解决问题的能力，体现学以致用的价值。在进行作业选编时，还要注意选编的作业，尽可能不与现有作业类型相重复。

改编是指对现有作业进行修改与调整使之与作业目标相一致。如果选编的题目难以做到与作业目标相一致，可以对不符合作业目标的作业进行合理改编。改编时应发挥作业对发展学生数学思维的导向作用。教师可依照作业目标，尝试把顺向思维的问题改编成逆向思维的问题，也就是交换已知条件与问题的位置，这样的改编有时会使问题产生很大的思维空间。教师也可针对学生熟悉的生活现实素材，通过改编作业内容中的情境，使学生通过不同的现实情境，抽象出相同的数学模型，加深学生对知识的理解。教学实践表明，教师通过对一些作业内容进行适当的改编，不仅能使原有的作业内容与作业目标相一致，还能进一步开发学生的思维潜能，提高学生的探究能力与创新意识。除此，教师在进行作业的改编时，还要避免改编后的作业出现科学性方面的问题。

创编是指依照作业目标进行作业的设计。教师在进行作业设计的实际过程中，如果依据作业目标，不能进行选编或改编时，就可通过创编进行作业的设计。传统的作业往往偏重于对知识与技能内容的机械、重复练习，而对数学内涵、思维训练方面的关注度还比较欠缺。教师在创编作业时，如果能围绕作业目标推陈出新，关注学生的数学思维与实践能力的培养，有创意地自编作业，那么将会给学生的思维发展提供更加开放的空间，从而促进学生核心素养的发展。

四、自我检核是有效实施一致性策略的保障

作业内容的检核是实现作业内容与作业目标一致性的保障。

因此为了使作业内容与作业目标相一致，在完成作业设计后要进行作业的自我检核。在实际进行作业检核时，一般需要对每一条作业进行检核。具体检核时，首先看素材的选用是否与育人目标相一致；其次看作业内容是否存在知识性等方面的错误，也就是是否存在科学性问题，可以对作业进行完整解答后再做判断；再次是要看作业内容的水平要求是否与作业目标相一致等。根据检核的结果，如果作业内容与作业目标存在偏差或针对性不强，那么就要对作业进行修改或调整，直至其与作业目标基本一致为止。下面就以沪教版四年级第二学期“小数加减法”单元中一个课时作业为例，说明如何实施作业的自我检核。

案例 6-2 “小数加减法”单元作业

单元作业目标：

1. 能较熟练地口算有效数字是两位的小数加减法。

2. 能理解并运用小数加减法的计算方法正确笔算，初步形成运算能力。

3. 能运用加法运算定律、减法运算性质进行小数加减法的简便运算，初步形成推理意识。

4. 能通过小数加减法运算解决实际问题，初步形成应用意识。

小数加法（第 1 课时）

1. 如果 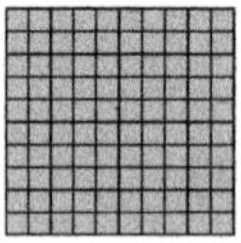 表示 1，请你看图写加法算式，并用竖式计算。

（　　）＋（　　）＝（　　）

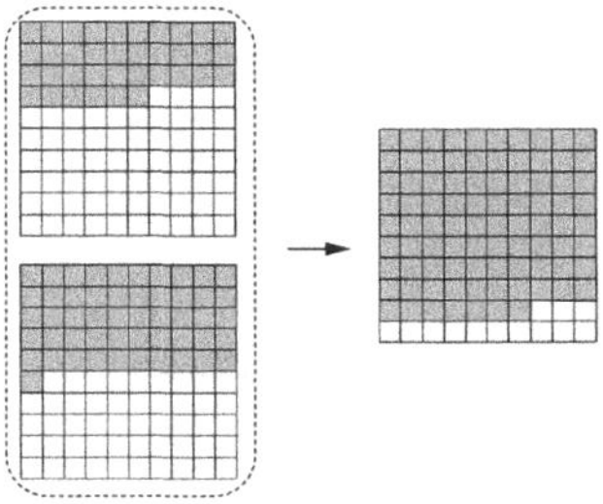

2. 先计算每条线上两个小数的和，再用彩笔画出和相等的两条线。

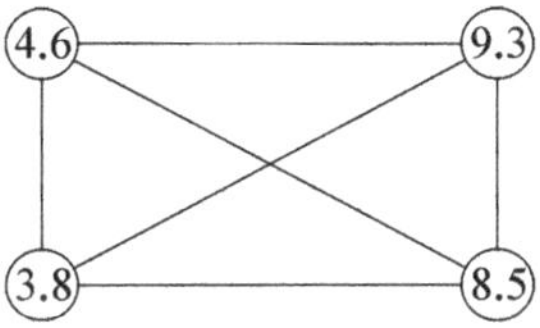

3. 选一选，写一写。

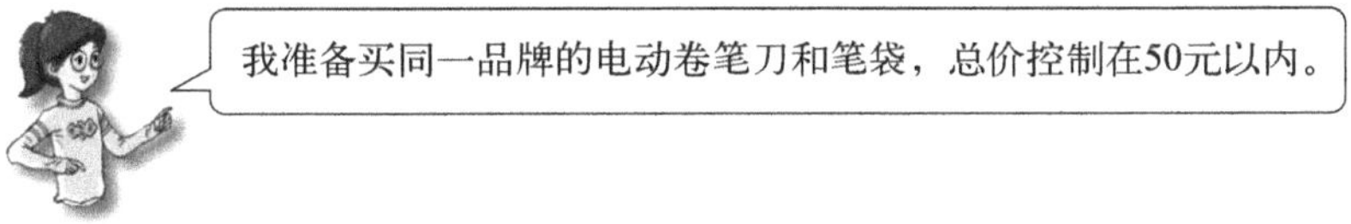

各类品牌电动卷笔刀和笔袋价目表

类别 / 单价 / 名称	A 品牌	B 品牌	C 品牌	D 品牌
电动卷笔刀	55.30 元	29.20 元	40.90 元	32.80 元
笔　袋	28.60 元	19.90 元	9.40 元	18.60 元

请你帮小亚挑选一下，并说明理由。

我选(　　)品牌,我是这样想的:

4. 在□里面填上合适的数。

$$\begin{array}{r} 1\square.84 \\ +\ 23.\square 3 \\ \hline \square 9.2\square \end{array}$$

5. 生活小调查。

调查并记录家里一个月的支出情况,及结合小调查的结果对爸爸妈妈提出家庭支出的合理化建议。(完成时间:一个月)

例表:

______月家庭支出情况表

项　　目		金额(元)	合计(元)
支出	水费		
	电费		
	购物		
	……		

爸爸妈妈,我想对你们说:________________________________

____

上面作业内容检核的结果如下：

第1题，对应作业目标②，作业内容是根据图示写小数加法算式，并用竖式计算，与作业目标“能理解并运用小数加法计算方法正确笔算，初步形成运算能力”基本一致。

第2题，对应作业目标①，作业内容是通过口算小数加法，与作业目标“能较熟练地口算有效数字是两位的小数加法”基本一致。

第3题，对应作业目标④，根据要求选出同一品牌的电动卷笔刀和笔袋，总价控制在50元以内。与作业目标“能通过小数加法运算解决实际问题，逐步形成应用意识”基本一致。

第4题，对应作业目标②，与作业目标“能理解并运用小数加法计算方法正确笔算，初步形成运算能力”基本一致。

第5题，对应作业目标④，运用小数加法，计算一个月的支出情况，与作业目标“能通过小数加减法运算解决实际问题，逐步形成应用意识”基本一致。

根据上述对作业内容的检核，以上各题与相应的作业目标基本一致，说明作业内容的解释性较好，两者内在的一致性也较高。另外从科学性方面看，本单元作业内容基本无科学性方面的问题，能做到要求明确，内容清楚无歧义。当然除了要检核作业的解释性、科学性外，在实际进行作业检核时，还要从单元视角对作业进行结构性等方面的检核，如发现单元作业在难易度、作业时间等方面不符合要求，可重新设计作业，再进行检核，直至满意为止。

第三节　一致性策略的案例分析

作业是教学过程中不可或缺的重要环节，为了切实发挥作业的育人功能，提升单元作业的品质，运用“一致性策略”开展单元作业设计是一条有效的策略。下面以“用两位数乘”单元作业中一道实践性作业“滴水小探究”为例，针对前后两次作业设计的比较，就一致性策略的实施运用作简要分析。

案例 6-3　滴水小探究

作业目标：

1. 能通过运用“两位数乘”等数学知识解决实验中的问题，初步形成应用意识。

2. 经历选择合理方法开展“滴水”小实验的过程，感悟解决问题方法的多样性，初步形成创新意识。

3. 通过“滴水”小实验，获得要节约用水的感悟及保护水资源的传统文化教育。

一、实践作业一

1. 作业内容

实验要求：

（1）把一只水龙头拧成滴水状态，用容器盛放水龙头滴水 10 分钟后的水量。

（2）用家中测量工具测出容器内水的质量。

（3）照这样计算，“滴水”一年大约浪费多少吨水？

……

2. 实践效果

以上实践性作业学生虽然能较有兴趣地完成，实验数据也基本一致。但从作业设计的针对性与作业目标的达成度看并不十分理想。为此教师结合一致性策略，开展了第二次实践性作业的设计。

二、实践作业二

1. 作业内容

(1) 先阅读下面材料，再按要求完成小实验。

体育课后，小军与小明两人一起去洗手。随后有这样的对话：

小军：你怎么没拧紧水龙头？

小明：没关系，这样滴水又浪费不了多少水。

……

你同意小明的观点吗？让我们一起来做一个小实验吧！

(2) 实验要求

① 请选择合理的方法，测算出水龙头“滴水”状态下，一年大约会浪费(　　)千克水，约合(　　)吨。

② 请将你的方法记录下来。

③ 写下活动中获得的体验与活动后的感想。

2. 实践效果

以上实践性作业紧扣作业目标，针对性地设计了作业内容，收到了较好的效果。首先，实验前引言材料激发了学生浓厚的探究欲望；其次，实验中教师并未为学生设置实验的过程与方法，而是给了学生更大的自主选择空间，因而在作业成果中呈现了方法的多样化：有的学生是通过观察 1 分钟“滴水”有多少容积，再根据单位间的换算与乘法计算方法得到一年约浪费的水量；也有学生是通过测量 10 分钟“滴水”的总质量数，再通过计算得到结果；也有学生根据 10 分钟“滴水”的总质量数，再进行推算得到……；再次，是学生获得的体验也是深刻的，同时，这次实践性作业也潜移默化地对学生进行了厉行节约的教育。如下面所示：

我的思考：

1. 水资源少，中国是全世界用水量较多的国家，中国的人均占有量仅有 2 300 m^3。
2. 如果全世界每个人每天节约 1 克水，那么就一共能节约 79 亿克水，合 7 900 吨水，差不多要四个标准游泳池的水量。
3. 自觉把节约用水融入日常小事，让节水成为一种自然而然的生活习惯。淘米水用来浇花、刷牙时关闭水龙头、收集家中的废水来冲洗厕所……这些看似微不足道的行为，细算起来，足以让节约下的水变得更有价值和意义。

图 6-1 “滴水小探究”实践感悟

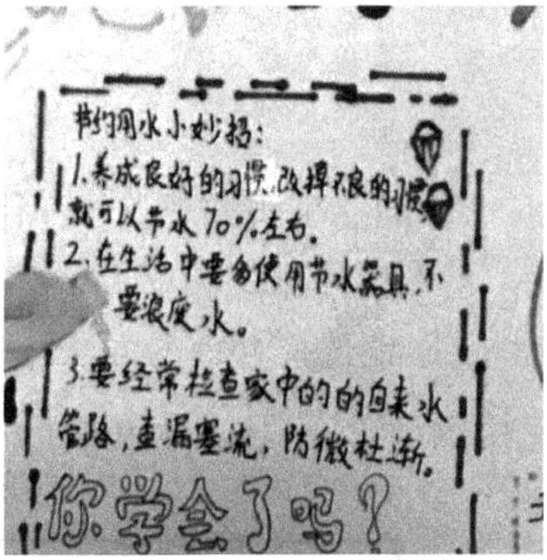

图 6-2 “滴水小探究”实践感悟

三、两次实践作业的比较

1. 从与育人目标一致性的视角看

两次作业除了作业本身育人功能外，都融入了节约用水，保护水资源的中华民族美德教育。第一次实践性作业，让学生直接以完成小实验的方式，感悟“滴水”是不容忽视的，要节约用水；第二次实践性作业，先是通过创设生活情境，激发学生做小实验的欲望，再是在实验过程中感悟“滴水”量之大，在撰写实验体会中感悟节约用水的必要性。显然第二次实践性作业的育人目标达成度更好。

2. 从与作业目标一致性的视角看

第一次实践性作业目标达成度较低，首先针对作业目标 2，教师没有让学生选择实验方法，抑制了学生创新思维的发展；其次针对作业目标 3，学生的感悟也不够深刻，教师没有设计引导学生实验反思的环节。第二次实践性作业与作业目标一致性较好。教师能做到逐条紧扣作业目标，进行针对性的设计：一是求“一年滴水”的吨数，这很好地达成了运用两位数乘法等知识解决问题的目标；二是让学生用“选择合理的方法”解决问题，既为学生提供了自主选择空间，也有效达成了作业目标；三是通过情境引入与实验后的体会，更让学生从心灵深处受到了一次很好的教育，达成了单元作业目标。

3. 从与学生认知水平相一致的视角看

针对当前四年级学生的认知水平，学生基本能运用已有经验完成本次实践性作业。但由于学生间的认知差异，学生在完成实验的方法上还是存在一定差异的。在第一次实践性作业中，教师统一了实验的方法，较难实现“不同学生在学习中得到不同的发展”；在第二次实践性作业中，教师给予学生自主选择的空间，让学生选择适合自己的方法完成实验，有效落实了“不同学生在学习中得到不同的发展”。

四、运用“一致性策略”设计作业时的注意要点

综上所述，运用“一致性策略”开展作业设计，能较好地提高作业的品质，但在作业设计中也应注意以下方面：

1. 与育人目标相一致，要做到润物细无声

教育的目的是促进学生全面发展，培养具有健康身心、健全人格、良好习惯和关键能力等素质，并且能够成为适应未来社会发展的人。作业功能指向的“育人”，是育知识、能力、道德、情感、审美

等素养的有效载体。在作业设计时要关注作业的育人功能，作业的育人培育，要做到润物细无声。教师在作业设计中渗透德育、传统文化、美育等教育时要做到润物细无声，切记贴标签。如“滴水小探究”实践性作业，就是通过情境创设，使学生在实验后的感悟中逐渐体会到要节约用水、保护水资源，从而达到育人目的。

2. 与学生认知水平相一致，需要“弹性作业”

中共中央、国务院2019年6月印发的《关于深化教育教学改革全面提高义务教育质量的意见》明确提出：“……促进学生完成好基础性作业，强化实践性作业，探索弹性作业和跨学科作业，不断提高作业设计质量。”

由于学生间存在一定的认知差异，在针对作业目标设计作业时，有时很难做到与当前每位学生的认知水平相一致，此时就需要设计“弹性作业”。“弹性作业”是相对于“一刀切”的统一性作业而言的，是教师依据学生实际情况，设计能满足学生不同需求、可供学生选择的作业形式。弹性作业强调教师设计不同类型、难度、完成方式的可供学生自主选择的作业，让学生根据自己的实际情况选择适合自己的作业。

弹性作业体现了因材施教和个性化教学的理念，是提高作业针对性和有效性的必然要求。弹性作业可以从多个维度体现弹性，实现与学生认知水平的相一致，其主要体现在以下几个方面，一是作业内容的选择性。教师为学生提供可选择的多样性作业，供学生在作业的难度、作业的类型、作业的数量等方面进行自主选择。二是作业完成方式的差异性。设计适合不同学生的多种完成方式，以满足不同学生的学习需求。在实际作业设计时，可以根据具体的教学内容和学生的实际情况，确定设计体现哪方面的弹性作业。

第七章

情境性策略

第一节　情境性策略的内涵

依据《义务教育数学课程标准(2022年版)》提出的：教学素材要贴近学生的生活现实、数学现实和其他学科现实。[①] 因此，本研究将小学数学作业中的情境分为生活情境、数学情境和跨学科情境。

所谓“情境”，是指“环境”，也包含“情景”。从社会学的角度，“情境”是指一个人在进行某种行为时所处的社会环境，是人们社会行为产生的条件。从心理学角度，“情境”是指多重刺激模式、对象和事件等。从学生学习的角度，“情境”是指为学生从事学习活动、产生学习行为提供的一种环境和背景，让学生产生某种情感体验。情境在《现代汉语用法词典》中也被看成环境、背景、人物、动作等诸多因素组成的统一体。

抽象的知识需要以具体的情境为载体，作业是学生学习过程中不可或缺的环节。在小学数学作业中情境的功能是多样的。一是从立德树人的角度看，可以将一些科学史话类和传统文化类知

① 中华人民共和国教育部：《义务教育数学课程标准(2022年版)》，北京：北京师范大学出版社，2022年，第94页。

识融入作业中，使学生在作业中了解优秀传统文化与数学发展史，并领悟社会科技的不断进步，前人严谨求实、刻苦钻研的求真精神，进而使立德树人的根本任务落到实处。二是从发展学生核心素养的角度看，学生素养的培育离不开书本知识，更离不开真实世界的情境，因此情境是学生将知识转化为素养的重要途径。三是从促进学生数学理解的角度看，数学作业作为学生学习知识与发展素养的有机组成部分，离不开情境的设计，学生结合情境完成作业，更有利于促进学生对知识的理解。四是从激发学生数学学习兴趣的角度看，通过创设贴近学生现实的情境设计作业，有助于激发与保持学生积极的学习状态，从而促进知识的巩固、迁移与应用，最终为转化为素养奠定基础。

一、基于生活情境的作业

所谓生活情境，主要是指以学生身边熟悉的、有趣的事物，以及自然、社会中的现象和问题作为素材创设的情境。生活情境的素材来自学生在真实世界会遇到的问题，因此，学生对这些内容具备一定的感性认识。陶行知教育理论强调教育不能脱离生活实际，由此可见知识的学习与学生的生活密不可分。基于生活情境的作业，不仅能激发学生的学习兴趣与学习热情，还可以使学生感到数学就在身边，易于理解相关的数学知识，体会数学的价值。同时也能培养学生用数学的眼光观察生活，学会用数学的思维思考与解决现实生活问题，进而发展学生的数学核心素养。根据生活素材来源的不同，可将生活情境分为个人生活情境和社会生活情境。

1. 个人生活情境

个人生活情境主要是指学生个人及同伴的活动，以购物、游戏、食物准备、运动、个人行程安排、个人交通、个人金融和学校活动为素材创设的情境。此外，涉及学生生活中的器材、物品的素材也属于个人生活情境。这类情境是学生已经经历的、能够切身感受到的、熟悉的生活场景。基于个人生活情境的作业能增加学习的实际应用性和趣味性，还有助于激发学生的学习兴趣，使学生获得更多的学习体验。同时，这种作业还能够挖掘学生的兴趣点，使学生更加深入地学习自己感兴趣的主题，从而激发学生学习的自信心和积极性。总之，基于个人生活情境设计的作业，能够更好地满足学生的学习需求和兴趣，推动学生的全面发展。

2. 社会生活情境

社会生活情境主要是指情境处在社会生活中，涉及除学生及其同龄人以外的其他人，主要指成人之间的社会活动，等等。这些情境是小学生还不够熟悉的、但未来可能会经历的生活场景。基于社会生活情境的作业，可以帮助学生从更广阔的角度看待世界，拓宽学生的视野。这类作业对于培养学生形成适应未来发展的正确价值观、必备品格和关键能力非常有帮助。除此，通过基于社会生活情境的作业，学生能够更加深入地了解社会及其运作机制，加强对各种社会现象的认识，同时也能够提高他们的实践能力和综合素质，更好地为未来的学习和工作打下坚实的基础。

二、基于数学情境的作业

所谓数学情境，主要是指从事数学学习活动的环境，产生数学行为的条件。根据提供的信息，通过想象、联想和反思，发现数量关系和空间形式的内在联系，进而获得解决问题的策略和方法，同时伴随着一种积极的情感体验。学习的本质是经验在深度或广度方面不断的持续变化。根据作业素材内容的来源不同，可以将其分为数学现实情境和数学文化情境等。

1. 数学现实情境

数学现实情境主要是指以学生已经积累的数学学科知识为素

材创设情境。数学现实情境的素材来源于学生已经积累的数学知识。基于数学情境的作业，有助于促进学生理解与内化新知识，形成基本技能、获得数学思想方法和数学活动经验的积累，同时还能培养学生从数学情境中发现数学问题、提出数学问题、分析数学问题和解决数学问题的能力，进而促进学生数学核心素养的发展。

2. 数学文化情境

数学文化情境，在这里主要是指以数学思想、数学精神、数学方法、数学观点等方面内容及其演变过程为素材创设的情境。基于数学文化情境的作业，将数学文化整合于知识中，让学生在完成作业过程中感悟文化的魅力，真切接受数学文化的熏陶，积淀文化素养，从而使学生在不断积累知识的过程中，获得数学文化素养的发展。同时也能受到前人坚韧、执着等优秀品格的积极影响。因此，创设基于数学文化情境的作业，有助于充分发挥数学文化的价值，使之成为学生终身学习不可忽视的重要素养。

三、基于跨学科情境的作业

所谓跨学科情境主要是指以学生已经具备的除数学学科外的其他学科知识为素材创设的情境。

《中共中央国务院关于深化教育教学改革全面提高义务教育质量的意见》中特别强调要“……促进学生完成好基础性作业，强化实践性作业，探索弹性作业和跨学科作业，不断提高作业设计质量”。跨学科作业是基础性作业中不可缺少的一部分，是一种新型的作业形式。

跨学科情境作业的素材内容是指除数学学科知识外的其他学科知识。跨学科情境作业，是倡导学生综合运用已有学科知识解决问题，具有以解决生活中实际题为导向，促进跨学科间知识理解的特征。基于跨学科情境的作业，有助于唤醒学生已有的学习经验，建立数学和跨学科知识之间的关联。另外跨学科情境的作业还有助于学生学会运用数学与跨学科思维思考现实问题，提升学生解决现实问题的能力。除此，学生通过跨学科作业还学会用数学和跨学科语言表达自己的想法与观点，进而促进核心素养的形成，实现跨学科情境作业的育人价值。

第二节　情境性策略的实施要点

一、基于生活情境作业的设计

基于生活情境作业的设计，需要针对作业目标，寻求数学知识与生活中素材的有机结合点，并就此展开作业设计。在具体设计生活情境的作业时可以与生活实际问题、自然环境、艺术创作等相结合进行思考。

1. 与生活实际问题相结合

与生活实际问题相结合，主要是指作业创设的情境要与生活中真实问题相结合。如测量物体的长度、质量和购物等。与生活真实问题相结合的情境作业，能激发学生学习的兴趣，让学生感受数学与生活的密切联系。同时能培养学生用数学眼光发现真实问题，并用数学的思维分析问题，用数学语言表达问题，进而促进学生数学核心素养的发展。如学生学习了小数加减法后，可将小数加减法计算与购买学习用品的实际问题结合起来。例如根据学习用品价目表：练习本 0.8 元、水笔 8. 5 元、活动铅笔 2. 9 元。算一算，买 1 本练习本和 1 支水笔需要付多少元？1 支活动铅笔比 1 支水笔便宜多少元？通过作业不仅巩固了小数加减法的计算方法，还让学生会用数学眼光观察并发现生活实际中的数学问题，并用数学中总量与分量间的数量关系思考问题，及用数学语言表达问题。

2. 与自然环境相结合

与自然环境相结合，主要是指要将数学知识应用到自然环境中。如观察天气情况、植物的生长情况等。与自然环境相结合的情境作业，能引导学生用数学的眼光观察现实生活，并用数学语言表达现实生活。学生学习了条形统计图后，可设计与自然环境相结合的作业，如引导学生用数学的眼光观察某月内每天的天气情况并记录，用条形统计图表现这个月的天气情况，最后根据条形统计图呈现的数据，用数学思维思考这个月的天气特点。通过作业，使学生的数学核心素养得到有效的培养。

3. 与实践操作相结合

与实践操作相结合，主要是指将数学知识与实践操作结合起来，让学生通过手工制作或绘画等方式来促进知识的内化、能力的提升及核心素养的发展。如学生学习了“认识钟表”后，可设计“制作钟面”的实践性作业：自制一个钟面，写上 1—12 的数字，并画出十二个大格和标出时针与分针。学生通过制作钟面的实践操作活动，逐步感悟数学与生活的密切联系，并学会用数学的眼光观察生活，用数学思维思考问题，进而促进学生核心素养的发展。

二、基于数学情境的作业设计

基于数学情境的作业设计，主要是指运用数学知识设计的情境作业，使学生通过作业促进“四基”的形成与“四能”的发展，进而发展数学核心素养。在具体设计作业时可以从数学知识的多元表达、数学游戏、探究学习、数学文化等角度思考。

1. 从数学知识多元表达的角度

数学知识多元表达角度，主要是指将数学知识用多种形式表达，促进学生对知识的深化理解。教师在实际设计作业时可引导学生用符号（文字、数字等）、图表等形式表达数学知识。如学生在学习了用“乘法分配律”后，可设计用不同形式表达知识的作业。如：“① 填一填：两个数的和与一个数相乘，可以把这两个加数分别与______相乘，再把两个积______，所得的结果不变。这叫乘法分配律。② 根据乘法分配律填空：○×(☆+⊿)=○×____+○×____。③ 你能用右面的图形解释什么是乘法分配律吗？”（如图 7－1）

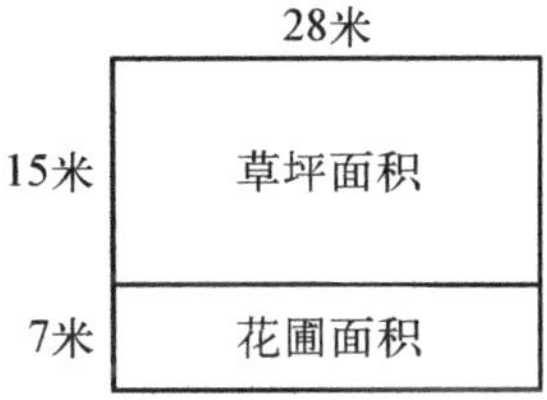

图 7－1

通过以上作业，引导学生运用不同的形式表达乘法分配律，促进学生深化理解知识，并会用数学语言表达与解释数学问题，进而发展学生的数学核心素养。

2. 从数学游戏的角度

数学游戏，在这里是指含有数字的有趣游戏，可以是数字迷宫、数字墙等。如学生学习了“小数加减法”后可设计数学“跳棋”的游戏作业（如图 7－2）。

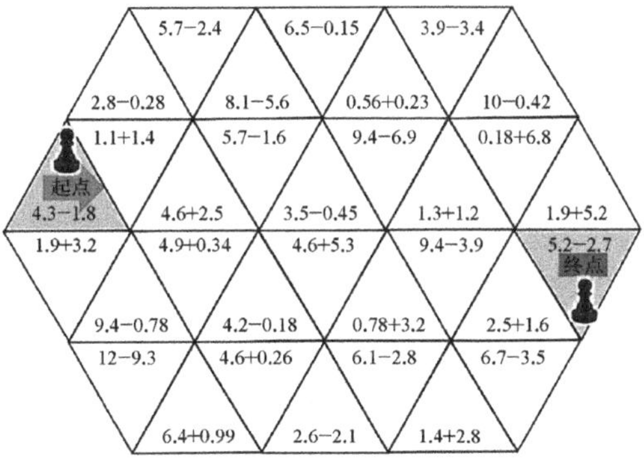

图 7－2

案例 7-1 数学"跳棋"游戏

游戏规则：

从起点出发，只有一条路能跳到终点，并且跳过的三角形中的算式结果都是 2.5。请你试一试，并将跳过的三角形涂色。

以上作业创设了"跳棋"游戏的数学情境。通过数学游戏作业，激发了学生数学学习的兴趣，而用涂色方式表达运算的结果，促进了学生基本技能的形成。

3. 从探究学习的角度

探究学习的角度，是指引导学生通过探究、实验等方式发现数学知识，激发学生的兴趣和好奇心，提高学生的学习积极性。学生在学习了"两位数与两位数相乘"后，可设计探究数学规律的作业。

案例 7-2 有趣的乘法计算

先用竖式计算下面各题，然后观察积的特点，再举例验证你的发现。

$$\begin{array}{r} 39 \\ \times\ 11 \\ \hline \end{array} \qquad \begin{array}{r} 74 \\ \times\ 11 \\ \hline \end{array} \qquad \begin{array}{r} 58 \\ \times\ 11 \\ \hline \end{array}$$

学生通过先尝试计算，再探究规律，有效激发了学习兴趣和好奇心，也提高了学习的积极性。同时学生在探究学习的活动中，经历了猜想验证与归纳的学习过程，有效促进了数学核心素养的形成。又如在学习了小数减法后，可设计以下作业。引导学生根据小数减法的计算方法思考问题，训练与发展学生的数学思维。

案例 7-3 小数减法

想一想：正确答案是几？

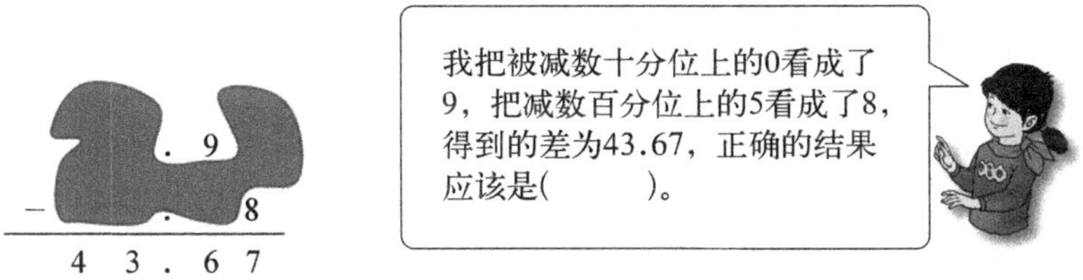

4. 从数学文化的角度

数学文化的角度，主要是指设置与数学知识有关的数学文化情境题，促进学生对知识的深化理解。如在学习了两位数与两位数相乘后，可设计以下作业：

案例 7-4 两位数与两位数相乘

先阅读，再照样子做一做。

我国明朝有一种“铺地锦”的乘法计算方法，是利用方格来算的。下图是 52×46 的计算方法。你能照样子做一做吗？

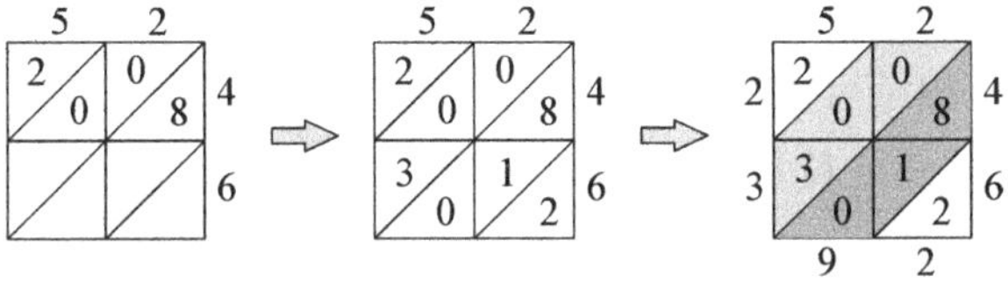

74×59=________

我可以试着做一做：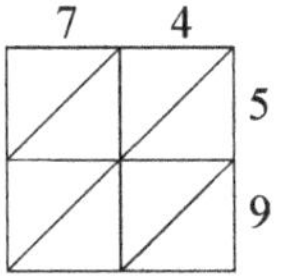

通过“铺地锦”的情境作业，让学生在做作业过程中，感悟“铺地锦”与学习的“两位数与两位数相乘”的内在联系，获得数学文化的熏陶。

三、基于跨学科情境的作业

跨学科情境的作业，主要是指运用学生学习数学知识时在各学段已经具备的其他学科知识作为素材创设的情境。数学具有高度的抽象性、逻辑的严密性、广泛的应用性，它与其他学科领域有着千丝万缕的联系。因此，数学作业要克服过于封闭、碎片化的倾向，在作业设计中要更多地渗透跨学科内容，主动地为学生发展数学核心素养搭建学习的立交桥。数学素养的表现是综合性的，数学的视野、思维、判断与问题解决是交织在一起的，这种综合性的素养需要数学课程的开放性。这就要求不仅仅是在数学的学科里看数学，而且要通过数学去看世界。基于跨学科知识情境的作业，是加强知识之间的融通与联系，实现数学与其他学科交融的有效载体。跨学科知识情境作业的设计可以是与其他学科相结合、与社会实践相结合的。

1. 与其他学科相结合

与其他学科相结合，主要是指将数学知识和其他学科进行结合，让学生探究和解决实际问题。如学习条形统计图后可设计数学与自然学科相结合的“黄豆发芽”实验作业。一是搜集黄豆发芽的方法，并尝试使一粒黄豆发芽的实验。二是记录黄豆发芽后每天的生长高度，共记录一周。三是收集黄豆发芽后一周高度的数据，并制成条形统计图。四是说说你对黄豆发芽后生长情况的看法。通过数学与自然学科相结合的作业，引导学生用数学的眼光发现问题，用数学与自然学科的思维思考问题，并用数学的条形统计图表达问题。

又如学生学习了“七巧板的认识”后，教师可设计与美术学科相结合的作业。比如“拼一拼”的实践性作业：一是用七巧板照样子拼一拼(给出示范图),并说一说分别用了哪些图形;二是试着用七巧板拼出其他图形。让学生"拼一拼,说一说"的作业,促使学生用图形表达拼出的图形;试着拼出其他图形,有助于发展学生的创新意识和空间观念,促使学生用数学学科与美术学科的思维思考问题,进而促进学生核心素养的发展。

2. 与社会实践相结合

与社会实践相结合主要是指将数学知识和社会实践结合起来,让学生应用数学知识解决社会实际问题。例如,设计一个数学与垃圾分类相结合的作业,学生通过统计家里一周的湿垃圾总质量,推算一个月可产生湿垃圾的总质量并计算可产生几度电,因此引导学生积极参与垃圾分类的行动,有效落实了立德树人的根本任务。

第三节　情境性策略的案例分析

在设计数学作业时,合理、恰当地运用情境性策略,有利于营造一种愉悦轻松的学习氛围,并且能给予学生成长、发展、创新的土壤。还可以使学生在学习过程中获得积极的、健康的情感体验,提高学生的学习积极性,从而使学生快乐、主动地参与学习。因此情境性作业,可以激发学生的学习兴趣、帮助学生从被动作业转变为主动完成作业。下面以"除数是整数的小数除法"单元作业中一道题为例,分析情境性策略在作业中的运用。

案例 7-5　除数是整数的小数除法

能运用除数是整数的小数除法的计算方法解决实际问题,初步形成运算能力与应用意识。

一、实践作业一

解决问题。

如果每8千克湿垃圾可以发1度电，照这样计算，78.4千克湿垃圾可以发几度电？

以上作业从表面来看能紧扣作业目标，但仔细推敲发现偏重于知识与技能的训练，过于呆板，在一定程度上抑制了学生对数学学习的兴趣，不利于学生核心素养的形成。

二、实践作业二

先阅读材料，再按要求解决问题。

【聚焦】点赞！上海一户家庭一周产生的湿垃圾能贡献一度电

澎湃 政务:绿色上海 2020-07-01 16:35

日常生活中的产生的残羹剩菜，经过堆肥发酵后蜕变成绿色能源，“反哺”千家万户。在近一年中，上海市有近4 000万度电的原料，出自每家每户的湿垃圾桶。

市民每天产生的湿垃圾，只要分类得当，并保持高纯净度，经末端处置后，就能为全社会贡献出清洁的生物质电。据了解，大约每8千克湿垃圾可以发1度电，让市民对垃圾的价值有了新的认识，湿垃圾不是一文不值的垃圾，只要分类够细致，就能变废为宝，而且分得越细致，利用价值就越高。

黎明生态园有机质处理厂勇敢升级。目前该厂二期工程正在进行紧张的调试（上图为二期项目三相离心机），按计划2020年7

月底要投产，日均可“吃”掉约 700 吨湿垃圾。届时，整个黎明生态园有机质处理厂的湿垃圾日均处理能力可达 1 000 吨。

1. 根据阅读材料提供的信息，黎明生态园有机质处理厂按计划 2020 年 7 月底投产后，日均可处理湿垃圾 700 吨，请你算一算这些湿垃圾可发几度电？

2. 请你记录自己家一周产生的湿垃圾质量。（取整数记录）

星　期	日	一	二	三	四	五	六
质量/克							

3. 结合阅读材料，按照你家一周产生的湿垃圾质量计算，那么一个月（按四周计算）产生的湿垃圾可以发几度电？

第二次作业结合情境进行了重新设计，这不仅要求学生运用除数是整数的小数除法的计算方法解决实际问题，还为学生提供了有关“湿垃圾发电”阅读材料，设计了记录自己家中一周产生湿垃圾质量的实践活动，及计算自己家一个月的湿垃圾可发几度电的问题。通过作业不仅达成了作业目标，还有效激发了学生的学习兴趣，促进了学生数学核心素养的发展。

三、两次实践作业的比较

1. 情境素材运用程度的比较

通过以上两次实践作业的探索，我们不难发现虽然两次作业都选用了有关“湿垃圾发电”的素材，但运用的深度与广度还是有所区别的，因此，效果也就截然不同。第一次作业只是停留在提供湿垃圾千克数与发电度数之间的数量关系，以及向学生传递了湿垃圾可以发电的信息。第二次作业对素材进行了精加工，首先从广度上，为学生提供了新闻报道部分内容的阅读材料，让学生对“湿垃圾发电”有了较全面的了解。其次通过设计收集家中每天产生湿垃圾的千克数及计算一个月家里产生的湿垃圾可以发几度电的作业，让学生对“湿垃圾发电”有了深度的认识与真切的体验，为积极主动开展垃圾分类行动奠定了基础。

2. 情境功能的比较

两次作业都运用了“湿垃圾发电”的素材，第一次作业的情境功能虽然有传递垃圾分类信息，但较大程度上是为进行小数除法运算提供条件。首先，第二次作业的情境，除了为学生进行小数除法运算的条件外，还通过阅读丰富了学生有关“湿垃圾发电”的知识，并通过计算家里一个月可产生几度电的实践作业，让学生深切感受到湿垃圾的价值，从而激发学生积极参与到垃圾分类的行动中。其次，通过情境设计的作业，为学生核心素养的培养提供了有效的载体。具体表现在，一是阅读材料为学生学会用数学眼光从现实生活中发现数学问题提供了载体。二是设计的情境问题为学生用数学思维分析与解决问题也提供了载体。

3. 数学核心素养培养的比较

两次作业在培养学生数学核心素养方面也存在一定差异。具体表现在，第一次作业侧重学生运用数学的数量关系思考与解决问题。第二次作业对学生数学核心素养的培养更为凸显，首先注重引导学生用数学的眼光发现数学问题，家中一星期每天的湿垃圾质量数是需要学生自己去实践操作发现的。其次是用数学的思维思考问题，如学生完成第二次作业时需要思考 700 吨等于多少千克等问题。最后是学生在解答时需要用数学语言表达问题。除此学生在收集家里每天湿垃圾数据的实践活动中也培养了坚韧、执着、认真负责的责任心等优秀品格。

四、运用情境性策略设计作业时注意的要点

1. 注重情境素材的自身价值

情境素材的自身价值是指素材本身蕴涵的价值。教师在选用素材创设作业的情境时，要注重情境素材的自身价值，不能违背立德树人的根本任务。教师在进行作业设计时可以选择有助于学生形成适应未来发展的正确价值观、必备品格和关键能力的内容作为作业情境的素材。

2. 注重情境素材的真实性

情境素材的真实性主要是指情境选用的素材要来源于学生现实学习生活的素材，学生的现实主要包括学生的生活现实、数学现实和跨学科现实。基于真实素材的情境作业不仅有助于激发学生的学习兴趣，还有助于学生全身心投入作业，进而促进学生会用数学眼光发现数学问题、用数学思维思考问题和用数学语言表达问题。

3. 注重情境素材的应用性

情境素材的应用性主要是指在设计情境作业时，要充分发挥素材的应用功能，不能使其成为一种虚设。提高情境素材的应用性就是除了要体现素材本身的功能外，还要在作业设计时尽可能

将其与数学问题紧密结合，如收集一周每天湿垃圾的质量，计算一个月（按四周计算）家中湿垃圾的总质量及可发几度电的问题，让学生充分利用素材中“每 8 千克湿垃圾可发 1 度电”的内容解决问题。让学生能浸润于情境中，会用数学眼光发现情境中的问题，并在用数学语言表达情境问题的过程中发展数学核心素养。

第八章

开放性策略

第一节　开放性策略的内涵

开放性作业可分为：作业内容的开放、作业完成形式的开放、作业完成成果的开放、作业完成时间的开放、作业完成主体的开放等形式。

开放是相对限制、封闭而言的。根据小学数学作业的特点，从不同的视角可以设计不同维度的“开放”作业。

一、作业内容的开放

构成小学数学单道作业题的主要要素有：题目的条件、问题、解题方法与结论。开放性具有不确定性，这里的“不确定”是指对于“开放”的某个要素不给予明确与肯定。如果条件或问题不完备，或解题方法与结论不确定，那么这类作业就属于开放性作业。其次开放性还具有发散性，主要是指学生数学思维的发散，如“○＋△＝10”，在“○与△”内填入合适的数，学生可以有多种不同的答案，这就是答案开放。按照不同要素的开放，形成不同的开放性作业。结合戴再平教授的按命题要素的分类①，具有两个或两

① 戴再平：《数学开放题研究》，上海：上海教育出版社，1997 年，第 3 页。

个要素以上的开放，可设为综合开放。因此，作业内容的开放可分为条件开放、问题开放、方法开放、结论开放和综合开放。

1. 条件开放

条件开放主要是指在设计开放性作业时，将解答本作业需要的条件给予空缺或多余，学生根据知识的内在关联进行补充或选择条件后再解答。条件开放作业的作用主要表现在以下几个方面，一是促使学生灵活运用知识的内在联系解决问题，从而促进知识的理解。二是当学生在解题过程中发现所需要的条件不足或多余时，促使学生对题目进行补充条件的创造，进而发展数学思维。

2. 问题开放

问题开放主要是指在设计开放性作业时，在题目中只给出条件，要求学生根据已知条件自己提出问题后再解答。问题开放作业的作用主要表现在以下几个方面：一是进一步深化理解知识间内在关联；二是增强了学生的问题意识，并获得了数学思维的发展；三是尊重了学生的个性差异，使不同的人获得了不同的发展。

3. 方法开放

方法的开放主要是指设计的开放性作业可以通过多种方法获得作业的结论。解题方法的开放，旨在发展学生的发散思维。解题方法开放的作业的作用主要表现在以下几个方面：一是学生在比较不同方法的过程中，可以深化知识的理解；二是教师可以充分尊重学生的个性差异，同时学生可以结合已有的经验，选用最适合自己的解题方法，获得学习成功的体验与自信心；三是教师可以让学生探寻“最优”的方法，提升学生数学思维的品质。

4. 结论开放

结论开放主要是指设计的开放性作业的结论不是唯一的，有多个结论。结论开放作业的作用主要表现在以下几个方面：一是学生可以从多个角度思考，获得不同的解题结果，从而有效培养了学生的发散思维，同时思维的严谨性、深刻性也得到了有效训练；二是结论的开放，可以促使学生养成对问题进行全面的综合思考与判断分析的学习习惯；三是教师充分尊重了学生的个性差异，使不同学生得到不同程度的发展，获得良好的学习体验与学习自信心。

5. 综合开放

综合开放是指作业题目中至少要有两个要素指向不明确。综合开放作业的作用主要表现在以下两个方面：一是增大学生自主选择的空间，学生可以根据自己的学习水平选择合适的要素；二是诸多不明确的要素在一定程度上支持学生从不同角度思考解决问题的策略，这也有助于培养学生综合运用知识的能力和探索创新能力。

二、作业完成形式的开放

传统的作业主要以书面形式为主，这在很大程度上降低了学生学习的兴趣与热情，也阻碍了学生创新意识、应用意识等核心素养的培育。运用开放性策略可以拓宽学生思维的空间，让作业成为发展创新能力的一种资源。针对作业的形式，实施开放性策略，可以从以下几个方面考虑，一是由纸质书面作业变为有动手实践的作业，二是由手写的书面作业变为可操作的实践作业，三是由单调的书面作业变为可自主探究的作业。运用开放性策略设计作业，有助于培养学生的实践能力与创新思维，激发学生学习的兴趣与参与学习的主动性、积极性，使学生获得更多成功的体验。根据作业完成形式的开放，其主要分为调查型开放、探究型开放、操作型开放和游戏型开放。

1. 调查型作业的开放

调查型作业的开放主要是指学生在作业完成过程中，在调查的时间、收集的调查数据，以及数据分析的结果与推测的结论等均具有开放性。调查型作业开放的作用主要表现在以下几个方面：一是有助于促进学生推理意识与创新意识的发展，如依据数据分析结果进行推测与判断；二是有助于增强学生的数学应用意识，如学生用学习到的统计知识，分析收集的数据，根据分析的结果解决问题，初步形成数据意识；三是有助于激发学生学习的主动性与积极性，感受到数学学习的价值。

2. 探究型作业的开放

探究型作业的开放主要是指学生在作业完成的过程中，对探究的时间、探究获得的成果及其呈现方面具有开放性。探究型作业开放的作用主要表现在以下几个方面，一是有助于激发学生的学习兴趣，发展学生的创新精神和实际应用能力。二是有助于提高学生的探究能力和思维能力。三是有助于培养学生严谨的科学态度等。

3. 操作型作业的开放

操作型作业的开放主要是指学生在作业完成过程中，在操作过程、方法与结果等方面具有开放性。操作型作业能使学生对事物有发现的利用和再创造，特别是对物质世界矛盾的利用和再创造，进而使学生在完成作业的过程中可以获得创新思维的发展。操作型作业开放的作用主要表现在以下几个方面，一是有助于培养学生的实践能力与创新能力，二是有助于学生运用已有的经验解决实际问题，促进知识的巩固与应用意识的发展。

4. 游戏型作业的开放

游戏型作业的开放主要是指学生在作业完成过程中，在游戏时间、游戏结果等方面具有开放性。游戏型作业开放的作用主要表现在以下几个方面，一是有助于激发学生的学习兴趣，二是有助于让学生饱含激情地参与学习的过程，并促进数学思维的发展。

小学数学开放性作业除了上述情况的开放外，还可以从自主选择作业数量与内容的角度进行开放，如作业设计了5道不同学习水平的作业内容，学生可以根据自己的学习水平针对性地选择作业内容进行完成等。

三、作业成果形式的开放

作业成果形式的开放主要是指学生可以自主选择作业完成后的成果形式。如作业的成果可以是小报、视频或PPT等形式。成果形式作业开放的作用主要表现在以下几个方面：一是给予了学生更多的自主选择空间，能激发学生的学习兴趣；二是有助于张扬学生的个性，促进学生创新思维的发展。

四、作业完成时间的开放

作业完成时间的开放，主要是指学生完成作业的时间不局限于当天完成作业，而是可以在规定时间内的任意时间完成。如要求两周内完成的某项调查类的长周期作业，学生可在两周时间内的任意时间完成。按照完成作业时间的长短，又有长作业和短作业之分。完成时间开放的作业的作用主要表现在以下几个方面，一是该类作业给予了学生更多的完成的时间，使学生在时间上有了自由度。二是可以使学生对作业有更深入思考的时间，进而提升作业完成的质量。

五、作业完成主体的开放

作业完成主体的开放，主要是指作业的完成不一定是学生独立个体，而是由两人或两人以上的小组成员合作完成。完成主体开放作业的作用主要表现在以下几个方面，一是给予学生自主选择的空间，使学生能正确评估自己的学习能力，有助于形成自我尊重的品格。二是学生可以选择与同伴合作完成，这样有助于组内成员共同商量制定解决问题的方案，进而提升作业完成的质量。三是有助于培养学生的合作意识和合作能力，形成尊重他人的品格。

第二节　开放性策略的实施要点

教育部办公厅在《关于加强义务教育学校作业管理的通知》中提出：要切实发挥好作业育人功能，要创新作业类型方式。探究性作业、实践性作业等新型作业都具有较强的开放性，是以发展学生核心素养，促进学生全面发展的重要载体。设计小学数学开放性作业需要关注以下几方面。

一、作业内容的开放，要与学科知识建立联系

1. 条件开放

设计条件开放作业的要点主要有，一是将原有封闭式问题增加部分条件或隐去部分条件，将其编成条件开放。二是引用生活中条件开放的问题。三是结合生活中的条件开放，设计从不同的角度寻求解决问题所需的条件。

案例 8-1　条件不足

先补条件，再列式解答。

水果店运进一批水果，其中____________________，苹果的箱数是生梨箱数的 2 倍。生梨共运进多少箱？

案例 8-2　条件多余

选择合适条件后再解答。

水果店有 20 箱苹果，共重 360 千克，一共卖了 2 160 元。平均每千克苹果卖多少元？

案例 8－1 隐去部分条件，要求学生根据已知条件(倍数“2 倍”)及问题(求一倍数)，发现所缺的是几倍数(苹果的箱数)。此时学生可以根据一倍数、几倍数与倍数间的数量关系，补充几倍数的条件后再解答。学生通过逆向思维，根据数量关系与问题，先补充条件再解答的过程，不仅深化了关于“倍”的数量关系的理解，还发展了数学思维。

案例 8－2 增加部分条件，要求学生分析题意，并根据要求的问题及单价、数量与总价间的数量关系选择合适的条件，然后再解答。学生在解答时依据“单价、数量与总价”间的数量关系选择合适的条件，从而深化了对其数量关系的理解，发展了学生的数学思维。

通过“条件开放”，学生在解题时不仅需要灵活运用学过的知识，还需要分析题目中的数量关系，并依据知识间的关联选择条件或创造性地补充条件，从而促进学生对数学的理解与思维的发展。

2. 问题开放

设计问题开放作业的要点主要有，一是提供的已知条件与开放的问题间要存在一定内在关联性，即学生能根据已知条件提出问题。二是学生能根据具体情境，结合自己的经验发现问题、提出问题。

案例 8-3　问题开放

先补充问题，再列式解答。

学校图书馆有科技书 240 本，故事书 120 本，________________________？

以上开放性题目，结合已知条件，根据“总量=分量+分量”的数量关系，可以提出问题：科技书与故事书一共多少本？也可以根据大数、小数和相差数的数量关系，提出问题：科技书比故事书多多少本？部分学生还可以根据倍数关系提出问题：科技书的本数是故事书的多少倍等，通过自问自答的开放性作业，彰显了学生的认知差异，促进了学生对数学知识的理解，发展了学生的数学思维，提高了学生发现问题、提出问题、分析问题和解决问题的能力。

3. 方法开放

设计方法开放作业的要点主要有，一是将“方法唯一”的作业题改编成“方法开放”的作业题。二是根据知识之间的内在联系和已知条件，采用不同的方法求解。三是结合生活情境，设计经验性与自然性的方法开放。四是结合生活中的开放性问题，设计从不同的角度去寻找解决问题的方法。如学生学习了表内乘除法后，可设计以下方法开放的作业。

案例 8-4　方法开放

有 52 位同学准备去划船。现在每条大船最多可坐 6 人，每小时租金 8 元；每条小船最多可坐 4 人，每小时租金 6 元。如果每条船正好都坐满，一共可以有几种不同的租船方案？请你将设计的方案填入下面的表格中。

方　法	大船(只)	小船(只)	合计租金(元)
方案一			
方案二			
方案三			
……			

学生运用学过的知识，通过有序思考可以写出不同的解决问题的方法，进而发展学生有序思考和思维的多向性。同时还培养学生学会用数学的眼光观察生活，用数学的思维思考与解决实际问题。

4. 结论开放

设计结论开放作业的要点主要有，一是选取与生活相关的数学问题设计成结论开放的作业。二是将结论唯一的问题改编成结论开放的作业。三是将生活中结论开放的情境设计成结论开放的作业。如在学习了三角形的面积计算方法后，学生可运用开放性策略设计结论（答案）开放的作业：

案例 8-5 结论开放

请你在下面方格中画出形状不同且面积都是 8 平方厘米的三角形。你能画几个？

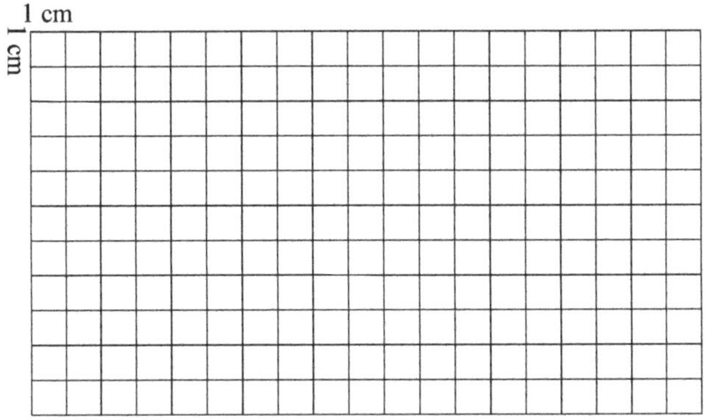

以上题目针对结论（答案）实施了开放性的策略，学生在解答此题时不仅要运用计算三角形面积的方法，还要通过逆向思维，想怎样的两条边长度之积的一半是 8 厘米？并通过在方格中画一画

的学习过程进一步巩固知识，内化了三角形面积的计算方法。运用开放性策略设计的作业，有利于发展学生的数学思维。

5. 综合开放

设计综合开放性作业的要点主要有，一是作业开放程度要符合当前学生的认知水平与学习能力，使大部分学生能“跳一跳摘到桃子”。二是提供学生完成作业应具备的客观条件。如提供情境图，要求学生利用图片与提供的数学信息编一道用加法计算的数学题。

二、作业完成形式的开放，要与实践创新建立联系

1. 调查型作业

设计调查型作业的要点主要有，一是设计真实有意义的现实问题作为调查型开放性作业。二是选择与学生现实生活贴近与感兴趣的问题作为调查型开放性作业。三是要明确调查的内容、完成的时间等要求，鼓励学生针对调查结果，提出合理化建议，发展学生的创新思维。如学生学习了条形统计图后，可设计以下开放性作业：

案例 8-6　____班学生视力情况统计

作业要求：

1. 请你任选本年级一个班的学生，调查该班级学生的视力情况，并制成条形统计图。

2. 根据统计结果，写出你对该班级学生视力情况的评价。

3. 你准备对该班级学生提出哪些用眼卫生的建议？

作业完成时间：一周

……

如关于“____班学生视力情况统计”的调查型作业，运用开放性策略针对调查时间、调查班级学生、调查结果等实施了“开放”设计。通过对数据的收集、整理、呈现与分析的过程，增强了学生运用数据分析解决实际问题的数据意识与创新意识，促进了数学核心素养的发展。

2. 探究型作业

设计探究型作业的要点主要有：一是素材的选择要贴近学生的现实。基于现实问题的探究型作业，能更好地激发学生的探究兴趣。二是要紧扣作业目标，选择学生感兴趣的问题作为探究的问题。三是在水平层次上贴近学生的最近发展区，并有一定的探究空间和梯度，让学生能“跳一跳摘到桃子”。如下面运用开放性策略设计的探究型作业。

案例 8-7　“找规律”

先找规律，再填数。

(　　)、2、3、5、8、(　　)…

以上探究型作业，要求学生通过观察发现规律后再填数。本题运用开放性策略，答案是开放的。一种是发现了后一个数是前两个数的和，所以答案是：(1)、2、3、5、8、(13)…；另一种是发现了已知相邻两数差分别是 1、2、3，所以答案是：(2)、2、3、5、8、(12)…这两种答案都符合学生发现的规律。通过探究，促进学生推理意识和数感的形成。

3. 操作型作业

设计操作型作业的要点主要有，一是设计的操作型开放性作业要与学生的现实相符合。二是选择的内容要与学科知识相结合。三是选择的主题内容要有利于学生实践能力和创新意识的培养。四是要明确操作要求和成果评价标准。

如学习了“认识钟表”一课后，可设计操作型作业：利用家中的废弃材质自制一个钟面，要求有“1—12”12 个数字、12 大格和时针、分针。由于学生的个性差异，自制钟面的成果必定存在差异。学生自制钟面成果的开放，不仅使学生巩固了学科知识，还发展了学生的创新思维、实践能力与应用意识。

4. 游戏型作业

设计游戏型作业的要点主要有，一是选择的游戏素材要符合育人目标。二是设计的游戏型作业内容要以促进学生发展为目的。三是设计的游戏型作业形式要与学生的年龄特点相符合。四是设计的游戏型作业的规则要明确。如学生学习了四则混合运算后，可运用开放性策略编制计算案例 8-8。

案例 8-8　算“24”

游戏规则：

1. 两人参与游戏，每人分到牌的张数相同。

2. 每次每人出两张牌，用牌上的点数（每张牌都要用且只能用一次），通过“十、一、× 、÷”运算，使计算结果是 24。

3. 谁先算出“24”，谁就赢这四张牌。

4. 最后看谁赢的牌的张数多，谁就赢。

上面作业运用开放性策略设计了游戏型作业。学生通过运用四则混合运算计算“24”,不仅激发了学生的学习兴趣,还提高了学生的口算能力,发展了学生思维的灵活性。

三、作业成果形式的开放,要与成果评价建立联系

作业成果形式的开放,要与作业成果评价建立联系,即在设计作业成果形式开放的同时要设计成果评价的标准。设计的评价标准要以培养学生的创新意识等核心素养为导向,并在布置作业时加以明确。明确作业成果的评价标准是学生开展与选择作业成果形式的方向,进而促进学生核心素养的发展。

四、作业时间的开放,要与作业内容建立联系

作业时间的开放,要与作业内容建立联系,也就是作业时间开放的长短要根据具体的作业内容而定,它与作业内容存在较大的相关性。长周期作业常常与探究型、调查型、操作型等类型的作业相结合,如调查型作业往往也是长周期作业等。

五、作业完成主体的开放,要与合作需求建立联系

作业完成主体的开放,要与合作需求建立联系。作业完成的合作需求与作业完成的难度、作业完成的量、学生的个性差异等均存在较大的关联性。因此在设计作业完成主体开放时,要给学生自主选择权,让学生在正确自我评价基础上做出合理的选择。另外针对不同的作业完成主体,也应有不同的评价要求。完成主体开放的作业常常与其他类型的作业相结合,如实验类作业等。

第三节 开放性策略的案例分析

为进一步落实教育部办公厅在《关于加强义务教育学校作业

管理的通知》中提出的"创新作业类型方式",开放性策略在小学数学作业设计中的运用也得到愈来愈多教师的普遍认同。下面以沪教版五年级第一学期统计与概率领域中"平均数"单元作业中一道作业题为例,以前后两次设计的作业题进行比较,进一步说明开放性策略在小学数学作业设计中的具体实施方法。

"平均数"对于学生来说,是一个比较难以理解的概念,课后作业作为课堂教学的延伸与补充,应充分发挥其功能,帮助学生通过作业深化"平均数"概念的理解,形成解题技巧,发展创新能力和发散性思维,提升数学核心素养。

案例 8-9 平均数

作业目标:

根据作业目标"能运用平均数的计算方法及相关知识解决实际问题,初步形成应用意识"开展了一道作业题的两次实践作业设计。

一、实践作业一

学校进行了一场"1 分钟踢毽子比赛"

表 8-1 甲组 1 分钟踢毽子比赛的成绩统计表

序号	1号	2号	3号	4号
个数	60	45	40	55

表 8-2 乙组 1 分钟踢毽子比赛的成绩统计表

序号	1号	2号	3号	4号	5号
个数	65	40	45	45	50

① 求出甲组1分钟踢毽子比赛的平均成绩。

② 求出乙组1分钟踢毽子比赛的平均成绩。

③ 如果乙组再来一名选手,踢了95个,你觉得乙组有没有反败为胜的可能?

从上面的作业发现:一是在作业设计时缺乏对学生学习兴趣和需求的考虑,作业的内容较为单一,只是停留在对求“平均数”的模仿练习上,缺乏对学生思维发展的关注;二是作业设计更侧重学生的知识与技能训练,停留在让学生掌握“平均数”的计算方法上,而忽视了“平均数”意义的理解;三是作业题的难度较低,缺乏思维的挑战,不利于调动部分学生的学习积极性与思维发展。显然这样的作业不利于培养学生的数学核心素养。针对以上问题,对现有的作业进行了改进设计。

二、实践作业二

学校进行了一场“1分钟踢毽子比赛”,两位小裁判用不同的记录方法分别呈现了甲、乙两组的比赛成绩,情况如下:

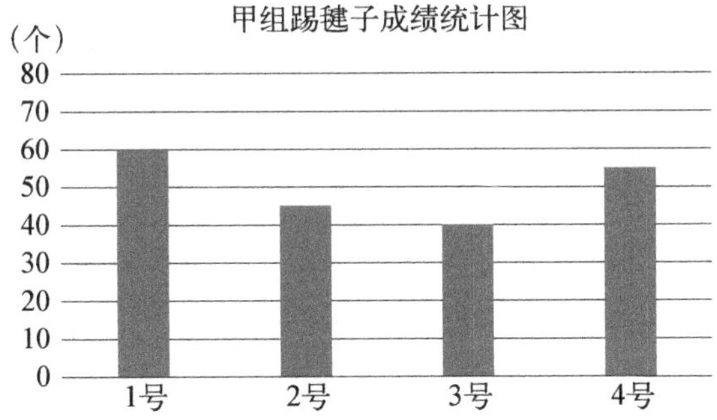

图8-1

表 8-3 乙组 1 分钟踢毽子比赛的成绩统计表

序 号	1号	2号	3号	4号	5号
个 数	65	40	45	45	50

① 你认为哪组踢毽子的水平更高？为什么？说说你的想法。

② 如果乙组再增加一名选手，你认为这名选手最少踢几个，乙组就可以反败为胜？请说明理由。

③ 如果甲组再增加一名选手后，甲组 5 人的平均成绩仍然是整数。如果增加选手的成绩在 100 个以内(0 除外)，那么你认为这名选手最少踢了几个？最多踢了多少个？请说说你的想法。

针对第一次作业中存在的问题，在第二次作业内容中做了一些修改：如将甲组的统计表改成了条形统计图，并重新设计了问题。本次作业题重新设计了 3 个问题。第 1 个问题是引发学生的认知冲突，学生必须收集和问题有关的必要信息，进行计算与比较后才能解决。第 2 个问题是从条件与问题综合思考，通过分析发现求出的平均数可能是小数。第 3 个问题是开放性的，答案不唯一，学生在思辨中总结规律，感悟平均数的内涵。这 3 个问题层层递进，充分培养了学生的发散性思维，及分析问题和解决问题的能力，发展了学生的数学核心素养。

三、两次实践作业的比较

从两次作业的比较结果来看，第二次作业效果明显优于第一次，第二次作业激发了学生主动思考的思维，通过信息的收集、加工与处理，达到解决问题的目的。从两次作业设计的视角看，第二次设计的作业有较大的开放性，不仅促使学生深刻理解平均数的意义，还拓展了学生的数学思维，激发了学生的学习兴趣，有效培养了学生分析问题和解决问题的能力，促进了学生数学核心素养的发展。

1. 方法开放的作业，拓宽了学生思维的空间

数学作业在条件和结论确定的基础上，解题思路和策略有时不止一种，设计多种解题思路和方法的数学作业，能够帮助学生从不同角度思考与分析问题，从而培养学生自主分析和探索的能力，同时也有助于培养学生思维的广阔性。

第一次设计的作业是以单一计算题为主，目的是侧重于让学生从算法的角度来理解“平均数”，促使学生熟练掌握“平均数”的计算方法。显然第一次设计的作业方法单一，教师的“一厢情愿”变成了学生的学习负担，效果不好。

第二次设计的作业，教师提供了收集的数据和条形统计图的素材，为学生主动解决问题提供了有力的保障。在解决问题过程中，学生通过运用两种方法获得“平均数”，其一为“移多补少”法，借助条形统计图，学生能较直观地为甲组找到一个有代表性的数；其二为“先合并再平分”的方法，在求乙组的平均成绩时，学生从算法角度增加对“平均数”的理解，并且体会到它不是指每个人踢的实际个数，而是把所有人踢的总个数平均分，代表的是这组的整体水平。学生从不同角度采取不同的解题策略求得“平均数”，有效培养了学生的求异思维，让学生发现从不同角度去思考问题的优势，从而培养了学生思维的广阔性。

2. 条件开放的作业，发展学生的创新思维

巧妙设计条件开放的作业，让学生在解决问题时先观察题目所给的条件，选择其中对自己解题有帮助的条件，再结合问题进行综合思考。如由于学生没有学过小数除法，对平均数为什么是小数，难以理解。因此，设计第二次作业时增设了“如果乙组再增加

一名选手,你认为这名选手至少踢几个,乙组可以反败为胜?”的问题,这对学生理解平均数的虚拟性大有裨益。一部分学生通过思考发现了实践作业一中甲组的平均数是50,乙组的平均数是49,如果乙组的平均数是51,就由“51×6－245＝61个”,计算出再踢61个就反败为胜了,很显然学生是从问题出发寻找答案。还有几个学习能力较强的学生认为,甲组的平均成绩是50,乙组的平均成绩如果也是50,乙组只要再多踢一个就能反败为胜了,所以利用“50×6－245＋1＝56个”的方法可计算出2组再踢56个,就可以反败为胜。此时学生还标注这里的平均数是小数。可见通过作业学生对平均数是虚拟的数,又有了进一步的认识。通过条件开放的作业,学生不仅解决了问题,还发展了创新精神与数学思维。

3. 问题开放的作业,可以发展学生的发散思维

在运用开放性策略设计作业时,同样可以从问题结论入手,设计答案不唯一的数学问题,从而摆脱数学问题答案永远只有一个的封闭模式。“实践作业一”的第3个问题:“如果乙组再来一名选手,踢了95个,你觉得乙组有没有反败为胜的可能?”这种问题学生不用算就能知道答案,失去了问题的价值。“实践作业二”设计的第3个问题:“如果甲组再增加一名选手,甲组5人的平均成绩仍然是整数,如果增加选手的成绩在100个以内(0除外),那么你认为这名选手最少踢了几个?最多踢了多少个呢?”请说说你的发现。在解答此题时,学生既要考虑总数还要顾及平均数是整数。基础较薄弱的学生会去凑数,想:(60＋45＋40＋55＋○)÷5算出来是整数,通过逆向思维与计算,觉得做出一个结果就完成了。基础较好的学生,他们不满足于一种结果,他们会积极搜索信息,主动探究找到规律。他们会发现60＋45＋40＋55＝200,200是5的倍数,因此,第5号的成绩只要是5的倍数就行了,答案有很多种。最后通过计算平均数,发现了极端数会拉低或者拉高平均数,从而

体会到平均数的敏感性。这样的作业设计有利于培养学生的发散思维，发展学生思维的灵活性。

四、运用开放性策略设计作业的注意要点

1. 作业开放要讲究“适度”

运用开放性策略设计作业，要讲究“适度”。即作业的“开放度”要适中，开放度太小，学生的思维得不到训练，就会失去了开放设计的价值；开放度太大，容易造成学生“摘不到果子”的局面，降低作业的有效性，不利于激发学生的学习兴趣和数学思维的培养。如本案例“实践作业二”的开放设计，学生既不会轻易得到答案，又不会“摘不到果子”，而是经过多次认知冲突后，才能解决问题。

2. 作业开放要关注“认知差异”

学生个体间存在一定差异性，他们的学习能力和学习水平各不相同，这就要求教师在运用开放性策略进行作业设计时，要避免统一作业内容，注意作业内容的分层设计。分层设计的作业既要有适合基础较弱学生的巩固性知识，达成查漏补缺、温故知新的作用；又要有适合学习基础较好学生的内容，激发其学习的主动性，发展数学思维与核心素养。如本案例“实践作业二”中就设计了 3 个不同层次的问题，满足不同发展水平学生的学习需求，激发了学生的学习兴趣和探究欲望，并为学习能力有差异的学生提供不同的发展空间。此外在设计作业时还要注重学生对作业的自主选择性，让学生可根据自己的认知水平选择适合的学习内容，这样既巩固了知识，又保持了学习的积极性。

第九章

多样性策略

第一节　多样性策略的内涵

多样性在小学数学作业中主要是指作业功能的多样性、作业类型的多样性、知识呈现方式的多样性等。

一、作业功能的多样性

作业是教学环节的重要组成部分，同样承担着培育学生形成正确的价值观、适应未来终生发展的必备品格和未来社会发展关键能力的任务。

在2021年4月8日，教育部办公厅颁发的《关于加强义务教育学校作业管理的通知》中明确指出："切实发挥好作业育人功能，……帮助学生巩固知识、形成能力、培养习惯，帮助教师检测教学效果、精准分析学情、改进教学方法，……开展科学评价、提高教育质量。"在教育部办公厅颁发的《关于进一步减轻义务教育阶段学生作业负担和校外培训负担的意见》中第六条也明确指出"发挥作业诊断、巩固、学情分析等功能"。可见作业的功能是多样的，戴再平教授在《数学习题理论》一书中对习题功能进行分类，一般将作业的功能分为：习得性功能、诊断性功能和发展性功能等。[①]

1. 习得性功能

《义务教育数学课程标准(2022年版)》指出：课程目标以学生发展为本，以核心素养为导向，进一步强调学生获得数学基础知识、基本技能、基本思想和基本活动经验，……形成正确的情感、态度和价值观。[②] 可见作业的习得性功能主要以"四基"为主。

巩固知识是作业本身蕴含的功能，作业是巩固知识的有效途径。《学记》中的"退息必有居学"，指出利用课外作业巩固知识的重要性。古罗马的昆体良提出了三递进的教学阶段：模仿、指导和练习，肯定了练习对于巩固知识的作用。捷克教育家夸美纽斯在《大教学论》里也将练习引入教学过程，把练习看作是巩固知识的重要方法。但作业数量的增加与巩固知识的效果并非是正比例关系，有时作业数量的增加反而会降低学生巩固知识的效果，因此巩固知识功能的实现还依赖于作业质量的保障。

学生基本技能的获得需要不断的练习，作业不仅能够帮助学生巩固知识，还能帮助学生获得相关学科的基本技能。学科知识是学科基本技能获得的基础，而学科基本技能的学习又能促进学科知识的理解与掌握，它们是相辅相成。当前小学数学作业主要是以书面作业为主的技能训练，弱化了对动作技能的训练。为此，还需要注意根据学生实际认知内容的特点，针对性地设计和布置动作技能性作业，如实践性作业，可以不断丰富作业的内容，使学生获得全方位的技能训练，进而促进其素养的发展。

数学基本思想依存于数学学科知识，学生对于数学基本思想的习得并非是一蹴而就，需要持续不断地接触并感悟，而作业是学

---

① 戴再平：《数学习题理论》，上海：上海教育出版社，1997年，第3页。

② 中华人民共和国教育部：《义务教育数学课程标准(2022年版)》，北京：北京师范大学出版社，2022年，第2页。

生习得数学基本思想的有效途径之一。如学生学习了乘法运算定律后,可设计简便运算题,“$34\times57+34\times43$”,引导学生运用乘法分配律进行运算,促使学生形成初步的推理意识。

学生对数学基本活动经验的习得是基于对数学实践活动的感悟,由于课堂学习时间的受限,学生无法在课中获得更多数学活动经验的积累,而课外作业为学生提供了更大的空间,课外作业是学生积累并获得数学基本活动经验的有效途径之一。如学生学习了统计知识后可设计实践性作业:调查本年级学生喜欢阅读课外书籍的种类(如科技类、故事类等),并将其制成统计图。学生通过实际调查,经历收集数据、整理数据、呈现数据、分析数据的活动过程,获得数学活动经验的积累与感悟统计的意义。

2. 诊断性功能

作业同样承载着诊断性功能,用于诊断学生知识与技能的掌握程度,反馈学生的能力水平等,为改进教与学提供依据。作业的诊断性功能主要表现在两个方面,一是学生的自我诊断。学生在作业完成过程中发现自身知识与方法的不足,如知识理解不足等问题,实现对知识与技能掌握的自我诊断。二是教师的诊断。教师根据批改作业的结果判断学生对知识的掌握情况。通过对作业的诊断,使学生进一步明晰自身的知识薄弱点以及能力水平等。教师根据诊断的结果进一步了解与分析学情,这也有助于学生家长借助作业评价的结果了解学生阶段性的学习效果、学习习惯等。此外,作业的诊断反馈信息也为教师的教和学生学的改进提供了方向,如教师根据反馈的信息可改进后续的课堂教学与作业设计,学生可根据自身的不足进行自我调节,促进学习方法的改进。

作业诊断性功能的发挥还有赖于作业设计的质量。如作业内容设计的片面性,不利于正确反映学生知识掌握与能力发展的全面性;作业内容设计的针对性不强,不利于正确反映学生某一方面知识或能力发展的准确性；作业数量的不适切，不利于学生保持学习兴趣的持续性，从而影响完成作业的效果，进而影响了诊断评价结果的有效性等等。

3. 发展性功能

作业除了具备习得性、诊断性功能外，还能促进学生“四能”、学会学习等多方面发展。

《义务教育数学课程标准(2022 年版)》指出：课程目标以学生发展为本，以核心素养为导向，……发展运用数学知识与方法发现、提出、分析和解决问题的能力，形成正确的情感、态度和价值观。① 发展学生的“四能”，要落实于教学的全过程，具体是指不仅要落实于数学课堂教学中，还要落实于课外作业中。课外作业亦是发展学生“四能”的有效途径之一。如学生学习了两位数除多位数后可设计以下作业：“根据下面信息提出两个不同的数学问题，并要求用除法计算解答。红星小学组织毕业班学生外出野餐与露营活动，已知男生 259 人，女生 168 人；一块就餐垫可供 12 人就餐；一顶帐篷限住 14 人。”引导学生在已知信息中发现数学问题，并提出、分析与解决问题，从而促进学生“四能”的发展。

“学会学习”是指学生乐于学习、善于学习，能对自己当前的学习情况有较为正确的评估，并能在遇到具体的学习困难时，熟练地从书本、同学或教师那儿寻找答案与寻求帮助。“学会学习”是新时代学生应有的学习能力，是学生适应未来社会变革、保障可持续发展的必备能力。“学会学习”主要表现为学生自主学习能力的形成。作业是培养学生自主学习能力、实现“学会学习”的有效途径之一。作业赋予学生学习的主观能动性、独立性以及自律性，使学

① 中华人民共和国教育部：《义务教育数学课程标准(2022 年版)》，北京：北京师范大学出版社，2022 年，第 2 页。

生在较好调动空间、时间以及各种资源的同时开展自主学习，从而促进自主学习能力的形成。当然学生自主学习能力的形成在很大程度上还取决于高质量的作业系统创设，包括作业设计中的目标、内容、形式、时间等方面。做好作业系统的创设，首先，要注重作业目标的确立，清晰、合理的目标设置对学生的自主学习与完成作业具有指导意义。其次，要注重设计一些弹性作业，给予学生一定的作业自由。研究表明，弹性作业可以满足学生对作业差异性与选择性的要求，从而增强学生的学习动机。最后值得重视的是，发展学生自主学习能力，教师还可进行适当的认知策略指导。

作业功能多样的整合是指将作业的不同功能往往整合于同一项作业之中。作业的功能具有多样性，在实际作业设计时常常无法将其完全分离设计，反之也会降低作业的效率。因此在作业设计时不仅要关注作业的习得性功能，还要关注作业的诊断性功能与发展性功能。如学生学习了“小数加法”后设计以下作业（如图 9－1）。通过本作业的练习，可以使学生进一步巩固小数加法的计算方法，促进其对数学理解；通过填方框的逆向思维练习，促进学生的数学思维发展；通过对学生完成本题作业情况的分析，教师可以检测并了解学生对小数加法这部分知识的学习现状，为进一步改进教学提供实证依据。

$$\begin{array}{r} 1\square.\ 8\ 4 \\ +\ 2\ 3.\square\ 3 \\ \hline \square\ 9.\ 2\square \end{array}$$

图 9－1

二、作业类型的多样性

就小学数学学科课后作业的类型而言，根据不同的分类标准可以有不同的作业类型：按作业完成主体的不同，可分为独立完成作业和合作完成作业；按完成作业方式，可分为书面作业、口头作业与实践作业；按解题的形式，可分为填空题、选择题、是非题、解答题等。当前小学数学学科主要有以下作业类型：

1. 常规作业类型

小学数学常规作业类型主要有：填空题、选择题、是非题、解答题等。

（1）填空题

小学数学作业中的填空题型通常是要求学生在给定的空格中填写合适的符号、式子等，从而完成数学运算或者逻辑推理等题目。填空题是小学数学作业中一种常见作业类型，具有巩固基础知识、提高逻辑思维能力等多种功能，对于培养学生数学核心素养具有重要的作用。

（2）选择题

小学数学作业中的选择题型通常是指给出若干个选项，其中有一个或多个选项是正确的答案，学生需要从中选出正确的答案。选择题具有逻辑性强、答案明确和容易评分的特点。选择题的功能主要有：一是提高答题效率，二是考查基本概念和知识点，三是有助于学生在有限时间内完成作业或考试。

（3）是非题

小学数学作业中的是非题通常是要求学生对给定的数学命题做出是否成立的判断。是非题的答案为“是”或“否”，通常是涉及某些性质、基本概念等的判断。是非题的功能主要有：一是帮助学生加深对性质、基本概念等的理解；二是训练学生判断问题的能力，培养其逻辑思维能力；三是可以帮助学生纠正思维偏差，找出自己的思考错误，从而提高学习效率。

（4）解答题

小学数学作业解答题型通常要求学生用自己的语言和公式、图形等表述出解题过程和思路；要求学生展示出自己对所学知识的理解和应用能力。首先，解答题通常要求学生充分理解题意，进行自主思考，同时展示出自己的数学语言和表述能力；其次，解答题需要学生自行思考，有时没有固定的答案或解题方法；再次，解答题型的难度较高，需要学生具备较强的解题能力和数学基础。解答题的功能主要有，一是促进学生对数学知识的理解和掌握，培养学生自主思考及解决问题的能力。二是提高学生的数学交流和表达的能力。三是培养学生数学思维，拓展解题思路，促进学生创新意识和应用意识的形成。

2. 创新作业类型

2021 年 4 月 8 日，教育部办公厅发布的《关于加强义务教育学校作业管理的通知》中指出：要创新作业类型方式。学校要根据学段、学科特点及学生实际需要和完成能力，合理布置书面作业、科学探究、体育锻炼、艺术欣赏、社会与劳动实践等不同类型作业。鼓励布置分层作业、弹性作业和个性化作业，科学设计探究性作业和实践性作业，探索跨学科综合性作业。可见探究型作业、实践性作业、跨学科作业是当前需要创新的作业类型，当然这些作业类型有时也可作为长周期作业。

（1）探究类作业

探究类作业主要是引导学生自主分析、解决问题，并通过探究发现规律和解决问题，从而发展创新精神和实践能力。此类作业主要指向深度学习。如学生学习了用两位数除多位数后，可设计以下探究类作业：

案例 9-1 找“四位数”

用 [3][4][6][8] 这四张数字卡片，按要求找出相应的四位数。

（1）你能找到一个这样的四位数吗？

（2）满足条件的四位数最大是几？

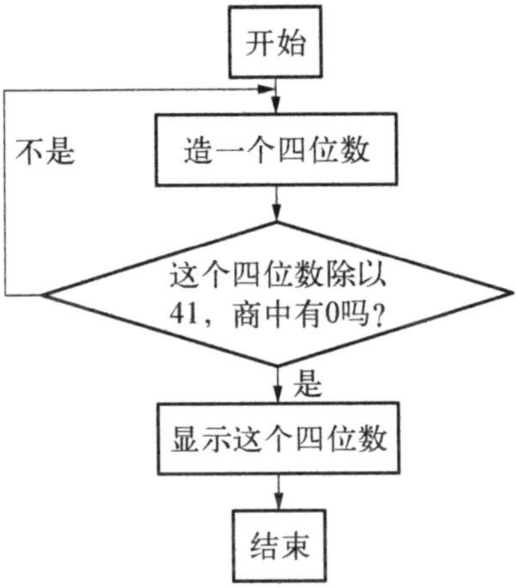

通过完成以上作业，复习巩固两位数除多位数的计算方法，并发展学生用数学的思维思考问题的能力。

（2）实践类作业

实践类作业主要是指学生综合运用所学知识解决实际问题而完成的任务。实践类作业强调学生的尝试与亲身经历，将学科知识与实践活动相结合，促进学生对知识的理解，培养学生通过动手操作来解决问题的能力，体会数学的应用价值。此类作业侧重学生获取直接经验，倾向身体力行的实践活动，强调社会学习和实践学习。注重学生数学基本活动经验的积累，以及实践能力的培养。在具体设计实践性作业时要注意与学生当前的知识内容相结合。

如学生学习了“时间的初步认识”后，教师可设计让学生自制钟面的实践性作业，这样既可引导学生复习巩固已学的时间知识，又能引导学生在动手操作中进一步感悟时分之间关系，并促进其用数学的眼光发现生活中的数学问题。

（3）长周期作业

长周期作业，也被称为长作业、长期专题作业等。是指围绕一个中心主题、观点、问题或任务，学生在较长一段时间内持续地、综合运用相关知识、技能，亲历问题解决的作业过程，完成作业的过程通常需要几日或数周不等。长周期作业具有主题性、长程性和生成性等特征。[①] 长周期作业一般可以和实践类等作业相结合，长周期作业的设计要关注作业的功能、完成作业的过程支架、成果呈现形式、成果的评价等环节。如学生学习了"除数是整数的小数除法"后可设计如下长周期作业（完成时间为一周）：

案例 9-2　除数是整数的小数除法

作业要求：

1. 请你记录自己家一周产生的湿垃圾质量。（取整数记录）

星　期	日	一	二	三	四	五	六
质量/克							

2. 按照你家一周产生的湿垃圾质量计算，那么一个月（按四周计算）产生的湿垃圾可以发几度电？（按每 8 千克湿垃圾发 1 度电计算）

以上是围绕"湿垃圾发电"设计的长周期作业，同时又是一个实践类作业。本作业的设计，为学生提供了表格式支架，便于学生记录作业的部分数据及后续的评价。通过让学生记录自己家中一周产生湿垃圾质量的实践活动，及计算自己家一个月的湿垃圾可发几度电的问题，有效激发了学生积极参与垃圾分类的实践活动。促进了数学核心素养的发展。

① 教育部基础教育司义务教育高质量基础性作业体系建设项目组：《学科作业体系设计指引》，北京：教育科学出版社，2022 年，第 44—45 页。

（4）跨学科作业

跨学科作业是教师依据作业目标，主要借助非教学时间为学生设计的解决真实问题的学习任务，完成此类任务需要学生调用两门甚至更多学科的知识、技能方法等。[①] 跨学科作业倡导整合学生已有的学习经验，促进知识的跨学科理解与迁移，提升学生解决真实问题的能力，发展核心素养。跨学科作业是通过联系整合两门以上学科知识与技能进行设计的，当然这里所指的学科主要是指国家课程中明确规定的学科课程。如下面是学习了“小数加减法”后设计的跨学科作业。

案例 9-3　小数加减法

你听说过“黄金比例”吗？黄金比例也称为黄金分割比，它是指将整体一分为二，较大部分与整体部分的比值等于较小部分与较大部分的比值，其比值约为 0.618。这个比例被公认为是最能引起美感的比例，也被称为黄金分割。

达·芬奇的作品《蒙娜丽莎》《最后的晚餐》中就运用了黄金比例；古埃及的金字塔、巴黎的圣母院中也有黄金分割的足迹。

《蒙娜丽莎》

《最后的晚餐》

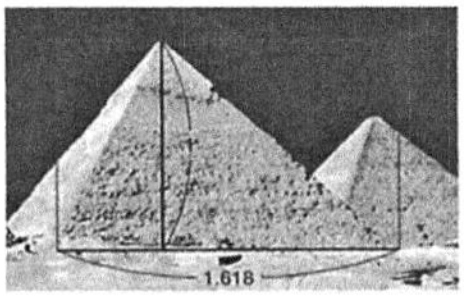

古埃及金字塔

巴黎圣母院

小巧捏了一个泥娃娃，并测量、记录了从肚脐以下部分高度、总高度（通常肚脐是人体总长的黄金分割点），泥娃娃达到黄金比

① 教育部基础教育司义务教育高质量基础性作业体系建设项目组：《学科作业体系设计指引》，北京：教育科学出版社，2022 年，第 37 页。

例了吗？

	肚脐以下部分高度(cm)	总高度(cm)	比例
泥娃娃	6.5	10.9	0.596

我用泥娃娃的较长部分(肚脐以下部分高度)与整体部分(总高度)来计算比值：6.5÷10.9≈0.596。

(1) 你准备如何调整，使泥娃娃肚脐以下部分高度和总高度的比例接近或达到黄金比例值，写出你的思考过程。(可以借助计算器)

我是这样想的：

(2) 请你用超轻土制作一个人偶模型，要求使它肚脐以下部分的高度和总高度的比例尽可能达到黄金比例(可以借助计算器)，并按要求完成表格。

人偶模型身材比例数据表

	肚脐以下部分高度(cm)	总高度(cm)	比例
人偶模型			

以上是数学学科跨美术学科、劳动技术学科的作业，通过完成

该项作业，促进学生用数学学科和美术学科的思维思考问题，促进多学科核心素养的发展。

作业类型的统筹是指针对单元各课时作业的类型进行统筹，力求使单元作业类型的多样化。由于每课时作业时间受限，故其在作业类型多样性方面也随之受限。因而单元作业类型的统筹是从单元的视角确保作业类型的多样，以便有效落实教育部颁发的《关于加强义务教育学校作业管理的通知》中提出的作业类型要求。如以“小数加减法”单元作业为例（见第五章第三节单元作业样例），单元作业中除了有填空、选择、解答等常规作业类型外，还有实践性作业、长周期作业、阅读作业和跨学科作业等创新作业类型。

三、知识呈现形式的多样性

根据美国心理学家和教育学家布鲁纳认知表征的三种方式，将小学数学作业中知识的呈现形式相应地分为操作形式、图示形式和符号形式。

1. 操作形式

通过动作表征知识的作业类型主要以操作类作业为主。操作类作业倡导学生在做中学，可以使学生更深入地理解知识，获得学习的感悟与数学活动经验的积累。如学生学习了“分钟”后，可设计操作类作业：跳 1 分钟短绳，并记录自己跳的个数。通过学生的实践操作活动，进一步体验 1 分钟时间的长短。

2. 图示形式

图示形式表征知识的作业旨在外显学生的内部思维过程。图示形式表征知识的作业，不仅能帮助学生深化对知识的理解，还可以让学生更直观地看到数学问题中的关系和联系，从而能更快地找到解决问题的方法，同时还能增强学生的学习兴趣等。如学生学习了“乘法”后，可设计以下作业：请你在方框内用“☆、⊿或○”等符号表示 3×4 的意义。通过用图式表示的作业，可以加深学生对乘法意义的理解。

3. 符号形式

符号形式是数学语言中最常用的表达方式之一，符号形式表征知识的作业，更能准确反映学生的抽象思维能力，其具有普适性和精确性。这里的符号主要是指数字、文字等符号。用符号表征数学知识的作业，不仅可以帮助学生掌握数学符号和符号运算，还可以让学生深入地理解数学知识，提高对数学知识的掌握。同时还能培养学生的逻辑思维和分析问题的能力，提高他们的抽象思维能力。小学数学作业知识主要以用符号表征知识为主。如直接写出得数；以解决问题为主的解答题；写出你的思考过程的题型等。

通常同一个知识内容在作业设计时可以用多种形式呈现。通过知识内容的多样性呈现，可以让学生从不同的视角理解知识。如学生学习了“乘法分配律”的知识后，可设计以下不同呈现形式的作业，如运用乘法分配律填空：“① □×(25+16)=25×□+16×□；② ○×☆+⊿×☆=☆×(○+⊿)；③ 两个数的和与一个数相乘，可以把(　)分别与(　)相乘，再把(　)相加，所得的结果不变，这叫作乘法分配律。”以上分别用不同的符号形式表达乘法分配律，促进学生对乘法分配律知识的理解。

多样性在小学数学作业设计中主要表现为作业功能的多样性、作业类型的多样性、知识内容呈现形式的多样性。多样性策略在这里是指教师在作业设计中能根据作业功能的多样性、作业类型的多样性、知识内容呈现形式的多样性开展单元作业设计的谋略。“多样性策略”往往体现在“整体”中，这里的整体一般是指“课时”或“单元”。相对于单个作业而言，作业的功能、类型与知识内容的呈现形式，往往同时融合于同一作业内容中，三者并非独立存在。如填空题“2.7＋○＝3.6”，从作业功能角度看，是习得性、检测性与发展性功能的整合；从作业类型看，主要是一般常规填空题型；从知识呈现形式看，是符号化形式。

第二节　多样性策略的实施要点

一、紧扣作业目标，确保作业功能的发挥

紧扣作业目标，是指作业设计要依据作业目标的要求针对性地进行作业设计。单元作业目标是依据《义务教育数学课程标准（2022 年版）》、单元教学目标等要素而确定的。单元作业目标既体现了本单元须培养学生核心素养主要表现，又体现了学生在本单元须达成的在知识与技能、过程与方法和情感态度价值观等方面的具体内容。单元作业目标既明确了本单元学生应习得的“四基”内容、也包含了学生“四能”发展的要求，同时又提供了检测与评价学生学习水平的依据，这是该单元要落实核心素养的具体体现。因此，为确保作业功能的发挥，单元作业设计时一定要紧扣作业目标。

1. 依据作业目标，注重素材选用的适切性

素材选用的适切性，是指选用的素材内容是否与立德树人的育人目标相一致；素材内容是否有助于设计的作业内容与作业目标相一致等。作业设计的方式有选编、改编和创编。在选编与改编作业时，针对已有作业内容，要依据作业目标严格审定其素材选用的适切性，如不符合要求要进行修改或重新选择相对应的素材。如已有作业内容为“估算两位数乘两位数，12×89”，而当前作业目

标是“学会运用两位数乘两位数的估算方法解决实际问题，初步形成应用意识”，显然要将已有习题中素材进行修改。在创编作业时，要依据作业目标精选作业素材，确保选用的素材具有一定的代表性，并运用此素材编制的作业内容能与作业目标相一致。如关于“周长”概念理解可设计以下作业。

案例 9-4　周长

选择题。（在括号内填写正确的序号）

下面是用 5 根长 1 分米的小棒搭成的图形，周长是 5 分米的图形是（　　）。

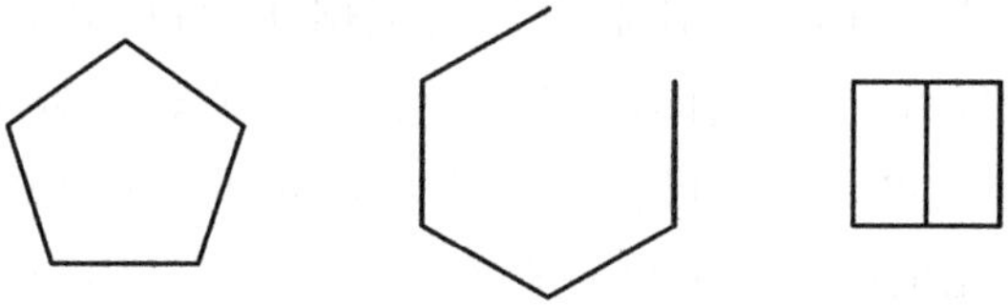

①　②　③

以上作业中运用的三个素材分别是正好围成的封闭图形、不封闭图形和 1 根小棒在中间图形。上面三个素材有利于检测学生对周长概念的理解：周长是指封闭的平面图形，周长是指平面图形外围一周的长度。总之，选用适切的素材，是形成高质量作业的前提。

2. 对应作业目标，注重问题设计的针对性

紧扣作业目标，除了要注重作业素材的选择，还要注重作业题内容中问题设计的针对性。问题设计的针对性，是指作业题的问题要针对作业目标设计。确保作业内容与作业目标相一致，以便发挥作业的功能。如已知长方形的长 8 厘米、宽 3 厘米，设置的问题可以是求其周长，也可以求其面积。又如在“小数点移动”中解决问题：“一辆汽车行驶 1 000 千米耗油 82 升。照这样计算，行驶 1

千米耗油多少升?”本题中的问题设置紧扣作业目标:利用小数点移动引起小数大小变化的规律解决实际问题,形成的应用意识。在具体设置问题时还是要依据作业目标而定,确保与作业目标相一致。

二、立足整体视角,注重作业类型的多样性

要使作业类型丰富多样,除了设计常规的书面作业类型题外,还要设计一些创新类型的作业题,如听说题、合作题、实践题、开放题、探究题、跨学科题等类型的作业。从单元作业的整体性看,对应不同作业目标的题量、作业难度、作业类型、作业时间等各属性间存在较大的关联性。

1. 预设单元作业类型

预设单元作业类型,是指在单元作业设计时,在不影响作业功能的前提下,可根据知识内容预设除常规作业类型外的其他作业类型,确保单元作业类型的多样性。如“小数加减法”单元作业,可在不同的课时作业中分别预设实践性作业、长周期作业、阅读作业和跨学科作业,在不影响单元作业整体结构与功能的前提下,确保作业类型的多样性。

2. 减少同类型作业的重复题

丰富作业类型,对作业设计提出了更高的要求,就是要减少同类作业的重复题,增加作业的创新题型。如以沪教版四年级第二学期“小数加减法”单元作业设计为例,通过对本单元作业属性分析显示,主要作业类型有填空题、选择题、解答题等一些常规题类型,缺乏阅读题、跨学科题等类型。因而根据作业检核的结果,对本单元作业类型给予调整,删除了一些相同类型题目,增加了跨学科题,例如阅读并了解关于“黄金比例”的知识,要求学生通过小数加减法的计算,制作达成“黄金比例”的人偶模型,不仅丰富了学生跨学科知识,还激发了学生的学习兴趣。

3. 固定题量下转换作业类型

固定题量下转换作业类型是指在设计作业时，当存在相同作业题量相对适中，但作业类型还不够丰富时，可在不影响作业功能且保持与作业目标一致的前提下将个别题的类型加以转换，从而确保作业类型的多样性。如在“除数是整数的小数除法”作业的设计中，题量相对适中，但作业类型不够丰富。可将个别解决问题类作业转换成阅读类作业。转换阅读类作业后，不影响学生进行“除数是整数的小数除法”计算方法的巩固，却丰富了作业类型，并培养了学生用数学的眼光观察生活与用数学的思维分析与解决问题的能力。除此还增强了学生垃圾分类的意识。

三、基于知识内容，体现知识呈现形式的多样性

知识呈现形式的多样性是指同一知识用不同的形式呈现。通过运用同一知识内容的不同呈现形式，促进学生对知识的理解与保持。

1. 沟通内在联系的角度

沟通内在联系的角度，是指在具体设计作业时可从抓住同一知识不同呈现形式内在一致性的角度加以沟通联系。如学生学习了“一位数与两位数相乘”后，可设计以下作业。

案例 9-5　一位数乘两位数

先填一填，再将框中式子与图的对应部分连起来。

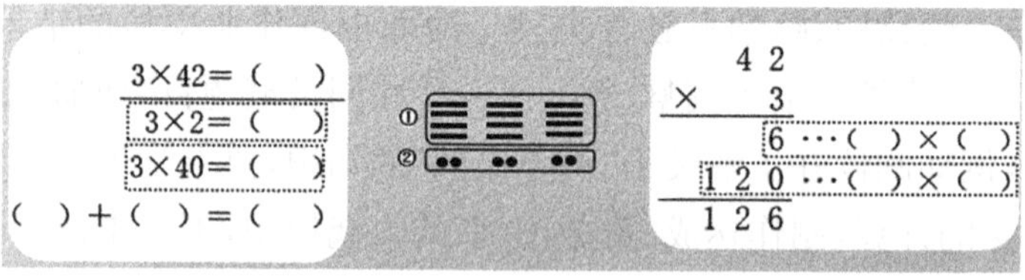

以上作业题中的“3×42”分别用横式、竖式与图示呈现了三种表达形式。通过“填一填、连一连”的作业，进一步沟通它们之间的内在联系，让学生理解一位数乘两位数的算理，如竖式中的“6”就表示“3×2”，也就是横式中“3×2”，还可以用3个是2的点子图表示，进而促进学生对算理的理解。

2. 解题思考过程的角度

教师在进行作业设计时，有时可从学生解题思考过程的角度，用不同形式加以多样化的呈现。如“小数加法”可以从算法角度体现计算的思考过程，也可从相同计数单位个数相加的角度体现思考过程，还可用图示表示计算的思考过程。通过用不同形式呈现解题思考过程，促进学生对知识的理解。

第三节　多样性策略的案例分析

传统的小学数学作业形式单一，枯燥乏味，以书面作业为主，容易使学生产生厌倦情绪与思维定式，不利于多种能力的培养，影响核心素养的有效落实。运用多样性策略开展单元作业设计，可以丰富作业类型与知识呈现形式、有效发挥作业功能。除此，还可以提高学生学习积极性，激发与保持其学习的热情。下面以沪教版四年级“小数加减法”单元中的“小数加法”一课的作业设计为例，通过前后两次作业的对比，分析多样性策略的运用。

案例9-6　小数加法

单元作业目标：（注：本课时作业只涉及单元作业目标1、2、4）

1. 能较熟练地口算有效数字是两位的小数加减法。

2. 能理解并运用小数加减法的计算方法正确笔算，初步形成运算能力。

3. 能运用加法运算定律、减法运算性质进行小数加减法的简便运算，初步形成推理意识。

4. 能通过小数加减法运算解决实际问题，逐步形成应用意识。

一、实践作业一

小数加法（第1课时）

1. 直接写出得数。

0.2＋0.06＝	1.5＋0.5＝	24＋1.7＝
0.03＋4.7＝	0.89＋1.2＝	0.4＋0.62＝

2. 改错。

13.87 ＋ 9.6 ――――― 148.3	改正：	75.18 ＋ 24.82 ――――― 100.00	改正：

3. 列竖式计算。

58.03＋4.27＝　　　　36＋24.33＝

4. 解决问题。

在跳远比赛中，小亚的成绩是1.64米，小胖比小亚多了0.35米。小胖的成绩是多少米？

以上作业重在检测学生小数加法计算方法的掌握，作业类型相对单一，以笔头计算为主，且同一作业（组）中重复出现。缺乏对作业发展性与部分习得性功能体现，且知识呈现方式较单一。显然这份作业不符合当前教育部提出的作业要求。基于以上认识，运用多样性策略对该份作业进行了修改与补充，完善后如下。

二、实践作业二

小数加法（第1课时）

1. 如果 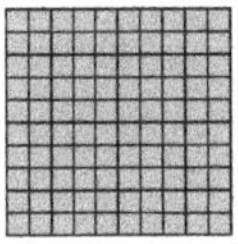 表示1，请你看图写加法算式，并列竖式计算。

（　　）+（　　）=（　　）

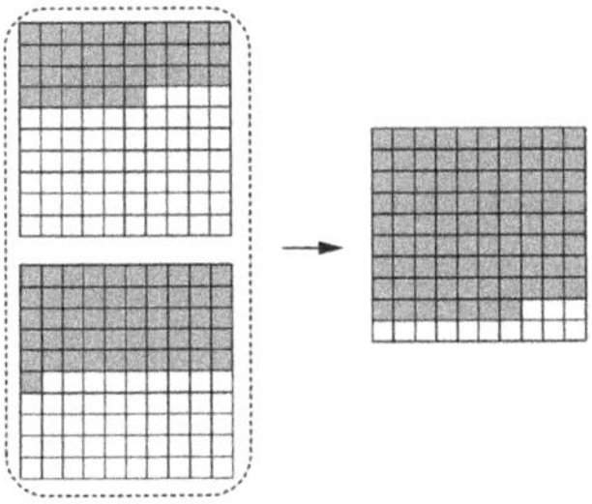

2. 先计算每条线上两个小数的和，再用彩笔画出和相等的两条线。

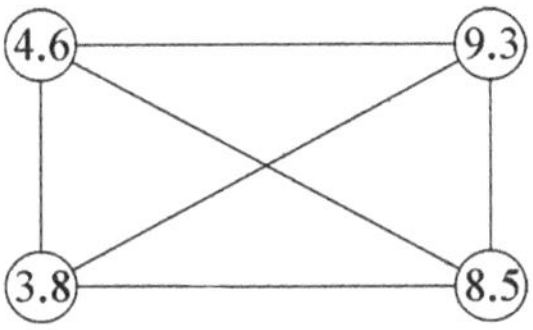

3. 选一选，写一写。

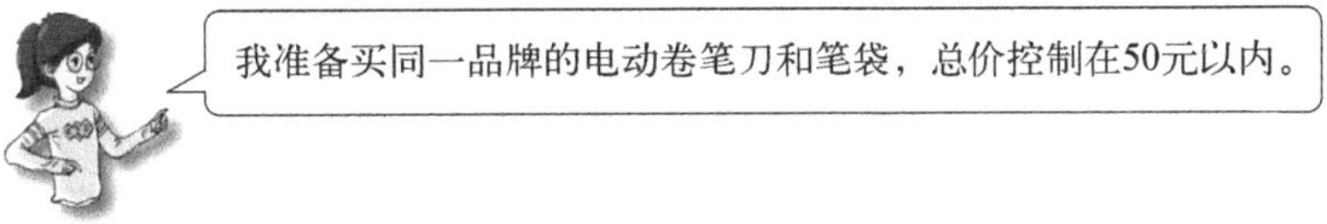

各类品牌电动卷笔刀和笔袋价目表

类别／单价／名称	A品牌	B品牌	C品牌	D品牌
电动卷笔刀	55.30元	29.20元	40.90元	32.80元
笔　袋	28.60元	19.90元	9.40元	18.60元

请你帮小亚挑选一下，并说明理由。

我选（　　）品牌，我是这样想的：

4. 在□里面填上合适的数。

$$\begin{array}{r} 1\,\square\,.\,8\,4 \\ +\,2\,3\,.\,\square\,3 \\ \hline \square\,9\,.\,2\,\square \end{array}$$

5. 生活小调查。

调查并记录家里一个月的支出情况，并结合小调查的结果对爸爸妈妈提出家庭支出的合理化建议。（完成时间：一个月）

例表：

______月家庭支出情况表

项　目		金额（元）	合计（元）
支出	水费		
	电费		
	购物		
	……		

爸爸妈妈，我想对你们说：________________________________

____

针对实践作业一中出现的问题，运用多样性策略主要做了以下改进：增加了实践性长周期作业(第 5 题)；增加了用图示呈现小数加法思维过程的作业，如第 1、2 题；增加了促进学生思维能力发展的作业，如第 4 题；将原来第 1 题“直接写出得数”改为第 2 题在下图中画出两条线，要求这两条线上的两数之和相等，以此增加学生的学习兴趣；将原来“列竖式计算”改为根据图示写算式并列竖式计算；将原来第 4 题解决问题，改为“说理解决问题”。

三、两次作业设计的对比分析

1. 作业类型比较

第一次作业类型基本以几个常规作业类型为主，第二次作业类型与第一次作业类型相比较，更多样。主要表现在以下方面：

一是保留了基础性的作业，但作业类型丰富多样。如将“直接写得数”改为连线游戏；将“列竖式计算”改为看图写加法算式，并列竖式计算。

二是增加了“实践性长周期作业”类型，收集家中 1 个月支出金额情况。

三是增加了“思维训练作业”，如在方框内填上合适的数。

四是改编了“解决问题”作业形式，将原来直接解答，改为根据要求选择条件解答并说明理由。

当然由于本课仅属单元作业中的一课时作业，故有些作业类型如跨学科作业等未能列入，但在单元其余课时作业中有安排。

2. 作业功能比较

“实践作业一”，主要以巩固基础知识和基本技能及检测性功能为主。其中，第 1 题是通过口算小数加法，直接写出得数；第 2 题是通过改错进一步巩固小数加法的计算方法；第 3 题是熟练进行小数加法竖式计算；第四题是运用小数加法计算解决实际问题。

“实践作业二”，注重作业的习得性功能、检测性功能与发展性功能的发挥，关注学生数学核心素养的培养。习得性功能体现在第 1 题和第 2 题通过图示关注小数加法算理的理解，重视基础知识掌握；第 2 题通过连线游戏促进技能形成，又蕴含了数学的有序思考。检测性功能主要体现在“实践作业一”中。“实践作业二”凸显的是发展性功能，如第 4 题填方框，旨在培养学生数学思维能力；又如第 5 题实践性作业，旨在发展学生运用数学知识解决问题的能力，初步形成应用意识及感悟要节约的传统美德。第 3 题，是通过学生根据要求选择条件解答并说理，培养学生有条理地表达的思维品质。

3. 知识呈现形式比较

“实践作业一”基本是以计算解答为主，主要以数字符号呈现，形式较单一。

“实践作业二”除了用数字符号竖式计算呈现小数加法运算过程外，还运用图示形式呈现小数加法的运算算理，促进学生对知识的理解，如第 1 题。除此还引导学生用语言文字进行说理，如第 3 题。

综上，从两次作业的对比分析中可以看出，相同作业目标下设计的作业，运用多样性策略设计的作业类型多样，作业功能发挥更全面，知识呈现形式也更多样。通过实践后的效果显示：“实践作业二”类型丰富，更有助于激发学生学习的积极性，尤其是实践类作业，体现出学生浓厚的学习兴趣；从知识呈现形式的角度看，用图示与竖式的不同形式呈现小数加法的运算过程，有助于促进学生对知识的理解；从作业功能角度看，既有对学生基础知识、基本技能的训练，又有对学生思维发展等能力的培养，更有基于生活实际的实践性作业。可见第二次作业设计更有助于学生数学核心素养的形成，更符合作业育人的要求。

四、运用多样性策略的注意要点

鉴于运用多样性策略进行作业设计，可以使作业类型更丰富、知识呈现形式更多样、作业功能显现更全面。但在实际运用中应注意以下方面问题。

1. 要依据作业目标设计，切记盲目追求“多样”

在运用多样性策略进行单元作业设计时，不能为了一味追求多样而偏离了作业目标。如针对作业目标“能通过小数加法运算解决实际问题，初步形成应用意识”进行作业设计时，不能因为本课或本单元中没有出现操作形式的作业，就刻意选用。而应依据作业目标、精选作业素材与作业类型等，选用合适的知识呈现形式。

2. 要兼顾作业的整体性，切记顾此失彼

在运用多样性策略进行作业设计时，有时为了尽可能呈现“多样性”，而忽视了单元作业的整体性。如有时为了充分展现单元作业类型的多样性，在单元每课时的作业中设计了各个类型的作业，致使作业题量与时间不符合当前对学生作业的要求，学生也因过多的作业量与作业时间而产生厌倦的情绪，从而影响了实际作业的效果。

参 考 文 献

1. 教育部基础教育司义务教育高质量基础性作业体系建设项目组：《学科作业体系设计指引》，北京：教育科学出版社，2022年，第37、44—45页。

2. 徐淀芳、姚剑强：《小学数学单元教学设计指南》，北京：人民教育出版社，2018年5月，第16—17页。

3. 皮连生：《教育心理学》，上海：上海教育出版社，2011年，第252页。

4. 宋乃庆、张奠宙：《小学数学教育概论》，北京：高等教育出版社，2008年。

5. 维忠：《数学课程与教学研究》，杭州：浙江大学出版社，2008年。

6. 戴再平：《数学习题理论》，上海：上海教育出版社，1997年，第3页。

7. 中国社会科学院语言所词典编辑室：《现代汉语大辞典》，北京：商务印书馆，2003年，第868—869、1417页。

8. 武丽莎、朱立明、张莉、马振：《高中数学教师核心素养测评模型构建研究》，《天津师范大学学报（基础教育版）》2023年第1期，2023年1月，第42—47页。

9. 王月芬：《高质量学校作业体系建构的价值与策略》，《中小学管理》2021 年第 10 卷，2021 年 10 月，第 3 页。

10. 朱立明：《高中生数学关键能力：价值、特质与操作性定义》，《天津师范大学学报(基础教育版)》2021 年第 2 卷，2021 年 3 月，第 49—54 页。

11. 喻平、赵静亚：《数学核心素养中品格与价值观的评价指标体系建构》，《课程・教材・教法》2020 年第 6 卷，2020 年 6 月，第 94 页。

12. 孔凡哲：《"四能"及其培养》，《湖北教育(教育教学)》2020 年第 4 卷，2020 年 4 月，第 15—18 页。

13. 张宁娟：《"六个下功夫"：新时代人才培养的行动指南》，《教育研究》2018 年第 9 卷，2018 年 9 月，第 17—20 页。

14. 史宁中：《漫谈数学的基本思想》，《中国大学教学》2011 年第 7 卷，2011 年 7 月，第 9 页。

15. 张奠宙、郑振初：《"四基"数学模块教学的构建——兼谈数学思想方法的教学》，《数学教育学报》2011 年第 4 卷，2011 年 10 月，第 16—19 页。

16. 李景源、孙伟平：《价值观和价值导向论要》，《湖南科技大学学报(社会科学版)》2007 年第 4 卷，2007 年 8 月，第 46—51 页。

17. 徐朔：《"关键能力"培养理念在德国的起源和发展》，《外国教育研究》2006 年第 6 卷，2006 年 6 月，第 66—69 页。

18. 罗新兵、罗增儒：《数学创新能力的涵义与评价》，《数学教育学报》2004 年第 2 卷，2004 年 5 月，第 82 页。

19. 郑毓信：《审思数学课程改革》，《中学数学教学参考》2004 年第 Z1 卷，2004 年 2 月，第 5—8 页。

20. 莫尼卡・泰勒：《价值观教育与教育中的价值观(上)》，《教育研究》2003 年第 5 卷，2003 年 5 月，第 35—40 页。

21. 顾泠沅：《改进教学策略提高教学效率——在中国教育学会第

七届数学年会上的专题发言(提纲)》,《数学教学》1996 年第 2 卷,1996 年 4 月,第 1—2 页。
22. 中华人民共和国教育部:《义务教育数学课程标准(2022 年版)》,北京:北京师范大学出版社,2022 年,第 2、5、6、7、11、85、94 页。
23. 李美凤:《高中数学“四基”培养及提升策略研究》,海南师范大学硕士学位论文,海口,2019 年,第 13 页。
24. 白静:《学科文化对博士生培养过程影响的比较研究——以 S 校 4 个学科为例》,上海交通大学硕士学位论文,上海,2020 年,第 36 页。
25. 王宇航:《黑龙江省乡镇初中教师的教育价值观研究》,哈尔滨师范大学硕士学位论文,哈尔滨,2011 年,第 20 页。
26. 吴云才:《中学数学“双基”教学与创造性思维培养的教学研究探索》,江西师范大学硕士学位论文,南昌,2006 年,第 7 页。
27. 朱智贤等:《心理学大辞典》,北京:北京师范大学出版社,1989 年,第 819、939 页。
28. 核心素养研究课题组:《中国学生发展核心素养总体框架正式发布》,《中国青年报》,2016 年 09 月 14 日第 2 版。
29. http://www.moe.gov.cn/jyb_xwfb/gzdt_gzdt/s5987/201907/t20190708_389403.html。检索日期:2023 年 9 月 8 日。

基石

CORNERSTONE

Synergistic Philosophy of Great Business Organizations

伟大企业的协同哲学

徐晓冬 著

電子工業出版社
Publishing House of Electronics Industry
北京·BEIJING

图书在版编目（CIP）数据

基石：伟大企业的协同哲学 / 徐晓冬著 . —北京：电子工业出版社，2019.11
ISBN 978-7-121-36379-5

Ⅰ . ①基… Ⅱ . ①徐… Ⅲ . ①企业管理—研究 Ⅳ . ① F272

中国版本图书馆 CIP 数据核字 (2019) 第 076195 号

策划编辑：吴亚芬
责任编辑：王凌燕
印　　刷：北京盛通印刷股份有限公司
装　　订：北京盛通印刷股份有限公司
出版发行：电子工业出版社
　　　　　北京市海淀区万寿路173信箱　　邮编：100036
开　　本：720×1000　1/16　印张：17.25　字数：319千字
版　　次：2019年11月第1版
印　　次：2021年4月第2次印刷
定　　价：78.00元

凡所购买电子工业出版社图书有缺损问题，请向购买书店调换。若书店售缺，请与本社发行部联系，联系及邮购电话：（010）88254888，88258888。
质量投诉请发邮件至zlts@phei.com.cn，盗版侵权举报请发邮件至dbqq@phei.com.cn。
本书咨询联系方式：（010）88254199，sjb@phei.com.cn。

致读者

——复杂组织的简单认知框架与操作系统

基石不牢，地动山摇。这是人类组织治理的基本哲学。

组织的核心是治理，组织的本质是人。组织治理，全球、区域、国家与企业治理，必须有基石。一个没有基石的组织，必然在价值上无法形成共识与目标、在战略上判断失误和迷失航行方向、在制度上无法实施各种资源的高效整合与运营。

组织基石绝对不是将一块块石头简单拼接、盲目叠加、照搬继承、生搬硬套，每一个组织都是独特战略、价值、制度协同匹配的复杂系统生命体。橘生淮南则为橘，橘生淮北则为枳。前些年，因长期研究大规模组织治理、大国博弈等课题，我创立了“国家与组织治理10S协同模型”，如图1所示，从共同价值、战略、制度三个维度和六个维度基点，对复杂的组织变迁与动态匹配进行简单推演，形成一个认知框架——基石思考框架模型。之后，在“国家与组织治理10S协同模型”基础上，我又创立了“组织治理10S协同模型”，针对商业组织治理进行研究。

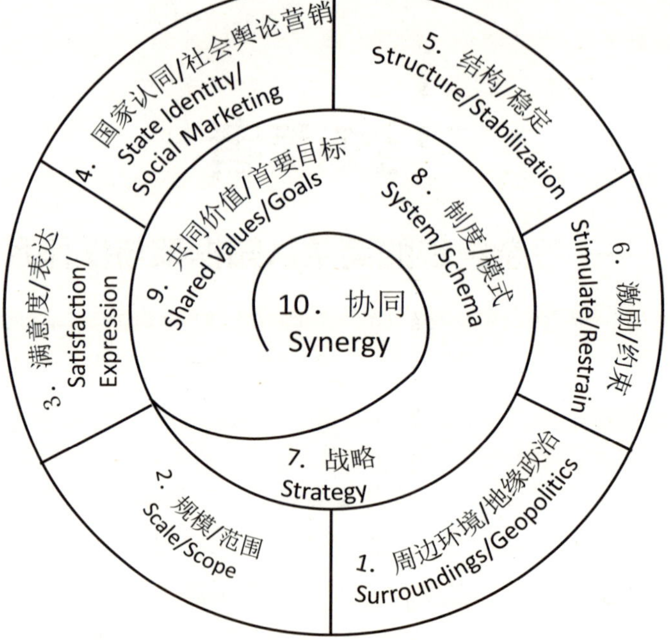

图1 国家与组织治理10S协同模型

杰克·韦尔奇领导的通用电气（General Electric，GE），曾经20年雄踞世界第一位，如今已经奄奄一息，坠入“世界第一魔咒”中，本书用“组织治理10S协同模型”系统剖析研究GE的辉煌与黯然，以期找到一些答案。运用“组织治理10S协同模型”透视世界级企业，我斗胆预言：“在悬崖边的下一个是苹果。”

伟大企业的协同治理哲学是什么？企业的治理变革是“给驼背的人做衣服”（适合且可能有缺陷），需要设计者拥有极其高超的智慧、悟性、定力、格局、胸怀、韬略、韧劲。虽然国际商业机器公司（International Business Machines Corporation，IBM）的“大象跳舞”、稻盛和夫的“阿米巴”、微软的“刷新”、海尔的“人单合一”、台塑的“20年持续推进一日结算制度”、友嘉数控的全球并购“不碰文化不派人”等体现了人类的伟大智慧，但是为什么绝大多数企业花了巨额成本进行了顶级咨询、学习培训、认真改革后仍然无法复制成功？**根本原因在于，商业组织治理变革是一个“复杂组织生命系统协同工程”。技术、工具、知识、制度文本、战略框架、商业模式设计等可能只是皮毛，看似不起眼的小问题、小政策、小说法、小调整、小概念、小文件，在不同商业组织生命体中**

进行匹配时会出现巨大差异。如果企业家业务逻辑想不清、未来趋势说不明、组织文化性格搞不定、照猫画虎的板块整合玩不转、概念游戏和并购重组弄不好、拉帮结派和人事调整压不住，就会导致一系列偏差、斗争、损失，甚至崩盘。

伟大的企业家一定是思想家、政治家、战略家、军事家。大多数企业都希望成为伟大企业，大多数企业家都希望自己成为商业领袖。根据我的长期观察，企业家有时是一个虚弱、迷惑、彷徨、孤独的个体，面对一道道必须硬生生“死扛”的难坎，不知道与谁倾诉甚至不能表现出来，有时只能用放声痛哭或痛饮宣泄来抵御崩溃。每当夜深人静的时候，建议企业家问自己三个问题：

我真的确定知道“我是谁？”

我真的确定知道“去哪里？”

我真的确定知道“怎么去？”

“真传一张纸，假传万卷书。”被誉为“竞争战略之父”的美国学者迈克尔·波特，具有极高的逻辑天分、敏锐的洞察力、强大的思考力才能创立“五力模型”，像侠客一样为国家与企业治理提供参考。

自1960年以来，人类最聪明的大脑发明了大约100个被业界认可的战略模型，面对21世纪的复杂巨变，实践中的融会贯通需要一个简单的基石思考框架和操作系统。本书给希望改变世界、实施持续改善、创造伟大基业的企业家们提供以下的基石思考框架和操作系统。

1. 我是谁：共同价值与目标—判断—见自己—以改变世界为己任的共同价值观给世界留下印记。

2. 去哪里：战略选择—决策—见天地—在惊涛骇浪的大海航行中成为洞察趋势方向的战略舵手。

3. 怎么去：制度模式—整合—见众生—在设计伟大商业模式基础上打造众人拾柴火焰高的制度型组织。

当组织在共同价值、战略、制度上协同匹配了，厘清了“我是谁、去哪里、怎么去”的问题，才能系统思考、分层推进、稳固基石。在“组织治理10S协同模型”中，处理好顶层设计和分层对接的关系，使得各项要素发生“化学反应”，从而把各项优势转化为治理效能。

打造伟大企业的基石之时，广阔的全球视野、整体的思考能力、历史的方向感、理论化的概念提炼变得更加重要，我将企业组织分为爬行型、站立型、攀登型。在激烈的竞争博弈中，组织基石与攀登型协同领导力会决定最后的成败：要透过现象看本质，直抵事物的核心，提出新的商业组织治理的新解释；要剖析基本战略逻辑、理解核心价值、洞察制度框架；要提升对商业组织生命规律的认知、对熵增的认知、对组织治理过程中底层逻辑的认知。当企业崩溃时，惊天动地，而组织的肿瘤悄悄形成和弥散是一个长期过程，本书提供“基石——组织熵增三维检查表”“竞争博弈——六个维度基点测评”等对商业组织实施体检。

今天的企业转型及创业、创新所遇到的挑战更大、要求更高，而成功的概率会更低。我在30年的研究历程中发现，早期的中国企业更多依靠人脉、关系、胆略等闯荡江湖。今天，随着经济体制的完善、法制的完善、竞争的深化、资本的介入，为转型创新创业者留下的空间会越来越小，对创新的产品、创新的商业模式、转型的路径提出了更高要求。今天，很多企业都处在迷茫之中，中国企业发展过程中面临的最大痛点就是如何理解自己；当企业无法对自己有正确的认知时，就无法真正清楚自己能做什么、不能做什么，就别奢谈战略和商业模式问题。对于很多中国企业而言，也许在几十年的发展中学到了一些管理的知识，但是在理解自己、实施自身独特的公司治理方面，并没有悟透、参透，更没有想透。通过本书，通过我自身的经历和感悟，分享给大家更多思考，以期共同推进中国企业的长远发展。

达尔文认为：“并不是最强壮的物种能够生存下来，也不是最聪明的物种，而是最能适应变化的物种。”适应时代变化，组织必须推动认知演进，组织的共同价值、战略、制度必须与时俱进。今天，组织治理面临全球化、信息化、多元化、复杂化、扁平化、加速化和数字化等一系列时代变化，要有多元协同治理的综合思维。

本书认为，打造伟大卓越的商业组织，要洞察和判别趋势与方向、保持昂扬向上的组织生命力、不断汲取外部能量实现“熵减”、自我实现内生增长，既要实现价值培根铸魂、战略转型创新、制度有效管用，还要在生命周期中反复思考三个问题：我是谁？去哪里？怎么去？首席执行官、企业家、创业者、团队管理者、人力资源和组织发展的专业人士，希望提升领导力和团队绩效、持续突破并追求优秀卓越的人都可以在共同研读、思考本书的过程中，守望相助、坐言起行、反求诸己、向死而生。

徐晓冬

推荐序

商业组织是有生命的，企业要实现基业长青，成为一家伟大的企业，离不开优秀的领导者。领导力就是带领一群人实现未知梦想与抵达目的地的能力。优秀的领导者不仅能够赢得追随者的信任，还能激发他们的潜力与兴趣。然而，没有人是完美的，领导者也需要不断学习，实施积极的行为和认知改变。

领导者在制定组织治理决策时，依据的是自身独特认的知结构、组织的生命规律和对复杂动态环境的分析。本书作者徐晓冬博士敏锐地识别到企业领导者的一些通病：满嘴“战略”“商业模式”，但是常常忘记了“我是谁”，以及“组织的共同价值、使命、目标、理想、方向、能力”；组织治理基础不牢，如雪山一样随时会发生雪崩。商业世界，一些企业努力改变并获得发展，而另一些企业却失败，它们的区别是什么？答案就是组织治理基石不同，即拥有不同的“共同价值、战略、制度的协同哲学”。

在我几十年的高管/CEO 教练生涯中，曾受邀对超过150名CEO及其管理团队进行教练辅导。我发现，很多领导者，到了一定的发展阶段，个人成长就会停滞不前。据我的观察，常常是因为没有意识到自己的一些习惯性错误，也就是常常忘记了“我是谁”。这些习惯性的行为模式和思维范式，可能过去造就了领导者成功，但现在已成为妨碍领导者继续前进的阻力。我曾经主导了一项关于领导力发展的研究，涉及86 000多名受访者。研究表明，决定领导者长期发展的关键变

目　　录

导　言

热点问题——为什么大多数商业组织的归宿是崩溃或衰败

这是一本向组织治理、企业管理大师致敬和学习的著作，更是站在巨人肩膀上环视、透视、俯视人类社会商业组织行为的反思之作。一系列反思包括并不限于以下内容。

为什么畅销全球的《基业长青》《从优秀到卓越》等杰作中，基于股东视角归纳列举的许多“伟大而基业长青的企业”经过不长时间就突然坍塌或轰然倒下了？

为什么说“企业规模大就不会倒闭”是自欺欺人的？企业仅仅追求单一指标，就会迷失、撑死在规模的陷阱里，像雅虎、诺基亚和摩托罗拉这样的公司已是日落西山，更难想象被巴菲特赞誉为“美国商界的象征”、长期位居世界第一的GE，今天会苟延残喘，“世界第一CEO”杰克·韦尔奇神话为何破灭？自1907年起，GE连续110年入选道琼斯产业指数成分股，是道琼斯指数早期12只成分股中唯一没有被剔除的，直至2018年6月26日被踢出道琼斯指数，GE的轮胎是什么时候正式掉落、螺母什么时间开始松动的？

为什么许多商业组织的领导者、创业者、投资者，满嘴“战略”“商业模式”，但是常常忘记了“我是谁”“我们的共同价值、目标、理想、方向”，一旦在面对复杂系统、混沌世界、开放环境，出现连锁效应、多重结果、利益交错的情况必须实施重大决策时，出现“突发智障”——心智模式大倒退，在组织治理实践中，一厢情愿、线性思维、机械因果、忽视大局、生搬硬套、盲目迷信，导致一系列致命误判。带着美好愿望、满腔热情地种下龙种，却收获了一把跳蚤；在驶向惊涛骇浪的大洋前与泰坦尼克号的老板一样漠视规律、心存侥幸、忘乎所以，总认为这一次与上一次不一样，我与别人不一样。

为什么企业成为百年老店的概率不到万分之一？为什么说商业组织是有生命的？企业生命周期符合热力学第二定律，随着熵值的增加，如果不持续汲取外部能量，最终将走向混乱和死亡。

为什么说，当今商业组织，商人太多，企业家太少？离钱太近，离科技太远？利用人的太多，感恩人的太少？玩政治的太多，讲政治的太少？理性的思考对社会有用吗？企业家为什么应该回到价值原点？伟大企业的灵魂是什么？

为什么推动大型企业实施转型创新、治理改革困难重重？为什么说治理变革是“给驼背的人做衣服”（适合且可能有缺陷），需要设计者拥有极其高超的智慧与悟性？为什么IBM的“大象跳舞”、微软的“刷新”、海尔的“人单合一”、台塑的“20年持续推进一日结算制度”、友嘉数控的全球并购“不碰文化不派人”很难学习复制？组织治理变革中看似不起眼的小问题、小政策、小说法、小调整、小概念、小文件，在不同商业企业会出现巨大差异，如果业务逻辑想不清、未来趋势说不明、组织文化性格搞不定，照猫画虎的板块整合玩不转、概念游戏和并购重组弄不好、拉帮结派和人事调整压不住，就会导致一系列偏差、斗争、损失，甚至崩盘。

为什么要超越优秀、卓越、基业长青等流行概念，更多以自然科学范畴的“协同学”“系统论”“物理学”等为基石？研究定义“组织生命力”“协同型组织治理模型”“爬行型、站立型、攀登型企业组织”“组织的慢变量、序参量”？

本书将在系统地对商业组织和商业世界的案例进行剖析的基础上，初步回答以上一系列热点疑问，以我创立的“组织治理10S协同模型”为理论框架，提出打造协同型商业组织的基石——协同治理的战略、价值、制度三重修炼智慧与六个基点底层逻辑。

本书认为：打造伟大卓越的商业组织，要洞察和判别趋势方向、保持昂扬向上的组织生命力、不断汲取外部能量实现“熵减”、自我实现内生增长，要实现价值培根铸魂、战略转型创新、制度有效管用，要在生命周期反复思考三个问题——我是谁？去哪里？怎么去？以及要跨过战略、价值、制度三重修炼的坎——见自己、见天地、见众生。

基石与商业组织发展阶段的关系，如图0-1所示。

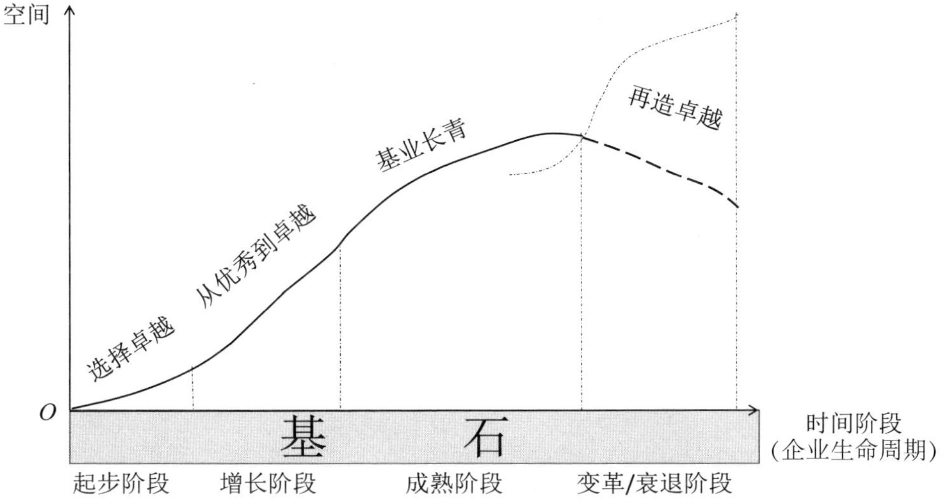

图0-1 基石与商业组织发展阶段的关系

资料来源：《再造卓越》。

天使在想象中，魔鬼在细节里。为什么大多数商业组织的归宿是崩溃或衰败？本书透过现象看本质，通过分析失败商业组织存在的深层次问题，从战略、价值、制度三个维度对商业组织进行检查后发现："战略性错乱""价值性沦落""制度性腐败"成为大多数失败企业的通病。在此，设计了"基石——组织熵增三维检查表"（见表0-1）和"竞争博弈——六个维度基点测评"（见表0-2），以文字形式呈现表达一系列触目惊心的病灶细节。

表0-1 基石——组织熵增三维检查表

一级指标	二级指标	三级指标（每项1分，综合得分10分为黄灯，20分为红灯，30分为雪崩）	
7. 战略/战略决策	1. 周边环境/竞争态势 2. 规模/范围	方向迷失、身陷红海、蒙眼狂奔、规模失控、野蛮生长、贪得无厌、恶性竞争、四面树敌、盲目迷信、超常跨越、照搬照抄、生搬硬套、东施效颦、叶公好龙	得分

续表

一级指标	二级指标	三级指标（每项1分，综合得分10分为黄灯，20分为红灯，30分为雪崩）	
8．共同价值/首要目标	3．满意度/表达 4．国家认同/社会舆论营销	认知僵化、抱残守缺、格局低下、急功近利、定位错误、心智迷茫、诚信缺失、自私自负、狂妄自大、屡撞红线、无法无天、政治偏差、奢靡浪费、唯利是图、财迷心窍、背信弃义、假冒伪劣、坑蒙拐骗	得分
9．制度/模式	5．结构/稳定 6．激励/约束	一盘散沙、频繁换将、人浮于事、无人担责、山头割据、拉帮结派、结党营私、团团伙伙、内忧外患、吃里爬外、推诿扯皮、腐败丛生、激励不足、约束乏力、结构错位、朝令夕改	得分
协同度	匹配度	熵增总分	

表0-2 竞争博弈——六个维度基点测评

六个维度基点	部分模拟指标	得分 1~10分
1．周边环境/竞争态势	行业、赛道、竞争对手、标杆、法律规范、护城河	
2．规模/范围	企业规模、产品覆盖面、组织边界、国际化	
3．满意度/表达	客户满意度、员工满意度、品牌、技术壁垒	
4．价值认同/社会舆论营销	初心、价值主张、核心竞争力、宣传、关键资源	
5．结构/稳定	商业模式成熟度、高管人气、组织变迁、第二曲线	
6．激励/约束	效率、创新、股权激励、制度执行、规矩有效性	

今天的企业家、创业者、管理者都可以按照“基石——组织熵增三维检查表”一一对号检查。如果一个商业组织在三个维度各出现三个问题，“三三得九”，该企业距离“十全十美”仅一步之遥，上上下下需要认认真真地以问题为导向，对照检查、反躬自省、警钟长鸣。

首席执行官、企业家、创业者、团队管理者、人力资源和组织发展的专业人士，希望提升领导力和团队绩效、持续突破并追求优秀卓越的人都可以在共同研读思考本书的过程中，守望相助、坐言起行、反求诸己、向死而生。

基石与组织创新的关系，如图0-2所示。

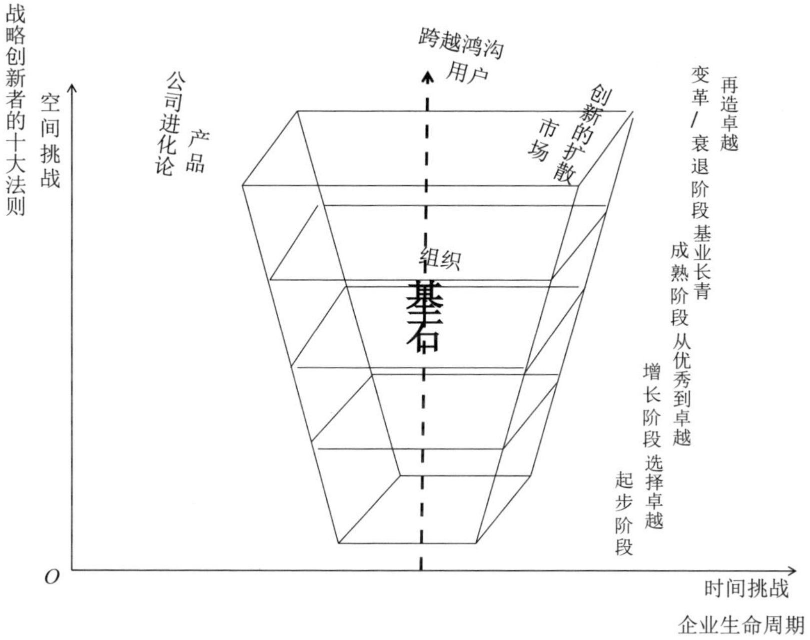

图0-2 基石与组织创新的关系

资料来源：《战略创新者的十大法则——从创意到执行》。

向死而生——30年探寻商业组织崩溃或衰败背后的失败逻辑和认知框架的心路历程

今天的世界，论坛、传媒的聚光灯更多地照亮着成功者，商学院课程绝大多数分析着成功的案例，很少有失败的公司愿意把它们惨痛的、血淋淋的经历公之于众。

“我为了这一课，备课了30年！”

“近30年剖析失败案例血淋淋的事实表明，一个失败案例比10个成功的故事更加发人深省。”

我经常在讲课或演讲时，动情地告诉听众，自己孜孜不倦地长期研究之后的感悟。

我对商业企业的了解发端于20世纪90年代初，在纪检监察系统参与“剖析整治非正常亏损国有企业”系列工作后，我有机会面对大批“白骨累累”的亏损企业，涉及企业案例样本数最多的一年达1 800多件。

改革开放之初，商业组织绝大多数是集体、国有性质。我“剖析整治非正常亏损国有企业”从1984年开始，在中国经济比较活跃的江苏苏州起步，即在查处经济违法违纪案件中，对涉及企业亏损的各种问题进行研究，从中发现一些企业亏损的非正常原因。对某些非正常亏损企业进行系统剖析，专项整顿，查漏洞，挖“蛀虫”，寻找扭亏增盈的措施。深入剖析研究一个又一个血淋淋亏损甚至倒闭企业的案例发人深省，得出的结论振聋发聩。

1998年，中国方正出版社出版了我与复旦大学经济学系主任王克忠教授等合著的《中国国有亏损企业整治新视角》。该著作更多在体制、机制与制度角度对企业进行了深入研究，提出了“加强体制改革，完善激励约束机制，迅速出台企业法律法规基础制度”等政策建议，为推动中国企业改革发展提供了一些思考。

中国国有企业改革沿着管理方式改革→产权改革→监管体制演进脉络推进。20世纪90年代后，随着国有、集体企业产权改革的大规模推进，在“水大鱼大”“风大雪大”大浪潮中，一大批企业“高歌猛进”“野蛮生长”。很少有人注意并仔细研究背后的大批失败者、出局者、落伍者。因为工作性质，我一直关注着这个细分领域，从学术研究角度成为一名长期观察者。

从事纪检监察工作近30年，特别是20多年前从事大案、要案查处工作的特殊经历，使我了解了大量官商勾结、“一地鸡毛”、大起大落的案例。此外，我曾经参与或亲自主办一些案件，有些还是在中国大陆“发生的第一起案件”，如第一起国际期货诈骗案、第一起等额房产、虚拟产权销售案件等。我撰写及出版过有关大案纪实与反思的书籍，参与纪录片撰写、拍摄、编辑，还得了个国家大奖。1995年，我专门采访了吴敬琏老师，访谈涉及金融制度、企业治理、政商关系、制度设计、腐败规律、苏南模式，专访文章“经济学家析巨案”发表在《中国纪检监察报》头版头条，专访专题在中央电视台播出。

喧嚣过后，我聚焦于失败案件问题背后的政治、经济、体制、制度原因，进行了研究。在参与中共中央惩防体系等文件的起草后，试图从更宏观的角度思考源头治理的政策法律与制度改革。人民出版社出版了我的著作《中国制度——顶层设计理论框架与实践案例》。制度决定国家的命运、文明的延续和民族的存亡。今天，在中华民族伟大复兴的历史征程中，开放包容，海纳百川，借鉴汲取现代人类文明成果，重树中国制度文明是实现中国梦的基石。组织治理方向确定之后，如何以“四个意识”贯彻落实，出台与战略、价值协同匹配、有效的体制、机制和制度，成为国家组织治理协同工程落地生根的关键环节。

后来，我开始关注组织治理、组织中的人。组织的核心是治理，组织的本质是人。对组织的治理结构、治理效率、治理变迁、人的领导力、人的认知格局、人的关系组合、人的性格色彩、人的沟通协同研究的兴趣，促使我进一步剖析组织特别是商业组织失败案件背后的制度、治理原因，研究一些关键的人或企业的历史、基因、模式、生态、世态、转型等。

有人说，伟大是熬出来的；也有人说，成王败寇，一白遮百丑。当年，面对一些失败案例，我在法律纪律范畴之外，分析一些掀起巨浪的当事人，从个体角度对性格、意志、人脉、想象力、情商、智商等进行了认真研究，细细体察，倒推复盘。

怎么变成这样—怎么过来的—原来设想是什么？

问题出在哪—初始定位错在哪—初心是什么？

为什么会崩溃—为什么在这个时间点崩溃—为什么在特定区域和行业崩溃？

当时体制、机制、制度环境下具体商业模式钻了制度的什么空子？踩了什么红线？突破了什么上位法—需要什么样的人脉与关系覆盖敞口风险—思维方式与认知本源是什么？

反复发生的事情规律是什么—经常发生的事情原因是什么？

以上这一系列的反思与拷问仿佛时光倒流，让我亲历其中、感同身受、刻骨铭心。这也充分说明思维定式与事后聪明偏向（Hindsight Bias）、认知误区与性格特征、心智模式与价值背景对人的影响多么深刻。追溯源头，寻根问底，成为破解商业组织失败的逻辑，研究打造卓越的协同型商业组织的基石。

当然，这一系列研究有其历史渊源。我出生于20世纪60年代，经历了人类激烈的社会运动、巨浪淘沙的改革开放，在很小的年龄时就迷迷糊糊认识到，人与人类社会是极其复杂的。虽然我本科学的是冰冷、无情、一板一眼的物理学，但是1984年毕业论文选择的是有温度的“爱因斯坦早期经历对其思想性格模式形成的研究”，开创伟大时代的爱因斯坦独特的心智模式形成源于早期质疑、孤独与挫折，青春期的思维建构、成长环境、文化圈子，这些影响了其一生。从几乎无人问津的物理学史课题起步，后来又攻读政治经济学硕士、法学博士学位，我的工作围绕人与人类矛盾斗争、人性与人性变迁、人类复杂性与社会治理，职业生涯几乎聚焦于人：人的教育、人的监督、人力资源。这促使我一直探索思考人与组织治理的基本问题：我是谁？去哪里？怎么去？

相对于自然科学，如物理学、生物学、协同学，人类对社会、经济、管理的认知还处于初级阶段。人类商业组织治理是个复杂的问题，目前更多在研究“术”，即拿来主义。“道”的层面还没有贯通。在企业治理中，如何处理战略的“知”与“行”的关系、制度模式的“东”与“西”的关系、价值的“内”与“外”的关系，日本和中国台湾的企业家有许多智慧的探索值得我们认真学习借鉴。

自1960年以来，据不完全统计，全世界各大智库、咨询公司、学者发表的被业界认可的战略模型大约有100个，都是人类智慧的伟大结晶。让人一直思考的是，有没有可能建立一套能够解释包括公司、社会组织等复杂适应系统的一般性理论框架。用一个框架、模型、象限、矩阵，解释人类治理的复杂运动，通过大量案例研究逐步探索治理的基本逻辑：见树木—见森林—见生态。

第一，聚焦于寻找失败逻辑背后组织治理的核心要素，通过失败案例“生理—病理—药理”的剖析，发现治理的毛病并探索解决方案，从“病入膏肓—被动治疗—主动健康”探索生存之道、治理之道；第二，改变透视事物本质的基本认知范式，找出问题的本质，抽象出决定治理的三维要素，提出决定商业组织治理的三个维度框架“我是谁—去哪里—怎么去”，即“价值—战略—制度”；第三，领导者在治理的驾驶舱要面对的是自身独特的认知结构、组织生命规律和复杂动态的系统。我发现，要面对复杂、动态、突变的局面，要超越传统的“管理协同”，在价值、战略、制度高维层面上实现“治理协同”，这是驾驭复杂系统的秘诀。在此基础上，逐步建构三个维度的协同治理框架工具：提供一套更加具有整体性、动态性认知世界的思维范式——复杂性思维。价值、战略与制度的协同，如图0-3所示。

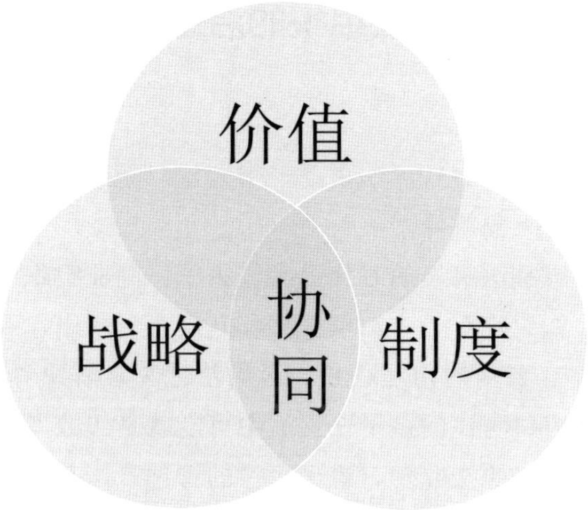

图0-3 价值、战略与制度的协同

2014年8月，《人民论坛》发表了我的论文《“国家治理体系10S协同模型”构想——中美国家治理案例剖析》，后来我又就金融、全球治理、中美关系发表了一些文章，在此基础上提出“国家与组织治理10S协同模型”，建构系统、整体、协同的治理体系立体框架。

2015年，《中国证券报》用整版发表了我撰写的《协同与危机：建构金融资本市场治理体系的十个要素》，对金融资本市场的未来进行了展望与思考。明确提出：“美国如果不改变，危机出现的时间极限将可能在2016年后到来。”“美国别无选择，必然要通过一场大规模、大时间跨度的金融战略手段，来完成自身危机的管理、处置、修复、免疫。”“在近几十年的金融战略博弈中，美国一直处于战略主动地位。”“也许在不久的将来，一场规模史无前例的世界级别的以金融为核心，以政治、经济、军事为平台的大对决，正在悄然拉开大幕。”对美国的长周期金融战略，我们要有整体、系统、协同应对方案。一语成谶，后来特朗普上台了，“美国至上”让世界进入动荡模式。

基于30年的实践、研究与守望，我创立了“国家与组织治理10S协同模型”，并将30年前开始的研究，以及探究人类治理活动背后的序参量与协同学法则，一些社会、经济、管理的基本规则的初步思考都汇聚在本书中。人生就是一个过程，写下本书，在平淡的世界留下一道浅浅的印记。

协同治理：打造卓越商业组织的治理框架与底层逻辑的“驾驶舱智慧”

通过“盲人摸象”的方式无法拼凑一个大象，无法理解大象的生命特征、习性与规律，更无法让大象跳舞。

“头痛医头，脚痛医脚”的时代已经过去了。商业组织治理者进入驾驶舱驾驭复杂组织治理。如果没有一个治理框架和底层逻辑指引，既无法理解组织的运行机制，更无法建立要素的相互联系，运用治理工具解决“头痛”和“脚痛”的问题。死记硬背应付考试的孩子在生活中可能就是失败者；同样，价值混乱、战略焦虑、制度失范、照搬照抄、机械应付的管理者，在市场竞争中失败是必然的。

在组织治理领域，摆在我们面前的是人类最聪明的大脑设计出来的100个左右各种各样的框架理论。如何将这100个左右的框架融为一体、立体呈现、灵活运用，成为今天商业高管的“痛点”“难点”。本书阐述的“组织治理10S协同模型”是解决“痛点”“难点”的“密钥”。

今天，组织治理面临全球化、信息化、多元化、复杂化、多样化、扁平化、加速化和数字化等一系列的时代变化，要有多元协同思维，要运用“组织治理10S协同模型”。

“组织治理10S协同模型”实际上并不复杂，是一个对复杂组织和动态系统进行协同治理解构的简单框架，是一个包括三个维度与六个维度基点的协同治理框架。如果把“组织治理10S协同模型”应用到企业，以实现商业组织协同治理、打造卓越的商业组织，则涉及建构核心理念、协同框架与底层逻辑，具体应用步骤如下。

◣ 第一个步骤：建构核心理念，理解组织是有生命的

关于组织生命力，有三个长期观察的典型案例：1 000年的神树、100岁外婆的智慧基石与100年洛克菲勒家族企业的传承。

案例一：神农架最大的千年杉王与周边群山、老百姓的组织命运共同体

神农架“千年杉王”栽于唐朝初年，距今已有1 100多年历史。传说历经劫

难依然保持勃勃生机。为纪念神农，求福免灾，人们在古杉的基部雷伤处略加修凿，使之成为树穴，供奉泥塑金像。随着时间的流逝，“千年杉王”伤口愈合，人们惊奇地发现，神农塑像竟被大树裹嵌，成为佳话。

“木秀于林风必摧之”，为什么独此一木孤存？多年前，当我带着疑问登上古树边上的山顶时，突然顿悟：群山环抱宛如一个精心设计的花盆，千年古树、群山、老百姓构成了一个特殊的生态自组织系统，遮挡千年的狂风与雷电，大自然与人类浑然天成，构建了命运共同体。

案例二：100岁外婆的智慧基石与家族组织的灯塔

2019年4月的最后一个周末，100岁的外婆走了。灯灭了，周围的人会失去目标方向，渐渐会找不到家，几十年来习惯了的回家的动力、激情、耐心、价值会变淡散去。

从价值、战略、模式三个维度看，百岁外婆极具尊严的人生哲学，驾驭和引领着家族组织，成为支撑这个社会细胞的“智慧基石”：一是选择好，战略得当，顺其自然地生了七个子女，衍生出近百人团结、和睦的家族，自己很早就“退居二线”，有些事情看破不说破，偶尔“刷刷存在感”；二是性情好，价值观正，风轻云淡，心胸宽阔，举重若轻，忍耐担当，从不求人；三是习惯好，长期坚持劳动，不断思考人生，不吸烟不喝酒不喝茶，粗粮淡饭一生一世。

外婆走完她老人家完美的人生轨迹，这种完美与名和利没有一丝关系，她赢得的是后代发自内心的尊重！她的智慧成为维系这个家族组织的灯塔。

案例三：100年的洛克菲勒家族企业的传承

企业家都非常关心“传承”，如何将家族的辉煌成就一直延续下去。洛克菲勒家族经过100多年、六代人的传承，仍是世界最富有的家族之一。比尔·盖茨甚至把洛克菲勒作为自己唯一的崇拜对象。有人评价说：“跟和他同时代的巨富们相比，洛克菲勒的财富是最不肮脏的。”洛克菲勒着重培养子孙优良的品德、谋略、卓越的经商才能，契合了“组织治理10S协同模型”的三重修炼。

（1）价值—判断—尊严。高贵的人格，你认为自己有尊严，你就有尊严。

（2）战略—决策—谋略。创造深入的洞察力与视野，格局的大小决定成就大小。

（3）制度—整合—才能。卓越的经商才能，经营人。之所以能取得巨大成就，在于首先经营人——所有的人。

企业组织不是各部分的拼接、混合、叠加，完美的战略架构图纸永远代替不了个性化、系统化的组织生命运行机理。

我提出两个概念：商业组织生命力、协同型商业组织。

商业组织生命力，是企业生存与发展的能力，是不同生命发展阶段、不同结构部门体现出的协同治理特质，是整个生命存在与延续中汲取外部能量、实现自我升华的过程。组织生命力可以从价值、战略、制度三个维度考察。大到全球治理，小到个人生存发展，概莫能外。

协同型商业组织，是适应新时代治理需求、遵循协同学基本规律、不断汲取能量实现"熵减"、由序参量主导的有序结构的组织形态，是战略、价值与制度协同的有机体。

用协同学观点来比较物理、化学系统和社会系统，侧重强调系统的整体与结构，而不是具体模型的细节，必须达到社会学定量的描述。人类社会的单元和相互关系不是简单的，而是相当复杂的。单个个体的思想、情感、意识表现得非常复杂，体现出大脑的发展结构；个体之间的关系更加不是固定的，可以激发显示某一关系，也可以掩盖或解除某一关系。

各种形态的社会组织是生命的有机体，组织有大脑、肢体、脊柱神经、心脏，有内部结构和功能。组织由个人、团队、部门组成，将组织内部个体的、团队的、部门的力量协调整合成对组织目标有益的有机运动，需要组织具有特定结构、传导机制、文化价值。企业竞争力与商业组织生命力、协同型商业组织的相关观点，如表0-3所示。

表0-3 企业竞争力与商业组织生命力、协同型商业组织的相关观点

学　者	主要观点	解　读
"现代营销学之父"菲利普·科特勒	企业竞争力是能够使一个企业比其他企业做得更好的特殊物质（能力）	企业竞争力概念第一次被提出

续表

学　　者	主要观点	解　　读
美国竞争力委员会主席乔治·菲什	企业竞争力是指企业具有较竞争对手更强的获取创造、应用知识的能力	这一定义从影响竞争力的因素界定，把企业竞争力视为一种知识能力
哈佛大学教授迈克尔·波特	企业竞争优势是指一个公司在产业内所处的优势地位	认为企业竞争优势有两种基本形式：成本领先和标新立异
中国政法大学兼职教授，HRoot原董事长、中智副总经理徐晓冬	商业组织生命力是企业的生存与发展能力，是不同生命发展阶段、不同结构部门体现出的协同型组织的特质，是整个生命存在与延续中汲取外部能量、实现自我升华的过程	与企业竞争力相比，徐晓冬提出的企业组织生命力不仅基于与其他企业的比较视角，而且基于自身内在生命规律与环境结合的视角
中国政法大学兼职教授，HRoot原董事长、中智副总经理徐晓冬	协同型商业组织是适应新时代治理需求、遵循协同学基本规律、不断汲取能量实现“熵减”、由序参量主导的有序结构的组织形态，是价值、战略与制度协同的有机体	协同型组织需要在全生命周期反复思考三个问题：我是谁？去哪里？怎么去？打造卓越的协同型组织要跨过三重修炼的坎——见自己、见天地、见众生

◣ 第二个步骤：建构组织治理战略、价值、制度三维协同框架

面对商业世界与商业组织，要透过现象看本质，直抵事物的核心，发现基本规律与底层逻辑，提出新的解释。企业治理的规律，无法呈现出如物理学一样的定律。由于人类的参与，社会、经济和企业的进化，往往遵循着与生物学相似的规律。协同学来源于物理学、生物学、系统论、控制论，以此为主要的科学基础，我们要探索企业治理的新框架与底层逻辑，必须有一个顶层设计思维模型：协同治理模型，如图0-4所示。

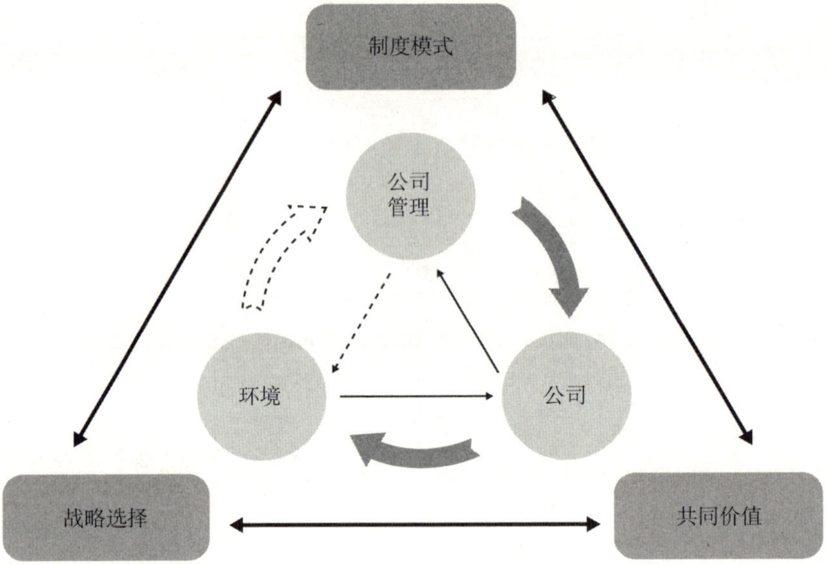

图0-4 协同治理模型及基本概念

协同型商业组织是价值、战略、制度三位一体的组织。它要回答我是谁（价值）、去哪里（战略）、怎么去（制度），以价值、战略、制度三个维度形成思维立体框架，对应伟大企业家三重修炼的三个基础行为——判断、决策、整合能力。

> 我是谁—共同价值—判断。
> 见自己—以改变世界为己任的共同价值观给世界留下印记。
> 去哪里—战略选择—决策。
> 见天地—在惊涛骇浪的大海航行中成为洞察趋势方向的战略舵手。
> 怎么去—制度模式—整合。
> 见众生—在设计伟大商业模式基础上打造众人拾柴火焰高的制度型组织。

可口可乐之所以成为卓越的企业，核心因素是做好产品。做好产品的关键：判断信息，抓住要点，整合有限的资源，把自己的价值打包成一个产品向世界交付，并且获得回报，长盛不衰。

◣ 第三个步骤：协同型组织打造的底层逻辑如生命成长、适应、进化，要完成爬行型—站立型—攀登型商业组织的修炼三部曲

第一部曲：爬行型商业组织的成长修炼

爬行型商业组织仿佛巨婴或动物，前肢着地，手脚并用，没有科学分工、没有成本中心、没有研发创新，甚至割大腿的肉满足肠胃的营养；目光短浅，靠嗅觉和视觉寻找数百米之内的食物，以利润为唯一目标，同一组织内部相互残杀、割据；没有共同价值、不要脸面、无所谓品牌，其命运自然逃不脱自然法则。

研究表明，制约一般企业高管个人发展和组织绩效提升的通病是：有强烈的个人好胜心，有顽固的自负心理，管理行为缺乏自律。制约组织治理成长的通病是：价值短视、战略焦虑、制度僵化，治理信息碎片化、利益割据化、认知差异化，底层业务逻辑不清、战略取舍不明、认知不一、鸡同鸭讲，导致治理不协同。

因此，当企业高管进入驾驶舱时，应该思考下列问题：价值同不同？战略有没有？制度灵不灵？三者的有机融合成不成？能不能打造成团队、协同型组织？所以，爬行型组织必须实现组织思想、原则、组织的递进再造。思想决定原则，原则决定规则，规则决定组织。

第二部曲：站立型商业组织的适应修炼

站立型商业组织，初步建立传统管理意义的协同，工作、业务、流程、研发基本匹配，组织机构与功能基本配套，各司其职、各取所需，各取所长。

要根据“组织治理10S协同模型”的三个维度和六个基点反复对标实施修炼。想得清、说得明，才能干得好。不断从三个维度深度思考我是谁？去哪里？怎么去？抓住六个基点，即周边环境/竞争态势、规模/范围、满意度/表达、价值主张/社会舆论营销、结构/稳定、激励/约束；正确认识处理好增量与存量、初心与形式、机制与利益、主业与辅业、看与干、说与做、分与合、五个指头与一个拳头等一系列的关系。如果坚持修炼，组织治理水平将显著提高，个人认知能力显著提升。

达尔文认为：“并不是最强壮的物种能够生存下来，也不是最聪明的物种，

而是最能适应变化的物种。”适应时代变化，组织必须推动认知演进，组织的共同价值、战略、制度必须与时俱进。

第三部曲：攀登型商业组织的进化修炼

攀登型商业组织，建构了价值、战略、制度三个维度的协同型组织基石。不断攀登、适应环境、注意平衡、追求变革世界的崇高价值，持续创新、变换赛道、寻找第二甚至第三非连续增长曲线，抵抗熵增、拒绝熵死、管理死亡，拓展组织生存极限。

功成名就者可称为“家”；开宗立派，“见道”者才可称为“师”。企业家要成为宗师级别的伟大企业家，从成就个人或组织的“家”，到成就他人甚至众生的“师”，就需要“知天之所为，知人之所为”，实现对外部客观规律和内在主观修养的双向极致体察。由企业家到宗师的修炼历程，正是“见自己、见天地、见众生”的过程。宗师级伟大企业家不仅能带领探索企业协同治理的密码，更能以思想家、战略家、实践家的角色，帮助企业基业长青，推动伟大国家的崛起。

第一部分

终极问题与心智模式的觉醒

第一章
升维——重新定义伟大企业与三个终极问题的回答

协同还是雪崩：“雪山型商业组织”的命运与内在逻辑

生存还是毁灭？在莎士比亚的时代，这是个问题。

协同还是雪崩？对今天的商业世界和商业组织来说，更是个问题。

这是一个崩溃与崛起并存的世界，盛衰兴亡的更迭无处不在。即使畅销全世界的伟大著作《基业长青》《从优秀到卓越》列举的成功案例中的企业，到今天，相当一部分已经崩溃了。难道绝大多数商业企业的死亡、崩溃与倒闭像雪崩一样，是一种自然现象？难道人们追求的伟大卓越的协同型组织没有规律与内在逻辑可循？

> 雪崩，自然界最惊心动魄的崩溃画面，摧枯拉朽，势不可当。
> 雪崩时，没有一片雪花是无辜的。
> 雪崩后，人们应该从中领悟自然和命运的内在逻辑。

为什么会有雪崩？自然界壮丽的雪山内部没有黏合剂、没有稳定的结构，周边环境与竞争态势自然生成，更没有共同价值与目标、信仰、精神。正所谓，

“基础不牢，地动山摇”。

我的研究发现，商业世界绝大多数企业像雪山一样，可以称为“雪山型商业组织”。从“组织治理10S协同模型”（以下简称“10S协同模型”）角度看，雪山型商业组织仿佛在“风大雪大”的时代自然堆积而成，野蛮生长。表面上只有规模/范围的盲目膨胀扩大，没有共同价值/首要目标，没有价值认同/社会舆论营销，没有内在结构/稳定，没有制度化的激励/约束，一旦环境发生变化，一阵风、一声枪响，随即发生崩溃，山呼海啸般冲击周围的世界。

在更加广阔的视野里，商业组织和商业世界的雪崩对世界的冲击，时刻伴随着我们这个孤独的“流浪地球”。

以雷曼兄弟倒闭为起点，金融风暴席卷全球；一个青年的自焚让失业率居高不下的突尼斯爆发“颜色革命”，成为第一张倒下的多米诺骨牌；阿拉伯文明伴随着此起彼落的枪炮声更加碎片化；因为价值、战略、制度无法协同，英国脱欧、意大利公投，欧盟貌似壮丽的雪山正逐步融化；特朗普当选，美国的共同价值被活生生撕裂，一次又一次“退群”，让世界贸易体系一步步逼近融化、崩溃的边缘。

无论是自然科学还是人文科学，都在追寻一个能辨析事物更替的影响要素、说明存续原因的普适性理论。这是人类求知欲所在，更是对自身发展和未来的探寻与展望。从生物世界到人类世界，“进者存而传焉，不进者病而亡焉”已成为不争的事实。但具体怎样实现“进”且“存”，是困扰世人的恒久难题。

由此更进一步的问题是，在古往今来的无数种崩溃与崛起中，什么才是值得被称颂和铭记的？浩瀚时空下，人类不断争论，什么样的存在才能被称为伟大的存在，才能名垂青史。这样的争论存在于人类社会的方方面面。人们追问着崩溃与崛起的本质，渴求着伟大。

> 为什么人类对商业组织治理的研究理论五花八门、错误百出？
> 为什么基业没有长青？
> 为什么优秀没有成为卓越？

也许人们能从商业世界的崩溃与崛起中，抛开固有的商业哲学，重新反思商业组织治理研究的认知模式与理论框架，**重新回答哲学的三个终极问题，并重新定义伟大**。

终日生活在恐龙阴影下的小型哺乳类动物终于从洞穴中探出头来，宣告了统治地球的恐龙与撞击地球的小行星一同陨落。哺乳类动物自此迅速发展，而后人类占据了食物链顶端。

曾居霸主地位一亿多年的恐龙，真的像一些商业案例中的比喻那样——一无是处，没有生存能力且自寻死路吗？

如果当时换成如今食物链顶端的人类，又能否在小行星的撞击下保证种族存续？崛起、兴盛、崩溃、无可预料的巨变，恐龙以灭族的沉重代价，奏响一曲悲歌，隐隐揭开了事物存亡发展奥秘的一角。

蓝藻、水母、鹦鹉螺、鲎……没有一种处于食物链顶端，却已在地球上繁衍生息了数亿年，且仍旧存在着。它们无疑经受住了生存的考验，它们是伟大的生物吗？

生物所处的环境本身，也有其崩溃与崛起的命运。耀眼恒久如太阳也有终结的那一天。一颗恒星，终其一生都在努力维持一种稳定状态，保持热平衡和流体力学静平衡。正值壮年的太阳还有充足的能量，当能量耗散到不足以维持当下的平衡态时，恒星就不得不演化，力图在另一种能量水平上实现平衡。宇宙以熵增的必然结果维持着当下的繁荣。

剧烈爆炸但最多只能保持数月的超新星、夜空中肉眼可见的最亮恒星——天狼星A、无法被直接观测的黑洞、宇宙中既不足够耀眼也不足够黑暗的恒星，谁能恒久不息？

视线从宇宙转向人类世界，崩溃与崛起的剧情同样在反复上演。

“天下大势，分久必合，合久必分。”《三国演义》对于历史规律做出了如是解读，但未能具体指出其必然性何在。“月盈则亏，水满则溢。”所谓天之道，即损有余而补不足。削弱强大的、补足弱小的——对天道而言，无所谓伟大与否，天道所在即对协同的维护。如此模糊的解释似乎让世人靠近了真理一步，然而，是否有一种模型能够更加直观地分析出崩溃与崛起背后的奥秘？

商业世界为研究崩溃与崛起的模型提供了绝佳的素材。

2019年年初，华为创始人任正非在采访中被问："华为业务前景这么光明，为什么说华为下一步可能会倒下呢？"任正非回答："早晚的事情，这是个哲学命题，不是一个现实命题。"任正非的回答直面了组织可能的命运，也直面了两个必须回答却难以回答的问题：商业组织怎样才能尽可能避免崩溃的命运？什么样的商业组织才能被称为伟大的商业组织？

吉姆·柯林斯和杰里·波勒斯所著的畅销书《基业长青》希望总结出当今商业世界常胜者的共性，叙写企业永续经营的准则。《基业长青》中对于什么是"高瞻远瞩"的伟大公司列出了如下标准。

- 所在行业中第一流的机构
- 广受企业人士崇敬
- 对世界有着不可磨灭的影响
- 已经历很多代CEO
- 已经历很多次产品（或服务）生命周期
- 1950年前创立

——吉姆·柯林斯、杰里·波勒斯，《基业长青》

这样的标准通俗且不难让人理解，却也因其通俗性缺乏说服力，显得有些泛泛而谈。但这无疑是一个令人耳目一新的尝试。然而，25年过去了，在这本1994年出版的《基业长青》所选取的18家"高瞻远瞩"公司中，有六家公司的股票并没有跑赢标准普尔指数，而根据2018年《财富》世界500强企业的排名，与1996年的排名相比，只有波音、强生、沃尔玛、迪士尼四家公司排名明显上升，其余大部分均呈现下降趋势。《基业长青》中18家"高瞻远瞩"公司的《财富》世界500强榜单排名对比如表1-1所示。这样残酷的事实不禁让人感慨：研究者的眼界是有限的，教条式的"真理"不存在于商业世界，只有找到一个动态、辩证分析的模型，才能摸到商业组织存续的脉门。

表1-1 《基业长青》中18家“高瞻远瞩”公司的《财富》世界500强榜单排名对比

单位：名

“高瞻远瞩”公司	1996年（排名）	2018年（排名）
3M	231	376
美国运通	208	327
波音	166	64
花旗银行	82	76
福特汽车	7	22
GE	20	41
惠普	84	190
IBM	18	92
强生	176	100
万豪酒店	493	未入榜
默克制药	215	276
摩托罗拉	102	未入榜
诺思通	未入榜	未入榜
菲利普·莫里斯	31	411
宝洁	71	135
索尼	40	97
沃尔玛	12	1
迪士尼	350	176

资料来源：《财富》。

而在吉姆·柯林斯的另一本著名商业书籍《从优秀到卓越》中有这样的描述：“整个研究项目的焦点在于，如何将一个优秀的组织变成一个能创造可持续卓越业绩的组织。”所以在该书中，“持续创造非凡业绩”是一个优秀企业与一个卓越企业的重要区别。从资本市场的角度，财务上持续强劲的业绩表现无疑是对股东负责的最有利证明。如果伟大的企业就是以强劲业务表现对资本负责的企业，是否所有烟草行业的公司现在是、且在可预见的未来中也都会是伟大的企业？

人们研究过恐龙、蓝藻，看过太阳、星星，见识过秦皇汉武、项羽、曹操。

哪一个是成功的生物？谁是真正的伟人？诺基亚和日本的西山温泉庆云馆（拥有1 300年历史的小旅馆）孰胜孰败？重新定义“伟大”之前，先要回答三个终极问题。

三个终极问题的回答

在艺术史上留下一笔浓墨重彩的法国画家保罗·高更于1897年完成的生平最大幅作品《我们从何处来？我们是谁？我们向何处去？》，以油画的形式回答了哲学上著名的三大终极问题：我是谁？我从哪里来？我到哪里去？

在哲学界，这三个环环相扣的问题已经被反复讨论，不同解读导向不同的世界观，影响人们自处的方式。对商业组织而言，对“从哪里来”这一自身起源问题的答案相对较为明晰，故而从哲学思想到商业思想的演变，**“我是谁？去哪里？怎么去？”**成为困扰商业世界的三大终极问题。

◣ 我是谁？去哪里？怎么去

对哲学问题的回答影响人一生的成长，而商业组织对“我是谁？去哪里？怎么去？”这三个问题的回答则决定了组织的方向和能达到的高度。

为什么仅仅三个问题的回答就能产生如此深远的影响？究其背后原因，正是由于任何三个答案都势必是互相影响、逻辑自洽的。一个认为应“向不可能挑战”的商业组织，一定不会在发展中按部就班。

商业组织对这三个问题的回答，恰恰对应了“10S协同模型”中共同价值/目标、战略、制度/模式三个序参量。**共同价值作为商业组织对自身的根本认识，回答了“我是谁”；战略是商业组织对趋势的把握，回答了“去哪里”；而制度/模式则从结构的实际构建上回答了“怎么去”。**这是商业组织必须要面对的，也是“10S协同模型”希望帮助分析和研究的。

这三个问题的回答共同谱写出的奏鸣曲，正是“协同”。

在这个商业组织崩溃与崛起时刻上演的世界，只有回答好这三个问题的协同的商业组织才能长期存续，不协同的商业组织可能一时强盛，但最终只能面对崩溃的结局。“进”就是要根据结构/稳定、规模/范围、周边环境/竞争态势等要素不断调整，以保持内外部协同的状态；“不进”则是失去了协同的动态平衡。一个在协同状态的事物是成功的，而失败的事物也未必没有过协同的状态。

面对商业世界与商业组织，要透过现象看本质，直指事物的核心，发现基本规律与底层逻辑，提出新的解释。有了一个能够分析商业组织协同影响要素的模型，无疑意味着有了动态、辩证看待商业组织存续的方法与手段。

重新定义

问题都有答案，但并非所有答案都是好答案。即使能回答好这三个问题、实现三者协同的商业组织，也不都是过江之鲫。在“10S协同模型”的分析框架中，能满足以下条件的商业组织才是本书认为的**伟大**的商业组织：

“见自己”——以改变世界为己任的共同价值观给世界留下印记。

“见天地”——在惊涛骇浪的大海航行中成为洞察趋势方向的战略舵手。

“见众生”——在设计伟大商业模式基础上打造众人拾柴火焰高的制度型组织。

在“一见”“二见”“三见”的修炼中，商业组织回答了“我是谁？去哪里？怎么去？”的问题，实现了向伟大商业组织的转变。

所谓的“成败”难以定论，然而，**一个能长期保持协同状态的企业，必将成为一个伟大的企业。**

“一见”“二见”“三见”的修炼，是从搭建的理论到实操演练的桥梁。“10S协同模型”是一个对复杂组织和动态系统进行协同治理解构的简单框架，而在这个简单框架的指导下，引申出了一系列实操中的问题：企业呈现什么样的状态就是治理有效和成功了？什么样的状态就算治理无效或失败？治理的效能和效果表现在哪些方面？为什么能够做到协同治理活下来的伟大企业少之又少？三个“见”，就是导向实操的桥梁。

对历史长河而言，崩溃与崛起都是渺小的，但这并不意味着真正的伟大不存在。任何时期的商业组织都有其历史局限性，在某一历史阶段，将业绩和规模的追求放在首位，有其合理性。所有理论框架也都有历史背景，在当下时代背景的要求下，“伟大”一词毫无疑问需要有更新的定义，商业组织不只要对股东和其他利益相关者负责，更要对商业环境、社会、时代和未来负责。一个能保持协同状态，实现“见自己”“见天地”“见众生”的企业，在当前“语境”下才能被称为一个伟大的企业。

功成名就者可称为“家”；开宗立派，“见道”者才可称为“师”。投射到商业组织上，一家有名的企业和有一项创新技术改变世界的企业必然是不同的。企业家要成为“师者”级别的伟大企业家，从成就个人或组织自身的“小家”，到成就他人甚至社会的“大师”，就需要“知天之所为，知人之所为”，实现对外部规律和自身内在的双向极致体察。

美国南北战争之后，先后出现了以“铁路大王范德比尔特、石油大王洛克菲勒、钢铁大王卡内基、金融大王摩根、汽车大王福特”为代表的一批伟大企业家，为19世纪末20世纪初美国大国崛起奠定了坚实的基础。今天，中国也有一批伟大企业正茁壮成长，出现了以任正非、马云、张瑞敏、马化腾、宁高宁、宋志平等为代表的优秀企业家。这些企业能持续坚持“见自己，见天地，见众生”的三重修炼，则必将成为中国崛起和民族复兴的重要推力。

“其兴也勃焉，其亡也忽焉。”要想避免“崩溃”，就要平视价值、俯视战略、透视制度。“10S协同模型”为研究伟大企业提供了一个简单、实用的架构。

总结

- 商业世界中的绝大多数企业为雪山型商业组织。从“10S协同模型”角度看，雪山型商业组织仿佛在“风大雪大”的时代自然堆积而成，野蛮生长。表面上只有规模/范围的盲目膨胀扩大，没有共同价值/首要目标，没有价值认同/社会舆论营销，没有内在结构/稳定，没有制度化的激励/约束，一旦环境发生变化，随即发生崩溃。
- 商业组织对“我是谁？去哪里？怎么去？”这三个问题的回答决定了组织的方向和能达到的高度。
- 共同价值作为商业组织对自身的根本认识，回答了“我是谁”；战略是商业组织对趋势的把握，回答了“去哪里”；而制度/模式则从结构的实际建构上回答了“怎么去”。
- 在“10S协同模型”的分析框架中，能满足以下条件的商业组织才是本书认为的伟大的商业组织：

  “见自己”——以改变世界为己任的共同价值观给世界留下印记。

  “见天地”——在惊涛骇浪的大海航行中成为洞察趋势方向的战略舵手。

  “见众生”——在设计伟大商业模式基础上打造众人拾柴火焰高的制度型组织。
- 所谓的“成败”难以定论，然而，一个能长期保持协同状态的企业，必将成为一个伟大的企业。
- 要想避免“崩溃”，就要平视价值、俯视战略、透视制度。“10S协同模型”为研究伟大企业提供了一个简单、实用的架构。

第二章

心智模式的觉醒

在大自然面前，人类依然渺小。相对自然科学，如物理学、生物学、协同学，人类对社会、经济、管理的认知还处于初级阶段。人类研究商业组织治理的认知模式和研究框架与自然科学相比，差距不小，要从物理学、生物学、协同学中汲取营养。所有生物都是在适应环境、经受自然选择的过程中进化的，生物的生存法则从来都是“物竞天择，适者生存”，这一条法则同样也适用于今天的商业世界。

在充满不确定性的商业环境中，企业面临多重挑战，只有提升察觉外部环境变化的感知能力，不断适应全新环境，根据外部动态变化，提升自身适应力，制定差异化的战略战术，才能打破残酷的“丛林法则”。达尔文认为：“并不是最强壮的物种能够生存下来，也不是最聪明的物种，而是最能适应变化的物种。”如何适应时代变化，商业组织如何推动认知演进，组织的共同价值、制度、战略如何与时俱进，人类对商业组织治理规律的研究必须从自然科学中获得更多的启迪。

荀子在《劝学》中提出：“假舆马者，非利足也，而致千里；假舟楫者，非能水也，而绝江河。君子生非异也，善假于物也。”聪明的管理者绝不会囿于一种管理模式和思维方式。如果尝试从自然科学出发，以不同的视角打破固有的心智模式牢笼，就能找到一个更具普适性的规律，探寻复杂组织治理的协同思维。

熵增与麦克斯韦妖

"打翻了牛奶，哭也没用，因为宇宙间的一切力量都在处心积虑地要把牛奶打翻。"

——威廉·萨默塞特·毛姆，《人性的枷锁》

世间好物不坚牢，彩云易散琉璃脆。正所谓"人走茶凉""破镜难圆"。生活就是最好的例证，热水逐渐变凉，食物逐渐腐坏。于是人们发明了保温杯、罐头，意图尽最大努力让良好的状态存续。但即使保温杯也避免不了茶水最终完全冷却的结局，罐头也终究会到保质期。就像热量总是自发地从高温物体向低温物体传输一样，好的东西必须要努力维护。同样，付出也总避免不了无用的损耗：想要把水烧开，就要接受一部分热量注定耗散在空气中的事实——付出转化不成完全等量的回报。

物理学家有时要比哲学家更哲学，比思想家更有思想。根据热力学原理，能量的聚集度总会逐渐降低，也不可能使从单一热源吸收的能量完全变为有用功而不产生其他损耗。在每个物理过程中，不可避免地会有部分能量损耗掉，消散在分子的随机运动中。在热力学系统的能量中，可以对外做功的部分称为热力学自由能，以"焓"的增量表示系统的吸热，而转化失败、不能做功的能量通过"熵"这一概念进行度量。物理学家还证明，在一个封闭系统中，熵永不减少，与热相关的过程必然向熵增的方向进行。

这意味着，茶水终会变凉——每个人日常生活中习以为常的规律，影响的绝不仅是茶水。先来观察一下茶水变凉的过程：你想喝茶，于是打开天然气炉灶，烧了一壶热水；水烧开，茶泡好，遗憾的是你转头做了别的事情，忘记了茶和热水，于是最后得到了一杯凉掉的茶和一壶凉水。天然气燃烧产生的热能完全耗散殆尽，且永远不可能自发地回到炉灶子上重新变成可利用的热能，失去了对外部做功的能力。在这个过程中，熵不断增加，热力自由能丧失，能量从可利用变为无法利用。现在试着把天然气炉灶换成太阳能炉灶，于是你就看到了太阳最终的命运。和用完的天然气一样，恒星的燃料耗尽，无法维持热平衡，寿命走向终结。

量是领导者本人。领导者愿意改变，并且成功的领导者需要为个人及团队，在行为上实现积极的、长期的、可衡量的改变。

领导者要面对复杂、动态、突变的局面，要超越传统的“管理协同”，在价值、战略、制度高维层面上实现“治理协同”。通过这本书，徐晓冬博士系统地分析了近30年来，东西方企业发展的脉络轨迹、成败兴衰。基于多年的研究，他提出“组织治理 10S 协同模型”，通过建立一个对复杂组织和动态系统进行协同治理的简单框架，从三个维度与六个维度基点出发，应用到企业，实现商业组织协同治理，打造卓越的商业组织。

面对激烈的竞争，组织必须迅速做出改变，否则将被时代淘汰。组织需要重构现有的经营模式；需要识别之前没有认识到的盲点；需要以不同的方式将企业经营的不同要素——客户、文化价值观、竞争环境、企业规模、战略、制度等，实现协同治理。这种重构虽然困难，但势在必行。徐晓冬博士在这本书中系统地梳理了大量企业案例，从寻找企业失败逻辑背后组织治理的核心要素出发，通过失败案例剖析，发现治理的问题并探索解决方案，为企业的转型升级、商业模式的创新提供有益指导。这本书深入解析“组织治理 10S 协同模型”的核心理念、协同框架与底层逻辑。读者可以利用这些工具和框架为企业进行战略选择、价值判断、制度整合，无论企业大小及所属何种行业。希望读者能够将这本书内容应用到企业治理的实践当中，找到企业未来发展的方向，进而实现组织的长远发展。

马歇尔 · 戈德史密斯

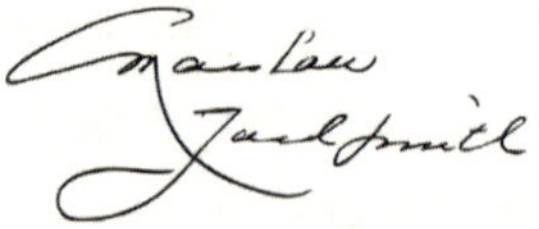

2019年7月15日

宇宙也是如此，熵总是不断增加，获取有用功的能力不断递减。关于宇宙最终命运的假说中，有一种假说即“大冻结”，或叫“热寂”。这种假说认为，宇宙最终会失去所有热力自由能，全部能量均匀地分布，不再有能力对外做功，熵值达到最大，此时温度趋近绝对零度（热力学的最低温度），一切停止运转，任何动作都不再发生，宇宙陷入死寂。

从统计学意义上讲，当宇宙中的所有能量都以不可利用的形态存在，熵达到最大值时，其实质是一种绝对的混乱无序的状态。为什么熵值最大的同时也代表了绝对的混乱无序？要回答这个问题，首先要理解什么是有序。

任何人都可以通过生活经验判断一个房间是不是有序的：衣物整齐叠好放在柜子里，桌子上的书摆放整齐，床铺被褥平整……换言之，整齐的房间对于其中物体的状态提出了许多限制条件。而一个混乱的房间则可能以多种状态出现：无论衣服出现在床上、地板上、桌子上还是其他地方，都表示了房间的混乱。有序限制了一个系统可以出现的状态。如果将一个系统可以取到的所有状态看作一个集合，能获得状态数越多的系统，混乱度就越高。

在物理过程中，熵是转化失败的能量，这部分能量失去了被利用的可能性，损耗消散在分子随机运动中。这表示，该系统可取的微观状态数量变多了。奥地利著名物理学家路德维希·玻尔兹曼在19世纪70年代发现，从微观角度来看，系统某一宏观态对应的微观态数愈多，混乱程度也愈大，该状态的熵也愈大。只要有活动，能量就不可避免地发生损耗，越来越多的能量变成了不可利用的混乱状态。粒子的可能性越多，人类的可能性就越少。

这听起来令人过于绝望。任何活动都只能增熵，人类每一个鲜活的运动朝向的都是永恒的混乱、无序与沉寂。然而，并不是没有人试图抗争过。英国物理学家詹姆斯·麦克斯韦于1871年提出了著名的麦克斯韦妖（Maxwell’s demon）假设，希望证明有力量能够抗衡这样持续耗散的过程，令系统的秩序重建。

想象一个完全封闭的盒子，盒子内部被一个隔板分成了甲乙两部分，隔板上有一个小门，而麦克斯韦假设中的小妖精就在盒子里控制着门的开关。当看到甲中运动速度较快的分子靠近门时，就开门让其通过；而当乙中运动速度较慢的分子靠近时也开门让其通过；最后，甲中将充满运动速度慢的分子，乙中将充满速度快的分子，甲冷，乙热，从一个不可利用的热源变成具备了对外部做功的能力。如果假设该滑动门无摩擦力，忽略不计开/关门时所做的功，那么这个小妖精就在没有额外做功的情况下使系统的熵减少了。麦克斯韦称，他没有看到做功，只看到了一个聪慧敏捷的智慧生物在工作。

很长一段时间里，物理学家们都被这一假设难住了。在没有做功的情况下，系统更加有序，熵减少了，这样的结论明显违背了热力学原理，但没有人能指出问题出在何处。这样一只想象中的妖精让科学家们伤透了脑筋，难道热力学原理被动摇了吗？

根据分子运动论，即使在人类安详入睡的时候，周围的空气分子都在以每秒数百米的速度做着不停歇的随机运动。如果麦克斯韦这一假设真的能通过某种手段实现，那能源问题对人类来说将不复存在，人类可以从气体分子永不停歇的随机运动中获得取之不尽的能源。

匈牙利物理学家利奥·西拉德首先于20世纪初取得了突破：这个假设实现的前提是小妖精拥有足够的信息，控制门的小妖精必须要有能力或方法去判断靠近门的分子是速度快的还是慢的。西拉德给小妖精设计了一个测量分子运动快慢的系统以获取信息，而这一过程势必产生熵，小妖精让系统恢复秩序的代价是在获得信息时产生熵。通过智能获取的信息也因此第一次和物理学中熵的概念联系起来了。

虽然西拉德的论证后来被发现存在一些漏洞，但他将信息和熵联系起来的思路无疑为其他科学家提供了思考方向。物理学家罗夫·兰道尔发现，信息的擦除必然会增加熵。兰道尔原理表明，如果计算机丢失或擦除1比特信息，散发的能量至少为$kT\ln 2$（k为玻耳兹曼常数，T为温度）。很显然，小妖精不能无限记录信息而没有遗忘。20世纪80年代，美国数学家查尔斯·班尼特最终证明，小妖精不可能无限地记住所有信息，如果它要维持工作，那就必须擦除记忆，因此付出的能量代价增加了系统的熵。

当然，关于麦克斯韦妖的争论远不止这么简单，其意义与影响极其深远。通过对这一假设的争论，能产生一些非常有趣且意味深长的思考：**在不断走向混乱的熵增的世界里，信息的获取和丢弃是维持秩序的关键所在。**为更好地利用宝贵的能量，就要在信息存留上变得更加明智，通过思考和分析，维持有序的状态和可利用的自由能。

生物世界的混沌与秩序

“有机体就是靠负熵为生的。或者更确切地说，新陈代谢中的本质的东西，乃是使有机体成功地消除了当它自身活着的时候不得不产生的全部的熵。”

——埃尔温·薛定谔，《生命是什么》

热力学已经向人们证明，在一个封闭系统中，熵永不减少，系统的混乱程度只可能增加。但生命体似乎是一个例外。按照奥地利理论物理学家、诺贝尔物理学奖得主埃尔温·薛定谔所著的《生命是什么》一书中的说法，生命的特征之一就是在“做某些事情”。这就意味着生命只要活着，就会不断产生熵，并逐渐趋向最大熵的状态——生命有机体的死亡。然而，生命有机体有能力与外部环境进行互动。生命有机体能够自发地、本能地向着热量和营养存在的方向移动，借由新陈代谢，从外界环境中吸取能量，代谢出不能做功的废弃物，维持各个器官的协同运作，以及自身的活力和高度有序，竭力避免混乱无序的消极状态。

一个生动的例子就是动物的冬眠和植物的休眠。当冬季来临，生命体无法从环境中获取足够的热量时，就会选择进入休眠状态，动物的新陈代谢速率降低，植物暂停生长。土拨鼠在冬眠状态下的体温会从平常的39℃降至7℃，心跳从冬眠前每分钟100次陡降至难以置信的2~3下，而一些植物的种子也只有在营养、能量等状况合适时才会萌发。通过这样的方式，生命系统熵的增速也放缓了，帮助生命体在环境中缺少能量的情况下，尽量维持有序的状态。

这样的行为在自然界中很容易能得到印证，另一个惊人的例子来自一种低级生物。2000年，日本北海道大学的中垣俊之（音译）和他的团队发现，多头绒泡菌（一种胶状变形虫）这种数亿年前就出现在地球上的黏液菌，都没有进化出大脑，却能够在探索生存环境的过程中，以极其优化、高效的方式获取资源。

科学家将多头绒泡菌培养在一个迷宫中，在迷宫的出入口处放置这种黏液菌喜欢的食物。黏液菌先向各处伸展探路，几小时后，生长的黏液菌就从没有食物的“死路”上撤回了多余的部分，只沿着两块食物之间的最短路径生长。这就意味着，这种没有大脑的生物找到了最高效、经济的优化路径，在消耗能量最少的情况下获得了营养。

科学家们进一步考验了这种生物，在培养基上微缩模拟了东京的城市轮廓、海岸线、地形等，然后在东京铁路上几十个车站对应的位置放置了食物。几十小时后，这些黏液菌的生长线路几乎就是工程学上公认设计极为高效、合理的东京铁路线路的翻版。黏液菌通过生物本能给出的答案与人类设计出的工程最优化路径不谋而合。

除此之外，法国的研究人员奥德丽·达苏特还发现，当黏液菌被多种蛋白质和碳水化合物比例不同的食物包围时，它们不是毫无偏好地一视同仁，而是被对它们而言营养配比最佳的食物吸引，进行优先选择。

很明显，多头绒泡菌这样能够从环境中获得信息，并加以处理的行为，帮助它们减少了浪费，更好地生存。如果它们采取的是随机运动，那么势必会产生更多的熵，消耗更多宝贵的自由能。进一步思考就会发现，这其中的关键因素和麦克斯韦妖假设中的秘密之处不谋而合：就是从环境中获得足够信息，再对信息进行判断，获取有用功。设想如果有机体不能获取信息，或者不能对获取的信息进行加工处理，那就意味着它们无法有效地和外部环境进行能量交换，代谢出自身活动产生的熵。

就像人的记忆能力是有限的一样，任何生命也都不可能无限地储存、处理信息，而从热力学上看信息的擦除又是需要付出代价的。这样的客观事实说明，如果一个生命系统不选择地记住全部信息，就要额外付出巨大的能量；如果一个生命系统根本不能储存任何信息，那只能像新生儿一样不断面临各种各样的意外与危险。

在英国作家S.J.沃森撰写的知名小说《别相信任何人》中，主人公因为身患罕见的疾病，只能拥有一天的记忆，在接受医生建议每天通过笔记记录下重要事件后，才逐渐发现了周围人的谎言和其面临的危险。虽然是虚构的故事，但无疑通过夸张的方法向人们证明，最大化地实现有意义信息的储存和利用无疑是生存的关键所在。从古至今，无论是人类代代相传的经验、知识，还是动物遗传的本能，通过经验筛选后的信息都被视为生命体生存的宝贵财富。在著名科幻小说《三体》中，被外星人派来地球封锁人类基础科学研究的机器“智子”通过先进的技术手段让人类的科学实验无法被重复验证，这意味着人类再也不能从实验中获取信息、总结规律，永远都将面临一个不可预知的结果，这样制造出的绝对混乱对人类而言可谓灭顶之灾，因为人们正是借由信息才能建立规律和秩序的。对生命有机体而言，生存的一个重要条件就是从环境中累积信息，而后从混乱中建立秩序。

从生命体个体的角度看，储存重要信息并世世代代不断传递和进化毫无疑问已被证实是通过DNA实现的。复制DNA是生命的基本特征之一，也就是生命有机体赖以存活的有用信息的记录与传递。而当生命有机体表现出更适应环境的特征时，遗传信息就会被自然选择和存留，通过响应环境、与环境的互动，有效信息被筛选和积累，生命从不可预测的混沌的环境变化中逐渐储存、筛选信息，建立规则和秩序。

从群体的角度看，通过共享信息而建立的秩序是群体提高效率的重要途径。人们经常会看到鱼群、鸟群等的集合运动行为，即群体可以持续地保持同步的运动状态，宛如一个整体。科学家对于椋鸟的研究指出，在高达数千只的鸟群中，每只椋鸟的动作都会被同伴所影响；而一只椋鸟能够通过不断调整自身运动方式持续地与其周围的七只椋鸟保持协调，这也意味着任何一只椋鸟的动作信息都能迅速地在整个群体中共享，构建群体的秩序。这样接近瞬时的信号处理速度能很好地帮助保持群体的整体性秩序，从而保护其中的每个个体。

除了根植于遗传信息中的生物本能，生命有机体还能够通过后天的学习来获取信息，规避混乱。尤其是在群体中时，规则和秩序是保证群体健康发展的前提。

人类也不例外。人类总是在不断自发地从无序中建立各种秩序，以便更好地判断和预测世界，提高生活效率。交通规则就是例证之一：从古罗马和中国古代开始，不同国家和地区的人们不约而同地自发建立了一套自成体系的交通规则，以此避免陷入混乱的状态。不管这个规则具体是什么——无论是靠左还是靠右的道路通行方向，都表明了人们在自发地寻求一种秩序，以获得更加可预知的未来。

序参量的奥秘

> “与恶龙缠斗过久，自身亦成为恶龙；凝视深渊过久，深渊将回以凝视。”
>
> ——弗里德里希·尼采，《善恶的彼岸》

人们已经观察到，为了维持一个低熵的、有序的状态，生命有机体需要接收、存储、处理信息，并通过有效信息和环境互动给予反馈，形成规则和秩序。然而，秩序究竟是何时、怎样形成的？尤其是在群体中、在生命系统和其他复杂系统中，这些信息作为影响因素，是如何对系统的秩序、规律起作用的？

著名物理学家列夫·朗道提出了序参量的概念，用来刻画在相变［物质从一种相（态）变成另一种相］的过程中，物理系统有序化程度和对称性质的变化。这个听起来有些深奥的概念，能够帮助物理学家明确什么是相变过程中的决定性因素或关系。而正是因为序参量的改变，物质有序性、对称性发生了巨大变化，因而状态产生了改变。序参量这一概念被理论物理学教授赫尔曼·哈肯进一步延展。

20世纪60年代，激光器出现了。这种能够发射激光的机器一经问世便引起了科学家对于其将普通光源变成激光的原理有了浓厚的兴趣。美国科学家查尔斯·汤斯和阿瑟·肖洛在激光器发明前就已经发现，当氖光灯照在一种稀土晶体上时，晶体的分子就会发出鲜艳的、始终聚在一起的强光。据此，他们提出了“激光原理”，即物质在受到与其分子固有振荡频率相同的能量激发时，都会产生此种不发散的强光。激光器发明后，当时许多学者也都认为，激光器的内在原理就如同查尔斯·汤斯和阿瑟·肖洛所发现的激光原理一样，起到了放大器的作用，即通过能量激发对普通的光源进行了强化。

而赫尔曼·哈肯相信，“激光原理”不足以解释激光的产生。激光与一般光的重要不同点就在于，激光的光子都有相同的频率、相位（同调性）、前进方向，而在一般的发光体中，电子释放光子的动作是随机的，所释放出的光子也就无法具有相同的特性。哈肯认为，从无序到有序是激光产生的关键。然而在这个从无序到有序的过程中，没有人对它们“发号施令”，粒子自发地实现了有序统一的振荡步调。

物质这样从无序到有序的变化，让哈肯联想到了热力学中的相变理论。随后，哈肯还发现，类似这样从无序中建立秩序的例子在生物学、流体力学等领域都出现过。他认为这样的共性背后一定有某种共同原理和普遍规律，即复杂系统和运动现象中均具有从无序到有序转变的共同规律。哈肯延展了相变理论中“序参量”的概念，将其用来描述系统的有序程度和有序与无序之间的转变。

在激光的产生中，某一种特定的波会建立主导地位，而后支配所有的粒子都按照它的节拍共振，形成特定秩序，这种波就成为激光的序参量。在哈肯的理论中，序参量是系统状态发生改变的根本标志。在系统从无序向有序变化前，处于无序状态时，序参量为零；而当序参量出现时，系统就开始了向有序状态的演化，序参量也随着系统有序结构的出现而具有一定的数值。因为序参量支配了系统秩序的建立，所以也就决定了系统变化的方向、形式与特点等，成为研究系统变化和规则秩序的关键。序参量的出现也决定了系统规则出现的时间节点。在系统变化初期，有时会存在几个不同的序参量，但随着系统在序参量的控制下不断变化，不同序参量之间的地位和重要性也在发生着变化，当达到一个新的阈值时，对于序参量的选择也就成为系统发展的关键问题。

但序参量并不是凭空产生的，既然序参量从系统中产生，又支配着系统的发展，系统和其序参量的关系就是相互的。用哈肯的话讲，这是一个“先有鸡还是先有蛋”的问题。哈肯提到了提线木偶的例子：木偶的线控制了木偶的行为，但反过来木偶也制约着线的运动。在复杂系统中，系统的各部分的互动由序参量进行安排，而序参量正是由各部分的协作互动才得以产生的，就像经济学理论中那只“看不见的手”。

与热力学上序参量的概念不同，哈肯将序参量引入是为了描述复杂系统。哈肯认为，序参量这一概念不局限于某一特定领域，而是一个普适的规律，是一门研究“有序自组织集体行为”的科学。诚如其所言，在自然科学渗透进社会科学的过程中，哈肯的理论在社会学、经济学等多个领域已得到体现。

在古代，不同种族的人类有着不同的生理特征，说着不同的语言，甚至和其他地区完全没有联系，却在发展路径中展现了惊人的一致和协调；演唱会上，成千上万名自由活动的观众会突然自发形成“波浪”，有序地站起、坐下，完成一整个“波浪”的起伏。英国著名科普作家、著名杂志《科学》特邀科学编辑菲利普·鲍尔在《预知社会：群体行为的内在法则》一书中表示，相较于个体行为的不可预知性，群体的行为反而有迹可循，总是在杂乱中显现出秩序。回到最开始，生命有机体为了保持低熵的、有序的状态，需要接收、存储、处理信息，并以此和环境进行互动。在生命有机体与生命有机体、生命有机体与环境之间，形成了不同的复杂系统，而追求低熵的基本目标和复杂系统中序参量的奥秘，推动着一个个系统不断演进、发展，并形成自己的形态和逻辑。

企业存活的“负熵”逻辑与协同思维

从物理学到一个普适科学，从“熵”这一概念的延展到哈肯“序参量”向不同学科的渗透，如何在混沌无序中建立或保持秩序始终令人着迷。商业世界难以预测，企业无疑是一个复杂系统，若能利用物理学等自然科学原理进行管理学分析，势必对企业管理大有裨益。

复杂的商业世界有着“一将功成万骨枯”的残酷性，经济繁荣的背后有着无数倒下的企业。如果不能找到影响组织系统的序参量，对组织系统的发展进行把控，同时不断吸收能量、增强活力，就只能一步步走向死亡。

在商业世界中，造成混乱和损失的“熵”也总是单向运行的，企业的存活也要依靠“负熵”的逻辑，即有意识地累积信息、从周围环境中收集能量，不断朝着“热量”移动，以避免毫无生气的死寂状态，失去发展动力。

企业这一复杂系统中的熵会自然产生于企业内部的各种活动中，任何运营、管理活动都会产生熵，减少有用功；而企业内各个部分的互动也影响了序参量的产生与发展。关注序参量，才能帮助企业汲取能量，获得活力，维持有序、高效的状态。

1998年，亚马逊创始人及董事长兼首席执行官杰夫·贝佐斯在给股东的信中写道：“We want to fight entropy.”（我们要反熵。）任正非也把“熵”的概念引进华为日常管理之中，并进行了详细的阐述，华为大学内部出版的第一本书就叫作《华为之熵 光明之矢》。任正非在一篇华为内部文章《一江春水向东流》中说过一句话：“历史规律就是死亡，而我们的责任是要延长生命。”熵减就是华为的活力之源，也是华为思考企业管理“乱中求治”的重要视角。

如何实现企业的熵减？热力学定律中，封闭系统是不可能实现熵减的，只有借助外界的能量才能维持自身的有序性；企业也是如此，只有保持开放，才能维持自身的有序性。在从外界获取能量与信息的过程中，序参量产生，组织内部的规则不断演化、建立。

要摆脱熵增的困扰，商业组织在发展中就不能“只见树木，不见森林”，只有建立协同思维逻辑，摒弃线性的思考方式，从全局的角度探究商业组织的底层发展逻辑，以协同思维面对“崩溃”之境地，才有可能在熵增的复杂商业世界中把握协同思考的方式，长期处于活力的动态平衡状态。

总结

- 在一个封闭系统中，熵永不减少。有序限制了一个系统可以出现的状态。熵达到最大值时，其实质是一种绝对的混乱无序的状态。
- 生命有机体能够自发地、本能地向着热量和营养存在的方向移动，借由新陈代谢，从外界环境中吸取能量，代谢出不能做功的废弃物，维持各个器官的协同运作，以及自身的活力和高度有序，竭力避免混乱无序的消极状态。
- 复杂系统和运动现象中均具有从无序到有序转变的共同规律。哈肯延展了相变理论中“序参量”的概念，将其用来描述系统的有序程度和有序与无序之间的转变。
- 序参量从系统中产生，又支配着系统的发展，系统和其序参量的关系是相互的。木偶的线控制了木偶的行为，但反过来木偶也制约着线的运动。
- 企业这一复杂系统中的熵会自然产生于企业内部的各种活动中，任何运营、管理活动都会产生熵，减少有用功。
- 只有通过认识、把控组织系统中关键序参量，企业组织才能顺利地汲取负熵，保持活力，向协同组织的方向发展。
- 关键序参量是不相同的。若失去了对关键序参量的判断和把控，企业就必然走向崩溃。

第二部分

新的框架与底层逻辑：组织治理10S协同模型

除了物理学界和生物学界，在社会和商业世界，熵和序参量的影响依然无处不在。互联浪潮汹涌而至，企业面临的挑战更加激烈，如何在激烈无序的竞争中突出重围、走向有序？是否有一种模型理论能够更加直观地分析出商业组织崩溃与崛起背后的奥秘？组织需要持续变革、不断进化，才能在激烈的竞争环境中实现熵减。在技术的推动下，新商业环境改变了组织的竞争规则，企业的战略、制度、商业模式、组织架构等都需要根据外部环境、客户需求的变化不断演化，实现组织各个子系统之间、外部客户之间的协同发展，才能适应环境的变化，实现基业长青。

面对商业世界与商业组织，要透过现象看本质，直抵事物的核心，发现基本规律与底层逻辑，提出新的解释。企业治理的规律，无法呈现出如物理学一样的定律。由于人类的参与，社会、经济和企业的进化，往往遵循着与生物学相似的规律。协同学来源于物理学、生物学、系统论、控制论，以此为科学基础，我们探索企业治理的新框架与底层逻辑。

第三章

未来商业组织的演化图谱

企业的生长曲线让人唏嘘。强极一时的企业也可能是生活在“梦境”之中，一旦梦被惊醒，就可能因为各种原因倒下。对商业组织及领导者来说，探寻管理科学的奥秘，保持清醒的头脑和明智的决策，是持久不懈的追求。商业组织走向心智模式的觉醒，需要各个要素之间的协同，才能实现商业组织的持续演化。

当赫尔曼·哈肯遇上管理学

协同学理论对于研究商业组织的演化发展同样具有普适性意义。在对物理学序参量研究的基础上，1971年，德国物理学家赫尔曼·哈肯提出了系统协同学理论，认为**自然界和人类社会的各种事物普遍存在有序、无序的现象，在一定的条件下，有序和无序会相互转化，无序就是混沌，有序就是协同**，这是一个普遍规律。协同现象普遍存在于宇宙一切领域中，没有协同，人类就不能生存，生产就不能发展，社会就不能前进。在一个系统内，若各个子系统（要素）不能很好地协同，甚至互相拆台，这样的系统必然呈现无序状态，因无法发挥整体性功能而终将瓦解。相反，若系统中各子系统（要素）能有效配合、协同，多种力量就能集聚成一个总力量，形成大大超越原有各自功能总和的新功能。

协同学的起源

> “生物的美不在于它所含的原子，而在于这些原子被组合在一起的方式。”
>
> ——卡尔·萨根，美国著名科学家

协同学研究协同系统在序参量的驱动下与子系统的相互作用，以自组织的方式在宏观尺度上形成空间、时间或功能有序结构的条件、特点及演化规律。协同作用能产生“1+1>2”效果的作用，它研究的是一个开放系统通过内部的子系统之间的协同合作形成宏观有序结构的机理和规律。简单地说，协同效应整体的作用效果大于个体的单独作用之和。协同效应原本为一种物理化学现象，又称增效作用，是指两种或两种以上的组分相加或调配在一起，所产生的作用大于各个部分单独应用时所产生的作用的总和。

达尔文主义认为“物竞天择，适者生存”，赫尔曼·哈肯将协同学从生物世界推广到非生物世界，提出了广义达尔文主义。赫尔曼·哈肯认为，从严格的意义上来说，“适者生存”这一理论并不完美：一方面，生活在各自“生态小环境”中的物种并不需要展开激烈的竞争；另一方面，自然界的不同生物种也存在相互协作、共生的现象。例如，蚂蚁喜欢取食蚜虫腹部末端尾毛分泌的含有糖分的汁液，所以蚂蚁常常保护蚜虫，把吃蚜虫的瓢虫驱赶开甚至杀死，有时蚜虫缺乏食物时，会把蚜虫搬到有食物的地方，蚂蚁和蚜虫之间就是共生关系。

现代物理学的一个重要观点是，“部分”的性质通常来说不是最重要的，最重要的是它们的“组织”，它们组合起来的模式和形式，也就是各个部分的相互关系。就像石墨与钻石，同是由碳元素构成的，但因碳元素的组织方式不同，而展现出截然不同的性质。人类所处的世界，更像网络的环状结构，而不是简单线性的因果结构。原因本身是结果，结果也可能是原因。任何一个因素，在系统中都可能和其他因素产生互动关系。

赫尔曼·哈肯在《协同学导论》中认为整个环境中的各个系统存在着相互影响而又相互合作的关系。社会现象亦如此，例如，企业组织中不同部门的相互配合与协作关系，以及系统中的相互干扰和制约等。一个企业可以是一个协同系统，协同是经营者有效利用资源的一种方式，使公司整体效益大于各个独立组成部分总和的效应。

协同作用广泛存在于自然界或社会系统中，是系统有序结构形成的内驱力。在任何复杂系统中，当在外来能量的作用下或在物质的聚集态达到某种临界值时，子系统之间就会产生协同作用。这种协同作用能使系统在临界点发生质变产生协同效应，使系统从无序变为有序，从混沌中产生某种稳定结构。协同效应也说明了系统自组织现象的观点。

1969年，比利时物理学家普利戈金提出自组织的概念，即系统在没有外部指令的条件下，其内部子系统之间能够按照某种规则自动形成一定的结构或功能，具有内在性和自生性特点。自组织原理解释了在一定的外部能量流、信息流和物质流输入的条件下，系统会通过大量子系统之间的协同作用而形成新的时间、空间或功能有序结构。一个系统自组织功能愈强，保持和产生新功能的能力也就愈强。例如，蚂蚁是世界上智商最低的动物之一，每只蚂蚁的行为非常简单，然而整个蚁群的结构异常复杂。一群低智商的蚂蚁通过协同，可以完成非常复杂的任务，这就是自组织的魅力所在。

20世纪60年代，美国战略管理学家伊戈尔·安索夫将协同学理论与企业管理结合，他认为协同就是企业通过识别自身能力与机遇的匹配关系来成功拓展新的事业。协同战略可以像纽带一样把公司多元化的业务连接起来，即企业通过寻求合理的销售、运营、投资与管理战略安排，可以有效配置生产要素、业务单元与环境条件，实现一种类似报酬递增的协同效应，从而使公司能更充分地利用现有优势，并开拓新的发展空间。协同战略就是企业如何通过识别自身能力与机遇的匹配关系来成功地拓展新的事业，达到企业整体价值有可能大于各部分价值总和的企业战略。

◣ 协同学理论在组织中的应用

协同学理论认为，虽然不同的系统千差万别，但在整个系统中，各个子系统存在相互影响又相互协作的关系，组织管理也同样如此。在组织系统中，不同部门相互配合协作，在一定环境下也存在相互竞争的关系。当系统内部各子系统彼此协作得当时，系统的整体性功能会得到最大限度发挥。例如，如果一个组织系统内部，人、组织、环境等各子系统内部相互协调配合，共同围绕目标齐心协力地运作，那么就能产生1+1>2的协同效应。反之，如果一个管理系统内部相互压制、离散、冲突或摩擦，就会造成整个管理系统内耗增加，系统内各子系统难以发挥应有的功能，使整个系统陷入一种混乱无序的状态。因此，内部各子系统必须协调合作，减少内耗，充分发挥各自的功能效应。

另外，在企业管理中，虽然影响管理系统的因素很多，但只要能够区分本质因素与非本质因素、必然因素与偶然因素、关键因素与次要因素，找出其中起决定作用的序参量，就能把握整个管理系统的发展方向。序参量概念对企业管理的借鉴意义在于，序参量解释了系统如何在临界点上发生相变，以及序参量如何主导系统产生新的时间、空间或功能结构。序参量的特征决定了它是管理系统发展演化的主导因素，组织只要在管理过程中审时度势，创造条件，通过控制管理系统外部参量和加强内部协同，强化和凸显组织所期望的序参量，就能使管理系统有序、稳定地运行。

在竞争愈加激烈背景下，企业要获得长远发展，不仅需要内部子系统和子系统之间的协同，还需要及时洞察外部环境的变化，并善于协调外部的力量和资源，提升自身的竞争优势。企业可持续发展需要企业系统内外部要素的协同作用，是组织内部要素互为前提、相互作用、相互协作的结果。

协同：商业组织的底层管理逻辑

企业正在进入全球化时代，所面临的商业环境更加振荡、更加复杂、更加多变，竞争环境的不确定性也大大增强。无论企业是否愿意，都将面临一系列前所未有的崭新挑战。企业要在激烈的全球竞争中占有一席之地，需要构建基于“10S协同模型”的协同战略，与其他企业进行“协同”合作，企业内部各子系统也彼此协作配合，打破信息“孤岛”，达到各种要素相互作用增强的效果，才能立足于激烈竞争的市场环境当中。

商业组织协同是系统相互作用达到的匹配、适宜、自然、包容、共享、增效、渐进、稳定、和谐、健康的状态，这种协同是宏观、中观和微观的动态、整体和协调的运行状态。商业组织协同治理就是建构组织中行为者协调合作的框架，形成结构元素的协调、协作的拉动效应，共同前进，个个获益，整体加强，多赢发展。建构共同价值、战略、制度模式框架是企业家的任务，并以一系列要素为轮驱动组织高速前进。**商业组织的协同治理体系是共同价值、战略、制度等一系列要素所形成的匹配共振。**通过构建“10S协同模型”，建构系统、协同的商业组织治理体系立体框架。

“10S协同模型”及椎体图，如图3-1所示，包括分为三个层次的十个要素。第一层次是协同（Synergy）；第二层次是共同价值/首要目标（Shared Values/Superordinate Goals）、制度/模式（System/Schema）、战略/战略决策（Strategy/Strategic Decisions）三个要素；第三层次是价值认同/社会舆论营销（Value Identity/Social Marketing）、满意度/表达（Satisfaction/Expression）、结构/稳定（Structure/Stabilization）、激励/约束（Stimulation/Restrain）、规模/范围（Scale/Scope）、周边环境/竞争态势（Surroundings/State of Competition）六个要素。

在“10S协同模型”中，从静态来看，规模/范围、周边环境/竞争态势决定了企业的战略/战略决策制定，满意度/表达、价值认同/社会舆论营销则对共同价值/首要目标产生重要影响，结构/稳定、激励/约束对企业的制度/模式影响重大。最终，共同价值/首要目标、战略/战略决策、制度/模式共同作用，才能真正达到组织协同的目标。

从动态来看，每个要素在整个协同系统中发挥序参量的作用，在组织发展的不同阶段，每个要素（序参量）的地位和重要性也在发生着变化，支配整个组织系统的发展。同时，各个要素在不同圈层中不断转动，每个要素与其他要素也相互影响、相互制约，最终形成各个要素之间动态的协同与匹配的过程，从而达到整个组织系统的协同发展。

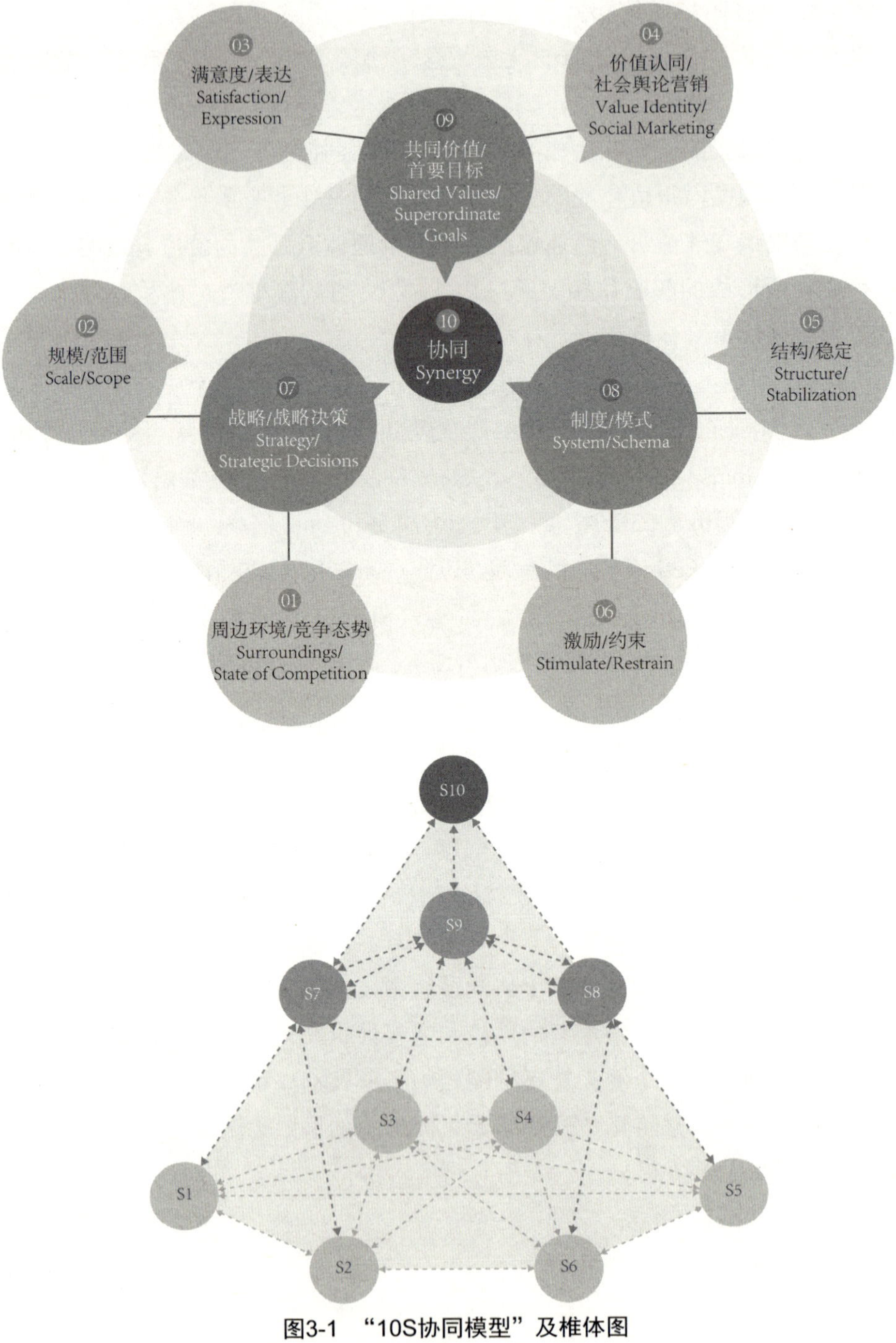

图3-1 “10S协同模型”及椎体图

1．周边环境/竞争态势。外部周边环境分析是企业战略管理的重要环节。周边环境主要包括政治、经济、社会、技术等方面的宏观环境，以及行业与市场环境。依据周边环境的变化进行战略创新，实现战略目标与措施的有效调整，是企业战略管理的核心任务，是企业竞争取胜的关键，也是企业可持续发展的基本要求。

2．规模/范围。企业规模是指劳动力、生产资料和产品在企业集中的程度。不同层次和不同方式的生产要素组合，形成不同类型的企业规模。依据不同的划分标准（可按职工人数、生产能力、固定资产价值等标准），可以把企业分为大型企业、中型企业和小型企业。

3．满意度/表达。在协同治理中，就是要围绕客户和治理主体去构建价值创造、价值表达、价值定位、价值评价、价值回报为一体的组织价值协同运作机制。华为的“以客户为中心，以奋斗者为本”“胜则举杯相庆，败则拼死相救”就很好地表达了其价值主张：从产品或服务的角度看，客户满意度是满足或超过客户期望的程度，有助于评估公司如何改进客户体验。美国硅谷知名风险投资人约翰·奇泽姆在《创业：放飞你的梦想》一书中提出：“客户满意度，是指通过客户接触点（如网站、客户服务、账户体验、安装、技术支持）和细分点（如人口统计、科技消费学和消费心态学）得出的客户期望值与客户体验的匹配程度、总体满意度、推荐意愿、净推荐值。”

4．价值认同/社会舆论营销 。组织内所有成员对组织目标和价值的认同是组织发展的必要前提，组织内成员需要认同组织的文化价值观、使命、愿景等，即价值认同。社会舆论营销是在社会发展急速变迁过程中，以营销传播的策略与做法凝聚人心，进而达到促进个人、组织对共同价值的集体认同。

5．结构/稳定。组织结构是指为了实现组织的目标，经过组织设计形成的组织内部各个部门、各个层次之间固定的排列方式，即组织内部的构成方式。稳定是维持组织系统稳固、固定、平衡，以达到组织正常运营的目的。组织结构的组合形式，包括传统的科层式、矩阵式、网络式等组织结构。良好的企业组织结构形式是提高组织运营效率，提升组织竞争优势的关键。

6．激励/约束。激励/约束主体根据组织目标、人的行为规律，通过各种方式，去激发和释放内在潜能和活力，使人有一股内在的动力和要求，迸发出积极性、主动性和创造性，同时规范人的行为，使之朝着激励主体所期望的目标前进，协同推动个人和组织的共同进步。

7. 战略/战略决策。组织战略是指组织对有关全局性、长远性目标的谋划和决策，即组织为适应未来环境的变化，完成组织目标和使命的整体谋划。组织战略表明组织如何达到目标，是提出详细行动计划的起点。战略反映了管理者对竞争环境、组织规模等关键因素的理解，用以确保已确定的使命、愿景、价值观的实现。战略决策是组织管理团队对事关组织未来方向的大政方针的判断、规划和把握。

8. 制度/模式。企业制度是企业中全体成员必须遵守的行为准则，包括企业组织机构的各种章程、条例、守则、规程、程序、办法、标准等。它规定了企业的组织指挥系统，明确了人与人之间的分工和协调关系，并规定各部门及成员的职权和职责。商业模式即为实现客户价值最大化，把能使企业运行的内外各要素整合起来，形成一个完整的、高效率的、具有独特核心竞争力的运行系统，并通过最优实现形式满足客户需求、实现客户价值，同时使系统形成持续盈利目标的整体解决方案。

9. 共同价值/首要目标。共同价值/首要目标是商业组织运营的基本目标、使命、愿景、文化价值观等，是商业组织永续经营的基础。例如，苹果的目标是改变世界，其企业经营、业务战略、产品研发等皆以此为中心而开展。

10. 协同。协同是商业组织治理体系的顶层核心的第一要素。协同是指系统在序参量的驱动和子系统的相互作用下，以自组织的方式在宏观尺度上形成空间、时间或功能有序结构的条件、特点及演化规律。协同有共同作用、协同作用、综合效用的意思，协同作用表示联合产生的效果超过单独效应的总和。

“10S协同模型”的建构，揭示了商业组织的长远发展取决于多个要素，以及多个要素之间的关联和支持；组织的运营状况取决于各个要素之间的协同与匹配，企业的成功不仅依赖一个要素的改变；各个要素之间的协同与匹配是动态的过程。对于企业管理而言，在分析自身优势、市场趋势后，根据规模、周边环境定位形成战略，与企业特有的文化价值进行契合，并通过一定的制度和商业模式将组织战略有效落地，才能实现组织的创新、转型和长久发展。

组织的进化路径：走向协同

“未来竞争的焦点在每个社会组织内部成员之间及其与外部组织的有效沟通与协作上。”

——约翰·奈斯比特，美国未来学家

过去，许多组织为了提升内部合作的有效性和敏捷性，不断朝着“团组式”的运营模式发展。现在，这一发展趋势正在改变：从组织内部逐渐转向组织外部和生态系统，组织需要及时感知利益相关方的各种期望和需求并能迅速响应，协同型商业组织正在迅速崛起。

组织需要打破孤岛，加强协作，与不同的利益相关者建立相互信任的关系，才能真正成为协同型的商业组织。北京大学国家发展研究院陈春花教授认为，在个体价值崛起、组织边界模糊的今天，连接比拥有更重要，协同比分享更有价值。未来组织将转变为一个共生型组织，需要从外至内重新审视组织，消除组织结构障碍和冗杂的管理层级，打破组织边界，通过跨领域的合作实现组织价值的创造。开放边界、共生成长是领先企业的核心特征。**面向未来，“协同”将成为企业组织的进化路径。共享经济的下一个浪潮是协同经济，支持共享与协同经济的系统平台将是一个新物种。未来，组织需要构建成一个去中心化、互连互通、共享协同、平等互信的生态网络体系。**

将协同的理念引入商业组织管理中，需要组织对自身的共同价值/首要目标、战略/战略决策、制度/模式进行重新梳理和反思。这需要重新思考企业与员工、企业与投资者、企业与合作伙伴、利益相关者，乃至整个社会的关系。从这一角度出发，企业需重新制定新的发展战略，融合个人、企业、社会的共同价值，从而铸就企业的基业长青。

◣ 打造协同共生的商业组织

根据协同学理论，系统的稳定是相对的。系统内部诸要素之间的联系及系统与外部环境之间的联系都不是静态的，都与时间密切相关，并会随时间不断地变化。这种变化主要表现在两个方面：一是系统内部诸要素的结构及分布位置并非固定不变，而是随时间不断变化的；二是系统都具有开放的性质，总是与周围环境进行物质、能量、信息的交换活动。因此，系统处于稳定状态，并非系统没有什么变化，而是始终处于动态平衡之中，处在不断演化之中。分析问题时，不能仅仅停留在部分的特质，而是要看清系统内不同变量的互动结构。

1911年，“科学管理之父”弗雷德里克·泰勒出版了《科学管理原理》，被广泛应用于企业管理当中，成为企业管理理论的圭臬。企业为了获得更高的管理效率，不断强化分工，将整体工作分解为许多最简单、最基本的工序，工人只需要重复一种简单的工作，熟练程度大大提高。为了确保对专业化分工之后的职能部门进行有效管理，同时对各个流程实施严格的监控，企业的组织使用等级制度，从最高管理者到最基层的员工之间形成了一个等级森严的科层式组织架构。科学管理的理念在20世纪被美国两大汽车巨头福特汽车和通用汽车发扬光大，形成了汽车的流水作业线，使生产效率倍增。然而，科学管理的理念也存在诸多弊端，过度分工使得工作单调性增加，妨碍了员工发挥自身的创造性。另外，组织的灵活性不高，当某一环节出现问题时将导致整个组织系统的运营受损。

随着互联技术的出现，组织所处的环境充满了各种不确定性，组织需要具备更加广泛的视野、各个职能部门也需要更高频次的互动才能生存和发展，这些都导致传统的科学管理理念需要不断进化。组织需要形成一个复杂、多元、协同、共生的“生态系统”。在这个生态系统中，企业内部彼此协作，外部客户与企业不断互动，企业的业务随着消费需求的不断变化而及时调整，内外部之间信息不断交流，企业的商业模式、组织架构、战略、文化价值观之间的关系将不断走向协同。**未来的组织将从一个线性、确定的世界走向一个非线性、不确定的世界，协同则是组织不断进化的路径。**

总之，企业协同战略的制定与实施不仅要求企业拥有独特优势的资源，还要具有较强的战略运作能力，同时，要求企业管理者拥有较强的洞察力、对环境分析的能力，才能制定出卓越的协同战略。正如“学习型组织”的创始人阿里·德赫斯在著作《长寿公司》中谈到长寿公司的四个特征：第一，能对周围环境保持敏锐的反应以便学习和适应；第二，凭着强烈的认同感达成公司上下的一致；第三，为积蓄财力而在财政上采取保守政策；第四，允许打破常规和进行不落俗套的思考和试验。组织需要建立目标一致的价值观，围绕共同价值根据环境的变化不断调整战略、建立能够激发员工潜力的管理制度，放松控制，让各职能部门、组织与外部客户、社会真正相互协作、互相信任，融为一体，才能真正获得长远的发展。

组织协同治理的核心是组织和人

在冰河世纪末期，地球发生了急剧的气候变化，这意味着很多物种无法再找到合适的栖息地，它们最终走向灭亡。同样，随着移动互联网时代的到来，新技术以史无前例的速度变革着商业环境和模式、冲击着传统企业管理。新技术正助推变化的发生，并导致许多商业形态的消亡。

在充满不确性的商业时代，取得成功将变得更加艰难，两类企业将面临更严峻的生存危机。第一类是体型庞大的企业，当组织不断发展，层级越来越复杂时，组织对于外部商业环境的应对速度将变慢，一旦企业停止创新，缺少应变力，就会面临倒闭的风险。诺基亚被微软收购就是一个典型的例子。第二类是老企业，这些企业如果还生活在过去的荣耀里，缺乏对未来的审视与警醒，也会快速走向灭亡。

◣ 发挥1+1=10的协同效应

随着技术的发展，组织与人的关系不断重构。工业时代，大多数工人本质上是机器的延伸，其工作方式也必须像机器一样整齐划一。随着互联网技术的发展，人类进入了移动互联时代，企业正在把工作中心逐渐转移到外包公司、合作伙伴和自由工作者组成的服务网络。

在过去，企业在遇到管理难题时，可能借鉴别人的经验，在VUCA（Volatility，易变性；Uncertainty，不确定性；Complexity，复杂性；Ambiguity，模糊性）时代下，企业必须从寻找“标准答案”转变为寻求“参考答案”。不断根据环境变化和自身发展状况，对组织变革进行修正，对内部流程进行梳理，这将成为企业发展的常态。波士顿咨询提出的《未来平台化组织研究报告》认为，**随着组织界限日益模糊，为了在组织内部形成更大的协同效应，领导层必须全面深入了解员工的动态，尤其是要了解新生代员工的心理，他们的思想更加自由，也具有极大**

的创新性。未来，管理者可能变为协调者，他们不再是组织权力拥有者，未来组织最重要的是赋能，而不是管理或激励。管理者需要利用多方资源，充分利用自由职业者、合同工、全职员工等多样化的劳动力，进入管理新时代。

商业组织协同治理的核心就是组织和人，特别是企业家的认知水平、格局、视角、视野、魄力等，对企业的长远发展起着决定性作用。在全球商业市场，互联网、人工智能、大数据、机器算法等技术迅猛发展，科技让大型企业和创业企业在同一个赛场上进行角逐与竞争。苹果凭借全新的商业模式，集合硬件、软件、服务于一体，成为智能手机市场的王者；而以爱彼迎、优步为代表的创业企业，也凭借商业模式创新崭露头角，打破竞争格局。一种健康、创新、持续的商业模式的背后透露出企业家们对市场的深入洞察与理性思考。**企业家在经营企业时，需要具备一种协同思维，要对周边环境、战略、商业模式、技术创新进行综合思考，让理性的企业家精神得以回归。**

从古至今，不管是被誉为彪炳史册的英雄，还是被视为贪婪逐利的商贾，企业家的创新与创业活动都对经济增长和国家繁荣产生着巨大影响。企业家存在的价值和意义，不仅在于创造物质财富，还代表并塑造了企业的信念、价值观，企业发展的战略，以及变革组织的模式和制度。企业家精神是伟大公司的基因，也是组织基业长青的动力源泉。

经济学家约瑟夫·熊彼特在代表著作《经济发展理论》中表示，企业家精神是产品创新的驱动力，是企业推动改革进程的关键引擎。熊彼特认为，企业家精神是发现、推动新生产要素组合的本质，是创造社会经济的要素。英国经济学家阿尔弗雷德·马歇尔则认为，企业家精神是一种心理特征，包括“果断、机智、谨慎和坚定”“自力更生、坚强、敏捷并富有进取心”，以及“对优越性具有强烈的愿望”。现代管理学之父彼得·德鲁克在《创新与企业家精神》一书中表示：企业家觉得变化是理所当然且不可或缺的。也许他们自身并不会引发这样的变化，但是他们会去寻找变化，应对变化，将变化作为机会充分利用。这就是对企业家及企业家精神的定义。在德鲁克看来，企业家精神不是一种气质而是一种行动。

在商业竞争中，新的竞争对手可能从某个行业中涌现出来，现有的企业不知道什么时候将被颠覆，也不知道将被谁颠覆。过去的成功不能保证未来的成功，真正的企业家精神是要超越自我，敢于冒险，始终看到未来。

企业的成功，离不开具有企业家精神的企业家。企业家精神是企业成长的原动力之一。企业家精神可以渗透到个体层面、公司组织层面和整个社会层面，从而对社会的方方面面都会产生重大而深远的影响。企业家精神对企业的巨大影响表现为企业家自身的价值观、认知水平、格局、视野、魄力、能力等对组织产生的巨大影响。企业家在组织中的独特地位，决定了企业的核心价值观、战略、制度、组织架构等必然受到重要影响。从某种意义上而言，企业家精神决定了企业经营发展的兴衰成败，企业的成长和发展与企业家密切相关。任何一个伟大企业背后，通常都有一位杰出的企业家。例如，苹果与史蒂夫·乔布斯、GE与杰克·韦尔奇、微软与比尔·盖茨等。

◣ 协同型组织的三重修炼

很多大企业在规模达到成百上千亿元之后，由于无法适应环境的快速变化，瞬间倒下。与之相比，许多小企业则过分依赖创始人或企业家个人的力量，存在诸多局限性，无法真正成为一个有生命力的组织。因此，企业管理不能靠个人，而是要通过卓越的文化价值观、灵活的商业模式、与时俱进的战略来运行。对于协同型组织而言，通过构建“10S协同模型”，从回答“我是谁？去哪里？怎么去？”的角度出发，找准自身的定位，审时度势，不断调整，才能在云谲波诡的商业环境中获得持续增长。

首先，文化价值观决定着组织发展的方向，是组织持续发展的关键因素。尤其在知识经济时代，企业之间的竞争越来越表现为文化竞争。企业文化是企业中一整套共享的观念、信念、价值和行为规则的总和，它能促使企业内部形成一种共同的行为模式，这种共同的行为模式便是企业文化最强大的力量之所在。如今，企业文化不再是“挂在墙上”的标语和口号，组织的办公环境、汇报条线、沟通机制无不展现企业的文化价值观。

其次，在快速变化的时代，企业的战略需要根据环境的变化不断转型。对企业而言，能否在不断适应与不断变化的过程中，始终保持企业的核心竞争力，是组织能否基业长青的重要动力之一。

最后，从企业层面来讲，伟大的企业不断创新自身的商业模式和制度，这些伟大企业具有不可复制的核心竞争能力，也成为企业赖以生存的重要动力之一。现代管理学之父彼得·德鲁克曾说：“当今企业之间的竞争，不是产品竞争，而是商业模式竞争。”

吉姆·柯林斯在《基业长青》一书中对18 家伟大企业进行了分析，认为最持久、最成功的公司的基本特质是它们保持一种核心理念，同时刺激进步，能够从烦琐的经营方式和商业谋略中，分离出它们永恒不变的核心价值观和经久不衰的使命。而正是基于这种使命，组织能够在经历环境变化时保持初心，大胆拥抱变革，最终成为基业长青的伟大企业。因此，不是规模和利润成就一个伟大的组织，而是通过不断拥抱变化、坚守企业的文化价值观、持续对商业模式和战略进行变革和创新，成就一个伟大的组织。

组织通过认识、把控组织系统中如共同价值/首要目标、制度/模式、战略/战略决策、价值认同/社会舆论营销、满意度/表达、结构/稳定、激励/约束、规模/范围、周边环境/竞争态势等关键序参量，构建“10S协同模型”，向协同组织的方向发展才能顺利地汲取负熵，保持活力。对于不同企业，关键序参量也不相同。若失去了对关键序参量的判断和把控，企业就必然走向崩溃。接下来的三部分将从“10S协同模型”中不同的关键序参量出发，研究商业组织“我是谁？去哪里？怎么去？”三个基本问题，探究组织基业长青、组织卓越的内在逻辑，从而帮助组织不断走向协同。

总结

- 自然界和人类社会的各种事物普遍存在有序、无序的现象，在一定的条件下，有序和无序会相互转化，无序就是混沌，有序就是协同。
- 在组织系统中，不同部门相互配合协作，在一定环境下也存在相互竞争的关系。当系统内部各子系统彼此协作得当时，系统的整体性功能会得到最大限度发挥。
- 商业组织的协同治理体系是共同价值、战略、制度等一系列要素所形成的匹配共振。
- 共享经济的下一个浪潮是协同经济，支持共享与协同经济的系统平台将是一个新物种。未来，组织需要构建成一个去中心化、互连互通、共享协同、平等互信的生态网络体系。
- 未来的组织将从一个线性、确定的世界走向一个非线性、不确定的世界，协同则是组织不断进化的路径。
- 商业组织协同治理的核心就是组织和人，特别是企业家的认知水平、格局、视角、视野、魄力等，对企业的长远发展起着决定性作用。
- 不是规模和利润成就一个伟大的组织，而是通过不断拥抱变化、坚守企业的文化价值观、持续对商业模式和战略进行变革和创新，成就一个伟大的组织。

第四章

用“10S协同模型”系统研究GE的辉煌与黯然

“世界第一魔咒”：GE已经奄奄一息，我预言在悬崖边的下一个是苹果

2019年3月31日，苹果的发布会如期召开，没有持续不断的创新，没有伟大的长期价值的探索，带给我们的是老技术的集成、老模式的拼凑，是商业组织精神上的失望与失落。苹果仿佛也已经黔驴技穷、江郎才尽、走投无路，堕入囧境。这也许就是一系列世界第一的公司共同面临的问题，它曾经赖以生存和骄傲的品牌、渠道、零售、规模、知识产权等，已经无法面对汹涌澎湃的竞争，伟大公司创新的动力渐渐消失，创造长期价值的愿景在一片迷雾中变得模糊。而今天的苹果似乎也面临着索尼、诺基亚、摩托罗拉等所面临的困局，在价值、战略、模式、板块、产业、产品整合中，如布里丹的驴在两堆草之间犹豫不决，面临着饿死的危险。

苹果，已经不是乔布斯的苹果！

苹果，已经处在悬崖边上。

20年前、10年前，GE世界第一，自1907年起，GE已连续110年入选道琼斯

产业指数成分股（以下简称“道指”），是道指早期12只成分股中唯一没有被剔除的，这曾经是GE一直引以为豪的事情。2018年6月26日，GE被道指正式剔除。GE这样的巨头有一天竟不得不苟延残喘。

谁该为此负责？

下一个“世界第一魔咒”的案例是苹果吗？拭目以待。

还是用“10S协同模型”对曾经世界第一的GE做一个系统的案例分析，从共同价值、战略、制度三个维度研究问题出在哪儿？看看“GE轮胎飞出”导致坠崖前，“轮胎螺母什么时候松动了”？更要复盘GE的伟大舵手决策过程的心智模式，有没有值得后人吸取的教训？

了解一个企业或一位管理者，必须了解他的哲学，这是人类探索世界根深蒂固的本能，这也让人类在商业世界中找到了更多清新气息。

“数”曾被视为事物的根源。毕达哥拉斯把“数”理解为自然物体的形式和形象，甚至用数的和谐来证明宇宙的和谐。

量的变化也在影响事物的发展，如同电场物理量“电势”的强弱不一，作为标量，虽有大小，没有方向，但大小的强弱差异一样能影响方向的变化。

关键数据在量上的微小变化也可能造成系统极大的变化。那些朝着终极目标方向发展越稳定和越慢的变量将带动那些不稳定的快变量前进。

轨迹无法改变，GE辉煌与黯然的路径像一幅以时间为横轴的关于“我是谁、去哪里、怎么去”这些问题协同与不协同来回游走的坐标图。在这幅图上，显现了那些能终极影响目标的慢变量，刻画各个阶段的变量如何作用、相互影响。当然，还要产生新的未来。毕竟，人们不仅要认识世界，还要改变世界。

◣ 与谁最漂亮无关

报纸上经常会刊登一些比赛，如请参赛者从100张好看姑娘的照片中选择六张最漂亮的，看谁的答案最接近全体参赛者整体选择得出的答案，谁就能获奖。

这与你认为的谁最漂亮并没有关系，甚至与普通人认为谁最漂亮也没有关系，而是要你以一般人的身份，预测其他人的想法。漂亮与否的事实在这种情境里并不重要，重要的是全体参赛者对于漂亮的普遍认知。最后的优胜者其实是在缺乏足够信息和沟通的情况下，在一种博弈情境下，追求和他人的决定保持一种协同的状态。

这就像电影《十二公民》中所演绎的，由于一位父亲被杀，由12位家长模拟的陪审团成员需要讨论出一个谁是凶手的结果，且必须全票通过嫌疑人是否有罪。当线索较少、未有定论时，这12个不同背景和心境的个人要形成一个相互认同的结果。

不论是组织还是个人，没能真正领悟各种因素的相互作用力，可能面对的将是后退。MBA班选班花，女生都争先展示。小凌各方面都很优异，小影则相貌平平、才华普通。但小影的竞选宣言是“如果你们选我，可以在毕业后对自己的另一半说，在读MBA时我比我们班花还漂亮”。结果她高票当选。事物的联系和相互作用似乎很复杂，说服别人支持你，不是证明比别人优秀，而是因为有你，别人更有价值了。

这真的不容易，有时需要妥协，**需要能互相啮合的有齿零件——齿轮被赋予沿着向正确方向移动的力量。**

开始后退、后退

海面平静，人们或在水中嬉戏，或安然漫步在洒满金色阳光的沙滩上。突然，有人停下脚步，神情呆滞。而后，开始后退、后退。灾难前，有尽心职守把事实提前预告的科学家，有百般阻挠、拖延时间的领导者，有离别家人努力拯救世界的英雄，还有各种毫不知情做着各自事情的人，而后，灾难降临。

GE这艘巨轮的沉沦像极了无数灾难电影的开场镜头，在平静、欢乐、温暾如水般的剧情里，震撼戏份突然上演。美好或许可以依旧，只是人类有时忽视了很多事物之间的关联，隐藏的危险早已露出端倪。可是，人类面对灾难时体现出的勇气与人性是永远值得被记录的。

2018年10月1日， 55岁的工业界老将劳伦斯·卡尔普继任GE首席执行官。彼时的劳伦斯·卡尔普恐怕正身处名望和责任之中，如同他的各位知名前辈们。

危机意识大概是每个管理者基因中最为深厚的。所不同的是，这次命运给予他的使命未免有些沉重。2019年的百年GE仍处于危险的年份，面临可能分拆甚至申请破产的命运。这家曾经充满贵族气质的企业从百亿美元的中小公司到市值最高时2 000亿美元的规模，从“我们带来美好生活”的共同价值到追求超大规模/范围的战略选择，从债券评级A到BBB+，股票被廉价出售，却遭遇无买家的状态，迄今未能重组，陷入长期低迷。

“10S协同模型”可以用来梳理和分析GE辉煌与黯然过程中共同价值、制度、战略之间的协同规律。原来，GE发展的各个阶段，**管理者无时无刻不在修炼“我是谁、去哪里、怎么去”这样哲学层面的问题，需要舍去大量的对系统演化影响不大的快变量，抓住慢变量，研究那些临界值和处于临界值边缘的表现。**

GE这艘巨轮曾经在第二和第三层次上出现过协同和不协同的情况。GE曾在“10S协同模型”第二层次的三个要素：制度/模式、战略/战略选择、共同价值/首要目标的基础上形成了企业治理的核心——协同。第三层次的6S支撑了GE本该更为合理的企业治理内环：企业规模适度、制度结构先进、剧烈变化的周边环境、核心价值观基础上的表达、价值认同、稳定状态。但是，GE因多次未能及时察觉或无能为力而被迫接受在当时看似先进或正确的战略决策或共同价值，以至于因和10S中的诸多要素如规模、制度、周边环境、满意度/表达产生不协同而导致失败。

如电影中的场景那样，主角醒来、吃早餐、开会、吵架、谈判、开车……习以为常且忙碌的商业生活被各种大大小小的危机破坏内心的平衡。对于安静、繁荣和危险，人们一点都不想夸大它。**抵抗灾难的办法恐怕是提前找到那些关键而相对稳定的因子，带动那些不适应的因子变化，并一起用相同的速度向一个方向运转。**

◣ 一页纸可以看世界

托马斯·爱迪生小时候看到母鸡孵出小鸡，他自己也想试一试，便钻进了鸡窝。让邻居小伙伴吃发酵粉，希望小伙伴身体鼓起来飞上天。虽然他并没有让吃发酵粉的小伙伴像气球一样飞起来，但因他在门罗帕克实验室中“凡事先尝试”的独特文化而闻名于世。当电灯和交流电被爱迪生推到世界舞台前时，1892年，爱迪生电灯公司和汤姆森–休斯敦电气公司合并，成立了GE。他推动的各种发明作为一种创造，并将创新转化为领先的产品和服务，带给用户真正价值与满意度，甚至超越客户需求的价值。

“10S协同模型”可以用来分析GE的一系列变化和管理。“10S协同模型”中的各项要素是探索世界的关键变量，也是协同学中的序参量，是那些对系统演化影响较大的慢变量。和其他事物一样，管理的对象相当于由大量子系统所构成的系统。人们需要研究序参量达到临界值时，各要素通过可能是非线性的相互作用而产生的各种协同过程。

关键变量在企业不同时间和情境下的管理系统演化过程中的主导力量不同，这些关键序参量还将决定着系统的演化方向。GE的创立以满意度/表达、“追求创新”的价值认同/社会舆论营销为核心，并与其他要素相互作用。

以上关于序参量的世界其实没那么难以理解，用量子物理学也可以解释清晰。这就像世界是由粒子组成的一样。

你目前看到的这本书上的这页纸，在物理学家眼里能看到更多。物理学家眼中的物质构成如图4-1所示。

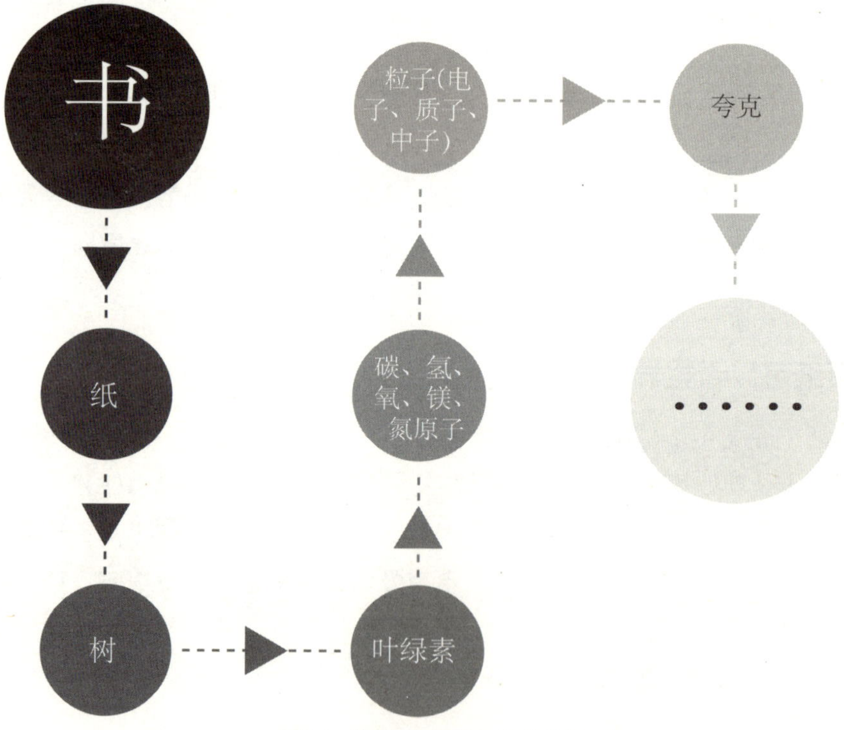

图4-1 物理学家眼中的物质构成

而这些粒子是可以相互作用的，通过描述电场物理量“电势”的方式，一个粒子在其他粒子形成的“电势”中移动着。人们的日常生活和商业世界亦是如此。

每个小粒子都在左右跳动，像身体上绑了一个小时钟。在运动过程中，每个时钟将叠加在一起，其实是相互联系和作用的结果。就像人们身体内存在的每个电子、质子和中子，在运动的过程中相互作用和探索，最终得到一个世界。而体内的原子也倾向于朝着稳定的结构发展。

但是随着时间和环境的变化，管理中的各项序参数在量和质上会产生变化，发挥不同的作用，并通过调整和相互适应，使系统形成新的自组织结构，并产生新的时间结构、空间结构，产生新的有序状态。但如果要素没有及时相互适应，则可能产生不协同的管理和结果。

这就像《唐顿庄园》里的老夫人和西波尔一样，来自一个家族，却拥有不同的观点和态度。

《唐顿庄园》里的老夫人和西波尔

“支持改革的贵族，就像支持圣诞节的火鸡一样”。《唐顿庄园》里格兰瑟姆伯爵家中的老夫人优雅、幽默和智慧，却对改革进行了一番吐槽。当听到中产阶级的律师说自己只有周末才有时间时，她说：“什么，什么是周末？”当老夫人听到女仆说要离开时，老夫人说：“我不知道她为何要离开，我的性格如此温和，大部分时间是这样。”一辈子享用华丽的服装、精美的瓷器和“楼下”仆人们服务的唐顿奶奶，并不知道工作、周末是什么，也不会完全理解伯爵的三女儿西波尔（最能代表新时代女性）鼓励女佣葛薇达追求成为秘书的梦想，还向家里的厨娘学习做蛋糕的行为。

19世纪工业革命向此前的末代体制发起冲击。时间走到20世纪，工业时代成长起来的欧美企业家们已经把科学管理的实践推到了顶峰。GE经历了几任管理者，英国移民雷吉·琼斯登场，他性格内向，财务出身，并喜欢数字。这位注重流程和制度的英国绅士在进行科学管理的同时，还壮大了GE的国际业务和金融业务。

雷吉·琼斯等前任管理者们为后来者进行一系列以“结构”为核心的改革和

管理打下基础，并辅以激励/约束和制度作为支撑，各要素在一定时期内保持相对协同，使得早期GE以结构/稳定为中心的链条得以稳定。

当规模和业务不断扩张时，序参量规模/范围已经发生变化，此前一段时期内总体有序的、稳定的、平衡和协同的状况已经被打破，有序结构突变为混沌结构。正如哈肯认为在有序系统中，当一个序参量增加到一定值时，系统自然出现一种新的不稳定性，使得之前的守恒定律失效，有序结构也突变为混沌结构。

平行轨道上的序参量

人人都知道GE，这家公司在广告上的投入不菲。20世纪50年代，GE就赞助了由当时还没有担任美国总统的罗纳德·里根主持的《GE剧场》，一档两支学校代表队同场竞赛的娱乐性、知识性的电视节目。

人们不自觉地会给世界加一层滤镜。20世纪的GE已经是一个拥有很多业务的集合体了，可是在大众心里，GE还是那个让人看不懂的制造飞机发动机、发电设备的公司或是一家无趣乏味的公共事业提供商，甚至有人错误地把电费账单和钱寄到了GE。

这种了解和认知是极其片面甚至错误的，很大责任在于GE本身。当时GE各个业务的广告宣传和策略还是由各业务单元独立展开的，彼此并无关联。这就像全民记账，各个业务部门有各自的记账本，却没有一个“中央记账本”。当时的价值认同/社会舆论营销已经和多元化的业务完全不在一条轨道上，更别提协同了。

◣ 奶酪蛋糕上的小樱桃

一笔6 000万美元的广告业务在两家广告公司的竞争中展开，“通用制造收音机闹钟，叫你起床；通用制造烤箱，烤你要吃的面包；通用制造灯泡，让你夜晚可以读书给你的孩子们听；通用制造音响，为你的女儿们跳舞时伴奏；通用制造发动机，带你回家。”代表了GE的业务范围不局限于传统工业领域的电气产品，它涉及美好生活的方方面面。

“我们带来美好生活”的全新口号像奶酪蛋糕上面那一颗小樱桃般诱人。

GE多元化的价值目标后来扩充至消费者金融集团、商务融资集团、能源集团等。以“共同价值与沟通目标”为核心的支柱链条随后建立，具体表现在：GE开始思考将不同业务整合在同一个主题之下，形成了能提供更多服务产品、整体服务提供商的价值认同。这种价值认同与当时GE的社会舆论营销强化和多元化业务战略选择实现了协同。

杰克·韦尔奇一定很爱这句“我们带来美好生活”的广告语，觉得它和但丁诗歌一般优美。1979—2003年，一直用了24年。通过这一社会舆论营销的强化，整体解决供应商的价值认同得以建立。广告语的持续使用也代表了24年间GE战略方向与稳定的共同价值、整合强化的营销与周边相对稳定的竞争环境相协调匹配。

共同价值确立的同时，价值认同与社会舆论营销完美跟进。GE的营销策划者人员和业余吉他爱好者将GE的业务和共同目标谱成了歌：“我们叫你起床，我们让你的女儿起舞，我们烘烤你的面包，我们点亮你的道路……GE……带来美好生活。”

GE的共同价值与价值认同/社会舆论营销需要跟随规模/范围变化，真正参悟到这一价值的人最终击败另两名竞争者，坐上了首席执行官的位子。和雷吉·琼斯的性格、气质不一样，杰克·韦尔奇有很强的驱动力、富有创新精神和进取心，也有些武断，容易情绪化。尤其面对复杂情况，他倾向于依靠快速思维与直觉。1981年接任GE总裁的韦尔奇经历了GE的黄金20年。

“工人们对自己的工作比老板清楚得多，经理们最好不要横加干涉”，韦尔奇憎恨官僚制，实行了“全员决策”制度，使平时没有机会相互交流的职工、中层管理者能出席决策讨论会。这种制度减少了烦琐程序。同时，在工业组织中的激励/约束方面，他将量性评估发挥到极致，开创关键绩效指标（Key Performance Indicator， KPI）淘汰制，并结合战略和制度变革，卖掉家电、保险等产业，进入油气田、软件等领域，并依靠六西格玛企业转型治理等诸多因素的协同作用，获得了足够的优势。

GE辉煌发展的数十年，以“结构/稳定”“共同价值/首要目标”等为核心，以及在多元化的战略、先进的工业管理流程制度和严格的关键绩效指标淘汰制度等作用的协同体系下，总体发展稳定、繁荣。

韦尔奇在任期间，GE的年营业额从上任前的250亿美元增长至1 400亿美元，利润由15亿美元上升到127亿美元。在继任者杰夫·伊梅尔特2000年接班前，GE基本保持每年21%的增长，且全面提高了全球化程度。

“轮胎螺母什么时候松动了”

电影中的剧情仍在上演。最震撼的场面出现了：巨大的海浪袭来，从人的脚侵蚀到整个身体，巨浪让山川从沉睡中苏醒。曾经的多元化成为累赘，并购模式让GE陷入泥潭。牵一发而动全身，任何风吹草动，都可能导致不容小觑的后果。

一切看似美好，在GE稳步多元化业务战略和流程化制度的同时，**对于周边环境的敏感度是较低的，共同价值/首要目标过于稳定，并为后来一系列战略选择和决策埋下隐患。在GE第一阶段发展中后期忽视了规模/范围序参量的变化，**包括过于追求营业收入、资本配置不良、投资风险加大，导致后期逐渐到达临界值却不知而继续错误的战略决策。

据媒体报道，2017年，GE逐渐剥离了至少200亿美元的非核心业务，关停部分全球研发中心，包括中国上海的研发中心。正如GE一位前高管所言：“虽然轮胎2017年才掉落，但螺母早就长期松动了。”

如果企业能更好地协调“10S协同模型”序参量“规模”中负债规模与投资战略决策、科技转型与满意度/表达和组织结构/制度敏捷的要求等各要素间的协同关系，如考虑在收购欧洲企业的过程中考虑到所承担巨额人员成本对整个战略转型的影响，尤其是更早地对GE的满意度/表达和需求进行有效测量，在几任拥有数学学科、化学学科背景领导者和注重科学管理的繁荣年代转型为更为复杂的管理系统和环境时，过去的战略、制度等优势反而形成了某种程度的“傲慢”，忽视了用户的需求和外部竞争环境。**这种对于满意度/表达和需求的轻视其实是在过去战略和强势的企业规模发展下逐步形成和巩固的。基于上述多个序参量未能及时调整和相互适应，导致无法更早地降低规模领域的财务损失。**

◣ 让GE像纸一样燃烧的条件

GE存在的不协同现象可以想象为一张纸是怎么燃烧起来的，初中的物理课就有解释燃烧这件事。纸的燃烧需要有木材、天然气、石油这样的可燃物；需要有氧气、氯酸钾等氧化剂这样的助燃物；最终让这张纸“灰飞烟灭”的一瞬间是纸在可燃物和助燃物的结合下，达到了这张纸的燃点183℃。

可燃物、氧化剂和点火源，当这三个要素同时具备并相互作用时就会产生燃烧。可以**把这种燃烧看成现实世界中存在的种种不协同，不协同危险的产生来源于对应可燃物、氧化剂和点火源，其实就是危险的物质原子、助推器和某个临界点。**点火源对其他两个要素的作用使得危险临界点出现。“10S协同模型”中的九个要素都可能是“可燃物”，尤其是满意度/表达、激励/约束这些氧化剂能催化物质作用，而危险临界点数值就相当于危机触发最低阈值，是点火源接近物体和催化剂后产生的临界数值。**在一定的时间、空间内，当规模/范围达到一定值时，在如满意度/表达、激励/约束等人的心理因素水平的助燃作用下，就可能形成事物的混乱和不协同状态，产生危险。**

让GE最后燃烧起来的原因就是序参量的危险临界值已经达到燃点温度，并超过最低阈值了。41%、106亿美元、140亿美元、1 000亿美元、54%，这些普通的数字和单位看似没有杀伤力，却足以毁掉一个商业帝国。41%的金融利润占比、需求减少情况下106亿美元和140亿美元的电力和油气买入、1 000亿美元的买入卖出总额、54%的负债率，这些数字在增长为现在数据之前，一定有蛛丝马迹，只是人类还读不懂这种暗示。

假设反映GE内部产业结构和发展规模相互协调的因子为K值，GE发展的前几个阶段，各个因子在相互革新的速度和方向上都比较一致，其发展比较协调，其K值均比较高；到了金融比例和投资过高的阶段，原有的多项因子并未及时协调和变化，管理者对临界值所产生的数据和行为信息未做出快速预判，其协调性降低，K值将减小。

GE过于关注产量、利润等实测客观数据，而忽视了因素相互作用带来的人为给定如人们的态度、偏好、产品的吸引力等因素的各种不同的参数值和行为信息，自然也缺少很多关键“慢变量”在临界点时的变化和行为数据和信息，难以抑制变量之间不协同的情况发生。

节奏大师的传统布鲁斯和节奏布鲁斯

美妙的事物是需要有不同节奏的，没跟上拍子和抢拍子都难以弹奏出动听乐曲。不论是12小节一循环的传统布鲁斯，还是带有节拍背景，融合电子、摇滚等元素的节奏布鲁斯。

节奏不对可不是好事。“知止”是李嘉诚先生挂在他办公室的条幅。“止”代表终点。了解终点，才知道路该怎么走，走到何种程度。连阿里巴巴这种平台型企业也有潜在的发展节奏：“逢单出击，逢双修养。”因为各个要素反映了企业内外部管理的状态，序参量达到一定量的变化和临界时，将产生质的变化。**关键序参量微小的变化会造成系统极大的变化，如在规模变量上的过度追求导致和其他序参量的不协同，以及各项业务之间缺乏组织关联。**

GE在2000—2015年，发展性投资位于高峰值，这是当时执行多元化和传统企业转型的战略等影响的结果。但是，**经济发展的客观规律不容许产期维持一种高水平的发展性投资，因此管理者不得不进行调整，使发展性投资回到稳定水平。**当无法回到稳定水平，无法有效控制时，则面临着舍弃。人们也需要对自己看得懂的事物进行投资。要充分考虑风险，对于一家工业公司而言，尤其要控制金融资本与产业资本的比例，防止金融资本的过度侵蚀。

◣ 谁还屑于长期观察

沉浸于追求金融业务所带来高额利润，GE在2000—2015年，金融业务利润在集团占比达41%。但GE对其金融业务的危机反应表现迟缓。此外，GE当时的战略表现是在新领域的一些并购。杰夫·伊梅尔特完成的收购和交易达数百笔，并声称自己是唯一一位曾经买入卖出总额超过1 000亿美元的首席执行官。而其中一些代价却很昂贵。

“10S协同模型”中的规模代表了企业人员规模、营收和利润收入、负债率等情况。看似稳定的金融业务高收益，在“10S协同模型”的序参量“规模”上，也代表过高的投资资金和累计的债务，GE 2017年资产负债率高达54%。**巨大危机的出现在于规模序参量与当时不断收购和持续增加投入的战略，以及萎缩的用户需求、满意度/表达、激烈的外部竞争环境所产生的种种不协调。**

案例：GE的收购

GE以124亿美元艰难收购阿尔斯通的电力业务，由此拿下燃气轮机的半壁江山，也引发了电力版图格局的变化。竞争对手西门子的几次“虚晃”令GE掏出了腰包，而竞争对手日本的三菱重工、意大利的安萨尔多能源公司没有损失。由于竞争力量更为集中，对中国电力装备行业发展不利。而且，GE还曾以140亿美元买下油气资产。可是，在随后的时期内外部环境发生了剧烈变化，石油和天然气价格下滑。

彼时GE遭遇全球对GE能源产品需求的萎缩，导致规模与满意度/表达、以流程为中心的各项制度、当时已经冗余的组织架构和人员产生不协同，可再生能源正在变得具有成本竞争力，GE能源的利润暴跌45%。自2017年10月以来，GE市盈率表现已远远落后于同行霍尼韦尔、3M等公司。

世界电力市场的版图再次被改变。日本和中国企业都在进攻市场，以GE等为代表的欧美巨头其实都在缩小电力业务。据法新社报道，日立希望通过信息化技术和电力业务的乘积效应加速全球化，将收购瑞士ABB集团的电力业务。中国国家电网除2017年收购了巴西最大送配电企业外，还向意大利和葡萄牙的供电公司出资，并在菲律宾和中国香港等地拓展业务。通过相继的收购，中国国家电网将在上游的供电业务上成为世界最大企业。

最重要的是，人类很容易变得不屑于长期观察，在剧变的商业环境和规模诱惑下，不愿意花费足够的时间去钻研，有时缺少一些“极客”精神。

其实，国外投资市场相对比较成熟，基础理论和流派较多，或强调价值投资、强调成长股、关注短期交易，或关注全球宏观利率、汇率的索罗斯，做高频交易的数学家和物理学家组成的文艺复兴科技，还有对于市场有一定影响，但缺乏严密的分析范式和理论框架的投资心理学。

GE投资背后的战略团队虽是强大的，**只是在繁荣发展和利润的诱惑下，变得不太理会那些反对的声音。而好东西是需要时间浇灌的，尤其是和人相关的产品，更需要慢慢观察和有效测量**。2019年1月19日，字节跳动公司及王欣和罗永浩于同一天发布了三款社交产品，分别是主打短视频社交的多闪、主打匿名社交的马桶MT和转型为网赚模式的聊天室。隔天，用户、媒体对三个产品均有不少抱怨，可以想见，即使没有社交龙头老大微信的打压，恐怕也难以生存。

在10S各项因子中，和人有关的因子如满意度/表达、激励/约束等人的因素变化快且难以准确观察、测量和评估。

另一个战场会是救命稻草吗？

管理者们有时会对高新尖领域投入过大的信心，就像父母对待新生儿的期望一样。连蒋方舟这样看上去独立的女性也会认为“人越老，人生的路越走越窄。有点像一个通关游戏，在确实感觉到自己可能性变得有限的时候，有了孩子，你可以重启，解锁一个新战场”。GE对于软件领域就曾有着巨大期望。杰夫・伊梅尔特在2001年出任首席执行官七年后，在2008—2015年一直是GE的转型调整期。2015年，当杰夫・伊梅尔特开始对在金融资本领域的过高风险做出反省时，还提出了一个想法，关于如何将GE从一个工业公司转变成工业和软件能力兼具的公司，这其实是GE一次巨大的战略转型。从此以后，GE在业务定位上不再是卖产品，而是将产品+解决方案打包出售。

可是这种创新再美好，也有其残酷面。科技精英们的生活可未必是工科男、商业男们能随便模仿的，尤其体现在用户的利用和用户价值的重视程度上。小米仅用八年时间跻身世界500强，早在六年前提出把员工、粉丝、用户这三位一体进行跨界融合的人力资源新体系，让粉丝参与到产品的设计、研发、品牌推广的过程中。小米的很多产品是粉丝一起来参与研发、推广的。向软件领域转型的GE在科技竞争之中失去了先机。虽然投入给研发部门的资金额度高，但此前在电子商务、人工智能、自动化设备等方向上，并没有显著的发展。而且，高科技的竞争相较传统工业和金融领域，对速度、灵活性、创新性的要求更高，且面临与之前截然不同的竞争环境。科技行业的进入和退出壁垒高，其竞争、技术创新和监管制度的变化都要激烈得多，且在时间上未能占得先机。导致战略/战略决策与当时的周边环境、规模/范围上的投入和产出、科技公司所需要的制度/模式、价值认同及满意度/表达并不匹配。

剧烈震动，在摇晃

突然从加速的跑步机上下来，人还是会有惯性的，而跑步机也是慢慢停止做

功的。各种结构序参量的动荡很惊人，尤其是人，GE的这种动荡史无前例。GE已经全面清理了之前的管理层，对企业的体量和结构进行了剧烈的变革。GE的原首席执行官、首席财务官（兼任副董事长）、三位副董事长中的两位、一半的董事会成员、数字集团首席执行官，以及一系列高管已离开GE。当前的人员结构并不稳定，与激励要素与向数字化转型的战略之间都存在不断调整和适应。

当前GE组织架构与人员结构尤其是高层管理层非常不稳定，需要有相对稳定的战略、共同价值拖着走，一直拖到系统中使各子系统从各自的独立运动转向协同一致地运动。因为用协同学的观点看，哈肯认为在一个多自由度的复杂系统中，如果有一个或几个不稳定的自由度存在，那么它就要把稳定的自由度拖着走，一直拖到相对空间中使整个系统稳定的目的点或目的环，这时，系统中各子系统从各自的独立运动转向协同一致地运动，原来无序结构突变为新的有序结构。

不尽然都是坏消息

挫败感在蔓延，如深渊一般，让主角透不过气来。江河日下，伤筋动骨无法避免。东风凛冽，冰冻三尺，非一日之寒。

人员动荡，但不是没有一点好消息。变化和作用力无时不在发生。结构/稳定要素中有新的变化，GE新的领导者劳伦斯·卡尔普具备“成功带领公司转型的经验”，他曾有通过一系列并购整合，将丹纳赫公司从一家工业制造商转型成为科技公司的经历。而且他也具备回馈股东的能力和经验，在其担任丹纳赫公司掌门人的时间里，公司市值和收入均涨了五倍。

2019年，GE宣布任命段小缨女士为国际业务总裁兼首席执行官，直接向GE董事长兼首席执行官劳伦斯·卡尔普汇报，2019年2月1日起正式生效。段小缨女士将全面负责GE在北美和欧洲以外的成长型市场的发展战略制定及运营，包括开创新业务、财务和风险管理，品牌建设及维护和人才培养。**可以说GE正努力在结构/稳定、规模/范围、满意度/表达、周边环境/竞争态势等因素上调整变化，使其相互协调。**

截成几段的蚯蚓

再坏的事情也总得有人接手。劳伦斯·卡尔普迫切需要带给人们一个真正的好消息，让人振奋，这比任何时刻都需要。不止如此，GE需要努力让企业的共同价值/首要目标、战略/战略决策、制度/模式为核心的九个要素实现协同。各个序参量的值正在试着不断调整和变化，以实现要素间的协同。

蚯蚓这样的生物断成几段仍可以独自生活。一些业务正在被摧毁，这样是否能换来生存机会？**现在的GE努力丢掉几艘船、烧掉帆，减轻阻力，向新战略方向驶去。**GE进行了一系列大规模“止血”行动，包括计划削减电力部门12 000个工作岗位、出售照明业务、水处理业务、石油服务公司Baker Hughes的股份、以26亿美元出售工业解决方案给ABB集团，以及将医疗业务剥离等进行了组织结构的调整、裁员和缩减成本。目前，GE已基本完成了200亿美元资产出售计划，预计在2020年前缩减250亿美元的净负债，以便减少公司对商业票据等短期融资的依赖。在经历去金融化、回归工业、业务瘦身等一系列长时间的断腕举措后，GE集团将专注于电力、航空和医疗三大业务。

当以“一个工业公司转变成工业和软件能力兼具”的公司战略为核心时，缩减传统业务，聚焦核心三大业务，在规模/范围上得以逐步配合战略。GE新任首席执行官卡尔普正努力恢复利润并削减债务，他还将继续“紧急”出售资产。

GE不得已为之的“截断身体”策略其实是企业“熵减”的过程。熵成为一种不确定性和混乱程度的度量，在自发状态下，整个宇宙包括每家企业和每个个体总会有一天发展为一个“熵增”的状态。整个宇宙的发展就是在不断“熵增”和“熵减”的过程中总体走向熵增甚至可能是宇宙大爆炸的过程。新的天体形成时的熵减和超新星爆发扩散成星云物质时的熵增就是最直接的说明。

如组织机构的烦冗，个体的衰老，组织或个人的功能逐渐丧失，都是很自然的熵增过程。随着组织减少冗余和建立秩序、个人摄入食物和锻炼，以便增强功能，实现熵减的过程。负熵便是带来熵减效应的活性因子，物质、能量和信息都是组织和人的负熵。美国经济趋势基金会主席、著名思想家杰里米·里夫金就很推崇“低熵文化”，早在20世纪80年代，他就写道：“工人管理的自治企业……是人们拥戴的经济形式。”

华为的熵减在适当的时机为之，避免了危险。只是GE的“熵减”来得太晚了些。

小贴士：华为的“负熵”

中国人民大学教授、《华为基本法》起草人之一吴春波教授曾在演讲中概括了华为的“负熵”：整理开放的系统和文化、自我批判、让黑天鹅飞在咖啡杯里、以创新管理机制驾驭不确定性、以内部确定形式对外部不确定性、警惕管理过度、加法与减法并行，从适用到实用转变。

尼日利亚海关人员的感叹

当前的周边环境/竞争态势对GE的商业模式、企业治理结构、人员机构等都在产生作用。尼日利亚海关工作人员感叹：“以前来的中国人都是建筑工人，现在来的是各行各业的人。”“一带一路”沿线基建工程项目难度和复杂度与日俱增，地缘政治、政策风险等带来的挑战使得几乎所有项目都需要跨地区跨公司跨行业的多方合作才能完成。由此产生了新的联合开发和运营的业务模式。

2017年，GE在非洲的业务应用了崭新的商业模式——完全颠覆以往企业“总承包”对“供应商”接标应标的操作模式，第一次探索“联合市场开发，联合融资，联合运营”。GE和中国电建首次共同深入非洲联合路演。来自中国电建国内集团公司和非洲区域领导、GE中国、GE非洲、中国驻非外交官员、中非金融机构、非洲各国政府决策部门官员、各国家项目开发商及业主等基建产业生态圈各环节的代表们齐聚一堂，探讨如何整合产业链上各方资源，为非洲基建领域的重大需求提供整体解决方案。

因素都会相互作用，并最终作用于结果。Zenger/Folkman咨询公司的杰克·曾格和约瑟夫·福尔克曼曾收集和调查了一家美国《财富》世界100强的公司一次大规模裁员的丰富数据。他们意外地发现：一贯优秀的工作考核记录也是员工离开的因素之一。因为像这样的员工没有战略眼光、没有稳定表现、有污点、拒绝改变、人际方面，甚至是没有保荐人或支持者这样的政治因素都会影响结果。

新看《曹刿论战》

《曹刿论战》中有一句话：一鼓作气，再而衰，三而竭。在今天如此复杂的商业竞争战中，未必场场适用。用“10S协同模型”中要素变化和要素之间的关系来描绘在商业竞争状态下GE与外部竞争企业之间关系演化、GE内部要素之间比如经济规模、战略与外部竞争环境演化的景象，反倒是件更有意思的事情。

将惨烈的市场竞争作为初始状态，A与GE为竞争对手关系。第一阶段，A猛烈对GE集团发起价格竞争攻势，使GE集团受到一定程度损失。双方的经济实力均不影响各自对激烈市场竞争的偏好程度。但双方集团的战略决策和对竞争的态度使得竞争升级。

竞争发展到一定阶段之后，由于经济实力破坏殆尽，A经济先被破坏，导致集团内部满意度下降，表达负面情绪和反对竞争恶化的人数增多，加上双方的非线性相互作用，促使价格竞争停止。这是第二阶段。

第三阶段是价格竞争接受后，由于胜利企业和失败企业之间经济发展的不平衡，矛盾激化，又使缓和的气氛趋于紧张。

第四阶段是由于失败企业经济恢复和不断发展，经济建设的需要使得在竞争策略和主动竞争态度上有所缓和，最后双方经济达到一个相对稳定的水平。

虽然挑起竞争的行为和战略仍然在某一稳定值附近波动，但不足以引起新的价格竞争战，可以保持一个较长时期的平和局面。

商业世界中GE的情况要复杂得多，但通过建立数学模型，选择适当参数，通过计算机的模拟计算，可以重现GE与竞争者之间竞争与合作关系的变化过程和关系发展，以及可以重现企业内部各个要素之间关系的变化过程和关系发展。

GE正投资于未来。“作为一家独立的全球医疗保健企业，我们将有更大的灵活性来追求未来的增长机会，快速应对行业变化并投资创新。”GE在一份电子邮件声明中表示。GE还进一步聚焦其在工业物联网领域的投入，GE成立12亿美元的工业物联网软件公司以提升数字化领域领导地位。如果这一计划得以实施，那么或许未来不用担心遭受反击。

可以做的还有很多，如积极获得客观数据和信息的同时，也增强如人们的态度、偏好的信息。当投资者弄不懂GE时，自然就不愿投资。这需要更清晰地表达和传播自己的共同价值，努力消减过去几年来越来越强的挫败感。或许来得太晚，无法拯救申请破产的命运？但并不是一件坏事。这可能是一个再投资的绝佳机会。退市的好处之一在于它可能可以不受长期及短期投资与绩效取舍的压力和束缚。

现在的GE也许已经做好了申请破产的准备，但并不妨碍它试图弯道超车的步伐，GE独立运营的软件公司，以及试图单独上市的医疗公司，推进剥离其第二赚钱业务的计划及提升效益的解决方案。

原来，大雁早透露了奥秘

大雁有种合作的本能，飞行时会呈现V形，并定期变换首雁。为首的雁能帮助两边的雁形成局部真空。大雁以V形行进飞行比单独飞行多出12%的距离，当然还和风向、大雁个体等种种变量有关。当首领大雁的体能达到一定值时，很多变化就会发生，结果也将不一样。再简单的事物其实都有其协同作用在影响，不论人们是否感知它。大雁的飞行形成了一个不断调整的自协同系统，蕴含着哪些因素影响大雁的飞行，这些因素又如何相互影响并最终影响结果，以及在飞行形态和疲劳状态临界点附近的因素变化的特点和趋势。

GE前管理者弗兰内里在GE危难之际，认为GE将需要重新评估和审视“业务、进程、团队、功能、文化、对目标和责任的看法、激励机制、投资的优先级考量等”。其实，**不止重新评估和审视业务、进程、团队、功能、文化、对目标和责任的看法、激励机制、投资的优先级考量等一个个单一要素，更是一场关于“我是谁、去哪里、怎么去”的问题思考；GE的未来最终取决于领导者和参与者们能否真正认知并牢牢把握未来各个时期关键的“慢变量”；“细节里面藏着魔鬼或天使”，细小的因素也可能因为作用于其他因素而产生对全局的巨大影响，要关注细小的研究结果；及时调整其他变量，研究细小事物的联系和相互作用，使相互尽早产生协同管理和效用；要把精力放在研究临界点附近的一系列要素上，积极分析那些在临界点附近序参量发生突变的特点及趋势，而不是单纯关心事物变化轨道是怎样的。**

面对未来，GE的领导者至少要懂得保持微笑。当今世界主要的创新活动还主要集中在工业领域，如设备制造、化学、计算机、通用设备等，对一家有着“创新传统”的企业，前方仍可能出现灿烂的黎明。它的核心业务发展依旧“宝刀未老”，仍然提供了全球超过60%的航空发动机和全世界1/3的发电设备。而且，医疗设备业务增长稳定。只是那些管理世界中的“序参数”在量、质和相互关系上都发生或剧烈或隐藏的变化。GE也再不是过去的GE。

真正发生协同改变是需要耐心的，尤其是对于GE这种有点工业灰色调、冷淡风，仗着发明传统带着点傲慢气息，一种你爱买不买的英国式贵族工业组织。很难想象竞争版图变化后的GE，需要真正放低身段，变成与客户、与员工不那么刻意保持亲近感，让民众体验简单成就感的GE会是什么样。

即使破产，未必是悲剧和怪诞的章节，它的最后一页还在书写。任何企业和个人可能都要全力以赴，直至对手放弃较量。就像短视频里的“杀鱼哥”，每天抓上来的鱼，有瘦的，有胖的；有扁平的，有圆头圆脑的；有可人温顺的、有好斗攻击性强的；有黑的，有白的。但它们最后都会被人吃掉。鱼儿都得有斗志去做那最后一条被“捞起来的鱼”。

“GE将变得不一样”，只是这种变化需要更快、更协同、更振奋人心。

GE的创立以满意度/表达、“追求创新”的价值认同/社会舆论营销为核心，并与其他要素相互作用。雷吉·琼斯等前任管理者们为后来者早期进行一系列以“结构”为核心的改革和管理打下基础，并辅以激励/约束和制度作为支撑，各要素在一定时期内保持相对协同，使得早期GE以结构/稳定为中心的链条得以稳定。当规模和业务不断扩张时，序参量规模/范围已经发生变化，此前一段时期内总体有序的、稳定的、平衡和协同的状况已经被打破，有序结构突变为混沌结构。当时通用各个业务的广告宣传和策略还是各自业务单元独立展开，彼此并无关联。当时的价值认同/社会舆论营销已经和多元化的业务完全不在一条轨道。“我们带来美好生活”这一共同价值随后确立。以“共同价值与沟通目标”为核心的支柱链条随后建立：具体表现在通用开始思考将不同业务整合在同一个主题之下，形成了能提供更多服务产品、整体服务提供商的价值认同。这种价值认同与当时GE的社会舆论营销强化和多元化业务战略选择实现了协同。广告语的沿用代表了24年间战略方向与稳定的共同价值、整合强化的社会舆论营销与周边相对稳定的环境和竞争态势相协调匹配。

在GE辉煌发展的数十年，以“结构/稳定”“共同价值/首要目标”等为核心，以及多元化的战略、先进的工业管理流程制度和严格的关键绩效指标淘汰制度等作用的协同体系下发展总体稳定和繁荣。稳步多元化业务战略和流程化制度的同时，一定程度上对周边环境的敏感度是较低的，共同价值/首要目标过于稳定，并为后来一系列战略选择和决策埋下隐患。在GE第一阶段发展中后期忽视了规模/范围序参量的变化，包括过于追求营业收入、资本配置不良、投资风险加大，导致后期逐渐到达临界值而不知继续错误的战略决策。GE过于关注产量、利润等实测客观数据，而忽视了因素相互作用带来的人为给定，如人们的态度、偏好、产品的吸引力等因素的各种不同的参数值和行为信息。巨大危机的出现在于规模序参量和当时不断收购和持续增加投入的战略、萎缩的用户需求、满意度/表达、当时激励的外部竞争环境产生种种不协调。GE正努力在结构/稳定、规模/范围、满意度/表达、周边环境/竞争态势等因素上调整变化，使其相互协调。

最后，还是说回到面前的纸，**当三个条件满足后，它自行燃烧。即使把这张纸的火源移走，在临界值附近的温度徘徊，这张纸还是会继续燃烧。最需要的是对于主要变量之间协同作用的足够反省和给予临界点附近足够而耐心的观察。**歌德说：“思考比了解更有意思，但比不上观察。”今天商业世界的人们需要在临界点到来之前，也能让自己迅速沉下来，慢下来，给予时间，像静静地观察一棵树的长大。GE已经在做一些事情去挽救了，可是很多事物的发展是非线性的分支化过程，**未来GE的发展并不完全孕育在过去和现在之中，经过某个序参量的临界点后，究竟位于哪个稳定分支上，也可能是由概率决定的。就像生物世界的进化总是必然性和偶然性结合着的一样。**

总结

- 管理者需要舍去大量的对系统演化影响不大的快变量，抓住慢变量，研究那些临界值和处于临界值边缘的表现。
- 抵抗灾难的办法恐怕是提前找到那些关键而相对稳定的因子，带动那些不适应的因子变化，并一起用相同的速度向一个方向运转。
- 燃烧可以看成现实世界中存在的种种不协同，不协同危险的产生来源于对应可燃物、氧化剂和点火源，其实就是危险的物质原子、助推器和某个临界点。
- 在一定的时间、空间内，当规模/范围达到一定值时，在如满意度/表达、激励/约束等人的心理因素水平的助燃作用下，就可能形成事物的混乱和不协同状态，产生危险。
- 关键序参量微小的变化会造成系统极大的变化，如在规模变量上的过度追求导致和其他序参量的不协同，以及各项业务之间缺乏组织关联。
- 真正发生协同改变是需要耐心的。好东西是需要时间浇灌的，尤其是和人相关的产品，更需要慢慢观察和有效测量。
- 当复杂的非线性关系难以在数学处理上再下功夫时，要把精力放在研究临界点附近的行为上。积极分析那些在临界点附近序参量发生突变的特点及趋势，而不是单纯关心事物细致的变化轨道是怎样的。
- 未来GE的发展并不完全孕育在过去和现在之中，经过某个序参量的临界点后，究竟位于哪个稳定分支上，也可能是由概率决定的。就像生物世界的进化总是必然性和偶然性结合着的一样。

第三部分

以改变世界的价值观给世界留下印记

虽然“三见”中三个序参量之间的重要性不可比较，但**商业组织的共同价值作为对“我是谁”的回答，是最先需要明确的答案**。个人依靠共同价值界定和实现身份认同，对于组织来讲，共同价值是组织互相区别的关键。一个“善”的价值观是商业组织存在的必需，而**一个能真正提升人类价值的价值观在与战略和制度、模式的协同下，甚至能改变世界格局**。

第五章

“认识你自己”

法国人浪漫、德国人严谨、中国人勤劳……国籍往往会影响第一印象。虽有些刻板的意味，但其背后包含了这样一个逻辑：最能代表一个国家特性的是其所珍视的东西，是共同价值。人们依靠共同价值界定、实现自身认同。核心价值观能够改变一个文明延续的长度与广度，而**对组织来讲，共同价值是组织间区别的关键，又因其是商业组织首先要回答的问题，深刻影响着战略决策与制度的搭建，因此更是组织能否长存的决定性序参量**。

20世纪60年代初，加纳共和国（以下简称“加纳”）和韩国在经济水平上极其相似。无论是人均国民生产总值，还是经济构成、接受经济援助水平等均旗鼓相当。30年后，韩国成为工业巨人，加纳却未能发生这样的变化。其中，韩国人重视节俭、勤奋、教育、纪律的价值观起到了重要作用。这是著名学者塞缪尔·亨廷顿在《文化的重要作用》一书前言中引用的例证。著名经济历史学家戴维·兰德斯引用马克斯·韦伯的观点称：“如果说我们能从经济发展史学到什么，那就是文化会使局面几乎完全不一样。”

无论是从对个人发展的影响，还是从经济盈利、组织运营的角度来看，共同价值都是一个重要的序参量。在协同商业组织的建设中，“认识你自己”是重要步骤，共同价值是必须被认真考量的。

那在实际工作中，人们为什么会对商业组织共同价值的存在感到疑惑？

关于价值观的迷思

贤者以其昭昭，使人昭昭；今以其昏昏，使人昭昭。

——《孟子·尽心下》

企业文化价值观是共同价值最直接的表现形式，然而现实是，商业组织中相当部分的成员并不清楚“我是谁”。

爱奇艺的创始人兼首席执行官龚宇在为中文版《奈飞文化手册》撰写的序言中提到了这一个故事：十几年前，龚宇在面试一个分公司总经理候选人时，向对方介绍说他们的企业文化非常温和。该候选人立刻打断说：“我才不相信企业文化，企业文化什么都不是。”龚宇在文章中写道：“我知道他是错的，但不知道该如何辩驳他。”

为什么会出现这样的状况？如此高级别的候选人直言不相信企业文化，企业文化价值观这么“不靠谱”吗？

人们在日常工作中对于企业文化价值观是否存在的疑惑，来自“主张”与“行动”的分离，即**口号式宣传中的所谓文化价值并不是真正指导制度建设和战略决策的价值观**。没有文化价值观？可公司大堂里总是明明白白地张贴着口号、标语；有文化价值观？可日常工作中感受不到公司、员工行为真的受宣传内容的指导。

《孟子·尽心下》有云，贤者以其昭昭，使人昭昭；今以其昏昏，使人昭昭。组织内成员对于文化价值观的疑惑原因并不在于成员自身，而在于管理者自身对企业的共同价值都未能进行明确、理解和落实，企业内部运营活动时也并未真的依照宣传口号上的文化价值观进行。如此，所宣传的文化价值观势必难以对企业的秩序规则产生影响，难以深入人心。

下载量超过1 500万次的PPT究竟讲了什么

2009年，奈飞公开了一份介绍其企业文化的PowerPoint（PPT）文件，累计下载量已超过1 500万次。这家1997年成立的公司2017财年营收达到116.9亿美元，大约为其主要竞争对手之一HBO营收的两倍。在20年间就已经建立了极其坚实的、引人注目的文化价值体系，这无疑是奈飞快速成长的基础。通过这份名为"奈飞文化：自由与责任"（*Netflix Culture: Freedom & Responsibility*）的PPT文件，人们不仅能看到奈飞对于自身文化价值观明确清晰的界定、解释，更展现了共同价值是如何作为重要的序参量，实现和制度模式及战略的协同的。

该文件将奈飞的文化价值观归结为以下七个方面，如图5-1所示。

- ❑ 价值观来自我们推崇和珍视的价值
- ❑ 追求高绩效
- ❑ 自由和责任
- ❑ 情境管理而非控制
- ❑ 认同一致，松散耦合
- ❑ 支付市场最高工资
- ❑ 晋升和成长

图5-1 奈飞文化价值观的七个方面

文件开头便极为直接地引用了安然公司破产的例子：宣称"正直"是其企业文化价值观的安然，高层却因欺诈而入狱，这显然表明了该公司并不真正执行其贴在墙上的"高大上"的价值观。奈飞认为，**公司真正的价值观是通过哪些员工被奖励、提升和解雇等非常具体的制度体现出来的。而投射到员工个人的行为上，价值观则通过这样的制度，转变为被员工重视的行为和技能。**奈飞将其重视的能力归纳为九点：判断力、沟通力、影响力、好奇心、创新、勇气、热情、诚实和无私，并对每个能力进行了详尽的解释。

与许多公司追求的"公司是一个大家庭"不同，奈飞明确提出"我们是个团队，不是家庭"，在招聘和员工去留上更是设置了诚实、直接的问题：如果有员工要辞职，哪些人需要被拼命挽留？只留下明星员工而非称职的员工，以保证工作高效和企业文化的延续，实现奈飞眼中最好的工作环境：即拥有一群超级棒的同事。

随着公司发展规模不断增大，其管理复杂度也会随之节节攀升，许多公司因此增加规则、流程以维护日常运营管理，同时必然造成员工自由度和创新能力的下降。稻盛和夫通过著名的"阿米巴模式"来解决企业体量过大的问题，奈飞则通过只雇用“完全成熟的成年人”提升高绩效人才的密度来解决这一困局。除两类规则——阻止不可挽回灾难的规则，避免道德、伦理和法律问题的规则被保留外，奈飞尽量减少不必要的规则，甚至取消了休假考勤等规定，将灵活性摆在了重要的位置。

奈飞还通过情境管理而非控制员工的管理方法实现效果的最大化。奈飞希望员工能够成为独立决策者，而管理者的工作是设定清晰的情境，向员工提供正确的信息以便他们决策。只有员工能够自行决策时，公司才会最具效率和创新能力。

在团队合作的方式上，奈飞追求“认同一致，松散耦合”，在全员对战略和目标都具有清晰认同理解、团队间信息透明的基础上，尽量减少跨职能部门的会议，精简预演、审批，领导者依据时机进行协调，通过坦诚的讨论避免推诿和混乱，实现奈飞的最终目标：更大、更快、更灵活。

为了吸引和保留最优秀的明星员工，奈飞愿意提供市场最高薪资和充分的晋升与成长机会。奈飞认为，支付市场最高薪酬是高绩效文化的核心，而且无论奈飞盛衰，公司都支付市场最高薪酬。奈飞支持员工的自我提升，但不认同形式化的职业规划，当员工在现有岗位上表现极其出色，同时有足够重要的工作时进行升职。

2001年经历危机后，奈飞裁掉了许多中层管理者，却发现公司的反应速度比原来更快。这样的契机促使奈飞进行了一系列变革尝试，最终建立了强大的企业文化。

这份125页的PPT文件让人们看到，**一个企业能有性格，企业文化价值观不但不是胡扯，反而是企业秩序、规则建立与维持的基础序参量。**但遗憾的是，在真实的商业世界中，“企业文化价值观是真的还是胡扯”这样的疑问仍旧广泛存在。有一些诡辩的理论称这是因为很多企业的发展还处于起步阶段，先要解决生存问题。这样的解释初看似乎有些道理，但**对于关键序参量的忽视势必会一步步造成规则秩序的混乱，给战略决策带来方向性的错误。**人类终其一生，最终追寻的还是价值。

黏合剂、排异反应与免疫系统

物以类聚，人以群分。生活中，具备相同或相似价值观的人容易自发形成关系密切的活动群体。对于商业组织，比起强硬的缺乏成员认同的规章制度，**在对共同价值的认同基础上形成的制度/模式，就好比企业内部凝聚的黏合剂，能让组织内成员自发、自愿地形成一个命运共同体，帮助组织成员共同经历商业世界中的起伏。**

人无完人，没有完美的员工，也没有完美的管理者，只有当共同价值成为组织的免疫系统时，错误的行为才能被体系及时发现与修正，实现组织的协同与基业长青。

> “生活的确是黑暗的，除非有了渴望；所有渴望都是盲目的，除非有了知识；一切知识都是徒然的，除非有了工作；所有工作都是空虚的，除非有了爱。当你们带着爱工作时，你们就与自己、与他人合为一体。”
>
> ——纪·哈·纪伯伦，《先知》

公元前300年左右，巡游的亚历山大大帝遇见了正躺着晒太阳的哲学家第欧根尼。这位名声赫赫的帝王自我介绍：“我是亚历山大。”哲学家依然躺着：“我是第欧根尼。”帝王问：“我有什么可以为先生效劳的吗？”第欧根尼的回答是：“有的，就是不要挡住我的阳光。”

这是一位哲学家的价值观，这样的价值信仰让第欧根尼做出了常人难以理解的行为。当人们讨论价值观念时，似乎谈及的是一个束之高阁的概念，但实际上**正是价值观实实在在地指导着人们的行为模式**。所以常人难以理解第欧根尼的做法，因为对权力、地位、财富等的向往包含在了常人的价值观之中。

价值观一旦形成，就很难被轻易改变，对人的影响更不可能瞬间消失。今天还是有犬儒主义的第欧根尼不可能转天就去追赶亚历山大的马车，今天还在追求财务自由的员工也不太可能抛下世俗生活中的欲望。事实上，自觉或不自觉地，每个具体的个体行为或组织行为的背后都有价值观作为支撑。**如果能将组织共同价值通过制度/模式进行不断强化建设，这样的价值观就能成为黏合剂，将组织中的成员紧紧黏合起来；反之，价值观上的差异非常容易导致组织的分崩离析，**

难以达成组织的共同目标。

《哈佛商业评论》有十大经典案例，其中之一便是摩根士丹利的前顾问鲍恩·H.麦考伊所写的“苦行僧的寓言”。

文章讲述了这样的一个故事：作者鲍恩与人类学家史蒂芬，还有夏尔巴人、瑞士人、新西兰人、日本人等在攀登喜马拉雅山旅途中，因为共同的攀登目标而临时组成了一个松散的团队。他们在攀登的过程中遇到了一个奄奄一息的苦行僧，但是每个人都遇到了环境及身体问题带来的困难，并且每个人所秉承的价值观不同，所以出现了不同的行为选择。发现了苦行僧的新西兰人将苦行僧背回到休息的地方后，就把苦行僧转交给了团队中的其他攀登者，作者鲍恩和瑞士人在给苦行僧留下一些御寒的衣物后选择继续攀登雪山，人类学家史蒂芬照顾苦行僧的时间最长，直到苦行僧恢复神智才离开，但这位人类学家也并未选择帮助苦行僧完全脱离险境。

事后，作者鲍恩与人类学家史蒂芬展开了激烈的讨论。史蒂芬认为，苦行僧的情况是个人价值观和企业价值观之间分离的典型案例。当与团队的共同目标背离时，因为得不到来自团队的支持，所以没有一个人愿意对那位苦行僧最终负责。每个人付出努力的程度仅限于不会造成过度不便。文章中写道：“为什么史蒂芬没有选择自行照顾苦行僧直至其完全脱离险境？部分答案是因为史蒂芬当时本身就遭受着生理压力，而另一部分原因是在山上组成的松散团体缺乏支持系统，因此没有支持他个人执行此类行动的能力。”这个松散的团队没有共同价值，个人的价值观也得不到支持，而当人们无法在组织中获得此类支持时，在抉择时就会犹豫，在行动中就会面临更多的困难。如果个人的价值观与团队的价值观能够很好地契合并且互相支持，员工将与团队的成功息息相关。

文章结尾时鲍恩写道：“对我们每个人来说，那个苦行僧还活着。我们应该停下自己手头的事照顾他，还是继续向着高山山口艰难跋涉？或许是改变团队的价值观，使其能够利用所有资源，选择另一条路。”

西方学者提出了“个人—组织匹配”（Person-Organization Fit，P-O fit）的概念，将员工价值观与组织价值观的匹配看作企业文化管理的核心，认为价值观是最基本、最持久的思想层面。个人—组织匹配模型，如图5-2所示。中国台湾大学教授郑伯埙等指出，价值观是一种内化的规范信念，一旦这种信念形成了，就可以引领组织成员的行为而不受外在因素（如处罚等）的影响。简而言之，个人价值观与组织价值观的匹配影响着个人的行为选择和组织的发展成果，如果两者的价值观不能匹配，组织的目标与愿景难以获得个人认同，那么在面临困境时，个人与团队就很难风雨同舟。

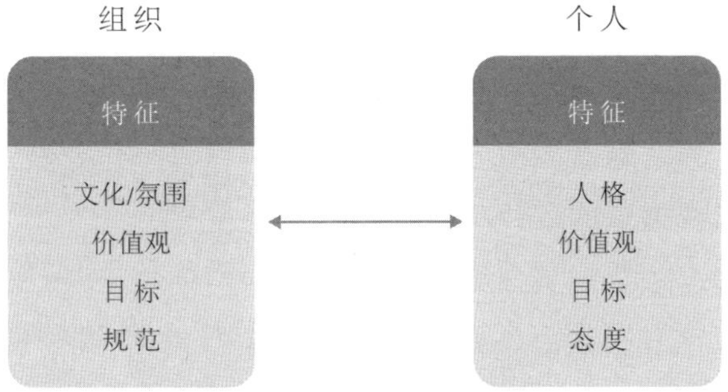

图5-2 个人—组织匹配模型

诚然，在现实世界中，成员的价值观与组织的价值观很难从一开始就完全契合。正如前文所言，一个民族通过长期执行具备其共同价值的法律、制度、仪式、教育等，最终形成了人民的性格特色，一个优秀的、经受得住考验的协同企业，也必然需要**通过制度/模式的建设将其共同价值落实在成员个人身上**。

社会发展的推动下，人类思考能力和自我意识的不断觉醒也提醒着组织，如果企业文化价值观不适宜员工“生存”，不符诚实、正直的本质，员工不仅会疑惑文化是否存在的问题，还会自下而上地以践行更普世价值观的行为模式改变和影响企业。

在一个协同的组织中，当个体做出符合组织价值观的行为时，就会从制度/模式层面获得群体的认可，得到积极的反馈和情感回应，继而产生动力不断进行行为强化，从而实现组织对员工个人行为模式的塑造。个人的行为模式与组织的价值观产生的共振又能够进一步巩固组织的价值观，如同黏合剂一般，将组织凝结起来，实现监督、检查、考核、流程等难以实现的凝聚力。当一群人有了一致的价值观念时，才有了真正的凝聚力，才有了实现共同目标的根本保障。

总结

- 人们依靠共同价值界定、实现自身认同，而对组织来讲，共同价值是组织间区别的关键，更是组织能否基业长青的决定性序参量。
- 人们在日常工作中对于企业文化价值观是否存在的疑惑，来自“主张”与“行动”的分离，即口号式宣传中的所谓文化价值并不是真正指导制度建设和战略决策的价值观。
- 奈飞对于自身文化价值观进行了明确清晰的界定、解释，更展现了共同价值是如何作为重要的序参量，实现和制度/模式及战略的协同的。
- 比起强硬的缺乏成员认同的规章制度，在对共同价值的认同基础上形成的制度/模式，就好比企业内部凝聚的黏合剂，能让组织内成员自发、自愿地形成一个命运共同体。
- 在一个协同的组织中，当个体做出符合组织价值观的行为时，就会从制度/模式层面获得群体的认可，得到积极的反馈和情感回应，继而产生动力不断进行行为强化，从而实现组织对员工个人行为模式的塑造。

第六章

在礼崩乐坏的时代坚守诗与远方

“只思考那些符合自己价值观、光明正大的事物。你的性格内容就是你的选择。日复一日，你所做的选择、你思考的内容和你所作所为即你会成为的样子。你的正直品格就是你的命运，是指引你道路的光芒。”

——赫拉克利特，古希腊哲学家

“十年春，齐师伐我，公将战。曹刿请见。其乡人曰：‘肉食者谋之，又何间焉？’刿曰：‘肉食者鄙，未能远谋’。”被曹刿描述为目光短浅的“肉食者”，究竟是真的目光短浅不具备远见卓识，还是为了维护自己眼前的利益变得鄙陋？

企业存在的缘起就是为了盈利，而领导者对于企业所担负的首要责任也是保证企业的利润，这也是为什么个人价值选择非常突出的埃隆·马斯克因为特斯拉深陷亏损而饱受责备。企业家对于利润的追求无可厚非，因为这不但是企业存在的基础，也是企业家的责任所在。企业给市场提供服务，给社会创造价值，给个人带来财富，不可否认，盈利是相当重要的。然而企业不能只是鄙陋的“肉食者”的身份，从企业自身来说，这是因为企业要对个人的职业生涯负责、对企业长期发展负责，**没有正直诚实的价值观的企业不可能长久生存**；从更广的角度来讲，**在更具有社会精神的共同价值的影响下，企业的战略方向与战略决策必会抛弃“肉食者”的特性，而这，将是社会发展的动力和人类人性的价值所在。**

理想主义者的理想还在吗

北京时间2018年2月7日凌晨，SpaceX的重型猎鹰火箭将引擎上刻有“Made on Earth by Humans”的特斯拉跑车送入太空。伴随着摇滚巨星大卫·鲍伊的唱片和著名科幻小说《银河系漫游指南》，那一刻，全部人类都成为大卫·鲍伊歌曲中地面指挥呼叫的“汤姆船长”，那一刻，埃隆·马斯克不再仅是一个企业家，特斯拉和SpaceX火箭的财政状况在探索宇宙与外星文明的浪漫情怀和冒险精神面前也显得过于现实。马斯克身上背负着无数的赞美和批评，可在火箭真的成功发射的那个瞬间，马斯克身上实实在在地显露出了那么一点点超越世俗的东西，那么一点点诗与远方。

七个月后，SpaceX首位绕月旅行个人乘客身份公布——日本富翁前沢友作，日本著名时尚在线网站Zozotown创始人。前沢友作还表示，希望邀请6~8位艺术家一起参与登月计划。在为SpaceX做相关宣传时，这位日本富豪说道：“如果毕加索能近距离观察月亮，他会创作怎样的杰作？如果约翰·列侬亲眼见过地球轮廓，他会谱写出怎样的歌曲？如果他们都曾有机会游历太空，我们今天的世界又会是怎样一番景象？”这位极其成功的商人天马行空的浪漫做法似乎向大众提出了一个问题：**真正提升人类价值的是什么？伟大企业又是否担负着更高层面的责任，需要更大范围地促成善的价值的传播？**

在社会学奠基人、德国社会学家、哲学家马克斯·韦伯的名著《新教伦理与资本主义精神》中就描述过信仰带来的精神力量对于社会和经济发展的作用。在一个强调竞争，以财富的积累程度作为成功与否的基础判断的社会达尔文主义的环境中，理性的经济伦理是很难建立的。而欧洲新教改革带来的“新教精神”恰好在中世纪末期出现，帮助维护了资本主义初期财富累积时的规则。**如今，社会财富已经积累到一定程度，于是商业组织面临着这样的选择：是继续选择追求利益最大化，还是选择以更具有社会精神的价值观成为推动社会进步的积极力量？**

1949年，一个企业家们的研讨会上，惠普公司的创始人之一帕卡德发表了“企业对自己的员工、客户、供应商，以及广大社会的公益事业，都负有重大的责任”的看法，然而令他惊讶的是，在场的大部分人都不同意他的观点。在财富迅速积累的时段，是选择利益最大化，还是努力成为“社会道德的第一棒”？2005年，美国半导体设计和制造公司赛普拉斯半导体的首席执行官罗杰斯和美国食品超级市场连锁店Whole Foods的首席执行官麦基进行了公开辩论。麦基说，Whole Foods的目的是通过提供高品质和高营养的食品来增进人类的健康和幸福，罗杰斯则说利润是第一位的。12年后，Whole Foods 2017年营收157.24亿美元，而赛普拉斯半导体的财报显示，其2017年营收为23.3亿美元。虽然这样的对比非常单薄，但这起码能证明，将道德、愿景等价值观念放在重要位置的企业不见得就会比把利润设为头等目标的企业的盈利更少。

在电视剧《乔家大院》里，主人公乔致庸的理想就是让自家的票号开遍天下，实现汇通天下，惠予五洲。每一个企业在起步之时，也许都有一番如乔致庸般“惠予五洲”的凌云壮志。而当企业发展越来越快、财富规模越来越大之时，就容易像“鸡汤”中讲的一样：“走得太远就忘记了为何出发”，忘记了最初最宝贵的愿景与价值观。

2008年，“三聚氰胺”事件让众多“中国优秀企业家典范”的形象轰然倒下。中国已成为世界第二大经济体，企业家在其中扮演了重要角色，然而这样具有影响力的社会群体，社会在关注他们创造了多少财富之余，是否也应当关注他们的价值观和信仰是什么？这个被称为“社会精英”的群体，是否真的具有企业家精神、有善的基因、愿意推动人们触及诗与远方？

马云曾多次向日本企业界“经营四圣”之一的稻盛和夫先生请教“企业家灵魂的问题”，稻盛和夫先生认为，企业家的人性、人格对企业的经营至关重要。《人为什么活着》一书介绍了稻盛和夫先生将他自身恪守的信念和个人价值观转移、发展为一种企业家精神，创立了“敬天爱人”的经营哲学，坚持“利他经营”的思想基础。一本揭示企业永续经营、基业长青奥秘的经营管理类书籍，出发点是“人为什么活着”这一基本哲学命题，这不得不说是稻盛和夫先生带给人们的思考，也印证了该书推荐序言中的观点：“企业和人的成就是人性光辉闪耀的一个表现形式，而不是人生的终极目标。”

季羡林先生曾说：“根据我七八十年来的观察，既是企业家又是哲学家，一身而二任的人，简直如凤毛麟角。”诚然，企业家肩负着巨大的压力，在社会的瞩目和企业生存的重担下，企业家的成功显得尤为不易。但“并非只有失败才是考验，成功同样也是一种试炼……无论成功或失败，真正的胜利者都能利用造物主给予的机会，磨炼出纯净美丽的心灵。”稻盛和夫在书中如是讲。和普通人相比，企业家有着更丰富的经历，有着不同的人生体验，而这样的宝贵历程能否被深挖，使这样的经验成为所有人的财富？这是否又是一个过高的要求？

◣ 马云挥泪“斩”卫哲

“外界看我们，是阿里巴巴网站，是淘宝，但只有我们自己知道，我们的核心竞争力是我们的价值观。”马云曾在公司年会上讲道。以金庸小说中“六脉神剑”定义核心价值观的马云，可谓中国企业家中以共同价值给世界留下印记的佼佼者。阿里巴巴集团官网上写道：“价值观对于阿里巴巴如何经营业务、招揽人才、考核员工，以及决定员工报酬扮演着重要的角色。”

2011年春，阿里巴巴经历了成长的“阵痛”。因为“黑名单事件”，阿里巴巴B2B公司时任首席执行官卫哲、首席运营官李旭晖引咎辞职，100多名中层乃至基层人员被离职。

故事还要先回到“狂风计划”。2008年，美国次贷危机蔓延，中国进出口贸易进入寒冬。全球金融危机的到来，使阿里巴巴的业务受到冲击。阿里巴巴的销售团队又称“中供铁军”，负责向中小企业提供“中国供应商”出口通服务，帮助中小企业拓展国际贸易。为了应对危机，拉动公司的业务，阿里巴巴把全国各地的销售聚在杭州开了一个内部会议，提出“狂风计划”，核心举措就是通过降低会费换取客户数量的快速增长。

该计划开启了阿里巴巴B2B商业模式升级的信号，公司开始进入高速扩张阶段。据了解，“狂风计划”前客户数为两万多，两年里客户数激增到12万，销售团队达5 000多人。由于销售团队的故意或疏忽，让一些涉嫌欺诈的中国供应商混进阿里巴巴平台，引来很多国外客户的投诉。

2010年年底，阿里巴巴集团联合创始人蒋芳被调去管理“中供”（中国供应商）的诚信安全，后来在一封群发的邮件中汇报了自己的近况：

“2010年跑来投诉‘中供’是骗子的买家每个月比2008年翻了20倍！还查到有些销售，一个人就签进来好几十家骗子公司，甚至还一手拿公司的佣金，一手拿骗子的贿赂！真是太气人了！现在我特庆幸调我来管这个业务，当年大家好不容易做起来的事业，炸掉也不能毁在一帮骗子手里……”

为了短期的经济利益不择手段，企业正在形成一种危险的文化。蒋芳的邮件引起了马云的重视。阿里巴巴B2B公司董事会决定，委派已退隐多年、正担任独立非执行董事的关明生成立独立调查组，调查黑名单问题。

过去销售团队花了八年时间发展到3 000人，但“狂风计划”后两年间突然涌入近2 000名销售员，这远超公司培训的承载力。员工规模的快速增长稀释了企业的价值观，进而因价值观问题出现欺诈丑闻。阿里巴巴的销售内外勾结，故意把列入黑名单的客户通过认证并标记为Gold Supplier（金钻供应商），而其中的一些供应商凭借金钻身份欺诈阿里巴巴的国外买家。据内部调查，2009—2010年，2 326名中国Gold Supplier会员涉嫌欺诈，如收款后不发货或者发假货、次货，有近100名员工牵涉其中。

阿里巴巴这种销售行为已严重背离了企业的诚信原则。2011年2月21日，阿里巴巴B2B公司宣布，为维护公司“客户第一”的价值观及诚信原则，公司时任首席执行官卫哲、首席运营官李旭晖引咎辞职。

有媒体报道说，这是阿里巴巴史上最震撼的人事地震。马云很赏识卫哲，不惜三番五次请他加入阿里巴巴。自2006年加入后，卫哲为阿里巴巴B2B上市、管理架构的搭建、企业的发展壮大，贡献了不少力量。公开数据显示，在卫哲任职期间，企业的营业收入从2006年的13.6亿元增长到2010年的55亿元，利润则从2.2亿元增长到14.7亿元。但为了维护公司的核心价值观，马云不得不挥泪“斩”卫哲。

阿里巴巴的销售团队为了追求高业绩、高收入，深陷欺诈丑闻，虽然两位高管并没有参与欺诈案件，但马云决定向市场发出一个强烈的信号，以显示其整顿的决心。这个危机公关事件的应对措施，强调和彰显了阿里巴巴的诚信文化。今天，打开阿里巴巴的官网，客户第一、团队合作、拥抱合作、诚信、激情与敬业，有“六脉神剑”之称的核心价值观会突显在文化与价值观一栏。马云认为，公司决不能变成一家赚钱的机器，“让天下没有难做的生意”才是其使命所在。

马云在阿里巴巴成立18周年年会上发表演讲：“让阿里巴巴坚持18年的是因为我们有理想主义，坚持理想主义使阿里巴巴走到了今天。我最担心的是我们的员工，看到自己拥有这一切的时候，忘却了理想主义……这个世界上永远会有公司比我们更赚钱，但是这个世界需要每个人都非常明确知道自己有什么、要什么和想做什么。所以阿里巴巴可以失去一切，但是不能失去理想主义。”拥有使命感和目标感才能带来充实、意义和价值。

这是一个理想主义容易被嘲笑、容易蜕变为犬儒主义的时代。对于更有影响力的企业来说，它们的价值观毫无疑问的会改变这个世界——或好或坏。

◣ “乔教主”真的改变了世界

当罗永浩以“理想主义”的旗号创业却不断妥协时，人们就更加意识到了乔布斯的成功之处。以价值观改变世界最成功的人物之一无疑是苹果创始人乔布斯。乔布斯虽英年早逝，但其影响绝未就此止步。这个“疯子”式的人物真的实现了他年轻时就确立的要改变世界的理想，从产品设计美学到实用功能上都彻彻底底地影响了所有人。乔布斯给出的是消费者自己都意识不到自己需要的解决方案。乔布斯曾说过，他希望通过苹果的产品改变人们对一类产品的认知，进而有机会改变人们对这个世界的认知，他想让人们学会欣赏美丽的东西。当全触屏已经成为约定俗成而不是一种怪异前卫的设计时，当乔布斯被果粉称为“乔教主”时，全世界都知道，**乔布斯真的通过产品战略，实现了对人们认知的改变。**

1997年第四季度，苹果亏损达1.61亿美元，整个财年的收入只有71亿美元，下滑了28%，吉尔·阿梅里奥的苹果首席执行官生涯也随之走到了尽头。这是乔布斯重返苹果之前的状况。1997年8月6日，苹果在波士顿召开Macworld大会。此时，离开苹果已12年的乔布斯刚刚被苹果董事会重新任命为临时首席执行官。在该次会议上，乔布斯重申了价值观念，明确了苹果的战略方向，这也成了苹果转折的开始。

乔布斯对价值观的明确也投射在了苹果的生产线上。“我们未来投入的资源将等同于或者比现有规模更大，但资源的投入领域会更集中一些。因此，我们将比现在做得更好。”当时，公司的产品线十分混乱，乔布斯舍弃了所有不符合发展理念的软件、硬件产品，甚至是当时看来非常具有开创性的产品“牛顿PDA”——即使面对着“牛顿PDA”的粉丝们在苹果总部大楼外的强烈抗议。“我目前的职责并不是在一场受欢迎的比赛中取得胜利，而是帮助苹果团队做出正确的选择，帮助公司重回轨道。”乔布斯在采访中表示。

苹果现任首席执行官蒂姆·库克在演讲中曾说，乔布斯对于苹果的期望，是让强大的科技变为人们易用的工具，帮助人们实现梦想并让世界变得更加美好。“乔教主”的实践成果无疑深刻影响了世界，更为他带来了一大批“信徒”。当苹果从产品战略上不断实现其价值观的营销推广时，不得不承认，“至死方休”的“乔教主”真的正如比尔·盖茨评价的那样，“至少影响世界100年”。

“聪明人”的海市蜃楼

如果价值观出现了根本性问题，就会产生畸形的“协同”，与错误价值观产生联系的其他序参量都出现了畸形匹配。可是，内部要素之间不管多么“畸形地协同”，由于这种从根本上就坏掉的价值观，谎言迟早会被戳破，一切都会崩塌。

安然的案例生动描述了畸形价值观和畸形要素如何相互配合，欺瞒整个市场，不惜一切代价，追求利润的价值观维系企业获得了貌似稳定而繁荣的发展。期间，这一价值和安然所涉及的如人才的激励/约束、规模扩大、制度等其他序参量是十分畸形的“匹配”和“协同”。安然的创新战略、内外部的治理模式和制度，也畸形地配合了其发展。安然、安达信的公司羸弱的治理结构出了问题，并一直庇护虚假的共同价值。治理结构羸弱、代理人首席执行官为自己谋求巨大私利。

安然的假账、腐败事件和追求高利润为中心的文化被人在18年前就已经揭发了。为什么旧事重提？

总是有一群太过“聪明”的人，在虚假的价值观外衣下假装繁荣发展。这群聪明人即使以虚假“价值观”为核心序参量和企业内部其他序参量结合“协同”，也是枉费心思，毕竟是海市蜃楼。安然的聪明人“敢于冒险”，太低估诚信价值观的杀伤力。今天的人们又何尝不是？

回到安然，这还真是一群极其“聪明”的人，似乎非常“善于”在变化的环境中，及时调整公司的战略、模式和个人的行动。

他们开创了天然气现货交易模式，实现经营模式的转变，后来由天然气转向动力和发电领域，引入天然气方面的衍生产品交易，创造出一种新型能源交易运营机制，还顺应时代发展，早早创建互联网交易平台。他们把安然发展为当时世界上最大的能源、商品和服务公司之一，名列《财富》杂志“美国500强”的第七名。当假账、腐败即将浮出水面时，还在临死前抓着即将要收购的竞争对手这最后一根稻草，试图翻盘。最后甚至金蝉脱壳，股票提前被大规模抛售。

他们“聪明”到可以利用子公司借钱融资，使高达130亿美元的巨额债务不为投资人所知；可以不理会现金流状况，把未来预计收益直接当作现实收益算入资产负债表；可以别有用心地把没有信用的贸易生意假装为有信用；可以用刻在石柱上、写在财务报告那页纸上的“尊重、正直、沟通、卓越”为外衣掩饰追求利润为核心的共同价值。这都是其畸形的共同价值指导下生发出的畸形模式、战略。

做信用的生意却不讲信用。安然的核心业务就是能源供应者及消费者之间的媒介，这种媒介其实是建立在双方对安然信任的基础上实现的。信用出现问题，自然双方都不会再在这一平台进行交易。

◣ “畸形协同”演绎一场不露痕迹的好戏

安然的这出表演在漫长的时间里一直没人打断，直到崩塌前的几个月。

就像羊群，人与人是互相效仿的。**价值观和行为也会跟着效仿他人，尤其是在某种激励/约束机制下。**安然内部曾有两名交易员涉嫌违规操作，动用公司资金进行莽撞交易，管理者肯·雷知道后没有处罚。后来发现他给两位交易员的邮件中竟然写着：“Please keep making us money.”（继续如此为我们挣钱。）

虚假、伪善的共同价值下，人们各种行为被相应激励或抑制。不能苟同这种真正虚伪的价值观者自然也不被容下，就像病毒的“免疫系统”，从安然早早离开。

哪些员工得到雇用、解雇或是晋升？遵守职业道德还是不惜一切手段带来的高额利润被尊敬和赞扬？花更多的时间在和公司高层领导的私下社交上吗？哪些才是真正的“游戏规则”？

安然作为一家英美体系治理结构下的公司，主要考虑协调管理者与所有者的利益，而不是像亚洲企业解决小股东权益。和其他很多美国公司一样，安然的股权非常分散，董事会承担监管责任。但最关键和矛盾的一点是，董事会成员常常由首席执行官推荐。首席执行官及经理层收入所得无法和长期绩效挂钩，多数人都非常重视短期绩效，不那么在乎企业的长期目标。经营团队的利益与大股东利益往往一致，相互支持。

◣ “那我把公司卖给你”

杰克·韦尔奇在《赢》一书中写道：“如果你不能时常传达你的目标，不能通过奖励巩固你的目标，那么，你的愿景还不如打印愿景的纸有价值。”

2001年，安然神话覆灭。一群“聪明人”因错误的价值选择而彻底失败。2019年，下面这家“硬核”企业的价值观可谓坚定。

“我们坚决反对员工任何违反法律的行为。公司内部有非常庞大的内外合规管理系统，用来预防这些事件，违反后，有纪律部门来处置。华为未来的规模可能还会更大，云时代的网络社会更复杂，如果我们不用纪律来约束自己的行为，可能我们会不堪重负。”华为创始人任正非说。2019年年初，美联社的记者乔·麦当劳向任正非提出质疑：华为如何保护客户信息的机密性？甚至还提出了一个极端假设性问题：“如果说中国的国安部找到华为一定要求为他们做一些事情，华为能做什么？华为将做什么？”被记者不断追问的任正非并没有生气，他只是说：“中国外交部也做过澄清，中国没有任何法律要求企业安装后门。华为公司和我个人也从来没有接到过这样的要求。”

任正非甚至也学习记者用极端假设性答案去回答这种极端假设性问题，“那我把公司卖给你”“如果你买不起的话，我就要把这家公司关掉。我们已经明确，我们只是以客户为中心，绝不做危害客户的任何事情”“当我们面临要侵犯客户利益的时候，宁可关闭公司，也不会被利益所驱使，而去做不应该做的事”。

坚持不作恶究竟有多难

> “我那时还不了解人性多么矛盾，我不知道真挚中含有多少做作，高尚中蕴藏着多少卑鄙，或者，即使在邪恶里也找得着美德。”
>
> ——威廉·萨默塞特·毛姆，《月亮和六便士》

谷歌创立不久就将“不作恶”（Don’t be evil）作为企业座右铭，成为核心价值观的体现。然而在2018年5月，谷歌官网更新的资料上删去了这一口号，同时删去了相关的大部分内容。和传统意义上文化价值观自上而下的塑造不同，谷歌悄无声息地修改行为准则和口号时，谷歌的员工团结了起来，自下而上地去捍卫他们所珍视的价值观。

谷歌想改变世界的时候，他们的员工想改变谷歌。2018年4月，近4 000名谷歌员工联署请愿书，抗议公司继续参与军方的Maven项目，之后更是有12名员工正式请辞。Maven项目通过机器学习和计算机视觉等技术，在无人机拍摄的视频中辨别不同类别的目标，追踪人员行动等。请愿的员工对谷歌的人工智能技术应用在军事上感到担忧，他们在抵制信上写道：“该合同危及谷歌的声誉，并与我们的核心价值相悖。”同年6月，谷歌云首席执行官黛安娜·格林在与员工的内部会议上宣布，谷歌决定将于2019年该合同到期后退出Maven项目。黛安娜·格林同时表示，公司内部的抵制是不再续签合同的主要原因。在长达两个月的员工抵制之下，谷歌放弃了每年潜在收入可达上亿美元的项目。

2018年11月，距离对Maven项目的抗议过去并不久，全世界数千名谷歌员工又站了出来，以罢工、游行、演讲等方式抗议谷歌对于“安卓之父”性侵行为的包庇，再一次捍卫他们认为公司应当具有的价值观。几年前“安卓之父”安迪·鲁宾离开谷歌时，谷歌联合创始人兼母公司Alphabet首席执行官拉里·佩奇在公开声明中写道：我祝愿安迪往后一切顺利，他因创造了安卓带来了许多了不起的东西，让10亿名用户开心。但事实上，安迪·鲁宾因被举报迫使下属发生非自愿性性行为而离职，谷歌没有公开这样的行为，并给出了高达9 000万美元的遣散费，而安迪·鲁宾创办的新公司还获得了谷歌数百万美元的投资。

美国纽约、旧金山，德国柏林、英国伦敦，爱尔兰、新加坡、日本……世界各地的谷歌员工都参与其中，一位谷歌员工在采访中说："请每位谷歌员工都团结起来，我们终将改变谷歌。"这样跨越大洲大洋的抗议让人们看到，**这些被"不作恶"的共同价值吸引而来的人才们，不允许自己工作的企业在实际运营中忽视其所宣扬的价值观**。罢工组织者在一个内部网站上发表过这样的评价："谷歌支持多元化和包容性的话说得很好听，但应对种族歧视、加强平等和阻止性骚扰的实质性行动很少。够了！谷歌的时间到了。"虽然谷歌首席执行官桑达尔·皮查伊对于员工的抗议活动表示了支持，但谷歌员工仍然表示："高层管理人员是否支持员工的罢工游行其实并不重要，重要的是罢工游行中体现出来的问题与表达出来的员工需求最终能否得到解决和满足。"

随着人类社会整体的不断进步，个人对于价值观的珍视也定然会愈发强烈。价值观过去有着"刑不上高管"的潜规则，现在价值观共同体超越了权力、层级，要求所有人都必须严格遵守。当企业在运营中不重视价值观的建设和维护时，员工就会自发去捍卫，促成企业的改变。谷歌员工振聋发聩的言论提醒着所有企业和劳动者，劳动者有能力去自下而上地影响企业文化价值观，而企业如果不重视践行善的共同价值，就会被它的员工所抛弃。

经济的迅猛发展似乎刺激了社会中的每个组织和个人，生产力的发展似乎使得物质利益成了成功的重要标志之一。然而企业的生命周期中总会面临经济效益的高峰与低谷，价值观是企业及其员工的内在精神支撑，一个有善的共同价值/首要目标的企业才能够度过经济效益的低谷，同时又能在高峰时保持清醒的头脑和更高远的眼光。没有善的价值，就只剩下眼前的苟且。

纵观古今，价值观都是商业活动中至关重要的一环。在中国，从古代依靠严格的章程规矩发迹的晋商，到被称为"经营之神"的台塑创始人王永庆坚持"勤劳朴实、止于至善、永续经营、奉献社会"的16字经营理念，谋求合理的经营利润，伟大的企业始终能明确自身的价值观，体现人类价值的提升，改变世界的格局。

人类在茹毛饮血的时代就已经会抬头仰望星辰大海，用或黑或红的自然颜料涂抹记录在岩壁上。霍金的身体被困在轮椅上，物质享受被极大地限制，他的思想却飞跃到宇宙的每一个角落，他的每一个发现都牵动着全人类的呼吸。人和其他生物的区别就在于，仅“吃饱、吃好”的成功是不够的，人们确实还需要价值观念，需要一点诗与远方。

总结

- 如今，社会财富已经积累到一定程度，于是商业组织面临着这样的选择：是继续选择追求利益最大化，还是选择以更具有社会精神的价值观成为推动社会进步的积极力量？
- 如果价值观出现了根本性问题，就会产生畸形的“协同”，与错误价值观产生联系的其他序参量都出现了畸形匹配。
- 安然畸形的价值观和其他如激励/约束、规模扩大、制度等序参量是十分畸形的“匹配”和“协同”。安然的创新战略、内外部的治理模式和制度，也畸形地配合了其发展。安然、安达信的公司羸弱的治理结构出了问题，并一直庇护虚假的共同价值。
- 随着人类社会整体的不断进步，个人对于价值观的珍视也愈发强烈。价值观过去有着“刑不上高管”的潜规则，现在价值观共同体超越了权力、层级，要求所有人都必须严格遵守。
- 当企业在运营中不重视价值观的建设和维护时，员工就会自发去捍卫，促成企业的改变。劳动者有能力去自下而上地影响企业文化价值观，而企业如果不重视践行善的共同价值，就会被它的员工所抛弃。
- 企业的生命周期中总会面临经济效益的高峰与低谷，价值观是企业及其员工的内在精神支撑，一个有善的共同价值/首要目标的企业才能够度过经济效益的低谷，同时又能在高峰时保持清醒的头脑和更高远的眼光。

第七章 价值观的选择、营销与协同成长

人类对于价值观的理解不是一成不变的，而是处在不断深化的动态过程中的。**企业对于价值观的追求势必也需要随着时代发展不断协同成长，否则只能被时代所抛弃。**从精神世界到现实世界，人们对价值观的重视所产生的影响早已渗透进商业世界的各个角落。**企业所营销的不再是商品、服务本身，而是企业所代表的价值观念**，消费者通过消费行为给自己支持的价值观投票，通过商业活动支持自己理想中的世界。**在市场行为受到价值观深刻影响的背景下，价值观对于战略决策的重要性自然也日益加深。组织更要明确，什么才是自己的价值观，如何才能更好地进行价值观的营销和战略决策。**

从"独善其身"到"兼济天下"

当人们选择加入某一商业组织时，实际上也就暗含了对于某种价值观的选择，选择了将接受某种共同价值并成为其中的一部分。这也是一个双向影响的过程：**个人依照自身的价值观选择商业组织，商业组织的共同价值通过目标、制度等形式和手段影响与同化个人。**如果这一过程无法顺利进行，那么个人和组织的脱离就成了必然。只有组织的价值观和个人的价值观协同进步，两者才能更好地发展。

就像非营利组织通过自身的价值观而非物质手段吸引人才一样，越来越多的人不再将薪酬等物质条件视为首要因素，**周边环境正在发生变化，企业的价值观成为人们择业时重要的考量**，已经颇有些“达则兼济天下”的意味。

尼尔森的一项研究发现，67%的员工更喜欢为具有社会责任感的公司工作，而55%的消费者会为对社会产生积极影响的公司销售的产品支付额外费用。德勤在2017年的一项研究中发现，千禧一代对他们的组织如何应对收入不平等、饥饿和环境等问题越来越敏感。88%的千禧一代认为，雇主应该在缓解这些问题方面发挥重要作用，86%的人认为判断一个企业是否成功不应当仅仅衡量其盈利能力。那些认为自己的雇主支持当地社区的千禧一代雇员为该雇主工作五年的可能性高达38%。而在中国，95后员工第一份工作平均在职时间为七个月，这一事实也向人们昭示着，对于这一批还未磨去棱角、似乎也不想磨去棱角的年轻人来说，只有以价值观建立足够的心理认同才能长久地留住人才。

人们越来越意识到自身作为一个社会公民的身份，这也同时意味着人们对于企业的“企业公民”身份重视起来。德勤在《2018全球人力资本趋势报告》中将企业的公民身份定义为企业为社会服务并对其行为负责的能力，报告同时还提到，社会企业正在崛起，企业的公民身份甚至成为企业成功的关键所在。随着公民意识的崛起，企业作为社会链条中重要的一部分，必须要跟上这样的价值观发展趋势，重视社会责任的承担，才能实现基业长青。

越来越多的案例表明，周边环境正在发生变化，公司承担社会责任已成为吸引并保留优秀员工、提升员工对企业的满意度和承诺感的重要途径。经济水平的发展使人们正逐步将目光从“独善其身”转到“兼济天下”，在自身温饱问题解决后，希望参与到社会活动中、实现一定社会理想的愿望就变得越发凸显。**价值观中具备“善”的基因应当成为商业组织的基本追求，一个不以“兼济天下”为奋斗目标的企业正逐渐失去对人才的吸引力。**

◣ “蓬生麻中，不扶而直”——价值观的协同成长

个人和组织的价值观选择是双向的。个人公民意识的崛起对企业提出了更高的要求，促使企业向“社会企业”的方向发展，同样，企业的价值观也必将影响着其中的每个成员。“蓬生麻中，不扶而直”，当企业坚定地执行积极健康的价

值观时，个人和社会都能从中受到正面的影响，实现企业、员工、社会的协同发展，而这也正是建设企业善的价值观的意义所在。

快时尚企业的加工代工厂常常因为无视工人处境被称为“血汗工厂”，饱受诟病。快时尚连锁品牌 Zara的零售商和母公司Inditex希望改变这样的状况，逐渐把订单交给了更具安全性的供应商。2017年，公司有95%的产品都产自这些条件更好的工厂，这一比例远高于行业平均水平。同时公司还推行了员工安全培训课程，尤其强调教会女性（工厂中85%的员工都是女性）认识性别歧视，让她们懂得如何捍卫自身的权利。这样的行为不单有助于推动行业标准的提高，实现与社会的协同发展；同时，此举传达出的企业价值观也无疑会帮助员工明确自身工作的意义，实现员工的自我认同与个人价值观的成长。

西门子于2012年正式成立了西门子员工志愿者协会，为员工、企业和社会搭建了一个志愿服务和跨界合作的平台。西门子甚至鼓励其员工志愿者协会逐步发展完善成为由员工自主、自治的组织，进一步在公司内，以及在社会上推广志愿者精神。在西门子的组织下，员工志愿者通过教授环保教育课程来提高外来务工人员子女、家庭成员及当地社区的环保意识，并帮助他们更好地融入城市生活；2013年组织了“NGO 成长伙伴计划”，西门子员工志愿者运用自己的专业知识和经验，帮NGO解决发展中的核心问题，为公益机构提供咨询服务，涵盖机构管理、发展战略、人力资源、法务及市场营销等方面的专业建议。在这样的环境下，员工很难不去关心社会问题。

企业对于自身社会责任的重视势必通过一系列商业决策和制度建设投射在员工身上，影响员工价值观的发展。由此带来的员工对于企业的认同是其他任何手段都无法代替的。

阿里巴巴创始人马云曾在其发表的署名文章中写道：“好的企业，要用商业手法解决社会问题、推动社会发展，而不是寻找社会漏洞去发展。解决的社会问题越大，企业就越伟大。如果能为国家解决问题，那就是一个国家企业……企业的目标是赚钱，但是企业价值的大小跟钱多少无关。企业受尊重不是因为会赚钱，而是企业会改变和影响世界，会完善社会和未来。”

第一次工业革命时，雇用童工还是合法的行为；19世纪，工人们还在为争取八小时工作制进行罢工游行；如今，对于人工智能技术中偏见和歧视问题的重视也督促着科技企业不断改进技术和强化价值观念的建设。**企业的价值观一直都是与人类价值观协同进步发展的，而能够实现基业长青的伟大企业更是需要以不断进步的价值观作为指导。那些没有跟上人类价值观进步的企业注定要被淘汰。**

时间越久，价值观的糟粕部分变得越来越根深蒂固，难以触动和摧毁。而今，人们有理由相信，企业价值观已经发展到重视社会责任，实现企业公民身份的程度。这不但是劳动者的要求，也是时代的要求。而个人价值观和企业价值观也在互相选择和全员参与式的塑造中，增强凝聚力和向心力，实现共同进步，协同发展。

所有选择都是价值观的选择

> "To me, marketing is about values."（对我来说，营销就是关于价值观。）
>
> ——史蒂夫·乔布斯

1984年，在乔布斯极力支持下，被誉为广告界分水岭的麦金塔电脑广告完全没有介绍产品本身，依靠故事情节，在情感和价值观上打动消费者，用极其叛逆的方式宣告：这是改变人类命运的产品。乔布斯对当时拍摄该广告的导演说："我们之所以身在此处，就是要给世界留下一个印记。我们要像艺术家和诗人那样创造一种全新的理念。"

"我们深信激情饱满的人可以改变世界。"苹果1997年"非同凡想"（Think Different）的广告中这样说道。除开头苹果的标志外，这支广告也完全没有展示任何苹果的产品，而是向爱因斯坦、马丁·路德·金、毕加索等一系列改变世界的伟人致敬。乔布斯希望通过苹果的产品改变人们对一类商品的认知，进而有机会改变对世界的认知，他想让人们学会欣赏美的东西。通过将价值观贯穿在产品的整个商业周期中，乔布斯给出了消费者自己都意识不到自己需要的解决方案。

1997年9月23日，乔布斯在苹果内部的演讲中明确表示，营销的重点就是价值观：**"我们必须很清楚地传达，想要消费者记住我们的是什么，而最重要的关**

键，就是品牌的核心价值。”被誉为现代营销学之父的美国经济学家菲利普·科特勒在其著作《营销革命3.0》中也表示：“新一代的营销必须是价值观营销，更注重企业的人文关怀和社会价值。”

从追求性价比，到“网红同款”“明星同款”，再到卖“情怀”，无论这些营销手段是否传递了正确的价值观，但毋庸置疑的是，在商品经济如此发达的时代，很少有企业能单纯依靠低价，甚至依靠性价比长期生存了。依靠价格战或许能获得一时的增长，但也会止步于此，低价只能带来交易量暂时的上涨，无法带来忠诚的客户。

当一些外国的明星或知名人士来到中国时，一句简单的“你好，我是某某某”就足以赢得中国市场的好感。并不是因为简单的两句中文有多难学会，而是这样行为背后所代表的诚意。同样，一个企业的营销并不一定要有多复杂华丽，背后所代表的价值观念才是关键。当人们已经不再以“物美价廉”作为消费选择的标准时，一切选择就都能转化成价值观的选择。

“激发出忠诚度的，是这个公司、这个品牌、这个产品、这个人所代表的理念和使命。”

——西蒙·斯涅克，《超级激励者》

2004年，立邦漆的一则广告曾引起轩然大波。广告画面上有一个中式庭院，左右两侧各有一个红色的立柱。左侧的立柱红色色彩暗淡，但上面盘着一条龙；右侧的立柱红色颜色鲜艳，龙却在立柱上没有盘住而是跌落了下来。对应的广告词则是凸显立邦漆光洁鲜艳，表明光滑的效果，顺滑到龙都难以盘上。广告一经发出便产生了始料未及的影响，大量网友表示该广告“侮辱了中国形象”“发布者别有用心”“实属找骂，甚至有挑衅的意味”…… 2018年，意大利奢侈品牌杜嘉班纳发布了一则宣传广告，广告中模特使用筷子的方式及旁白的配音被大量网友认为具有歧视的意味。随后，该品牌在上海举办的服装秀活动也因为此前邀请的明星纷纷拒绝出席而被迫取消。

抛开该企业是否“别有用心”，这两个案例能够充分证明，从日常用品到奢侈品，价值观是人们选择产品与服务时的关键红线。积极的价值观能够促发社会对企业的好评，以及消费者的忠诚，同样，错误的价值观也早已成为商业世界中不能触碰的红线，**价值观上的错误比其他任何错误的惩罚都会来得更迅速、彻底，造成企业完全溃败。**

> “驱使我们去尝试新事物的，不是逻辑，也不是事实，而是希望和梦想，心灵和直觉。”
>
> ——西蒙·斯涅克，《超级激励者》

2019年农历新年前夕，一个电影的宣传片在网络上形成了现象级的传播。与以往的电影宣传片做法不同，这个名为“啥是佩奇”的短片并没有将电影的精彩内容剪辑形成集锦，甚至都没有具体提及电影内容。这个宣传短片中，在较为落后的地区独居的老人为了在过年时，能给自己城里的小孙子想要的“佩奇”作为礼物，不知道什么是“佩奇”的老人不断打听、询问，最后自己动手用吹风机做出了佩奇的卡通形象。准备好后却误以为自己的孩子不回家过年，老人万分落寞，最后误会解除，一家人团聚，共同欣赏所宣传的电影。人们不知道所宣传中的电影究竟是什么内容，但毫无疑问传达出了这样的价值观：新春佳节的团聚比什么都重要，亲情是永远都不能忽视的主题，而这部电影的内容适合全家人一同观看，凝聚亲情，欢度佳节。

越来越多的人相信，“每一次你花的钱，都是在为你想要的世界投票”。当企业将自身的价值观、使命、目标清楚地展示给大众时，如果这是一种善良、与时俱进的价值观，那自然就会让人心甘情愿地接受企业所推出的产品和服务。此时，**人们购买的已经不是商品，而是一种符号和象征，代表了人们珍视的价值。**而使用这样的产品或服务就如同一种价值观和身份上的认同，忠诚度也就自然产生，**企业的形象也在营销和消费过程中树立了。**

战场中的价值观营销大师

20世纪40年代，美国软饮料市场虎狼盘踞，产品同质化现象日益严重。然而，可口可乐却在第二次世界大战期间另辟蹊径，以品牌价值观作为核心竞争力，凭借可口可乐掌门人罗伯特·伍德鲁夫所制定的营销策略完成价值的塑造与传播。

1941年12月7日清晨，在巨大的轰鸣声中，350余架日本战机偷袭了美国珍珠港，拉开了太平洋战争的大幕，可口可乐也迎来了其历史上最耀眼的时刻，通过一系列堪称经典的战时营销策略，开启了国际市场的“征战之旅”。

◣ “5分钱”的敲门砖

珍珠港被偷袭后不久，时任可口可乐公司总裁的伍德鲁夫发布了一条特别命令：“不管我国的军队在什么地方，也不管本公司的代价有多大，我们一定保证每个军人只花5分钱就能买到一瓶可口可乐。”统一低廉的售价策略有利于可口可乐打开潜在市场，进而完成品牌知名度的提升。

营销策略是在企业发展的特定阶段，根据周边环境/竞争态势与企业阶段性目标相互协调后的产物。“5分钱策略”的诞生同样受到时代背景下各个要素的推动。

业务层面，此时的可口可乐正处在全球扩张的关键阶段。这一时期，可口可乐在德国、加拿大和古巴已打开市场，并被当地人民所熟知，但其在全球的知名度并不高。让更多国家的人了解并爱上可口可乐，是伍德鲁夫为公司定下的战略目标。

从周边环境/竞争态势来看，消费需求“天花板”已经可见，政策红利影响衰退。到20世纪40年代，可口可乐诞生已超过50年，美国国内消费者对于可乐已十分熟悉，当初作为禁酒令期间酒精代替品的可乐，满足了消费者的口舌之欲。但是，随着1933年禁酒令的解除，可口可乐逐渐失去了政策上的优势。

百事可乐等软饮料供应商又蚕食着可口可乐的销售渠道，甚至连“可乐”这一伴随着可口可乐诞生的商标也不再为其所独有。面对商业环境的改变，可口可乐不得不在其他方面寻求新的突破。

1941年，随着美国的参战，糖类实行配给限额，美国国内因战争带来的焦虑情绪开始蔓延，在周边环境较为不利的情况下，“赋予产品新的价值观”成为可口可乐的突破口。

“低价售卖可口可乐支援前线士兵”成为一块带有爱国主义色彩的“敲门砖”，为之后可口可乐敲开美国国防部，以及海外市场的大门提供了可能性。

1926年，可口可乐成立境外部门，负责向海外装瓶商提供浓缩液，经过10年发展，包括中国、德国、荷兰、西班牙在内只有10个国家涉及装瓶业务。通过“5分钱策略”，可口可乐不仅顺利地与美军成为战时的利益共同体，而且极大地降低了全球消费者的购买门槛。相关记录表明仅第二次世界大战期间，可口可乐公司向亚洲、欧洲和北非派出64家移动式装瓶厂，分销可口可乐累计超过50亿瓶。

可口可乐能够在全球范围内问鼎软饮料行业，与其强大的公关能力、成功的营销策略密不可分，时至今日依然如此。

◣ 来自一位前线军官的电话

战争初期，随着美国进入战争状态，可口可乐公司也陷入了经营困境，国内市场逐渐显露出低迷迹象。维持海外市场的正常销售，保证公司的长期全球扩张战略顺利执行都是亟待解决的问题。

伍德鲁夫一筹莫展之时，老同学班赛的电话让他看到了问题解决的希望。电话里，听着老同学反复抱怨前线的炎热气候，以及缺少可口可乐这种“头疼药”的窘境。伍德鲁夫随即产生了一个想法：如果前线的将士都在喝可口可乐，还有比这更好的活动广告吗？ 随着前线市场的拓展，公司面临的种种问题也将迎刃而解。要实现这一想法，就要说服政府和军队。

常规宣传攻势下，可口可乐有助于鼓舞士气，以及缓解前线作战压力的功能得到了传播。然而，美国政府并不买账，伍德鲁夫得到的答复是“需要研究一下”。

面对瞬息万变的市场形势，伍德鲁夫决定改变宣传策略，要求制作一本围绕前线战士所处战斗环境的画册，该画册力求清晰描绘出可口可乐是如何影响一场战斗的，突出其地位不亚于士兵手里的武器，同时能够充分调动读者情绪。

事实证明这本画册成为说服政府的关键。随着推广，这本名为《完成最艰苦的战斗任务与休息的重要性》的画册最终令军人家属、五角大楼、国会议员相继折服。

时至今日，这种深入用户消费场景，准确把握各方诉求的营销策略仍在被广泛使用。可口可乐公司当时正是凭借着这一宣传策略，以及质优价廉的产品，成功拿到了美国国防部的批准，成为军需品，自此可口可乐在国际化的进程中迈出了重要一步。

◣ 可口可乐军官

正当其他软饮料企业不得不忍受80%的食糖配额时，可口可乐正准备大干一场，尽其所能地让所有美国士兵都喝上他们冒着气泡的甜饮料。

搭上了军需品的“顺风车”，可口可乐公司一段时间内免除了战争期间食糖配额限制的后顾之忧，全力加速海外扩张。为了降低运输成本，保证海外可口可乐的正常供应，可口可乐公司的员工在美国军方的支持下，被授予“技术观察员”的军官身份。

这些技术观察员跟随部队辗转穿梭于各个战场，在世界各地建立瓶装厂，他们怀揣同样的使命——让这深红色的液体渗透到地球的每一个角落。通过这些可口可乐人的努力，到战争结束，可口可乐在全球多个国家地区形成了相对完整的产业链，为战时可口可乐的低价销售，以及战后的再次扩张奠定了基础。他们万里从军的冒险故事也广为流传，成为可口可乐品牌价值观的一部分。

◣ 喜爱可口可乐的将士们

企业社会营销的主要目的如果是推广产品，起到决定性作用的还是用户。**作为战时营销策略的中心，前线将士对于可口可乐的喜爱，无疑更具公信力，他们既是产品的使用者，也是品牌价值的传播者**。

第二次世界大战期间曾有多位著名将领表达了对可口可乐的喜爱之情，包括艾森豪威尔将军（美国第34任总统）、麦克阿瑟将军、巴顿将军等美国著名将领。甚至苏联乔治・朱可夫元帅也是可口可乐的忠实爱好者，即使可口可乐在当时几乎相当于美国的代名词，也阻挡不了他对这种神奇饮料的热情。

如果说，将军们更多地把可口可乐视为一种味道绝佳的饮品，在普通士兵的眼里可口可乐甚至带有一丝宗教色彩。在新几内亚的营地里曾有这样一幕：

受伤的士兵们排着队，他们有的拄着拐杖，有的坐着轮椅，身上缠满了绷带，步履蹒跚却井然有序，队伍的尽头是可口可乐的售卖处。

对于这些士兵来说，可口可乐是好喝提神的饮料，是减轻疼痛的“特效药”，是来自家乡的问候，更是一种信仰。曾有一位士兵表达了这样的情感：“如果有人问我们为什么而战，我想我们当中的一半都会回答，为再次得到购买可口可乐的权利而战。”

众多可口可乐战时故事被记录下来，通过报纸、广播、电视等不同形式的载体在美国国内及世界各地广泛传播，一个带有爱国形象、被前线将士所喜爱的品牌形象赫然而立。随着战事的推进，社会公众之间一种情绪在酝酿，越来越多的人开始购买可口可乐，也许他们潜意识里认为，这种深红色的液体能够把他们与前线作战的士兵连接起来，这种购买行为本身被赋予了新的价值。

◣ 可口可乐的美国梦

可口可乐好喝不贵，世人皆可分享的特点，和作为“美国梦”核心思想的自由平等十分吻合，这种相似也使得可口可乐成为“美国精神”的象征物之一。

长久以来，可口可乐绝佳的口感是其深受消费者喜爱的重要因素之一，但能做到这一点的饮品绝不止可口可乐一家，至少同样被《经济学人》杂志编辑汤姆·斯丹迪奇称为上帝之饮的葡萄酒、茶叶等早就做到了这点。

虽然相对于昂贵的葡萄酒与茶叶，可口可乐5分钱的售价的确更加亲民，但是与可口可乐历史一样悠久的百事可乐相比，两者在价格和口感上的差距并不明显，甚至在第二次世界大战前的一段时间内，在价格相同的情况下，百事可乐瓶装体积是可口可乐的两倍。价格和口味固然重要，但真正帮助可口可乐在第二次世界大战期间走向世界的，是其代表的美国社会的共同价值。

◣ 协同驱动五要素

可口可乐的共同价值的形成与传播受多个因素影响，其中主要包括五个要素：成本驱动、名人效应、情绪共感、心理认同、受众行动。第二次世界大战期间，可口可乐公司通过一系列行之有效的社会营销策略对这个五个要素进行影响，促进了可口可乐品牌背后共同价值的形成。可口可乐战时社会营销下的协同效应如图7-1所示。这一形成过程本身也是一种协同效应的体现。

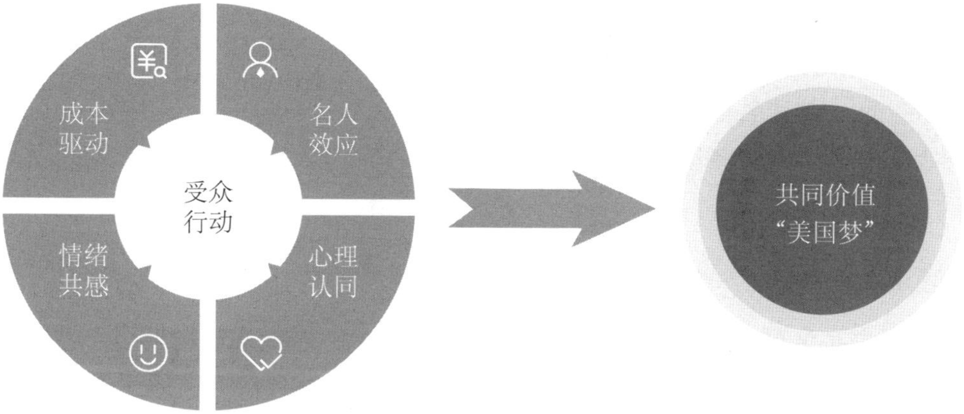

图7-1 可口可乐战时社会营销下的协同效应

成本驱动

提升产品销售量是可口可乐社会舆论营销的关键环节与目标。但是，如果实现目标所要求的行动成本过高，这项策略将很可能只适用于少数群体，价值观的传播更无从谈起。战争前后，可口可乐的售价都十分亲民，战时的“5分钱策略”更是保证了远在海外的将士们依然能够以原价买到可口可乐，免于承担运输费用。低廉的售价，使可口可乐的饮用不受阶层财富的限制，上到将军权贵，下到战士民众随时随地皆可享用一样的可口可乐。**价格营销带来的普适性让可口可乐天然具备平等、自由的价值属性。**

名人效应

名人作为公众人物，其一举一动都会引起社会的广泛关注，他们对事物的看法和态度都会被放大传播，进而影响更为广泛的群体乃至整个社会。第二次世界大战期间诸多政要及作为战争英雄的将军们对可口可乐的喜爱和支持，无形中为可口可乐的信用加分，消费者的信赖度提升，企业品牌价值得到重塑。

情绪共感

一次成功的社会营销活动，绝不只是产品、服务的推广，它还要满足情感传递的需求。用户了解、使用、认知产品的过程一定程度上也是情感交互的不同阶段，没有情感沟通的社会舆论营销活动如同单方面的知识灌输，难以形成共识。伍德鲁夫正是认识到了“情绪”的巨大感染力，设计出图文并茂的宣传画册，围绕将士所处的残酷环境进行描述，不断激发社会公众对前线将士的关切之情。只要战争继续，社会舆论对战事的热度不减，可口可乐就能作为情感纽带把民众、士兵、国家连接起来。

心理认同

共同价值/首要目标是建立在心理认同之上的，个体间只有发自内心地对某一观点或事物形成普遍认同，才具备了在一定范围内形成共同价值的基础，才可能为达成某一目标协同行动。美国士兵战斗结束后举杯畅饮可口可乐的广告形象被广泛传播，画面里的战士精神抖擞，脸上洋溢着喜悦，这种充满自信彰显强国气度的图片极易引发观众的心理认同。

美国民众很可能因为民族自豪感与自信心产生一种对自身身份的认同；海外观众尤其是那些美军涉足较多地区的居民，极有可能被画面上所描述的生活方式所吸引，向往着“美式”生活，进而产生文化层面的认同。

受众行动

企业塑造价值观的意义在于影响目标受众的行为使其符合企业与社会的共同利益，为公司战略的制定提供方向感。可口可乐战时推广的主要价值观包括爱国主义和美国精神，其具体表现为“可口可乐对将士们不可替代的鼓舞作用”和“可口可乐背后美国人的生活方式”等。在这些价值观的影响下，公司战略制定及人员部署都要紧密围绕“爱国”这一战时核心价值观。

战场上，公司要牺牲暂时利益，为前线官兵谋福利；在美国本土，低价售卖针对儿童的战时科普读物及赞助各类支援前线的广播节目。除此之外，可口可乐所代表的美国精神同样得到了民众的认可，越来越多的人开始购买可口可乐。自此，可口可乐员工和用户都以自己的方式践行着他们眼中的共同价值。

可口可乐的社会舆论营销策略围绕“受众行为”这一基本点，同时对“成本驱动”“名人效应”“情绪共感”及“心理认同”进行干预，引发五项要素之间的协同效应，紧密联系的同时，又互为因果，形成一种向前的合力共同推进品牌

价值观的传播。

可口可乐先是以低价策略降低购买成本，并配合名人言论放大认同感调动社会情绪，从而激发受众的购买行为，在用户人数激增后，公司营业额的上涨反过来确保了公司的“5分钱策略”，低价蕴含的自由民主等普适原则进一步强化了品牌认同感及背后的文化价值观。

可口可乐公司通过运用社会舆论营销的方式促进各要素之间的协同性，持续放大、强化可口可乐品牌的象征意义，通过产品的销售向世界各地进行价值观输出。第二次世界大战期间可口可乐完成了从一款流行的大众饮品到民族精神象征的“华丽转身”，这一转变过程完美阐释了美国梦的核心价值观：“机遇面前，人人平等，任何人都有可能通过自身的努力走向成功。”第二次世界大战期间，当美国民众购买可口可乐时，他们所消费的不只是一种好喝不贵的软饮料，更是对同盟军的支持，是一种可乐式的价值观。

总结

- 在市场行为受到价值观深刻影响的背景下，价值观对于战略决策的重要性自然也日益加深。企业所营销的不再是商品、服务本身，而是企业所代表的价值观念，消费者通过消费行为给自己支持的价值观投票，通过商业活动支持自己理想中的世界。
- 周边环境正在发生变化，企业的价值观成为人们择业时重要的考量，已经颇有“达则兼济天下”的意味。
- 企业的价值观一直都是与人类价值观协同进步发展的，而能够实现基业长青的伟大企业更是需要以不断进步的价值观作为指导。
- 在商品经济如此发达的时代，价格战无法带来忠诚的客户。人们购买的已经不是商品，而是一种符号和象征，代表了人们珍视的价值。而使用这样的产品或服务就如同一种价值观和身份上的认同，忠诚度也就自然产生，企业的形象也在营销和消费过程中树立了。
- 可口可乐的价值营销策略使其在同类产品中脱颖而出，甚至成为“美国精神”的象征物之一。

第八章

以价值满足创造客户满意

无论是工业化时代还是数字化时代，企业如何改变都离不开其服务对象。被誉为“营销代名词”的哈佛商学院教授西奥多·莱维特在1960年就提出：“一个行业始于客户及其需求……有了客户的需求，行业以倒推的方式展开，首先关心的是如何做到令客户满意。”**企业想要基业长青，就要真正做到以客户为导向，从企业的共同价值出发，构建令客户和其他治理主体满意的一套组织价值协同运作机制。也就是说，价值营销的成功运作不但要有优秀的价值观，更离不开对客户满意度的关注和维护。**

公司业务的源头是客户，客户的满意度直接关乎企业在市场上的地位，企业间的竞争也都围绕着争夺客户。客户满意度这一概念可以追溯到20世纪60年代Cardozo发表的“客户的投入、期望和满意的实验研究”，半个多世纪过去了，如何让客户满意依然没有标准做法，客户满意度高的企业的做法也不见得可以复制。

在《共生：未来企业组织进化路径》一书中，作者提到“客户主义”的战略逻辑，在这套逻辑中，客户是企业考虑所有问题的出发点，当客户成为共创主体，改变价值创造和获取的方式后，可能就会导致爆发式（而不仅是线性）的增长。如何建立真正的以客户为主导的企业，让客户感到满意？西奥多·莱维特教授在《营销短视症》中提出“商业世界中，追随者即客户”的观点，他认为，企业的领导者必须要有伟大的愿景，要能够吸引大量热情的追随者。

“激情+满足感=快乐”

雷军显然对于西奥多·莱维特教授的观点深谙于心。由他创立的小米就是一家少见的拥有“粉丝文化”的高科技公司。

小米强调和用户做朋友，设计用户参与的互联网模式，搭建公司与用户密切联系的虚拟社区，让用户参与到小米产品开发改进的过程中去，及时了解用户反馈，满足用户参与的需求，让用户价值得以彰显。基于用户意见进行更新升级的“橙色星期五”，每周二开放购买的“红色星期二”和“爆米花”线下见面会，以及每年年底的“爆米花年度盛典”，无不在引爆粉丝的参与感。小米成功收获一批追随者，这些追随者不仅是小米产品的使用者，更是小米忠实的代言人。2018年5月，小米集团向香港交易及结算所有限公司（以下简称“港交所”），递交了上市申请，在小米董事长雷军写的公开信中，“用户”二字也在被反复提及。如雷军所说：优秀的公司赚的是利润，卓越的公司赢的是人心。所有的选择都是价值观的选择，小米的用户选择小米不仅仅是商品消费，更是获得了一种价值满足。

与小米同样重视口碑的企业，还有雷军颇为赞赏的海底捞，雷军认为，海底捞成功的秘诀就在于有良好的口碑。

就算没去海底捞吃过的人，也会对海底捞的服务有所耳闻，“美甲？去海底捞”“过生日怕冷清？去海底捞过呀”……社交平台上，网友把在海底捞的经历汇总成一个个“段子”传播，让尚未体验过的人感到好奇甚至产生好感，这些人就成为海底捞的潜在客户。

海底捞品牌自1994年创建至今，不到30年的时间就已经成长为知名的餐饮企业，在海内外经营着数百家直营门店，拥有员工人数过万，其服务差异化的战略也让其在同行中脱颖而出。海底捞创始人张勇“客人是一桌一桌抓的”的话在海底捞广为流传。

张勇在发现小小的举动会为客户带来感动后，海底捞便开始了一系列“变态”的服务：客户觉得海底捞的辣酱好吃，张勇就送客户一瓶辣酱；客户吃火锅的时候，想吃冰激凌，员工还会帮忙出去买；看到客户爱吃鹌鹑蛋上配的萝卜丝，立刻打电话给上菜房给其专门上一盘萝卜丝……海底捞的口碑慢慢积攒下来了，形成独特的情感文化。

海底捞走出一条成功路径后，其做法自然引得同行模仿，但是大众也并没有再看到第二个海底捞出现，原因在于，模仿者只是模仿了海底捞的“面子”，却忽略了“里子”。德国慕尼黑企业咨询顾问弗里施提出过一个“弗里施法则”：没有员工的满意，就没有客户的满意。海底捞对员工的情感文化管理在中国企业中也称得上是佼佼者。海底捞创始人张勇认为，只有当员工对企业产生认同感和归属感时，才会真正快乐地工作，用心做事。人都是情感动物，海底捞没有忽视它的员工，员工自然就不会忽视他们的客户。

作为海底捞的“里子”，员工也被当成客户。在生活上，为了让员工在海底捞感受到家的温暖，海底捞为员工提供居住面积不小于6平方米，带暖气与空调的住宿，并且宿舍距上班地点步行不超过20分钟。与其他远离家乡在大城市打拼的同行相比，海底捞员工称感受到了“星级”酒店的待遇。此外，海底捞为员工配备的培训内容还包括如何看地图、如何用冲水马桶、如何坐地铁和使用银行卡等，海底捞还为领班以上干部的父母每月发几百元的补助。细致如此，正是印证着张勇的话：“只要想办法让员工把公司当成家，员工就会把心放在客户身上。”

从客户和员工这两个治理主体出发，海底捞围绕治理主体构建完整的组织价值协同运作机制，通过对共同价值的营销和满足治理主体的价值需求，达到了客户满意。

零距离的“美”

2018年11月11日，在由中国知名电商平台天猫商城所开创的“双十一购物狂欢节”上，日本服装品牌优衣库夺得天猫“双十一”服装类销量冠军，以35秒破亿元的销售额笑傲群雄。

从全球来看，截至2018年8月31日，优衣库海外部分年收益达8 963.21亿日元（约554.81亿元人民币）。巨大商业成功的背后，是对“客户满意度”的不断达成。“关注客户需求”的价值理念早已内化为公司日常经营的一部分，并为企业经营模式选择、战略发展、制度建立指出了方向。

获得消费者的认可并不容易，优衣库创始人柳井正从未因一时的得失而畏惧不前，始终立足用户需求，坚持不断创新。优衣库能够连续多年位列全球服装品牌价值排名前10位（2015年位列榜单第四位），客户满意度的不断提升功不可没。

柳井正曾在其自传《一胜九败：优衣库风靡全球的秘密》中说道："我的一胜就是优衣库，九败的话，就是经营优衣库过程中连续的失败。"优衣库的发展史也是一部"试错史"，无论成功与失败，都在为客户满意的提升积累经验。

柳井正出生在一个服装世家，许多亲戚在当地经营西装店，柳井正的父亲早年便是在柳井正祖父的西装店里打工学艺。伴随着战争的结束，西方思想盛行，日本居民在穿戴上也逐渐西化，柳井正的父亲正是抓住了这一机遇，完成了资本的原始积累。他所建立的小郡商事株式会社正是优衣库母公司迅销集团的前身，他那从小喜欢指"山"叫"川"追求与众不同的儿子柳井正也许注定将给家族的服饰贸易带来变革。

在优衣库建立前夕，柳井正也曾作为经营者管理着家族的店铺，彼时作为公司主要产品的西服，由于存在制作烦琐、资金回笼周期长等问题，极大地限制了公司的发展速度。

柳井正决定对公司的经营模式做出调整，在保有家族西服生意的基础上，开始涉猎受众更广的休闲服装领域。正是这一次的尝试，才有了之后优衣库的建立。

◣ SPA模式的引入

自有品牌专业零售商经营模式（Speciality Retailer of Private Label Apparel，SPA模式）是一种从产品研发、生产到零售一体化控制的销售形式，其核心特点为快速响应和准确供应。

在优衣库采用SPA模式之前，服装的来源主要依靠外部供应商。这种模式下的产品品质和成衣过程中的各个环节无法得到有效监管。同时，随着优衣库休闲服饰的热卖，市场上也逐渐出现了模仿者，原有商业模式已很难生产出更具竞争力的产品。

采用SPA模式后，优衣库逐步实现了全产业链一体化管理。第三方中间商的去除，意味着优衣库在成本的控制上更具优势，同时也可以根据一线店铺的销售情况实时调整生产计划，做到对市场变化的快速反应。价格的降低和质量的改善，促使优衣库获得了更多消费者的青睐。凭借着经营模式的转变，优衣库搭上了时代的“顺风车”，开启了本土市场的扩张。1984—2000财年优衣库店铺数变化如图8-1所示。

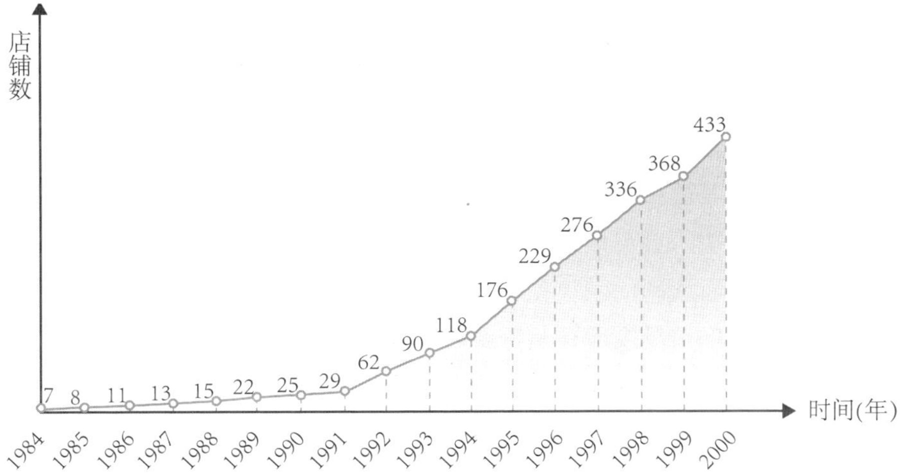

图8-1 1984—2000财年优衣库店铺数变化

资料来源：迅销集团官网。

优衣库诞生的20世纪80年代，经历过第二次石油危机的日本虽然仍处在经济发展期，但受之前世界经济动荡的影响，社会中部分消费者的心态已开始出现转变。优衣库创建后的几年，国内消费结构的变化已是大势所趋。**不同于20世纪60年代，此时的消费支出不再以家庭需要为主，个人消费崛起。除价格合理外，消费者同样看重产品的质量和个性化设计。**

确立SPA模式后的优衣库，恰恰满足了当时消费者的普遍心理诉求，作为一个独立的时装品牌，不但价格低廉，品质同样有所保证。在这个新老消费观念交替之际，柳井正准确地把握了市场机遇，成为时代的弄潮儿。

SPA模式的确立顺应了消费者需求的变迁，同时对优衣库品牌价值观的落地及战略的制定起到了推动作用。

首先，SPA模式中强调的“自有品牌”，意味着优衣库是作为一个独立服装品牌而存在的；其次，采用SPA模式的企业往往追求的是降本增效，以期在短时间内生产大量被市场所需要的优质产品。这和当初柳井正下定决心从家族西服业务转向休闲服饰的想法不谋而合。在柳井正看来，优衣库要做的是老少皆宜的“国民服装”，而非一味追随时尚感的流行服饰。这一想法结合SPA模式所催发出的品牌定位正是“国民服饰基本款”。

◣ 人人都是经营者

除了销售模式，企业人力资源管理同样重要，先进的经营理念和发展战略都需要人去落实。20世纪90年代中后期，迅销集团一度出现增长停滞，其中一个很重要的影响因素便是总部决策的制定与地方市场实际情况不相匹配，而这种不协调的本质正是总部决策者与地方店铺管理者之间经营理念的差异。

起初，不管是引入新的销售模式，还是针对店铺管理的总部直营，其目的之一是能够建立快速的市场反应机制，实现一线售卖信息与产品生产的联动，优化资源分配、保证公司目标制定准确反映客户需求。但现实给柳井正上了一课——**虽然制度、模式是基于好的初衷，但是具体落实情况是由实际执行者决定的**。

1999年，优衣库将“总部中心制”转变为“店铺中心制”，并建立了配套的员工成长机制。在柳井正看来，店铺的主角应该是店员，店长的职责之一便是协助店员更好地完成工作。为了落实到制度层面，优衣库建立了“超级明星店长制”和“多元化员工晋升制度”，尝试在企业的组织架构内形成门店与总部的“平级关系”，甚至强调店铺才是公司运营成败的关键，作为“只会花钱”的总部要协助好门店的发展。针对业绩突出的明星店长，制定了相当于总部高管的薪资待遇。

> “对组织负有责任，能对公司业绩产生影响的人，都是管理者。”
>
> ——彼得·德鲁克

企业发展的目标之一是实现公司、店铺、员工的一致性，从而形成一种由内而外的协同效应。这种“一致性”也是优衣库共同价值、首要目标的集中体现。企业、店铺和员工之间必然存在差异，在差异中寻求各方利益的“最大公约数”

才是关键。

优衣库通过确立多元化的晋升制度和激励政策，帮助员工实现自我成长，提升店铺营业额，为企业不断创造新的价值。在实现这一目标的过程中，每位员工都要以管理者的心态进行阶段性的规划，店铺是企业盈利的关键，员工作为一线的管理者则是企业的经营伙伴。“超级明星店长制”等员工激励手段正是从制度层面落实了优衣库“人人都是经营者”的员工价值主张。

这一员工价值主张作为公司发展、店铺盈利、员工成长的“最大公约数”，引导着各个要素协同发展。当公司上下每位员工都能够充分发挥自身才能，并把这份才能用于完善经营方式时，消费者也会获得更好的服务体验，公司获得外部客户积极反馈的可能性也将提高。

从短期来看，公司员工多元化晋升机制最初的设立也许是迫于公司管理制度不完善所带来的业绩停滞，以及无法满足各地市场差异化需求等现实问题。从企业长期发展来看，其对于企业多元文化的形成与客户满意度提升的影响更为深远。

◣ 优衣库的“黑科技”

在外界感叹优衣库离“世界第一休闲服饰”的目标愈来愈近时，柳井正却认为优衣库的定位不应局限于快时尚，“技术公司”这个说法更为合适。这与网上曾热议的“小米不是硬件公司，而是互联网公司”的概念十分相似，都部分揭示了企业的核心竞争力所在。

从2000年风靡全日本的“摇粒绒”，到近几年随处可见的超薄羽绒服无一不是优衣库的技术结晶。具备“黑科技”的优衣库，逐步完成了对日本市场的占领。但是，**技术的革新不是目的，企业发展技术的核心动力来自消费者当下需求的满足**。

在优衣库诞生后的几年里，日本在经济发展上接连“碰壁”，先后经历了经济泡沫破灭和亚洲金融危机，这之后“失落的一代”和“失去的20年”等论调的兴起也在一定程度上体现了当时日本社会的种种忧虑情绪。据日本政府相关部门统计，1990—1999年，日本国内失业率从2.1%上升到4.7%，如图8-2所示。20世纪90年代日本社会抚养比（见图8-3）的提高，以及社会老龄化、非劳动人口的增加促使日本消费群体逐渐趋于理性，不再只是追求大品牌或个性化体现，而是更加青睐具备较高性价比的商品。

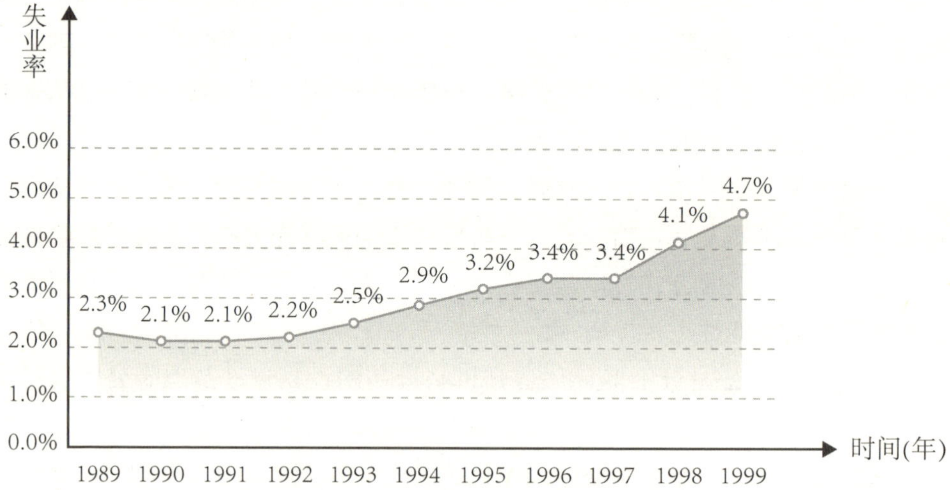

图8-2 1989—1999年日本国内失业率

资料来源：世界银行。

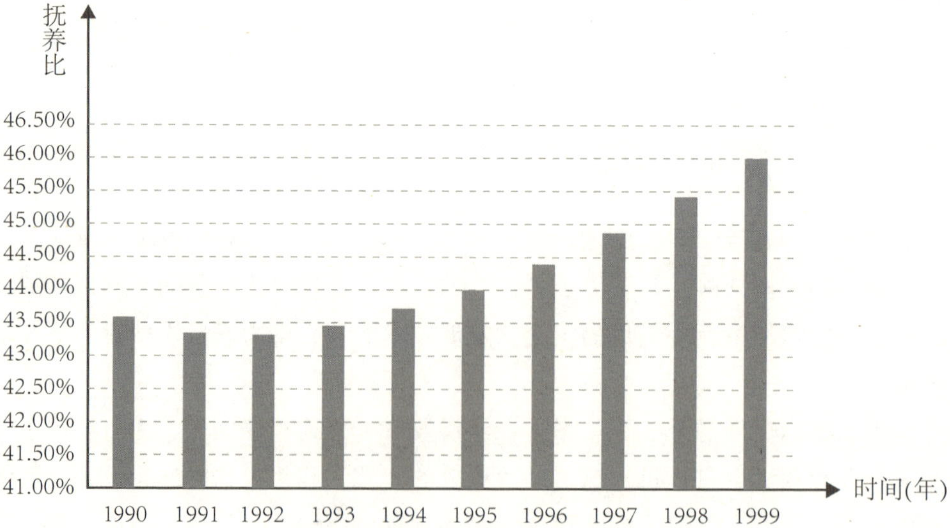

图8-3 20世纪90年代日本社会抚养比

资料来源：世界银行。

20世纪90年代初，优衣库主要依靠价格优势完成快速扩张和知名度的提高，但在当时的消费者眼里，优衣库只是一个出自乡镇企业的低端品牌，甚至出现过衣服买回家，立刻减掉商标的情况。全球化背景下，国内外竞争对手的增加、市场品牌定位的窘境都被柳井正看在眼里，但是他想要做世界第一的目标不曾改变。圣雄甘地说过："欲变世界，先变其身。"想要改变市场的态度，赢得消费者的认可，优衣库只能也必须做出突破。

消费者想要性价比高的产品，优衣库急于去除低端品牌的标签，产品质量是潜在的"破发点"。一般而言，提升产品质量最直接的办法就是改进生产技术或采用更高品质的原材料。对于采用SPA模式并且追求低价高质的优衣库来说，一直从别处购买新型材料显然不符合企业的发展理念，走"科技流"寻求技术上的突破更为现实。但是，在短时间内仅凭优衣库自身很难实现技术上的重大突破。拥有一家技术储备丰富的盟友更符合柳井正的想法。

1999年的一天，一篇报道引起了柳井正的注意，报道中对于日本纺织品巨头东丽的描述激发了他合作的兴趣。彼时的日本纤维产业面临着巨大的外部竞争压力，而东丽创始人前田胜之助却毫不隐晦地表达了对于日本纤维产业的信心。事后，有人评论同为创始人的柳井正对前田胜之助产生了类似"英雄相惜"之感，进而有了后续的合作；也有人认为作为一名成功的商人，真正打动柳井正的是东丽强大的技术储备和研发能力。仅就结果而言，就在看到这篇报道后不久，优衣库和东丽达成了合作，此后成功研发出了一系列爆款商品，深受消费者喜爱。自此，优衣库具备了针对消费者穿着需求持续提供创新性解决方案的可能性。

◣ 进击的优衣库

"迅销集团的使命：提供真正的优质服装，一种前所未有、崭新价值观的服装。让世界上所有人都能够穿着优质服装，然后得到快乐、幸福、满足。"

柳井正在23岁立下了"做行业世界第一"的目标。2001年8月，优衣库以4 180亿日元的营业额成功问鼎日本服装界。这一年，柳井正52岁，如果按照70岁退休的标准，他只剩18年的时间去达成优衣库的全球战略。

伴随着全球化进程加深，不管企业是否走出国门都要面临来自外部的挑战，优衣库同样如此。2001年，本土市场取得的巨大成功，更加坚定了柳井正进军国际市场的决心。同年优衣库的第一家海外店铺在伦敦落地，自此优衣库开启了征战全球的“进击之旅”。截至2018年8月，优衣库在全球18个地区拥有2 068家店铺，其中海外店铺大约1 240家。十几年间，海外店铺数从零到几千，高速扩张下的优衣库知名度不断提升。但是，这并非没有代价。

毗邻日本的中国，一直以来都是优衣库的重要海外市场，就在优衣库完成本土空前销量的当月，迅销集团在中国设立了自己的子公司，并于2002年9月在上海开设了第一家店铺。刚刚进入中国的优衣库，沿用了之前在日本的经营策略，柳井正派出自己的得力干将林诚负责中国区优衣库的运营。

然而直到2005年，由于一直无法盈利，优衣库被迫关闭数家门店。中国的消费者给了柳井正“当头一棒”——**品牌定位与当地社会消费结构的畸形协同**。日本的另一家大众品牌无印良品也曾面临类似的问题。早在2005年无印良品进入中国之前，无印良品当时的负责人就曾发现，除关税等政策影响外，中日两国对于“社会大众”概念的认知存在偏差，这种偏差下“满足所有人”的品牌思维有些不切实际。

早在20世纪60年代，得益于“终身雇佣制”和“社会平等化概念”，日本社会当中就已经有了“一亿中产”的说法，即使经历了90年代的经济泡沫破灭期，进入了“失去的20年”“日本民众皆中产”这一笼统的概念并未消除。然而，中国传统观念里的“大众”并不等同于“中产阶级”。无印良品在意识到这点后，很快调整了中国市场的经营策略，将产品定位于“满足中产消费者”。

林诚在市场开拓的初期，沿用了优衣库“国民品牌”的定位，然而这一定位背后的战略/战略决策、价值观是建立在日本社会消费结构之上的，不能很好地适应中国的市场环境/竞争态势。生搬硬套的结果之一是以牺牲产品质量换取低价促销，导致在中国的最初几年，商品品质不如日本国内，定位上又与佐丹奴等已经在中国市场成长起来的品牌出现了趋同，遭到了中国消费者的“嫌弃”，一度丢失了原本的优势。

发现问题后，柳井正调整了运营策略，开始以中产阶级为切入口，通过产品与消费场景的融合升级满足他们的消费需求。核心措施包括：保持中国门店所卖的服装品类、品质与日本本土一致；从门店选择、设计到服务质量都要体现日系经营的严谨作风。优衣库对于店铺细节的层层把控和近乎“军事化”的管理风格，使得每家门店都能向消费者提供最为舒适的购物体验。

优衣库人一直信奉着“服务即商品”的理念，他们相信当中国消费者走进优衣库之时，消费的不只是产品本身，同样也享受到了随心所欲的购物环境和细致入微的服务体验。很快，优衣库就实现了“逆袭”，不仅在中国市场站稳了脚，优衣库中国区的营业额在海外市场中更是常年名列前茅，截至2018年10月1日，优衣库官网数据显示，优衣库在中国门店数量已达655 家。随着本土市场的增长放缓，中国市场的成功只会更加坚定优衣库进军全球的决心。

◣ 没有距离才能产生“美”

从第一家门店到今天的休闲时装帝国，“客户满意”是优衣库价值观的源头，是公司经营当中恪守的第一性原则，这一原则的贯彻实施需要经营者对市场做到实时的全面把控，需要企业内外各部分相互协调，包括战略的配合、技术的支撑、员工的认可及制度的保证。

从最初主营产品的选择、新模式的引入，到组织内员工满意度的提升、制衣技术的突破，以及进军国际市场的跌宕起伏，都是优衣库与外部环境持续竞争、协调的结果。在各个要素不断互动和影响的过程中，“客户满意”成为引导其他决策的序参量，找出满足客户的方法则是基于柳井正及所有优衣库人对于市场的深刻理解之后得出的。想要练就这样的眼光，企业中的每个人都要尽可能地站在经营者的角度去思考，把双眼始终放在消费者的身上，并用一种同理心去体会市场的变化。

企业的管理者，**要认识到周边环境/竞争态势时刻处在不平衡的状态之中，企业及其组成部分是动态发展的，唯一不变的是对于客户满意度的追求**。不能切实满足客户需求，“客户至上”的企业价值观只能是一句空泛的口号。进入物联网时代，优衣库也在不断进行新的尝试，无论是与谷歌在人工智能领域的合作，或者是未来信息化物流中心的建立，其共同价值/首要目标始终围绕一个基本点——**强化企业内外子系统之间协作配合，以客户满意度为导向，引领各要素协同作战，促使企业基业长青**。在商业环境错综复杂的今天，努力与消费者保持“零”距离，才能感受到经营之“美”。

总结

- 企业想要基业长青，就要真正做到以客户为导向，从企业的共同价值出发，构建令客户和其他治理主体满意的一套组织价值协同运作机制。价值营销的成功运作不但要有优秀的价值观，更离不开对客户满意度的关注和维护。
- 从客户和员工这两个治理主体出发，海底捞围绕治理主体构建完整的组织价值协同运作机制，通过对共同价值的营销和满足治理主体价值需求，达到了客户满意。
- 企业发展的目标之一是实现公司、店铺、员工的一致性，从而形成一种由内而外的协同效应。这种“一致性”也是优衣库共同价值、首要目标的集中体现。
- 企业的管理者，要认识到周边环境/竞争态势时刻处在不平衡的状态之中，企业及其组成部分是动态发展的，唯一不变的是对于客户满意度的追求。
- 进入物联网时代，优衣库的共同价值/首要目标始终围绕一个基本点——强化企业内外子系统之间协作配合，以客户满意度为导向，引领各要素协同作战，促使企业基业长青。在商业环境错综复杂的今天，努力与消费者保持“零”距离，才能感受到经营之“美”。

第九章

IBM：共同价值的建立、传承、重塑与战略转型

> "IBM 的企业精神是人类有史以来无人堪与匹敌的，没有任何企业会像 IBM 这样给全世界和人类生活方式带来和将要带来如此巨大的影响。"
>
> ——美国《时代周刊》

基本目标、基本思想、文化愿景、价值信念等共同价值对企业的持续发展具有不可估量的作用，而随着市场环境的变化，共同价值会随企业战略转型、制度模式调整而发生变迁，重新达到新的协同。那么，在企业发展过程中，共同价值是如何建立、传承、重塑的呢？

这个问题或许可以在百年老店的发展历程中找到答案。在美国纽约州阿蒙克市的IBM总部，一条长廊连接了两栋大楼，这条长廊展示了IBM100多年的光辉岁月。从穿孔卡片到磁带，从硬盘驱动器到存储芯片，这条长廊展示了自现代计算设备诞生以来各种类型的信息存储方式。

100多年来，IBM一直在不断突破创新，获得了大量的专利，造就了不少奇迹。据统计，IBM已连续20多年名列美国专利数排行榜首。从每年的专利成果看，IBM在关键性、基础性、架构性的核心科学技术上，仍然走在时代前沿。

IBM在计算机行业悠久的历史和跌宕起伏的发展历程堪称传奇，人们不禁疑

惑：信息技术正在日新月异地发展，经过百年浮沉的IBM是如何做到屹立不倒的呢？共同价值在IBM的发展壮大过程中又发生了怎样的变迁？

教派式的企业文化

“时间一去永不回”“创造机会”“我们永远不能自满”“我们出售的是服务”“员工代表公司形象”……IBM的墙上贴满了显示企业共同价值的标语。

在公司的出版物上，那些最能代表和体现公司共同价值的员工的姓名、照片、先进事迹被郑重地刊登出来。有些杰出榜样的故事甚至还被光荣地谱成企业歌曲，被全体IBM员工一起歌颂。

这一番番情境，展示着IBM的文化价值观、使命、愿景，也通过各种营销传播方式在内部不断强化，力求实现员工对共同价值的集体认同。**企业最初的共同价值在某种程度上反映了其创始人的价值观、组织理念、性格习性。**从公司座右铭、标语、员工着装到公司歌曲风格，处处都可以看到IBM创始人托马斯·约翰·沃森（以下简称“老沃森”）的影子。

老沃森出生在一个普通的农民家庭，家庭经济条件并不宽裕，但所受的品德教育异常严格。从家庭教育中，他学到了一些重要的价值观：“竭尽全力做好每件事，尊重所有的人，穿着整洁，诚实率直，坦诚公正，永远保持乐观向上的积极态度。此外，最为重要的是，忠心耿耿。”长大后，他并没有把这些童年时受的教育丢掉，而是严格要求自己，终生恪守这些价值观。

IBM的第二任接班人，他的儿子小托马斯·约翰·沃森（以下简称“小沃森”）这样评价自己的父亲：**“对他而言，这些价值观就是生活的原则——应该不惜任何代价予以捍卫，应该不断地推荐给别人，应该在自己的职业生涯中尽职尽责地贯彻执行。”**

老沃森17岁开始进入社会工作，他每天开着货车沿路向农民兜售钢琴、风琴和缝纫机。当时推销员身份被很多人看不起，工作艰辛，生活缺乏保障。这段在底层打拼的工作经历，让老沃森对普通人建立了一种独特的尊重和关注。在他成为公司管理者后，常对普通员工遇到的问题深表同情和体谅。

1914年，40岁的老沃森进入计算制表记录公司（Computing Tabulating

Recording Company，CTR）担任总经理，这时企业的产品包括销售商贩使用的秤盘、切肉片机、咖啡磨碎机、钟表，以及一系列原始的穿孔卡片制表机。CTR成立于1911年，老沃森怀着昂扬的斗志来到这里，希望在此开创一番全新的事业。当了老板后，野心勃勃的老沃森于1924年，正式将公司改名为国际商业机器公司，也就是现今举世闻名的IBM（International Business Machines Corporation）。

“老沃森的个人经历给公司带来的是一种自尊、努力，以及合乎商业道德规范的公司文化。”当他接任公司总裁后，开始把这些重要的价值观写出来，并要求所有员工都贯彻执行。

为了让员工认同企业价值观，他还制订了具体的培训计划，以便对公司新员工进行思想价值观的系统化灌输。到了20世纪30年代，IBM已建立了一套企业思想教育制度，创办了专门教育和培训员工的学校，以让新人早日适应公司环境和培训未来的经理。小沃森在他的书中回忆这所学校时写道：“这所学校的每一样东西都旨在激发忠心、热忱和崇高的理想，前门刻有IBM无所不在的座右铭‘思考’二字，每个字母有两英尺高，一走进去，是花岗岩的楼梯间，意在让学员踏着楼梯去上每天的课程时产生一种奋发向上的心态。”通过有组织的教育培训等措施，IBM把公司的共同价值最大化传播，对企业文化产生了深远影响。

企业如果想要生存并取得成功，必须建立供全体员工认同的企业文化价值观，并努力让大家对这些文化价值观产生信心，这才能吸引、保留和激励优秀的员工。老沃森有意识地把他认为能够使IBM取得成功的价值观制度化，把IBM的价值观总结为三个“基本信仰”：精益求精、高品质的客户服务、尊重个人。除了通过无处不在的标语、歌曲宣传企业文化，IBM还通过安排音乐会演出、组织员工野餐、发表系列演讲等来激发员工的工作热情。最重要的是，**IBM把他们的基本价值观反映在日常的薪酬福利制度、教育与培育计划、营销及客户支持中，通过制度化、流程化的方式，让公司上下深入地贯彻执行。**

不断强化和践行企业的共同价值，使企业内部协同一致，大家得到始终如一的信号，认同和支持共同价值理念，最终实现企业的目标与愿景。“离开这家公司就像移民一样。”一位离职九年的IBM前员工说道。**老沃森仿佛自创了一个宗教派系，通过各种方法反复向员工传递他的价值信念，让员工感到企业的与众不**

同，并对企业产生强烈的归属感。

企业发展需要精神信念的力量把成员整合起来，共同价值就是把企业成员凝聚和结合起来的黏合剂。老沃森时代创建的一套价值体系，通过社会舆论营销，被企业的多数成员接受、理解、遵守和信奉，已逐渐渗入到IBM员工的血液和骨髓中并身体力行，这为IBM的发展壮大打下了深厚的文化根基。IBM正是靠着其独特的共享价值观和企业文化的有力支撑，帮助它渡过了各种激流险滩，创造了不少辉煌业绩。

◣ 不要把洗澡水和小孩一起倒掉

在IBM，曾广泛流传着一个关于野鸭子的故事。

一个居住在新西兰海边的人，在每年深秋时节，看到野鸭子成群结队地飞向南方，觉得它们很可怜。出于仁慈，他在附近的池塘准备了一些鸟食。过了一段时间，有些野鸭子就不愿辛劳地飞往南方觅食，而依赖这个人的喂养度过漫长的寒冬。渐渐地，野鸭子的飞行次数越来越少。三四年后，被驯化的野鸭子变成了十足的家鸭，臃肿而懒散，再也不能展翅高飞了。

驯化这些野鸭子很容易，但让温顺的家鸭重新变得野性十足很困难。小沃森曾表示："一只被驯化的鸭子永远不会再去任何地方，我们坚信，任何企业都需要自己的野鸭子。"鸭子能不能继续高飞，在于是否有一个激发它潜能的具有挑战性的生存环境。同样，**对于一家企业来说，它的基业长青很大程度上取决于，企业文化氛围是否能激发员工，将自己的能量和才能发挥得淋漓尽致。**

小沃森继承了其父的价值信念，他尊重个体，相信人的价值和潜能。在他看来，就企业相关经营业绩而言，企业的基本思想、企业精神和企业目标远远比技术资源、经济资源、企业结构、发明创造及决策重要得多，但是它们无一不是源自员工对企业基本价值观念的信仰程度，以及员工在实际经营中贯彻这些共同价值的忠诚度。

一位经理因决策失误使IBM损失1 000万美元，小沃森把他叫到办公室。这人怀着忐忑的心情，畏畏缩缩地进来。小沃森问："你知道我为什么叫你来吗？"这人回答："我想是要开除我。"小沃森十分惊讶："开除你？当然不是，我刚刚花了1 000万美元让你学习。"然后他安慰这位经理，鼓励他继续冒险。

不难看出，小沃森是一位富有创新精神的领导者，强调在集体努力的框架下，个人努力和首创精神极为重要。他于1956年出任IBM掌门人之后，把业务从打孔机转型为电子计算机，从而带领IBM进入到电子时代。在20世纪60年代初，他大胆投入50亿美元的巨资，以整个公司为赌注，启动了一条全新的计算机生产线。信念的力量使其续写辉煌，最终IBM研发出了改变人们生活方式的“S/360”计算机主机，奠定了在计算机行业的领先地位，还被赋予了一个新的代名词——“蓝色巨人”。

如果将公司50年前创立的价值观，与现在的价值观进行对比，不难发现，它已经变成了另一家公司。价值是主客体的一种需要和满足需要的关系，它涉及的是核心利益关系问题，所以价值不存在绝对的普世性，任何一种价值观念都受历史条件和时代制约。**百年老店，往往不变的是目标、愿景，其价值观和流程在发展过程中，通常需要不断调整来实现战略目标。**市场环境在不断变化，如果企业不去变通，它就无法生存。

在社会发展过程中，物质文化的变迁必然会引起非物质文化的变迁，但两者变迁速度并不一致。一般来说，社会变迁总是先从科技、经济等器物层面开始，然后是法律、规则等制度层面，最后才是风俗、习惯、价值观念等精神层面。这种脱节的社会现象被称为文化滞后。

当科学技术快速发展时，企业文化却很难跟上时代变迁的步伐，反而成了组织转型和适应的障碍。像柯达、诺基亚等大型公司都面临过这样的问题，他们看到了市场环境的变化，并以此制定了新的发展战略，但当他们去改变那些在截然不同的年代建立的高度制度化和复杂的企业文化时，却显得虚弱无力。

按理说，老沃森倡导的三个“基本信仰”，无论放在任何时代的任何行业，都是公司员工应该遵循的行为准则。但是，这些价值规则与理念在新时代还是不可避免地与现实社会脱节，所代表的意义、运用的方式、发挥的作用早已违背了初衷。

“精益求精”是指IBM是一个具有高度竞争环境的公司，每个人都要力争上游。现在变成员工对完美的固执迷恋，导致流程烦琐、等级森严、反应缓慢、效率低下。

“高品质的客户服务”强调客户至上，是指IBM的一举一动都要以客户需要为前提。但因为企业的市场垄断，主要提供已有的产品和服务，变得傲慢和以自我为中心，而没有关注行业的变化，没有恰当地引导客户拓展他们的思维。

“尊重个人”是指员工是IBM最重要的资产，管理人员对公司任何员工都必须尊重，根据员工的表现给以升职加薪，同时也希望员工尊重客户。现在“尊重个人”已经演化出了任性“说不”、理所应得的津贴式文化。

例如，员工在公共关系和法律范围内做任何一件他想做的事，几乎不需要负担什么法律责任；当员工不同意同事的观点时，他们就会宣布“不赞同”；老板要求员工做某事，员工只要不同意，可以不理睬老板的这个要求；员工只要受聘于公司，就可以想当然地获得丰厚的福利和终身的工作职位……员工逐渐变得为所欲为，最后导致员工没有作为、各自为政、争权夺利。

经过多年的自我强化，价值观演化出的问题已变得根深蒂固。

新时代背景下，纵然IBM的核心价值理念在某些方面已变了味，但它本身无可厚非，并且仍在指导和影响着许多聪明上进的员工。西方有句谚语：“不要把洗澡水和小孩一起倒掉。”“一刀切”的方式并不可取，而是应去其糟粕，取其精华。**随着市场环境和企业战略的变化，共同价值需要在传承中重塑。**

◣ 大象起舞

很多大公司容易对现有业务形成依赖，因为他们发现复制相同的业务模式，比改变更轻松。但当这种业务模式受到外部威胁时，一切美好都不复存在。

20世纪70年代末，当个人计算机快速发展时，IBM只顾眼前销售和租赁大型机带来的高额利润，固执地坚持传统的业务模式，不肯将资源投入个人计算机研发领域，导致错失良机。

因为大型机业务的成功，导致IBM过于关注内部问题，机构庞大，制度和流程复杂。公司官僚作风严重，员工依赖传统经验，不愿承担风险，内斗激烈。员工的灵活性和创新性丧失，效率低下，整个系统无法协同发展。这一时期，坊间流传着一种说法：要使IBM的员工有所行动，就像在沼泽地跋涉一样艰难。

IBM正在不断失去客户的信任，产品的质量问题引起了客户的极大不满，这也直接影响他们的营业收入。1992年，IBM亏损49.6亿美元，股价暴跌，公司濒临破产和分拆，媒体与商界一片唱衰之声。在IBM不断衰退之际，郭士纳于1993

年3月临危授命担任IBM首席执行官，开启了IBM战略转型与文化变革之旅。

文化变革是一块难啃的骨头，它不能仅靠领导者公开发布几次演讲，或者重新制定几条新的核心价值观来实现。“尽管这是一个极其艰巨的任务，鉴于其至关重要性，我们还是必须吞下这杯难饮的苦酒，承担这场文化改革的任务。”郭士纳深知要改变数十万名员工的思想观念、行为模式并不容易，他决定邀请员工自己来改变文化，让他们相信自己有能力决定自己的命运，并团结起来共同思考和行动。

郭士纳上任三周后，推出“熊抱计划”（Operation Bear Hug），迈出了IBM文化改革的第一步。“熊抱”就是热烈拥抱的意思，该计划要求50名高级经理都要在未来三个月内，至少拜访公司五个最大客户中的一个，他们手下的200名高级经理也要做同样的事。每次拜访活动后，高级经理要提交一两页报告给首席执行官或直接解决客户问题的人手里。

员工如果能把梳子卖给寺庙里的和尚、把冰箱卖给北极地区的因纽特人、把羽绒服卖给热带地区的非洲人，说明他有好的销售技巧，但没有发掘客户的真正痛点和真实需求，生意没有可持续性，最终还是会产生恶果。郭士纳希望员工的每件工作都从聆听客户、关注客户需求、提供符合客户期望的交付成果开始。当团队成员意识到郭士纳会认真阅读每份报告后，整个团队也提高了对客户需求的重视程度和反应速度。

回顾商界历史，1997年的苹果、1999年的宝洁跟1993年的IBM很像，公司在面临破产危机时，重新更换首席执行官，苹果的乔布斯重新回归、宝洁内部提升雷富礼为新首席执行官。虽然三位上任后的重组方案各不相同，但他们都采取了一个共同举措：拥抱客户，一切以客户为导向。

“熊抱计划”让IBM重新聚焦客户需求，所有事情都以客户为导向，努力为客户提供高品质的服务，以赢回客户信任，提高客户的满意度。**客户满意度是企业治理的出发点、着力点和落脚点，是治理效果的最高标准。以客户是否满意来决定企业的价值取向，关注客户体验，促进了客户关系的改善，有利于赢回客户信任。**郭士纳就称这是一次外界对公司信任度的大检阅。

在推出“熊抱计划”的同一天，郭士纳宣布撤销主导公司几十年的管理决策机构——“管理委员会”，它由六名委员组成，每周开一到两次会议，公司所有重大决策都在该委员会上提交讨论。这是IBM典型的官僚机构象征，“在通常情况下，管理委员会的使命就是一个形式上的盖戳批准行为”，郭士纳希望借此向IBM员工传达责任、效率的导向。

满意度/表达是企业共同价值的基本取向或评判标准，重塑企业文化价值首先得赢回客户的信任，回归到以客户为中心。“熊抱计划”带来了轰动效应，推动了IBM文化向以客户为中心的方向转变；同时给郭士纳提供了原始的市场情报和对业务的理解。根据从客户、员工及业内人士那里得到的信息，郭士纳后来又做了四个关键性决策：保持公司的完整性、根本改变公司的经济模式、再造商业模式、出售生产不足的资产以筹集资金。这些决策逐渐让IBM转亏为盈。

共同价值的原则性管理

多数企业的官网都介绍了自己的使命、愿景、核心价值观。不难发现，很多企业都有着如客户至上、诚信、正直、以人为本、创新等相似的价值观，但是这些共同价值观在企业中呈现的行为方式、文化氛围千差万别。

价值观不只是挂在官网上的标语或对员工宣传的口号，如果公司内部实践和流程无法推动价值观的践行，那么价值观只是空头口号，员工无法理解其精髓。当企业文化价值观仅体现为标语或口号，而没有通过公司内部流程加以强化的时候，问题就出来了。所以，关键是要创建一种真正体现价值观的行动文化，以及一套员工践行企业价值观的奖励机制，最后能把这些价值观转化为员工的实际行动。

郭士纳认为，高绩效公司都是通过原则而不是通过程序进行领导和管理的，组织应根据实际情况，灵活、因地制宜地把这些原则应用到实践中去。1993年9月，他提出了八个原则作为“IBM新文化的核心支柱”，并用挂号信的形式邮寄给IBM全球的所有员工。这八个原则的发布对IBM接下来10年的企业文化产生了巨大影响。

郭士纳提出的八个原则：

1. 市场是我们一切行动的原动力。

2. 从本质上说，我们是一家科技公司、一家追求高品质的科技公司。

3. 我们最重要的成功标准，就是客户满意和实现股东价值。

4. 我们是一家具有创新精神的公司，我们要尽量减少官僚习气，并永远关注生产力。

5. 绝不要忽视我们的战略性愿景规划。

6. 我们的思想和行动要有一种紧迫感。

7. 杰出的和有献身精神的员工将无所不能，特别是当他们团结在一起作为一个团队开展工作时更是如此。

8. 我们将关注所有员工的需要，以及我们的业务得以开展的所有社区的需要。

资料来源：《谁说大象不能跳舞》（珍藏版）。

为了将这些原则注入IBM员工的DNA中，郭士纳采取了系列推进措施，改变员工的思想、态度和行为。

一是激发高级管理层的变革热情，明确提出行为变革内容和要求。在当时的IBM内部，公司缺乏严格执行决策的要求及后续措施，大家只关注自己的个人利益，内部斗争特别严重。1994年春，在郭士纳上任后的首次高级管理会议上，面对全球各地的420名管理人员，他努力把公司内部的利益冲突转移到公司外部去，号召大家团结起来一致对外，从竞争者手里夺回市场份额。

“12.5万名IBM的优秀员工都被迫离开了公司，他们失业了。这是谁造成的？是上帝吗？正是这些竞争对手入侵造成了这一切。他们夺走了我们的市场，伤害了我们的员工。造成这一切痛苦的不是别人，而是周密谋划着要夺走我们生意的那些公司外部的竞争对手们。”郭士纳对高层经理故意强调竞争对手对他们的侵犯，希望激起他们的愤怒和危机感。

IBM处于生死存亡关键期，需要进行开膛剖腹的“大手术”。郭士纳在管理层会议上充分地表达了自己的激情、愤怒和改革的方向和决心，让管理团队更好地了解他的脾气性格、做事风格。最后，他明确提出了公司文化变革所需的行为变革要求，如表9-1所示，指出客户至上、绩效导向、原则导向等变革要求，希望整个团队能一起去实现这个变革。

表9-1 郭士纳提出的公司文化变革所需的行为变革要求

现状表现	变革要求
公司自行推出产品	根据客户的需求生产产品
以公司自己的方式行事	以客户的方式行事
道德式管理	成功导向型管理
将决策建立在秘闻和神话的基础上	将决策建立在事实和数据的基础上
以关系为导向	以绩效和标准为导向
一言堂（政策性统一标准）	百花齐放，百家争鸣
对人不对事	对事不对人
良好的愿望比良好的行动更重要	职责明确（总能解决难题）
美国占主导	全球共享
规则导向型	原则导向型
只注重我的价值（个人主义）	注重我们的价值（集体主义）
追求百分之百的完美	有紧迫感地做决策和采取行动
组织中缺乏创新	学习型组织
平衡式资金投入	重点型资金投入

资料来源：《谁说大象不能跳舞》（珍藏版）。

二是成立300人规模的“高级领导集团”，创建IBM领导能力的共同标准，为敢于冒险、坚持“原则”的员工提供成为领导者的通道。该团队成立于1995年2月，首要任务是关注领导和变革方面任务，每年都有几天聚集在一起讨论公司发展战略和领导艺术问题。其成员资格并非建立在职称基础之上，而是看是否在岗位上表现优秀，每年进行一次优胜劣汰的改选活动。郭士纳建立系列共同领导能力标准，如表9-2所示，遵照这些标准去管理培训和评估员工的能力，最终那些拥护新公司文化的员工会得到提升和奖励。

表9-2 郭士纳建立的系列共同领导能力标准（IBM的领导模式及能力标准）

核心特质	1. 对赢得市场的关注	2. 快速执行的能力	3. 持续的动能
• 对业务的热忱	• 对客户的洞察力 • 创新的思考 • 实现目标的动力	• 团队领导 • 直言不讳 • 团队精神 • 决断力	• 培养组织能力 • 教导/培养 • 工作奉献度

资料来源：《谁说大象不能跳舞》（珍藏版）。

三是简化原则，建立基于原则的绩效评价系统。为了将这些新原则深化到员工的日常生活和工作中，郭士纳把在高层管理会议上提出的原则简化为“力争取胜、快速执行和团队精神”三个词，他认为“它们概括了所有IBM员工制定自己目标时所应该采纳的最重要标准”。

这三个原则通过广泛宣传，最终演变成了公司新的绩效管理系统。作为年度规划的一部分，每位员工都必须要围绕这三个原则制定“个人业务承诺”，并列出为完成这三个原则的任务所需要采取的行动，这些行动计划的落实程度成为员工绩效考核的关键性因素。员工一般不会做你期望他们做的事，但是会做你将检查和评估的事。IBM通过绩效管理系统，把企业新的共同价值转化为实际行动，最终形成高绩效的企业文化。

郭士纳通过原则性的管理方式，将客户导向、创新、追求高绩效等理念融入其中，极大地提升了IBM的核心竞争力，带来了扑面而来的新气象，公司盈利水平也迅速提升。从这次文化变革可知：**企业的共同价值必须根据市场环境的变化而调整，才能保持活力和先进性；最高管理者首先要成为推动企业文化创新变革的第一人，同时能激发和调动高层管理者的变革热情，带动全体员工共同参与改变；把企业共同价值制度化、流程化并与绩效管理系统结合起来是保证企业共同价值落实和行动的关键。**

“大很重要，因为规模就是杠杆，深度和广度可以容纳更大的投资、更大的风险及更长久的对未来的投入。这不是大象是否能够战胜蚂蚁的问题，这是一只大象是否能够跳舞的问题。如果大象能够跳舞，那么蚂蚁必须离开舞台。”

——郭士纳，IBM 前首席执行官

转型是企业对业务和管理进行结构性改变，从而获取经营绩效大幅度提升的变革。郭士纳通过文化变革推动IBM的战略转型，将这家曾经的信息产业硬件巨头转型为向客户提供产品和服务的整体解决方案提供商，并开启了信息产业的电子商务时代。

1995年，IBM在很多人不知电子商务为何物时，提出了电子商务的战略理念。电子商务时代的开启为全球信息产业创造了一个奇迹。在业务转型的历程中，IBM开发了很多基于产品的增值服务，如基于IBM硬件产品的优化调试、系统整合、存储系统的设计，乃至互联网数据中心的设计，甚至包括互联网数据中心的机房建设、运营维护系统、安全系统等。

2001年，IBM的营收达859亿美元，其中服务业的营收增长到350亿美元，软件和技术的营收为209亿美元，硬件业务的营收下降到257亿美元。郭士纳在任内，通过一系列大刀阔斧的改革，IBM从病入膏肓中逐渐恢复，并成功转型为一家IT解决方案提供商。

◣ 自我更新

“我们将再次陷入过于自信的陷阱。力争取胜、快速执行和团队精神将像‘基本信仰’一样，成为变味和老套的东西。‘高级领导集团’也将变成IBM昔日的‘管理委员会’。另一方面，我们又会发现新的拥有优势和活力的方法。我们能够不断地实践、不断地实现自我更新，还可以将这种不断的自我更新变成公司文化永恒的一部分。”郭士纳把IBM 从危难中解救出来，经过10年励精图治的变革，走上了稳健发展的道路，但他也相信随着市场环境的变化，不断自我更新才是公司永恒的文化。

市场环境在不断变化，全球竞争愈发激烈，企业只有既关注内部员工的需要又兼顾外部客户的需要和市场变化，既有完善的企业制度和组织结构又能充分发挥作用，让企业灵活性和控制性达到平衡，才能充满生机与活力。

郭士纳时期，IBM的战略开始从硬件制造业向软件、服务领域转变，并主张整合全球企业，把全球的IT系统、供应链系统和财务系统整合在一起，以确保全球的组织能够在一个平台上进行协作。如果公司大部分的业务都是制造型业务，那么管理方式基本上就是控制式的。**但是现在公司的经营模式发生了显著变化，**

需要更大范围内的协作以及时响应客户的需求，在互联网时代员工个性凸显、自主性更强，自上而下指挥、控制、命令、灌输式的企业文化不再适用。

2002年10月，彭明盛接替郭士纳出任IBM首席执行官，公司继续扩大发展软件、服务业务，朝着全球整合型企业转型。经过一年的努力，2003年IBM完成了端对端的供应链整合，并将所有的业务链流程和支持系统纳入整合的供应链框架里。**随着全球化的推动，人才、产品、服务、思想可以在全世界范围内更自由地流通，公司要有一套全球统一的价值观作为指导日常工作的准则，才能使来自全球各地、有着不同财务目标和奖励机制的各部门人员精诚合作，为客户提供一个整体的解决方案。**

价值观一直都是企业文化的根基和日常运作的纽带。**企业的价值观，如果能得到员工认同，他们就会自觉地以这些价值观作为自己的行动指南，践行公司的价值准则。**那么，企业员工如何才能对企业文化价值观达成一个基本一致的观点和态度，也就是如何达到价值共识？企业又该如何建立有助于企业战略转型的企业文化，使这种文化促进企业变革发展？

为了重塑IBM在21世纪新时代的核心价值观，确保整个公司有全球统一的价值观，推进IBM的全球化和全球整合，2003年7月彭明盛发起了一场名为“价值观大讨论”的活动。IBM“特别行动小组”先收集了公司300位高管的意见，并与几千名员工展开了专题座谈，以公司老价值观为基础，提议了三条新价值观，然后将这些价值观交给全球170多个国家和地区的30多万名员工进行自由讨论。

在公司局域网上，全体愿意参与的员工以实时对话的方式进行讨论，活动持续了三天，约有5万名员工上网查看了讨论内容，发表了近万条评论。彭明盛本人还亲自加入了网上论坛，解答员工的提问。最后，工作小组对所有论坛上的意见进行了分析，然后结合员工的其他反馈信息，最终确立了IBM公司三条新的价值观：致力于实现每个客户的成功；创新为要——无论是对于公司还是整个世界；在所有关系中表现出信任和有责任。

“IBM员工接受了一套全新的价值观，因为这些价值观是他们自己塑造的。”彭明盛认为，老沃森时代自上而下灌输价值观的做法在当代得不到员工支持，“因为那不是他们的价值观，而只是从董事长办公室里传出来的一些乏味的教条。”向企业员工征求改革意见，让他们说出企业应该如何运行，最后被共同讨论和确认的价值观将变得更有意义。

企业的共同价值是其所有政策和行动的前提，被大家认可的共同价值会塑造其独特的管理和运营模式，共同坚守这样的价值信念，就保住了企业的基因。在全球运作的体系中，企业共同价值显得尤其重要，因为它代表的是所有员工在公司战略方向下做事的原则性，也是联系全球员工的文化纽带。这次全体员工参与的价值观大讨论，明确了企业的共同价值，进一步推动了IBM在全球整合企业。

在整合资源方面，IBM形成了一个全球整合支持系统，它将后台可以共享的资源包括人力资源的支持、信息系统的支持、财务支持、营销支持、公关支持、法务、固定资产、销售运营，以及政府关系等全部整合在一起。**协同学认为，一个由许多子系统构成的系统，如果在子系统互相配合产生协同作用和合作效应，系统便处于自组织状态。**IBM的全球整合支持系统在某种程度上就是将全球不同地区的人力资源、信息、财务、法务、公关等系统之间的衔接通过最新的信息技术相互整合配合，产生了协同效应，使彼此的沟通更加灵动和顺畅。这种整合后台资源形成的共享支持服务，把IBM的资源最大限度地整合在一起，减少了后台的运营成本，提高了对前台的响应速度。

彭明盛在任期内，通过不断地兼并和收购软件公司，使得IBM成为业界数一数二的企业软件提供商，能够提供最为全面的软件产品和相关的软件服务；同时他又引领IBM向更高端和高附加价值的业务转型，卖掉了很多低附加价值的业务，包括卖掉IBM PC业务，兼并普华永道的咨询业务部门等。

2008年年底，IBM首开行业先河，提出了“智慧地球”的全球战略。现在，IBM正在经历着又一次转型，将云计算、认知计算、大数据分析、移动、安全定义为战略转型业务，主攻更高价值、更高利润的市场。“祝愿IBM的下一个百年更加美好。”彭明盛在纪念IBM成立100周年的圣诞贺卡上写道，有不断自我更新企业文化的IBM正朝着下一个100年迈进。

◣ 战略转型与共同价值发展

IBM是全球知名的百年老店，其在发展历程中也经历了惊涛骇浪的起起伏伏。在IBM走过的100多年历史中，战略转型是贯穿始终的关键词。转型让IBM从绝境中起死回生，转型成就了IBM的百年辉煌。在20世纪五六十年代，小沃森冒着巨大风险，怀着破釜沉舟的决心研发出了S/360大型机系统，抢占了计算机行业的发展先机。在20世纪90年代初，郭士纳带领IBM从硬件业向软件和服务业转型，又率先提出电子商务战略，将“一只脚已经迈进坟墓”的IBM从绝境中拯救出来，“大象起舞”成为商界传奇。在21世纪初，在彭明盛的领导下，IBM突破了传统跨国公司的地域限制和思维框架局限，在全球范围内重塑统一的核心价值观，重新设计分配资源和运营体系，整合全球供应链，让其成为真正的全球化企业……

转型是企业对业务和管理进行结构性改变，从而获取经营绩效大幅度提升的变革。管理者需要根据外部市场环境的改变，不断调整自身的发展目标与战略决策。在企业战略转型过程中，领导者就像一位优秀的司机，在前进途中，会根据路况、外部环境变化等因素，灵活换挡、调控车速、转换路线，努力规避风险，保证车辆的行驶符合实际情况的需要，并能最终到达目的地。

企业战略转型，必然伴随着新旧价值观念的改变，以及制度结构、管理模式的升级转变。战略转型，也需要文化价值变革来支撑。在转型期，基本目标、基本思想、文化愿景、价值信念等共同价值对企业的持续发展有着不可估量的作用，而随着市场环境的变化，企业共同价值体系中有符合企业转型发展的部分，也有不适合新战略发展需要摒弃的部分，所以共同价值需要在传承中巩固和创新，使共同价值能更好地引领企业战略转型。

共同价值的传承与重塑是企业战略转型成功的关键。企业的基本信念、愿景、价值观等共同价值与目标是把员工们连接在一起的纽带，决定了企业的特性，指引和塑造了企业的商业行为，并让企业变得与众不同。企业价值观最初源于创始人的理念和价值观，老沃森奠定了IBM的整个文化价值基调，小沃森子承父业，将精益求精、高品质的客户服务、尊重个人视为三大“基本信仰”。在郭士纳时代，随着公司业务的转型，电子商务战略的发展，力争取胜、快速执行、团队精神成为新的文化支柱。彭明盛时代，在“随需而变”的战略下，IBM的价值观进一步演变为致力于实现每个客户的成功；创新为要——无论是对于公司还是整个世界；在所有关系中表现出信任和有责任。

企业价值观在实践中不断更新，以适应新战略的发展需求。价值观从确立到转化为企业成员的普遍信念，是一个价值观内化的过程，也就是让员工接受并能够去自觉遵循价值观、实现集体价值认同的过程。通过新员工培训与后续培训计划传输企业价值观、行为准则、发展历程，大力宣扬遵守和践行共同价值的优秀员工，创造公司歌曲，用企业文化价值理念装扮办公室，提出一贯的价值理念原则，号召全体员工参与企业价值观大讨论，强化员工的心理认同。

员工为共同目标、共同价值而工作，他们的贡献可以用清晰的标准进行衡量和奖励。任何一家企业要想谋求生存和获取成功，都必须拥有一套健全可靠的价值理念，并在此基础上，提出自己的各项行动方案。通过一套基于价值观的绩效评价和奖励系统，可以实现价值观管理，强化共同价值。此外，客户满意度是企业治理的出发点、着力点和落脚点，是企业共同价值的基本评判标准，重塑共同价值必须回归到以客户为中心。

在构筑伟大企业这座房屋时，人才是地基，企业共同价值与共同目标是支柱，制度与商业模式是充实房屋的建筑材料，战略是屋顶。在实施战略转型与变革之前，拖延越久，执行起来就越困难，变革成效就越低。虽然转型与变革有风险，但在全球化加速的时代，转型与变革来得越来越迅速，抵抗这些改变无异于自取灭亡。所以，**要想让建造的高楼大厦百年屹立不倒，就必须愿意自我改造、自我变革、自我转型，拥抱变化，不断关注外部世界，关注市场的风吹草动、瞬息万变，留意竞争对手的一举一动，持续调整自我，整个系统才能实现协同发展。**

总结

- 企业最初的共同价值在某种程度上反映了其创始人的价值观、组织理念、性格习性。
- 对于一家企业来说，它的基业长青很大程度上取决于，企业文化氛围是否能激发员工，将自己的能量和才能发挥得淋漓尽致。
- 很多大公司容易对现有业务形成依赖，因为他们发现复制相同的业务模式，比改变更轻松。但当这种业务模式受到外部威胁时，一切美好都不复存在。
- 客户满意度是企业治理的出发点、着力点和落脚点，是治理效果的最高标准。
- 在实施战略转型与变革之前，拖延越久，执行起来就越困难，变革成效就越低。
- 要想让建造的高楼大厦百年屹立不倒，就必须愿意自我改造、自我变革、自我转型，拥抱变化，不断关注外部世界，关注市场的风吹草动、瞬息万变，留意竞争对手的一举一动，持续调整自我，整个系统才能实现协同发展。

第四部分

在航行中成为洞察趋势方向的战略舵手

没错，价值观就像水手抛入海里的锚，能让船停稳。可在海上航行，除需要“勇敢的心”这一价值锚外，还要有“操舟神舵手”，才能“团大众去撑天”。正如知道了“我是谁”，还要知道“我要往哪里去”。企业发展除需要共同价值观推动外，也需要战略及商业模式与公司制度相配合，才能共同铺就企业基业长青之路。找到那些对结果产生关键作用的制衡要素，研究它们相互作用的方向、大小和方式等，可能是冲出海浪风暴的办法之一。

人们显见的是转型让IBM绝处逢生，而隐藏在辉煌背后的是IBM一次次的战略选择。当失去竞争优势时，IBM积极重新审视外部环境，同时厘清自身优劣，开启战略转型之路。在整体战略转型过程中，基于确定的战略方向，IBM以共同价值和目标作为纽带，以制度和商业模式为牵引，促成整个企业经营协同发展、繁荣再现。

而且，也许航行得足够久，你会发现上一次的方向选择可能是错误的。正如真正研究一家公司太久，会发现当下的每次战略正确也可能将在以后变成失败。在纷繁芜杂的世界中，试图保持“陀螺梦境”中的清醒状态，达到王阳明“当行则行，当止则止”的境界，究竟还需要多少修炼?

而在各种关于战略的描述中，最为振奋人心的是对未知的探索。这些探索源于外部环境、客户、内部员工等，探索结果反过来又影响企业规模的变化甚至企业的成败。而战略和企业外部环境、规模总是发生更为直接的关系。

企业的舵手总是在战略、外部环境、规模三个要素之间试图实现一种协同的状态。同时，在不同时空维度下，所有要素之间又会产生更多的关联和作用。

就像存在于太阳系各星球之间的磁场，让星球总是互生关系。

第十章
战略洞察

秦朝末年，项羽率领数万名楚军与秦朝名将章邯、王离率领的几十万名秦军在巨鹿进行了一场战役，此次战役以项羽一方大胜，王离等精锐被歼灭而结束，史称“巨鹿之战”。经此一战，秦朝走向灭亡的速度被加快了。西汉著名的史学家和文学家司马迁描述此战时，写道：“楚战士无不一以当十，楚兵呼声动天，诸侯军无不人人惴恐。”

楚军为何能够以一当十？呼声震天的背后，离不开项羽的战略布局。项羽深知自己所率军队人数不敌秦军，而且派系众多，向心力不足，想要获胜，必须速战速决。项羽率领楚军到达巨鹿后，先派英布、蒲将军与秦军交锋，获得胜利。首战告捷，振奋军心。趁军心暂稳，项羽破釜沉舟，只留三日粮食，率领全部军力渡河，士兵们为了绝地求生，一心向战。这场战役中，项羽的战略方向准确、战术执行到位，进而大获全胜。

在陀螺梦境中保持清醒

电影《盗梦空间》的主人公柯布有一个陀螺，当他在现实世界时，转动的陀螺会因为阻力慢慢停下来，但是在梦境中，陀螺会不停地旋转。每当柯布不知道自己身在何处时，通过观察陀螺的状态可以让他保持清醒。柯布说：“只有在我们醒过来时，才会意识到有些事情其实很奇怪，但是，身处梦境时，梦总是那样真实。”

善用直觉思维和理性思维对于保持清醒十分有益。直觉思维相较于理性思维更加轻松。在信息过载的社会中，人类每天会接触、处理大量信息，用直觉思维进行处理，效率会高很多。但是，正如卡尼曼在其著作《思考，快与慢》中发表的观点："认知错误的一个阴险特性就是我们无从知道错误正在发生，我们几乎从未发现自己正在犯着直觉的错误。”

苹果的斯卡利曾理所当然地认为，如果当年乔布斯和沃兹把电脑变成纸箱大小就足以改变世界，那么，他如果能把书本大小的电脑推向市场，不是更伟大了？结果证明斯卡利对未来的思考过于短视了，对外部环境的感知也并不敏锐，在一个互联网技术尚未发展成熟的年代里，没有完善的硬件基础支持“Apple Newton”，它在市场上找不到一个清晰的定位，没有广泛的客户基础，也就无法创造规模化的市场需求。从现在看来，“Apple Newton”的确是一款具有开创性意义的产品，但是它没有像iPad一样，出现在一个合适的时机，与环境相适应，拥有一个喜闻乐见的结局。

乔布斯回归后，为了让苹果的价值重新回归消费市场，他首先做的就是制定了“四格战略”，将公司混乱的产品线厘清，进行战略聚焦，将业务规模缩小到专注做“四格”内的产品，“Apple Newton”这样一个具有前瞻性的产品排除在了“四格战略”之外。众人不解，为什么不继续加大对“Apple Newton”产品的技术投资力度？这种掌上电脑看起来有很广阔的市场前景。在某次接受媒体采访时，乔布斯解释了他的做法：“你们可能想象不到有多少人认为我们不研发‘Apple Newton’简直就是一种不可思议的做法，在这里我不撒谎，有很多人都有这种想法。但我也一直在反思，掌上电脑真的有用吗？……这种掌上电脑的兴盛和衰败都是非常迅速的。”不是每个企业领导者都时刻不忘从企业战略方向上审视业务发展。众多产品线中，谁去谁留，没有对使命的坚守，领导者也很难保持清醒。

在行为经济学中，有一种“沉没成本效应”。美国经济学家约瑟夫·斯蒂格利茨在其著作《经济学》中写道：“如果一项开支已经付出并且不管做出何种选择都不能收回，一个理性的人就会忽略它。这类支出称为沉没成本。”这种支出可以是时间，也可以是金钱。之所以很多人没法忽略沉没成本，是因为他们往往不愿意接受之前的投入被舍弃掉的事实。因此“沉没成本效应”体现的是人们“避免浪费的愿望”。在这种愿望下，人们会对过往的投入产生依赖，即使之后还会有更多的投入，之前的投入也并没有浪费。学者哈尔·阿尔克斯和凯瑟琳·布鲁默据此认为，先前投入的时间、金钱或其他资源会影响个体之后的决策。

乔布斯首先结束了克隆机的授权计划，让苹果重回最初的定位，专注在高端、极简的路上，直至拨云见日，重新占领消费者心智。他很清楚：“苹果更乐于去定义一个新市场，而不是参与到众多公司为一款前景难料的产品制造生存空间的战争中。”

乔布斯在回归苹果后，曾对斯卡利的做法表达过其看法：“很多年来，苹果追求的是让每个人都拥有电脑，追求的是个人电脑的革命，追求的是产品和用户体验。有人教导我说，如果你可以掌控公司的最高层面，包括你的客户、你的产品和你的战略，那么，其他底层的细节自然都会纲举目张，有条不紊。**如果你只注意底层细节而忘掉了其他东西，你就会因为一叶障目而最终碰壁。**在苹果，从斯卡利开始，人们失去了对最高层面的掌控。因为他们的目的变得越来越现实，从产品和客户驱动，变成了利润驱动。尤其重要的一点是，公司的价值观改变了，从制造世界上最好的电脑，变成了赚最多的钱。”

斯卡利在互联网技术尚未起飞、在商业领域应用受到限制的时代推出售价高昂却用处不大的“Apple Newton”，并乐观地期望可以开创新的市场，显然只是沉浸在自己构建的梦境中。

现实的结局昭然，让斯卡利的“战略陀螺”停了下来。

看似无关的“有关”

几乎所有关于战略的定义和模型描述中，都体现了事物之间存在关联和作用这一本质。

首次提出战略概念的伊戈尔·安索夫将其定义为：“战略是在无法事先提出各种可能性的行动方案条件下，在面临部分情况不明确的情形中，企业所制定出来的一套决策范式。”其实表达了战略与产品、市场的范围、增长向量、竞争优势最为紧密的关联。有“竞争战略之父”之称的迈克尔·波特则认为“战略就是在企业各项运营活动之间建立一种‘配称’”。定位理论创始人杰克·特劳特将战略定义为“定位”。安索夫、波特和特劳特都可以称得上是研究战略的“大家”，各自提出的“安索夫矩阵”“波特五力模型”与“定位理论”被广泛运用于商业实践中。

各观点中存在的共性是，研究者们都不会孤立地去研究战略这一单纯问题，都在用“协同思维”去表达战略。甚至在安索夫提出的“四要素”当中，“协同作用”作为其中一个要素，安索夫认为“企业内部各经营单位联合起来所产生的效果要大于各经营单位独自努力所创造效果的总和。”

波特提出的“战略事关如何把所有活动做最合理的组合”，尤其提到高技术含量的产品和对客户的服务结合，其实质是一种“协同思维”。特劳特验证定位的四步工作法中，同样可以看到他的协同思维，四步工作法的最后一步是将定位整合进企业内部运营的方方面面，充分调动多方资源，进而占领客户心智。欧洲工商管理学院教授W. 钱·金与勒妮·莫博涅共同提出了蓝海战略理论，提出了“企业需要把注意力从供给转到需求上，把重点从竞争转到价值创新上，通过价值的创新来开启新的需求”的观点，而这种全新观点，依然离不开“协同思维”：“价值创新只有在企业对有关效用、价格、成本的活动都能适当地协调一体的情况下才能实现。”在蓝海战略理论中，要想将价值创新发展成可持续的战略，企业就需要“协调效用、价格、成本和人员”这种“全系统的方式”，也是协同。

单从战略角度上看，迈克尔·波特的观点与杰克·特劳特理论存在显著差异的另一点在于，迈克尔·波特认为“制定或重建一个清晰的战略……其成功与否取决于组织的领导层。”他认为战略的制定是自上而下的，在这种情况下企业的战略很有可能与领导层的价值观密不可分，而特劳特认为战略应该是自下而上产生的，从营销的角度观察周边环境，从客户价值观的角度分析，从而进行战略选择，由战术上升到战略。

最振奋人心的战略描述

在各种关于战略的描述中，最为振奋人心的是对未知的探索。这些探索源于外部环境、客户，探索结果最后又影响了规模的变化。

在《盗梦空间》里，亚瑟为了说明无法在另一个人思想中植入原创想法，他让斋藤不要去想大象，但是出现在斋藤脑海中的依然是大象。对于斋藤而言，大象虽然可能是第一次出现在他脑海中，但它是亚瑟的产品。因此，如亚瑟所说："真正的想法是不能被仿造出来的。"对于企业而言，要想脱离竞争激烈的红海，另辟一片蓝海，就需要独自寻找未知的可能性。

仅仅拥有变革的决心却没有转型的方向也只是笑谈。以富士为例，失去了核心业务的富士，要往什么方向去，富士早已心中有数：让公司的技术与社会上的需求吻合，进行价值创新。技术除了要与需求吻合，还要在新市场中具有竞争力、成长潜力，以及对其他技术的推动力，深入了解这些情况后，富士确定了多元化业务发展的战略转型方向。为了削减预算，在终身雇佣制盛行的日本，古森重隆决定缩小规模，大胆裁员，重组业务模式，轻装上阵。

在选择新的转型方向上，富士虽然失去了核心业务，但是核心技术依然存在，在名为"VISION75"的中期经营计划指导下，富士从新的角度重新分析已有技术的价值。其中，化妆品领域是富士此前未曾涉猎的领域，在进行技术整合过程中，富士发现，防止照片褪色发黄需要对胶片进行抗氧化处理，而针对延缓肌肤衰老的护肤品同样会运用抗氧化原理。此外，制作胶片要用到的明胶，其实质是一种胶原蛋白水解物，而使皮肤保持弹性润泽的胶原蛋白是皮肤真皮层的主要结构，凭借对这些技术的经年研究，富士找到了进入化妆品领域的缝隙。在决定进入的新领域中尚未具备某种新技术，富士通过大规模并购计划快速整合资源，进入市场。

进入新领域面临很多未知，要做出正确的判断与选择，才能实现战略协同，这对企业领导者的能力也提出了挑战。古森重隆认为，作为领导者，具备"研判""构思""传达""实行"的能力是尤为重要的。"研判"意味着要能够全面了解公司发展状态，快速洞察公司的内外部环境及未来趋势；"构思"即为针对环境制定战略；再将战略向公司成员准确清晰地"传达"，使公司成员上下一心，凝结成为一个整体，最后带领成员在既定的轨道上“实行”。

2012年，英国科技公司戴森进入中国市场，其产品虽然走高端路线，但依然迅速攫取了各个年龄层女人们的心，成为美发界的翘楚。2019年年初，戴森称其创始人詹姆斯·戴森个人财富已达138亿美元，成英国首富。在整体收益中，亚洲市场贡献的利润超过50%。

詹姆斯·戴森为公司发展定下一个基调：“我们的任务就是通过不断的改进与创新解决生活中的各种问题。”戴森以创新作为公司的战略定位。熟悉戴森产品的人应该都知道，戴森是一家特立独行的公司，从手持吸尘器到无叶风扇，再到吹风机，詹姆斯·戴森对产品外观的想法与史蒂夫·乔布斯如出一辙，就是简单，再简单。美学理念被带入人们日常生活中。

迈克尔·波特认为：“战略就是以一系列与其他公司不同的运营活动，创造出独特而极具价值的定位。”创新对于任何一个公司都是极具价值的，创新型企业的每一步前进都是在开创蓝海。在介绍公司使命时，戴森的说法很简单：“就是解决其他人容易忽略的问题。”而其他人容易忽略的问题，就是蓝海。在《蓝海战略》（扩展版）中，作者将“价值创新”中的“价值”与“创新”放在同等重要的位置上，只看重价值，不重视创新，或许能够在市场上生存，却也仅仅是生存；一味求新，而不考虑对市场的价值，很容易落得一场空。从戴森的产品来看，显然是兼顾了“价值”与“创新”。在戴森内部有一个专门负责做“白日梦”的部门，部门成员的工作与商业化没有直接关联，只要他们的想法有商业价值，公司就会进行投入研发。

戴森对于公司的定位正是迈克尔·波特所说的“基于需求的定位”。1978年，戴森一家住在一个破旧的屋子里，用的是一个老式的尘袋式吸尘器，使用体验不是很好，一旦尘袋里塞满垃圾，就容易堵住气孔，吸尘器就无法继续工作。戴森不厌其烦，决心做出一款自己满意的吸尘器，最终他做出来了，解决了传统吸尘器气孔容易堵塞的问题，但据他下决心开始已过去了五年时间，其间制作了5 127个原型。当第一台无尘袋真空吸尘器首次进入日本市场时，就受到了消费者的追捧，大获成功。

为什么戴森没能首先将其发明的吸尘器在本土市场上推出？而是在大洋彼岸的日本获得成功？这与当时的市场环境分不开。在当时的欧洲市场上，传统吸尘器依然占据着强势地位，人们虽然可能意识到传统吸尘器的不便之处，但是戴森当时没有在宣传上投入太多，戴森吸尘器对消费者而言是陌生的，他们不清楚它与传统吸尘器之间的区别，而且昂贵的价格也让消费者望而远之，传统吸尘器依然是消费者的首选。但是20世纪80年代的日本经济开始低速增长，人们慢慢开始注重个人消费，社会消费已经处于第三消费时代，对于当时的消费特点，日本社会学家三浦展在《第四代消费》一书中写道："最大的特征就是追求名牌。价格昂贵的戴森吸尘器出现在日本，高出日本传统吸尘器几倍的价钱吸引了消费者的目光，因为'拥有比他人更贵重、更稀有的物品，满足自己的虚荣感，成了这一消费时代的又一大特征。'"后来，随着社会环境的变化，戴森在欧美市场上也慢慢突起，获得众多消费者认可。戴森也在不断为他们带来惊喜，重构进入的每个成熟市场。

在市场上热卖的戴森吹风机同样颠覆了消费者对吹风机的认知。在戴森吹风机推向市场之前，人们对传统吹风机的印象就是，不管什么品牌的吹风机，在其手柄的顶端都有一个大大的"头"，那是吹风机工作必不可少的马达，这样大体积的马达使得吹风机在外观上的设计自20世纪60年代以来从未有过大的改变。戴森发现了这个问题，但是没有陷于这一个问题，而是后退一步，研究关于头发的科学。

为此，戴森为了研究出这款吹风机，组建专门的头发实验室，103位工程师参与其中，用时四年多，基于研究出的体积更小的马达，将马达位置放到手柄中，减轻用户在使用过程中需要的力度；同时，因为马达体积变小，可以放入手柄中，设计出的吹风机外观也更为小巧流畅；因为马达放入了手柄中，四周可以用消音器包围，在使用过程中也更安静。

从戴森对产品的营销手法上可以看出，他深谙特劳特的定位理论：占领用户心智。虽然戴森在技术上实现创新，做出了区别于竞争对手的产品，但是他没有急于告诉消费者他们在技术上实现了多么伟大的突破，而是告诉消费者：戴森的产品会为他们带来什么样的体验，而这种体验可能是竞争对手无法提供的。在介绍戴森V8真空吸尘器的视频广告中，大量特写镜头放在吸尘器上，多在强调吸尘器的功能性。原本在人们心中，打扫卫生最让人头疼，沙发与墙之间的缝隙、被家中宠物弄撒一地的麦片、撒在地毯上的碎屑、墙角的积灰等，都要一一清理，但是在看广告中的人物用戴森吸尘器时，清理这些难以处理的地方变得一气呵成，十分轻松，短短一分钟内，消费者可以看到吸尘器工作后的这些地方与原来的显著对比，不知不觉中，消费者的心智就被占领了。

用户选择戴森产品很少是因为了解其背后的技术原理，而是因为与同类产品相比，更满意戴森为他们带来的用户体验，这就是技术创新带来的市场价值，即使与同类产品相比，戴森的价格更为高昂，消费者也愿意买单。

想起金庸先生在《倚天屠龙记》里写的九阳真经内功心法："他强由他强，清风拂山岗；他横由他横，明月照大江；他自狠来他自恶，我自一口真气足。"无论在哪个行业，做探路者都是有风险的，就像大雾天走在野外，不知道前方是坦途还是山谷，唯有内心坚定，方能目光专一，凝神警惕。

对于很多企业来说，做市场的追随者可能更容易成功，可以吸取前人的经验，快速在市场中分得一杯羹。一旦有人先开创出一片蓝海，在进入门槛相对较低的情况下，很快就会有一大批人趋之若鹜，这些追随者们最怕的就是时间，他们一刻也不能等，稍微慢下来，就会被超越。但是，这些擅长模仿的企业的未来在哪里？一直追随市场的脚步被动地挣扎于生存吗？没有创新的模仿，最终会走向何处，市场在一一检验着。但是，戴森很有耐心，在已有的市场中，无论竞争对手如何行动，他也要发明出一款自己满意的产品，开创出新的需求，即使可能需要数年甚至数十年的时间。

总结

- 商业成功的关键，是在客户心智中变得与众不同，这就是定位。
- 如果你只注意底层细节而忘掉了其他东西，你就会因为一叶障目而最终碰壁。
- 在各种关于战略的描述中，最为振奋人心的是对未知的探索。

第十一章
“危机丛生”的商业环境

在“10S协同模型”中，周边环境/竞争态势这一要素处于第三层次，对企业的战略制定产生直接影响。周边环境/竞争态势主要包括自然环境、政治环境、经济环境、社会环境、科技环境等宏观环境，也包括行业环境和市场环境等属于竞争态势范畴的环境。在未来商业中强者与弱者的竞争，比拼的不仅是企业规模、营业利润，更多比拼的是适应力。根据周边环境/竞争态势的变化对战略进行有效调整和创新，这是企业实现可持续发展的基本要求。

相互被裹挟的商业环境和战略

商业环境急剧变化，不进则退，慢进亦退，伟大和衰败之间，有时也只有一线之隔，强者恒强只是一种美好的梦想。对于组织来说，在复杂多变的商业环境中，只有提升察觉外部环境变化和竞争态势的感知能力，不断适应全新环境，根据外部动态变化，提升自身适应力，制定差异化的战略战术，才能打破残酷的丛林法则。

富士康创始人郭台铭说，中国台商成功的关键是“变”，因为他们信奉“蟑螂哲学”。“蟑螂哲学”就是像蟑螂生存一般，时刻保持头部向外的姿势，无论环境变化恶劣还是适宜，都积极响应，快速适应。

包玉刚是公认的华人世界船王。1955年，他初涉航运业，正值航运兴隆时期，多数船主采用“散租”的方式：租期短，可根据运输行情变化及时调整租金，在航运兴隆时期最容易赚钱。包玉刚在冷静分析内外环境条件后发现，“散租”方式并不适合自己所经营的环球有限公司。首先，环球有限公司刚起步，初出茅庐，对造船和航海知识几乎一无所知，也没有相对稳定、熟悉的客户，抗风险能力较弱；而采用“散租”方式进行运作的航运公司，部分拥有雄厚的客户人脉，甚至以国家作为后盾，因而抵抗风险的能力强。其次，“散租”虽然赚钱多，但风险也大，一艘巨轮即使一动不动地停在海上，每天开支就需要几万美元，一旦船租不出去，船东就要遭受巨大的经济损失，当时弱小的环球有限公司是无法承受如此损失的。经过严谨周密的考虑，包玉刚决定放弃“散租”方式，采取“低廉租金，长期租赁”的经营方针。包玉刚的做法受到许多船主的嘲笑，说他是“初出茅庐的傻瓜”。

事实胜于雄辩，事实证明包玉刚的决定是正确的。1975年世界航运业出现衰退，价格几次暴涨暴跌，连挪威老船王都如坐针毡，更不用说那些采取“散租”形式经营的船主了。包玉刚的船租期一般为4～5年，市场波动对包玉刚船运生意影响不大，稳获租金。当航行低潮过去之后，包玉刚又推出了一项创新举措：新船出租，旧船自营。他是这样考虑的：随着船队规模的扩大，不能再采取全部船只出租的经营形式了，必须自营一部分，以便熟悉航海业务，在航运价格高时可赚大钱，在价格低时稳收租金。

包玉刚通过认真分析自身条件和客观商业环境条件，选择同客观条件相适应的战略决策，当行则行，当止则止，当变则变，既不随大溜儿，也不沉迷于自己的成功经验，仅用了20余年的时间，到1978年，包玉刚的海上王国达到了顶峰，稳坐世界十大船王的第一把交椅。美国《财富》和《新闻周刊》两家杂志把他称为“海上的统治者”和“海上之王”。

企业战略的制定常常受到环境的制约。据媒体报道，2018年，华为手机销量出现明显暴涨，达到2.08亿部，距离苹果2.25亿部已经不远了。华为2017年的财报显示，华为终端2016年的增长达到了34%左右。华为内部设定的2019年出货目标为2.5亿部，即 21%左右的年增幅。以华为等国内手机厂商为代表的中国手机市场正在崛起。在中国市场竞争激烈、市场进入一定瓶颈期、5G网络环境下新技术的过渡、企业内部创新力不足等情况下，有分析师认为苹果2019年第一季度可能售出4 400万部手机，而其2018年同期为近5 220万部。**苹果根据外部环境等综合因素，采取了在中国市场下调价格的营销战略**，甚至几乎跌到了和华为相应型号大致接近的价格。与此同时，**战略也会反作用于环境。**苹果采取下调价格这一营销战略的变化导致苹果出现销量激增，同时，也加剧了外部竞争市场的激励竞争，华为、小米手机也迎来降价。华为P20从发布时的3 788元降至普遍的3 388元，在满减之后价格已至2 888元。堪称“史上最贵的小米手机”小米Mix3从4 999元降至4 799元。

不协同，即失败

18世纪60年代，随着蒸汽机的普及，拉开了工业1.0的时代；19世纪70年代，人类进入“电气时代”，这是工业2.0的时代； 20世纪50年代，微电子技术的开发和应用标志着工业3.0时代的到来；如今，人类正在经历工业4.0时代，5G、人工智能、生物医药、量子信息科学等技术飞速发展，工业4.0规模之大、速度之快、内容之丰富、影响之深远，在人类历史上都是空前的。每一次工业革命都会带来颠覆式的技术创新，出现一批适应时代潮流的新企业，同时淘汰一批落后于时代发展的企业。

柯达、施乐、诺基亚、摩托罗拉、美林投资……如泰坦尼克号般撞向时代的冰山，这些企业曾经是行业的领跑者，在辉煌的岁月里，对行业的发展产生了巨大的影响，并且影响延续了长达20多年。但由于没有适应环境的变化，走向了没落，这让人们对昔日的独角兽企业的境遇变迁感到五味杂陈。

美国纽约当地时间2018年10月15日，拥有130余年悠久历史的美国百货公司——西尔斯集团正式向美国法院申请破产保护。消息一出，一片哗然。

1886年成立的西尔斯是百货商场的祖师爷。正是它的出现，美国人的生活方式被彻底改变了。太平洋大铁路是一条连接美国东西海岸的铁路，在这条大铁路修建以前，由于地广人稀，交通不便，美国工业化进程受到较大阻碍。太平洋大铁路的贯通不仅成为美国跑步进入工业化时代的关键因素，也促成了覆盖全美邮政网络的建设。

西尔斯借助大铁路的优势，瞄准商机，在大铁路沿线发布邮购商品名录来吸引消费者，并通过邮寄的方式将商品送达给消费者。在19世纪的美国，交通限制了人们购物的范围，广大农村消费者只能在家附近的小卖部购物，这难以满足人们日益增长的消费需求。第二次工业革命大规模流水线生产的实现、1896年美国农村免费邮寄法令的通过和1913年邮递包裹制度的推出等多种因素促成了西尔斯的蓬勃发展。为了解决消费者购买的顾虑，西尔斯开创性地提出了“如有不满，原款退还”的业务模式，此举让西尔斯迅速集聚了大量的客户，业务规模呈现出指数式增长。

20 世纪 20 年代，西尔斯在大力扩展邮购业务的同时，逐步构建了连锁经营体系，全美各地的西尔斯挂同样招牌，统一装潢，经营的商品类别大体一致，这使得西尔斯——迅速扩大规模，规模经济的优势帮助西尔斯熬过经济大萧条，也让西尔斯标准化的服务深入人心。20世纪60年代，汽车在美国家庭普及，西尔斯敏锐地发现了这一变化，创新性地推出郊区大型购物中心，这是一种集合商业、娱乐业、餐饮业、服务业为一体的购物中心，颠覆了美国人们购物休闲的方式，直到今天大型购物中心都是人们日常购物休闲的重要场所。经济学家罗伯特·戈登曾感叹说：“西尔斯被视为一个全国性的机构，几乎就像邮局一样存在。每个人都去，每个人都在那儿买东西，每个人都认为，它会是这片土地上永恒的一部分。”

美国著名作家和文学评论家威廉·德莱赛维茨说过一句振聋发聩的话：“别在不断地优秀中，最终走向平庸。”西尔斯不幸被言中。蓝领阶层是西尔斯最忠实的消费人群，可是在全球化的背景下，国外成本优势不断增强，美国的制造业变得不景气，这极大地削弱了蓝领阶层的消费力量。为了增加收入来源，西尔斯停滞了在其核心业务零售上的创新，而将精力投入到拓展保险、金融服务和房地产的业务上。盲目扩张造成西尔斯在零售业务上的分心，使其两次错过了行业的变迁，没有做到及时调整和适应。

西尔斯错过的第一次行业变迁是物流仓储配送模式企业的兴起，以沃尔玛为代表。1962年起步的零售公司沃尔玛构建出一整套超市的业务模式，把商店开在便宜的郊区和高速公路附近，采用机动灵活的最短供应链管理模式，并通过大量采购以压低供应商进价，不断降低商品价格，由此吸引消费者。与沃尔玛形成对比，西尔斯沉迷在长期积累的成功中，依然使用陈旧落后的供应链体系。据公开报道，当西尔斯供应链成本占销售总额的比重高达8%时，沃尔玛供应链成本占比不足3%。

西尔斯高层对沃尔玛的创新不以为然，自负地相信消费者会始终如一地支持西尔斯。事与愿违，1968—1980年，沃尔玛年销售额从1 260万美元增长到12.5亿美元，复合增长率高达46.7%；净利润从50万美元增长到4 120万美元，年复合增长率为44.4%。1980年，沃尔玛超越西尔斯，成为当时美国唯一一家营收超过10亿美元的区域性零售公司。西尔斯前员工说：“突然间，沃尔玛就和我们肩并肩，接着超了过去。”1999年，西尔斯终于面对连年亏损的现实，提出了“回归零售基业”的战略，砍掉分散注意力的金融服务业务，不过收效甚微，已追不上沃尔玛了。

2004年11月17日，美国零售巨头之一凯玛特公司宣布斥资110亿美元收购美国著名的西尔斯，新组建的西尔斯控股集团将拥有3 500家商场和550亿美元的年销售额，成为规模仅次于沃尔玛和家得宝的美国第三大零售商。凯玛特公司董事长埃迪·兰伯特继续担任新公司的董事长。埃迪·兰伯特也是一位优秀的对冲基金经理，曾被称为“巴菲特第二”。受到过往经验的影响，埃迪·兰伯特从金融视角出发来管理西尔斯这家零售企业。

西尔斯管理层使用了两种方式来缩减开支。一是大量关停店铺，出售持有的商业地产，把西尔斯从一家零售百货商店变成了一家房地产公司，忽视在西尔斯核心业务上进行提升。二是减少基层员工工资，这意味着缩减店员，西尔斯常常是几个店员照顾一个很大的店铺，无力满足消费者的需求。更令人吃惊的是，为了省钱，西尔斯管理层对商场内天花板漏雨、地板塌陷等情况视而不见，严重影响消费者的购物体验。在组织结构上，西尔斯管理层引用投资领域的“项目制”模式，把西尔斯拆成 30 个部门，各个部门自负盈亏，互相竞争，本意是提高工作效率、创造收益，但在实际中，“项目制”模式在零售行业行不通。30个项目的负责人各自为战，部门之间没有进行有效的沟通与合作，导致西尔斯内部矛盾激化，消耗了大量精力。

面对西尔斯的衰败，埃迪·兰伯特寄救命稻草于得力的领导者身上，在八年间换了三任首席执行官，不见成效后，兰伯特亲自出任西尔斯的首席执行官。匆匆而过的首席执行官们留下了一堆未完成的规划，企业管理层的频繁变动使西尔斯无法让长远战略落地，这必然影响到其零售业务的发展。过时的产品、糟糕的购物体验和对营销推广经费的吝啬，都让西尔斯丢失了年轻的消费者。随着以亚马逊为代表的电商的流行，越来越多的年轻人习惯网购，不再去实体店，不得不遗憾地说，西尔斯这次错过了行业的变迁。

2018年12月28日，埃迪·兰伯特通过旗下的对冲基金ESL Investment，在西尔斯要进入清算程序的最后关头，正式提交了一份44亿美元的收购要约，收购对象是西尔斯的425家门店，使得西尔斯得以暂时“续命”，不过收购要约获得西尔斯通过的前景并不明朗，西尔斯仍旧前途未卜。美国彭博新闻社提供的数据显示，自2012年以来，西尔斯已亏损100亿美元。屋漏偏逢下雨，西尔斯还需要面对一个涉及9万名员工，数额高达15亿美元的养老金漏洞。如今再步入西尔斯门店，映入眼帘的是“西尔斯关店，低至2.5 折，请立即行动”的横幅。

战略与环境的失调是企业失败的主要原因，在VUCA时代，企业的竞争优势是瞬时的，今日今时之战略不一定能成为明日明时增长的保险箱。时代如潮水，每一波浪潮最终会消退，基业长青的企业总是在寻找下一波浪潮，它们会努力协同环境与战略的平衡，踏上一波又一波竞争优势的浪潮，尽量不在某一浪潮上停留过久。当企业把既有的竞争优势作为获利的主要手段时，企业会因组织无法适应当今多变的环境而失败。若希望挺过风浪，在不确定的环境下获得一席之地，就需要企业应时而变，及时调整战略，抓住转瞬即逝的机遇。

总结

- “物竞天择，适者生存”是生物世界的丛林法则。
- 商业环境急剧变化，不进则退，慢进亦退，伟大和衰败之间，有时也只有一线之隔，强者恒强只是一种美好的梦想。
- 企业战略的制定常常受到环境的制约，与此同时，战略也会反作用于环境。
- 战略与环境的失调是企业失败的主要原因，在VUCA时代，企业的竞争优势是瞬时的，今日今时之战略不一定能成为明日明时增长的保险箱。

第十二章

跳出规模陷阱

《红楼梦》第六回写刘姥姥来到荣国府。王熙凤觉察出她是来借钱的，就抢先诉苦："外头看着虽是烈烈轰轰的，殊不知大有大的难处，说与人也未必信罢。""大有大的难处"，一语道破了贾府捉襟见肘的窘境和没落趋势。

企业规模表明了企业中人、财、物的集中程度，它是对企业生产、经营等范围的划型，依据不同的划分标准（可按职工人数、生产能力、固定资产价值等标准），可以把企业分为特大型、大型、中型、小型、微型。企业规模的扩大可以增强企业的竞争能力，以及承担亏损和抵御风险的能力，同时还可以大量减少采购成本和销售费用，实现规模经济。范围经济是一种普遍存在的规模经济形态，是指联合生产几种产品的支出比分别生产它们的支出要少，主要体现在企业的多元化经营发展上。

大有大的难处

领英的联合创始人里德·霍夫曼在认为，一个企业，只有达到一定规模才更有价值。规模可以带来领导者地位和市场权力，也会带来更高的回报率。在《闪电式扩张》一书里，里德·霍夫曼按照雇员人数将企业规模划分为五个层次，分别是家庭规模（员工人数大概在15人以内）、部落规模（员工人数在百人以内）、村庄规模（员工人数以百计）、城市规模（员工人数以千计）、国家规模（员工人数以万计）。里德·霍夫曼从军事中的“闪电战”获得灵感，提出“闪电式扩张”的理论，他认为，初创公司应该抓住处于“部落规模”和“村庄规模”之间的时机快速扩张，打败竞争对手，成为行业领跑者。

华为技术公司的轮值首席执行官郭平说：“我们依赖于规模，所以在进入发达市场之前，我们先打入庞大而竞争小的市场。” 华为一开始寻求在中国的乡村市场取得主导地位，因为在那里来自大企业的竞争较少。之后，随着华为日益壮大，它开始打入增长迅速但更具竞争力的中国城市中心。直到公司足够强大，华为才开始拓展海外市场——一开始打入巴西、俄罗斯、泰国这样的新兴市场，最后才进军像英国、法国、加拿大这样的第一世界国家。

不过，大有大的难处。规模小的公司拥有较低的经营费用和在市场中的灵活性，更加贴近客户，可是当公司成长到一定规模时，伴随而来的是新增的经营费用、冗杂的管理层级和多样化的客户需求。若一家企业之前未成功地进行战略调整和建立企业优势，很可能迷失在规模的陷阱里。**导致卓越的企业走向衰落的原因往往不是“饿死”，而是“撑死”。**卓越与规模大之间不能画上等号，盲目扩张规模反而会加速企业的衰败。

还记得前几年火爆的咖啡品牌“咖啡陪你”吗？“咖啡陪你”成立于2008年，凭借“明星娱乐营销+社交互动+门店营销”的品牌策略，“咖啡陪你”在短时间内迅速扩张，以每年百店的开店速度一举成为韩国最大的咖啡连锁企业，门店达900余家，星巴克在韩国的市场份额被其挤得仅剩15%。2012年，“咖啡陪你”进入中国市场，迅速在一二线城市开花，疯狂扩张，创下平均每年开店200家的纪录。2014年年底，“咖啡陪你”以加盟模式落地近600家门店，其官方对这一战绩不无自豪：“600家门店的数量仅次于进入中国20年的行业领袖星巴克，我们在短短两年多的时间内就成为行业翘楚，成绩斐然。”并放言“到2015年，在全中国连锁店达到5 000家，成为中国休闲咖啡连锁NO.1”。

然而，在开到700多家店的时候，“咖啡陪你”因疯狂扩张而埋下的隐患悉数浮出水面。“加盟+直营+合作经营”是“咖啡陪你”在中国的主要经营模式，其中以加盟和合作经营为主，直营比例仅占10%，高度的自由化造成“咖啡陪你”对加盟者的审查制度形同虚设，也没有完整的标准化管理体系，这导致品牌的品质难以把控。由于品牌扩张的速度过快，“咖啡陪你”一直面临着会员卡无法通用、不同门店服务品质存在差异、加盟店各自为战的情况，严重拖累了其在中国地区经营的口碑。“咖啡陪你”在进入中国时，通过中韩合资的方式成立了“咖啡陪你”管理有限公司进行该品牌的中国市场拓展、运营工作，但因没有处理好股权结构，当品牌发展遇到问题之后，韩方率先撤走了资金，这无疑加剧了“咖啡陪你”品牌的溃败。

吉姆·柯林斯认为，企业成功之后，扩张的期望更加强烈，企业在这种过高的期望之下出现一种恶性循环。这种恶性循环会扼杀员工的积极性、企业文化和既有体系的健全性，直至将企业推向危险的临界点。“咖啡陪你”在中国市场贸然出击，盲目扩大规模，追求不能持续的增长。过高的增长目标让“咖啡陪你”压力倍增，管理环节纰漏频出，最终不堪重负，迅速衰落。

公司在创立之初，为了竞争市场地位，具有非常强烈的创新意识。可是一旦业务定型，企业会越来越依赖现有的业务模式，雇用新的员工，也只是为了发展现有的业务，可以说，正是大规模营造出一种长盛不衰的假象。杰夫里·韦斯特认为，当大公司的销售额和成本都跟雇员人数成正比时，这是一个危险的关系。这好像一位老人，身体已经积累了大量的损伤，没有什么弹性，一旦生病，哪怕是感冒，都有致命危险。当行业巨头被“大企业病”所困扰时，敏捷性降低，非常脆弱，一旦市场发生波动，很可能破产倒闭。这就是创新者所面对的窘境，一家公司发展得越成功，在面对新技术的时候反而会被自己以往成功的经验困住手脚，最终导致被淘汰。

规模不在于大，而在于协同

陈春花认为，从理论上讲，规模大的企业的确可以确定市场定价，可以影响整个市场，使得小企业必须跟随，但是现实的市场并不完全如此，首先，价格和市场地位是由市场来决定的，而不是由规模来决定的。其次，高利润并非大规模的自动结果，甚至在某些行业，规模并不是确定公司盈利能力的合理标准。另外，随着公司规模的扩大，会增加管理人员、其他开支（如提高培训费用、开办新的业务等）。所以，**规模领先并不是真正的领先，规模的关键不是最大，而是有效。**

是不是有效，在于规模是否能与环境、战略形成协同关系，在协同的关系下，为规模贡献价值的客户才能源源不断地出现。

哥斯拉是日本电影中的一个怪兽形象。这是一只体型巨大的怪物，它有108米高，光尾巴就有167米长，若灌满水则体重为9万吨。哥斯拉给城市带来破坏和浩劫，在人群中制造恐怖感。不过哥斯拉在现实世界里是不会存在的，因为哥斯拉是一个生物体，由构成生命的基础材料构成，这导致哥斯拉会因为自己的体重过重而崩塌。

企业单纯追求规模，逐渐变成了一个规模庞大的“哥斯拉”，最终也会因为无力承受而崩溃。一味追求规模，这陷入了线性思维的怪圈，基业长青的企业需要具备协同思维。

阿里巴巴是以马云为首的18个联合创始人，于1999年在浙江杭州湖畔花园边的公寓里成立，进军电子商务领域的。2000年10月，为更好地促进国内中小企业进行出口贸易，找到公司盈利点，阿里巴巴英文网站推出“中国供应商”（简称“中供”）会员服务。在2000年面临互联网创业泡沫破裂时，阿里巴巴挺过了资本寒冬，生存了下来。随着越来越多的小型企业开始尝试电子商务，阿里巴巴的网站流量持续增长。伴随着网站不断迈向国际市场，每天都有成千上万名的新会员加入，公司虽然没有产生任何收入，但在海内外的名气越来越大，市场份额也在不断扩大。

企业成长的不同阶段，要基于企业内外部环境及自身的规模情况，制定相应的战略。如果发展步调不协调，就会出现混乱。阿里巴巴的名气和网站访问量给外界留下了公司蒸蒸日上的印象，但事实是公司进入了组织混乱的危险期。阿里巴巴拿到第一笔融资500万美元后，在没有摸索到盈利模式的时候，开始大势扩张团队，在多个城市开了办事处，并把B2B英文网站放在美国硅谷，硅谷多是技术人才，贸易人才还要从纽约、旧金山空降到硅谷上班，成本大增，有出无进。由于公司增长太快，混乱的状况开始让公司出现了组织分化。例如，员工自行安排工作日程，无法协调相互的行动；新员工常常发现，来到公司的第一天，没人告诉他们员工职责及应该向谁汇报。

随着公司运营失控，阿里巴巴的战略也出现了混乱状况。阿里巴巴决定把英文的全球贸易网站平台的网络运营部，从杭州搬到美国的硅谷，以期更好地利用硅谷的互联网人才。由于时间、距离及语言问题，国内外两个团队的沟通效率极其低下，并朝着不同的方向发展。随着广告预算、硅谷办公室员工成本不断上升，阿里巴巴又没有收入，公司处于危机之中，不得不决定裁员。

2001年年初，“铁血宰相”关明生加盟担任阿里巴巴的首席运营官，大刀阔斧地进行裁员，帮助公司止住了不断飙升的成本。这次大裁员后，阿里巴巴办事处由原来的10个砍成三个，原来工号100以内的老员工裁掉了一半。马云、蔡崇信等高管把自己的工资减了一半，并且在公司中提出零预算：广告一分钱不花，出差只能住三星级宾馆。这些措施帮助阿里巴巴获得了一点喘气的时间。

◣ 扬帆“商业百慕大三角”

百慕大三角地处北美佛罗里达半岛东南部，是由百慕大群岛、美国的迈阿密和波多黎各的圣胡安三点连线形成的一个西大西洋三角地带，每边长约2 000千米。这片海域的环境极度反常，媒体报道过多起经过的船只、飞机及人员会神秘失踪的事件，因而到了近现代时，百慕大三角成为神秘的、不可理解的各种失踪事件的代名词。在VUCA时代，商业环境如百慕大三角一般复杂多变，难以预测，很多公司在成功的道路上迷失了方向，从辉煌走向了没落。

虽然围绕百慕大三角有许多未解之谜，但目前人们对其的研究已取得了一定的进展。美国海岸警备队的研究结果显示，大多数失踪事件是人为错误造成的，如船长或飞行员固执己见，无视警告而在风暴来临的海岸附近行驶。

麦克法兰提出的“商业百慕大三角”模型，如图12-1所示，三角模型的三个角分别对应着客户、成本和反应速度这三个方向。

“商业百慕大三角”模型体现了协同的思维。小规模的企业能够较好地维持三角模型中三个点的平衡，当一家企业规模逐渐变大时，平衡往往会被打破，因此企业需要重新思考如何竞争，才能回归三角模型的平衡。为了实现这一点，麦克法兰认为企业可以从三个方面做出优化：从降低成本到优化成本，从给客户提供他们想要的东西到系统地为客户提供他们想要的东西，从小规模具有的速度优势到创造结构性速度优势。

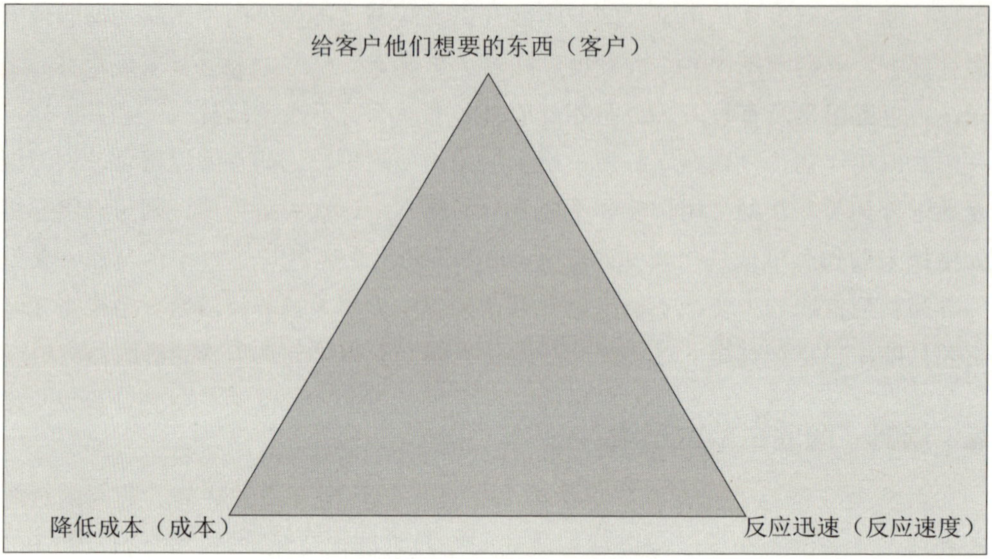

图12-1 商业百慕大三角模型

资料来源：基思·R. 麦克法兰，《突破之道：从平庸走向卓越》。

Western Wats是美国一家为市场调研公司进行电话调查的小公司，经营着大约10家迷你呼叫中心，这些呼叫中心大都设立在郊区的小镇上。随着公司的发展，规模不断扩大，Western Wats增加了新的产品和服务。面对新形势，企业在经营上相应地做出了改变。

首先，从降低成本发展到优化成本。Western Wats发现企业的发展速度太快，推广呼叫中心模式的速度无法满足企业发展的速度。因此，公司在菲律宾开设了一个呼叫中心和技术开发中心，已雇用数千人，这一举措为公司降低了30%以上的运营成本。通过外包服务只能在一定程度上降低企业成本，企业要实现规模的从小到大，需要找到结构性成本优势。

其次，系统地为客户提供他们想要的东西。企业在小规模的事情上，产品、市场和客户都十分有限，因而对于客户的需求能够做到随时满足。当企业规模变大时，客户群不断增长，随时满足所有客户的需求变得非常困难。Western Wats的管理层决定集中力量，全力提供客户真正想要的东西。公司在短短六个月之内建成了一个有100万名应答者的互联网调研组，成为当时市场调研领域的里程碑。“保住客户”不应成为一句空洞的口号，企业需要设计出健全的体制来不断检测和增强它们提供给客户的价值。

最后，创造结构性速度优势。为了更快地对市场机会做出反应，Western Wats在两年的时间里投资200万美元开发自己专属的调研操作系统，这不仅让其摆脱供应商对软件的控制权，也能够满足客户多样的定制需求。在成本、客户和反应速度三个方面的改变帮助Western Wats健康发展，规模逐渐扩大，目前，成为全球前沿的调研数据采集公司。

成就一家卓越企业的原因非常复杂，企业的卓越与规模两者之间并不存在正相关的联系，企业规模大，可能成为企业发展道路上的绊脚石，而企业规模小，也可能成为某个领域独一无二的专家。无论规模大小，卓越的企业都时刻关注客户的需求和利益，与时代和国家的利益方向一致，致力于为社会的进步做出贡献。企业从初创到卓越，需要持续成长，公司要学会在成长壮大的过程中改变经营方式，又要保留那些作为小公司而取得成功的优良品质，才能避免组织成为21世纪的恐龙。

总结

- 导致卓越的企业走向衰落的原因往往不是“饿死”，而是“撑死”。
- 规模领先并不是真正的领先，规模的关键不是最大，而是有效。
- 企业成长的不同阶段，要基于企业内外部环境及自身的规模情况，制定相应的战略。如果发展步调不协调，就会出现混乱。
- 初创企业都希望迅速做大做强，但生存下来的第一个想法应该是做好，而不是做大。
- 无论规模大小，企业都需要具备协同的能力。

第十三章

变化中的抉择

在埃塞俄比亚贝尔山高原生活的大头鼹鼠，它们以头大得名，智商并不高，视力与听力也很弱，但是有着独特的生活方式：在世界上的36种鼹鼠中，大头鼹鼠是唯一一种非要在地面上觅食的鼹鼠。在这个高原上，同时也生活着基本以大头鼹鼠这样日间出没的啮齿目为食的伏击能手埃塞俄比亚狼，美国《国家地理》工作人员的认为，大头鼹鼠就是草原上的活靶子，靠着哨兵山岩鵖才能免于灭绝。

英国作家波莉·莫兰在《冒险的智慧》中写道：**“有时候虽然你并没有冒险，但实际上正处于风险之中。”**风险不只存在于生物世界，商业世界同样险象环生。一些专家建议IBM应该打破固有的运作模式，采用分工模式，但是郭士纳还是决定提高IBM一体化程度，将核心转移到客户身上；一些专家建议霍华德·舒瓦茨不要选择在日本东京开设北美地区以外的第一家星巴克门店，因为东京的房屋租赁价格昂贵及日本人民一些不同的行为习惯……但星巴克在日本的第一家门店还是开业了；一些专家建议太空探索技术公司SpaceX创始人埃隆·马斯克不要在“超回路列车”上花费精力，因为移居火星根本不可能，但马斯克表示，旗下隧道挖掘公司将参与竞标，资助、建造并运营一条高速“回路列车”。科幻小说《星际迷航》作者认为：“人们通常会听专家的意见，因为他们非常擅长告诉你不能做什么，他们会告诉你不能这样做的原因，你只管按照他们的建议去做。”

专家给出的建议或意见是根据过去发生的事实进行的合理总结推断，是保守而安全的，但是企业的经营需要有创新精神，有承担风险的勇气。企业家精神也要求企业的领导者不断突破边界、探索新机会。所以霍华德、马斯克及众多企业家选择不听专家的建议，遵从自己的内心想法，选择“冒险”。从某种意义上来说，这些优秀的企业家也是有远见的战略家。

德勤在2018年《全球人力资本趋势报告》中指出：“处于变革前沿的组织都体现了社会企业概念：一个足够警觉的组织，能够感知到并对利益相关方的各种期望和需求都能迅速响应。”

不安世界里的坚定

在云谲波诡的商业世界里，企业在战略制定上必须善于观察、懂得取舍、善于自我变革。

在《好战略，坏战略》（畅销版）一书中，作者提出一个观点：为什么坏战略普遍存在？因为对于任何一个组织而言，除非毁灭近在眼前，否则战略的变化必然会伤及一部分人的利益，所以，凡是涉及战略的变动，几乎总会遭到强烈的反对。企业在进行战略定位时，选择是很关键的一环，如果企业为了追求增长，只看重眼前利益，不做取舍，最终使得企业业务繁杂混乱，不堪重负。

VUCA时代，商业赛场上的比赛不再有一个可见的终点，即使在一段路程中领先于其他对手也不能松懈，随时都可能有后来者居上，没有企业可以单凭某种优势就能够长盛不衰，只有顺时而变才能有可持续的发展。电子商务对线下销售的影响，支付宝的出现对银行业的冲击，外卖对方便面的冲击等一一显现在人们眼前，随着互联网技术的发展，不断出现新规则，当周边环境发生巨大的变化时，优势有可能变成阻滞，增大转型成本，企业传统的打法在新的环境下已不再适用。

“达尔文式”的环境竞争越发残酷，只有摆脱依赖，才有可能创造新的未来。但是，企业从初创到渐成规模再到稳定发展，形成的固有路径，不是说摆脱就能立刻放弃的。美国学者詹姆斯·马奇提到了“复制成功”的概念。“复制成功”是从经验中获得智慧的模式之一，马奇将其归为一种低智学习，是一种盲目复制成功案例的做法，复制成功让企业尝到甜头，其选择就会越来越保守，企业中的成员经过经年累月发展形成的固有思维和习惯性做法很难轻易摆脱，因而企业也会“船大难掉头”。

由外而内的战略选择

在商业世界中，一切都是以结果为导向的，如果消费者不能接受产品服务，就谈不上成功，为了以最快速度响应消费者需求，达到最大化的效益追求，越来越多的企业将核心业务以外的业务外包给第三方，越来越多的企业在运营中使用对标管理以实现最佳市场实践。但是，越多的企业使用对标管理，他们之间就越相似。当企业的战略趋同时，竞争就回到了同一起点，没有谁是不可替代的。想要在市场上保持长期的竞争优势，企业就需要为自身发展制定“独一份”的战略。

美国古典管理学家弗雷德里克·温斯洛·泰勒在其著作《科学管理原理》中写道：“（工人）应当愚蠢、淡漠，与其他人相比，他在精神上更类似于牛……最适合锻造生铁的工人没有能力理解这类工作真正的科学道理所在。他如此愚蠢，以至于“百分比”这个词语对于他而言没有任何意义，必须由另一个比他更为聪明的人来训练他养成按照正确方式进行工作的习惯，然后他才能取得成功。而这种习惯，是与相应的科学规律相匹配的。”虽然这种言论在今天看来是冒犯、无理的，但是在100年前，泰勒的“科学管理”方法是大行其道。泰勒对于工作场所中的每个细节都发现了最优的做事方法，工人不需要理解自己在做的事，只需要按照标准流程操作。

也是在100年前，亨利·福特对工人们承诺：不会因为员工忠诚与否或工作无效率而解雇他们。福特认为：在工作中竭尽所能的工人是最难得的，如果得不到应有的认可，就不能寄希望于他们毫无保留地奉献。如果一个人感觉日间的工作不仅保证了他的基本需求，而且为他提供了些许慰藉，使他们能够为儿女创造一些机会，为妻子的生活增添一份愉悦，那么他就会放下所有包袱，尽力工作。与泰勒对待员工的态度相比，福特对待员工的做法显得难能可贵。

海尔前董事长杨绵绵分享了海尔创业初期发生的一件事：20世纪80年代末

期，在海尔冰箱工厂上夜班的员工总是用不好发泡技术，经调查发现，是上夜班的员工在生产线上打瞌睡，导致相关环节工序没有完成到位，造成产品出现质量问题。为解决该问题，海尔以高薪作为激励方式，试图提高员工积极性，但收效甚微，员工的敬业度依然难以提升。

经过不断反思，海尔认为，高工资无法调动员工工作热情的原因在于这种激励方式本质上依然是建立在企业与员工雇佣关系的思维上，员工没有将自己当成组织中的一分子，观念停留在“领工资”上，对工作的投入程度自然不高。向来注重变革的海尔，在人力资源管理上将变革的理念一以贯之，将“对赌协议”的概念引入人力资源管理中，创建“贯通三环，四阶联动”对赌激励机制。“三环”贯通了员工“生存权利”“利益分享”“事业成就”，“四阶”意味着员工目标的实现直接与薪酬水平相连。

自主性是激发员工工作热情的重要因素，在工作中需要主人翁意识，能够有做决定的权利；掌握力是工作中需要具备的技能，尽可能掌握所有与工作相关的技能；使命感是更高一层次的要求，员工能与企业形成密切的关系，并且为了企业发展贡献力量。“三环四阶”机制是在海尔平台化组织架构下让员工进行自我约束，自我激励。对赌激励机制下，员工“自主经营，自负盈亏”，以自身的能力达成期望目标，充分发挥出主人翁意识，员工可以清楚地看到自己创造出的用户价值，从而产生成就感。在这种成就感的驱动下，员工对工作的投入程度也在慢慢增加。

罗贯中在《三国演义》开篇写道：“天下大势，分久必合，合久必分。”孙中山先生也曾说：“世界潮流，浩浩荡荡，顺之则昌，逆之则亡。”商业世界变幻无常，回溯历史，一度称霸市场的商业巨头如今泯然于众；而曾经毫不起眼的小公司如今蒸蒸日上。没有人能够预知未来，只能在趋势中顺应时代。100年前，资本家尚可肆意剥削工人，随着时代的发展，泰勒宣称的“我雇用你们，是看中你们的力气和机器般的能力”在现代企业中已无立足之地。现代商业社会，人才对于企业发展的重要性不言而喻，企业在制定整体业务发展战略的同时，还要兼顾人才战略，企业经营者与员工的关系从“雇佣”走向了“联盟”。

信息技术的飞速发展也让企业仿若身处在一间充满监视器的房间里，外部的消费者可以通过互联的网络看到有关企业的各种信息，有关员工的不平等薪酬、企业的偏见、歧视等负面新闻都会暴露在公众眼前。

然而，即使企业运作的环境在信息化社会中越来越透明，在大多数的企业当中，战略性的决策权依然只掌握在少数人的手中，大部分的员工在决策进行过程中是不知情的，但在桥水对冲基金公司（以下简称“桥水基金”），创始人瑞·达利欧相信极度的透明可以帮助领导者“获得学习和持续改善公司决策规则所不可或缺的反馈信息”。作为多种创新投资策略的先锋者，桥水基金在战略决策上也坚持对员工保持透明。

瑞·达利欧回顾了桥水基金的一个做法，当时公司为了提升服务能力，管理委员会考虑将为公司提供支持保障服务的后台部门从桥水基金剥离出去，但是一开始，这只是一种想法，并没有决定形成一个战略决策。在形成决策前，管理委员会认为“说明事实、公开透明是唯一负责任的做法，以便员工明了事情的进展，并帮助梳理由此产生的问题”。最后，由于在想法形成的阶段就告知员工实情，虽然后台部门最终依然被剥离开桥水基金，但是，公司表现出的信任让员工在整个过程中积极配合使改革得以顺利进行。

在瑞·达利欧心中，如果因为害怕无法应对在员工中产生的不确定性就选择隐瞒，“就好比让你的孩子长大成人后还继续相信世界上有仙女、圣诞老人一样。隐藏事实也许让人在短期内更开心，但从长远看来无法让他们变得更聪明、更令人信赖”。然而，“只有让人们知道可以信赖我们所说的每一句话，这才是真正的资产”。拥有真正有价值的东西，才能让企业在变化的环境中，以不变应万变。瑞·达利欧追求在企业内部保持透明在很多企业看来是很大胆的战略选择，或许大多数企业明白公开与透明能够帮助企业更清楚地看清内外部环境，帮助企业建立互相信任的文化环境，但是保持透明所面临的不确定性也是阻碍企业尝试的顽石，企业无法看清不确定的背后是平原还是深渊，尝试的结果是未知的：可能成功，也可能失败。而失败面临的代价让大多数企业没有尝试的勇气，只能根据市场需求制定相似的战略，在同一赛道上你追我赶。

西南航空在起初只因写在餐巾纸上的一个设想，而成为廉价航空公司先驱者之后，其低成本战略引得众多航空公司模仿，但创始人之一的赫伯·凯莱赫并不忧心于此，原因就在于西南航空的员工精神无法被复制。能够形成这种独一无二的员工精神，与西南航空的战略分不开。作为以低成本定位的西南航空，物质上的服务无法与众多走高端路线的航空公司相比，但是为旅客创造轻松愉快的旅途氛围是它所擅长的。西南航空提供“让客户感受到爱、关怀和幽默的服务”，并将与“Love”（爱）有着相同发音的“LUV”作为在纽约上市股票的标志。“爱”“关怀”“幽默”，无论哪一项都离不开企业与员工的用心投入。在服务外部客户之前，西南航空先将员工当作最重要的内部客户，关心他们，重视他们的自主性；在西南航空，员工不必申请批准就有权处理现场发生的状况。

现代管理学之父彼得·德鲁克认为：“多数人都以为他们知道自己擅长什么。其实不然，更多的情况是，人们只知道自己不擅长什么——即使在这一点上，人们也往往认识不清。然而，一个人要有所作为，只能靠发挥自己的长处，而如果从事自己不大擅长的工作是无法取得成就的，更不用说那些自己根本干不了的事情了。”在员工必须具备的专业技能上，为了培养他们，西南航空提供完善的培养项目，这些培训项目不仅为了让员工习得应有技能，更高层次的目的是让员工可以具备岗位之外的技能，践行西南航空其中一个信条：让员工可以出现在任何需要他们的地方。

员工与管理者的融洽关系是双向的互动，需要双方的努力和配合，它建立在信任之上，并随着时间、反馈、支持而日渐深厚。通常情况下，随着企业规模扩大、层级增多，信息会变得难以顺畅沟通，形成沟通壁垒。组织管理学家巴纳德认为“沟通是把一个组织中的成员联系在一起，以实现共同目标的手段”，没有沟通，就没有管理。美国心理学家卡尔·罗杰斯和F. J. 罗斯里斯伯格认为有效的沟通必须把双方的情感互动纳入考虑范围，对于管理者来说，必须学会尊重员工的个性，倾听不同的观点。没有反馈或反馈的过程处理不佳，就会让员工产生负面情绪，降低员工敬业度。

为了避免与员工的沟通缺失，西南航空有一项规定，员工可以在任何时间打电话给高层管理人员，针对员工的建议或意见，高管要相应地给予反馈，倾听与回应是公司高管必修的一门课。很少有企业认为员工不重要，但是用心在此的，西南航空鹤立鸡群。这也是赫伯笃定西南航空不会被超越的原因所在，如他所说：“无形的比有形的更重要。”在确定了员工的位置后，公司在日积月累中将企业文化印刻在员工心中，才能让他们尽心投入工作中，让西南航空的客户在充满轻松幽默氛围的旅途中体验到爱与关怀。

如何能在变化的环境中做出选择，唯有顺势而为，用心在此，就如赫伯所说："没有什么神奇的秘诀，就像镶嵌一个巨大的马赛克画作——得将数以千计的小碎片，一片片贴上。"

适应环境是一个长期的过程，某一阶段的竞争优势并不能体现企业的能力。随着市场环境的日新月异，企业也要不断观察外部环境趋势，结合内部资源及发展需求来把握企业发展的战略方向，才能有能力追求基业长青。

贝佐斯的21封致股东信：商业长期主义

贝佐斯曾问巴菲特："你的投资体系这么简单，为什么你是全世界第二富有的人，别人不做和你一样的事情？"

巴菲特答道："因为没人愿意慢慢地变富。"

当大多数企业追求短期利益而非长期可持续能力建设时，长期主义就成为商业世界的"稀有品"。资本的属性是贪婪的，逐利天生与短视为伍。很多企业家都倒在短期利益和长期价值的博弈中。

贝佐斯是个"异类"。"如果一两年不赚钱我还能理解，但是亚马逊的话，多久了，21 年了？"微软前首席执行官史蒂夫·鲍尔默的不解也是很多人的心声。亚马逊在2014年前的十多年几乎没有净利润。但是其用户数在疯狂增长，经营性现金流也非常健康。2018年9月，亚马逊市值突破万亿美元，在过去的一年里，其股价上涨超过一倍，增量相当于伯克希尔·哈撒韦和脸书两家公司的市值之和，而这两家公司在全球市值榜中排名第五、第六位。

从卖书到线上零售百货，到硬件设备、云计算、线下超市、时尚服饰……亚马逊每进入一个新领域，似乎都能获得惊人增长。"我从未见过一个人能够几乎同时在两个业务领域取得成功，这两项业务在客户分布和运营上真的有很大差异。"巴菲特对亚马逊在线上零售和云服务领域取得的成绩赞叹不已，错过对亚马逊的投资，也曾让他颇为懊恼。

"最终，是自我抉择成就了自我。"杰夫·贝佐斯曾在2010年为普林斯顿大学的毕业生做演讲时如是说，而亚马逊的成功也源自其对"长期"的专注，这一点在其1997年撰写的第一封致股东信中就展露无遗。全文核心观点有两点："一切都是关于长期”（It’s All About the Long Term）和“关注客户需求”（Obsess Over Customers）。另外，有一个被提及的词是“基础设施”（Infrastructure），亚马逊此后不断在这一领域投资。此后每一年他都会撰写一封致股东信，并持续向股东、客户、员工不断传递他经营企业的理念和战略，而在每一年的致股东信的最后，他都会附上1997年的第一封信，不忘初心。

◣ 抵抗时间的业务

人类发明了“法人”制度，希望能克服自然人的寿命，使企业能够永续经营，这也是很多企业家默认的经营目标。然而很多企业家虽然认同长期经营的目标，却很难抵挡越来越大的短期业绩压力，只能折中对战略、制度等进行调整。而贝佐斯则另辟蹊径。

绝大多数企业重视利润，而贝佐斯重视的是自由现金流。利润通常指某一个时间段企业通过经营能够获取的额外的钱，自由现金流则还考虑了另一件事，即为了维持或不断增加公司的利润，所需要投入的额外的钱，即从利润里减去维持利润要投入的额外的钱，剩下的才是自由现金流。

贝佐斯认为，一个公司的核心能力是自由现金流，即可以有多少钱能够对未来的投资。决定一个企业价值的并不是其当前的盈利状况，而是市场对其未来利润的预期。

> 在我们452个目标中，“净收入”“毛利润”和“运营利润”等字眼一次也没出现。
>
> ——杰夫·贝佐斯，《2009年致股东信》

当业务增长所需的资本投资，超过这些投资产生的现金流的现值时，只关注利润可能损害股东价值。贝佐斯曾在2004年的致股东信里解释了这一现象：假设一位企业家发明一台载人机器，造价1.6亿美元，使用寿命是四年，每年可以运送10万名乘客。则每年的机器成本是4 000万美元，收入是1亿美元，运营成本是5 000万美元，收入是5 000万美元，减去机器成本，净利润是1 000万美元。如果想扩大收入，第二年多造一台机器，收入会随之增加吗？答案是“不会”。每多造一台机器，投入是1.6亿元，那么第二年的自由现金流减去收入就成了–1.1亿元，以此类推，公司想赚越多钱，就亏损越大。因此，企业应该将关注重点从利润转向自由现金流。

> 一个梦幻般的业务一般要有四个属性：一是客户需求旺盛；二是它能成长到很大的规模；三是资本回报率高；四是它能抵抗时间——能够存续很多年。当你找到这样一种业务的时候，你应该把它紧紧抓住不放。嗯，我很高兴地告诉大家，亚马逊不只有一个这样的业务。经过20年的努力、冒险和好运气之后，我们现在已经有三个毕生追求的业务了：Prime、Marketplace和AWS。
>
> ——杰夫·贝佐斯，《2004年致股东信》

当利润和自由现金流相悖时，亚马逊也没有停止在Prime、仓储货运、AWS等重大基础设施建设领域的投资。将利润再投资以提升产能，将产能转化为创新性的新业务线，将其他业务线得来的利润也用于再投资，以扩大产能和增加新能力，如此循环，使亚马逊在这些领域占据长期垄断优势，也使得亚马逊的自由现金流越来越丰沛。

亚马逊有以下三个核心业务。

- 亚马逊的会员服务Prime：客户通过交纳会费可以享受亚马逊提供的免费包邮，快递最快送达服务，音乐、视频、书籍、游戏等部分免费业务。
- 第三方卖家平台Marketplace：除了亚马逊自营的商品，其他商家也可以入驻亚马逊销售产品。
- 亚马逊的云服务AWS：企业级云服务。

Prime业务、第三方卖家平台Marketplace和AWS云服务，这三项业务有机地互相推动，如同咬合的齿轮一样互相带动，成就了亚马逊的商业秘诀——飞轮效应：第三方卖家平台上的商品越多，客户的选择就越多；客户越多，购买会员服务的客户就会越多；购买会员服务的会员越多，消费的频次和额度就越高；当客户消费量增加时，亚马逊对供应商的议价空间就越大；供应商的价格越低，客户的获利就越多……且商家和企业还可以通过采购AWS服务提高运行效率。

其中，第三方卖家平台为亚马逊贡献了主要的营收增量，AWS云服务提供了主要的利润，会员服务Prime则提供了对未来利润的巨大想象空间。在最新的致股东信中，贝佐斯透露如今亚马逊的Prime会员已经超过1亿名，AWS的活跃用户较上一年同比增长250%，第三方卖家平台上其他商户的成交总额已经超过亚马逊自身。

客户至上，在用户心中跑马圈地

> 我们的战略建立在客户需求之上，而不是建立在竞争对手之上。我们的理念是成为世界上最以客户为中心的公司。
>
> ——杰夫·贝佐斯，《1997年致股东信》

长期主义不仅是时间的概念，更是认知的战役。在变化的商业环境中，必须在用户“心智”跑马圈地，在客户心中占有一席之地，当企业品牌上升到品类的时候，才有机会实现长期主义。客户至上是亚马逊不断占领用户心智的“尖刀”，贝佐斯希望将亚马逊打造成全世界最以客户为中心的公司。

逆向工作法

在商业环境剧变的年代，以不变应万变变得更为重要。在零售业，消费者对于“多、快、好、省”的需求是不会改变的。亚马逊的“逆向工作法”基于此，要求员工不是根据现有技术和能力来决定下一步动作，而是要求员工基于客户的需求去设想未来需求，再倒推现在需要做什么。

如果想让客户高兴、惊喜并开发新的业务线，需要根据客户的需求进行反思。对客户需求的尊重，使得企业必须心怀敬畏地对待他们，因为他们是企业能否成功的最终仲裁者。贝佐斯在1998年的致股东信中说：“我们希望他们始终保持着对亚马逊的忠诚度，除非后来者提供了比我们更周到的服务。”他提醒员工“每天早上起来后要有危机感”。

布斯德·斯通在撰写贝佐斯和亚马逊的《一网打尽：贝佐斯与亚马逊时代》中这样描述：亚马逊 AWS 业务在长期没有竞争对手的情况下，主动降价51次。贝佐斯说他不想重复“史蒂夫·乔布斯的错误”——将 iPhone 定价过高，从而使智能手机成为吸引大规模竞争的众矢之的。

“不要管竞争对手在做什么，他们又不给你钱。”贝佐斯认为，竞争对手对利润率的热爱是亚马逊的机会，因为对手会受制于此。

2017年，他对客户的洞察又进一步提升："在客户层面，我所喜爱的一件事是他们永不满足。"这意味着亚马逊将不断提升客户体验，客户至上。

◣ 让客户做主

客户可以直接发邮件给贝佐斯。

曾经有一位中国的客户因亚马逊上缺少其想要的货品而向贝佐斯写了一封信，这件小事一般客服部门就能处理，但贝佐斯认为是一件大事，立即让负责销售的全球副总裁和负责中国业务的负责人进行处理。

经过调查他们发现，亚马逊平台确实没有该客户所需的商品，他们诚恳地进行道歉，并立即安排采购部门进行采购。

让客户满意，坚持客户主导，也打破了部门之间的隔阂，消除了内部的地盘争斗。

> 我们担心的不是竞争，而是我们的用户。用户成就了我们，他们与我们息息相关，我们要对他们负很大的责任。
>
> ——杰夫·贝佐斯，《1998年致股东信》

永远都是"Day 1"

比尔·盖茨说过，微软离破产倒闭永远只有18个月。企业治理风险永远存在，不能放松警惕。

世界上最卓越的公司也许会自我灭亡。2018年，亚马逊正取得前所未有的成功，核心业务大幅增长，市值超过万亿元。在西雅图的全体员工大会上，当贝佐斯被问到从破产企业中学到的经验时，他居安思危地说道："亚马逊不是大到不能倒，如果你看看大公司，它们的寿命一般是30多年，而不是100年以上。如果我们开始关注我们自己，而不是我们的客户，那将是结束的开始。"延长企业消亡的关键是要"关注客户"，而客户不会安于现状。

竞争是在某个时间段内决出输赢、看到结果而已。对于一个希望能将时间拉长的人而言，"结果"可能是他反而需要规避的，因为这意味着，达成结果、失去活力，甚至开始走向寂灭。追求短期财务结果而忽视长期可持续能力的建设，在快速变化的市场竞争及客户诉求中将可能丧失快速响应的品牌及产品迭代能力。贝佐斯认为企业成功的一个必要条件是每天都要像创业第一天（Day1）那样运营公司。他认为世界上的公司分两种："Day 1"和"Day 2"，甚至将其办公大楼命名为Day 1。

"Day 2是停滞期。接踵而来的是远离主业，然后是一蹶不振，业绩痛苦地下跌，然后是死亡。"在2017年的致股东信中他这样说，他希望亚马逊总是处于"Day 1"，能够让企业保持能量和活力。

如何在大型组织中保持"Day 1"的活力，涉及许多因素、路径和陷阱，其中重要的因素包括：客户至上、抵制形式主义、积极适应外部趋势及快速决策。

客户至上：以客户为中心是目前保持"Day 1"活力的最佳做法。客户的需求越来越高，需要"保持处于'Day 1'的心态，需要你耐心地尝试、接受失败、播种种子、保护树苗"。

抵制形式主义：随着企业规模越来越大，组织负责度提升，形式主义应运而生，人们不再关注结果，而是确保流程正确。亚马逊是一个特别讨厌流程的大公司，贝佐斯认为流程限制了执行。

积极适应外部趋势：若无法拥抱趋势，外部世界将把你推入"Day 2"。对于大型组织而言，快速迎合趋势非常困难。亚马逊的做法是组建小团队来保持对市场的灵活性，即《一网打尽：贝佐斯与亚马逊时代》中所描述"两个比萨团队"——不多于10个人的独立团队，尤其是加班时，小组规模可以小到用两个比萨充饥。

快速决策："Day2"的公司也能做出高质量的决策，但他们决策的速度比较缓慢。商业世界，速度制胜。他认为掌握70%的信息时就可以进行决策，并尽早识别真正的错误问题。

> 我们可以同时拥有大公司的业务范围和能力，以及创业公司的精神和初心，但我们必须做出选择。
>
> ——杰夫·贝佐斯，《2017年致股东信》

如今的企业正处于一个数据文明时代，所面临的商业复杂性呈指数级增长，企业的战略需要不断根据商业世界构建场景，并激发场景的价值。战略的发展既需要与企业经营的共同价值/首要目标观保持一致，与制度达成协同，也需要根据商业环境、市场的竞争态势及行业/企业规模协同发展。亚马逊已经从在线书店，发展为全球最大的互联网销售企业，从图书、音乐、电影到杂货无所不包，同时，它还是全球最大的云基础设施服务提供商。2013年，贝佐斯甚至还进入了新闻业，收购《华盛顿邮报》。随着亚马逊在不同领域的开疆扩土，亚马逊可能是“树敌”最多的企业之一，包括沃尔玛、联邦快递、玩具反斗城、苹果等。而专注长期，是贝佐斯能够不断颠覆商业世界的动力之源。

“他（贝佐斯）心中的亚马逊有一个长期的目标，需要20年的时间证明他是企业天才，可惜很多投资者不会等他这么久。”当年基金公司的经理去亚马逊做尽职调查后如此评价贝佐斯。

> 如果你做的每一件事把眼光放到未来三年，和你同台竞技的人很多；但是如果你的目光能放到未来七年，那么可以和你竞争的就很少了，因为很少有公司愿意做那么长远的打算。
>
> ——杰夫·贝佐斯，《2011年致股东信》

贝佐斯因每年的致股东信而有很多粉丝，通过股东信可以很好地洞悉他的经营理念和长期思维。风险投资公司社会资本首席执行官查马斯·帕里哈毕提亚是其中一位，他认为贝佐斯的信“时刻提醒我们要保持眼光长远，简单做事”。太多的领导者在建立企业的过程中容易短视，通常会导致失败。

总结

- 在云谲波诡的商业世界里，企业在战略制定上必须善于观察、懂得取舍、善于自我变革。
- 当企业的战略趋同时，竞争就回到了同一起点，没有谁是不可替代的。
- 企业的战略需要不断根据商业世界构建场景，并激发场景的价值。

第十四章

ofo：盛极而衰的“领跑者”

在1965年的阿姆斯特丹，一群年轻人把一些涂成白色、不安装任何锁具的自行车，投放在公共区域供人们免费使用，由于缺乏相应的保障机制，这场“免费、共享交通工具”的运动很快以失败告终。但是这次勇敢而大胆的尝试被认为是世界上最早的公共自行车发展的起源。自此，类似的共享经济开始在全球范围内扩散。

2007年，政府主导下的分城市运作的公共自行车智能化管理系统进入中国。2015年，ofo、摩拜相继成立，共享单车的商业运作模式开始进入大众视野。共享单车的出现，有效解决了“开车堵、走路累、公交挤、打车贵”的难题，为打通城市交通“最后一公里”进行了积极有益的探索。从2016年10月开始，共享单车行业进入了发展的黄金时期，一时间多种资本涌入该领域，市场出现了大量不同品牌、各种颜色的共享单车。相关数据显示，2017年是中国共享单车行业用户增长率达到了632.1%。

好景不长，随着市场的饱和，共享单车行业的“跟风者”纷纷掉队：2017年6月，悟空单车宣布退出市场，这是共享单车第一家倒闭的企业；自2017年9月以来，先后曝光了酷骑单车、小蓝单车、小鸣单车、町町单车等共享单车企业存在押金无法退还的问题，很快便“查无此车”。

在复杂的商业环境中，系统各要素存在着相互影响而又相互合作的关系，只有实现不同要素的匹配并相互强化，才能够大幅度提升竞争优势，使企业立于

不败之地。在与二线品牌的战争中，共享单车进入下半场的终极较量，ofo与摩拜开始了“橙黄大战”。然而看似大局已定的共享单车赛道风云突变，由于系统内部诸要素发生了不匹配，最强大的双寡头在忽变的形势下步入寒冬，2018年4月，摩拜被美团以27亿美元收购，至此，ofo的去留成为大众关注的焦点。

第一个吃螃蟹的人

作为国内第一个探索共享单车模式的创业者，戴威的初心十分简单：让骑行成为每座城市最温暖的出行方式，通过一辆单车彰显一座城市对于普通人的关心和尊重，让不同的人群体察和感受到人文关怀。

2013年，戴威从北京大学（以下简称“北大”）光华管理学院毕业。与其他同龄人不同，毕业后他并没有直接就业或继续深造，而是义无反顾踏上去青海省东峡镇支教的路途。那时的他每个周末都要骑着一辆山地车往返于县城和小镇之间，戴威多次公开表示，支教的这段经历是他后面成立ofo的原动力。

一年的支教生涯结束后，戴威回到北大继续攻读研究生，并延续了他支教时的兴趣爱好——骑行。从开始的一个人，到朋友相伴，最后发展成北京骑行圈内小有名气的组织。戴威希望用一种共享、愉悦的方式传达“绿色环保健康”的出行理念。

2014年，国内创业风潮四起。成长在互联网时代背景下的90后，他们获取知识和信息的途径更加便捷，也是乐于尝试创新、给世界带来积极改变的一代人。电影《燃点》的开机序言这样说道：“在今天的中国，如果有什么人生契机可以点燃一代人的激情，可以让青年精英对自身和未来保有希望，那只能是创业。”戴威和朋友开始酝酿一份关于自行车的事业。

企业的共同价值/首要目标决定了“我是谁”，接下来要解决的是战略层面的“去哪里”和制度/模式层面“怎么去”的问题。戴威拿到北大师兄的第一笔天使投资，“把爱好融入事业里”的愿望得以实现，ofo骑游诞生。然而，拿到100万元融资之后，戴威想到的并不是开源节流提高效率，而是效仿滴滴大搞补贴，给每个用户赠送脉动饮料，100万元投资很快见底。

经历了第一轮疯狂的烧钱，ofo在“去哪里”和“怎么去”的问题上与企业的共同价值/首要目标出现了不匹配，2015年4月，ofo账面显示余额只有400元，后续资金仍毫无着落，此时的ofo岌岌可危。第一次创业失败后，戴威反思得出结论：必须解决实实在在的问题，击中真实的痛点。

美国教授马科斯·费尔逊和琼·斯潘思最早提出共享经济的概念，“在第三方共享平台上，人们将自己的闲置物品交给他人暂时使用，获取相应报酬，从而实现资源利用的最大化”。已经丢了四五辆自行车的戴威突然有了灵感，把目光转向了共享单车。

2015年9月，一篇名为《这2 000名北大人要干一票大的》的帖子在北大校园中流传开来。文中提出要招募2 000名北大勇士贡献自行车，北大学生可以共享这些自行车，ofo小黄车的雏形出现。戴威在结尾豪情壮志地喊出：“100多年来，有很多北大人改变了北大，也改变了世界，这次轮到你了！”共享单车的序幕正式拉开。

资本追捧的宠儿

2016年1月，当ofo已经覆盖到五个高校、日订单量达到20 000次时，金沙江创投朱啸虎约见了戴威和张巳丁（ofo初创人之一）。当戴威和张巳丁得知朱啸虎就是滴滴的早期投资人时，欣然接受了这笔投资。两个涉世不深的年轻人未曾料到他们即将在资本圈掀起一场腥风血雨之战。

互联网行业的几场并购事件标志着互联网大战上半场的终结，手握大量现金的投资人一时难以找到高回报的风口项目。共享单车宣扬共享环保的美好理念，彼时，几乎每个投资机构都会驻足共享单车的项目，期望能够在线上流量红利枯竭的情况下开辟一个新的线下流量风口。

投资人朱啸虎在业内素有“独角兽捕手”的称号，此前曾先后投资的饿了么、滴滴出行、映客等均获得了丰厚的利润回报。朱啸虎所代表的金沙江创投入驻ofo后，表示共享单车风口的到来。ofo融资表如表14-1所示。

表14-1 ofo融资表

融资时间	轮　次	融资金额	投资方
2014年12月1日	天使轮	150万元人民币	唯猎资本
2015年10月30日	Pre-A轮	900万元人民币	东方弘道和唯猎资本
2016年2月8日	A轮	1 500万元人民币	东方弘道跟投
2016年4月1日	A+轮	1 000万元人民币	真格基金、天使投资人王刚
2016年9月2日	B轮	千万美元	经纬中国领投，金沙江创投、唯猎资本跟投
2016年10月10日	C轮	1.3亿美元	滴滴出行数千万美元C1轮，美国对冲基金Coatue、小米等领投的C2轮投资
2017年3月1日	D轮	4.5亿美元	DST领投，经纬中国、中信产业基金、滴滴出行、Coatue、新华联集团等机构跟投
2017年4月22日	战略融资	未披露	蚂蚁金服
2017年7月6日	E轮	超7亿美元	阿里巴巴、弘毅投资和中信产业基金联合领投，滴滴出行和DST持续跟投
2018年3月13日	E+轮	8.66亿美元	阿里巴巴领投，灏峰集团、天合资本、蚂蚁金服与君理资本共同跟投
2018年9月5日	E++轮	数亿美元	滴滴出行、蚂蚁金服

资料来源：天眼查。

自创业以来，ofo先后经历了大小十多轮融资，从零开始成为一家估值最高达到30亿美元（近200亿元人民币）的业界神话。无论是专家学者还是业内人士，都认为共享单车有效解决了人们出行最后一公里难题，拥有千亿级的市场。资本一波波争先恐后地涌入ofo的账户，当数额达到天文数字时，足以让人沉迷。

在资本的狂轰滥炸下，ofo迅速发展壮大。根据相关数据统计，淘宝从成立到2011年日订单量突破千万次，用了八年；滴滴从成立到2016年3月19日宣布快专车订单量达到千万级别，用了三年半；美团宣布达到这一数值，从转型外卖至今用了三年；而ofo 从2015年6月“骑游”转型至共享单车，突破日单量千万次只用了一年九个月的时间。

充足的资本注入让ofo犹如一头猛兽，在中国乃至世界的角落横冲直撞。那时候，几乎所有的城市都能见到小黄车的身影，铺天盖地的媒体宣传，都在鼓吹ofo这支独角兽企业的到来。艾媒咨询发布的《2017Q1中国共享单车市场研究》报告显示，ofo小黄车在城市覆盖率，用户使用偏好、用户黏性指数、用户满意度等多维度数据方面都领先于同行业，并且优势明显。

在戴威看来，源源不断注入的商业资本让他实现梦想的步伐更快了，他享受着这种加速的感觉。戴威曾经在一场活动上发言：“优步在全球每天提供700万次出行服务，而ofo现在是2 500万次。我们的目标就是在世界每一个城市、每一个角落，只要你看到一辆小黄车，都可以骑。”

饕餮盛宴后的杯盘狼藉

戴威作为90后的创业代表，从白手起家到坐拥一家估值超百亿元人民币的公司，只用了不到三年的时间，共享单车的案例在硅谷被反复提及和研究。然而，当错过了资本的青睐时，平地而起的万丈高楼将面临快速坍塌。

投资人的惯常做法就是为投资的企业奋力站台，从而吸引更多的融资，用最快的方式促成竞争对手的合并。当投资人朱啸虎曾先后几次力促ofo跟摩拜合并，却被戴威无视后，无奈之下，恨铁不成钢的朱啸虎将手持的ofo股份转卖给阿里巴巴，早早套现离场。

失去了朱啸虎的ofo，就像在资本市场展翅高飞的雄鹰折了翼。2018年2月，戴威通过动产抵押的方式，先后两次将其资产共享单车作为质押物，换取了阿里巴巴共计17.7亿元人民币的融资，这似乎成了ofo由盛转衰的转折点。2018年3月宣布完成E2-1轮融资8.66亿美元之后，就开始进入了市场清退期。

雷军曾经提出著名的“飞猪理论”：创业，就是要做一头站在风口上的猪，风口站对了，猪也可以飞起来。共享单车的爆红催生了五花八门的共享经济，如共享充电宝、共享雨伞、共享化妆间、共享洗衣机等，各行各业尤其是传统产业积极寻找风口，大家都希望成为下一个“飞猪”。

雷军进一步解释道：风口上的猪都是练过的，要想成为今天在空中飞的那些猪，必须是要有所准备才能飞得起来。疯狂的烧钱补贴结束后，由于缺乏质量和需求硬性支撑，ofo这头一夜之间被资本迅速捧上神坛、被无数创业者视为典范的飞猪，一旦失去资本的支持，就失去了核心竞争力，飞得越久距离风口越来越远。风停之后，大家失望地发现，原来它只是一头普通的猪。

对互联网行业来说，2018年是飘摇动荡的一年。在这个步履维艰的资本寒冬里，ofo迎来了命运的拐点。ofo开始被媒体曝光出资金短缺的问题，挪用超过30亿元的用户押金支付供应链欠款。再后来，ofo估值断崖式下跌不足10亿美元再到17.7亿元人民币，欠款累计达到60多亿美元。随即，“ofo北京总部人去楼空”“ofo破产重组”的传闻弥散开来。

一系列负面新闻的曝光，让用户对ofo产生不安情绪。墙倒众人推，霎时间，针对小黄车质量差、服务差、退押金难等言论甚嚣尘上，相关数据显示，自2018年8月起，针对ofo的投诉量大幅增长，10—11月，ofo的投诉量一个月飙升了1 324%，ofo退还押金的期限由最初的秒退，延迟至15个工作日。

有网友苦于不能将自己的ofo押金退回，万般无奈之下决定采用“外国人报案策略”，冒充自己是外国人给ofo写了一封退款邮件看是否奏效。出乎意料的是很快得到了ofo的回复致歉，并将押金“秒退”至用户账户。

一波未平一波又起，一边是国内用户遭遇退押金难，一边是网友自曝假装外国人不但押金被秒退，还收到致歉信，舆论对ofo的口诛笔伐让本就处于风口浪尖的ofo，雪上加霜。

2018年12月，法院对戴威下达了“限制消费令”，戴威不得乘坐飞机、列车软卧、轮船二等以上舱位，不能在星级宾馆、酒店、夜总会等场所消费，不能买房、买车、旅游度假等。在经历了集万千宠爱于一身的短暂辉煌之后，这位年仅27岁的年轻人不得不背上“弃子”“老赖”的标签负重前行。

2019年年初，顺丰、凤凰因为合同上的款项问题再次将ofo诉上法庭，对于此时摇摇欲坠的ofo而言，从其熠熠生辉到四面楚歌，也不过三年。社会的发展变化太快，常让人觉得力不从心，戴威带领ofo“上坡”到了一个蔚为可观的高度，又“下坡”跌落至谷底。他试图以不向资本屈服的姿态与这个世界抗衡，虽然收割了很多人的同情，但残酷的商业世界总有自己的运行规则。

“让世界没有陌生的角落”

从第一次工业革命开始，科技带给人的想象就从未停止。从最原始的畜力车，到火车、汽车的诞生，再到后来的飞机、高铁的出现，人类的交通工具经历了里程碑式的变革。

一辆自行车、一部智能手机、一个关于“共享”的头脑风暴，ofo诞生了。在它诞生之初，没有人能料想到它将给世界带来什么样的改变。

然而，改变是在切实发生着的：共享单车的出现让“随时随地都有车骑”不再是一句简单的口号，大大提升了自行车的使用效率；“互联网+传统制造业”的商业运作模式带动了自行车的制造业产能，让曾经的“自行车王国”重新焕发光彩；绿色健康环保的出行理念，有利于实现节能减排的目标……

ofo希望，在未来，人们在全世界的每一个角落都可以通过 ofo 解锁自行车，满足短途代步的需求。自然主义文学的代表人物埃米尔·左拉有一句至理名言：“每一个人可能的最大幸福是在全体人员所实现的最大幸福之中。”让世界没有陌生的角落，是ofo的温暖而又美好的愿景，也是ofo企业文化价值所在，成为ofo战略实施的风向标。

从企业管理、经济盈利、组织运营的角度，企业共同价值/首要目标是企业能否基业长青的决定性影响因素。与此同时，只有企业共同价值/首要目标、战略协同发挥作用才能实现企业更好地发展，反之，将导致企业朝向不可控的方向发展。彼时，共享单车行业停止以营利为目的的竞争，形成了一套畸形的竞争模式：融资—扩产能—疯狂铺车。莎士比亚文学名著《麦克白》中有一句经典名言：“上帝欲其死亡，必先令其疯狂。”在资本市场的纵容下，ofo开始肆无忌惮地投放新车，绝大部分资金都流入自行车采购中。

2016年9月，朱啸虎放出豪言：“三个月结束战争。”随即，还未在国内站稳脚跟的ofo，于2016年12月23日发起“海外战略”，在美国旧金山、英国伦敦展开试运营，随后进入新加坡，在世界各地留下ofo小黄车的身影。2017年1月11日，ofo宣布启动“2017城市战略”，计划以“一天一城”的速度，在10天内快速密集攻占11座城市。戴威公开表示，2017年春节之后，ofo将把覆盖城市数提高到100座城市以上，目前单车产能已达到竞争对手的10倍以上。

商业竞争中有一种方式是饱和式攻击，通过短期的高密度轰炸进攻市场，营

造出无处不在、无时不有的氛围，从而快速占领消费者的心智，达到第一印象归属的目的。在共享单车大战的进程中，各方都认为投放车辆越多，就能够快速抢占市场。一组数据足够说明ofo令人目眩的扩张速度：2016年10月，ofo只有6万多辆单车，八个月后，这个数字扩大了100倍。

企业在盲目地扩大规模之后会出现一种恶性循环，这种恶性循环会影响企业发展战略/战略决策、共同价值/首要目标和制度/模式的建立完善，直至将企业推向危险的临界点。ofo在市场上贸然出击、疯狂扩张，所带来的结局就是：还没有把各个城市的用户规律摸清楚，就到处随意投放单车，造成了大量资源浪费；还没有弄清楚国内市场，就开始向海外扩张，很多地方落地几个月就不得不慌忙撤出。从系统的可持续性来看，在残酷的商业竞争中，这种过分追求增长速度的商业模式下畸形发展的企业注定被市场淘汰。

除了疯狂地投放单车占领市场，ofo在烧钱营销方面更是下足了血本。从2016年年底到2017年，ofo花了1 000万元签约了鹿晗做代言人，2 000万元给卫星冠名，甚至给一家媒体做了一年3 000万元的广告投放，花在市场推广的费用高达数亿元。小黄车的广告几乎席卷了北京、上海、广州的地铁和公交站牌。此外，ofo 还经常推出一元办月卡的促销，以限时低价吸引了大量用户。正是这种肆无忌惮的疯狂烧钱行为，导致ofo一旦资金链断裂，将回天乏术。

成功的商业案例都在昭示用户体验决定商业未来，关注用户的满意度/表达的企业文化，是实现企业协同发展的重要组成部分。从这一点来看，戴威却似乎不太重视用户体验。最初的ofo凭借足够多的单车投放量和轻便的骑车体验收获了一大批忠实用户；然而，占据了市场第一位的ofo却在后期选择了疯狂投放这种最低级的方式攻占市场。虽然后续也进行了新车型的开发，但是用户的口碑一旦下跌，形成了对品牌的糟糕印象，再也于事无补。

当监管部门发出“共享单车已经饱和，不允许投放新车”的禁令之际，疯狂投放这一招便不再奏效。满地黄车堆积，被风吹日晒，被雨淋冰冻，部件老化锈蚀，无人问津。小黄车彻底“凉”了，忽视用户体验的戴威只能自食其果。

周边环境/竞争态势对于公司的战略选择至关重要，周边环境的发展变化为公司及时调整战略结构提供机会，竞争态势有利于保证企业始终提升其核心竞争力。回归到ofo创业初期，戴威及合伙人尚且能够随着公司的外部环境/竞争态势的变化针对公司的目标市场及时调整战略决策。但是盈利是企业得以存在的基础，企业所担负的首要责任就是要保证企业的利润状况。沉迷于用户扩张，不能完全归结于戴威个人的判断失误，一定程度上也是投资人急于看到回报，不断给戴威施压的结果。

识时务者为俊杰

ofo创立的初心，是为广大高校师生的校园出行带来便利，同时协助高校回收改造废旧自行车，解决“僵尸车”问题。首先，在发展早期，正是依靠对学生押金的运作才实现了自行车持有量的快速增长；其次，以校园市场为根据地也在一定程度上避免了公车私有、车辆过于分散的问题。ofo得以在激烈的市场竞争中占据先机。

和ofo不同，摩拜诞生于城市，将目标直接对准城市用户。2016年4月，摩拜进入上海，9月进入北京，同年年底在全国七个城市开展运营。或许是创始团队的路径依赖，戴威在内的ofo创始团队及投资人未曾料想到校外市场有这么大，当摩拜已经在北京、上海站稳脚跟时，ofo直到2016年年底才开始进军城市。

错综复杂的商业环境，需要企业拥有随时适应和不断进化的能力，随着周边环境的不断变化进行新的战略调整。在商业竞争面前如此迟钝的反应，这个错误让ofo丧失了进攻城市市场最好的时机。

目睹了ofo、摩拜等企业的成功试水，2016年开始，其他共享单车企业纷纷入场，迎来了共享单车的黄金时代。据不完全统计，2016年有超过20多家共享单车企业共存，小鸣单车、小蓝单车等中小规模企业迅速崛，仅一年时间，共享单车行业融资额超过了30亿元，用户规模持续增长。一时间，火遍全国的共享单车看似充满了前景与活力。

硬件成本烧钱、运营成本过高、价格战下微薄的收入等原因很快让共享单车企业捉襟见肘；对于“互联网单车企业”“共享经济”等概念过了新鲜劲的用户也渐渐失去了骑行的动力；执着于造车占领市场、忽视打造硬件的企业没能给用户提供更舒适的乘车体验……在这种恶性循环下，共享单车逐渐成为用户和投资方眼中的“鸡肋”。

2015年2月14日，中国最大的两家打车软件公司——滴滴和快的联合发布声明，宣布两家正式战略合并，意味着这场旷日持久的“补贴大战”将要偃旗息鼓，新公司的出现有利于在同质化竞争市场上占据优势地位，为一年后顺利收购优步奠定了良好的基础。此后，美团、大众点评合并，百度外卖与饿了么合并，曾经的对手厮杀到最后成为战友，也是印证了中国的一句古话，天下大势，合久必分，分久必合。共享单车行业也一直存在两大巨头公司ofo与摩拜合并的传闻。

三个月速战速决的目标没有达成，面对遥遥无期的烧钱战争，朱啸虎在谈到“共享单车大战”时改口道：“目前共享单车行业的格局已经确定，ofo和摩拜基本上占据了95%的市场份额，只有两家合并才有出路。”共享单车的泡沫开始破裂，双方投资人都认为合并才是最好的选择。在此危急存亡关头，戴威还是希望保持品牌的独立性，并公开表态，希望资本理解创业者的理想和决心。摩拜创始人胡玮炜也明确表示拒绝合并。

当势均力敌的两方互为掣肘，相互制约，他们斗争得越厉害，资本市场自身就越安全，同时也为双方资本的博弈埋下了定时炸弹。前期的过度投入和粗放运营所带来的发展模式不明、资金短缺、贪腐问题、权力斗争等弊端，让集万千宠爱于一身的两只独角兽陡然迎来了行业发展的至暗时刻，最终的结局只能是两败俱伤。

古人有言，“识时务者为俊杰”。2018年12月23日凌晨，胡玮炜发表内部信宣布离任摩拜单车首席执行官职务：“感谢大家，感谢摩拜，也感谢美团，太多的感谢在心里，也感谢自己。谢谢，再见。”2018年12月19日，深陷危机的戴威发布员工内部信坦言：“从去年年底到今年年初没能够对外部环境的变化做出正确的判断，公司今年一整年都背负着巨大的现金流压力。”同时，他也表达了对这场危机的态度：“不逃避，勇敢活下去，为我们欠着的每一分钱负责，为每一个支持过我们的用户负责。”

至此，胡玮炜完成了创业者的优雅转身，负债累累的戴威正处于水深火热之中。ofo和摩拜最终没有走向合并。

就在摩拜与ofo相互缠斗，彼此消耗时，看似大局已定的共享单车赛道却风云突变，走“农村包围城市”路线的哈啰单车异军突起，背靠阿里巴巴这棵大树，哈啰单车在一年半内成功逆袭，日订单总量超过ofo和摩拜的总和。2018年9月17日，哈啰单车正式更名为“哈啰出行”，10月上线网约车服务。在共享单车的“倒闭大潮”中，曾经的哈啰单车笑到了最后。

资本市场的红与黑

2018年12月20日，腾讯创始人马化腾针对ofo失败的原因留言称，是“否决权”（Veto Right）的问题。

最初，基于公司的长远发展考虑，戴威把“一票否决权”写在公司章程里。“一票否决权”对于战略资本方本身是一种合理的机制，能够帮助创始人平衡资本方的利益格局与公司的大方向保持一致，以公司的存活与未来前景为前提进行战略协调与利益妥协。

然而在ofo董事会中，戴威、滴滴、阿里巴巴和经纬均拥有“一票否决权”，当决策权被过多地分散在各个投资人手中时，阻碍了ofo的自主决策和执行。回顾ofo历次重大关头的抉择：软银提供的15亿美元融资流产，滴滴一票否决；与摩拜合并流产，戴威一票否决；滴滴收购，阿里巴巴一票否决；阿里巴巴接管，戴威一票否决。

从表面上看，正是“一票否决权”把ofo一步步推向深渊。但是，如果将ofo今日的局面全部归结于“一票否决权”，显然是有失偏颇的。

共享单车企业以互联网行业自居，以至于整个生命周期都在向外界寻求资本，主动迎合投资者对于回报率的期待，以至于没有把如何盈利放在第一位。实际上，共享单车属于重资产管理的商业模式，这就决定了企业需要投入大量的资本、技术才能获得发展，只有占据行业寡头垄断地位后才能产生规模效应。

在现行的按使用次数收费的盈利模式下，共享单车企业平台难以获得稳定而强大的收益来维持企业的正常运营，企业发展到后期必然会出现“瓶颈效应”。资本都是嗜血的，一旦无法看到盈利前景，他们随时断臂止血，加上股东之间的利益相争和“一票否决权”的治理结构，导致了ofo如今惨烈的局面。

商业规则的建立不仅是创业者个人的一厢情愿，更要在考虑周边环境/竞争态势的情况下，结合企业的经营发展战略，建立与之匹配的制度/模式。戴威能够未雨绸缪，提前给其经营管理施加一些约束的本意是好的，但他过于理想化，缺乏战略定力，没有坚定地站在某一方与之共进退，没有顾及资本的利益诉求。

资本市场的红色敞亮处光鲜亮丽，黑暗隐晦处暗潮涌动。胡玮炜曾说：“资本是助推你的，但是最后，其实你都得还回去。”说到底，既然资本能够助力ofo扶摇直上，同样也能够让ofo跌入谷底。

哈肯的协同学思想认为，自然界和人类社会的各种事物普遍存在有序、无序的现象，一定的条件下，有序和无序相互转化，有序产生协同，无序导致混沌。纵观现代商业史上著名的企业失败案例，企业战略/战略决策的失误，企业的共同价值/首要目标是否从一而终，企业是否制定行之有效的制度/模式，各要素之间能否协调一致，都会影响和制约企业的持续成长和协同发展。ofo作为国内共享单车昔日的“领跑者”，从辉煌到黯淡，发展过程中经历了“无序—有序—无序”的阶段，为残酷的商业史又增添了一个不光彩的案例。

总结

- 在复杂的商业环境中，系统各要素存在着相互影响而又相互合作的关系，只有实现不同要素的匹配并相互强化，才能够大幅度提升竞争优势，使企业立于不败之地。
- 企业在盲目地扩大规模之后会出现一种恶性循环，这种恶性循环会影响企业发展战略/战略决策、共同价值/首要目标和制度/模式的建立完善，直至将企业推向危险的临界点。
- 成功的商业案例都在昭示用户体验决定商业未来，关注用户的满意度/表达的企业文化，是实现企业协同发展的重要组成部分。
- 错综复杂的商业环境，需要企业拥有随时适应和不断进化的能力，随着周边环境的不断变化进行新的战略调整。
- 商业规则的建立不仅是创业者个人的一厢情愿，更要在考虑周边环境/竞争态势的情况下，结合企业的经营发展战略，建立与之匹配的制度/模式。

第五部分

众人拾柴火焰高——设计伟大商业模式与打造制度型组织

商业组织经过明确“我是谁”“去哪里”的问题，接下来面临的关键挑战就在于“怎么去”，即组织明确了自身的共同价值/首要目标、对战略进行定位之后，更加重要的是将战略落地。在这个过程中，组织需要制定与战略执行相关的制度和管理机制，确保战略能够持续执行。同时，组织还需要不断试错，对商业模式进行创新，帮助企业构建基于战略方向的组织能力，实现战略的有效落地执行。

在“10S协同模型”中，制度/模式、结构/稳定、激励/约束对战略的落地至关重要。同时，这三者也是相互依存、相互影响的关系。首先，**商业模式即利益相关者的交易结构，商业模式的基础是组织在内部建立有效的激励/约束机制**。事实上，商业模式既不是战略也不是组织，而是交易关系。在这种交易关系中，利益相关者通过优势互补进行组合，最终达到协同，创造和分享收益。

商业模式是思考价值创造方式的框架，战略是寻求持续竞争优势的逻辑。战略强调给客户提供差异化的价值，从而能更好地竞争。商业模式则思考如何为客户创造价值，关注如何实现企业创新的价值主张。战略回答了怎么竞争及如何获取竞争优势的问题，商业模式则回答怎么盈利的问题。当企业使用同一商业模式时，企业之间的差异化则来自竞争战略。

企业组织结构是组织正常运营和职能规划的最基本依据，没有组织架构的企业将是一盘散沙，而组织结构不合理则会严重影响组织的运转，导致组织决策效率低下，内耗严重，甚至可能导致组织崩溃。同时，合理的组织结构能够使得组织内部各部门和要素之间更好地发挥协同效应。**在“10S协同模型”中，组织结构受到战略、环境、规模等关键因素的影响。**著名管理学者钱德勒指出：战略决定结构。企业的组织架构是组织实现经营战略的主要工具，不同的战略要求有不同的结构。一旦战略形成，组织架构应做出相应的调整，以适应战略实施的要求。企业规模是影响企业组织设计的重要因素。企业的规模不同，其内部结构也存在明显的差异。随着企业规模的不断扩大，人数逐渐增多，专业分工不断细化，职能部门和层级也逐渐增加。

当外界环境相对稳定时，企业往往追求规模效应，组织容易采取传统的科层式组织架构，组织内部的规章制度和权力层级较多，集中程度较高。在VUCA时代，外界环境不断改变，组织需要根据外界环境的变化合理调整组织结构，减少管理的层级，提升决策的速度，才能提升组织运转的效率。

接下来，将从制度/模式、结构/稳定、激励/约束的角度出发，探讨不同序参量的改变对整个组织系统的影响。

第十五章
商业模式与制度的颠覆与变革

> “如果万事都看似尽在掌握，那只能说明你的速度不够快。”
>
> ——马里奥·安德雷迪，著名赛车手

在当今商业世界，许多公司都在致力于开发创新产品与技术，也曾一度推出令人印象深刻的产品，但是就如清代文学家孔尚任在《桃花扇》中所写：**“眼看他起朱楼，眼看他宴宾客，眼看他楼塌了。”**一些实力雄厚的企业失去了前进的动力，如摩托罗拉、柯达、诺基亚等，为何这些企业都失去了往日的辉煌，很重要的原因之一在于这些公司没有及时调整企业的商业模式，没有创新企业制度，没有保持足够的活力。原本的成功经验不再适用于未来的成功发展。在“10S协同模型”中，制度/模式作为关键序参量，直接影响组织战略能否持续落地，企业需要改变自身模式与制度，才能突破发展的窘境，最终成为协同型组织。

变革与创新商业模式

中国有句古话说：“逆水行舟，不进则退。”**在一日千里的商业世界，不进则退，缓进亦退，企业要想实现创新增长，需要借助商业模式创新打破竞争格**

局，才能在市场及竞争中立于不败之地。

在中国零售业市场，以“盒马鲜生”“超级物种”为代表的新零售企业正在打破原有的线下或线上商业模式，将线上与线下零售模式进行深度融合，打造全新的商业模式，正在掀起一股“新零售浪潮”。这对于传统的零售企业而言，若不积极变革，全新的商业模式将以更快的速度抢占市场。

谷歌的崛起与成功也归结于其独特的商业模式，利用互联网的规模和影响力，谷歌将广告转变为一种全新的产品，电子邮件、操作系统等原本依赖于直接销售的行业全都嵌入广告，以广告收入支持产品。以汽车导航系统为例，谷歌地图出现后，原来在车内设置地图和方向感应的供应商就无法继续生存，因为谷歌提供的地图服务对用户完全免费，原本依靠地图来收费的企业若没有创新业务模式，只能面临失败的结局。

如今，跨界打劫已经屡见不鲜，商业竞争也更多体现为不同商业模式之间的竞争。**企业管理者应当改变过去的行业竞争思考方式，根据客户需求，灵活推出创新商业模式，跨越行业界限，扩展价值空间。未来，传统产业竞争的边界，将变得越来越模糊，超越传统行业的范畴，任何一个行业都可能被其他意想不到的行业或技术所颠覆。**

由亚历山大·奥斯特瓦德与伊夫·皮尼厄共同撰写的《商业模式新生代》一书中则指出，商业模式描述了企业如何创造价值、传递价值和获取价值的基本原理。简而言之，商业模式是指企业如何通过特定的经营模式，为企业自身和客户带来价值，实现双赢。通过商业模式画布可以更好地理解商业模式，商业模式画布是指一种能够帮助创业者催生创意、降低猜测、确保他们找对了目标用户、合理解决问题的工具。**商业模式画布不仅能够提供灵活多变的计划，而且更容易满足用户的需求。更重要的是，它将商业模式中的元素标准化，并强调元素的相互作用。商业模式就像一个协同企业发展的战略蓝图，可以通过企业组织架构、组织流程和系统等来实现它。**

在商业模式画布中，客户价值主张、盈利模式、关键资源、关键流程是四要素。首先，企业需要确定目标用户，了解用户需求即客户的价值主张，找到企业盈利的方式和渠道，分析所需要关键资源，通过建立关键流程，最终帮助组织实现盈利。商业模式画布如图15-1所示。

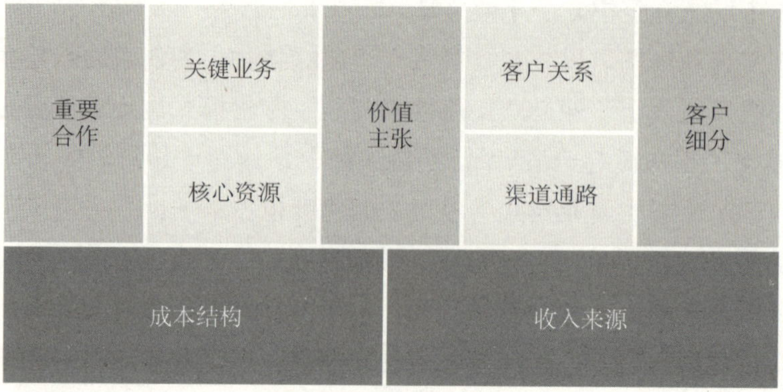

图15-1 商业模式画布

资料来源：《商业模式新生代》。

商业模式的九个构造模块

客户细分：企业或机构所服务的一个或多个客户分类群体。

价值主张：通过价值主张来解决客户难题和满足客户需求。

渠道通路：通过沟通、分销和销售渠道向客户传递价值主张。

客户关系：在每一个客户细分市场建立和维护客户关系。

收入来源：收入产生于成功提供给客户的价值主张。

核心资源：提供和交付先前描述要素所必备的重要资产。

关键业务：通过执行一些关键业务活动，运行商业模式。

重要合作：有些业务要外包，而另一些资源需要从企业外部获得。

成本结构：商业模式上述要素所引发的成本构成。

资料来源：《商业模式新生代》。

爱彼迎的商业模式画布

对比商业模式的几个构成，可以对爱彼迎的商业模式进行分析。

客户细分

商务旅行者

环球旅行者

家庭旅游者

个人背包客

价值主张

对于租客：基于信任，提供独一无二、不同于酒店的住宿体验。

对于房东：通过共享居住的房屋，获得额外收入。

渠道通路

企业网站

手机应用程序

客户口碑

在线搜索引擎

社交媒体营销

线下活动与活动赞助

客户关系

通过多种社交渠道与用户建立及时畅通的联系，通过鼓励用户分享故事的形式，增加与客户的互动。

收入来源

主要来源于预订服务费。

关键业务

运营自身平台，通过各种活动优惠、内容营销推动更多交易产生。

重要合作

房东：对外出租个人房屋，维护房屋的正常使用。

租客：根据自身需求，选择合适的房屋。

政府机构：作为创业企业，需要获得当地政府与相关机构的支持。

支付平台：高效快捷、快速响应的平台。

媒体平台：通过多种媒体渠道提升品牌知名度与影响力。

成本结构

在线支付平台：由于采用在线交易，在线支付平台的交易费用将占据较大的成本。

在线平台创建和维护：优化平台使用体验，吸引更多的客户。

人力资本：需要招聘优秀人才来保持企业成功。

各种广告和赞助活动费用。

企业的商业模式是一种顶层设计，伟大的企业需要根据外部环境的变化对自身的商业模式不断创新，将这些要素以连续一致、互为补充的方式协同在一起，形成全新的竞争优势。随着互联网、人工智能、大数据、机器算法等技术迅猛发展，科技让大型企业和创业企业在同一个赛场上进行角逐与竞争。而如今，活跃在各行各业的创业者们，都在不断思考商业模式创新，这些小鱼小虾日益形成一种追逐鲨鱼的势头，并通过建立新的商业护城河最终改变行业的竞争格局。

◣ 模式之争：扬子鳄打败大鲨鱼

2003年，非典暴发，疫情肆虐，很多人都不敢出门买东西。这促进了网上购物快速增长，中国电子商务迎来了前所未有的发展机遇。这年夏天，马云把六个员工叫到办公室，告诉他们将启动一个秘密项目，如果他们想参与这个项目，得先从阿里巴巴辞职，再去一个隐秘地方工作，并保证对身边的朋友、家人甚至公司同事保密。在这几个员工签了合同后，马云才告诉他们，他们将回到阿里巴巴的创始地——湖畔公寓，建一个零售拍卖网站。

在中国电商市场，阿里巴巴主攻B2B领域，同样成立于1999年的易趣把美国eBay的C2C模式引入中国，做拍卖网站，积累了一定的用户，占据了当时中国C2C市场份额的2/3以上。2003年，全球知名的电商巨头eBay全面收购易趣，成立eBay中国，希望借此打通全球市场。

如果预感到机遇与变革即将到来，就要提前做准备。阿里巴巴成立时主要专注于帮助中国中小企业在网上做生意，但马云很快意识到，随着eBay在中国业务的不断扩大，它迟早会开始争夺阿里巴巴的客户。为了应对潜在的威胁，马云秘密组织小股员工回到老巢开发新项目，准备与刚进入中国市场的电商老大eBay交手竞争。

eBay的经营模式完全借鉴了其在美国的成功发展经验，主要以提取用户的交易佣金、商品上架费用等形式盈利。因担心买卖双方会绕过系统，不支付佣金，所以在商品交易完成之前，eBay竭力阻止卖家与买家私下沟通、私下交易，以确保交易佣金不会流失。

淘宝与eBay的业务思路完全不同。2003 年5 月10 日，针对中国用户建立的零售市场平台——淘宝网上线，并宣布免费三年，以吸引新用户。eBay没有把淘宝放在眼里，声称“免费不是一种商业模式”，并放出豪言：淘宝只能存活18个月。

为了阻止淘宝扩张，财大气粗的eBay以高额的价格与新浪、百度等主流网站签署一年的排他性广告合同，企图让刚起步的淘宝尽快销声匿迹。走在“穷途末路”上的淘宝只好调整策略走草根路线，在大量中小型网站及户外路牌、地铁车厢投放广告，以蚂蚁雄兵策略争取到大量新用户的加入。

对上线产品收费及收取交易佣金对维护健康持久的在线市场非常重要，但中国的电商市场还不成熟，在低信用度的环境下，很多人都希望先使用再付费。**马云告诉团队，不要参照eBay在美国的模式，要开发出消费者需要的服务更重要。**

中国人做生意前喜欢和对方建立联系，鉴于此，阿里巴巴推出一个聊天软件——阿里旺旺，这样买家可以实时与卖家直接联系与沟通，拉近了双方的距离。不久，阿里巴巴又推出支付宝，它不仅是在线支付媒介，更是一个担保交易体系，保护了双方的正当权益，进一步打消了买卖双方对在线购物的疑虑，解决了在线支付的信任问题。

用户是互联网社区最有价值的资源。淘宝网站免费的商业模式，成了赢得用户的有力武器，积累了大量的人气。他们认为，让客户赚钱，企业才能赚钱。另一方，eBay坚持认为，促进有效交易才是聚集人气最有益的方式，一直坚持收费。2005年，当eBay表示要对中国市场继续增大投资时，淘宝宣布再免费三年，这一招打得eBay措手不及。

eBay在北美市场是靠向卖家收费而受到投资商青睐的，它从一开始就盈利，而且获利颇丰。eBay基于过去成功的经验，将其在美国的成功模式复制过来，忽视了中国市场的特殊性，结果水土不服。**模式选择符合中国国情才能赢得用户的认可。阿里巴巴用一种免费模式撬动了eBay中国的生存基石，从此改写了电商市**

场的游戏规则。相比之下，淘宝的免费策略更符合中国的发展现状，其推出的阿里旺旺和支付宝两大工具帮助它进一步建立了良好的信任体系。所以，**根据市场的不断变化来调整相应策略，精准定位，走出一条与之不同的商业模式，才是取胜的关键。**

淘宝对中国消费市场及经商环境的准确把控，助其迅速抢占了中国电商市场的半壁江山。2005年，淘宝网购市场的规模超过eBay中国，此后淘宝一路高飞猛进，直到占有全国市场份额的80%以上。马云常把eBay比作海里的鲨鱼，而阿里巴巴则是长江里的扬子鳄。“如果我们在大海里对抗，我肯定斗不过它。但如果我们在江河里较量，我们能赢！”迫于生存压力的扬子鳄，熟悉江河环境，行动敏捷，善于洞察对手弱点，策略务实；而外来的鲨鱼，体态庞大，行动迟缓，水土不服，反击无力。最后，这场实力相差悬殊的对决，有了一个出人意料的结局。2006年12月，电商巨头eBay黯然退出中国市场。虽然在起初的发展占尽优势， eBay却在中国市场铩羽而归，阿里巴巴迅速成长，战胜了曾经的“零售鲨鱼”。

一家后起的中国公司淘宝，用了不到三年的时间把一家全球最大、正处在巅峰时刻的行业领跑者eBay易趣赶出中国市场，成了中国C2C领域最令人震惊的战争。

淘宝与eBay易趣的战役，本质上是商业模式的竞争。在未来商业世界的竞争中，企业适应外部环境变化进行商业模式创新的速度决定了企业能否持续发展。然而，创新的商业模式并不会如过江之鲫，创新且成功的商业模式如凤毛麟角，为何商业模式的创新不会大规模地出现？

商业模式创新就是对企业基本经营模式进行变革。一般而言，进行商业模式创新有四种方法：改变收入模式、改变企业模式、改变产业模式和改变技术模式。无论采取何种方式，商业模式创新需要企业对自身的经营方式、用户需求、产业特征及宏观技术环境具有深刻的理解和洞察力。这才是成功进行商业模式创新的前提条件，也是最困难之处。

若想成功实施创新的商业模式，需要包含几项重要的元素。第一，将所有工作融会贯通，并重点突出客户价值主张，能够让客户认可与购买。第二，**构建的**

商业模式需要让所有商业元素、价值主张、盈利模式、关键资源和关键流程共同起作用，达到协同发展；在竞争中获胜，不取决于一个单点的胜利，而是整个系统的优势。第三，在核心业务之外，也要不断投入新的业务开发流程，不受原有业务的影响。第四，商业模式不容易被复制，具有一定的技术壁垒与门槛，能够形成较强的商业竞争力。

善于学习，变革企业制度

1844年英国的《合作股份公司法》是世界上第一部认可公司独立法人地位的公司法。1855年的《有限责任法》和1856年经修改的《合作股份公司法》奠定了现代公司法的基础，在根本上确立了有限责任和公司独立人格的关键原则。从此企业家能够开发有风险的产业，投资人能够聚集各种资源，金融家能够投资于缺乏资金的发明人等。具有里程碑意义的《合作股份公司法》初步奠定了英国现代公司法的立法模式和框架，标志着现代公司制度的正式出现，为企业的经营奠定了坚实的基础，在此后的发展中，企业制度不断完善，推动全球经济快速发展。

当经济发展进入互联网时代时，传统的企业制度和管理模式遭遇颠覆性挑战，管理模式和企业制度创新迫在眉睫。稳定、创新的企业制度不仅可以提升整个组织的运营效率，也可以调动员工的工作积极性，激发出企业的生命活力。根据“10S协同模型”，**企业在打造企业制度时，需要考虑“我是谁”，厘清企业的发展阶段、业务模式，并且在设计企业制度时，不要盲目学习西方企业的制度模式，而是要与商业模式、所处的商业环境、组织结构等多种要素协同与匹配才能发挥其真正的价值**。从一定意义上来说，制度是让企业内部员工能够共同遵守的游戏规则，能够保证企业按照健康运转，让组织不会陷于失控的被动局面。企业建立制度一般通过两种方式，一种是**自上而下的**，组织基于特定的目标，运用科学的方法设计出一整套制度；另一种是**自下而上的**，组织内部的员工在日常的工作中，通过不断的碰撞自然而然形成非正式的规则或制度。

◣ 企业制度设计：大道至简

“真正的问题不在于人类是否由自私动机所左右，而在于要找到一套制度，从而使人们能够根据自己的选择决定其普遍行为的动机，尽可能地为满足他人的需要贡献力量。”

——弗里德里希·冯·哈耶克，英国经济学家和政治哲学家

制度是用于规范人类社会经济行为和相互关系的一系列规则，商业模式则是一种微观企业制度。真正的制度，是隐含在企业每天发生着的行为背后的逻辑。许多企业在制定规章制度的时候，将制度设计成为严格管理而设计的行为规范，但是管理者与下属之间也在一直进行博弈，企业明明设计了一套严密的制度，却成为空中楼阁。如何设计企业制度，成为企业管理者面临的难题。

一个和尚挑水吃、两个和尚抬水吃、三个和尚没水吃，为何会出现这个问题，最为重要的原因是有效制度设计的缺失。但是过于复杂的制度也是一种极端。在明朝，为了进行监督，设计了极为繁复的制度，既有锦衣卫制度，也有东厂制度、西厂制度，结果这种严格的厂卫制度却加深了朝廷的腐败与黑暗。制度的本质在于让企业员工有理可寻，能够按照一定的规范，形成强大的向心力，达成企业的共同目标，企业制度设计的关键在于大道至简。科学高效的制度是趋向自组织和自管理的，只有真正激励员工，让员工从内心深处认同制度、自愿遵从制度，才是一套好的制度设计。并且，制度设计更要兼顾企业内部和外部环境的平衡，既要适应外部环境的变化，更要激励起内部员工的活力，才是一套好的制度。

◣ 橘生淮南则为橘，橘生淮北则为枳

海尔创始人张瑞敏曾经向GE第八任首席执行官杰克·韦尔奇请教过企业管理之道，杰克·韦尔奇讲了自己如何对GE的企业制度、组织架构的改革进行大刀阔斧的改革，并提醒张瑞敏在进行制度改革的过程中，制度变革非常艰难，组织转型需要具备一定的柔性。同时，他也提醒中国企业与美国企业所处的文化背景存在较大的差异，在进行企业制度变革时也要注意其背后不同的

文化背景。

所谓“橘生淮南则为橘，生于淮北则为枳”。就地域而言，“一方水土养一方人”，若采用“拿来主义”，一味将国外企业的一套理论搬到中国，可能出现水土不服的现象。张瑞敏不仅要向GE学习，更是向世界一流的管理大师汲取经验，张瑞敏自称是“现代管理学之父”彼得·德鲁克的学生，善于学习德鲁克的观点，化为己用。德鲁克曾说：“企业的目的只有一个正确而有效的定义，那就是创造用户。”海尔通过实践将企业制度完全转为以用户为中心，实现“我的用户我创造”“我的增值我分享”等价值观。海尔如何改变，可以用三个短语来形容，那就是：善于学习、勇于实践、精于创新。

布莱斯·帕斯卡在其著作《感想录》写道：“在比利牛斯山这边是真理的东西，在比利牛斯山那边就成了谬误。”文化在不同国家之间存在巨大的差异，即使在一个国家之内，也会存在文化差异。中国企业在向西方学习的过程中，需要辩证地学习，更要在协同思维的指导下，学习与借鉴先进制度。社会学家费孝通曾说：“各美其美，美人之美，美美与共，天下大同。”其言外之意是指全球文化的繁荣就如同生物多样性，必然是百花齐放，群芳争艳。中国企业在坚持发展与创新符合自身特点的制度之外，积极学习西方企业的先进理念与制度，与其他制度“美美与共”，做到协同发展。

制度创新：20%时间制度

企业制定制度是为了预防各种管理问题发生，但是若企业建立了高度严密、刚性的制度，这恰恰走入了另一个反面。首先，制定烦冗、复杂的流程与制度，每个业务单元、每个部门之间的协作变得愈加复杂，沟通成本愈加高昂。其次，制定过多的企业制度与流程，组织架构将变得愈加庞大，组织内部缺乏横向和纵向方面的灵活性，业务单元、部门之间的“无形的墙”越筑越高，这也会让企业染上“大企业病”。工作效率低下、员工敬业度低等各种弊病无孔不入，在这种企业文化环境中，员工哪会有空间与激情进行创新？在制定有效的制度之外，企业还需要为创新留出空间，为创新孕育合适的土壤。一直以来，谷歌一直高居最具有吸引力的雇主品牌榜单，凭借其以人为本的企业制度与公司文化，吸引了全世界顶级的工程师与创意人才。最广为人知的一个制度叫作“20%时间制度”。

具体来说，在谷歌，允许工程师都可以花20%的时间去研究自己喜欢的项目，无论这个项目与平时的工作相不相关。谷歌新闻、谷歌地图等都是该制度的产物。

但这样的制度也会遭到员工的质疑，2010年，这项政策首先受到了本·毛勒在Quora上的公开质疑，本·毛勒曾是初创企业reCAPTCHA的联合创始人，之后reCAPTCHA被谷歌收购，本·毛勒也加入谷歌。本·毛勒指出："如果你真正要利用20%的时间，谷歌不会阻止你，但是由于一些原因，这项政策很难得到实施，首先，在谷歌，员工想要在工作之外开发一个产品，即使非常小的一个新技术或新产品，都需要经过产品团队和技术团队的同意才能执行。其次，你真正进入开发，你需要投入更多的时间来运维，远远多于20% 的时间。最后，在做绩效考核的时候，这些额外的产品开发并不会受到过多关注。"

其实，20%时间制度在谷歌看来，该制度的重点在于赋予员工以自由，而不是在于时间长短。首先，这20%的时间可以被自由安排，员工可以将这些时间安排在正常工作时间之外，也可以是把这个时间集中起来一次性用完，这个制度对严格控制下属的管理者起到了制约平衡的作用，让员工可以把时间花在认为更有价值的地方。其次，这20%的时间制度背后还有一套原则，如果一个员工想到了一个好的想法，并想花费更多的时间让想法开花结果，那么需要构建一支肯为这个想法付出的团队，也就是说要获得内部同事的帮助。谷歌认为"想到好点子没什么难度，而吸引几位同事参与你的项目，让他们把自己的20% 的时间投入你的20%中就困难多了，达尔文的物竞法则在这里也同样适用"，这一构想需要进一步地建立原型，并在内部进行分享，如果内部不能通过，这一构想也能止步。谷歌创立"20%时间制度"可以让具有创新想法的员工有用武之地，鼓励员工探索，让组织内部充满活力与生机。

1980年，由参议员博区·拜和罗伯特·杜尔联合提交的提案被美国国会通过，这就是《拜杜法案》。这一法案让大学、研究机构能够享有政府资助科研成果的专利权，极大地带动了技术发明人将成果转化的热情，科技成果转化率短时间内就大幅提高。10年之内，美国世界科技领导地位得以重塑。因此这一方案也被《经济学家》评为美国过去50年来最具激励性的法案，是美国从"制造经济"转向"知识经济"的标志。在国家层面，推动经济创新发展，需要为企业提供适宜的土壤和创新的制度，在企业内部，**创新像一粒种子，良好的企业环境是它生**

长的土壤，企业需要提供稳定、高效的制度，并耐心地培土、灌溉，才能使之茁壮成长。

协同思维下的商业模式与企业制度创新

企业创新是由商业模式创新、技术创新、组织创新、文化创新、制度创新等相互联系和相互影响的子系统组成的一个复杂、动态的整体系统。和iPod颠覆音乐产业一样，苹果手机成功地颠覆了手机产业，掀起了手机革命，智能手机自此成为潮流。利用技术创新开发新产品，利用商业模式的创新，客户在App Store下载软件的时候收取软件商的服务费，苹果将最好的软件和硬件完美结合，技术创新与商业模式创新达到协同发展，并在企业内部打造多元、包容的文化，打造透明沟通、积极向上的企业制度，苹果实现了巨大的成功。

因此，**商业模式创新需要以企业制度创新为支撑，也就是对企业的业务流程做根本性的重新思考和重新设计。**快速变化的商业环境需要企业对市场的变化进行快速和灵活的反应，因此，企业需要重新设计企业制度。根据“10S协同模型”，企业需要对等级森严的科层式组织结构进行变革，建立扁平化的组织结构，削减组织内部层级，促进信息的传递与沟通，发挥员工的创造性，激励员工的内生动力，增强企业的灵活性，才能真正打造更为灵活的企业制度和商业模式，提高组织运营的效率。

技术正在发挥杠杆的作用，企业利用技术打破传统的商业模式，将新技术与商业模式不断融合，从而产生巨大的商业效应和社会效应。实现这一理念的企业家们在鼓励创新、创业的年代不断涌现。奥地利经济学家约瑟夫·熊彼特在1942年曾做了一个著名的论述，将企业家的角色看成“创造性破坏”，即相对传统智慧而言，投资于新技术以促进经济的增长。

当创业者将技术与创新商业模式相结合，产生巨大的商业效应和社会效应之时，领先的企业家们却开始思索，是要像西西弗斯推着石头一样，周而复始地上山，陷入循环之境，还是在发展自身企业的同时，更具一种协同思想，将社会、企业、社区、民众考虑在内，实现共同发展。

如今，人、企业、社会就更如同一个命运共同体，相互存在着紧密的联系。商业企业在经营过程中也要发挥一定的社会属性，企业家也要更具更宽广的胸怀，随着时代的发展，未来企业家的定义也会更加丰富，可持续的商业模式与制度协同的内涵也会更加丰富。企业是社会中的重要组成部分，企业若能够在一定范畴内发挥影响力，关注其他利益相关方，创新使用创新商业模式和制度解决社会问题，为个人、企业和社会创造更好的福祉。

总结

- 企业管理者应当改变过去的行业竞争思考方式，根据客户需求，灵活推出创新商业模式，跨越行业界限，扩展价值空间。
- 商业模式创新就是在客户价值和企业价值间权衡的艺术，成功的模式创新既能提升客户价值，也能为企业带来现金流和独特的竞争优势，同时还能为对手设定一定门槛。
- 商业模式画布不仅能够提供灵活多变的计划，而且更容易满足用户的需求。更重要的是，它将商业模式中的元素标准化，并强调元素的相互作用。
- 商业模式就像一个协同企业发展的战略蓝图，可以通过企业组织架构、组织流程和系统等来实现它。
- 构建的商业模式需要让所有商业元素、价值主张、盈利模式、关键资源和关键流程共同起作用，达到协同发展；在竞争中获胜，不取决于一个单点的胜利，而是整个系统的优势。
- 谷歌创立“20%时间制度”可以让具有创新想法的员工有用武之地，鼓励员工探索，让组织内部充满活力与生机。
- 创新像一粒种子，良好的企业环境是它生长的土壤，企业需要提供稳定、高效的制度，并耐心地培土、灌溉，才能使之茁壮成长。
- 企业创新是由商业模式创新、技术创新、组织创新、文化创新、制度创新等相互联系和相互影响的子系统组成的一个复杂、动态的整体系统。

第十六章

未来的组织进化：自组织

在“10S协同模型”中，组织结构受到战略、环境、规模等关键因素的影响。伴随着互联网发展的迅速变化，“互联网+”成为促进企业转型变革的巨大浪潮，各种飞速发展的技术所带来的变化推动了工作场所方方面面的变革，组织架构也在发生巨大的变化。“物竞天择”这一进化法则同样适用于企业组织，企业管理者需要积极推动组织的变革与进化，高度关注组织的未来模式。

在VUCA时代，企业要根据市场环境的变化，制定更加灵活的企业战略，而战略必然会影响组织架构，未来企业组织架构将走向开放、扁平，让企业内部的员工充满使命感，让组织架构不断“进化”，适应不断变化的外部环境。

为了适应企业新的战略定位、商业环境，越来越多的企业开始对组织架构进行调整，有些企业是一年变化一次，但是有些企业短到半年或几个月就会改变原有的组织架构。虽然企业已经充分认识到滞后的组织架构或企业流程会影响制约企业的进一步发展，但是组织架构需要在一个阶段保持稳定才不会导致企业出现混乱、工作效率低下、人心浮动等问题。**组织架构调整时，调整前的思路中要先符合架构必须相对稳定性的特点，根据企业自身的发展需求确定相应的组织架构，并在一定的、足够的时间范围内保持相对稳定，在稳定中求变，进行组织的转型与进化。**

打造开放式、扁平化的组织架构

未来的商业竞争早已不是企业与企业之间的单打独斗，单打独斗的时代已经结束。以腾讯为例，经过2010年的“3Q大战”，腾讯也深入反思企业在整个互联网生态体系中的定位，腾讯开始从一个控制者向去中心化的赋能者转型，腾讯开始把平台能力开放给广大品牌商、零售商及商业地产等合作伙伴。如今，企业之间的竞争逐渐转变为企业生态之间的竞争、群体与群体之间的竞争，企业需要变得更加开放，而这一重要前提是打破企业的边界，打破传统金字塔式组织架构，打破部门与部门之间的壁垒，激活组织内部员工的创造力。

科层式组织结构产生于工业时代，其典型特征是自上而下的指挥命令式的控制模式，基于专业分工形成专业职能部门，特点是权利高度集中、分工明确、边界分明、执行有力，传统军队就是一个典型的科层式组织。就如一个硬币有正反两面，科层式组织也有其弊端，指挥命令自上而下地层层传递，在传递的过程中，信息越来越多，整个决策周期也随之变长，这也会容易导致出现“长鞭效应”，信息在传递过程中也可能发生扭曲。此外，由于最接近市场的一线员工自下而上地传递市场信息，等到最高决策者获得信息，已经错过了决策的最佳时期，这都导致整个组织对于市场的反应速度极慢。

面对日益竞争的商业环境及瞬息万变的客户需求，企业不仅要对于外部的变化具有高效、快速的感知，提前预测企业经营和结构性风险，更要从内部着眼，企业组织结构需要从科层式组织结构逐渐向扁平化、网络化、平台化的组织结构转型，推动组织变得更加灵活。

开放式组织需要对组织架构进行变革，打造一个去中心化的组织架构。去中心化的现象在大自然中不难寻觅，自然界没有自上而下的管理架构，同样可以有秩序地运转。蚁群中并没有特定的“首领”，却能够各自协同分工，达成完美的合作。蚁群汇聚群体智慧的方式具有极强的反应速度，不需要外界特定干预就能自发组成组织，这种系统刺激到商业领域也是如此。

在权威走向消亡终点时，企业需要依靠群体智慧的分布式管理顺利过渡。开放型组织就像一个网络组织，网络中的某个节点断裂还是会存在回路，能够保证正常的企业运转，领导者也仅是其中一个节点，少了某个节点，不会影响整个企业的正常运转。创造一个开放式组织，领导者首先要开放，放下自己的权力欲望和层级意识，学会激励和启发，才能创造组织中的“混沌生态”，才能让组织的创造力和活力迸发出来。管理者需要认识到自身的定位发生了转变，善于赋能，将决策权适当下放给精英员工。管理者更要搭建一种平台，让员工能够自己发挥主动性，实现组织的使命，并且满足个人的成长。

海尔的“自以为非”

2019年1月10日，世界权威市场调查机构欧睿国际调查数据显示：2018年海尔全球大型家用电器品牌零售量第一，第10次蝉联全球大型家用电器品牌零售量冠军。为此，欧睿国际给海尔特别颁发了“连续10年大型家用电器（2009－2018年）全球第一品牌”证书，这也是欧睿国际颁发出的第一张“10连冠”证书。

没有“永久的繁荣和成功”，百年帝国企业柯达的破产、日本家电企业的日渐衰微、摩托罗拉和诺基亚曾经的辉煌已然黯淡……巨大的成功导致了组织的僵化，繁荣的本身其实暗藏危机，时代要求企业时刻具备强烈的危机意识。

海尔的创业始于1984年12月，彼时张瑞敏刚来到濒临破产的青岛电冰箱总厂（海尔前身），产品滞销，人心涣散。他临危受命，带领海尔在30多年的商海沉浮中劈波斩浪，经历了名牌战略、多元化战略、国际化战略、全球化品牌战略和网络化战略阶段五个发展战略阶段。

企业的共同价值/首要目标是贯穿企业健康长久发展的血脉，周边环境的发展变化要求企业制定相应的战略，及时进行制度/模式的调整与更新，保持企业的结构/稳定，只有这样，才能实现企业的协同发展。对一个企业来说最重要的不是规模有多大，而是能不能随着周边环境/竞争态势的变化都踏准时代发展的节拍。从1984年创业至今，海尔始终致力于成为“时代的企业”，在30多年的商海沉浮中随着战略目标的调整不断进行制度/模式的创新与改革，并取得了举世瞩目的非凡成就。

76台冰箱“砸出”中国第一

20世纪80年代，时值改革开放初期，中国众多的家电企业引进了冰箱的生产设备和技术，那是一个被形容为“纸糊的冰箱也能卖出去”供不应求的年代。

1985年，也就是海尔成立的第二年，一封用户投诉信引起了张瑞敏的重视。张瑞敏火速赶到工厂仓库，在对400多台冰箱进行逐一检查之后，发现了76台问题冰箱。随即，张瑞敏召集全体员工到仓库参观劣质零部件和问题冰箱，并当众宣布，要把这些问题冰箱全部砸掉，并拿起大锤亲手砸下了第一锤，然后把大锤交给了相关责任人。

在那个物资紧缺的年代，这一举动在全国引发了轰动。冰箱总厂的职工事后回忆道："忘不了拿沉重的铁锤，高高举起又狠狠落下，76台质量不合格的冰箱顷刻间成了一堆废铁。它砸碎的是我们陈旧的质量意识，唤醒了我们去努力提高自身素质的意识。有了质量，我们才有了现在的一切。"

海尔的大锤砸碎了76台问题冰箱，砸醒了全体干部职工的质量意识，第一次在中国企业的员工中树立了争创一流的观念。1988年12月，海尔获中国电冰箱史上的第一枚质量金牌，在中国家电第一品牌的道路上大步向前。

> "企业家只有两只眼睛不行，必须要有第三只眼睛。要用一只眼睛盯住内部管理，最大限度地调动员工积极性；另一只眼睛盯住市场变化，策划创新行为；第三只眼睛用来盯住国家宏观调控政策，以便抓住机遇，超前发展。"
>
> ——张瑞敏，海尔集团董事局主席兼首席执行官

颠覆

第二次工业革命形成了汽车工业的以流水线为代表的"福特模式"和以供应链为代表的"丰田模式"，科学管理和科层制是其典型特征。德国政治学家马克斯·韦伯最早提出科层制的概念，并把它的基本特征总结为专业化、权力等级、规章制度、非人格化，这种自上而下的层级制度，被广泛运用于政府、企业、军队的组织管理之中。

科层制能够有效促进专业化、提高生产率、扩大生产规模，使协作得到加强。其弊端就是"倾向于垄断信息，使外人不可能知道决策的基础；一旦完全建立，科层制就是社会结构中最难被摧毁的部分，消灭这些组织的想法，会越来越成为一种乌托邦"。IBM原董事长兼首席执行官郭士纳曾说，打破科层制是他朝思暮想都要做的事情。但是他始终没有下手，因为整个组织结构的变动一旦有所

疏忽，整个企业将荡然无存。

企业周边环境/竞争态势的变化必然要求企业做出相应的战略调整，面对残酷的竞争对手，进攻不再是最好的防守，而是适时地改变作战规则，建立与之匹配的制度/模式。随着互联网时代的到来，张瑞敏意识到了企业向互联网转型的战略趋势已不可阻挡，面对根深蒂固的科层制，他再一次拿起了手中的“大锤”，进行了一系列人力资源和组织架构方面的变革，着手“砸掉”了1万多个中层管理岗位，只保留财务、法律、信息等职能部门，这一举措彻底颠覆了工业革命以来传统企业对员工的定位。

在张瑞敏看来，“必须裁减人员”有三个理由：第一，海尔的外包业务很多，非主业和制造链劣势的都外包出去，这部分人数量很大，出去以后还会被雇用；第二，智能化时代肯定要减人，海尔就有一个例子，原来一个车间108人，现在没人；第三，在互联网时代，产品越接近用户、越深入用户内心，才越能打动客户，这就需要缩短产品与用户的距离，必须破除夹在中间、阻碍用户需求信息流通的“中间层”。

《科层制终结：海尔开启管理的“下一个世代”》一文评价道：“海尔的改革缔造者、集团首席执行官张瑞敏先生长期以来将科层制视为一种竞争责任，经过长达10年的努力，将公司建设为让所有人都可以直接对用户负责——张瑞敏先生将其称为‘零距离’，团队成员都是充满活力的企业家，而不是被动工作的员工，他们都身处在一个由用户、发明者和合作者取代正式层级的开放生态系统之中。”

在从原来的正三角、金字塔形的科层制组织向倒三角、扁平化的结构转变的过程中，通过市场竞争机制下的“优胜劣汰”，推动人才观念的变革，海尔的组织架构从沉重变得灵活。

再造

新鲜事物的出现会引发组织结构、生产方式甚至战略决策的变革，创造出一种全新的生态系统。信息零距离、用户个性化和分布式管理是互联网时代的三个特征，要求现代企业只有探索出满足用户需求的创新商业模式，才能在激烈的商业竞争中立于不败之地。张瑞敏认为，互联网时代的到来解决了信息的不对称问题，用户能够与企业在网上实时交互，先有用户后有产品，“人单合一”的竞争模式是海尔真正取胜未来的法宝。

对于“人单合一”，张瑞敏是这样解释的：“人就是员工，‘单’表面上看是订单，本质是用户资源，表面是把员工和订单连在一起，但订单的本质是用户，包括用户的需求、用户的价值。人单合一，也就是把员工和他应该为用户创造的价值、面对的用户资源合在一起。”**“人单合一”是每一名员工都要与具有竞争力的市场目标结合。**

要求员工具备的互联网思维不仅要快，还要敢于主动寻求改变。2012年，海尔正式进入网络化战略发展阶段，利用互联网的各种资源，由传统制造家电产品的规模型企业转型为创客孵化平台，并开始在各地的工贸公司试水“小微模式”，将工贸公司拆分后转型为海尔的合作公司，自主经营、自负盈亏。

互联网时代放大了用户话语权，在新的以用户为中心的市场形态下，企业不仅需要保证用户体验，同时企业的产品和服务也需要不断追逐着迅速变化的用户需求。“小微模式”是海尔在“人单合一”制度基础上对企业平台化、用户个性化、员工创客化等方面进一步的探索和实践。

小微模式下，部分原工贸公司的员工继续转入“商圈小微”为海尔工作，由于小微公司自负盈亏，这就要求每一个小微成员都能创造价值。在淘汰掉部分“不能创造价值”的员工之后，海尔也注入了大量的新鲜血液，创造了大量的就业机会。在小微模式中，员工变成了一个“创客”，通过发现市场机会，自行组建小微团队，成为平台的创业者。

“创客”一词，源自英文“Maker”和“Hacker”两个单词的综合释义，指的是一群不以盈利为目标、酷爱科技、热衷于把各种创意变为现实的人群。2014年，适逢海尔集团成立30周年，张瑞敏亲笔写下了《致创客的一封信》，信中传达了海尔为创客们打造创业平台的信心与决心，这标志着中国最大的家电厂商海尔集团变身为一家平台公司，为海量的创客们提供适合创业的资金、资源、机制、文化等各种支持，海尔的创客们能在平台上整合全球一流资源，快速满足用户需求。

◣ 重生

“人单合一”致力于将信息网络化，通过搭建与用户零距离、对外合作无边界的平台，最大限度释放每位员工的创造力，员工不再是执行者，而是创业者；企业变成了孵化创客的平台，裂变成上千个自创业、自组织、自驱动的小微组织——能为用户创造价值，就聚到一起；没有，就散掉。

按照张瑞敏的规划，未来的海尔集团将全部由“小微公司”组成。海尔集团将变身为一家平台公司，为海量的小微企业提供适合创业的资金、资源、机制、文化等各种支持，而未来海尔集团将只有三类人：平台主、小微主和小微成员。小微组织能够帮助员工自动自发产生内驱力，缩短与客户之间的距离。“人人是创客”的组织变革，让海尔6万多名员工自发转型为2 000多个自主经营体，每个经营体都是一家自主经营的公司，激发出每位员工的创业热情。

腾讯创始人马化腾曾说，互联网的一个美妙之处就在于，能把更多的人聚集在更大的范围内进行协作，越多人参与，网络的价值就越大，用户的需求越能够得到满足，每一个参与协作的个体从中获取的收益也越大。海尔官网的资料显示，截至目前，海尔平台已涌现出200多家小微公司，已经诞生涉及家电、智能可穿戴设备、物流、商务、文化等服务领域470个项目，汇聚1 328家风险投资机构，吸引4 000多家生态资源，孵化和孕育着2 000多家创客小微公司，为全社会提供超过100万个就业机会。

互联网化的海尔通过打造以用户为中心的全流程口碑体系，洞察用户需求的关键点，用符合用户期待的产品满足用户的需求，触达用户的内心。在这个全新的组织中，自主经营体及其成员构成了海尔“人单合一”模式下强大的商业阵营。在这个过程中，企业模式悄然发生了改变，而它的结局却最终走向了共赢。

鸡蛋从外打破是食物，从内打破是生命。张瑞敏带领海尔大刀阔斧对“人单合一”模式的探索过程，就是从内而外的制度改革和创新之旅。每一次的成长就是一种重生，这场探索和变革，没有现成的模式可以借鉴，也不是在“旧轨道”上的修正、完善和提升，而是互联网时代传统制造业企业对成长“新轨道”的探索。

企业的共同价值/首要目标是决策者对企业战略/战略决策、制度/模式所做出选择的重要依据，它是企业协同发展的根基。作为海尔的灵魂人物，“自以为非”四个字恰到好处地概括了张瑞敏的人格特质，也成为海尔的文化基因所在，张瑞敏曾在《海尔人报》中明确提出：“海尔人不变的基因就是自以为非，永远以客户为是，以自己为非。”“自以为非”现已成为海尔企业文化中至关重要的一部分，保持从零开始的心态，不断自我颠覆、自我挑战，是海尔通往成功最重要的路径。

组织进化：齿轮时代的终结

> “传统组织结构将置企业于死地，未来的企业组织会更类似于一种混沌的生态系统。”
>
> ——凯文·凯利，《失控》

可以将基于弗雷德里克·泰勒的经典还原理论创立的商业组织看作一个超级机器，为了让机器有效运转，以高度标准化、集权化的组织结构为特征，权力分配自上而下，从而保证组织的稳定、高效。每个个体就像一个螺丝或齿轮，共同组成组织巨大的机器，每个齿轮互相咬合，共同去推动组织的发展。而在互联网时代，自组织成为未来组织进化的重要趋势。在自组织当中，个体与组织的关系正在重构，个体与组织更是一种联盟关系，而不再仅是雇主与雇员的关系。

管理的最高境界是无为而治，无为而治的理念核心正是自组织、自管理。自组织的活力要高于他组织，自管理的效率要高于他管理，当员工发自内心地而不是被外在强迫地产生积极性和创造性时，才能真正激发组织的活力。同时，在自组织中，员工进行自管理，大大降低了制度监督、执行、协调的成本，提高组织运营的效率。

在互联网时代，让员工成为工作的主宰，以自组织管理为主的组织架构，已经成为近年来组织架构的变革趋势。在《重塑组织——进化型组织的创建之道》中，作者弗雷德里克·赖卢认为，“青色组织” 将组织视作一个有机生命体，组织中的每个成员在各自的角色上也是一个完整的有机体。“青色组织”体现出三大突破，“青色组织”发现有效运行的关键是基于同侪关系的系统，既不需要层级也不需要达成共识，即使规模很大，也是如此；“青色组织”发展出一套体系和做法，让员工展现内在的完整性，而不仅是展现理性的一面；“青色组织”被视为有生命的，而不是冷冰冰的组织架构，组织成员可以理解组织想成为什么，而不是企图预测和控制未来。

“青色组织”的典型代表即博组客。若斯·德布洛克于2006年年底创建了博组客，为居家照护领域带来革命性影响，他以完全不同的方式定义组织架构。在博组客中，护士以10~12人为单位开展工作，每个团队负责一个划分明确的小型社区中的50个病人，其余团队全部复制这个团队的运营模式。团队负责过去分散在各个部门的原有任务。他们自主负责接受需求，制订工作计划，规划假期与节日安排，以及行政管理工作。

团队没有领导，重要决定都由集体共同做出。照护不再支离破碎，一个病人尽可能安排同一个或两个护士照护。在博组客，真正意义上的使命感被恢复：病人的福祉超越组织的利益。博组客这种独特的组织架构不仅让团队成员获得了极大的尊重感，也为病患带来了真正的关怀，并且在医护行业成本爆炸式增长之下持续发展。

“青色组织”的核心在于自主管理，这在一些企业中也能够初现雏形。化工制造企业戈尔公司，自20世纪50年代成立以来就一直依靠自组织进行运作，其创始人比尔·戈尔曾写道：“在戈尔，我们不管理员工。我们希望员工实现自我管理。”比尔·戈尔创造了“Lattice”一词，用以描述与传统金字塔型等级管理制度相反的戈尔的平等组织结构。在“Lattice”中，员工之间都能实现直线交流，而无须通过上级主管或预定渠道。此外，戈尔要成为“一家全体同事均享有平等机会的企业，一个能满足自我实现需求并使团队实力超越个人能力总和的强大组织”。

这些自组织的智慧也来源于大自然的启发，在类似于蚁群、鱼群、雁群等群体中，控制是分布式的，不存在中心控制，群体具有自组织性，例如，蚁群、鱼群、蜂群等动物群体能够表现出更高智商等级的行为。单只蚂蚁的力量微不足道，但是蚁群可以建造“桥梁”、创造传递食物和信息的“高速公路”、发动“战争”……在蚁群这种自组织架构下，每只蚂蚁都参与觅食、建造蚁穴等活动，群体智商得到了极大的发挥，这令蚂蚁群体得以生存上亿年。

当人们谈到自组织时，下意识地认为自组织就意味着混乱，其实自组织管理并不是没有架构，也不是没有管理和领导。事实上，它时刻拥有“领导”；自组织也不是简单地赋能，它真正打破等级架构，让权力自由流动。当时代不断变化时，组织架构也在不断“进化”，当然这个变化是稳步向前，而不是突飞猛进的，不断变化且在一段时间内相对稳定的组织架构是企业得以稳定发展的重要基础。组织的变化必然带来人与组织关系的改变，未来的职场也将迎来新的变化。

重构人与组织的关系：从雇佣到联盟

如今，组织面临着新的多重挑战与不确定性，技术日新月异，数字化转型正发生在组织的各个环节，员工工作与沟通方式正在发生深刻的改变，组织对于人的价值的认识在不断深入，这些都成为驱动组织和人关系变化的主要因素。随着越来越多的新生代员工涌入职场，企业需要重新审视组织与员工传统的雇佣关系。尤其是现在的90后一代，兴趣正成为他们谋生的手段，他们不愿意只受雇于一家公司，与众多公司合作成为90后青睐的工作方式。

2011年，华为宣布在意大利成立全球性研发中心，负责研究有关微波技术的创新等。此次为华为公司有史以来首度在中国境外设立全球性研发中心。华为微波产品线副总裁雷纳托·隆巴迪表示："米兰位于意大利伦巴第大区，是国际上知名的微波技术研发地。该地区拥有来自大学和科研机构等的大量资金投入，因而是华为公司择址微波技术研发中心的最佳选择。"在全球广纳人才，人才在哪里，组织就去哪里，这也是任正非所推行的"炸开人才金字塔，与世界交换能量"思想的体现。

传统的雇佣制度将员工和工作当作商品对待，这加剧了管理者与员工关系的不确定性。从企业角度来说，当企业出现亏损，遇到生存困境时，裁员是企业管理者常用的应对策略；从员工角度来说，当员工遇到更好的发展机会时，离职也往往成为更好的选择。面对充满不确定性的雇佣关系，企业与雇员都把"这只是笔生意"作为处理雇佣关系的主要理念，管理者与员工双方互不信任，没有坦诚相待，更不会产生团队凝聚力，这样的团队又能产生什么样的创新呢？

伴随着自由职业者浪潮的袭来，终身雇佣制度被打破了，**公司与员工的关系更像球队，一支球队的成员背景各不相同，成员的构成也会发生变化，这些都不会影响队员为了共同的目标——赢得比赛，结成联盟。**雇佣时代正在走向消亡，雇佣关系发生了变革，变成了合作关系和联盟关系。

职业社交网站领英创始人里德·霍夫曼在《联盟》一书中，提供了一种使管理者与员工从商业交易转变为互惠关系的框架，创建了一种鼓励公司和个人相互投资的工作模式，这种工作模式就是联盟。**在联盟中，双方都设定了明确的预期。管理者可以开诚布公地谈论公司愿意为员工进行的投资和公司期望得**

到的回报，员工也可以开诚布公地谈论他想要发展的技能或经验，以及他通过努力可以为公司做出的贡献。联盟模式能够有助于在管理者与员工之间建立一种新型忠诚观，它既承认经济现实，又允许公司和员工彼此做出承诺。当一家公司及其管理者和员工采取这种方式时，各方都可以专注中长期收益的最大化，达到共赢。

任期制是联盟关系中的重要内容之一。在企业中，任期制的时间是管理者与员工协商得出的，没有一个固定期限。但是无论一个员工在一家公司待多久，公司和个人都会以一段时间为期限，共同设立阶段性目标，完成一个任期以后，再去共同设立下一个任期目标。

2003年，当时领英还是一个微型的初创企业，时任首席执行官里德·霍夫曼招聘到了从麦肯锡公司离职的马特·科特，年轻的马特的目标是成为一位风险投资家，但里德·霍夫曼认为，对马特·科特的职业发展而言，与离开麦肯锡后直接加入一家公司相比，在一家成功的初创企业获得运营经验更有助于他实现自己的目标。于是，他们制订了一份任期计划：里德·霍夫曼为马特·科特提供学习和锻炼的机会，极为全面地接触企业的所有职能部门；作为交换，马特·科特也承诺愿意为领英的发展壮大做任何工作。虽然马特·科特的职业最终目标是成为一位风险投资家，但他和里德·霍夫曼在短期理想和兴趣上可以达成一致。在领英工作三年后，马特·科特决定离职。虽然不舍，但里德·霍夫曼仍支持马特·科特的决定，因为这让马特·科特更进一步实现他成为风险投资家的目标。最后，马特·科特成为硅谷顶尖风险投资公司之一的Benchmark的普通合伙人，并在2011年，与里德·霍夫曼一起投资Edmodo（一家K-12社交学习网络）。

领英和员工结成了强有力的联盟，不论双方会持续多长时间，领英都履行了培养员工的承诺，而员工也履行了壮大领英的承诺。承诺带来了彼此阶段性的互惠互利，这就是任期制带来的双赢局面。**联盟关系下，企业对员工的界定从“拥有”转变为“使用”，停滞的人才池变成了流动的人才河流，这让管理者和员工都有了更灵活的选择。**

赋能个体

在丰田公司创造的著名的“及时生产看板制度”中，有一条质量管理原则就是在发现质量问题时，流水线上的任何一位员工都有权拉绳中止生产，每位员工应被赋予一定的权限，而不仅是机械式地工作。这与华为所倡导的“让一线的员工呼唤炮火”不谋而合，在个体崛起的时代，为个体赋能，成为重要的话题，然而赋能早在军事战争中初见端倪。

霍雷肖·纳尔逊是英国18世纪末及19世纪初的著名海军将领及军事家，他在1805年的特拉法加战役中击溃法国及西班牙组成的联合舰队，迫使拿破仑彻底放弃海上进攻英国本土的计划。在那个时代，海军作战的常规是将自己的船只排成一条平行于敌人的战线，海军将领位于一字长蛇阵的中心，监控整个战局并通过旗语发出指令，经过一轮轮地相互射杀，直到一方战败投降。然而在特拉法加战役上，纳尔逊打破了这个规矩，将自己的舰队分成两列，并让两列之间形成一个特定的角度，然后从侧面切入法国和西班牙组成的联合舰队，将其切成三段，以便造成混乱，让敌军指挥官无法发布连贯的命令。

他这一作战计划的核心理念是，一旦开始混战，所有指挥官必须充分发挥主观能动性，自行决断。此时的联合舰队还处于严格的权威统领之下，依赖中央指挥部发出命令行事，单个舰只的指挥官要等待通过信号旗发出的指令，当场面出现混乱时，指挥信号很容易被错误地理解。所以，虽然联合舰队在技术上具有优势，但拿破仑率领的部队有19艘战舰被英方俘虏，而纳尔逊方面没有损失一艘战舰，他获得了彪炳海军历史的战略成功。

纳尔逊取胜的关键就在于：他改变了传统的等级制组织结构，创新了组织的管理方式，让组织中的所有个体都有主动性，并且能够进行关键性的思考，同时不让士兵简单机械地去执行命令，而是可以自行做主、自行决定。

在持续动荡、急剧变化的社会系统中，人们对于世界的传统认知和管理模式已经失效。组织的目标不再是通过流程化、标准化管理追求绩效，而是获得持续适应的能力。在复杂而又变化无常的环境中，适应性比效率更为重要。试图在效率上达到最佳，将使得整个系统在面对冲击和干扰时更加脆弱，甚至丧失适应力。如今，传统组织模式很难在一个错综复杂的环境里对路线进行准确规划和预测，组织管理者需要建立适应力强的组织。

建立有效组织就得打破组织的层级架构，构建灵活敏捷的网状组织，为个体赋能。在过去几百年里，传统组织里的等级制度、领导权威维持了组织的秩序，让信息传达更加规范、可靠。但在瞬息万变的当下，层级化管理方式，却显得不够敏捷和灵活，严重阻碍了体系内的相互交流，难以适应快速变化的环境。那些能够自我压缩、自我伸展并且能演变成任何必要的形态的网状组织，具有充分的调整适应能力，显示出了强大的生存发展能力。**企业正经历着复杂多变、充斥着不确定性和模糊性的移动互联网时代，为了应对这些挑战，企业必须摆脱传统命令和控制式的枷锁，开展广泛而扁平化的沟通和协作，赋能个体，企业才会获得更大的活力与发展的动力。**

总结

- 组织架构调整时，调整前的思路中要先符合架构必须相对稳定性的特点，根据企业自身的发展需求确定相应的组织架构，并在一定的、足够的时间范围内保持相对稳定，在稳定中求变，进行组织的转型与进化。
- 企业的共同价值/首要目标是决策者对企业战略/战略决策、制度/模式所做出选择的重要依据，它是企业协同发展的根基。
- 联盟关系下，企业对员工的界定从“拥有”转变为“使用”，停滞的人才池变成了流动的人才河流，这让管理者和员工都有了更灵活的选择。
- 在丰田公司创造的著名的“及时生产看板制度”中，有一条质量管理原则就是在发现质量问题时，流水线上的任何一位员工都有权拉绳中止生产，每位员工应被赋予一定的权限，而不仅是机械式地工作。
- 在持续动荡、急剧变化的社会系统中，人们对于世界的传统认知和管理模式已经失效。组织的目标不再是通过流程化、标准化管理追求绩效，而是获得持续适应的能力。
- 企业正经历着复杂多变、充斥着不确定和模糊性的移动互联网时代，为了应对这些挑战，企业必须摆脱传统命令和控制式的枷锁，开展广泛而扁平化的沟通和协作，赋能个体，企业才会获得更大的活力与发展的动力。

第十七章

激活组织协同的密码

在“10S协同模型”中，激励/约束机制作为关键序参量对制度/模式、结构/稳定等要素有直接的影响，激励/约束机制是商业模式的基础，同时，制度则能够促进激励/约束机制的发挥。此外，激励/约束机制受到组织共同价值/首要目标的重要影响，当组织成员拥有共同的目标时，在共同的使命和愿景下，能够激发出自身的内生动力，促进组织不断走向协同。

X理论与Y理论下的人性与管理

> “管理的本质是激发善意和潜能。”
>
> ——彼得·德鲁克，现代管理学之父

《论语·为政》中写道：“道之以政，齐之以刑，民免而无耻，道之以德，齐之以礼，有耻且格。”这句话是指用政令来治理百姓，用刑法来整顿他们，百姓只求能免于犯罪受惩罚，却没有廉耻之心；用道德引导百姓，用礼制去引导他们，百姓不仅会有羞耻之心，而且有归服之心。法家管理强调以政令和刑法进行治理，其结果是百姓因为害怕而不敢犯法，但是内心没有建立一种羞耻感，只是以“是否会受到处罚”来指导行为。同理应用于企业管理中，企业若是用严厉的规章制度来约束管理员工，员工也如同“提线木偶”一样行动。

1960年，美国著名的行为科学家道格拉斯·麦格雷戈在经典的管理学著作《企业中人的方面》一书中，对于企业管理中的人性因素进行了研究，提出了X–Y理论。

X理论假设，大多数人都是懒惰的，他们消极、被动，没有雄心壮志，安于现状。出于对自身利益的考虑，他们难以齐心协力地实现组织目标。在这样的假设下，组织管理者应当以职权使对方服从，通过严密、具体的规章、制度、流程来监督、控制、管理，以金钱报酬作为最主要的激励。

然而，随着技术的不断发展，传统的机械化的管理方式压制了员工学习和成长的天性，造成了员工工作倦怠，缺少工作热情。道格拉斯·麦格雷戈以Y理论对于新时代组织中人性的方面进行假设：Y理论假设，人们天性中并不一定会逃避工作，人们对待工作的心态受具体工作情况影响；人们更愿意通过自我管理来实现目标，过度的外部控制很可能阻碍人们成长；人们具有主观能动性，因而在适当条件和引导下，个人目标和组织目标可以达成一致。

基于这样的假设，管理者对员工的管理方式需要由管控转变为赋能。管理学大师彼得·圣吉在《第五项修炼》中说道：“如果有任何一项领导理念，几千年来一直在组织中鼓舞人心，那就是拥有一种能够凝聚并坚持实现共同愿景的能力。建立共同愿景，对于组织价值观的形成，特别是对于组织凝聚力的强化具有重大影响。”这也是优秀企业能够基业长青的要素之一，员工抱有共同的梦想去努力做事，这件事情也更容易成功。

任何一个组织需要从产生初期就开始构造自身的目标和理想，并将其打造成为企业文化和价值观，这些都能催生出发自内心的使命感、目标感。苹果以创新为使命，并在人力资源管理各方面打造推动创新的文化，不断激发出员工的动力与热情。对于人力资源部门而言，更是建立企业文化与价值观的引领者，通过建立共同价值和信任的文化，才能真正凝聚人心，而这些正是企业赖以长期生存的基础。

自工业革命以来，组织管理一直遵循科学管理的原则，企业强调效率驱动组织发展，利用严格的制度约束员工的行为。因此，如何让员工在工作中被“激活”，从而打造一支高效、创新的团队，让整个组织充满活力，是每一位管理者必须思考的问题。通常而言，激励有物质激励与精神激励之分，物质激励无非是薪酬福利等一些外在形式，而精神激励是员工从内心产生的驱动力。**对于优秀人才来说，最大的激励往往不是外在的物质激励，对于他们而言，工作本身就是动力。**在知识员工密集且属于网络协作型的组织里，员工可以自我激励。如何给予公司员工支持，从而激发他们的工作热情，让他们将企业的战略目标与自身的工作联系起来，是管理者不断探索的重点。

从管理学意义上看，公司更像一个目标共同体，在后工业时代、数字时代尤其如此。1960年，惠普的创始人之一戴维·帕卡德在演讲中表示："很多人误以为公司存在的目的只是赚钱。这一点其实只是一家公司存在的一种重要结果，我们必须进一步深入地去发现我们存在的真正原因。我们不可避免地会得出一个结论，一群人聚集到一起，以我们称为公司的机构存在，是为了能够合力完成一己之力无法做到的事情——对社会做出贡献。这个名词听来平凡，却是根本因素。"**拥有共同的目标和文化价值观，以此作为激励的内生动力，并且坚定地去捍卫它，这是伟大组织和一般组织的主要差异。**

个体价值崛起时代的员工激励

在个体价值崛起的时代，个体所拥有的知识、能力、信息，使得个体越来越独立，他们对自我的认知更加明确。过去，员工需要更多了解组织的需求，需要依赖于组织才能创造更多价值，而现在组织则必须更加了解员工的需求，组织则更加依赖于员工创造价值。传统的雇佣制将慢慢被淘汰，未来组织与个人的雇佣关系变得松散，组织和个人之间不再是纯粹意义上的雇佣关系，更是一种合作和联盟的关系。

在组织中，任何一个员工都是独立的个体，但是员工依存于组织，员工与其他组织成员相互联系、相互影响。**组织和员工之间是紧密的协同关系，组织和员工之间以共同价值为核心，使得组织各个环节按照最优的原则相互协作、配合及互动。**

管理学者陈春花认为，组织为了更好地驾驭不确定性，就必须做出巨大的改变。改变之一在于效率不再来源于分工，而是来源于协同；改变之二在于要从考核绩效转向激励价值创造；改变之三在于授权和赋能。在VUCA时代，随着竞争的不断加剧，组织越来越需要集合个体的力量和智慧，成为组织发展的不竭动力。组织的发展离不开团队成员的协作，组织不仅要尊重员工的个性，更要充分激发个体的活力，让组织和个人共同成长。因此，**组织需要更加重视个体的力量，激活个体，让个体的价值不断凸显。同时，利用全新的思维方式调整组织管理，发挥1+1=10的协同效应，才能帮助组织始终保持活力。**

根据马斯洛的需求层次理论，当人们的生理、安全，以及爱与归属的需求获得满足的时候，希望获得尊重的需求就会呈现并深度影响人们的行为。在个体价值不断崛起的时代，越来越多的新生代员工在价值追求方面更加趋向个性化和多元化，在工作上也更多表现出更高层次的需求，如尊重、认可、自我表达等。优秀人才更具有自主性、独立性，尤其是新生代员工不再满足于作为企业的附属品，强烈要求体现自身的价值创造需求时。与物质激励相比，如今越来越多的员工更希望得到肯定的自豪感和成就感，以及尊重和信任的工作环境。对于管理者而言，如何更好地激励新生代员工，是面临的巨大挑战。

在组织内部，建立尊重和信任的文化能够不断促进员工自我驱动、自我成长。研究发现，可信任的团队共同从事有目的工作，会更让人乐在工作。与在低信任组织工作的人相比，高信任组织的员工生产力较高、工作更有活力、与同事合作更为融洽，而且在组织任职的时间较久。

此外，新生代员工更加注重尊重，希望管理者可以尊重自己的付出和努力，而最具吸引力的文化则是公司能够帮助他们实现自己的梦想，因此，管理者需要采取基于愿景的领导方式，鼓励员工质疑现状、不断沟通，当双方具备了共同的愿景后，员工就会最大化参与到工作当中。

一群人因为某个共同的价值观和理念而走到了一起，让公司产生凝聚力的不是它的产品或服务，让公司强大的不是它的规模和力量，而是文化，一种牢固的价值观和信念，让组织中的每一个人都认同它。有些人只是名义上的领导者，而有些人是真正的领袖，名义上的领导者身居要职，拥有权力或影响力，而真正的领袖会激励员工不断追随。因此，对于领导者而言，需要重视帮助员工认同组织的使命与愿景，才能真正激发员工。

对于新生代员工，管理者应寻求一种更为宽松、人性化的手段，对其进行积极合理引导。在新环境下，领导者也要改变角色，培育整个组织的信任文化，使得各个组成部分能够自主地运转起来。同时，鼓励员工从多重角度思考问题，克服偏见，引入拥有不同视角的人才，鼓励员工各抒己见。通过建立包容多元、信任尊重的文化，以及基于愿景的领导方式，才能不断激励员工的潜能，充分发挥新生代员工的创造力。

现代管理学之父彼得·德鲁克曾经说，**管理的本质是激发善意和潜能**，在激活个体的过程中，这一点显得尤为重要。组织在激励员工的过程中，组织领导者必须由控制者转变为赋能者，通过激发员工内在的动力，提升员工的自主性、创造性和灵活性，从而不断推动组织的发展。

◣ 员工激励的未来

个体价值崛起的时代，为人才提供能激发起创意和成效的激励机制显得尤为重要，创新组织的激励模式必须综合考虑整体外部环境及人才激励规律。未来，雇主会在整体薪酬回报体系中提供包括职业发展、成长和工作自动化等更多无形的激励内容；雇主将重新重视员工健康和疾病管理；雇主会通过多样化的薪酬支付项目将员工绩效与其整体回报直接挂钩；更多的组织会提供带薪休假计划及灵活的工作时间。在智能技术崛起的时代，满足员工的多样化需求，激励方式也需要呈现多样化的趋势。

第一，人才激励需要具备即时性

英特尔曾发布过一个视频，讲述了一个“金香蕉”的故事：当一位工程师走进老板的办公室，展示了他开发的一个新产品时，老板非常认可这一产品，认为应该立即奖励这位工程师，但是老板找了半天就找到一根香蕉，于是就只能先将这根香蕉奖励给这位工程师。企业人力资源部门基于这一事件设立一项“金香蕉奖章”，意在及时认可与奖励，而在公司内部佩戴该奖章的员工则是企业内部员工的羡慕对象。

传统的人才激励通常建立在员工绩效考核的基础上，在此基础上给予员工相应的反馈和奖励，大多数管理者并没有意识到这一反馈和激励机制对于员工和企业的意义，不过是按部就班遵循绩效流程的要求而已，并且通常是半年或一年才开展一次绩效反馈。传统的激励模式显然无法满足人才的新需求——员工需要及时激励。如果员工需要等待半年以上才能得到应有的激励，激励就失去了应有的效果。因此，人才激励需要越来越具备即时性，即时奖励符合企业期望的员工行为，才能最大化激励效果。

第二，利用数据，人才激励需要更加个性化

2015年，美国威睿公司已经开始测试人力资源软件公司Workday的一款预测技术，通过这项技术系统进行数据分析，并预测员工可能准备离职的时间，让主管可以未雨绸缪，挽留离职员工。这个软件借助分析员工活动的趋势、最近一次升职时间、地理因素、产业变化及其他资料来做出预测，经过训练，技术系统会逐渐提升功能。威睿公司全球人力资源信息系统资深主管加纳威曾说："这项工具让威睿公司有'极高概率'正确预测哪些员工会离开公司。"当智能分析与大数据分析技术愈加成熟，如在员工离职之前能够提前预测，并制定有针对性的激励时，可以进行有效的员工挽留，这一项大数据分析技术同样也可以运用到人才激励中来。

第三，利用智能技术，人才激励更关注健康

如今，"幸福感"的定义已经改变。它不再是企业为员工提供茶水间、餐饮服务和健身房这么简单。对于更多的公司来说，"幸福感"意味着财务、精神和情感因素的综合结果。"幸福感"意味着从传统的金融工具（股票、期权）转换为照顾员工生活、改善员工心态。其目标不仅是减少员工的工作压力，同时也试图减缓其生活压力。

2017年，越来越多的公司意识到工作压力是员工面临的最大健康问题，越来越多的企业愿意为员工创造一个更放松、更健康的环境。员工身体不健康会引起旷工、人员流动、工作效率和士气低下。研究也表明工作场所健康项目可以创造一个健康快乐的工作环境从而降低公司的成本。

例如，苹果为员工及家属推出一系列名为AC Wellness的医疗诊所，苹果发布了一个名为acwellness.com的网站，其中不仅给出了此项计划更为详细的信息，还列出了一系列招聘需求，包括初级护理医生、运动教练和护理指导等。在

文思海辉，为了让员工更加健康，则在公司举办全员减重大赛，让员工更健康的同时，着力提升员工的幸福指数和敬业度。美世咨询公司的《2018年全球人才趋势研究——在人才时代加速成长》报告显示，技术也是实现健康的工具，虚拟诊所、冥想应用程序、以生物识别为导向的健身计划，以及其他数字化健康工具近年来备受推崇，但只有20%的企业目前已经部署了此类工具。

第四，人才激励需要更加创新

在未来，认可与激励将更多借助互联网平台等创新应用方式来实现。例如，由于平台兑换礼品非常方便，一些企业在员工在线培训平台上设置积分兑换奖品模块，鼓励员工通过学习课程兑换喜欢的奖品，或者进行学分总排名，定期给高学分学员发放小礼品以示鼓励，实现激励员工不断学习。

这种微认可和微激励的方式运用到内部人才管理上效果明显，可以做到真正意义上的实时化认可与激励，强化人才的正向行为，让员工可以不断通过挑战获得小惊喜，拥有更多的幸福感和满意度。在未来，企业可以将人才激励项目整合到互联网平台或移动应用上，员工不仅可以快速了解到各种认可与激励项目，获得更佳体验，同时，通过多样化的沟通方式，人力资源部、直线经理和员工沟通起来也更顺畅，实现实时沟通和反馈，积极、顺畅的沟通也能够更好的激励人才。

第五，人才激励从内部走向外部

未来，认可与激励将从单向激励走向全面化和立体化。在过去，一名员工获得的认可与激励更多来自工作关系中的其他人，如上司的赞扬和同事的认可。但是在未来，组织对员工的认可与激励可能通过数字化手段获得同事甚至外部客户的“点赞”。例如，在“阿里钉钉”移动应用上，考勤打卡功能中设有早到榜排名，员工可以看到企业内部上班最早的前10名员工，其他人可以给早到的员工点赞，不同部门员工还可以进行互动，排名靠前的同事或者部门可以获得不同类型的勋章。

在未来，员工的认可与激励将囊括更多外部客户的点赞和认可。认可与激励将从内部激励扩展到外部激励。例如，香格里拉酒店的“令客户喜出望外活动”

项目，就是通过入住酒店的客户反馈对表现优秀的员工进行肯定和赞赏，来实现员工认可与激励。

第六，为员工提供弹性工作制

新时代下，快速变化的外部环境要求员工必须具有创造性，创造性工作在日后将成为主流，这种工作的特点就是产出无法预知，更需要人的创造力和探索能力，而这一能力的激发有赖于组织内部设立的激励机制。开放自由的环境将极大激发人员的创造力，组织需要将工作的支配权交还给员工，让他们在适度的自由空间里尽情发挥才华，实现“工作本身就是激励”的效果。在前面提到的《2018年全球人才趋势研究——在人才时代加速成长》的报告中称，51% 的员工希望公司给予他们更加灵活的工作选择。工作灵活性可以帮助员工应对生活中各种计划中和计划外的事情。未来，适应地工作需要在工作时间、工作地点、工作内容、工作方式、工作主体等方面更加灵活，但数据显示，只有3% 的企业认为在灵活安排工作方面走在了前列。

丹尼尔·平克说：“要想让人们负责任，必须确保他们对自己的工作内容、工作时间、工作方法、工作团队有控制权，这是达到这个目标的必经之路。”当企业将工作内容、时间安排的权力授权给员工的时候，会发现员工的创造力得到了极大的释放，也是最有意义的激励。

第七，人才激励需要更关注人才的职业发展

经济学家爱德华·卡斯特罗诺瓦曾指出，人类社会出现了向游戏空间“大规模迁移”的现象，全世界数亿人在游戏上投入了大量的时间。尤其是“90后”“95后”员工是伴随着多屏幕、视频游戏长大起来的游戏达人，他们更青睐多样化的学习方式，而不仅是传统的课堂式学习。因此，通过将游戏的元素和机制融入学习设计之中，提高学习的乐趣和学习者的参与感，而系统化、有意义的职业学习也是员工青睐的激励方式之一。如今，企业可以借助新兴技术，通过多样化的形式，实现个性化的学习方式。例如，安利为新员工开发的大型3D浸入式游戏化学习项目——“安利人生90天”，吸引新生代员工的眼光。

中国企业0glass也已推出硬件产品AR 智能眼镜 RealX 系列与工作辅助和培

训系统 PSS，提供更具场景化和体验更友好的培训服务，通过 AR 技术对工业中的一线工作进行改造，可以提供实时指导、透明管理、个人教练和知识沉淀四大模块，实现工作流程和要求可视化，实时、实景、实境地进行工业操作上的指导、教学和管理。

将人工智能相关技术用于培训，不仅能够提升学员的体验和培训效果，还能提升员工工作体验，同时，能够针对员工的工作行为进行大数据分析，及时地调整培训内容。以往的培训数据单纯采集学习过程的信息，而利用增强现实技术，工作中的数据可以实时反馈到培训过程中，进而影响培训的内容与方向，为员工提供针对性的培训内容，也能提升员工的敬业度和满意度。技术正以前所未有的速度向前发展，也会影响未来的人才激励政策。管理者需要结合新技术，在吸引和激励人才方面不断创新，不但激励目前的员工团队，也要激励更广范围的人才生态体系。

合伙人制度与协同效应

彼得·德鲁克在《管理的革命》一书中阐述道，管理1.0时代是“命令与控制”，管理2.0时代是“授权与支持”，管理3.0则是“共创与自我管理”。目前，互联网企业的管理阶段多处于2.0与3.0阶段中间，在这种背景下，员工逐渐转变为事业合伙人。在创业、创新的浪潮下，将员工转变为合伙人，能够真正激发团队的战斗力。事实上，“合伙人”这个概念由来已久。中国古代就已经出现了合伙人的形式，而西方则从古罗马时代开始出现现代意义上的合伙人制度。一般而言，合伙人制度涵盖四个方面的机制：共同出资、共同经营、共享利润、共担风险。合伙人制度使西方的投资银行在100多年中得以将才能最优秀也是流动性最高的业内精英集结在一起，形成了一种独特、稳定而有效的管理架构，并先后产生了如摩根、高盛等优秀的投资机构。西方经营上百年的合伙人机制，对中国企业的发展模式有借鉴意义。

合伙人制度的崛起

把员工视作合伙人绝不是这几年的新鲜产物，1823年，中国清代著名的票号“日升昌”诞生在山西平遥县城，自此拉开了山西票号辉煌的百年征程。1893—1910年，山西票号达到巅峰时期，山西票号所有权与经营权分离，票号大掌柜负责票号具体事务，东家被赋予其绝对权限。

山西票号

山西票号在经营中有两种股权形式：股俸制与顶身股。股俸制与股份制类似，将初始资本分为若干股，并以此作为未来分红的依据。顶身股在票号内部，根据掌柜与伙计的工作表现和才能，参与年终分红，顶身股不可转让，顶身股将票号的效益与员工的利益结合在一起，共享利益分配也是山西票号能够多年“执中国金融界之牛耳”的秘密武器。

山西票号的“顶身股”不是每个职工都能得到的。票号新招员工学徒期为三年，三年期满合格，录用为正式员工。一般要经过几年锻炼，在思想和业务方面，包括德、勤、能、绩表现优秀者才能顶股，快则一两年，慢则可能十几年甚至更长的时间还不能顶股。

资料来源：《山西票号的资本组成及其人力资本核算》。

随着银行业的发展，票号已经退出了历史舞台，但其留下了供企业学习与思考的资料与信息。事业合伙人的早期版本就是创始人和创业团队之间的故事，新东方三驾马车、腾讯五虎、阿里十八罗汉……皆是如此。随着雇佣关系的逐步瓦解，合伙人制度开枝散叶，再也不是创业团队成员间的独家绝学。员工逐渐转变为事业合伙人，星巴克的“全员合伙人”制度曾是许多公司效仿的对象，每一位星巴克员工，包括每周兼职工作在20小时以上的员工，都有机会持有星巴克的咖啡豆股票，从而可以真实地享受合伙人的权益。

在共享经济时代，创业成为风潮，而企业所推崇的“合伙人”制度已经超越了传统的合伙人制，可以被称为基于人力资本价值上的轻型合伙人制，这种合伙人制度的出现主要是因为在知识经济时代，人力资本在企业价值创造的主导作用越来越凸显，它在跟资本的博弈中，人力资本由被动地适应货币资本的要求转向了主动，也就是说在博弈中人力资本逐渐占据了主导作用，这个时候就出现了所谓人力资本主导。事实上，阿里巴巴的特殊合伙人制度、万科的事业合伙人制度，其实都是基于人力资本的一种制度创新。

如何选择合伙人

美国咨询公司Early Growth Financial Services的首席执行官大卫·埃伦伯格认为，与合伙人讨论如下这些事情不可避免地会产生隔阂，也许会破坏合作关系。但是如果能够成功开展这些艰难对话，将有助于增强合作伙伴关系，为公司进一步发展打下基础。在创业之前联合合伙人必须考虑清楚以下几件事情。

公司的目标是什么？

- 创业的初衷是什么？
- 要满足什么样的市场需求？
- 最初的产品/服务是什么？
- 公司的发展战略是什么？

公司的愿景和价值观是什么？

公司的成功取决于一致的愿景，你和你的投资人、员工和客户等都必须达成共识。你们心目中的首要任务是否一样？无论是在个人层面还是公司层面上，你们能在最重要的事情上意见一致吗？

如何才能获得成功？

- 你和你的联合合伙始人希望从创业中获得什么？
- 如何衡量自己是否达成目标？
- 如果你们的目标不同，当你们达成目标时要怎么发现这点？

马云认为，对于合伙人而言，其本身就需要具备不断自主驱动、自我突破的能力和精神。此外，**合伙人还需要具备与他人协同、融合的能力**。在这样的合伙人的影响下，创业企业呈现出的创业精神即合伙人精神。合伙人精神的核心就是彼此之间要有共同的目标和愿景。

虽然合伙过程中不乏散伙的案例，但是在互联网时代，成功合伙的例子也屡见不鲜。例如，阿里巴巴、腾讯等独特的合伙人制度成为企业发展的重要基石。腾讯拥有五位非常重要的联合创始人，他们负责各自的领域，在马化腾的协调下，共同经营腾讯。除此之外，谷歌的“三驾马车”也可谓合伙人的成功典范。

案例：谷歌的“三驾马车”实现了共赢

谷歌在创始之初，施密特任董事长兼首席执行官，佩奇为产品总裁，布林任技术总裁，被誉为谷歌的“三驾马车”。施密特、佩奇和布林三人将作为一个团队来工作，对于任何重大决定，他们三人必须达成一致。然而，由于佩奇和布林是技术出身，在公司决策上经常与施密特发生分歧。为消除紧张局面，谷歌请来了时任财捷集团的董事会主席、苹果的两位联席领导董事之一坎贝尔担任“顾问”。据报道，坎贝尔每周花两天到谷歌做顾问工作。他除参加谷歌的董事会会议外，还参加每周一进行的数小时的谷歌行政管理会议，并经常与谷歌高级管理人员进行一对一的会晤，以提出评估意见，调节管理纠纷。经验丰富、情商高的坎贝尔得到了谷歌董事会、创始人、施密特及其他高管们的信任，成了“三驾马车”的润滑剂。布林说：“我们非常幸运，因为我们两人再加上施密特，我们能够选择关注的事情，这是一种难得的奢侈。”

随着谷歌发展的需要，2010年年底，谷歌管理层将三人平等参与决策的方式进行了变革：佩奇接替施密特出任首席执行官，而布林则成为联合合伙人，负责公司战略研发。由此，谷歌的“三驾马车”实现了平稳过渡，谷歌高层的合伙人制度得到了延续和传承，并助力谷歌未来更好地发展。

首先，企业建立联合创始人的管理制度，对合伙人进行管理和合作，才能走向长远。其次，合伙人之间需要协同分工并发展互补技能。当合伙人之间能够达成信任和共识时，将大大降低失败的风险。很多合伙人散伙的原因就在于，一方觉得自己没有获得足够的重视和尊重。因此，建立良好的信任，并制定规则，可以有效预防风险。此外，非常重要的是，让导师及顾问参与到合伙人当中。谷歌“三驾马车”之所以成功，很大原因在于坎贝尔这个“顾问”的存在。斯坦福大学曾经对10万家美国初创企业的数据进行分析发现：拥有良好导师的初创企业，其发展速度是一般企业的3.5倍，收益高达7倍。因此，在公司的董事会中加入第三方力量——导师及顾问，可以帮助避免潜在的纠纷。同时，富有经验的导师或顾问，还能提供具有价值的建议，帮助企业获得潜在合作伙伴、投资者及客户的社会认同。最后，签署合伙人协议。合伙人需要阐明彼此的见解，并制定规则和约束机制，帮助合伙人之间达到制衡。

◣ 星巴克的咖啡豆股票计划

在星巴克点上一杯咖啡，你会听到店员互称“伙伴”。在星巴克，员工被称为Partner（伙伴），这一称谓始于1991年。全体员工成为“合伙人”，这不仅需要创始人具备非常远大的战略眼光，更要在方方面面考虑周全。

星巴克首席执行官霍华德·舒尔茨出生在美国纽约一个穷人家庭，父亲是卡车司机，后来因为脚受伤，父亲失去了收入来源，也没有得到令人满意的福利保障，这给舒尔茨留下非常深刻的影响。1987年，舒尔茨全面接手星巴克之后，他将其打造成全美“领先的零售商、美味蛋糕的提供者及独具魅力的咖啡品牌”，并在经营过程中讲求“将心注入”，真诚对待员工、对待客户的价值观。在2018年《财富》美国500强排名榜中，星巴克排名第132名。外界评价星巴克之所以发展得这么成功，是因为舒尔茨一直信奉“草根文化”，他非常重视伙伴的感受，星巴克的伙伴也非常喜欢这位时刻为员工着想的首席执行官。

1991年，在舒尔茨的坚持下，星巴克开始实施“咖啡豆股票”（Bean Stock），这在后来被更加形象地称为“豆股票”。这是面向全体员工（包括兼职员工）的股票期权方案，每个员工都持股，都成为公司的“合伙人”，把每个员工与公司的总体业绩联系起来，无论是首席执行官还是任何一位合伙人，都有将公司经营看成自己的事业的工作态度。当时的规定是如果要具备获得股票派发的资格，每位合伙人在从4月1日起的财政年度内必须至少工作500小时，平均为每周20小时，并且在下一个一月即派发股票时仍为公司雇用。如今，工作的最低小时数在部分国家或地区，已经不是硬性规定。

星巴克的中国伙伴想要获得“豆股票”并不需要财政年度期间至少领满 360 小时薪金的资格要求，这降低了获得“豆股票”的门槛，企业态度慷慨。“豆股票”归属于员工薪酬计划，星巴克认为，不仅要让年轻人在工作中得到成长，充分释放他们的才华，同时也要一起分享企业财务上的成功，这也符合舒尔茨的经营理念“最好的成功就是彼此分享”。

“豆股票”是对于员工认可的一种承诺，是一种实在的物质激励，从某种意义上来说，星巴克堪称全员持股的先行者。不仅是在零售行业，在其他行业也掀起了一股风潮，将合伙人制度从高级员工逐渐转向基层员工，这归结于企业深谙这一道理：新的企业竞争优势是以客户为中心的，而经常接触客户的往往是一线员工，因而越来越多的企业将目光聚焦之处从如何招揽外部客户，转向思考如何善待企业的内部客户，尤其是一线员工。他们的工作状态、情感表达、服务效率往往是决定成败的重要因素。

阿米巴经营模式中的团队激励

1959年，一位创业者的公司员工人数仅有28名，5年后，员工人数一跃超过100名，甚至达到300名。这位创业者面对员工人数的激增，在缺乏管理者的处境下，独自奔波周旋于产品开发、生产和销售的各个环节。然而好景不长，混乱的经营模式最终导致这家企业濒临破产。也正是在这样的处境下，这位创业者“突发奇想”：既然一个人能够管理100名员工，那何不把公司分成若干个小集体呢？让中层管理者来经营这若干个小集体。由此，“阿米巴经营”应运而生，而这位传奇的扭亏为盈的创业者就是日本“经营之圣”之一——稻盛和夫，而这家企业就是世界500强之一的京瓷。

阿米巴是一种单细胞动物，能够进行自由、重复的分裂活动，形成若干个小的阿米巴。简单来说，阿米巴经营模式就类似于细胞的分裂活动，将大企业这个大阿米巴分成若干个小阿米巴，培养具有领导意识的人才，负责各个小阿米巴，自行制订各自的计划，按照小企业、小商店的方式进行独立经营，依靠全体成员的智慧和努力来完成目标。通过这种做法，让第一线的每一位员工都能成为主角，实现全员参与经营，最终实现企业的飞速发展。

阿米巴经营模式能使企业成功的关键在于它的经营哲学——要让每一位员工成为主角，把企业的经营权下放给每位员工，使员工从“要我做”的理念转向“我要做”的态度，充分发挥员工的工作积极性，培养更多的人才以此推动企业发展。阿米巴经营模式的实质是全员参与这一赋权式经营方式。2010年，作为亚洲最大航空公司的日本航空在外部遭遇寒流、内部经营不善的情况下，宣布破产退市，然而阿米巴经营模式的导入让它奇迹般地实现“V形复活”，2010年成为全球航空业的盈利冠军。阿米巴经营模式似乎成为企业起死回生的灵丹妙药。

阿米巴经营模式使企业经营管理取得明显而有效的成功，秘诀在哪里？阿米巴经营的最终目的是为企业培养具有经营意识的人才，因此具有非常好的激励员工潜力的功能。研究表明，在缺乏激励和约束机制的组织中工作的员工，他们在工作中主动运用的能力达不到其全部能力的1/3。员工工作积极性的丧失在浪费员工自身价值的同时，对企业的经营发展也不利。倘若，每位员工能像主人一样为自己工作，竭尽全力，可想而知将为企业带来质的飞跃。然而人性在多大程度上能得到开发很多时候有赖于优良的机制。从阿米巴经营模式中，或许可以看到一些启发。稻盛和夫在初创这一经营模式的时候，确立了三个目的。

阿米巴经营模式的第一个目的是“确立与市场挂钩的部门核算制度”。公司的经营理念是要追求销售额最大化和经费最小化。重要的销售额和经费支出每天都在现场发生，所以需要在现场工作的员工都能理解这项原则并加以实践。然而与市场脱钩的其他部门虽然对经费支出有较强的意识，但对销售额的提高无感，也不觉得负有责任。因此，将公司分出各个小的阿米巴，使每一个单元都是独立的经营的小企业，与其他单元形成购销的关系，那么控制经费支出与提高销售产量便成为每个小阿米巴的目的，而身处阿米巴的员工在这一理念下，自然也就设身处地需要考虑削减经费与提高业绩，在工作的细枝末节都会考虑是否能为所处的阿米巴带来盈利，而这一模式将最终实现企业总体上的盈利。

阿米巴经营模式的第二个目的是“培养具有经营意识的人才”。发展越来越庞大的企业，缺少管理人才往往会使企业经营陷入僵局。阿米巴经营模式根据需要把组织划分成若干个小单元，把各单元的经营权下放给阿米巴领导，因此小单元的负责人就可以准确掌握本单位的具体情况，并能够合理运作本部门。不仅如此，此时小单位的负责人被赋予了经营权，会萌生“自己也是经营者一员”的意识，以及由此产生的责任感，自然而然地从员工“被动”的立场转变成领导的“主动”立场，而这种立场的转变就是经营者意识的开始。从此，“只要在规定时间内工作，就可以取得相应报酬”的工人，变成了“创造盈利以支付成员报酬”的阿米巴负责人，即使牺牲自己某些利益也要改善经营状况。

阿米巴经营模式的第三个目的是“实现全体员工共同参与经营”。这并不是一项简单的工作。要在经营者与员工之间构筑家庭成员般的人际关系，建立一个有更多员工互相携手、共同参与经营的公司，让员工在工作中感受到人生的意义和成就感。这需要让员工成为不仅仅是单纯的劳动者，而是与经营者并肩奋斗的伙伴，担当起自己的职责，使员工能够具备经营者的意识。阿米巴经营模式尤其强调将员工的发展及其幸福感放在首位，与员工共享企业经营信息，赢得员工更多的理解，也使员工获得更多的认同感和成就感，更愿意投身到公司的经营管理之中。阿米巴经营是能让员工感受到自身参与经营的喜悦，是尊重每个人劳动的“尊重人性的经营”。

阿米巴经营模式以人心为基础，通过将企业分成阿米巴这样的小单元，将经营权下放，在阿米巴中的员工在企业统一的经营理念指引下能毫无疑义地全力埋头工作，并能在员工中萌生出真正的伙伴意识，同时，又以信任的纽带将各个小集体连接在一起，最终实现企业整体上的顺畅运营。

阿米巴经营模式的前提是全员均能接受企业的经营哲学，如何创建从高层到基层一以贯之的经营理念，形成命运共同体，这是摆在每个企业面前的问题；同时，由于阿米巴经营模式需要下放经营权，所以如何使经营权合理分配到各个阿米巴单元，降低风险，这需要领导者的智慧；而在阿米巴内部建立独立的核算制度也并非易事，例如生产、营销部门进行独立核算较为容易，而相对于财务、行政等涉及业务交叉的部门，它们的核算又该如何进行？而在企业内部推倒“部门墙”，以阿米巴取而代之，如何避免各个小单元各自为政，服从公司整体利益呢？以上种种是阿米巴经营模式在实际操作过程中需要思考的问题。在国内，也有越来越多的企业开始借鉴和引入阿米巴经营模式，例如华为的“让听得见炮声的人做决策”、自主经营体、三人小组制、内部公司制，都是通过阿米巴经营理念衍生出的做法。不可否认的是，阿米巴经营模式在中国的落地需要更多地综合考虑社会文化环境、员工素质及公司机制问题，然而阿米巴经营模式所树立的“全员经营”理念在激励员工“翻身”形成经营者意识上颇具启发性，员工成为企业经营上的伙伴，身份的不同却带来了实际效益的改变，这就是机制激发潜能之处。

总结

- 拥有共同的目标和文化价值观，以此作为激励的内生动力，并且坚定地去捍卫它，这是伟大组织和一般组织的主要差异。
- 组织和员工之间是紧密的协同关系，组织和员工之间以共同价值为核心，使得组织各个环节按照最优的原则相互协作、配合及互动。
- 组织在激励员工的过程中，组织领导者必须由控制者转变为赋能者，通过激发员工内在的动力，提升员工的自主性、创造性和灵活性，从而不断推动组织的发展。
- 在创业、创新的浪潮下，将员工转变为合伙人，能够真正激发团队的战斗力。合伙人制度是基于人力资本的一种制度创新。
- 合伙人要具备不断自主驱动、自我突破的能力和精神。此外，合伙人还需要具备与他人协同、融合的能力。
- 新的企业竞争优势是以客户为中心的，而往往接触客户的往往是一线员工，因而越来越多的企业将目光聚焦之处从如何招揽外部客户，转向思考如何善待企业的内部客户，尤其是一线员工。他们的工作状态、情感表达、服务效率往往是决定成败的重要因素。
- 阿米巴经营模式所树立的“全员经营”理念使员工成为企业经营上的伙伴，身份的不同却带来了实际效益的改变，这就是机制激发潜能之处。

第十八章

7-ELEVEn：从“巷口经济”到“零售帝国”

全世界的霓虹灭了，还有便利店。

便利店在日本被形容成“国民生命线”，尤其是在遭遇地震后，便利店里一盏盏明亮的灯光，给灾区的民众带去生命的希望。2011年日本大地震后的第二天，各个便利店集团的应急机制开始启动，投入灾后救援：通过强大的物流系统及商品配送体系，全力恢复灾区的商品供给，设法为受灾民众提供水、卫生间等服务，短短两周，7-ELEVEn、全家、罗森三大便利店集团有80%的在日本东北地区的分店，陆续恢复正常营业。

便利店作为日本民众生活中安全可靠的伙伴之一，除了提供商品服务，还提供账单支付、购买门票、复印文件、取款、外卖等生活服务，已成为社会基础设施之一。根据日本特许经营协会发布的数据，截至2017年12月底，日本拥有55 322家便利店，八家主要连锁便利店的店铺销售额为10.69万亿日元（约合人民币6 618亿元）。其中，在日本，7-ELEVEn几乎占据便利店的半壁江山，门店数达到20 260家，销售额达到4.67万亿日元。

德勤公司的《2018全球零售力量》报告显示，7-ELEVEn位居全球便利店排行榜首。7-ELEVEn隶属于SEVEN&I控股集团，SEVEN&I控股集团是日本最大的零售集团，旗下主要品牌包括7-ELEVEn、伊藤洋华堂、崇光百货（SOGO）、西武百货等，2018年以542.17亿美元的营业收入位列2018年《财富》世界500强第179位。每一天，全球有6 400万人会访问SEVEN&I控股集团旗下的店铺。其中，7-ELEVEn是集团的重要业务和盈利主力军，目前，7-ELEVEn在全球17个国家和地区运营，全球门店超过6万多家。

这家垂直在零售细分领域的企业人均效能比肩阿里巴巴。2018财年，7-ELEVEn日本公司8 886名员工创造了约100亿元人民币的利润，人均创造利润接近120万元人民币（阿里巴巴2018财年人均创造利润约92万元人民币）。这个零售帝国的霸主，几乎没有自己的实体店，也没有自己的工厂和物流中心，却连接着众多产业链上的合作伙伴，协同发展，并形成最深的价值洼地，帮助其保持着连续数十年高速增长的纪录。

分析7-ELEVEn的企业经营之道，共同价值/首要目标、战略/战略决策、制度/模式构成了其价值、竞争和增长三大引擎，如车轮、方向盘和油门一般，帮助7-ELEVEn协同发展，成就其核心竞争力：对零售业发展趋势及消费者需求的精准洞察与预测，在此基础上建立的经营思路和战略，以及“赋能平台”的业务模式。

价值引擎：站在客户的立场上思考

一切成功都源自价值观的胜利，价值驱动是7-ELEVEn成功的重要引擎。

彼得·德鲁克认为，商业的目的是创造客户。无论是哪种商业模型，都需要努力打造用户心智，让用户产生习惯。只有占领用户心智的零售，才会有真正的“护城河”。

20世纪70年代，铃木敏文（SEVEN&I控股集团前董事长及首席执行官）将7-ELEVEn的模式从美国引入日本，由此拉开了缔造7-ELEVEn零售巨头的帷幕。他认为7-ELEVEn的经营哲学是**“要站在客户的立场上思考”**，时刻保持客户的心理，从客户的角度思考和经营。**不断变化的“客户需求”是企业经营最大的敌手**。应对变化莫测的客户，7-ELEVEn一直贯彻的经营宗旨是“灵活应对变化，贯彻基本方针”，不断地主动做出改变。

那么，对于便利店而言，客户要什么？**便利性是驱动客户在便利店场景消费的核心因素。**

7-ELEVEn便利的价值曲线

- 空间便利性：密集开店，客户可在10分钟内到达。
- 时间便利性：24小时营业，随时可消费。
- 产品便利性：即食食品、小包装等。
- 服务便利性：提供鲜食、咖啡、ATM机、打印、代交费用等服务。

在时代背景下对客户需求进行洞察，并引导客户行动，7-ELEVEn对于“便利”的定位历过三次升级，并不断地丰富商品、完善业态。7-ELEVEn的定位升级如图18-1所示。

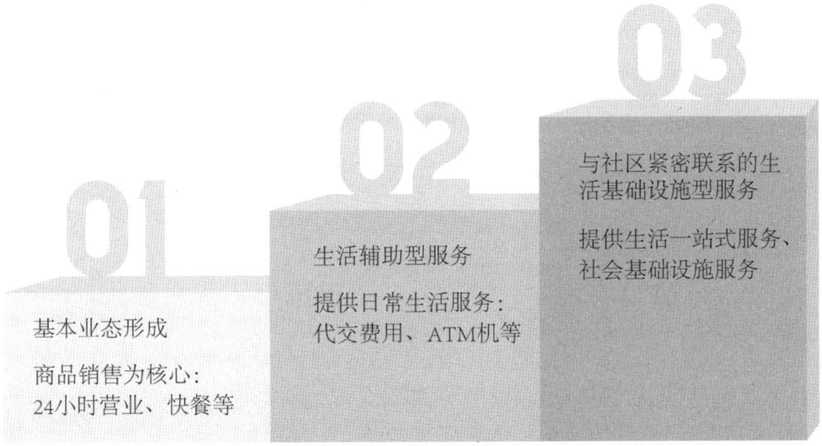

图18-1 7-ELEVEn的定位升级

随着客户的需求和价值不断迭代，7-ELEVEn的业态从商品销售为核心，到提供居民日常生活所需的服务，再到与社区紧密联系的一站式服务和社会基础设施服务，7-ELEVEn基于客户的价值已不局限于门店本身。每天，几乎1/6的日本人会光临7-ELEVEn，7-ELEVEn近乎能够触及所有的客户，拥有最全第一手零售大数据。而成为社会基础设施服务，更意味着已成为客户的必需品，客户需求度高且黏性极大。

◣ “为客户带来便利的店”

将7-ELEVEn引入日本之时，铃木敏文就将7-ELEVEn定位为“为客户带来便利的店”，从经营时间、货品等为客户带去便利，使7-ELEVEn成为客户的“另一个冰箱”。

消费是一场心理战，铃木敏文认为“造成产品滞销、生意萧条的原因只有一个，即现在的工作方式已经无法满足时代和消费者需求的变化”。洞悉商业、社会环境的变化及客户不断变化的需求，占据消费者心智，7-ELEVEn在商品品类和品质上不断改进。如20世纪70年代，洞察到女性逐渐走入职场，在家庭中做饭次数下降，7-ELEVEn推出即食食品解决用餐问题；自20世纪90年代以来，日本进入“消费饱和时代”，7-ELEVEn与竞争对手走低价竞争路线不同，将重点集中在消费者价值上，研制价高但品质更高的饭团，逆流而上。

为了快速响应市场需求，7-ELEVEn在商品的开发方面投入大量精力。据了解，总部推荐的商品数约4 800种，单店销售的SKU（Stock Keeping Unit，最小存货单位）约3 000个，每周上架100种，商品年换手率约70%，甚至高于亚马逊网站。

◣ “实现近距离的便利”

人这种生物，只要享受一次“便利”，就会有更进一步的期待。如果门店只是单纯地售卖产品，而不能为客户的生活提供必要的服务，那么即使具备地理位置的优势，也称不上一个便利的店。2009年，铃木敏文重新定义经营姿态，贴近客户生活的商店，“实现近距离的便利”，除售卖商品外，提供生活辅助型服务。据不完全统计，7-ELEVEn可以提供的服务数量庞大，包括鲜食、咖啡、ATM机、打印、代交费用等服务，覆盖民众生活的诸多方面。

为了提升客户的消费体验，并引导客户消费，7-ELEVEn主动挖掘潜在市场，进行多种类型业态的创新性尝试。例如，在便利店内设置ATM机，就源自20世纪90年代7-ELEVEn对客户的调研，7-ELEVEn 2018年财报显示，如今日本有24 000台ATM机，Seven Bank等金融服务业务的营业收入达到2 029亿日元，营业利润为497亿日元。当健身，这些需要时间去完成的服务被嵌入在便利店中时，就能满足人们利用碎片化的时间便利地、快速地享受这些服务的需求，而目标商品与交叉销售商品产生联动作用时，可以保证客户进入店内，并且实现客单价最大化。以7-ELEVEn 咖啡为例，2013年9月7-ELEVEn 首次导入自助式快速现磨咖啡，当年销售4.5亿杯咖啡，实现收入450亿日元。2017 年开发了拿铁咖啡，2018年所有门店全部上架 7-ELEVEn 咖啡。购买现磨咖啡的消费者中16%的客户会购买点心和面包，带动三明治销售额上涨20%，甜点销售额上涨30%。

同时，在便利店使用某些专业服务时，客户对于服务水平的宽容性会更高，客户的满意度也会更高。客户的满意度取决于客户的期望与产品/服务的实际绩效之间的差距，以通过7-ELEVEn交纳水电煤等生活费用为例，在7-ELEVEn排队交纳的客户会更有耐心，在等待的过程中也会顺便在店内进行消费。

进入2000年后，7-ELEVEn 积极拥抱互联网，铃木敏文曾提出“网络和实体门店的融合工作”，通过网络和实体门店的互相融合，进一步拓宽经营的可能性。随着日本老龄化和少子化结构越来越显著，由2~3人组成的小规模家庭呈逐年上升趋势，7-ELEVEn提出了基于移动零售方式的“Seven安心送货服务”、基于传统快递方式的“Seven轻松送货服务”和“Seven meal”的送餐业务。

◣ “与区域紧密联系的生活基础设施服务”

便利店作为区域性的消费者入口，具有以地理区域为中心拓展多元业务的可能性，进而形成一个综合性的服务体系。如今，7-ELEVEn已成为日本民众的生活的“基础设施”，为民众提供生活一站式服务、社会基础设施服务，例如，针对日本老龄化社会的特征，成为老年人相关社会保障服务的提供场所，或者成为老龄人聚会的社区服务地等。

以“与区域紧密联系的生活基础设施服务”为核心，7-ELEVEn将从便利性、卫生保健、美容、时尚四个方向提供商品和服务的复合型解决方案，并确定五大基本战略方向：以客户的视角进行产品选择和策划；商品研发及新服务开发；市场、客户和供应链的联动；扩展电子服务及智能手机结算、扩展基础设施服务。7-ELEVEn五大基本战略方向如表18-1所示。

表18-1 7-ELEVEn五大基本战略方向

基本战略方向	内 容
以客户的角度进行产品选择和策划	• 强化产品优选和防止机会流失 • 亲切的服务、产品优选、新鲜度、整洁 • 单品管理和各分店应对
商品研发及新服务开发	• 基于客户的市场和团队式商品管理、销售 • 原有商品与新服务结合的研发 • 提供便利服务、规划物流、拓展渠道
市场、客户和供应链的联动	• 客户需求和经营商的联动、协作 • 价值链的整体最优化，生产、物流、销售协同发展
拓展电子服务	• 互联网服务——客户管理系统、应用软件的部署 • 网上便利店，增加上门访问式推销员
智能化服务	• 智能手机结算、拓展基础设施服务

资料来源：2018零售新物种行业峰会。

7-ELEVEn的核心价值观通过其围绕“便利”所创造的商品和服务逐一向客户传递，客户满意度的提升不仅是对7-ELEVEn所要传递的价值观的肯定，更是进一步推动了7-ELEVEn以客户为中心为出发点进行战略布局。

竞争引擎：区域扩张、物流改革、单品管理三大战略

便利店盈利的重要前提是规模优势和运营效率。支撑7-ELEVEn企业定位与时俱进的是铃木敏文所提及的重要经营方式，即密集型选址开店、物流改革及单品管理。

◣ 密集型选址开店战略

选择区域扩张的战略，用大量的店铺填满一个街区或一个社区的密集型开店战略保证了7-ELEVEn成长的效率。截至2018年12月31日，7-ELEVEn日本的门店数量达到20 700家，近10年来，7-ELEVEn的门店数量占日本便利店总数的三成。

便利的核心是让客户触手可及。人们选择到便利店购物的一个重要原因是距

离近，根据7-ELEVEn与德勤的统计，86.8%的客户在10分钟内即可到店，专程从家前往便利店购物的消费者占比只有12.1%，65%的消费者选择在工作间歇或移动途中在便利店购物。在一定区域内，谁更近，谁就能“获得流量”。

便利店行业与人们的生活息息相关，一旦失去信任，很难再恢复到昔日的水平。同一区域内店铺集中，可以提升7-ELEVEn的品牌影响力，增强客户对其的认知度，占领用户心智。一旦与消费者的信任建立，就能促进他们消费的意愿。

同时，门店的聚集可以有效降低运营管理成本。门店集中，将减少商品运输路径，降低运输和配送的成本，也可以更迅速地向各加盟店传达总部方针，并使店铺运营现场指导（Operation Field Counselor，OFC）在店铺之间的移动距离缩短，有更充裕的时间进行沟通和指导。

此外，门店的聚集也有助于经营的协同效应，提高经营效率。例如，广告和促销宣传更有成效，成本更低；同时，门店之间差异化的商品布置，可以为不同消费者提供差异化的服务。

业务模式与企业战略息息相关，甚至与同一生态圈内的各方战略都紧密联系。采用区域扩张的密集开店战略，也促使7-ELEVEn对物流供应链进行大刀阔斧的改革成为可能，共同配送、小额多次配送的物流方式甚至颠覆日本的物流供应链体系模式，影响甚大。

◣ 物流改革战略：共同配送

1980—1990年，各种品牌的连锁便利店纷纷开疆拓土，便利店文化在日本蓬勃发展。彼时，商品由不同的品牌商、批发商通过不同的送货渠道供给，给经营者带来不少挑战。但这种配送方式效率极低，铃木敏文建议把同一地区同类厂家的产品混装在一起实行共同配送。对于面积小、商品品类多且储存空间小的便利店而言，**高频分配和高效的供应链管理是其运营的生命线**。1980年，日本首次实现了牛奶的共同配送。

7-ELEVEn提出的共同配送模式和小额多次配送策略可以降低存货压力，更可以使经营者根据消费者行为快速进行商品调整，灵活性更高。而同一区域内大量密布的7-ELEVEn便利店，也使得这一物流模式成为可能，可以将同一区域内各门店供货需求集中起来统一配送，缩短配送时间、降低物流成本。据了解，

7-ELEVEn的存货周转天数约为10天，每天的送货车辆也从最初的70多辆减少到九辆。

为了最大限度保证商品的品质，尤其是食品的新鲜度，7-ELEVEn 在各个区域设立了共同配送中心，并根据产品所需的温度进行控温储存和配送，分为冷冻、冷藏、暖温和室温四大类别。7-ELEVEn温度管理配送规则如表18-2所示。

表18-2 7-ELEVEn温度管理配送规则

品　类	冷　冻	冷　藏	暖　温	室　温
温度	–20℃	5℃	20℃	室温
产品	冰激凌、冰块、冷冻食品等	三明治、沙拉、鸡蛋、牛奶等	便当、饭团、新鲜面包等	软饮、速食面条、酒精饮料、杂货等
配送频次	3~7次/周	3次/天	3次/天	日常配送

资料来源：7-ELEVEn2018财年企业财报，数据截至2018年2月28日。

为了运输和加工新鲜蔬菜，2005年7-ELEVEn还推出全程冷链运输，并建立了九个蔬菜处理中心。目前7-ELEVEn在日本的配送网络可以覆盖150个地区，约有165个不同温度带的联合配送中心。

◣ 单品管理战略

7-ELEVEn在日本的发展并非一帆风顺，也曾面临险些无法生存境况。1974年，“7-ELEVEn一号店”在东京丰州开业，经营之后发现，虽然销售额增长了，营收却无法弥补转型时店铺的加盟费、装修费等投入，且由于复制美国的模式，店内快餐、休闲食品等应有尽有，但商品库存积压问题严重。从美国引进的7-ELEVEn经营方法，也没有如期发挥作用。如果无法解决这些问题，7-ELEVEn在日本的尝试就会前功尽弃，整个公司会被逼上绝境。

商场如战场，一样会要人命。铃木敏文和团队的绝地反击战就从提高销量开始。提高销量的有效方法就是减少库存，只要订购畅销品，减少滞销品，就能提高商品的周转率。那么，什么是畅销品？什么是滞销品？每家店的畅销/滞销品都是一样的吗？

当时的零售商品供货，还使用大批量供货方式，虽然7-ELEVEn已经和供应商协商小额供货，但并不是一朝一夕可以完成的。为了了解店铺的畅销/滞销品，只能对每个商品分别进行清点和销售记录，每天将不同的商品名称、数量、销售额进行记录和统计。经年累积的持续工作带来了意想不到的结果，他们发现：在7-ELEVEn，面包和饮料的实际销量比想象的更多、洗衣粉小盒装的比大盒装的更好卖、早间时段饭团和三明治的销量比较好，晚间则是熟食和下酒菜的销售高峰期……这就是“单品管理”的雏形。

单品管理的原型源自美国的数量管理（Unit Control），简单而言，是指将商品从最细的分类进行数据管控。通过数据结果，7-ELEVEn可以了解商品的动向、畅销/滞销的原因，对商品的数量、摆放位置、销售时间段等进行调整，并在数据基础上进行订货的预判和验证，使商品的周转效率、新鲜度和销售额得以提高。随着共同配送和小额配送的实现，7-ELEVEn的订货量也变成可以按个为单位订货，减少库存积压。

商品的动向时时刻刻都在发生变化，每家店的畅销品和销售周期不尽相同。人工处理、计算、实施单品管理极其耗费精力，效率低下且误差大。1982年，7-ELEVEn率先引进POS机（Point of Sales，销售终端）系统进行智能化的商品销售管理记录和分析，不仅可以大大降低人力成本，而且可以形成商品销售的画像，清晰展现客户的消费偏好。

7-ELEVEn的单品管理基于铃木敏文提出的**“假设—执行—验证”**的哲学，即每个门店要掌握每个产品的销售动向，建立假设并通过第二天的进货、销售的真实数据进行验证，并在此基础上进行第三天的商品销售和预判，不断循环优化，使得每个单品的价值都能够最大化。天气、周边街区的活动、消费者类型等都会影响7-ELEVEn门店的订货数量。快餐、饭团等商品受天气的影响很大，7-ELEVEn非常重视天气信息，信息系统每天会向门店推送五次天气信息预报。铃木敏文认为只有在一线的门店销售人员，才是最了解最真实的市场动向的人员，因此，即使便利店的兼职生，也可以下单订货。影响7-ELEVEn门店订货的重要因素如表18-3所示。

表18-3 影响7-ELEVEn门店订货的重要因素

因　素	类　型
销售数据	销售品类、数量、时间、销售额等
街区活动	旅游、节假日活动等
天气	季节、温度、阴晴等
气候	地区差异

资料来源：7-ELEVEn2018财年企业财报，数据截至2018年2月28日。

POS机的使用也让7-ELEVEn的单品管理能力从库存管理的逻辑上升到盈利管理，通过各个门店的POS机，运营现场指导可以实时掌握每个门店的销售动向，总部对于门店商品的种类、订货量等的管控能力也进一步提升，可以根据了解的动向，及时给予店铺切实的经营建议。

对于庞大的门店网络和相关制造商、供应商网络实行单品管理，需要一套行之有效的信息系统作为经营基础设施进行支撑。7-ELEVEn成立商品信息部，将IT系统与经营业务从战略、制度、流程上进行深度结合。其研发的信息系统包括销售终端、订货系统等不同模块，可以连接总部、门店、运营现场指导、配送中心和供应商等，具备数据收集、数据分析和数据共享等功能，为门店提供全面的订货信息服务。

7-ELEVEn投入巨大的资金用于IT建设，每隔5~7年，7-ELEVEn会根据战略、经营策略和业务发展重建系统，不断完善“站在客户的立场进行备货及提案”的信息系统。7-ELEVEn的信息系统如表18-4所示。从1978年至今，7-ELEVEn的信息系统已经进行了六次大的技术革新，总投资金额超过3 000亿日元。在第六版系统中，7-ELEVEn开始为各门店提供三项数据以辅助门店“假设”的参考：

1．立地数据：各门店周边（半径350米，徒步五分钟以内的）的家庭数、商户/公司的员工人数。

2．设施数据：各门店周边学校、医院等机构数量。

3．长期数据：根据以往数据呈现有关趋势及动向的数据。

7-ELEVEn的全公司信息共享系统是7-ELEVEn总部、门店、客户，以及相关供应商、物流中心等相关合作企业协同发展的重要基石。7-ELEVEn全公司共享系统如图18-2所示。

表18-4 7-ELEVEn的信息系统

系　统	功　能
店铺综合系统	支持备货及订货
OFC	OFC 的日常店铺业务支援与系统
信息提供系统	门店拥有的影像、静态画面
POS机信息分析系统	基于单品实时库存管理
综合信息系统	商品开发、系统开发的支援
客货信息系统	在物流中心、批发商、制造商之间共享门店的销售数据与物流中心的库存数据
客户综合系统	覆盖原料生产商、商品制造商、批发商、物流等业务系统

资料来源：碓井诚，《制造型零售业：7-ELEVEn 的服务升级》。

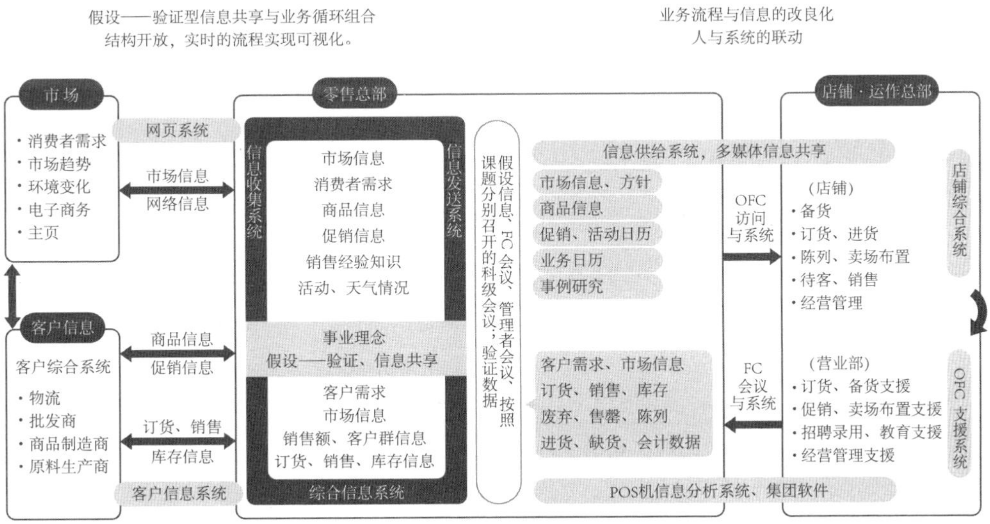

图18-2 7-ELEVEn全公司共享系统

资料来源：碓井诚，《制造型零售业7-ELEVEn 的服务升级》。

利润是体制的结晶。仅靠每个店铺独自进行单品管理，管理难度极大，也很难形成规模效应。7-ELEVEn的单品管理是一次有组织、有计划的联动，不仅是门店的管理手段，更是包括总部各部门、运营现场指导、制造商、物流中心等内外部的协同联动，实现不同系统的交互。

增长引擎：赋能平台

7-ELEVEn不只是一家便利店，更像一家咨询公司，一个赋能和孵化平台。

在日本的7-ELEVEn的两万多家门店中，直营门店仅468家，主要用于研发和测试商品；不自建工厂，却拥有170多家专用工厂；没有自己的物流业务，150多座物流中心可以高频地将商品配送到各门店，实现全球最有效率的共同配送系统。

7-ELEVEn的总部几乎是轻资产运作，而主要通过发挥其品牌、经营体系、供应链、信息系统等方面的优势，将其高效的运营方式传递给门店，对门店进行标准化复制，帮助门店获利，通过与门店分享毛利的方式获得发展。简而言之，7-ELEVEn为门店提供稳定的可共享赋能与职能部门等支撑体系，提高效率，保证企业长期积累形成的竞争性资源/能力并可以在不同门店当中创造价值；同时，通过经营赋能、毛利分享等激励/约束方式，不断帮助门店成长而获得企业的成长。

◣ 赋能便利店商家

7-ELEVEn采用特许经营的模式，总部与加盟店分摊成本、共享毛利，以最低收入保障和激励机制保障加盟者的收益和软着陆。从经营目标、分配机制及流程保障等方面，形成良好的平台支撑。7-ELEVEn加盟模式如表18-5所示。

表18-5 7-ELEVEn加盟模式

项目		特许加盟（A型）	特许加盟（C型）
店铺及装修		加盟商提供	总部提供
合同期限		15年	
加盟条件	年龄	60岁以下	
	人数	两人	
加盟费（日元）	加盟费用	300万	250万
加盟费率	加盟费率	毛利的43%	高于特许加盟A型
	费率优惠	运营满五年后根据条件下降1%	

续表

项　　目		特许加盟（A型）	特许加盟（C型）
营业设备		总部提供	
最低保障	年收入（日元）	2 000万	2 200万
店铺水电等公共事业费用		总部承担80%，加盟店承担20%	
商品损耗		总部承担15%，加盟店承担85%	

资料来源：根据官网、媒体报道整理。

加盟商负责门店的店面租金、员工雇用、订货等工作，7-ELEVEn总部则将选址、开店、商品开发、物流配送、信息系统、客户大数据洞察等输出给加盟商，同时，配置运营现场指导辅佐经营，以及实现总部与加盟商之间的沟通桥梁，提高店铺经营能力。

不涉及建筑物的方式，使7-ELEVEn跳出线下零售店重资产的陷阱，负债率较低，而是集中优势对门店进行经营赋能，使开店的速度大幅加快，在区域内快速形成密集覆盖。2018财年7-ELEVEn日本门店数量如表18-6所示。

表18-6 2018财年7-ELEVEn日本门店数量

类　　型	数量（家）	较上一年同比增长数（家）
总店数	20 160	838
直营店	468	23
加盟店A型	4 563	9
加盟店C型	15 229	806

资料来源：7-ELEVEn2018财年企业财报，数据截至2018年2月28日。

7-ELEVEn与加盟商成本共摊、毛利共享则意味着**双方利益高度捆绑，利出一孔**。总部需要致力于提升每一家门店的经营能力，因为加盟商获利能力越强，7-ELEVEn总部所能分配的利润就越高。为此，7-ELEVEn不收取商品的中间差价、交易佣金、广告费及渠道费，而是让每个门店可以获得更多毛利，当加盟商可以赚到更多钱时，其经营的积极性将大幅增长，进而促进门店销售额的增长，因此，7-ELEVEn也能从中获取更多收益。**7-ELEVEn的主要利润不在于加盟费，而是来源于加盟者赚钱后的毛利分配。**

规模经济，在于规模扩张后对于成本的分摊。各个门店根据销售情况订货，将信息统一通过系统汇总到7-ELEVEn总部，再由总部统一分解成研发、生产、物流、配送，在规定的时间、地点，分发给合作方。**大宗商品集中采购提高了7-ELEVEn对供应商、物流公司的议价能力，降低成本。**

◣ 自有品牌提升毛利

7-ELEVEn的综合毛利率高于同行，这要归功于其在自有品牌开发及在鲜食产品的研发能力。**开发自有品牌和增加鲜食比重，是7-ELEVEn提升毛利率的主要手段。**

鲜食是便利店吸引客户的重要手段，自有品牌则更能使企业回归零售本质，降低品牌使用费、新品费等渠道费用，将价格下降，从而提高毛利。7-ELEVEn商品毛利率如图18-3所示。据了解，日本的便利店自有品牌单品占比达到40%~50%。

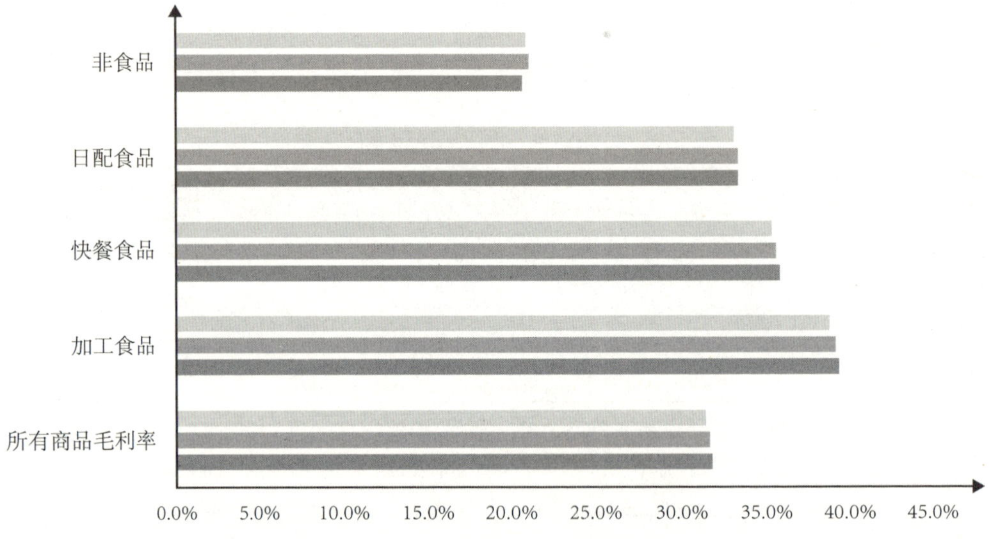

	所有商品毛利率	加工食品	快餐食品	日配食品	非食品
2016财年	31.6%	38.9%	35.5%	33.2%	20.9%
2017财年	31.8%	39.2%	35.7%	33.4%	21.0%
2018财年	31.9%	39.4%	35.9%	33.5%	20.7%

图18-3 7-ELEVEn商品毛利率

资料来源：7-ELEVEn2018财年企业财报，数据截至2018年2月28日。

2007年，7-ELEVEn推出自有品牌Seven Premium，截至2018年2月底，这一品牌商品达到3 900个，实现销售额13 200亿日元，是目前日本最大的自有品牌。

自有品牌也可以使7-ELEVEn能够通过高品质、差异化的商品向客户传递独特的品质和价值理念，更加精准地满足客户多元化的消费需求，在响应和引导客户需求方面更加灵活，更有主动权。此后，根据消费者的不同需求，7-ELEVEn又陆续推出更高品质的 Premium Gold 和注重细节与材料的 Seven Lifestyle等子品牌，覆盖高端食品、咖啡和化妆品等。

而每个门店也如同7-ELEVEn的触手一般，不断感知客户的需求，反馈给总部，以协助总部经营战略、产品研发等事项，研发生产出客户更喜欢、毛利更高的商品。

运营赋能

7-ELEVEn日本公司只聘用了8 000多名全职员工，而加盟店、制造商和供应商的雇员，关联人员超过40万人，如何将其经营哲学传递给相关方，并确保所有相关者保持高度一致？关键点在于7-ELEVEn所建立的一套行之有效的协作流程和管理方式。

信息流从经营理念层到经营战略层，到部门战略层，最后再落实到门店。门店层面也分为管理、开店、生产、物流、商品、销售、店铺运营七大业务部门。同时，通过流程的整合和系统化，调整横向重要职能，整合为扁平式部门管理流程，如信息共享、商品开发、技术研发流程以作为业务的支撑。7-ELEVEn的组织部门和部门协作流程如图18-4所示。

与此同时，通过区域顾问会议将企业经营理念有效地传递到每个门店。7-ELEVEn为加盟店配备了运营现场指导，每位运营现场指导分管7~8家店铺，每周单店巡店两次，对商品种类沟通、店面清洁、沟通友好度和食品鲜度等方面进行评估，当店铺经营者遇到问题时，帮助其解决顾虑。每两周，分布在日本各地的2 000多位运营现场指导会奔赴总部参加区域顾问会议，了解总部的经营方针，引导他们更好地成为总部与加盟店之间的沟通桥梁。

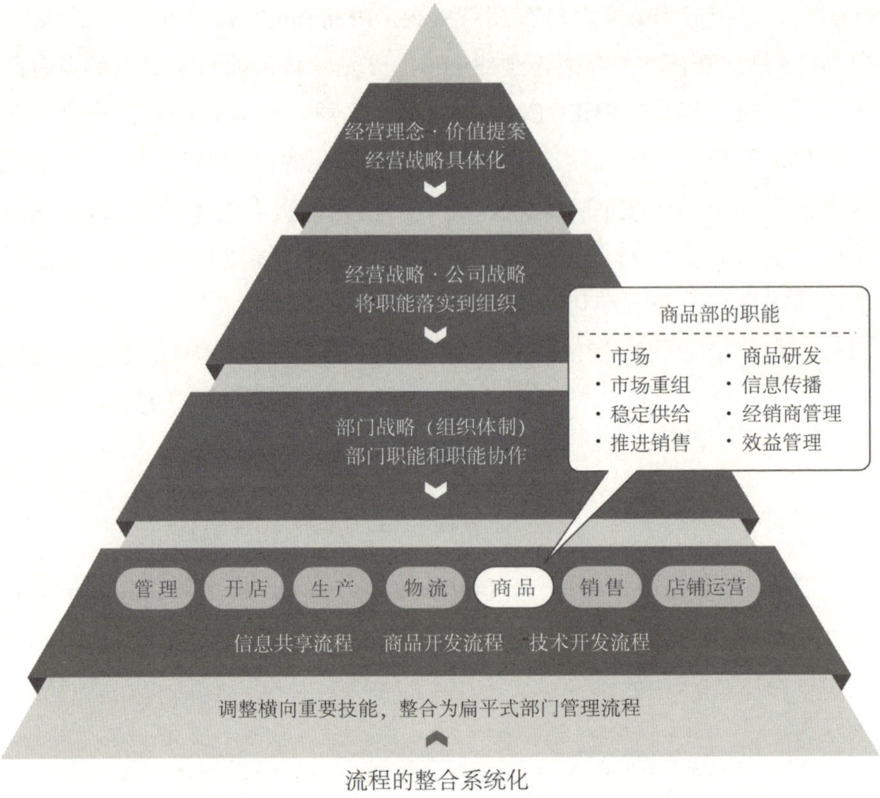

图18-4 7-ELEVEn的组织部门和部门协作流程

资料来源：申万宏源研究，2018 零售新物种行业峰会。

铃木敏文喜欢采用面对面的直接沟通形式，能在谈话过程中有效掌握听众对信息的理解程度，也可以根据现场反应随机应变地转换话题，让沟通更加清晰明了。这种类型的会议虽然每年要耗费数十亿日元，但40多年的坚持，有效保障了经营信息和价值观的上通下达。

◣ 生态圈赋能：价值共同创造

7-ELEVEn开发自有品牌的背后是强大的供应链掌控能力。商品开发由总部的商品开发部负责，以市场需求为基础，采用联合开发的模式，联合供应商及商品供销环节的多个节点组成开发团队，将原料提供商、包装材料、容器制造商、商品制造商、门店、物流等环节形成一个完整的需求链条，并将客户、商品研发、生产、物流、销售等一体化，亦称为“协同商品供应计划”。

在这种开发模式下，可以使产品更加贴近客户的需求，同时，也可以更快地根据市场情况进行持续改进。而深度介入生产环节，与供应商形成利益共同体的方式，也可以帮助7-ELEVEn更好地进行商品品类控制和品质管理。同时，也可以压低原材料等生产成本，提升商品的毛利。

在产品生产方面，7-ELEVEn大量采用专用工厂的形式进行生产。生产一个好吃的商品需要具备三大要素：专用设备生产、专用的原材料及专用的菜单。7-ELEVEn使用的专用工厂比例极大。早在1979年，7-ELEVEn就与日本食品等厂商成立了日本鲜食联合会，如今已经成长为拥有近100家米饭、面包、配菜生产商的大型联合组织。专用工厂，不仅满足了7-ELEVEn对于产品的品质要求，也进一步提升了产品的研发能力。

此外，与供应商联合进行价值共创，也将有助于激发供应商对于商品生产和优化的积极性，与7-ELEVEn形成合力，提升整体价值链。**基于经济利益考量的协同固然能带来一时之利，但更为长久的企业间的协同发展是价值观高度认同的企业协作，才会有更长久的生命力。**7-ELEVEn将原料供应商、工厂、物流中心和门店与集团总部形成价值共创体，通过强大的信息系统，对市场需求及时全面地获得反馈，并共享经营理念、目标和目的、客户、信息、系统及经营成果，打造了一个最深的价值洼地。商品开发与生产的合作伙伴也伴随7-ELEVEn在全球的拓展步伐而不断发展，不少企业甚至成为上市公司。

7-ELEVEn的10S协同

纵观7-ELEVEn的发展历史，每一阶段7-ELEVEn的发展与经济社会环境紧密相连，受经济社会发展的影响，客户需求发生变化，企业的共同价值/首要目标、战略/战略决策、制度/模式这三重引擎如同齿轮咬合，不断驱动7-ELEVEn快速发展，并促成与其相关者形成一个价值统一、运营高效的价值共同创造体。敏锐的市场洞察力、强大的研发实力、不断创新的增值服务则成为7-ELEVEn成功的护城河。

在20世纪70—90年代，客户需求相对简单，主要追求衣食住行及生活质量的改善，便利店的经营主要以满足客户在商品和生活便利性的需求为共同价值/首要目标，全年无休，24小时运营制度等的实行即响应客户需求，物流改革、信息化系统建设等战略布局从战略和制度上保证了经营的效率。

进入20世纪90年代后，日本经济紧缩，客户的消费更加谨慎，消费需求更加多样化、差异化，此时，7-ELEVEn的共同价值/首要目标则是打造便利提供型平台，专注与客户生活相关的增值服务，同时完善单品战略，加强研发投入，自有品牌占比不断提升。

而在2010年后，随着日本老龄化日益加剧、消费者需求更加多元化，以及追求更多元化的价值观，价值共创型经营成为7-ELEVEn的重要方向，当便利店成为生活基础设施时，其所体现的商业价值将更庞大。7-ELEVEn也将在共创型消费者协作、新技术与 IT的融合等方面发力，实现社会基础设施的刷新和产业革新等方面改进流程和制度。

对于7-ELEVEn而言，其所构建的与研发、生产制造、物流、销售等供应商所共同打造的价值共创生态圈，将客户价值、研发、服务、制造、配送、销售等与新技术、社会服务融合。7-ELEVEn在产业革新方面谋划更大的版图。7-ELEVEn不同发展阶段的协同经营如表18-7所示。

表18-7 7-ELEVEn不同发展阶段的协同经营

时　间	阶　段	客户特色	7-ELEVEn的发展特点
1974—1990年	卖方社会阶段	**“十人一色”** 客户主要追求衣食住行的满足和生活质量的改善	**价值链经营** 满足统一化的需求和提升消费者的生活质量 **（1）战略：满足消费者对于商品和便利的需求，**相继推出了365日24小时制营业制度，贩卖快餐、熟食等。 **（2）经营方法：**实现供应链的改革、引入POS机信息分析系统，**建立便利店行业的业务流程和系统化流程**

续表

时　　间	阶　　段	客户特色	7-ELEVEn的发展特点
1991—2009年	买方社会阶段	**“十人十色”** 日本经济出现紧缩，客户的消费行为更加慎重，只会购买自己喜欢的商品，追求更高的经济价值	**平台经营** 满足多样化、差异化、服务化的消费需求 **（1）战略：打造便利提供型平台，**专注于商品的研发，商品自有品牌占比不断提升，开发与生活密切相关的增值服务。 **（2）经营方法：“假设—执行—验证”开放式经营，**实现商品销售流程的整合，门店、信息共享、商品研发、生产管理、物流一体化，实现业务平台化
2010年至今	价值共创社会阶段	**“一人十色”** 客户处在安全、放心经济环境下，追求多样价值观的满足和适应	**价值共创经营** 以消费者需求为核心 **（1）战略：以消费者为根本的价值共创，**社会服务基础设施产业、地域型生活基础设施型服务、制造、配送、销售、客户价值共创。 **（2）经营方法：探索产业共创与社会服务的渠道结合，**未来重点在共创型消费者协作、新技术与IT的融合等方面发力，实现社会基础设施的刷新和产业革新

资料来源：申万宏源研究。

受日本劳动力紧缺限制，以及科技发展所带动的无人零售的发展，日本的7-ELEVEn或将尝试取消“24小时营业制”。当新零售崛起，消费升级时，拥抱变化是创新的灵魂，正如铃木敏文所言，一切着眼于“未来的可能性”。

总结

- 全世界的霓虹灭了，还有便利店。7-ELEVEn这家垂直在零售细分领域的企业人均效能比肩阿里巴巴。
- 分析7-ELEVEn的企业经营之道， 共同价值/首要目标、战略/战略决策、制度/模式构成了其价值、竞争和增长三大引擎，协同发展，成就其核心竞争力。
- 一切成功都源自价值观的胜利，价值驱动是7-ELEVEn成功的重要引擎。便利性是驱动客户在便利店场景消费的核心因素。在时代背景下对客户需求进行洞察，并引导客户行动，7-ELEVEn对于“便利”的定位经历过三次升级，并不断地丰富商品、完善业态。
- 便利店盈利的重要前提是规模优势和运营效率。支撑7-ELEVEn企业定位与时俱进的是铃木敏文所提及的重要经营方式，即密集型选址开店、物流改革及单品管理。
- 7-ELEVEn不只是一家便利店，而是民众的生活基础设施，它同时也是一家类咨询公司，一个“赋能平台”，链接消费者与商家的双边市场。
- 7-ELEVEn采用特许经营的模式，总部与加盟店分摊成本、共享毛利，以最低收入保障和激励机制保障加盟者的收益和软着陆。从经营目标、分配机制及流程保障等方面，形成良好的平台支撑。
- 开发自有品牌和增加鲜食比重，是7-ELEVEn提升毛利率的主要手段。7-ELEVEn开发自有品牌的背后是强大的供应链掌控能力。
- 基于经济利益考量的协同固然能带来一时之利，但更为长久的企业间的协同发展是价值观高度认同的企业协作，才会有更长久的生命力。
- 纵观7-ELEVEn的发展历史，每一阶段共同价值/首要目标、战略/战略决策、制度/模式这三重引擎如同齿轮咬合，不断驱动7-ELEVEn快速发展，并促成与其相关者形成一个价值统一、运营高效的价值共同创造体。

结　语

互联网、智能手机的普及，以及智能硬件的发展不断推进信息和数据的爆炸性增长趋势，5G等新一代技术基础设施的发展正在形成新的社会经济运行操作系统，如今，每个人每月从互联网接收的信息量会超过过去人一生可以处理的信息量总和。这是一个被数字化全面渗透的时代，我们的身体、生活、工作、社会关系等都将以比之前更加精细和精确的方式被获取、分析和评价。例如，银行会根据你每一次刷卡、取现、消费时留下的信息勾勒出你的行为轨迹，包括生活区域、工作圈、消费层级，甚至是社交圈层，以此判断你的潜力价值；运动手环会根据你每天的运动量、心跳速度、消耗的热量等监测你的健康状况；你在Kindle上的每一次检索、阅读、备注都会被一一记录，出版商会根据你的阅读习惯、跳读、停顿、划重点的语句等识别你的兴趣、偏好，根据读者的行为判断新的话题和趋势，并向你推荐你所感兴趣的书籍；机顶盒会收集你观看电视的情况，并通过传感器“倾听”“观看”你在家中的行为，以便在合适的时机将广告向你精准投放……

技术的每一次更迭必将带来社会变革的飞跃，无论是个体、组织甚至是商业世界，每个层面都在发生巨大的变化。德国社会学家克里斯托夫·库克里克将数字化时代的社会模式称为微粒社会，如高清照相机一样，个体行为、社会形态将以一种更高密度、更详细的形式呈现，这种微粒化的认知、分解将使人们的行为、习惯被更深刻理解，并形成新的工作方式、组织形态、管理方式和商业模式。

微粒社会和更加“具象”的个体

个体将变得更加个性化、更加独特，在智能时代，每个人可能同时拥有几百个、几千个“标签”，将变成更加具体的微粒化。据报道，以抖音为例，抖音可以给每个用户打220万~500万个标签，平均的标签数在220万个，所以说，到底是你更了解你自己，还是抖音更了解你呢？在智能经济时代，个体个性化的、实时的、碎片化的需求将越来越多由无形的运算法则来感知、量化和匹配，并通过更加精准的供需匹配，来满足这些具体的颗粒状需求，而以低成本实时服务海量用户的个性化需求的能力将成为每一个企业的基本能力。

随着人工智能的发展，智能机器的大规模使用将使得知识技术和经济机会重新分配，这种重新分配不仅发生在人与人之间，也会发生在人与机器之间，当人工智能足够了解你时，它可以替代你去处理问题，使你的生活、工作变得更加顺利，例如在你到家时为你准备好拖鞋。人与机器的边界越来越模糊，两者的关系也将由单向变为双向，在某种程度上，人类“机器化”和机器的“人类化”将同时进行，人机协同的生产方式和服务方式越来越成为主流。机器替换的工作和机器创造的新工作交叠产生，人工智能与人的协同工作或许将产生新的困境和机遇。

组织“液态化”边界被快速打破

托马斯·库恩在《科学革命的结构》中指出，人类社会伴随科技发展，必然带来社会及组织的范式转换，从旧范式进入到新范式。在智能商业时代，工作与岗位的边界被重新定义，组织的边界被不断打破和弱化。

盛行一个世纪的科层组织模式正在逐渐瓦解。在传统组织中，工作任务按照工作的目的和类型划分，职责范围清晰，每项工作单元被科学地划分，员工根据组织分配的任务工作，通过分工合作为企业带来高效，这种超级细致的分工方式高效、稳定，但企业效率的提升以增加协调成本为代价，当商业世界迅速变化时，过长的内部流程可能让一线的信息无法及时反馈给高层，导致一些市场机会因为决策过慢而丧失，甚至会因为未能及时发现商机而被延误。企业本身的复杂性也会使员工无法得知其为客户创造的价值，并使员工降低协作意愿。很多企业已经意识到组织管理范式需要进行更新，也尝试变革，如通过扁平化减少层级，但随着业务的开展，新的层级和部门会重新出现，进而使企业继续陷入“大企业病”的怪圈。

一种能够自我组织、自我适应的组织形态和系统模式正在逐渐出现，以激发和释放企业的创新和创造力为核心，激活个体创新活力。这种组织是动态的，结构间的边界非常模糊的，因此进行重构的代价很微小；组织中每个成员之间的协同关系形成一个类似球状的多向网络，都是最短路径；组织也不再是单中心驱动的，而是可能存在多个中心轮流进行驱动。部门的边界已不清晰，组织成员长期处于“共同创业”状态。

与此同时，信息技术让突破企业边界的大规模协作成为可能，互联网让组织内部的管理成本和外部市场的交易、协同成本都有所下降，而当外部成本下降速度超过内部时，企业这种组织的效率就大打折扣，而组织的边界就会不断松动。企业中的很多商业流程正在大量向市场外移，研发、设计、制造等多个商业环节，都出现了一种突破企业封闭的边界的趋势。平台或商业生态圈的出现，进一步突破了组织的内外部边界，使得组织“液态化”，可以“自由组合”“自由流动”。

而人与组织的关系变得更加弹性，个体可以拥有多重职业和身份，可以选择多元生活，如他白天从事一份财务的工作，晚上成为一个网约车司机。在多平台就业将成为一种重要的就业方式，而个体的市场价值，也将通过多个平台更为凸显。

生态新密码，协同共赢

在智能时代，大量的商业流程被数据所驱动，并在组织之间展开灵活组合，新的组织边界正在不断延展、变化，使得原有的组织进一步开放化、社区化。普拉哈拉德和拉马斯瓦米两位管理学大师此前提出了“价值共创”（Value Co-Creation）的概念，他们认为，企业未来的竞争将依赖于一种新的价值创造方法，即以个体为中心，由消费者与企业共创价值。2000年时，世界上最大的黄金生产企业加拿大GoldCorp公司开展了一个找矿挑战赛，在网站上公开过去52年来积累的安大略省红湖地区55 000英亩矿区的内部机密地质数据，让参赛者在红湖地区发现可以找到600万盎司黄金的地区，最终，来自50多个国家的参赛者在研究这些数据后，标示除了110多个勘测目标，探明的黄金储量达到800万盎司。

思科超创新生存实验室是一项推动突破性创新的实验，思科与客户和合作伙伴组建一个个10~12人的灵活团队，为现有的产品寻找新的市场，或者开发新的产品，共同推动思科的增长。多方合作创新成为新的趋势，释放增长潜力的最佳方式是在某个行业或生态系统中挖掘新的东西。IBM、巴斯夫这些企业都已经开始验证这一模式的可行性，将更多的相关者引入，开放性创新，价值共创。

组织的进化史，其实就是一部不断打破各种边界的历史，先打破内部经营单位的孤岛，后再打破供应商与合作者的边界，最后更要打破用户和组织的界限。未来，企业、供应商和用户之间界限模糊、彼此混同。商业世界组成的系统生态更加复杂，更加动态发展，企业的生存和发展，需要从工业革命时代形成的单一空间竞争模式变成共生共创模式的打造。除了数据智能，协同发展也将成为未来商业文化的重要基石。

此外，特别感谢哈佛教练学院首届“领导力终身成就奖”获得者、位居全球高管教练之首及商业思想前十的马歇尔·戈德史密斯博士，为本书倾情作序。

特别感谢积极参与本书课题研究、资料收集与整理的唐秋勇、叶琼亚、彭海燕、毕景艳、于翰婷、仇珍珍、朱秋霞、陆怡、谢伊青、王李古简和王文倩。本书是对当前商业环境、组织、个体都变得动态时，企业的经营哲学和管理逻辑如何与时俱进的一次深度思考。技术的加速发展给人们带来丰富信息的同时，也使信息的准确判断力迅速下降，面对每天都接触的信息，我们需要关注它的快变量和慢变量，关注那些对于未来趋势有重要影响的变量。关注“我是谁？去哪里？怎么去？”这三大商业终极问题，从顶层设计更全面地去看待个体、组织、商业环境的协同发展。加里·哈默在《管理大未来》中说：“将人类束缚在地球上的不是地球的引力，而是缺乏创造力，管理领域也是如此。”每个人都是创新的主体，数字经济时代的基本特征就是以人为本，创新创造力是组织变革的根本动力。在这个大加速时代，保持持续的学习力和创新力将是应对这一变化最好的方式。

参考文献

[1] 许激. 效率管理：现代管理理论的统一[M]. 北京：经济管理出版社，2004.

[2] 李振勇. 商业模式：企业竞争的最高形态[M]. 北京：新华出版社，2006.

[3] 陈春花，赵海然. 共生：未来企业组织进化路径[M]. 北京：中信出版社，2018.

[4] 李宏贵. 中国企业借鉴协同战略理论研究[J]. 现代经济，2007，6(5):71-74.

[5] 杰里米・里夫金. 熵：一种新的世界观[M]. 吕明，袁舟，译. 上海：上海译文出版社，1987.

[6] 王咏刚，周虹. 乔布斯传：神一样的传奇[M]. 上海：上海财经大学出版社，2011.

[7] 石颖颖. 可口可乐战时营销策略研究[J]. 商场现代化，2006(13):176.

[8] 马克・彭德格拉斯特. 可口可乐传：一部浩荡的品牌发展史诗[M]. 高增安，等译. 上海：文汇出版社，2017.

[9] 可口可乐公司. 双动百年 乐在超越[EB/OL].（2019-01-16）https://www.coca-cola.com.cn/history/global-heritage.

[10] 汤姆・斯丹迪奇. 上帝之饮：六个瓶子里的历史[M]. 吴平，等译. 北京：中信出版社，2017.

[11] 黄铁鹰. 海底捞你学不会[M]. 北京：中信出版社，2011.

[12] 柳井正 . 一胜九败：优衣库风靡全球的秘密 [M]. 徐静波，译. 北京：中信出版社，2011.

[13] 李安奇. 优衣库二次创业转型之个案探讨[D].台北：台湾政治大学，2016.

[14] 小托马斯・沃森. 一个企业的信念[M]. 张静，译. 北京：中信出版社，2003.

[15] 郭士纳. 谁说大象不能跳舞（珍藏版）[M]. 张秀琴，音正权，译. 北京：中信出版社，2010.

[16] 吉姆・柯林斯，杰里・波勒斯. 基业长青[M]. 真如，译. 北京：中信出版社，2009.

[17] 吴军. 浪潮之巅（第3版）[M]. 北京：人民邮电出版社，2016.

[18] 王奇. 乔布斯：产品制胜法则[M]. 北京：清华大学出版社，2013.

[19] 申光龙. 企业生存发展的18个战略工具[M]. 北京：清华大学出版社，2016.

[20] W. 钱・金，勒妮・莫博涅. 蓝海战略（扩展版）[M]. 吉宓，译. 北京：商务印书馆，2010.

[21] 迈克尔・波特，吉姆・柯林斯，W. 钱・金，等. 重塑战略[M]. 陈媛熙，陈志敏，等译. 北京：中信出版社，2016.

[22] 三浦展. 第四消费时代[M]. 马奈，译. 北京：东方出版社，2014.

[23] 理查德・鲁梅尔特. 好战略，坏战略（畅销版）[M]. 蒋宗强，译. 北京：中信出版社，2017.

[24] 斯坦利・麦克里斯特尔，坦吐姆・科林斯，戴维・西尔弗曼，克里斯・富塞尔. 赋能：打造应对不确定性的敏捷团队[M]. 林爽喆，译. 北京：中信出版社，2017.

[25] 拉斯洛・博克，重新定义团队：谷歌如何工作[M]. 宋伟，译. 北京：中信出版社，2015.

[26] 彭剑锋，云鹏. 海尔能否重生：人与组织关系的颠覆与重构[M]. 杭州：浙江大学出版社，2015.

[27] 瑞・达利欧. 原则[M]. 刘波，綦相，译. 北京：中信出版社，2018.

[28] 布拉德・斯通. 一网打尽：贝佐斯与亚马逊时代[M]. 李晶，李静，译. 北京：中信出版社，2014.

9] 周宏桥. 跨界引爆创新：唐诗+互联网=企业创新[M].北京：电子工业出版社，2014.

敏文. 零售的哲学：7-Eleven便利店创始人自述[M]. 顾晓琳，译. 南京：

江苏文艺出版社，2014.
[31] 碓井诚. 制造型零售业：7-ELEVEn 的服务升级[M]. 周征文，译. 北京：东方出版社. 2014.

举报电话：（010）88254396；（010）88258888

传　　真：（010）88254397

E-mail：　dbqq@phei.com.cn

通信地址：北京市万寿路 173 信箱

　　　　　电子工业出版社总编办公室

邮　　编：100036